CHE
GUEVARA

Luiz Bernardo Pericás

CHE GUEVARA
e a luta revolucionária na Bolívia

© Boitempo, 2023

Direção-geral Ivana Jinkings
Edição Pedro Davoglio
Coordenação de produção Livia Campos
Assistência editorial Allanis Ferreira
Preparação Carolina Hidalgo Castelani
Revisão Daniel Rodrigues Aurélio
Capa e diagramação Antonio Kehl
Fotos de Osvaldo Salas (1ª e 2ª capa), René Burri (3ª capa) e Alberto Korda (4ª capa)

Equipe de apoio Ana Slade, Elaine Ramos, Frank de Oliveira, Frederico Indiani, Glaucia Britto, Higor Alves, Isabella Meucci, Ivam Oliveira, Kim Doria, Luciana Capelli, Marina Valeriano, Marissol Robles, Maurício Barbosa, Raí Alves, Thais Rimkus, Tulio Candiotto, Victória Lobo, Victória Okubo

---

CIP-BRASIL. CATALOGAÇÃO NA PUBLICAÇÃO
SINDICATO NACIONAL DOS EDITORES DE LIVROS, RJ

P519c

Pericás, Luiz Bernardo
Che Guevara e a luta revolucionária na Bolívia / Luiz Bernardo Pericás. - 1. ed. - São Paulo : Boitempo, 2023.
Inclui bibliografia e índice
anexos
ISBN 978-65-5717-243-8

1. Guevara, Ernesto, 1928-1967. 2. Guerrilhas - Bolívia. 3. Partidos políticos - Bolívia. 4. Bolívia - Política e governo - 1952-1982. I. Título.

23-84558   CDD: 984.05
CDU: 94(84)'1952'

Gabriela Faray Ferreira Lopes - Bibliotecária - CRB-7/6643

É vedada a reprodução de qualquer
parte deste livro sem a expressa autorização da editora.

1ª edição: junho de 2023

BOITEMPO
Jinkings Editores Associados Ltda.
Rua Pereira Leite, 373
05442-000 São Paulo SP
Tel.: (11) 3875-7250 / 3875-7285
editor@boitempoeditorial.com.br
boitempoeditorial.com.br | blogdaboitempo.com.br
facebook.com/boitempo | twitter.com/editoraboitempo
youtube.com/tvboitempo | instagram.com/boitempo

Sumário

Siglas 7

Agradecimentos 11

Introdução 15

PARTE 1 31

1. Guevara prepara o caminho 33

    Missão diplomática na África 48

    O desaparecimento do Che 66

    A campanha no Congo 79

    Novos preparativos 88

2. A sombra no escuro 103

    Os mineiros e a "Noite de São João" 130

    Continua a luta guerrilheira 135

    O último combate e o assassinato de Guevara 143

    Epílogo guerrilheiro 152

    O diário do Che 154

    Nota sobre a continuidade das atividades do ELN boliviano 159

PARTE 2 165

3. A área da guerrilha 167

4. Che Guevara e o campesinato indígena na Bolívia 173

5. Partidos políticos e guerrilha 187

Partido Obrero Revolucionario (POR) 188

Partido Revolucionario de la Izquierda Nacional (Prin) 194

Partido Comunista Marxista-Leninista (PC-ml) 198

Partido Comunista da Bolívia (PCB) 202

6. Considerações sobre a atuação dos militares 213

7. Che Guevara no imaginário social boliviano 231

Conclusão 243

Notas 247

Referências 315

Revistas e jornais (citados, mencionados ou consultados) 334

Plano de leituras de Che Guevara na Bolívia 335

Composição da guerrilha de Che Guevara na Bolívia 339

Guerrilheiros que perderam a vida antes da formação da
composição anterior 341

ANEXOS 343

Documentos das guerrilhas 345

Documentos do governo 374

Documentos do Exército 384

Documentos do Partido Comunista da Bolívia 386

Cartas 396

Fontes dos documentos traduzidos 401

Índice onomástico 403

Siglas

AAA – Aliança Anticomunista Argentina ou Triple A (*Alianza Anticomunista Argentina*)

Abako – Aliança de Bakongo (*Alliance des Bakongo*)

Acus – Academia de Ciências da União Soviética

AFP – *Agence France-Presse*

AL – América Latina

Ansa – *Agenzia Nazionale Stampa Associata*

AP – Ação Popular (Brasil)

AP – *Assembleia Popular* (Bolívia)

APL – Exército Popular de Libertação (*Armée Populaire de Libération*)

Apra – Aliança Popular Revolucionária Americana (*Alianza Popular Revolucionaria Americana*)

Apuir – Associação para a Unificação da Esquerda Revolucionária (*Asociación para la Unificación de la Izquierda Revolucionaria*)

ARP – Ação Revolucionária Peronista (*Acción Revolucionaria Peronista*)

BCB – Banco Central da Bolívia (*Banco Central de Bolivia*)

BID – Banco Interamericano de Desenvolvimento

CC – Comitê Central

CDR – Comitês de Defesa da Revolução

CE – Comitê Executivo

CEM – Conselho de Estabilização Monetária

CIA – Agência Central de Inteligência (*Central Intelligence Agency*)

Cite – Centro de Instrução de Tropas Especiais (*Centro de Instrucción de Tropas Especiales*)

CNL – Conselho de Libertação Nacional (*Conseil National de Libération*)

COB – Central Operária Boliviana (*Central Obrera Boliviana*)

Codep – Conselho Democrático do Povo (Bolívia)

Comibol – Corporação Mineira da Bolívia (*Corporación Minera de Bolivia*)

Conakat – Confederação de Associações Tribais de Catanga (*Confédération des Associations Tribales du Katanga*)

CPP – Partido da Convenção do Povo (*Convention People's Party*)

CR – Comitê Regional

CRE – Cooperativa Rural de Eletrificação

CTC – Confederação dos Trabalhadores de Cuba (*Confederación de Trabajadores de Cuba*)

DGI – Direção Geral de Inteligência (*Dirección General de Inteligencia*)

DIC – Direção de Investigações Criminais (*Dirección de Investigaciones Criminales*)

Dier – Departamento de Investigações do Exército Rebelde (*Departamento de Investigaciones del Ejército Rebelde*)

Dipa – Divisão de Investigações Políticas Antidemocráticas (*División de Investigaciones Políticas Antidemocráticas*)

Dnic – Direção Nacional de Investigação Criminal (*Dirección Nacional de Investigación Criminal*)

DR – Diretório Revolucionário (*Directorio Revolucionário*)

EB – Exército Boliviano (*Ejército de Bolivia*)

EGP – Exército Guerrilheiro do Povo (*Ejército Guerrillero del Pueblo* – Argentina)

ELN – Exército de Libertação Nacional (*Ejército de Liberación Nacional* – Bolivia)

ELN – Exército de Libertação Nacional (*Ejército de Liberación Nacional* – Peru)

Ende – Empresa Nacional de Eletrificação

ENS – Escola Normal Superior (*École Normale Supérieure* – Paris)

ERP – Exército Revolucionário do Povo (*Ejército Revolucionario del Pueblo*)

EUA – Estados Unidos da América

FAB – Força Aérea Boliviana (*Fuerza Aérea Boliviana*)

Faln – Forças Armadas de Libertação Nacional (*Fuerzas Armadas de Liberación Nacional* – Venezuela)

FAR – Forças Armadas Rebeldes (*Fuerzas Armadas Rebeldes* – Guatemala)

Farc – Forças Armadas Revolucionárias da Colômbia (*Fuerzas Armadas Revolucionarias de Colombia*)

Farn – Forças Armadas da Revolução Nacional (*Fuerzas Armadas de la Revolución Nacional* – Argentina)

FBI – Departamento Federal de Investigação (*Federal Bureau of Investigation*)

FDIM – Federação Democrática Internacional das Mulheres

FDJ – Juventude Alemã Livre (*Freie Deutsche Jugend*)

FER – Frente Estudantil Revolucionária

FFAA – Forças Armadas

FIR – Frente de Esquerda Revolucionária (*Frente de Izquierda Revolucionaria*)

FJC – Federação Juvenil Comunista

Flin – Frente de Libertação da Esquerda Nacional (*Frente de Liberación de Izquierda Nacional*)

FLN – Frente de Libertação Nacional (*Front de Libération Nationale* – Argélia)

FMC – Federação de Mulheres Cubanas (*Federación de Mujeres Cubanas*)

Frap – Frente de Ação Popular

FRB – Frente da Revolução Boliviana (*Frente de la Revolución Boliviana*)

Frelimo – Frente de Libertação de Moçambique

FRI – Frente Revolucionária de Esquerda (*Frente Revolucionaria de Izquierda*)

FSB – *Falange Socialista Boliviana*

FSTMB – Federação Sindical dos Trabalhadores Mineiros da Bolívia (*Federación Sindical de Trabajadores Mineros de Bolivia*)

FUL – Federação Universitária Local

Furmod – Forças Unidas para a Repressão, a Manutenção da Ordem e o Desenvolvimento (*Fuerzas Unidas para la Represión y el Mantenimiento del Orden y el Desarrollo*)

GEO – Grupo Especial de Operações

GOM – Grupo Operário Marxista (*Grupo Obrero Marxista*)

GPRA – Governo Provisório da República Argelina (*Gouvernement Provisoire de la République Algérienne*)

IAF – Instituto de Antropologia Forense (*Instituto de Antropología Forense*)

Icap – Instituto Cubano de Amizade com os Povos (*Instituto Cubano de Amistad con los Pueblos*)

ICRM – Instituto Cubano de Recursos Minerais (*Instituto Cubano de Recursos Minerales*)

Inra – Instituto Nacional de Reforma Agrária

JCB – Juventude Comunista Boliviana (*Juventud Comunista de Bolivia*)

KGB – Comitê de Segurança de Estado (*Komitet Gosudarstvennoy Bezopasnosti*)

M-26-7 – Movimento 26 de Julho (*Movimiento 26 de Julio*)

SIGLAS 9

MAO – Movimento de Grupos de Trabalhadores (*Movimiento de Agrupaciones Obreras*)

MAP – Programa de Ajuda Militar (*Military Aid Program*)

MBL – Movimento Bolívia Livre (*Movimiento Bolivia Libre*)

MCI – Movimento Comunista Internacional

Mined – Ministério da Educação (Cuba)

Minind – Ministério de Indústrias (Cuba)

MIR – Movimento de Esquerda Revolucionária (*Movimiento de Izquierda Revolucionaria*)

MMI – *Muslim Mosque Incorporated*

MNC – Movimento Nacional Congolês (*Mouvement national Congolais*)

MNR – Movimento Nacionalista Revolucionário

MPLA – Movimento Popular para a Libertação de Angola

MRTK – Movimento Revolucionário Túpac Katari (*Movimiento Revolucionario Túpac Katari*)

MSP – Movimento Social Progressista (*Movimiento Social Progresista – Peru*)

MTT – Equipe de Treinamento Móvel (*Mobile Training Team*)

NOI – Nação do Islã (*Nation of Islam*)

NSC – Conselho de Segurança Nacional (*National Security Council*)

OAAU – Organização da União Afro-americana (*Organization of Afro-American Unity*)

OEA – Organização dos Estados Americanos

Olas – Organização Latino-Americana de Solidariedade

OMA – Organização das Mulheres Angolanas

ONU – Organização das Nações Unidas

ORI – Organizações Revolucionárias Integradas

Orit – Organização Regional Interamericana de Trabalhadores

Ospaaal – Organização de Solidariedade dos Povos da Ásia, África e América Latina

OUA – Organização da Unidade Africana

PC – Partido Comunista

PCA – Partido Comunista da Argentina

PCB – Partido Comunista Brasileiro

PCB – Partido Comunista de Bolivia

PCC – Partido Comunista de Cuba

PCCh – Partido Comunista da China

PCCh – Partido Comunista do Chile

PCdoB – Partido Comunista do Brasil

PC-ml – Partido Comunista marxista-leninista (Bolívia)

PCP – Partido Comunista do Peru

PCU – Partido Comunista do Uruguai

PCUS – Partido Comunista da União Soviética

PDC – Partido Democrata Cristão

PDCR – Partido Democrata Cristão Revolucionário

PDG – Partido Democrata de Guiné (*Parti Démocratique de Guinée*)

PFA – Polícia Federal Argentina (*Policía Federal Argentina*)

PIB – Produto Interno Bruto

PIR – Partido da Esquerda Revolucionária (*Partido de la Izquierda Revolucionaria*)

PLP – Prêmio Lênin da Paz

PO – Palavra Operária (*Palabra Obrera*)

POR – Partido Operário Revolucionário (*Partido Obrero Revolucionario*)

Prin – Partido Revolucionário de Esquerda Nacional (*Partido Revolucionario de Izquierda Nacional*)

PSD – Partido Social Democrata (*Partido Social Demócrata*)

PSOB – Partido Socialista Operário Boliviano (*Partido Socialista Obrero de Bolivia*)

PSP – Partido Socialista Popular

PSRN – Partido Socialista da Revolução Nacional (*Partido Socialista de la Revolución Nacional*)

PSUA – Partido Socialista Unificado da Alemanha (*Sozialistische Einheitspartei Deutschlands*)

PURS – Partido Unificado da Revolução Socialista (*Partido Unido de la Revolución Socialista de Cuba*)

RAU – República Árabe Unida

RDA – República Democrática Alemã (*Deutsche Demokratische Republik*)

RFA – República Federal da Alemanha (*Bundesrepublik Deutschland*)

RPC – República Popular da China

Stasi – Ministério para a Segurança do Estado (*Ministerium für Staatssicherheit*)

SWP – Partido Socialista dos Trabalhadores (*Socialist Workers Party*)

UAGRM – Universidade Autônoma Gabriel René Moreno (*Universidad Autónoma Gabriel René Moreno*)

UBA – Universidade de Buenos Aires (*Universidad de Buenos Aires*)

Ucapo – União dos Camponeses Pobres (*Unión de Campesinos Pobres*)

UCRP – União Cívica Radical do Povo (*Unión Cívica Radical del Pueblo*)

UIE – União Internacional dos Estudantes

UMHK – União Mineira do Alto Catanga (*Union Minière du Haut Katanga*)

UMSA – Universidade de San Andrés (*Universidad Mayor de San Andrés*)

UMSS – Universidade de San Simón (*Universidad Mayor de San Simón*)

UMSM – Universidade de San Marcos (*Universidad Mayor de San Marcos*)

UNCTAD – Conferência das Nações Unidas sobre Comércio e Desenvolvimento (*United Nations Conference on Trade and Development*)

UPI – *United Press International*

URSS – União das Repúblicas Socialistas Soviéticas

Usaf – Força Aérea dos Estados Unidos (*United States Air Force*)

Usaid – Agência dos Estados Unidos para o Desenvolvimento Internacional (*United States Agency for International Development*)

Usis – Sistema de Informação dos Estados Unidos (*United States Information Service*)

UTO – Universidade Técnica de Oruro (*Universidad Técnica de Oruro*)

VMP – Vanguarda Militar do Povo

VPR – Vanguarda Popular Revolucionária

VR – Vanguarda Revolucionária (*Vanguardia Revolucionaria*)

YPFB – Jazidas Petrolíferas Fiscais Bolivianas (*Yacimientos Petrolíferos Fiscales Bolivianos*)

AGRADECIMENTOS

Foram várias as pessoas que me auxiliaram para que eu pudesse escrever este livro e fico-lhes grato por isso. Sendo assim, sem querer me estender aqui mais do que o necessário, gostaria de expressar meus sinceros agradecimentos a: meus pais e avós, Graziela Forte, Werner Altmann, Bernardo Ricupero, Alexandre de Freitas Barbosa, Sergio Galeana, Mariana Tuzzi, Vico Huamambalp, Edélcio Ansarah, Clemencia del Carpio, Alípio Carvalho Neto, Patrícia Murtinho Pericás, Marco Fernandes Brige, Antonio Rodríguez Ibarra, Ira Hanen, Tália Bugel, Wilson Lima, José Mao Júnior, José Guilherme de Andrade, Expedito Correia, Gabriel Ramón, Paulo Barsotti, Ivana Jinkings, José Tabares del Real, William Gálvez, Julio Travieso Serrano, Rodolfo Alpízar Castillo, Jorge Fornet, Roberto Fernández Retamar, Luiz Alberto Moniz Bandeira, Fernando Garcia, Pedro Davoglio, Mariano Schlez, Tirso W. Sáenz, Stella Grenat, Cecília Brancher de Oliveira, Matias Rubio, Daniel Gaido, Antonio Carlos Mazzeo, Lincoln Secco, João José Reis, Michael Löwy, Roberto Massari e Osvaldo Coggiola.

"Pero hacia la esperanza nos conduce tu sombra,
el laurel y la luz de tu ejército rojo
a través de la noche de América con tu mirada mira.
Tus ojos que vigilan más allá de los mares,
más allá de los pueblos oprimidos y heridos,
más allá de las negras ciudades incendiadas,
tu voz nace de nuevo, tu mano otra vez nace:
tu ejército defiende las banderas sagradas:
la Libertad sacude las campanas sangrientas,
y un sonido terrible de dolores precede
la aurora enrojecida por la sangre del hombre."

Pablo Neruda

Che Guevara em Havana, Cuba, fotografado por René Burri. Arquivo Museu do Eliseu, Lausanne, Suíça.

Introdução

A Revolução Boliviana de 9 de abril de 1952 foi indubitavelmente um marco na história contemporânea da América Latina, com significativas repercussões internas, especialmente na época de seu triunfo. Ainda assim, é possível perceber de forma clara os limites das medidas implementadas por sucessivos governos do país e da própria dinâmica do processo ao longo dos anos. Afinal, apesar de apelar para as massas (em particular, mineiros e camponeses) e de propor mudanças que deveriam melhorar a vida da população marginalizada (em sua grande maioria, de origem rural e indígena), não foi acompanhada por transformações econômicas ou técnicas profundas e, nas palavras de Tulio Halperin Donghi, demonstrou "ser apenas uma versão mais radical da política favorável à redistribuição do poder político e, até certo ponto, do bem-estar no interior de uma estrutura fundamentalmente invariada"[1].

As eleições presidenciais de maio de 1951 seriam emblemáticas. O MNR, fundado dez anos antes e que se proclamava "anti-imperialista" e "patriótico"[2], um "genuíno partido de massa"[3] (não obstante ser descrito por seus críticos como "uma organização nacionalista burguesa")[4], fora conformado por representantes das camadas médias emergentes, intelectuais urbanos e jovens militares reformistas (de uma geração frustrada com os resultados da Guerra do Chaco)[5]. Além disso, o *Movimiento*, ao longo dos anos, havia ampliado sua atividade na FSTMB[6] (fundada sob seus auspícios)[7], embora os membros sindicalizados da federação fossem, em sua maioria, analfabetos e, portanto, sem direito a voto. Ainda assim, o candidato da sigla, Víctor Paz Estenssoro, ganhou o pleito, com 45% das 120 mil cédulas válidas no escrutínio[8]. Não conseguindo os 50% dos votos mais um necessários para empossar o presidente em eleição direta, aguardou-se a decisão do Congresso. Pressionado pelas Forças Armadas, o então mandatário Mamerto Urriolagoitia renunciou no dia 16 daquele mês e fugiu do país, enquanto uma junta encabeçada pelo general Hugo

Ballivián Rojas anulou o resultado, proscreveu a agremiação vitoriosa e assumiu o Palacio Quemado[9]. No ano seguinte, contudo, os fardados foram forçados a se retirar em razão das pressões em torno dos emenerristas, que em abril de 1952, após sangrentos combates *callejeros*, finalmente se consolidaram como o novo governo[10] (estimativas da época apontam que até 3 mil pessoas podem ter perdido a vida na ocasião)[11]. Hernán Siles Zuazo, que fora o candidato a vice e um dos líderes do levante popular, prestou juramento interinamente até a chegada, logo em seguida, de Paz Estenssoro, que voltava do exílio em Buenos Aires para assumir o poder.

Vale lembrar que naquela época o Produto Interno Bruto da Bolívia era de US$ 118,6 per capita, enquanto mais de 72% da população economicamente ativa, de acordo com James Dunkerley, professor da Queen Mary College da Universidade de Londres, se dedicava à agricultura, que ocupava menos de 2% de seu território, representando uma produção anual que equivalia a 33% do PIB (em torno de 4% dos trabalhadores estavam empregados na indústria manufatureira e 3,2% na mineração)[12]. Os latifundiários constituíam, por sua vez, 8% daqueles que se dedicavam à exploração do campo, mas controlavam 95% das terras[13]. Num país de 2,7 milhões de habitantes, onde apenas 31% deles sabiam ler e escrever, só havia 3.700 estudantes inscritos em suas únicas cinco universidades (que dois anos antes emitiram somente 132 diplomas) e 706 médicos[14]. Uma mudança profunda e estrutural, assim, era mais do que necessária.

Segundo o advogado, ex-ministro de Minas e Petróleo e docente da Universidad Mayor de San Andrés, René Zavaleta Mercado, aquele foi "talvez o acontecimento mais extraordinário de toda a história da República[15], no qual um golpe de Estado se transformou numa insurreição[16]: foi instituído o sufrágio universal, permitindo que os indígenas iletrados pudessem votar; foram nacionalizadas as minas de estanho de Patiño, Aramayo e Hochschild[17]; constituíram-se a COB e a Comibol; promulgou-se a reforma agrária; o exército foi desmobilizado; e foram criadas milícias populares.

Vivia-se um clima de euforia e mesmo confiança naquele processo. Como comenta Ricardo Rojo:

> Em 1953 [...] a Bolívia estava no momento mais alto do entusiasmo popular, e um governo nacionalista levara a cabo, em pouco mais de um ano, duas reformas fundamentais: nacionalizara as maiores minas de estanho do mundo e reformara o regime de propriedade da terra. Destas medidas esperava-se uma transformação profunda da estrutura econômica do país, que estava como que petrificada por um sistema latifundista que trabalhava a terra sob um regime feudal ou semifeudal [sic].[18]

E continua:

A destruição do exército, o estabelecimento de um governo onde estavam fortemente representados os trabalhadores e camponeses e a sanção e aplicação de duas leis de tal importância – nacionalização das minas e reforma agrária – apresentavam-se como uma sequência inevitável, tomada dos textos ortodoxos dos revolucionários. Era este fenômeno original que iríamos ver, como um espetáculo a que se juntava outro motivo de admiração: depois de tantos séculos de submissão, um povo indígena levantava a cabeça e lutava com as armas na mão para recuperar a dignidade e o patrimônio perdidos. Era esse o espetáculo. Os protagonistas moviam-se sem parar pelas ruas inclinadas de La Paz, a cidade cercada de montanhas. Pelas ruelas estreitas e tortuosas, entre casas coloniais e numa atmosfera em que era difícil separar o cheiro das frituras do cheiro da pólvora, subiam e desciam as *cholas,* levando seus filhos nas costas. Enquanto caminhavam, iam fiando suas lãs de lhama ou de vicunha, tingidas de cores vivas. Estas mesmas mulheres carregaram os fuzis dos homens, combateram nas ruas, deram tiros.[19]

O jovem Ernesto Guevara de la Serna, na época com 25 anos, de passagem pelo país (aonde chegou em julho de 1953), ao contrário do entusiasmo de Rojo, teve uma posição mais crítica diante da situação. De acordo com Douglas Kellner: "quando testemunhou a aplicação prática das medidas – os índios recebiam terras inferiores e eram tratados com menosprezo pelos funcionários públicos –, Guevara percebeu que uma reforma agrária [decretada] pelo Congresso Nacional ou as boas intenções governamentais não eram suficientes para alterar um estado de injustiça crônica"[20].

Ele havia solicitado e conseguido uma audiência com o então ministro de Assuntos Camponeses, Ñuflo Chávez Ortíz, "filho de um rico *hacendado* de Santa Cruz e membro mais cauto da esquerda do partido"[21], que não lhe causou boa impressão. Observara a burocracia e o descaso com os povos originários que esperavam para ser atendidos. Essa cena, que retratava os nativos aparentemente nas mesmas condições de servilismo de antes, teria o feito comentar: "Esta revolução vai fracassar se não conseguir sacudir o isolamento espiritual dos índios, se não lhes tocar no que têm de mais profundo, comovendo-os até os ossos, devolvendo-lhes a estatura de seres humanos"[22]. E ainda diria, de maneira mais incisiva: "Esse Paz Estenssoro não passa de um reformista que borrifa os índios com DDT para lhes tirar as pulgas, mas não resolve o problema essencial, que é a causa das pulgas [...] Uma revolução que não chega às últimas consequências é uma revolução perdida"[23].

Ernesto ficaria pouco mais de um mês no país[24]. Ou seja, um período demasiadamente breve para que ganhasse uma compreensão mais profunda daquela realidade. Talvez por isso sua passagem pela Bolívia tenha recebido tão poucas

18   CHE GUEVARA E A LUTA REVOLUCIONÁRIA NA BOLÍVIA

páginas em sua narrativa *Outra vez*, baseada no diário de sua segunda grande viagem pela América Latina[25] (a primeira fora realizada pouco antes, em parte numa motocicleta, com o amigo Alberto Granado)[26]. Suas descrições (assim como as do colega Calica Ferrer, que o acompanhava naquele momento) são variadas e incluem o mercado Camacho, bares e igrejas, assim como visitas a Las Yungas, à mina de Bolsa Negra e a Copacabana[27]. Ao mencionar um desfile "interminável" de grêmios, colégios e sindicatos nas ruas da capital, por exemplo, enfatizaria os slogans "escandidos com voz desanimada, à qual um coro de vozes monótonas oferecia uma adequada moldura. Era uma manifestação pitoresca, mas não viril. O passo cansado e a falta de entusiasmo de todos tiravam-lhes a força vital, faltavam rostos enérgicos dos mineiros, pelo que diziam os conhecedores"[28].

No entanto, em carta à amiga Tita Infante, escrita em Lima, em 3 de setembro de 1953, ele seria um pouco mais complacente e diria que

> a Bolívia é um país que deu um exemplo realmente importante à América. Vimos o próprio cenário das lutas, os impactos de bala e até os restos de um homem morto na revolução passada e recém-encontrado num barranco para onde seu tronco tinha voado, porque explodiram os cartuchos de dinamite que ele levava na cintura. Enfim, lutou-se para valer. Aqui as revoluções não se fazem como em Buenos Aires, e dois ou três mil mortos (ninguém sabe exatamente quantos) ficaram no campo de batalha.[29]

E prosseguia:

> Ainda agora a luta continua e quase toda noite há gente dos dois lados ferida a bala, mas o governo tem o apoio do povo armado, de modo que não há possibilidade de que um movimento armado de fora o liquide, e ele só pode sucumbir por causa de suas lutas internas.
> O MNR é um conglomerado no qual se notam três tendências mais ou menos nítidas: a direita, que é representada por Siles Zuazo, o vice-presidente e herói da revolução; o centro, por Paz Estenssoro, mais escorregadio, embora provavelmente tão direitista quanto o primeiro; e a esquerda, por Lechín, que é a cabeça visível de um movimento de reivindicação sério, mas que pessoalmente é um adventício mulherengo e farrista. É provável que o poder fique definitivamente nas mãos do grupo de Lechín, que conta com a poderosa ajuda dos mineiros armados, mas a resistência de seus colegas de governo pode se tornar séria, sobretudo agora que o exército está se reorganizando.[30]

Guevara chegou à Bolívia no ano em que se colocava em andamento o processo de reforma agrária. Aquela deliberação, entretanto, não preocupou em demasia os Estados Unidos, já que essa medida não afetava diretamente seus interesses regionais e foi encarada até mesmo como algo vantajoso, tendo em vista que a propriedade privada continuaria vigente e a criação de pequenos e médios produtores aumentaria o mercado e a produção, possibilitando maiores lucros e a participação dos norte-americanos, que poderiam tirar proveito do novo contexto no campo com sistemas de crédito e inversão de capital a essas categorias que estavam sendo ampliadas.

Naquele ano, Juan Lechín Oquendo declarou que a Revolução Boliviana havia sido mais profunda que a da Guatemala ou a da China, mas não convencera o jovem Ernesto. Como aponta Rojo:

> No dia em que lhe explicaram que o governo havia indenizado com dinheiro os mineiros ao nacionalizar as minas, dando a esta um aspecto de mera troca de patrões, fez algumas profundas reflexões. Para ele, era um erro grave confundir processos de um Estado nacional em armas com os de uma empresa comercial que muda de donos. Os bolivianos explicavam que a medida continha uma dose de demagogia e uma dose muito maior de estímulo ao baixo consumo, já que os mineiros haviam convertido imediatamente suas indenizações em alimentos e roupas. Mas Guevara insistia que o aro de recuperação das minas fora empanado por esta disposição, pois entorpecia os sentidos justamente no momento histórico em que era mais necessário elevar a moral. Foi intransigente neste juízo e sua conclusão foi que, mediante uma pequena recompensa, os mineiros diminuíam as reservas materiais e morais de uma revolução que precisaria delas em grande escala.[31]

O fato é que com a reforma agrária os indígenas tornaram-se uma força política ainda mais conservadora, de um lado, fornecendo maior suporte ao governo instituído, e, de outro, diminuindo substancialmente a possibilidade de se radicalizar. Enquanto a economia do país se deteriorava no final dos anos 1950 e início dos anos 1960 e aumentavam a agitação e os protestos de mineiros, trabalhadores urbanos e setores da classe média, as autoridades aceleraram o processo de distribuição de terras. Para Sheldon B. Liss, esse mesmo período demonstrou que os reformistas do MNR e da COB destruíram o fervor revolucionário de parte do proletariado, além de conseguirem, em boa medida, dissipar a solidariedade entre os grupos socialistas endógenos, o que contribuiu para que estes não conseguissem ganhos visíveis de poder político na época[32]. É bom recordar que a nacionalização das empresas mineiras não resultou na modernização do aparato produtivo, tampouco sua integração vertical ao setor industrial. Houve, em realidade, uma diminuição da produtividade e da produção absoluta, o minério encarecido em seu custo final, consequência de equipamentos antiquados (e em processo de deterioração), que não foram substituídos ou atualizados com novas tecnologias, assim como pelo descenso dos preços internacionais do estanho; demandas por aumentos de salários, subsídios e benefícios sociais; indenizações; descapitalização da Comibol e seu endividamento posterior (após a tomada de créditos do Banco Central); desequilíbrio na balança de pagamentos; e contínua dependência externa daquele setor[33].

Desde o início da revolução, e principalmente durante o governo de Siles Zuazo (1956-1960), apesar de seu discurso anti-imperialista, o Palacio Quemado recebeu empréstimos substanciais dos Estados Unidos. A inflação atingiu níveis elevados, o desemprego cresceu, se intensificou o processo de restituição do exército regular e a dependência a Washington tornou-se cada vez maior[34]. Além disso, naquela administração, o rígido programa de estabilização, que incluía medidas de reforma cambial, eliminação de subsídios, supressão de controles internos de preços, congelamento de salários e providências para reconstituir o equilíbrio financeiro do setor público, resultou no estancamento da economia nacional, com o PIB boliviano permanecendo em níveis estacionários por vários anos[35]. Como explica um documento do Ministerio de Planificación y Coordinación de la República de Bolivia, com a retração do ritmo de atividade econômica, houve concomitantemente a diminuição na capacidade do Estado de financiar investimentos e gastos correntes, fazendo o setor público recorrer ao endividamento externo. O resultado foi o financiamento de parte dos gastos orçamentários por credores estrangeiros, ampliando a dependência forânea, assim como o incentivo à aplicação do capital alienígena (especialmente na exploração do petróleo) e a decretação da liberdade de comercialização de minérios para pequenas e médias empresas do setor (havendo, aos poucos, maior penetração de capital norte-americano nelas), o que, em última instância, elevou a taxa de transferência de excedentes de lucros a outros países, a ampliação do controle do mercado financeiro interno e a desnacionalização das mineradoras de tamanho intermediário[36]. Muitas indústrias fechariam, o que levaria a uma retração no número de empresas, que passou de 1.600 em 1955 para 898 em 1961, além de se constatar, ao mesmo tempo, o aumento das taxas de desemprego. Entre aquele primeiro ano assinalado e 1960, o produto industrial, a preços constantes, baixou 23,3%. Além disso, se em 1950 a contribuição da indústria para o PIB fora de 14,7%, em 1957 a cifra alcançou somente 11,3%[37].

O segundo mandato de Paz Estenssoro (1960-1964), por sua vez, seria caracterizado por Pablo González Casanova como um período em que "os trabalhadores sofreram todo tipo de agressões econômicas, políticas e policiais"[38], ainda que seu vice fosse Lechín, que, junto ao ministro do Trabalho, Ñuflo Chávez, paradoxalmente encabeçou várias greves mineiras contra o próprio governo[39]. Aquela administração, apresentando acentuadas tendências liberais, incentivou um maior ingresso de inversões estrangeiras e de assistência do Colosso do Norte. Vale lembrar que a indústria não se estruturava a partir da absorção intensiva de mão de obra, mas a utilizava de maneira reduzida e seletiva, além de se encontrar geograficamente concentrada. O emprego (e, principalmente, o subemprego) manteve-se localizado, em grande medida, na produção artesanal, percebendo-se, ao mesmo tempo, um alargamento da população marginalizada, resultado, em parte, da baixa qualificação técnica e da desocupação nas grandes cidades[40]. Foi nesse período que se implementou o Plano Triangular (com apoio, entre outros, do BID), o que obrigou o governo a uma profunda reforma administrativa[41]. Por isso, em 1961, a pedido da Casa Branca, o presidente concordou em despedir milhares de mineiros para supostamente "racionalizar" o trabalho (ao mesmo tempo reduzindo o salário da categoria em 40%), o que levou, dois anos mais tarde, à deflagração de uma greve que paralisou diversas companhias, resultando na prisão de importantes dirigentes, como Jorge Kolle Cueto, Guillermo Lora, Ireneo Pimentel, Federico Escobar e Filemón Escobar[42]. O movimento estudantil também se mobilizou, iniciando protestos na capital que foram rapidamente esmagados pelas autoridades. Ao longo de seu mandato, a ajuda norte-americana se ampliou em mais de 600% e o crescimento da economia chegou a 5,7% ao ano, maior do que do mandato anterior[43]. Ainda assim, Paz Estenssoro, inicialmente, se opôs à política estadunidense de expulsar Cuba da OEA, declinou apoiar sanções contra a ilha e se recusou, durante algum tempo, a romper relações diplomáticas com o governo de Fidel[44]. Com a cisão entre o mandatário e seu vice, uma nova composição foi oficializada, com o general René Barrientos como companheiro de chapa nas eleições de 21 de maio de 1964, em que a dupla saiu vitoriosa. Sofrendo ataques de Zuazo e Lechín, o chefe de Estado, contudo, teve de enfrentar uma greve geral dos mineiros, assim como diversas revoltas populares. Como aponta James Dunkerley, ele dependia cada vez mais de constante ação policial para manter o controle, enviou para o exílio mais de cem opositores, as detenções políticas se generalizaram e foi imposta a censura à imprensa[45]. Paz Estenssoro seria destituído no mesmo ano por Barrientos e Alfredo Ovando Candia.

Vale notar que, desde a Revolução de 9 de abril de 1952, a ingerência norte-americana foi ostensiva. Do ponto de vista da Casa Branca, não havia alternativa senão apoiar o MNR no poder; caso contrário, a abstenção ou repressão dos Estados Unidos ensejaria a possibilidade de que outros grupos de esquerda viessem a se sobrelevar no cenário político nacional e tentar aglutinar setores populares a seu favor. John Cabot, secretário adjunto para Assuntos Interamericanos, expressava em 1953, em clara sintonia com a política externa de seu país, que

não aprovamos necessariamente tudo o que o atual governo boliviano tem feito; pelo contrário, tivemos de fazer fortes reprimendas a ele em se tratando de suas atitudes em relação aos interesses norte-americanos [...] Com os recibos de câmbio externo drasticamente reduzidos, a fome era uma certeza matemática na Bolívia. Considerando o padrão político tradicional lá e as graves privações a que o país estava sujeito, o caos parecia certo, e uma virada para o comunismo, provável, se ficássemos parados [...] Se temos nossas restrições sobre algumas medidas do atual governo boliviano, acreditamos que ele é sincero em desejar progresso social em oposição ao imperialismo comunista.[46]

Segundo Richard W. Patch, os Estados Unidos dariam um auxílio econômico significativo aos novos governantes, que somou entre 1953 e 1959 US$ 124 milhões, sem contar com US$ 11 milhões de empréstimos do Export-Import Bank, US$ 4 milhões de créditos autorizados do Development Loan Fund e US$ 15 milhões da concessão de estabilização do FMI e do Tesouro norte-americano. O aumento da "ajuda" dos Estados Unidos à Bolívia (*exclusive of loans*) cresceria de US$ 1,5 milhão em 1953 para US$ 22,7 milhões em 1959. O programa de suporte para aquele país, assim, chegou a ser o maior dessa espécie em toda a América Latina[47] (ao longo daquela década, o fluxo de capital público e privado da superpotência para a região atingiu US$ 1,7 bilhão num único ano; no final do decênio, os empréstimos e investimentos na região totalizavam US$ 11 bilhões)[48].

Em 1955, como sintoma da política externa de Washington, foi decretado o Código do Petróleo, "a primeira lei pós-revolucionária escrita por norte--americanos e promulgada sem debate público ou modificação por autoridades bolivianas"[49]. Isso significava que a Bolívia renunciaria a seu monopólio sobre o "ouro negro" e os Estados Unidos (que não queriam financiar operações públicas nessa área) apoiariam grupos privados do Colosso do Norte ligados a essa atividade, contentando-se "apenas" em escrever os estatutos daquele setor para atrair investimentos externos ao país. Também chamada de Código Davenport, a nova norma legal, assim, reduziu a área de competência do Estado relativa ao petróleo e representou a abertura de uma nova etapa de alienação de recursos naturais de maneira mais ampla (como a concessão ao capital norte--americano de mais de 25 mil hectares de reservas auríferas do rio Kaka, no norte do departamento de La Paz, na província de Larecaja, até os rios Alto Beni e Mapiri, por um período de 25 anos; as empresas estadunidenses, por sua vez, só tinham a obrigação de desembolsar 5% sobre a produção bruta, sem necessidade de fornecer divisas ao governo local nem de realizar pagamentos de taxas de exportação ou quaisquer outros impostos municipais)[50]. Para Laurence Whitehead, "a inflação e desorganização intensificaram-se no ano seguinte e os Estados Unidos decidiram assumir um controle mais direto sobre a política econômica geral"[51] (um processo inflacionário acelerado entre 1953 e 1956 alcançou a cifra de 335%)[52].

Naquela ocasião, foi enviado a La Paz George Jackson Eder, advogado e "ardente devoto do monetarismo"[53], como principal articulador do programa de estabilização da economia. Whitehead insistia em que "as medidas propostas não eram apenas drásticas e impopulares – elas também tencionavam mudar o curso da política boliviana, quebrar a força dos sindicatos e deslocar os elementos dirigentes do partido do governo"[54]. O próprio Eder acreditava que o plano de estabilização "significava o repúdio, pelo menos tácito, a virtualmente tudo que o governo revolucionário tinha feito nos quatro anos anteriores"[55]. Alguns pontos dos princípios que regiam a criação do CEM demonstravam que ele deveria ser uma organização permanente, composta por importantes figuras do governo em La Paz, mas sob direção norte-americana. Os líderes nacionais seriam usados como fachada, já que as decisões primordiais seriam tomadas pelo secretariado permanente, encabeçado por Eder. As deliberações feitas fora do território boliviano deveriam parecer como se viessem dos próprios mandatários na capital. Grupos estrangeiros e a influência da ONU poderiam colocar em xeque a política da Casa Branca no país; por isso, teriam de ser neutralizados. Um documento de 1955 do Senado em Washington (repleto de equívocos conceituais) expressava a posição desse país para justificar seus atos e ao mesmo tempo demonstrar que conhecia as "contradições" dentro do MNR e do governo que tentava levar em frente: "O Departamento de Estado, que constantemente avalia a evolução dos acontecimentos políticos, sociais e econômicos, concluiu que o governo boliviano é agora marxista, em vez de comunista, e que defendeu o apoio dos Estados Unidos ao regime pela mesma premissa que respaldou seu suporte à junta militar precedente: para prevenir sua derrocada por elementos mais radicais"[56].

Como lembra o escritor e historiador Mariano Baptista Gumucio,

> a ajuda norte-americana excluía, além do mais [...] qualquer possibilidade de que a Bolívia pudesse se beneficiar simultaneamente de outros auxílios provenientes dos países comunistas. As ofertas da União Soviética, Tchecoslováquia e Polônia para criar uma indústria petroquímica, explorar e fundir o zinco de Matilde, as jazidas de ferro do Mutun, instalar fornos de fundição de estanho e de antimônio, etc., foram arquivadas".[57]

O fato é que, em 1953, La Paz aceitou "doações" de trigo e alimentos oferecidas pela Casa Branca; em 1955, assinou a Mutual Security Act e lançou o plano de política econômica de "portas abertas aos investimentos privados"; no ano seguinte, adotou um programa de estabilização monetária; e, em 1959, promoveu o congelamento de salários para tentar conter o processo inflacionário[58].

Não custa recordar que, se durante várias décadas a política de segurança dos Estados Unidos em relação à América Latina era focada *principalmente* (mas não exclusivamente) no conceito de defesa hemisférica à agressão militar externa, ela se tornaria mais agressiva em seus elementos "internos" diante do sucesso da Revolução Cubana e, em seguida, da declaração de seu caráter socialista. Assessores presidenciais como Walt Whitman Rostow e Roger Hillsman influenciariam cada vez mais as deliberações de Estado, seguindo premissas que avaliavam que as nações do Terceiro Mundo passavam, na época, por um profundo processo de modernização e mudanças sociais que poderiam ser disruptivos e potencialmente revolucionários em seus respectivos meios sociais. Os governos dessas nações, por sua vez, eram vistos, em boa parte, como relativamente fracos e altamente vulneráveis à subversão e a guerrilhas. Por isso, segundo os "especialistas" da Casa Branca, eram abertas oportunidades para que insurgentes "vermelhos" disciplinados – considerados por eles *scavengers of the modernization process* e *the disease of the transition to modernization* – se aproveitassem das vicissitudes e particularidades daquele complicado processo. Esse painel, que ganhou maior definição de 1961 em diante, assim, obrigava os Estados Unidos a acentuarem a ênfase na assistência àqueles países na luta contra um suposto comunismo internacional, ou seja, tendo como objetivo evitar o surgimento de uma nova experiência inspirada em Cuba no continente[59]. Isso culminaria na promulgação da Public Law 87-135, de setembro daquele ano, quando o Congresso aprovou oficialmente a mudança do propósito do auxílio bélico à América Latina de proteção contra ameaças internacionais para a manutenção da segurança interna, com políticas que deveriam combinar elementos militares com ações civis[60].

Washington, portanto, esteve sempre presente nas decisões governamentais na Bolívia ao longo de todo aquele período[61] e concomitantemente tentava afastar determinados líderes de esquerda, principalmente Juan Lechín, a quem considerava "perigoso". O desagrado com aquele dirigente foi o suficiente para que seu nome fosse terminantemente rechaçado para ser um dos homens a encabeçar o governo nas eleições de 1964. O embaixador Douglas Henderson (que pouco antes desempenhara a função de assistente do chefe econômico da Divisão de Defesa do Departamento de Estado em Lima) era visto no palanque junto a Paz Estenssoro e tinha influência suficiente para barrar o nome do sindicalista na coligação. Whitehead é enfático quando sugere que, "ao vetar líderes esquerdistas, ao fragmentar os movimentos populares e endossar o papel partidário do exército, a política norte-americana encorajou o crescimento do militarismo"[62]. O poder que os "generais" conseguiram assomar durante o período foi suficiente para que tivessem condições de tomar o poder em novembro de 1964. Na administração de René Barrientos, os Estados Unidos (por meio de sua embaixada e da CIA) teriam uma atuação tão grande ou maior do que anteriormente.

Além do papel de Siles Zuazo e Paz Estenssoro na condução político-econômica do país e da deterioração das "forças combativas" progressistas de oposição, especialmente os mineiros, outro fator decisivo para que os fardados pudessem tomar o poder foi a chegada de Lyndon B. Johnson à Casa Branca. Uma de suas preocupações especiais era aumentar a sustentação e fortalecer ainda mais as relações com os núcleos castrenses do continente (incluídos aí os da Bolívia), para contrapor o "perigo" comunista representado pela Revolução Cubana. Enquanto se dava um apoio às claras para Paz Estenssoro, havia o trabalho "por trás das cortinas" ajudando homens que poderiam melhor servir aos interesses de Washington. Esses elementos, na época, pareciam ser o general René Barrientos Ortuño, principal nome dentro da Força Aérea, e Alfredo Ovando Candia, comandante do exército e, de acordo com o jornalista Carlos Soria Galvarro, "o mais influente chefe militar boliviano depois de 1952"[63].

Construiu-se em torno de Barrientos a imagem de um político amado pelo campesinato e paladino da liberdade no continente[64]. Na realidade, ele foi o iniciador de uma linha de repressão muito dura, seguida, com diversos matizes, por futuros presidentes da mesma estirpe.

Nascido no Valle de Cochabamba em 1919, Barrientos foi o principal dirigente da célula militar no MNR após 1952. Nos anos que precederam o golpe de 1964, ele começou a intensificar sua aproximação com a população rural. Utilizando-se de sua posição dentro das FFAA, cedia transporte para os principais líderes do interior e participava como mediador nos conflitos agrários no vale cochabambino – sua região –, ganhando simpatia popular, consolidando sua imagem como "amigo do campesinato" e considerando a si mesmo como o candidato ideal para a vice-presidência nas eleições que ocorreriam em 1964. Ao sofrer um atentado à bala – no qual, estranhamente, os tiros atingiram as insígnias e as medalhas que gostava de exibir no uniforme, salvando-lhe a vida –, foi rapidamente levado por um avião da Usaf a um hospital militar na zona do Canal do Panamá, sendo operado e trazido de volta, três semanas mais tarde, como "herói". Eleito em maio de 1964 e empossado na vice-presidência em 6 de agosto, demonstrava claro desagrado com a condução política de Paz Estenssoro, imediatamente rompendo relações diplomáticas com Cuba logo após o início do novo mandato. Com Ovando, sentiu a possibilidade de levar adiante um golpe de Estado. Greves de mineiros e revoltas populares foram os motivos aos quais ele recorreu para demonstrar a "falta de controle" da situação e a necessidade imediata de mudança de rumos (naquele período, o Consulado dos Estados Unidos em Cochabamba e os escritórios do Usis na mesma cidade e em Santa Cruz de la Sierra foram depredados)[65]. No dia 4 de novembro, acompanhado de seu colega de armas, promoveu o golpe "restaurador".

Ovando tinha uma personalidade distinta. Mais reservado, desde a revolução de 1952 acreditava na manutenção das instituições e via Paz Estenssoro, se não com bons olhos, pelo menos com complacência e com a noção de que ele havia sido um dos responsáveis pela reestruturação do exército. Era um nacionalista; as ideias do MNR, portanto, em muito se casavam com as suas. Ao mesmo tempo, acreditava que os fardados precisavam ampliar suas esferas de influência e campo de atuação dentro dos mais diversos setores da sociedade e do governo. Como os Estados Unidos acreditavam que ele era fundamental para dar um "equilíbrio" numa composição com Barrientos, compartilhou com ele o poder. Ovando seria o comandante em chefe das Forças Armadas, cargo que lhe daria uma posição singular no mando do país.

As diferenças entre ambos, porém, eram evidentes, e dois grupos se polarizaram, cada qual centrado nos respectivos líderes. Esses "desacordos" internos não impediram Barrientos de agir com "mão de ferro", contando com a aceitação de Ovando. Os militares impuseram duras sansões ao movimento sindical e aos partidos de esquerda, atacando a FSTMB, demitindo, como efeito de sua política, cerca de 6 mil trabalhadores das minas e coibindo qualquer manifestação popular ou greves. Exemplo da repressão foram as paralisações em La Paz e distritos mineiros em maio de 1965, quando se proclamou o estado de sítio, as minas foram ocupadas, reservistas foram convocados para aumentar os efetivos do exército e se promulgou a Lei de Segurança do Estado[66]. O dirigente sindical Adrián Arce Quispe foi assassinado em maio, enquanto em julho seria a vez do líder mineiro César Lora. Muitos militantes iriam para o exílio, como o primeiro-secretário do PC-ml e secretário-geral do sindicato da Siglo XX, Federico Escobar. Em setembro, soldados invadiram as minas e os acampamentos nas proximidades, matando em torno de 120 trabalhadores e deixando mais 200 feridos (números mais conservadores em relação às vítimas fatais, por sua vez, apontam para 48 mortos e 284 feridos)[67]. Ao mesmo tempo que esmagava o movimento operário, o Palacio Quemado tentava construir um sindicato "amarelo" que servisse a seus interesses (o que, em última instância, não alcançou resultados satisfatórios)[68]. Não custa recordar que, em janeiro, o ministro da Fazenda coronel Carlos Alcoreza já havia anunciado que aquele seria o último ano em que os Estados Unidos apoiariam diretamente o orçamento nacional[69], enquanto a Usaid concedia créditos à Comibol para cobrir os gastos de extensão dos serviços do grupo assessor do BID que estaria encarregado do financiamento para as primeiras etapas do Plano Triangular[70].

Ao lado disso, foi aberto o mercado interno a empresas estrangeiras – especialmente norte-americanas, com concessões, entre outras, às firmas International Mining and Processing Corporation e Philipp Brothers (uma subsidiária da US Steel), para processar e exportar os minérios produzidos nas minas Catavi e Matilde (o novo Código de Minería e a Ley de Fomento, Estímulo y Cooperación de Inversiones seriam aprovados por Barrientos na época). Como resultado, milhões de dólares foram canalizados para os bolsos estadunidenses; já em 1967, as companhias privadas na área de mineração controlavam

24% de toda a produção do país[71]. Para Mariano Baptista Gumucio, a entrega do conjunto de Matilde talvez tenha sido "o caso mais extremo"[72]. Aquele grupo, composto por várias minas, continha reservas de zinco para exploração imediata calculadas em 3.779.000 toneladas (além de chumbo, prata e cádmio em grandes quantidades) e foi dado como concessão à Philipp Brothers, que se comprometeria a "estudar", ao longo de trinta meses, a factibilidade ou não de instalar uma refinaria de zinco. Também no setor petroleiro, a Bolívia aceitou de bom grado a ingerência de Washington, abrindo as portas para a Gulf Oil, que começou a produzir mais que a empresa estatal YPFB, bloqueando as possibilidades de um maior desenvolvimento autônomo da indústria local. Barrientos buscou estreitar laços com os democratas cristãos e setores da FSB, além de incrementar sua política "populista" para o campesinato. Estes, juntamente com seu próprio círculo dentro do governo mais as Forças Armadas – sem nos esquecermos da aprovação do governo dos Estados Unidos –, seriam seus principais pilares de sustentação.

Em 2 de janeiro de 1966, Barrientos renunciou à copresidência para poder se habilitar como candidato às eleições gerais de 3 de julho daquele ano (em que Paz Estessoro e Siles Zuazo foram impedidos de participar), quando foi eleito "democraticamente" com 677.805 votos (ou 61,6% do total), por meio da coalizão partidária FRB, acompanhado do advogado Luis Adolfo Siles Salinas (PSD), como seu vice, conseguindo, concomitantemente, o controle do Parlamento, com cem representantes, após um processo que se caracterizou por episódios de fraude, coerção, suborno e manipulação da mídia[73]. Em 6 de agosto, o general assumiu o poder. Era uma tentativa de dar aparência de legitimidade ao governo. Mas as greves e os conflitos com o exército continuavam, especialmente em setembro, nas minas Siglo XX e Huanuni, assinalando a insatisfação dos trabalhadores com o início de seu mandato constitucional. Foi esse o ambiente interno que Che Guevara encontrou na Bolívia quando lá chegou para iniciar suas atividades guerrilheiras.

No ano de 1965, muito se especulou sobre o desaparecimento do ex-ministro de Indústrias de Cuba e seu possível paradeiro. Alguns periódicos afirmavam que ele havia perdido a vida combatendo em Santo Domingo; outros, que estaria internado numa clínica psiquiátrica; e houve ainda quem falasse que ele teria sido preso e mesmo executado por causa de discordâncias e disputas internas no governo cubano. Na realidade, ele se encontrava colaborando com a luta armada no Congo, distante dos olhos da maioria dos jornalistas e serviços secretos ocidentais, esperando as condições para que pudesse, posteriormente, atuar na América Latina[74].

No dia 3 de outubro do mesmo ano, Fidel Castro leu em público a carta de despedida do Che e confirmou que ele estava em missão internacionalista, combatendo em algum país "que necessitasse de seus modestos esforços". Concluída sua participação na África, retornou a Cuba secretamente (após um período na Tanzânia e Tchecoslováquia) e, em 1966, participou de treinamento com um grupo de revolucionários em Pinar del Río. Em 3 de novembro do mesmo ano, chegou a La Paz, de onde seguiu para a região de Ñancahuazú. Após um breve período sem nenhuma atividade bélica, ele e seus companheiros de armas iniciaram os primeiros combates contra tropas do EB em março de 1967.

No grupo guerrilheiro liderado por Guevara (que usaria, a partir de então, os codinomes "Ramón" e "Fernando"), estavam sob seu comando 29 bolivianos, 16 cubanos e 3 peruanos, além de Haydée Tamara Bunke Bider (conhecida como "Tania"). Por diversos motivos, eles não seriam capazes de criar os "dois, três, muitos Vietnãs" que o "guerrilheiro heroico" declarou em sua mensagem à Tricontinental (os "visitantes" Régis Debray e Ciro Bustos não faziam oficialmente parte do ELN como combatentes, mas mesmo assim foram presos em 20 de abril de 1967 no povoado de Muyupampa). Em 8 de outubro de 1967, o Che foi capturado por uma unidade dos *rangers* locais (treinados por instrutores militares norte-americanos); e no dia 9, assassinado no pequeno povoado de La Higuera.

A Bolívia que o Che encontrou em 1966 não era a mesma que havia conhecido em 1953 em termos políticos, mas a situação social continuava difícil. O país, com uma superfície de 1.098.000 km², tinha em torno de 4 milhões de habitantes, com uma densidade de quatro habitantes por quilômetro quadrado. Aproximadamente 35% da população vivia em áreas urbanas (ainda que outras estimativas apontassem para uma porcentagem ainda mais reduzida, menos de 30%, dos quais três quartos se concentravam nas capitais dos nove departamentos)[75]. La Paz, situada a 3.500 metros acima do nível do mar, tinha 362 mil residentes. O déficit habitacional, somente nas cidades, por sua vez, chegava a 200 mil moradias[76]. Metade da população nacional era composta de indígenas, 35% de mestiços (*cholos*) e 15% de brancos. Além do espanhol, o quéchua era uma língua muito usada principalmente nos vales e parte do Altiplano (onde viviam 1 milhão de representantes desse grupo étnico, além de 750 mil aimarás); já no sul (especialmente ao longo da fronteira com o Paraguai), o idioma que o povo local falava era o guarani. Em torno de 70% dos bolivianos eram analfabetos. A mesma porcentagem se dedicava à agricultura (em geral, de subsistência), enquanto a mineração, que representava a principal fonte de ingressos de moeda estrangeira para o país, só ocupava 4% da população (indústria e artesanato representavam 8% e setor de serviços 14%). As estimativas da época indicavam que por volta de 200 mil bolivianos moravam no exterior, em sua maior parte, trabalhadores rurais exercendo atividades no norte da Argentina. Como aponta Mariano Baptista Gumucio, a nação sul-americana era majoritariamente jovem: metade de seu povo tinha menos de 20 anos de idade e apenas 10% contavam com mais de 50 anos. As taxas de mortalidade eram altas, especialmente nas áreas mineiras, nas quais a expectiva de vida chegava a 34 anos, enquanto os índices de natalidade no período eram de 41 a 45 por mil habitantes. O mesmo autor indica que em todo aquele território só havia 1.032 médicos, o equivalente a 2,4 para cada 10 mil habitantes, assim como apenas 500 enfermeiras graduadas, ou 1,1 para cada 10 mil pessoas[77]. Para completar, a Bolívia tinha somente 615 km de estradas pavimentadas. Entre 1964 e 1966, apenas 15% dos investimentos estatais foram orientados a setores produtivos, enquanto os gastos com a burocracia tiveram uma elevação anual de 25%[78].

Além disso, não custa lembrar que as exportações do país, pouco diversificadas, eram baseadas principalmente em produtos primários. Em 1966 (ano do ingresso do Che no país), o setor mineiro correspondia a 87,4% das exportações; o de petróleo e derivados, 4,5%; o agropecuário, 7,2%; e o da indústria, 1,1%. Já no ano seguinte, quando se iniciam as atividades guerrilheiras, o setor mineiro representava 76,7% das exportações; o de petróleo e derivados, 16,3%; o da agropecuária, 6,2%; e o da indústria, 0,8% do total. Em relação ao destino das exportações, 47% se dirigiam à Inglaterra e 37% aos Estados Unidos. Por sua vez, 50% de todas as importações eram provenientes dos Estados Unidos, sendo uma parte significativa delas condicionadas a empréstimos "atados", ou seja, aqueles que obrigavam o governo boliviano a adquirir com os recursos emprestados os produtos do país credor[79]. Se em 1964 o governo central absorvera 42,6% do emprego do setor público, esse número aumentaria para 49,5% apenas cinco anos depois[80]. Enquanto isso, mais de 60% da população não tinha acesso ao mercado industrial[81]. Naquele mesmo período, enquanto a importação total cresceu 23,7%, a de bens de consumo teve um aumento de 30,9%, aproximadamente[82]. Vale lembrar que em 1967, em torno de 90% da produção e da atividade industrial se davam em apenas três departamentos, La Paz, Cochabamba e Santa Cruz, especialmente em suas capitais[83]. O mesmo se pode dizer da ocupação no setor, praticamente toda concentrada nessas localidades. A massa fabril, naquele ano, por sua vez, representava 15% da ocupação industrial total (havia na época 2.600 empresas manufatureiras, com um tamanho médio de 11 pessoas por estabelecimento). Sua produtividade era de menos de US$ 500 por trabalhador empregado[84]. Além disso, é possível perceber uma diminuição e burocratização dos sindicatos. Enquanto em 1955 havia 20 mil organismos sindicais (dos quais 8 mil tinham forte atuação), houve um processo de fusão a partir daquele ano, que reduziu seu número para 3.296 em 1964, ou seja, uma contração significativa[85].

A avaliação do Che sobre a Revolução Boliviana era contundente. Num conhecido discurso proferido em Cuba, em 18 de maio de 1962, ele faria uma crítica ácida sobre aquele episódio. Para ele, aquela havia sido "uma revolução burguesa muito tímida, muito debilitada pelas concessões que teve de fazer, com sua economia totalmente ligada à economia imperialista e totalmente monoprodutora, composta de exportadores de estanho, uma burguesia que devia ser em parte mantida pelo imperialismo"[86]. Com o golpe militar e depois com a eleição de Barrientos, a situação certamente não poderia ser considerada boa para a massa popular. O argentino acreditava, portanto, que naquele quadro complexo a Bolívia reunia as condições necessárias para se tornar um campo de treinamento internacionalista que preparasse insurgentes que pudessem ter êxito em seus respectivos países (e, inclusive, mais tarde, mesmo no âmbito interno).

O objetivo de Guevara, assim, não era *inicialmente* desencadear a revolução na própria Bolívia: seu território seria utilizado, naquele momento, como base guerrilheira. Numa região afastada, esses grupos de combatentes de diferentes nacionalidades se preparariam para iniciar a luta armada nas paragens limítrofes.

Não custa lembrar que, mesmo na década de 1920, militantes socialistas já haviam cogitado iniciar uma revolução continental a partir da Bolívia[87]. E que logo depois do triunfo da revolução de abril de 1952, segundo o historiador e cientista político Luiz Alberto Moniz Bandeira, o embaixador do Brasil em La Paz, Hugo Bethlem, enviou um comunicado à sua Chancelaria recomendando o pronto reconhecimento do novo governo, já que o isolamento do país poderia ter como consequência o "fortalecimento popular do partido no poder e sua integração com o peronismo ou talvez a implantação de um regime declaradamente comunista", do qual a Bolívia poderia se tornar um "foco de perigosa irradiação"[88]. Afinal, para o diplomata, se o MNR perdesse o controle, aquela nação "em pleno coração da América" seria uma "presa irremediável do comunismo internacional"[89]. Ou seja, a ideia (e preocupação) de que aquele país pudesse ser um centro de difusão revolucionária na região não era novidade.

De qualquer forma, seria importante para o Che o apoio de camponeses, mineiros e partidos políticos locais. Ao tratar de seu insucesso na Bolívia, deve-se analisar a situação específica e concreta que o levou à derrota militar. Um emaranhado de adversidades se cristalizou ao largo de seu projeto continental e deu o teor final de sua campanha.

A seguir, será mostrado de que forma o grupo guerrilheiro, liderado por Che Guevara entre novembro de 1966 e outubro de 1967, inseriu-se no contexto boliviano e como influenciou a vida política e os diversos atores sociais do país.

PARTE 1

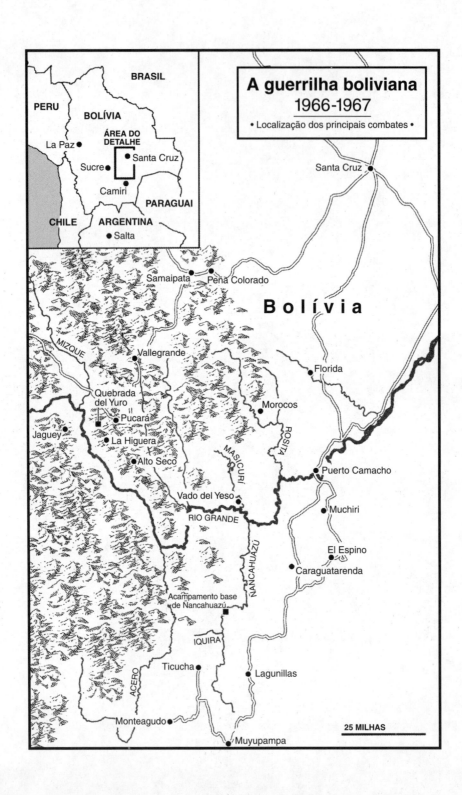

1

GUEVARA PREPARA O CAMINHO

Para se compreender os motivos que levaram Che Guevara a organizar e conduzir a guerrilha de Ñancahuazú é preciso buscar os antecedentes que indicam a gênese político-militar de seu projeto continental, assim como fatores internos e externos de intentos semelhantes. A Bolívia, nação limítrofe com cinco países, já havia sido utilizada como "ponte" para outros grupos armados na região. Alguns dos membros do futuro ELN – à época desses desdobramentos integrantes do PCB (pró-soviético) – anteciparam sua vivência de combatentes apoiando esses movimentos, experiência que mais tarde lhes seria de relativa utilidade.

Não custa lembrar que logo após o triunfo dos barbudos na "*mayor de las Antillas*", o Che confidenciara a amigos e correligionários seu desejo de lutar em outras partes do continente, principalmente em sua terra natal[1]. Além disso, o bloqueio norte-americano, as limitações agroindustriais de Cuba e a pouca confiança no relacionamento com a União Soviética eram alguns fatores que levavam o argentino a considerar seriamente abrir novas frentes de apoio à ilha. Nesse sentido, para dar andamento a seu projeto sul-americano, a Bolívia teria um papel primordial.

Em 15 de maio de 1963, a vanguarda de um grupo armado de seis guerrilheiros (e um guia local)[2] foi interceptada em Puerto Maldonado, no Peru. Nesse episódio perdeu a vida, com apenas 21 anos de idade, dentro de uma canoa no rio Madre de Dios, após perseguição policial, o jovem e premiado poeta Javier Heraud, antigo militante do MSP (agremiação da qual já havia se afastado) e autor de *El viaje*[3], que no ano anterior fora a Havana estudar cinematografia como bolsista (em Cuba, contudo, realizou treinamentos e se integrou ao ELN de seu país)[4]. Em seu corpo crivado de balas foram encontradas dezenove perfurações de tiros. Na mesma ocasião foi ferido no pescoço (mas sobreviveu) seu companheiro de armas, Alaín Elías (o segundo em comando, depois de Héctor Béjar Rivera, que não estava lá no momento), enquanto os outros combatentes acabaram presos.

34 CHE GUEVARA E A LUTA REVOLUCIONÁRIA NA BOLÍVIA

Aquele acontecimento pode ser considerado o primeiro antecedente importante da experiência de Ñancahuazú[5]. A intenção era que o núcleo avançado de reconhecimento abrisse caminho para o resto da coluna guerrilheira, que ficara do outro lado da fronteira, na Bolívia, aguardando o melhor momento para também fazer a travessia[6] e posteriormente constituir focos nos departamentos de Cerro de Pasco, Junín e Cusco. Mas o início do projeto, como se pode perceber, não foi auspicioso...

Na realidade, os combatentes peruanos iniciaram sua jornada em Cochabamba, naquele mesmo ano. Ajudados pelo então segundo homem do Partido Comunista da Bolívia, Jorge Kolle, e por Luís Tellería (outro membro do CC), que lhes providenciaram alojamentos, saltariam mais tarde para sua pátria[7]. De acordo com a opinião polêmica de Oscar Zamora (posteriormente, líder do PC-ml, pró-chinês), Mario Monje Molina (na época primeiro-secretário do PCB) teria insistido para que os membros do ELN ficassem em território boliviano, seguindo suas instruções, e os delatou para a polícia política do país, dirigida pelo general Claudio San Román. Segundo Zamora, a partir das informações transmitidas por este último à CIA, o governo de Lima e suas forças puseram-se a par dos planos daqueles revolucionários, encontrando e dizimando o grupo facilmente[8] (Humberto Vázquez Viaña, no entanto, acreditava que Paz Estenssoro, San Román e dois ministros, por mediação do Partido Comunista da Bolívia, estavam cientes da presença de uma coluna de 35 peruanos e *permitiram* sua passagem por todo o departamento do Beni, ainda que só a vanguarda com meia dúzia de homens tenha seguido para o país vizinho)[9]. Parte da coluna que restou, não obstante, conseguiu ir a La Paz, graças à ajuda de Júlio Luis Méndez Korne (também conhecido por El Ñato, natural do Beni e futuro chefe de abastecimentos da guerrilha boliviana de Guevara). Os guerrilheiros reorganizariam o ELN, que seria encabeçado pelo já mencionado Héctor Béjar Rivera (antigo secretário de imprensa e ex-membro da Comissão Política do PCP) e Juan Pablo Chang Navarro[10].

Já o MIR, encabeçado por Luis de la Puente Uceda, "o primeiro teórico da guerrilha" no Peru, era uma emulação do exemplo cubano e demonstrava certa sincronicidade com os conceitos elaborados pelo Che, não apenas com a ideia de uma aliança com outras tendências políticas de esquerda (mesmo nunca tendo conseguido resolver suas diferenças ideológicas), como também com a intenção de estender a luta revolucionária para outros países, com vistas a uma provável expansão daquela experiência a nível continental[11]. Entre 1959 e 1961, ele fez viagens a Cuba, com intuito de conhecer de perto o país caribenho, participando do Primeiro Foro Nacional de Reforma Agrária e se entrevistando com Guevara (em 1963, o peruano também chegou a se reunir com Mao Tsé-Tung, Ho Chi Minh, Kim Il-Sung e Adolfo Gilly). Para o militante Ricardo Napurí, De la

Puente era "um especialista no problema agrário camponês" e "desarmava o Che quando lhe explicava a composição orgânica do campo no Peru"[12]. Ele teria detalhado ao argentino a importância dos sindicatos e das comunidades rurais daquela nação andina, colocando em dúvida a ideia do foco "puro". Aparentemente, Guevara teria compreendido "que deveria 'matizar' sua ideia de foco" e que "por um tempo considerou que o Peru fosse uma ponta de lança em seus afãs internacionalistas de exportar a revolução" [sic] e que, "se a insurreição '*prendía*' [se iniciasse], ele lutaria conosco nas serras peruanas"[13].

Dissidente da Aliança Popular Revolucionária Americana e um dos fundadores da Apra Rebelde, De la Puente mudou o nome (e sigla) de sua organização para MIR em 1962, quando se encontrava na prisão, acusado de ter assassinado o correligionário Francisco Sarmiento. Ao sair do encarceramento, procurou Hugo Blanco[14], importante dirigente trotskista e líder camponês. A intenção era a luta armada, mas as divergências mostravam-se suficientes para impossibilitar uma aliança naquele momento. Em 1963, após ataques veementes ao então presidente Fernando Belaúnde Terry e a seu governo, e exaltando a figura de Fidel Castro, De la Puente entrou para a clandestinidade e começou a organizar seu grupo.

Da mesma forma, Héctor Béjar (fundador do periódico *Unidad*) formou o ELN, uma "dissidência" do PCP, que defendia em seu programa cinco tarefas principais: a constituição de um governo popular; a expulsão de todos os monopólios estrangeiros do Peru; uma revolução agrária; a amizade entre todos os povos do mundo; e a consolidação da soberania nacional[15]. O objetivo final, por certo, seria o triunfo do socialismo, por meio da luta armada. O ELN acreditava que a revolução não seria obra de apenas um partido, mas de um processo múltiplo, mutável e complexo, com a participação das mais variadas forças políticas[16]. Na verdade, o ELN nunca teve a intenção de se tornar um partido, mas de construir uma "associação livre de revolucionários", que tivesse ao mesmo tempo "disciplina militar" e "democracia" interna.

Vale lembrar que ambas as agremiações eram compostas por elementos treinados em Cuba. Na ilha, três grupos distintos de peruanos haviam se preparado belicamente: os integrantes do MIR; os chamados "quadros sem partido", organizados em torno de Luis Felipe Angell ("Sofocleto"); e os "bolsistas", oitenta jovens que estudavam na ilha, dos quais quarenta ingressaram nas guerrilhas. Em 1962, esses núcleos cogitaram se unir e constituir uma única organização. Ao final, decidiram, de um lado, criar o ELN, e, de outro, estruturar e ampliar o aparato mirista[17].

Seus métodos de trabalho, contudo, diferiam bastante e dificultaram uma maior coordenação entre eles. Segundo Béjar, o MIR "partia de um partido político prévio com uma direção militar já estabelecida"[18], enquanto o ELN acreditava que tanto o partido quanto o comando deveriam surgir ao longo da luta,

36 Che Guevara e a luta revolucionária na Bolívia

podendo assimilar outras forças revolucionárias[19]. Se de um lado o *Movimiento* julgava necessário um trabalho clandestino precedente no campo antes do início das atividades armadas, o ELN defendia a ação imediata pela guerrilha, que no curso dos eventos contruiria sua própria base social. Para o ELN, seria muito difícil realizar propaganda preparatória na área rural considerando as condições de repressão que o interior sofria naquela época. Por isso, seria fundamental implantar grupos móveis no campo[20]. Somente em setembro de 1965 as duas organizações decidiram constituir o Comando Nacional de Coordenação, mas, segundo o mesmo Béjar, já seria tarde demais para que essa tentativa tivesse êxito[21].

O MIR estabeleceu três focos: o Tupac Amaru, dirigido por Guillermo Lobatón Milla, na região de Satipo; o Manco Capac, na fronteira do Equador, que nunca entrou em ação, liderado por Gonzalo Fernández Gasco e Elio Portocarrero Ríos; e o Pachacutec, em Mesa Pelada, encabeçado por Luis de la Puente e Rúbel Tupayachi. Já o ELN constituiu a frente "Javier Heraud" no departamento de Ayacucho, sob os auspícios do próprio Béjar (vale lembrar que logo depois da tragédia de Puerto Maldonado o representante do ELN, Néstor Guevara, foi enviado a Cuba para conversar com o Che sobre os detalhes dos acontecimentos recentes e trocar ideias sobre os passos seguintes, ativando o novo foco em setembro de 1965, na serra sul central andina)[22].

Os acontecimentos mostraram-se pouco animadores: em junho de 1965, o grupo de Lobatón entrou em ação, atacando fazendas, postos policiais e destruindo pontes, permanecendo na luta por mais sete meses; os Estados Unidos enviaram os Boinas Verdes como forma de cooperação militar ao governo peruano e as FFAA fizeram o cerco às guerrilhas, matando seu líder e outros oito companheiros em janeiro de 1966, num enfrentamento nitidamente desigual (segundo informes da época, em torno de 5 mil efetivos, incluindo Exército, Força Aérea, Marinha e polícia, estiveram envolvidos na luta contra os guerrilheiros a um custo de US$ 10 milhões)[23]. Mesmo destino teve Luis de la Puente, que perdeu a vida em outubro de 1965. Héctor Béjar ainda tentou uma aproximação com o MIR e levou a cabo alguns ataques bem-sucedidos.

O Exército peruano, que lutava em várias frentes, demorou para combater o ELN. Quando ocorreu o encontro dos guerrilheiros com as FFAA, em dezembro de 1965, na província de La Mar, contudo, o grupo foi destruído e Béjar preso pouco tempo depois, permanecendo atrás das grades por alguns anos. De acordo com Ricardo Gadea (ex-cunhado do Che e membro do *Movimiento,* que atuou na região de Cusco e desempenhou o papel de tesoureiro da guerrilha),

> o MIR nunca teve mais de cem militantes capacitados na guerrilha, e pobremente armados; enfrentamos uma força armada que era a segunda na América Latina em número de oficiais e soldados, preparada na Escola das Américas, que tinha um

dos melhores adestramentos do continente para enfrentar uma guerrilha. Havia uma enorme disparidade de forças: a luta de uma organização popular pequena diante de uma força armada poderosa.[24]

De qualquer forma, para Jan Lust,

o objetivo inicial do Che foi fortalecer a luta guerrilheira no Peru dirigida pelo ELN no departamento peruano de Ayacucho. A ideia de desenvolver a guerrilha boliviana, não obstante, surgiu depois da derrota do ELN peruano em dezembro de 1965. Essa derrota não implicava o fim do papel do ELN peruano no projeto guerrilheiro continental do Che. De fato, no mesmo período que se organizou a guerrilha boliviana, também no departamento peruano de Puno perto da fronteira com a Bolívia se tentou construir uma força guerrilheira.[25]

Por sinal, em março de 1966, aparentemente combatentes internacionalistas cubanos teriam chegado a Arica, Chile, com o intuito de reforçar a guerrilha em Ayacucho, o que, em última instância, não veio a ocorrer[26].

A Argentina também foi palco de um projeto malsucedido. O jornalista Jorge Ricardo Masetti, fundador e ex-diretor da Prensa Latina, que ficaria conhecido como "comandante Segundo" – para uns, uma referência ao famoso personagem da literatura platense Don Segundo Sombra[27]; para outros, para designar que o "comandante Primeiro" seria o próprio Guevara –, lideraria o Exército Guerrilheiro do Povo, grupo no qual o Che seria considerado um "membro honorário", utilizando o codinome "Martín Fierro"[28]. O periodista sucumbiria em Salta, no norte de seu país, sem ter visto qualquer possibilidade de vitória, tentando implementar um plano que visava também criar uma ambiciosa conexão entre as guerrilhas peruanas e as de seu país.

Nascido em 31 de maio de 1929, em Avellaneda (zona sul da grande Buenos Aires), Masetti encontrara-se pela primeira vez com seu famoso compatriota na Sierra Maestra em março de 1958, como correspondente da rádio El Mundo (também trabalhou no Canal 7 e nos diários *Tribuna*, *La Época*, *Notícias Gráficas* e *Democracia*). Aparentemente, ao conhecer os barbudos do Movimento 26 de Julho, inspirou-se e converteu-se à sua causa. Pouco depois da primeira visita, retornaria à ilha e escreveria diversas reportagens. Mais tarde, publicaria *Los que luchan y los que lloran*, um livro de grande sucesso em que narra suas experiências naquele período[29].

Em 1959, foi convidado por Guevara para organizar a Prensa Latina, uma agência de notícias que pretendia se contrapor aos monopólios midiáticos estrangeiros (principalmente estadunidenses). Lá, trabalhou por dois anos (entre as personalidades que colaboraram com esse projeto estavam nomes como Gabriel García Márquez, Gregorio Selser e Rodolfo Walsh). Pressões de elementos ligados

38 CHE GUEVARA E A LUTA REVOLUCIONÁRIA NA BOLÍVIA

ao PSP, contudo, fizeram Masetti se demitir (ou, dependendo das fontes, ter sido retirado) do cargo entre março e maio de 1961. Ainda assim, se manteve sempre próximo ao Che, que discutia com o jornalista as possibilidades da luta armada na Argentina (inicialmente na região de Salta), a partir do território boliviano. Aquela missão seria organizada pela seção de operações especiais (cujo chefe era Orlando Pantoja Tamayo e o segundo em comando Ulises Estrada), vinculada ao Vice-Ministério Técnico do Interior, encabeçado por Manuel Piñero Losada (ainda que o Che, na prática, desempenhasse um papel precípuo na direção de suas atividades)[30].

Entre os primeiros militantes a ingressar no núcleo inicial do que viria a ser o Exército Guerrilheiro do Povo, encontravam-se o cubano Hermes Peña Torres (que atuaria como o número dois no comando), o médico portenho Leonardo Werthein ("Fabián"; mais tarde, "Medecín"), o técnico mecânico Federico Méndez ("Basilio"; posteriormente "El Flaco"), o artista plástico mendoncino Ciro Bustos ("Laureano"; depois, "El Pelao"); e um último, apenas conhecido como "Miguel"; todos os argentinos previamente contatados pelo amigo de juventude do Che, Alberto Granado[31]. Em seguida, se incorporaria à trupe Abelardo Colomé Ibarra, o "Furry", veterano da Sierra Maestra e chefe da Polícia Revolucionária em Havana (que mais tarde usaria o apelido "Carlos"). Nas palavras de Bustos, Masetti teria dito:

> Na Argentina era preciso fazer a revolução. De acordo com a lei das condições objetivas e subjetivas, este era o momento. Um povo estafado, encurralado, proscrito e agredido. Uma economia no auge, mas usurpada. Uma infraestrutura industrial em desenvolvimento, com setores autônomos importantes. Uma crescente invasão das transnacionais, se apropriando de áreas-chave dificilmente recuperáveis. Uma forte classe operária em posição de combate. Uma classe média culta e bem-informada. Uma excepcionalidade geográfica inigualável: todos os climas entre o mundo cordilheiro e o Atlântico, entre Trópico de Capricórnio e a Antártida. E uma capacidade produtiva em bens de consumo e alimentos fora de toda dúvida. O país ideal para desenvolver um processo de câmbios revolucionários que recuperem para a população o usufruto de uma riqueza natural e um esforço criativo e laboral próprio, sem ver-se esgotado pelo cerco e chantagens imperialistas [...] Segundo Masetti, a Revolução Cubana havia demonstrado como o foco de ação armada desmantelava as supostas hegemonias e atraía o apoio popular em virtude de um fato inédito: ação concreta no lugar de promessas.[32]

Os futuros combatentes, depois de intenso treinamento, seguiram para a Tchecoslováquia, onde se encontraram com o antigo comandante do Exército Rebelde, oficial graduado do Dier e do DGI e chefe de missões diplomáticas

Jorge Serguera Riverí ("Papito"). Ficaram hospedados num hotel perto do lago Slapie, a uma hora de distância de Praga. Sozinhos e com muito tempo livre, faziam longas caminhadas nas imediações. Sem maiores atividades e sendo constantemente monitorados pelos serviços de Inteligência locais, sentiam a necessidade de abandonar o país na primeira oportunidade. E foi o que fizeram. De lá, partiram para Paris e, então, para a Argélia, onde foram recebidos com todas as honras pelas autoridades locais[33]. No país africano, realizaram preparativos, com práticas de tiro, exercícios físicos e estudo de operações militares da FLN. Pouco tempo depois, chegou Papito Serguera, que serviria como novo embaixador cubano na capital.

Ainda assim, não faltaram problemas entre os homens. A relação entre Masetti e "Miguel" se deteriorou rapidamente, resultado de disputas e altercações entre os dois guerrilheiros. "Miguel" mostrava-se indisciplinado e insubordinado, o que afetava a organização do grupo. Ele foi acusado de violar normas de segurança (chegou a enviar cartas, o que era proibido), de questionar a liderança de Masetti e de não querer participar da campanha. O "comandante Segundo" foi enérgico. Depois de um julgamento sumário, o réu foi considerado culpado e condenado à pena capital. O líder do destacamento imediatamente passou a deliberação para os argelinos, ordenando seu fuzilamento. "Miguel" foi preso imediatamente pelas autoridades locais. Todos ali acharam que a execução se consumara. Sua vida, contudo, foi poupada, sem que o grupo ficasse sabendo... O jovem seria libertado mais tarde...[34].

Sete meses depois de partirem de Cuba, Masetti e seus homens estavam prontos para dar prosseguimento ao que seria descrito por Serguera como "a primeira ação conjunta insurrecional anticolonialista na América Latina"[35]. De acordo com o diplomata cubano, o objetivo seria "abrir uma frente guerrilheira no norte da Argentina com um duplo propósito: criar as condições para provocar uma revolução nesse país similar à cubana e dar apoio estratégico e estender com isso uma modalidade de resposta às agressões dos Estados Unidos, suscetível de ser generalizada"[36]. Tudo isso com apoio da Argélia, que forneceria aos guerrilheiros equipamentos, uniformes, botas, bússolas, compassos de precisão e passaportes diplomáticos com identidades falsas[37].

Necessário, contudo, garantir as condições preliminares para a implantação do foco no sul da Bolívia, a fim de "transportá-lo" logo depois para a Argentina. Os preparativos foram supervisionados originalmente por José María Martínez Tamayo (conhecido como "Papi" ou "Ricardo"). Utilizando um passaporte colombiano para ingressar no país, dizia aos locais, entretanto, ser procedente de Vallegrande (cidade do sudeste boliviano) e teve como missão coordenar o estabelecimento da base de operação do núcleo de Masetti em Tarija. Em teoria, o PCB teria prestado mais ajuda naquela ocasião ao projeto do "comandante

40 CHE GUEVARA E A LUTA REVOLUCIONÁRIA NA BOLÍVIA

Segundo" do que aos guerrilheiros de Puerto Maldonado (Jesús Lara[38] afirma que Ricardo teria sido o coordenador de ambas as "pontes")[39].

De qualquer forma, entre meados de 1963 e o início de 1964, Martínez Tamayo tentou garantir uma retaguarda ao EGP. Colaboraram nessa empresa jovens membros do PCB, como o cochabambino Guido Álvaro Peredo Leigue ("Inti") e seu irmão Roberto ("Coco"), filhos do escritor, professor e diretor do jornal católico *El Imparcial* Rómulo Peredo (o primeiro foi um dos fundadores da seção de seu partido em El Beni, chegando a ser primeiro-secretário do Comitê Regional e integrante do CC em La Paz); o aluno de sociologia, ex-dirigente sindical e organizador da Flin Rodolfo Saldaña; e o pacenho Jorge Vázquez Viaña, estudante de geologia na UMSA, que fora suplente do Comitê Central (apelidado mais tarde de "El Loro" ou "Bigotes"). Vale ressaltar que o partido, nessa época, não possuía uma seção militar. Aqueles com algum preparo na respectiva área que colaboraram com Ricardo e o EGP eram do chamado "grupo de segurança", e só mais tarde receberiam treinamento apropriado para guerrilhas, em Cuba[40]. A partir da base principal, na fazenda de Emborozú, na região da fronteira, o célebre jornalista argentino e seus combatentes passariam para sua pátria, guiados pelos jovens militantes comunistas bolivianos.

É interessante notar que, apesar de o PCB prestar auxílio a Masetti, o PCA, liderado por Vittorio Codovilla, em seu XII Congresso, em 1963 – ano do início das atividades do Exército Guerrilheiro do Povo –, afirmava, em documento oficial, que

> é propósito de nosso partido conquistar o poder pela via pacífica [... e que] esta pressupõe a organização constante da luta de massas para deter os avanços da reação e do fascismo e para conseguir as reivindicações econômicas, sociais e políticas imediatas, ligando-as à luta geral por um poder de novo tipo. Mas é preciso ter em conta que a luta armada não pode ser levada a cabo se não for criada uma situação revolucionária direta. E no que diz respeito a nosso país, mesmo podendo-se afirmar que está amadurecendo uma situação revolucionária, não existem ainda as condições subjetivas para assegurar o triunfo da revolução.[41]

As resoluções do PCA indicam que aparentemente o partido não se comunicava nem se associava diretamente com seu homólogo ao norte; e que, com posições análogas às do PCUS, por certo, não poderia ser cogitado como possível aliado no projeto que queria encabeçar o EGP. O fato é que Codovilla não foi informado oficialmente por Monje que o PCB estava ajudando o grupo de Masetti e só soube de sua existência (e do apoio dos comunistas bolivianos) três meses depois do ingresso dos combatentes em seu país por meio de uma conversa confidencial com o primeiro-secretário do PCU, Rodney Arismendi, o que o teria enfurecido[42].

O "comandante Segundo" e seus homens chegaram à Bolívia, via Itália e Brasil, em maio de 1963, em grupos separados, e depois se reuniram em Tarija[43]. Masetti decidiu atravessar a fronteira no dia 21 de junho, junto a mais quatro companheiros, cruzando o rio Bermejo em direção à selva de Orán. Carregavam dois fuzis FAL, uma *"pistola ametralladora"* [pistola metralhadora] Garand, uma metralhadora Thompson, uma M3 calibre .45 com silenciador, pistolas Browning 9 mm e granadas de mão. Perderam-se e tiveram de retornar a seu acampamento (nomeado "Augusto César Sandino") dentro do território boliviano. Ainda que a região escolhida fosse de pouca densidade demográfica e que a Argentina tivesse acabado de realizar eleições presidenciais, vencidas pelo médico cordobês Arturo Illia, da UCRP, em 7 de julho (com apenas 25,2% dos votos), Masetti estava decidido a seguir com sua empreitada. Não custa recordar que, em março do ano anterior, Arturo Frondizi havia sido derrocado por um golpe de Estado e substituído pelo senador José María Guido, *"un hombre gris y reaccionario"*[44], que acabou sendo aceito pelas FFAA. Além disso, decretou-se o "recesso" do Parlamento, as províncias sofreram intervenção e os partidos comunista e justicialista foram proscritos. Masetti acreditava firmemente na possibilidade de uma tomada aberta do poder pelos militares, que haviam sido os responsáveis pela destituição de Frondizi e que se mostravam incomodados com o mandato de Guido. Mas isso não ocorreu, ainda que durante meses o ambiente do país fosse repressivo e sufocante. O contexto político local, contudo, mudaria (pelo menos em termos "formais") com o pleito em que Illia triunfou. O "comandante Segundo", contudo, depois de se consultar com Cuba, decidiu seguir adiante com seus planos. Em sua base boliviana, ele escreveu, em 9 de julho, um comunicado exigindo a renúncia do novo presidente, afirmando que ele havia participado da mais escandalosa fraude eleitoral da história argentina[45]. Trechos da carta seriam publicados em 9 de outubro na edição de n. 16 do órgão da esquerda peronista *Compañero* (vinculado a Gustavo Rearte, John William Cooke e Mario Valotta), ou seja, somente três meses depois de redigida (diferentes jornais, como *La Nación*, se recusaram a difundir o documento), sem qualquer repercussão (o documento só seria reproduzido na íntegra em 1968, pela "Comissão de solidariedade aos presos do EGP", em sua campanha pela liberdade dos antigos combatentes).

Enquanto Ciro Bustos se esforçava para construir uma rede urbana (que deveria fornecer aos guerrilheiros remédios, alimentos, uniformes e armas), novos militantes eram recrutados (no entanto, o EGP perderia Leonardo Werthein, um quadro importante que, com uma infecção na pele, teve de retornar a Cuba para tratamento)[46]. José María Martínez Tamayo continuava fazendo trabalho de apoio (depois ele recebeu ordens para voltar a Havana). Já outro homem de confiança do Che, Juan Alberto Castellanos, seria incorporado ao grupo, utilizando o nome "Raúl Moisés Dávila Sueyro"[47]. Miguel Ángel Duque Estrada, "auditor revolucionário" na cordilheira de Escambray durante a Revolução Cubana, por sua vez, ficaria encarregado de permanecer na fazenda até a possível chegada do Che e, então, seguiria com ele para a área de operações (apesar disso, ele regressaria, em seguida, para a ilha)[48].

Em fins de setembro, iniciou-se a *Operación Dorado*, quando os guerrilheiros atravessaram pela segunda vez a fronteira entre Bolívia e Argentina, montando acampamento junto ao rio Pescado, a 15 km de Aguas Blancas, numa região isolada e de alto nível de pobreza. Vale lembrar que o Chaco saltenho, onde os guerrilheiros deveriam transitar, era um território enorme, maior do que a Sierra Maestra e toda a província do Oriente de Cuba (Salta, afinal, é 40 mil km^2 maior que a ilha caribenha)[49].

A tentativa foi um fracasso do começo ao fim. Cansados, famintos e doentes, os combatentes sentiam o moral diminuir a cada dia. Alguns, como José Stachiotti ("El Correntino") e Miguel Goicochea ("Pirincho")[50], desertavam, enquanto outros, como Jorge Jerez, seriam expulsos. Tribunais improvisados foram estabelecidos e dois jovens guerrilheiros, o estudante Adolfo Rotblat, de 25 anos, e o bancário Bernardo Groswald, de 19, condenados e executados, aparentemente por insubordinação, falta de moral revolucionária, indisciplina e instabilidade emocional. No resto do país, pouco se sabia do que estava ocorrendo nas distantes selvas do norte da Argentina.

Em dezembro, começou a Operação Trampolim, que visava transportar os armamentos escondidos na Bolívia para o outro lado da divisa. À medida que novos voluntários chegavam, eram treinados pelo capitão cubano Hermes Peña Torres, veterano da Sierra Maestra. Mas a dureza do terreno e as penas capitais impostas pelas lideranças dificultavam a integridade física e psicológica do grupo.

Em janeiro de 1964, Masetti escreveu o principal manifesto político do EGP, "Mensaje a los campesinos"[51], e chegou até mesmo a cogitar enviar armamento para as Farn, organização liderada pelo jornalista, antigo dirigente estudantil, militante de origem trotskista e ex-membro do GOM, do POR, do PSRN, da PO e do MAO, Ángel Amado "Vasco" Bengochea, com o intuito de iniciar ataques coordenados com ele em áreas de Salta e Tucumán (este último havia conversado longamente com o Che em Havana sobre as perspectivas revolucionárias na Argentina e celebraram um acordo para iniciar uma frente guerrilheira em seu país; em Cuba, havia sido treinado pelo próprio Martínez Tamayo)[52]. Em março, contudo, com a infiltração de agentes da Dipa, iniciou-se o declínio final do foco do "comandante Segundo". Os guerrilheiros pereciam por doenças, fome e em combates esporádicos com o exército, enquanto outros, como o antigo membro da FJC e estudante de medicina Héctor Jouvé e o técnico mecânico Federico Méndez, foram feitos prisioneiros, torturados e, depois, condenados a permanecer por alguns anos na cadeia. Mesmo destino teve o cubano

Alberto Castellanos, que ficou encarcerado em Salta por quatro anos. Alguns ainda partiram para o exílio, como o responsável pelo abastecimento, Emilio Jouvé, e o encarregado da linha de transporte e contatos, o médico Agustín Canello. Hermes Peña Torres e o estudante de medicina Jorge Guille participaram de seu derradeiro combate em 18 de abril de 1964, quando perderam a vida pelas mãos da gendarmeria (mais de quatro décadas depois, a pedido da filha do capitão, Teresita Peña, e por meio do embaixador cubano Alejandro González Galiano, foi realizada um busca pelos restos daquele guerrilheiro e de outros combatentes; a ossada de Peña foi encontrada em 5 de julho de 2005, e na semana seguinte, no dia 12, o juiz federal de Orán, Raúl Juan Reynoso, comunicou que sua identidade havia sido confirmada pelo antropólogo cubano Alfredo Jesús Tamame Camargo)[53].

Masetti, por sua vez, em retirada, penetrou fundo na selva. Não se sabe exatamente o que aconteceu com ele depois. Alguns dizem que pode ter acabado como vários de seus soldados, morto por inanição ou alguma enfermidade. Outros assinalam que se suicidou. Ou que pode ter sido executado pelos militares. Seu corpo nunca foi encontrado (assim como o de Oscar Atilio Altamirano, de apenas 23 anos de idade, que o acompanhava)[54]. Os pertences de Jorge Ricardo Masetti (como armas, equipamentos e seu relógio) também não foram achados.

De acordo com Ciro Bustos, depois de vários meses de percurso, "encontramos uma só família, dificilmente catalogável como camponesa ou mesmo como de camponeses pobres. Não passavam de dejetos humanos. Nestes desertos selváticos, não havia tarefa política possível e, naqueles confins, um bonaerense era um estranho"[55]. O certo é que, de uma forma ou de outra, aí acabou a guerrilha do EGP, composta por cerca de trinta combatentes, em geral, provenientes de frações pró-cubanas da juventude comunista e da militância universitária de classe média de Buenos Aires, Córdoba e Rosario (como estudantes de filosofia e letras da UBA ou de cinema da Universidad Nacional de La Plata) e que contou com uma incipiente rede de apoio urbana, que incluiu personalidades conhecidas como José Aricó (que chegou a se reunir com Masetti na selva), Juan Carlos Portantiero (na época, membro da VR, um grupo de dissidentes do PCA), o poeta e professor Oscar del Barco e outros intelectuais ligados à revista *Pasado y Presente*[56].

A notícia da destruição do EGP abalou o Che, não só pelo fim de seu projeto, como também pela morte e prisão de amigos próximos. Oscar Zamora, que se entrevistou com Guevara após os acontecimentos de Salta, afirma que ele concordara que Mario Monje havia traído Masetti. Para Zamora, a culpa do fracasso do Exército Guerrilheiro do Povo teria sido do primeiro-secretário do PCB que, por causa de seus contatos com Claudio San Román e com a polícia política da Bolívia, teria facilitado informações sobre o grupo, que foram transmitidas ao governo argentino[57] (essa afirmação, contudo, é bastante questionável, tendo em vista que na época os pró-soviéticos colocavam a serviço de Masetti alguns de seus melhores quadros, e dificilmente se arriscariam a perdê-los com a delação; esses mesmos jovens militantes comunistas que ajudaram o EGP iriam mais tarde a Cuba, com respaldo daquele partido, para treinar.

Desde 1963, Guevara via a Bolívia como uma possível retaguarda para seu plano continental. Prestando atenção aos acontecimentos no Peru e na Argentina, acreditava ser necessário que se consolidasse uma estrutura clandestina no país. Com esse intuito, enviou "Ricardo" ("Papi") a La Paz, estreitou laços com os comunistas locais, continuou seus contatos com membros do ELN peruano (entre eles, o já mencionado Juan Pablo Chang) e manteve em seu radar Ciro Bustos, para que ele pudesse atuar como apoio em sua terra de origem em algum momento no futuro.

Em março de 1964, o Che conversou em seu gabinete no Minind com Haydée Tamara Bunke Bider, que viria a ser conhecida como "Tania". Filha do alemão Erich Otto Bunke e de Nadia Bider[58] – ambos judeus comunistas emigrados em 1935 para a Argentina –, ela nasceu em Buenos Aires, em 19 de novembro de 1937. Passaria a infância em Avellaneda com os progenitores – os dois, professores –, que logo ingressaram no PCA.

A família (que incluía seu irmão Olaf) se mudou para a Alemanha Oriental em 1952, quando a menina, com 14 anos, cursava o segundo ano da Escola Normal. Em Stalinstadt (atualmente Eisenhüttenstadt), a "primeira cidade socialista germana", estudou no colégio Clara Zetkin, iniciando lá seu bacharelado, ingressando na Juventude Livre Alemã e começando a praticar o tiro esportivo (um par de anos mais tarde, após se destacar na Associação de Esportes e Técnica, se tornaria professora de tiro para turmas de atletas femininas e seria a tradutora de uma delegação desportiva brasileira em visita ao país). Também aprendeu a disparar fuzis na casa de seu instrutor Heinrich Byl.

Em 1955, foi admitida como candidata ao PSUA e, no ano seguinte, não só terminou os estudos, mas se propôs a ingressar no Instituto Pedagógico de Leipzig. Tornou-se membro ativo do partido e guia dos pioneiros na Escola Superior n. 3 de Berlim, em 1957, no mesmo ano em que visitou a União Soviética para participar da celebração do VI Festival Mundial da Juventude, entrando em contato, na ocasião, com alguns cubanos, que lhe contaram o que estava ocorrendo na ilha[59].

A partir de 1958, foi aluna da Faculdade de Filosofia e Letras, no Instituto de Línguas Romanas da Universidade Humboldt de Berlim. Já no ano seguinte, foi a responsável pela primeira tradução na Alemanha Oriental do Hino do

Movimento 26 de Julho. E, em 1960, conheceu Hortensia Gómez (representante de Cuba na FDIM) e o capitão Antonio Núñez Jiménez[60]. Depois de organizar uma exposição sobre a Revolução Cubana na Biblioteca do Estado, trabalhou como intérprete da delegação comercial da ilha encabeçada pelo Che na RDA.

Em 1961, a convite de Alicia Alonso, decidiu ir à *"mayor de las Antillas"*, acompanhando o Balé Nacional. Foi naquela mesma época que começou a trabalhar no Icap, assim como participou do Congresso da UIE e escalou o Pico Turquino. Moraria num apartamento da Avenida 3ª, n. 1.804, entre 18 e 20 (terceiro andar), em Miramar.

No dia 1º de junho daquele ano, por coincidência, ela se encontrou com Guevara numa jornada de trabalho voluntário para a construção da escola primária da União Internacional de Estudantes, em Vedado, cada qual numa brigada distinta. A disputa entre eles foi dura, já que ambos queriam que seu grupo ganhasse a "competição" fraternal, ou seja, construir mais rápido e carregar a maior quantidade de material ao levantar sua parte do colégio. Em 1962, ela ainda começou a cursar a Faculdade de Jornalismo da Universidade de Havana e a exercer a função de tradutora no Mined.

Em maio, por sua vez, Tamara participou de uma festa (um churrasco) de celebração da data de independência da Argentina em Río Cristal, com a presença de Ángel Bengochea, John William Cooke, Alicia Eguren, Gustavo Rearte, Mario Roberto Santucho, Rodolfo Walsh, Francisco Reynaldo "Paco" Urondo, Juan María García Elorrio e Jorge Ricardo Masetti, um grupo bastante representativo da esquerda revolucionária daquele país, que incluía de trotskistas a futuros montoneros (logo depois, alguns deles integrariam uma escola de formação político-militar e voltariam para iniciar atividades em seu país)[61]. Na ocasião, o Che fez um discurso sobre a luta armada na América Latina[62]. O círculo de contatos de Tamara, como se pode perceber, se ampliava (em 1962, havia em torno de quatrocentos militantes argentinos vivendo em Cuba, muitos dos quais desempenhando atividades de apoio em áreas como educação e saúde)[63].

Já em 1963, Tamara entrou para as milícias revolucionárias e realizou atividades na CTC, nos CDR e na FMC, atuando como redatora da seção internacional de *Vida Nueva*, publicação desta última entidade[64]. Naquele mesmo ano, Manuel Piñero Losada lhe propôs realizar trabalho clandestino em países da América Latina (um biógrafo conhecido, porém, comentou que teria sido ela quem havia procurado o departamento de Barbarroja, pedindo para realizar alguma missão, e que ela, além disso, teria sido uma informante esporádica da Stasi na juventude, recrutada pelo funcionário de contrainteligência Gunter Mannel; já o funcionário da KGB, Alexandr Alexeiev, por sua vez, sugeriu que ela fora, em realidade, uma agente da RDA "emprestada" aos cubanos; todas essas informações foram veementemente contestadas por Nadia Bider, a mãe da guerrilheira e por documentos oficiais alemães e soviéticos[65]. Outras "candidatas" argentinas também seriam cogitadas para cumprir aquela tarefa, como a jovem pianista Lidia Guerverof Hahn (que residia em Cuba com sua mãe) e Isabel Larguía Mareno (formada pelo Instituto de Altos Estudos Cinematográficos de Paris), ambas amigas de Tamara, que foi considerada, em última instância, aquela que melhor se adequava à missão[66]. Ela aceitou a incumbência, escolhendo o codinome "Tania", um tributo à combatente e heroína soviética Zoia Kosmodemianskaia, que utilizara o mesmo pseudônimo durante a Segunda Guerra Mundial.

Após intenso treinamento, recebeu um carnê como tradutora do Minind (com o nome "Tamara Lorenzo"), que seria utilizado como identificação na segunda fase de sua preparação, a partir de 20 de fevereiro de 1964, na cidade de Cienfuegos, quando exercitaria o "Plano prático operativo" que incluía aprender a instalar um equipamento de rádio igual aos utilizados pela CIA; receber e transmitir mensagens cifradas; selecionar uma zona para contatos; confeccionar croquis da região e depositar informativos em diferentes esconderijos; realizar estudos da situação e organizações políticas daquele local; enviar a Havana cartas codificadas com tinta invisível; colocar em prática medidas de segurança contra possíveis inimigos; e obter dados para o planejamento de ações urbanas contra um centro industrial naquela cidade.

Ao concluir a atividade, em março, recebeu instruções do Che para ingressar na Bolívia e infiltrar-se nos círculos da alta sociedade daquele país.

No dia 9 de abril de 1964, viajou para a Europa, utilizando um passaporte com o nome "Haydée Bider González". Ao longo de seu périplo de pelo menos seis meses, passou por diferentes nações do Velho Continente (Itália, França, Alemanha Ocidental e Tchecoslováquia)[67]. Vale lembrar que a maior parte do tempo ela permaneceu incógnita numa casa de segurança nos arredores de Praga, apoiada pelo agente cubano José Gómez Abad e pelos serviços de Inteligência tchecos[68]. Ela ainda usaria as identidades de Vittoria Pancini e Marta Iriarte, até começar a ser reconhecida como Laura Gutiérrez Bauer a partir de 5 de agosto, quando foi a Frankfurt (RFA), de onde partiu, em outubro, para Orly e de lá, em 5 de novembro, para a América do Sul. Desembarcou no dia 6 no aeroporto de Callao (cidade portuária na área metropolitana de Lima, Peru), seguindo de avião para Cusco (onde ficou por poucos dias hospedada no Hotel Rosedal), de trem para Puno e numa caminhonete para Yunguyo. Atravessou a fronteira boliviana, continuou para Copacabana e de lá, finalmente, para a capital.

Tania chegou a La Paz em 18 de novembro de 1964, utilizando o nome "Laura Gutiérrez Bauer", disfarçada como uma etnóloga argentina e pesquisadora de música indígena (lá participou, sem remuneração, do Comitê de Pesquisas Folclóricas do Ministério da Educação e deu aulas particulares de alemão para oito alunos das elites pacenhas, o que lhe permitiu conhecer por dentro suas casas e se relacionar com seus familiares). Ficaria alojada no Hotel Sucre.

Ela seria encarregada dos enlaces nas cidades, tendo como função fazer um levantamento dos grupos políticos de diversas tendências, além de obter informações referentes à atuação interna de estadunidenses e da capacidade operacional e militar das Forças Armadas locais. Para isso, precisaria se misturar com a alta sociedade local e as esferas de primeiro escalão do governo. Tania rapidamente fez amizade com os pintores Juan Ortega Leytón e Moisés Chire Barrientos (este, parente do presidente), que logo lhe apresentaram a um círculo privilegiado de artistas e intelectuais. Também se tornou próxima do chefe da Direção Nacional de Informações da Presidência da República, o periodista Gonzalo López Muñoz, que lançara havia pouco o quinzenário *Esto Es* e era correspondente local da revista *Visión*, assim como seus irmãos Alberto e Colombia[69]; da ex-secretária do Senado Ana Heinrich (ligada a importantes funcionários do Estado, incluindo o ministro do Interior, Antonio Arguedas); do jornalista Mario Quiroga (que lhe conseguiu um trabalho como corretora de provas no *Presencia*, periódico de maior tiragem do país); de Julia Elena Fortún (vinculada ao Ministério da Educação da Bolívia); de Luís Raúl Durán, chefe de imprensa da Yacimientos Petrolíferos Fiscales; de Néstor Galindo, do Banco Minero; de Sergio Soria Cobarrubia, funcionário da *Visión*; do poeta Eduardo Olmedo López; do diretor do jornal *El Mundo*, Víctor Zannier; de seu compatriota René Capriles Farfán; do diplomata mexicano Juan Manuel Ramírez; e do advogado cochabambino Alfonso Bascope Méndez, que trabalhara no Ministerio de Obras Públicas como assessor legal e depois no Servicio Nacional de Caminos; entre vários outros. Além disso, se acercou de funcionários da Embaixada da Argentina, como o secretário Ricardo Arze; do cônsul em Santa Cruz de la Sierra, Marcelo Barbosa; e de alguns integrantes do Ministério de Relações Exteriores da Bolívia.

A jovem entrou no país no mesmo mês em que se deu o golpe militar dos generais René Barrientos e Ovando Candia, recebendo seu visto de residência definitivo em janeiro de 1965, época em que alugou um quarto numa casa na rua Presbítero Medina, em Sopocachi (La Paz), de propriedade do diplomata aposentado Alfredo Sanjines e de sua mulher Carmen Suazo. Em meados de junho, por sua vez, dois irmãos se mudaram para outro aposento da mesma residência, o estudante de engenharia elétrica Mario Antonio Martínez Álvarez (de 21 anos) e Gonzalo, aluno de engenharia industrial. Após se casar com o primeiro, em março de 1966, conseguiu a cidadania e o passaporte bolivianos[70].

Foi procurada naquele período por Carlos Conrado de Jesús Alvarado Marín (que utilizava o apelido "Mercy"), um guatemalteco que trabalhava como agente de Havana, enviado por Barbarroja para entregar correspondência a ela e avisá-la que havia sido aceita como membro pleno do novo PCC. Tania mais tarde viajou para São Paulo, depois para o Uruguai, voltou ao Brasil e foi em seguida para o México, recebendo instruções sobre as tarefas que deveria cumprir e ganhando um novo passaporte argentino, até finalmente retornar à Bolívia, para dar continuidade à sua missão. A organização da rede urbana como retaguarda do projeto continental ia se estruturando, gradualmente.

Missão diplomática na África

Em 9 de dezembro de 1964, Che Guevara partiu de Cuba numa viagem internacional de três meses. A primeira escala foi em Nova York, onde faria uma apresentação na ONU. Em seu famoso discurso na Assembleia Geral das Nações Unidas, no dia 11 do mesmo mês, seu interesse pela África (e especialmente pelo Congo) ficou claro. O Che começaria com uma saudação aos povos da Zâmbia, do Malawi e de Malta, nações que tinham acabado de se tornar independentes, fazendo votos para que elas se unissem ao grupo dos não alinhados[71]. Também expressaria a solidariedade aos povos, ainda coloniais, da Guiné portuguesa, de Angola e de Moçambique, dizendo que a ilha estaria disposta a ajudá-los na medida de suas condições[72]. E então falou do Congo em tom enérgico:

> Queria referir-me especificamente ao doloroso caso do Congo, único na História do mundo moderno, que mostra como se pode burlar com a mais absoluta impunidade, com o cinismo mais insolente, o direito dos povos. As imensas riquezas que o Congo detém e que as nações imperialistas querem manter sob seu controle são os motivos diretos de tudo isso. Na intervenção que deveria fazer, de quando de sua primeira visita às Nações Unidas, o companheiro Fidel Castro advertia que todo o problema da coexistência entre as nações se reduzia ao problema da apropriação indevida de riquezas alheias e procedia à argumentação seguinte: "Cesse a filosofia do despojamento e cessará a filosofia da guerra"; contudo, a filosofia do despojamento não só não cessou como se mantém mais forte do que nunca e, por isso, os mesmos que utilizaram o nome das Nações Unidas para perpetrar o assassinato de Lumumba, hoje, em nome da defesa da raça branca, assassinam milhares de congoleses.
>
> Como é possível que nos esqueçamos da forma pela qual foi atraiçoada a esperança que Patrice Lumumba depositou na Organização das Nações Unidas? Como é possível que nos esqueçamos das jogadas e manobras que se sucederam à ocupação desse país pelas tropas das Nações Unidas, sob cujos auspícios atuaram impunemente os assassinos do grande patriota africano?
>
> Como poderemos esquecer, senhores delegados, que quem desacatou a autoridade das Nações Unidas, no Congo, e não precisamente por razões patrióticas, foi Moïse Tshombe, que deu início à sublevação em Katanga, com o apoio belga?

E como justificar, como explicar, que, ao final de toda a ação das Nações Unidas, Tshombe, desalojado de Katanga, regressasse dono e senhor do Congo? Quem poderia negar o triste papel que os imperialistas obrigaram a desempenhar a Organização das Nações Unidas?

Em resumo: fizeram-se aparatosas mobilizações para evitar a cisão de Katanga e, hoje, Tshombe está no poder, as riquezas do Congo em mãos imperialistas [...] e os gastos devem ser pagos pelas nações dignas! Que bom negócio fazem os mercadores da guerra! Por isso, o governo de Cuba apoia a justa atitude da União Soviética, ao se negar a pagar os gastos do crime.

Para cúmulo do escárnio, atiram-nos agora ao rosto com essas últimas ações, que encheram de indignação o mundo.

Quem são os autores? Paraquedistas belgas, transportados por aviões norte-americanos, que partiram de bases inglesas. Lembramo-nos de que, ontem, quase víamos um pequeno país da Europa, trabalhador e civilizado, invadido pelas hordas hitleristas; amargava nossa consciência saber desse pequeno povo massacrado pelo imperialismo germânico, e o víamos com carinho. Mas esta outra face da moeda imperialista era o que muitos não percebíamos. [...]

Vingar o crime do Congo.

Nossos olhos livres se abrem hoje para novos horizontes e são capazes de ver o que ontem nossa condição de escravos coloniais nos impedia de observar: que a "civilização ocidental" esconde, sob sua vistosa fachada, um quadro de hienas e chacais. [...]

Todos os homens livres do mundo devem apressar-se em vingar o crime do Congo. Talvez muitos daqueles soldados, convertidos em sub-homens pela máquina imperialista, pensem de boa-fé que estão defendendo os direitos de uma raça superior; mas nesta Assembleia são majoritários os povos que têm suas peles tostadas por distintos sóis, coloridas por distintos pigmentos, e chegaram a compreender plenamente que a diferença entre os homens não é dada pela cor da pele, mas pelas formas de propriedade dos meios de produção, pelas relações de produção.[73]

O discurso na ONU mostrava claramente que o foco do Che se voltava cada vez mais para as lutas na África. Seu projeto no continente, na verdade, incluía os líderes regionais com quem ele mais se identificava: Ahmed Ben Bella (Argélia), Gamal Abdel Nasser (Egito) e Julius Nyerere (Tanzânia). Com seu apoio, Guevara acreditava ser possível criar bases sólidas para uma retaguarda aos insurgentes de diferentes nações do continente. Se Moscou e Pequim oferecessem suporte à empreitada, as possibilidades de êxito poderiam ser ainda maiores (de 1961 ao começo de 1965, entre 100 e 200 africanos treinariam em Cuba)[74].

Na mesma época, aquele que fora um dos principais líderes dos Black Muslims [mulçumanos negros] dos Estados Unidos, Malcolm X (El-Hajj Malik

50 CHE GUEVARA E A LUTA REVOLUCIONÁRIA NA BOLÍVIA

El-Shabazz), acabava de retornar a Nova York proveniente de uma viagem à África e ao Oriente Médio. Ao longo do tempo, seu discurso havia mudado gradualmente, e ele parecia cada vez mais adotar uma postura anti-imperialista, terceiro-mundista e até, em alguns aspectos, socialista, aproximando-se, em boa medida, das ideias do Che[75]. Ele também estava indignado com os acontecimentos no Congo e o expressava em suas intervenções públicas.

Pouco tempo antes, em Gana, Malcolm (que na Nigéria ganhou o nome iorubá "Omawale" ou "o filho que retornou ao lar") havia se encontrado com o embaixador cubano em Acra, Armando Entralgo González, que garantira a ele que seu governo apoiaria qualquer demanda dos afro-americanos para julgar os Estados Unidos por crimes raciais nos foros internacionais, assim como também buscaria o apoio do bloco socialista. Além disso, Havana se prontificava a patrocinar aquela iniciativa, caso nenhum país africano o fizesse. O diplomata não só convidou Malcolm a visitar a ilha como organizou uma festa em sua homenagem, na última noite antes de sua partida[76]. Naquele país, Malcolm proferiu uma palestra para um auditório lotado no Instituto Ideológico Kwame Nkrumah em Wineba; conversou com integrantes do Parlamento; teve uma reunião privada com Nkrumah; e jantou com compatriotas na Embaixada chinesa, quando assistiu a documentários realizados pela RPC, incluindo um sobre o apoio de Pequim à "libertação" dos negros nos Estados Unidos[77]. Ele aventava criar uma Afro-American Freedom Brigade, algo similar ao projeto de Guevara implementado pouco mais tarde, neste caso, com tropas, em sua maioria, de afro-cubanos[78].

Dois dias depois do pronunciamento do Che na ONU, Malcolm apresentava a seu público, no Salão Audubon, no Harlem, o revolucionário Abdul Rahman Mohamed Babu, líder do partido Umma e defensor do movimento anticolonialista pan-africano, que havia treinado em Cuba anos antes e participado da tomada de poder na Tanganica (que em janeiro de 1964 se unira a Zanzibar e formara a nova nação da Tanzânia). Babu e El-Shabazz conversaram pela primeira vez no Cairo, em julho daquele ano, na segunda reunião da OUA, e agora se encontravam novamente.

A relação do ex-membro da "Nação do Islã" com alguns países africanos era evidente, e, por isso, ele teria conseguido convencer a Etiópia e a Libéria a incluir uma petição condenando a violação dos direitos humanos contra os negros nos Estados Unidos junto a outra já elaborada contra o *apartheid* na África do Sul, que seriam apresentadas na Corte Internacional de Justiça em Haia, em 12 de março de 1965. Fica clara, portanto, a evolução política de Malcolm em seus últimos meses de vida. Seu projeto já havia superado a questão exclusivamente racial, com declarações contínuas sobre a luta contra a opressão capitalista e o imperialismo em qualquer lugar do planeta[79]. Como lembra George Breitman, "o novo papel que Malcolm estava procurando desempenhar era o de um revolucionário"[80].

Segundo Carlos Moore, a Inteligência cubana se empenhava para conseguir apoio concreto de organizações afro-americanas, incluindo aí a Nação do Islá (a publicação do grupo *Muhammad Speaks* chegou a editar matérias em favor da ilha, e Herbert Muhammad, filho do líder da NOI, visitou Havana)[81]. Imaginava-se a possibilidade de estruturação de comandos negros norte-americanos que pudessem realizar ações em favor da revolução, em caso de invasão por tropas dos Estados Unidos. Entre os defensores dessa concepção se destacava o veterano da guerra da Coreia e ativista político Robert Williams, que mais tarde se asilou em Cuba, onde passou a se encontrar frequentemente com o corpo diplomático africano, do qual faziam parte Ebenezer Akuete, encarregado de negócios de Gana, e Soumah Issa, embaixador da Guiné (Williams começou a transmitir um programa de rádio a partir da ilha, *Radio Free Dixie,* enviando mensagens para o sul dos Estados Unidos, conclamando os negros a converter aquela região numa nova Sierra Maestra; ele também escreveu um livro emblemático na época, *Negroes with Guns*)[82].

O Che conheceu Malcolm X já no dia 9 de dezembro, durante uma recepção na Missão da Tanzânia nas Nações Unidas[83] (o líder afro-americano, por sua vez, já tivera um famoso encontro em 1960 com o próprio Fidel no Hotel Theresa, no Harlem). Um par de dias após seu discurso na ONU, o "guerrilheiro heroico" deveria falar para uma manifestação popular no Harlem organizado por Malcolm[84], com o objetivo de denunciar o que ocorria no Congo. O fundador da MMI e da OAAU foi comunicado que o então ministro de Indústrias de Cuba decidira cancelar sua participação, por deliberação de Fidel, possivelmente para evitar qualquer possibilidade de um atentado. Mas El-Shabazz, mesmo assim, manteria o *meeting*.

Depois de apresentar Babu a seus correligionários, Malcolm leu um texto enviado por Guevara[85]. Em seu discurso, disse: "Adoro um revolucionário. E um dos homens mais revolucionários neste país viria aqui com nosso amigo xeique Babu, mas achou melhor não. No entanto, ele mandou esta mensagem"[86]. Então, declamou a carta do Che: "Queridos irmãos e irmãs do Harlem: gostaria de estar com vocês e com o irmão Babu, mas as condições atuais não são boas para esse encontro. Recebam as saudações calorosas do povo cubano e especialmente as de Fidel, que se lembra com entusiasmo de sua visita ao Harlem alguns anos atrás. Unidos venceremos"[87]. Em seguida, Malcolm completou: "Isso vem de Che Guevara. Estou feliz por ouvir suas palmas fortes, porque elas fazem o homem saber que ele simplesmente não está em posição de nos dizer quem devemos aplaudir e quem não devemos aplaudir. E vocês não veem nenhum cubano anticastrista por aqui. Nós os devoramos"[88].

No dia 17, o argentino seguiu para a Argélia, primeiro de uma série de países africanos que visitaria até março de 1965. Guevara retornaria duas vezes para aquele país em seu périplo pelo continente, demonstrando a importância que dava a essa nação para seu projeto, além de ressaltar seu íntimo relacionamento com Ahmed Ben Bella, naquele momento seu maior aliado na região.

Os argelinos tinham grandes afinidades com a *"mayor de las Antillas"* e se apresentavam como uma alternativa terceiro-mundista para os planos revolucionários dos cubanos (contrapondo-se aos soviéticos, que não necessariamente viam com bons olhos os desígnios do governo de Fidel Castro). Argélia e Cuba encabeçariam as revoluções em suas regiões, mantendo contatos e trabalhando em estreita cooperação, para terem maiores possibilidades de sucesso. Com o dinheiro do petróleo do primeiro e a experiência militar de ambos os países, seria possível, quem sabe, estabelecer um projeto independente das potências do campo socialista. A Argélia, considerada por Frantz Fanon[89] como a cabeça de ponte do colonialismo ocidental, seria a partir de então o caminho para a revolução continental africana.

As ideias internacionalistas e anti-imperialistas do martinicano estavam, em boa medida, em acordo com as de Guevara (que iria, mais tarde, recomendar ao colega Roberto Fernández Retamar a publicação de *Os condenados da terra* em Cuba). Em artigo publicado no *El Moudjahid* em dezembro de 1958, Fanon disse sobre a Conferência de Acra:

> Esta unanimidade ante a Argélia combatente desgostou manifestamente aos colonialistas, que imaginavam que a luta do povo argelino não despertava nenhum eco entre os homens e mulheres da África negra. Em realidade, a revolução argelina jamais esteve presente com tanta agudeza e tanto peso como nessa região da África; tratando-se de senegaleses, camaroneses ou sul-africanos, era fácil comprovar a existência de uma solidariedade fundamental destes povos com a luta do povo argelino, seus métodos e seus objetivos.[90]

E insistia: "Não obstante, desde o primeiro dia o Congresso foi colocado em sua órbita autêntica e a luta argelina converteu-se, por sua vez, no ponto débil do sistema colonial e no bastião dos povos africanos"[91]. Afirmando a clara intenção da constituição de uma grande nação africana unificada, Fanon escreve:

> Nas colônias de povoamento do tipo de Quênia, Argélia e África do Sul, a unanimidade foi conseguida: somente a luta armada provocará a derrota da nação ocupante. E a legião africana, cujo princípio foi adotado em Acra, é a resposta concreta dos povos africanos à vontade de dominação colonial dos europeus. Os povos africanos, ao decidirem a criação, em todos os territórios, de um corpo de voluntários, crêem manifestar claramente sua solidariedade aos outros povos, expressando assim que a libertação nacional está ligada à libertação do continente.[92]

Guevara já havia estado na Argélia em duas oportunidades como membro de delegações oficiais: em julho de 1963, para prestar tributo à independência recente do país, e em março de 1964, após ter participado em Genebra da Unctad, e de uma rápida estadia em Paris. Em sua primeira viagem àquela nação, o representante oficial de Cuba permaneceu por três semanas, demonstrando inequivocamente sua visão sobre a importância de ambos os países na luta revolucionária no Terceiro Mundo: "Sentimos que os povos cubano e argelino têm os mesmos objetivos: vosso povo e o nosso cumprem na América Latina e na África o papel de propulsores da luta de outros países irmãos ainda sob o jugo colonialista"[93].

Nessa mesma ocasião, o comandante concedeu uma interessante entrevista ao jornalista Jean Daniel, do *L'Express*. Assim descreve o periodista o encontro dos dois e as respostas do Che:

> Ernesto Che Guevara, ministro de Indústrias da República de Cuba, está em Argel desde o dia 4 de julho. Deveria retornar no dia 8, mas resolveu ficar por várias semanas, porque este país, Argélia, é apaixonante, e você sabe, fará tanto barulho na África quanto fez Cuba na América. Depois irá para Paris, desde que não o obriguem a fantasiar-se. Para ele, fantasiar-se significa abandonar a farda de guer-rilheiro. Irá para Paris porque deseja visitar o Louvre e também porque De Gaulle tem um modo particular de dizer "merda" aos Estados Unidos. É meia-noite e estamos batendo papo há mais de duas horas, quando pergunto a Guevara o que pensa do conflito ideológico que opõe russos e chineses. Diante desta pergunta, reage com uma gargalhada forte e contagiosa, encolhe os ombros, deixa no cinzeiro o grosso charuto, acaricia a barba rebelde que não é suficientemente espessa para esconder-lhe o queixo e diz que estava esperando uma pergunta semelhante.[94]

Naquela circunstância, o argentino respondeu:

> Desde o início, em Cuba, publicamos textos soviéticos e chineses com a mesma imparcialidade perante ambas as teses. Se temos um papel a desempenhar, consiste em contribuir para a unificação do mundo comunista e talvez possamos conseguir que nos ouçam e militar eficientemente para esta unidade, em virtude de nossa singular posição geográfica, e em virtude também do fato de que nós falamos na qualidade de vencedores do imperialismo.[95]

Jean Daniel terminou a matéria sobre Guevara afirmando que os argelinos o haviam "adotado":

> Na tarde em que chegou ao estádio para assistir a um dos mais extraordinários jogos de futebol (egípcios x argelinos) que presenciei, 15 mil espectadores o

54 CHE GUEVARA E A LUTA REVOLUCIONÁRIA NA BOLÍVIA

aplaudiram calorosamente, por longo tempo. É difícil descrever a paixão que sentiam os argelinos por este jogo contra a RAU. Nenhum encontro no mundo provocou jamais semelhante entusiasmo desenfreado. Apesar do clima de intensa paixão, Guevara não foi esquecido, o que é surpreendente. O fato é [...] que Nasser representa os árabes; quando veio foi homenageado, mas só isso. Cuba, no entanto, representa o povo, e por isso jamais poderá morrer. Comentei essas palavras com Guevara, que não se surpreendeu. Para ele, Argélia é Cuba.[96]

Em suas viagens, o Che estreitara amizade com Ben Bella, mas a relação entre os dois povos foi próxima mesmo antes da independência. Afinal, em outubro de 1961, o jornalista Jorge Ricardo Masetti fora convocado por Castro e Guevara para estabelecer contato e oferecer ajuda aos dirigentes da FLN em sua luta contra a dominação francesa. O periodista já havia escrito um artigo sobre um giro do então presidente do GPRA, Ben Youssef Ben Khedda, pela América Latina e acompanhava atentamente o desenvolvimento do processo no norte da África. Em Túnis, visitou a área de montanhas do Atlas, na fronteira com a Argélia, onde operava o Estado-Maior da Frente, quando foi recebido pelo chefe militar da região de Constantina, Houari Boumédiène, que solicitou armas a Fidel (naqueles acampamentos, Masetti viu diversas fotografias de Mao Tsé-Tung e do "*jefe máximo*" cubano). Havana enviaria o navio Bahía de Nipe clandestinamente com 1.500 fuzis, 30 metralhadoras, 4 morteiros de 81 mm e muita munição (em sua maior parte, material confiscado dos mercenários que haviam participado da invasão de Playa Girón). Entre os integrantes da missão, Flavio Bravo, Emilio Aragonés, Ramón Nicolau, Hiram Prats Labrada e o próprio Masetti. As armas foram entregues, enquanto 76 combatentes feridos, além de duas dezenas de crianças órfãs, ingressaram na embarcação e foram levados com segurança à ilha[97]. A Argélia se tornaria independente em julho de 1962.

Ben Bella esteve em Cuba em outubro daquele mesmo ano, logo depois de uma rápida passagem pelos Estados Unidos. Em Washington, ele já mostrara seu repúdio ao governo do Vietná do Sul (o qual ele não reconhecia), informara que visitaria Cuba em seguida e advertira o presidente John F. Kennedy sobre suas atitudes em relação à ilha. Foi duramente criticado pela imprensa norte-americana e pelo Departamento de Estado. Ele comparou Castro a Nasser e insistiu que os Estados Unidos deveriam lançar um olhar diferente para ambos. Além disso, teriam de deixar de apoiar governos "corruptos". Kennedy respondeu que até "aceitaria" um governo socialista na ilha nos moldes da Iugoslávia ou da Polônia, mas não permitiria um regime "comunista" expansionista, com mísseis nucleares, que ao mesmo tempo propagasse a revolução no hemisfério. Ben Bella avisou o presidente norte-americano que se a Casa Branca tentasse

Em seguida, o líder argelino seguiu para Havana, onde foi recebido por Castro e a cúpula de seu governo. Mais tarde, descreveu sua visita de maneira eufórica, exaltando constantemente o calor humano e a receptividade fraternal do povo local. Na capital, em meio aos aplausos fervorosos da multidão, se encontrou com o grupo de crianças argelinas, filhas de *chouhadas* (e seu professor, Ben Smail), resgatadas por Fidel em Orã e levadas à *"mayor de las Antillas"*, onde viviam como convidadas do governo.

Bella ficou em Cuba por apenas 36 horas. Ele diria que tudo era uma grande festa e que "as duas revoluções mais jovens do mundo estavam se encontrando pela primeira vez e comparando seus problemas. Juntos, construiríamos nosso futuro"[99].

Naquela visita a Havana, em 1962, ele recebera a garantia de que poderia contar com apoio em qualquer situação[100]. Já no ano seguinte, chegavam as primeiras missões médicas cubanas àquele país, 55 especialistas, entre os quais, 29 médicos, 3 odontologistas, 15 enfermeiros e 8 técnicos de saúde, enquanto Havana era visitada pelo coronel Houari Boumédiène. Por sua vez, quando Argel enfrentava uma crise com Rabat, sofrendo a ameaça do rei Hassan II, que declarara guerra com o objetivo de tomar a região do Saara oriental, os cubanos, sem demora, ofereceram auxílio militar. No momento que tropas marroquinas iniciaram as provocações que deram início à Guerra do Deserto, em outubro de 1963, a ilha imediatamente enviou 686 soldados e oficiais, encabeçados pelo veterano da Sierra Maestra e respeitado comandante do Grupo Especial de Instrução, Efigenio Ameijeiras, juntamente a 22 tanques T 34, além de morteiros, artilharia antiaérea e fuzis[101]. Mesmo sem a necessidade de participar de combates, a presença cubana e seu poder de dissuasão foram fundamentais para garantir o cessar-fogo entre as duas nações beligerantes e para que ambos os países pudessem negociar a resolução dos atritos, em 19 de outubro. Os assessores cubanos ficariam mais seis meses na Argélia[102].

Depois disso, a república democrático-popular teria um papel fundamental no projeto guevarista para o continente americano, já que lá foram treinados os guerrilheiros do EGP. Como narrado anteriormente, seu líder, o jornalista Jorge Ricardo Masetti, se preparou durante quase sete meses na Argélia, com total apoio do governo local, juntamente a outros combatentes, para depois ir à Bolívia e, de lá, para a região de Salta, no norte da Argentina[103]. O próprio Bella teria providenciado o transporte daqueles homens para a América do Sul[104]. O convite ao Che, em fins de 1964, portanto, era mais do que mero protocolo: a intenção era abrir as portas para ele em vários países africanos e possibilitar uma atuação mais estreita entre as duas nações na política da região.

56 CHE GUEVARA E A LUTA REVOLUCIONÁRIA NA BOLÍVIA

No dia 23 de dezembro, o argentino proferiu um discurso no Palácio do Povo a um grupo de jovens, reproduzido mais tarde no *Jeunesse*, órgão da juventude da FLN. Nessa ocasião, reiterou: "Vocês podem contar com o apoio e o entusiasmo militante da Revolução Cubana, que sempre estará ao lado da Argélia nos momentos difíceis, como nós sabemos também que os argelinos estarão a nosso lado nesses mesmos instantes"[105].

Poucos dias depois de seu elóquio, foi publicada uma entrevista que o Che havia concedido a Josie Fanon. O guerrilheiro afirmou que "a África representa um dos mais importantes – senão o mais importante – campos de batalha contra todas as formas de exploração existentes no mundo, contra o imperialismo, o colonialismo e o neocolonialismo"[106]. Mais adiante, recordou: "O que consideramos ser o principal perigo para a África é a possibilidade de divisão entre os povos africanos, que aparentemente está crescendo"[107]. Na mesma oportunidade, comentou sobre o que se passava na América Latina e mostrou-se indignado com as manobras militares dos norte-americanos em Ayacucho, no Peru, zona guerrilheira que observava atentamente e com direto interesse.

Partiu para o Mali, chegando a Bamako em 26 de dezembro de 1964. Segundo Jorge G. Castañeda, teria ido para lá, *sem dúvida*, por sugestão de Ben Bella, ainda que, muito provavelmente, isso tenha sido arranjado por meio de uma reunião de Papito Serguera com o embaixador malinense em Argel, Tidiani Guisse, seu amigo (que teria, segundo um comentarista, seguido para seu país de origem na comitiva de Guevara)[108].

Durante a crise da invasão da Baía dos Porcos, por exemplo, o Mali apoiara Cuba por meio de seu embaixador na ONU, que leu um discurso duro contra aqueles que atacavam a ilha[109]. Chefiando a legação diplomática da "*mayor de las Antillas*" lotada naquela nação africana, José Carrillo então se encontrava com alguma frequência com dois líderes "radicais" exilados lá, Djibo Bakary (dirigente do partido Sawaba, de Níger) e Majhemout Diop, secretário-geral do PAI, do Senegal (este último, segundo Carlos Moore, esteve diversas vezes em Havana, conseguindo mandar vários homens de seu grupo para treinar por meses em Cuba, contingente que depois foi ao Mali, acompanhado de assessores militares da ilha, para então atravessar a fronteira para sua pátria e iniciar a luta revolucionária, que, neste caso, não obteve êxito)[110].

Vale lembrar que em novembro de 1961, o jornalista Jorge Ricardo Masetti passara rapidamente por Bamako. Sobre isso, ele escreveu que "o povo do Mali é impressionante por não ter preconceitos. [Eles] não têm complexo algum. Amam seu país, seu partido e seu presidente. Admiram Fidel e não lhes importa nada que não seja construir sua pátria dentro do sistema socialista"[111]. Agora era a vez de Guevara conhecer aquela nação.

O Che esteve pouco tempo na terra de Modibo Keita (ganhador do Prêmio Lênin da Paz em 1963). Em sua conferência de imprensa, o comandante expressou: "A luta revolucionária contra a intervenção dos Estados Unidos toma cada vez mais um caráter continental no hemisfério. Na América Latina o poder revolucionário passa atualmente pela etapa da ação armada. Quanto mais o tempo passa, mais aumentam os riscos de um enfrentamento brutal entre os povos latino-americanos e o governo dos Estados Unidos"[112]. Ainda assim, de acordo com o mesmo biógrafo mexicano, a visita não teve a importância esperada, sem nenhum ato público de massa nas ruas e com pouca cobertura da imprensa[113] (há quem acredite, contudo, que a escassa publicidade, nesse caso, tenha sido proposital e desejada pelo chefe da delegação)[114].

Em 2 de janeiro de 1965, a comitiva seguiu para o ex-Congo francês. Em Brazzaville, Guevara conversou com o presidente Alphonse Massamba-Débat e com o primeiro-ministro Pascal Lissouba sobre as condições de promover a luta armada no continente, propondo o estreitamento de relações entre ambos os países (tropas da ilha, comandadas por Jorge Risquet, seriam enviadas para lá mais tarde e comporiam o corpo da guarda palaciana)[115]. Na capital, o Che ainda se encontrou com importantes nomes do CNL congolês, Abdoulaye Yerodia e Mandungu Bula Nyati, assim como também com António Agostinho Neto, Lúcio Lara e Luís de Azevedo, dirigentes do MPLA, na sede do movimento (acompanhado de Jorge Serguera), para o qual ofereceu auxílio, especialmente instrutores especialistas em guerra de guerrilhas.

Os angolanos, entusiasmados, tocaram o hino do M-26-7 e o de sua organização. Agostinho Neto discursou, seguido de uma intervenção de Deolinda Rodrigues, representando a OMA. O "guerrilheiro heroico" também fez um pronunciamento: "Para mim é um grande prazer estar aqui com vocês e ver na prática como está se estruturando, desenvolvendo sua luta armada direta contra o colonialismo português, e simplesmente vou dizer-lhes algo que tenho repetido suficientes vezes: que Cuba está com vocês, com todo o povo angolano, como está também com o povo de Moçambique e com o da Guiné portuguesa"[116]. E insistiu: "Nosso princípio é o de apoiar todos os povos que lutam para libertar-se do colonialismo"[117].

No mês seguinte, na Tanzânia, o Che também teria contato com os moçambicanos Eduardo Mondlane, Samora Machel e Marcelino dos Santos, fundadores da Frelimo[118], ainda que, segundo Richard Gott, o encontro com os dirigentes daquela organização tenha sido mais difícil[119]. O jornalista e historiador britânico diria que

a Frelimo começara recentemente uma guerra de libertação de Moçambique, e Guevara acreditava claramente que os gritos de vitória eram exagerados.

58 CHE GUEVARA E A LUTA REVOLUCIONÁRIA NA BOLÍVIA

Compreensivelmente, os líderes da Frelimo não estavam encantados pela prioridade dada por Guevara à guerra no Congo e não queriam que seus guerrilheiros fossem treinados lá, como Guevara defendia. Não houve convergência das posições. Os cubanos jamais estabeleceram com a Frelimo as relações íntimas que tinham com o MPLA. Guevara finalmente cedeu e concordou que um número de combatentes da Frelimo fosse mandado para treinamento em Cuba. Uma assistência em armas também seria dada.[120]

De Brazzaville, o Che foi, no dia 8 de janeiro, para a Guiné (Conacri). Em outubro de 1960, o presidente Ahmed Sékou Touré esteve em visita oficial a Havana, onde ficou por dois dias, sendo recepcionado por Fidel, Raúl, Guevara, Juan Almeida, Carlos Olivares e Odón Alvarez de la Campa, secretário de Relações Internacionais da CTC. Multidões aplaudiram com entusiasmo o dignitário africano. O suplemento semanal *Lunes de Revolución* chegou a dedicar uma edição completa àquele acontecimento[121]. De acordo com Carlos Franqui, "a visita de Sékou Touré em 1960 foi o evento mais importante de Cuba daquele ano, do ponto de vista da estrutura étnica e cultural da sociedade local"[122]. Menos de dois meses depois, Castro despacharia Salvador García Aguero como embaixador para aquela nação[123]. E no ano seguinte, como lembra Carlos Moore, a Guiné enviaria o primeiro grupo de estudantes bolsistas do continente para a ilha e seu primeiro chefe de legação diplomática, Soumah Naby Issa (ainda assim, durante a Crise dos Mísseis, o birô político nacional do PDG denunciou a presença de qualquer base estrangeira em Cuba, e o embaixador guineense na ONU insinuou que era contra todo tipo de armas nucleares de grandes potências em solo estrangeiro, usando como argumento um discurso proferido pelo próprio Fidel, o que incomodou sobremaneira Havana e estremeceu a relação entre ambas as nações; Issa seria trocado logo em seguida por Seydou Diallo)[124].

Em sua estada na Guiné, acompanhado do então representante diplomático cubano no país, o Che manteve conversações com Touré (outro laureado com o PLP), que se aproximara da União Soviética, Tchecoslováquia e China. Acompanhou o presidente para uma reunião com Léopold Senghor, na fronteira com o Senegal (segundo Serguera, em depoimento a Pierre Kalfon, a conversa entre Touré, Senghor e o Che foi "muito alegre" e o que mais ria era Senghor; esta, por sinal, uma opinião oposta àquela emitida pelo biógrafo Jorge Castañeda)[125], e ainda esteve com Amílcar Cabral, líder da Frente de Libertação da Guiné-Bissau. Havana se comprometeu, na ocasião, a enviar para este último (com a concordância de Touré) um navio carregado de armas, o que, de fato, ocorreu.

Seguiu para Acra no dia 14, com sua delegação[126]. Foi recebido no aeroporto pelo ministro das Relações Exteriores Kojo Botsio, pelo ministro de

Indústrias, Imoru Egala e pela secretária do Conselho Nacional das Mulheres Ganesas, Margaret Martei, assim como por uma massa eufórica que o aguardava[127]. Esteve pelo menos duas vezes com Kwame Nkrumah, que organizou um banquete oficial em sua homenagem. Conhecido como "Osagyefo", o líder ganês era não apenas o presidente do país, mas um intelectual sofisticado e ideólogo terceiro-mundista de relevo, que pretendia exercer um papel ativo e protagonista na política continental. Com ele, o Che visitou o Instituto Ideológico Kwame Nkrumah, o Jardim Botânico de Aburi, a Akosombo Dam (a represa que se construía no rio Volta), o Trade Union Congress, a Tema Harbor and Township e acampamentos de brigadas de trabalhadores (Workers Brigades Organisation)[128]. Concedeu também entrevistas à Prensa Latina e ao semanário *The Spark*, reafirmando a solidariedade cubana à região. O Che diria: "Ratificamos em várias oportunidades nossa identificação com os países africanos progressistas, mas nosso conhecimento da África é pouco. Agora conhecemos mais, para dar ao Partido cubano uma ideia clara dos desejos e das possibilidades dos países africanos de uma marcha comum através dos vínculos econômicos entre nós"[129].

No dia 19 de janeiro, ao visitar as sedes dos periódicos *Evening News* e *Ghanaian Times*, afirmou que Cuba respaldava a luta de libertação africana e insistiu para que houvesse maior união e intercâmbio de experiências entre a ilha e o continente que possibilitasse uma luta mais eficaz contra o imperialismo[130]. Ainda esteve na Associação de Imprensa local e na Universidade de Gana, quando entrou inadvertidamente num seminário de pós-graduação sobre as culturas africanas na diáspora, pegando todos ali de surpresa[131].

Vários intelectuais e escritores negros estrangeiros haviam se mudado para Acra naqueles anos. O mais conhecido deles talvez tenha sido o sociólogo e militante dos direitos civis estadunidense W. E. B. Du Bois, que falecera em 1963. Por meio de Entralgo González, o Che se encontraria com alguns desses imigrados, entre os quais, o romancista e periodista marxista afro-americano William Gardner Smith, autor do livro *The Stone Face* [O rosto de pedra], que dirigia na época a Ghana School of Journalism. Com ele, Guevara discutiu a possibilidade de se constituir um grupo guerrilheiro composto por negros cubanos e norte-americanos, para se unir aos movimentos de libertação do continente[132] (o comandante teria confessado ao interlocutor que considerava Cuba um país africano)[133]. Ainda assim, Smith comentou mais tarde que o argentino "tinha uma tendência a simplificar demais as coisas", tanto em relação à revolução de forma geral como sobre a África em particular[134].

Ao final da estadia, foi emitido um comunicado conjunto assinado pelo Che e por Botsio, que declarava que o CPP e o PURS eram "partidos irmãos", que expressavam seu apoio aos movimentos de libertação em toda a África, condenando a agressão imperialista no Congo, no Sudeste asiático e em Cuba. O "guerrilheiro heroico" aproveitou para convidar Nkrumah a visitar a ilha[135].

A partir do dia 24, ainda fez uma rápida passagem por Porto Novo, em Daomé (membro do Conseil de l'Entente e liderado, na época, pelo presidente Sourou--Migan Apithy; seu vice-ministro das Relações Exteriores, o intelectual Stanislas Spiro Adotevi, conversou longamente com Guevara na ocasião)[136]. Osvaldo Dorticós havia estado com Apithy em outubro do ano anterior, no Encontro dos Não Alinhados no Cairo, e desta vez, o Che se encontraria com o dirigente em uma breve visita àquele país, de onde voltou para Acra logo em seguida.

O Che retornou à Argélia em 27 de janeiro, onde declarou, dois dias mais tarde, ao periódico *Alger-Ce soir*, que "o maior perigo do neocolonialismo não é seu aspecto mais visível, é, pelo contrário, a falsa aparência de um desenvolvimento que pretende ser brilhante e rápido"[137]. Ele comentou também que "sempre tivemos a consciência do caráter africano de nossa cultura"[138]. Afinal, "Cuba é parente da África e esse parentesco é mais visível no Congo, onde podemos detectar semelhanças étnicas, culturais e até mesmo físicas"[139]. Na capital, aparentemente se entrevistou com Anicet Kashamura, o ex-ministro de Informação de Lumumba.

Seu tour africano foi interrompido por uma rápida viagem, de última hora, à China, aonde chegou em 2 de fevereiro para, segundo alguns, assinar um acordo comercial em nome de Cuba, ou para, na opinião de outros, explicitar os posicionamentos do governo da ilha nas disputas pelo MCI entre Moscou e Pequim[140]. Há quem considere, por sua vez, que a visita teve como objetivo pedir apoio aos combatentes do Congo, já que o gigante asiático não só queria aumentar sua participação e influência na África como era, na época, o principal fornecedor de armas para os seguidores políticos de Lumumba. De qualquer forma, o Che ficaria no país até o dia 5 daquele mês, seguindo no dia 6 para a França. Acompanhado de Osmany Cienfuegos e Emilio Aragonés, conversaria com Liu Shaoqi, Zhou En-Lai e Deng Xiaoping, mas não seria recebido oficialmente por Mao[141]. Ao que tudo indica, os chineses estavam insatisfeitos com as atitudes recentes dos caribenhos e seu apoio aos soviéticos. A recepção ao "guerrilheiro heroico", assim, foi morna na ocasião.

Segundo Richard Bourne, em 24 de março de 1965 (ou seja, pouco tempo após sua estadia em Pequim), Blas Roca teria afirmado, em artigo publicado no diário *Hoy*, que Guevara era o pomo da discórdia no *front* socialista e aludia à possibilidade de ele ter distribuído panfletos explicando a posição ideológica chinesa[142]. A tese maoísta de uma frente única que operasse dinâmica e ininterruptamente, com partido e massas trabalhando em conjunto num projeto de luta revolucionária, estava mais próxima, segundo Fernando Morán, das concepções de Fanon[143] e, em certa medida, das do comandante argentino, que, mesmo tendo suas diferenças com o modelo chinês, via nele maior possibilidade de mobilidade de atuação no teatro geopolítico do Terceiro Mundo[144] (ao longo dos anos, Guevara leria uma quantidade significativa de textos sobre a RPC e escritos do "grande timoneiro")[145]. Como o próprio Che assinalara em setembro de 1964, em diversas discussões mais tarde organizadas com o título de "O plano e o homem", "sobre toda uma série de coisas emiti opiniões que se aproximam às dos companheiros chineses: sobre a guerra de guerrilha, sobre a guerra do povo, sobre o trabalho voluntário, sobre os incentivos materiais – em resumo, uma série de coisas que também afirmam os chineses"[146]. Muitos anos mais tarde, confirmando isso, Fidel Castro diria, numa entrevista a Ignacio Ramonet, que seu amigo "não teve conflitos com os soviéticos; mas é óbvio que ele era mais partidário da China"[147].

Para Douglas Kellner, "o relacionamento entre Che e o governo de Pequim era excelente desde sua primeira viagem ao país, em 1960. Naquela ocasião, Guevara expressara sua admiração pelo regime chinês, dizendo ao vice-premiê Zhou En-Lai: 'A grande experiência do povo chinês em seus 22 anos de luta no interior do país [...] revela novos caminhos para a América Latina'. A partir daí, os chineses viam em Guevara seu principal aliado dentro do governo cubano"[148]. Pequim, portanto, subscrevia a ideia de guerra revolucionária nos países subdesenvolvidos e não escondia seu apoio a movimentos de libertação. Segundo Immanuel Wallerstein, "a União Soviética é para os africanos, especialmente para os negros, apenas outra parte do mundo ocidental. É a China é não a URSS [...] que os fascina. A China não é uma nação branca. É mais militante que a União Soviética em questões coloniais. É um país mais pobre, e seus esforços para o desenvolvimento econômico são mais relevantes para os problemas africanos, assim eles pensam. Sobretudo, a China foi uma colônia do Ocidente, ou pelo menos uma semicolônia"[149].

A penetração da RPC ocorreu inicialmente na Guiné (por meio de empréstimos e transferência de técnicas de produção de arroz)[150] e no Egito, já que esta havia sido a primeira nação africana a reconhecer a China popular. Para Pequim, a partir do Cairo, sua influência supostamente se estenderia para o resto da região.

Entre fevereiro de 1964 e fevereiro de 1966, muitas delegações africanas foram convidadas oficialmente à China[151], e organizaram-se campos de treinamento de guerrilhas em Nanquim e Wuhan, onde eram preparados insurgentes argelinos, angolanos, congoleses, quenianos, moçambicanos e sul-africanos, entre outras nacionalidades. Como parte de sua estratégia, incluía-se a divulgação de suas propostas por meio de publicações e emissões da Rádio Pequim em diversos idiomas. Os chineses mantinham "bases de operações" em Daomé e Gana, que foram, em pouco tempo, desativadas. Essas localidades favoreciam suas atividades em países vizinhos. O golpe contra Nkrumah em fevereiro de 1966, por exemplo, quando ele se encontrava em visita à China, foi demonstrativo de que sua influência diminuía, já que os regimes africanos emergentes descobriam ligações dos estadistas derrocados com a política da grande potência socialista da Ásia[152].

Os chineses também viam com interesse o antigo Congo belga. Após o assassinato do premiê do Burundi Pierre Ngendandumwe em 1965, o dissidente Tung Chi-Peng (que fora adido cultural "assistente" da RPC no país) revelou que a China utilizava aquela nação como campo de treinamento das tropas de Gaston Soumaliot, para depois ingressarem em sua terra natal. De acordo com ele, Mao teria afirmado ser o Burundi o caminho para o Congo, e que, quando este último caísse, a África inteira cairia também (o coronel Kan Mai, que servia como "primeiro-secretário" da embaixada chinesa em Brazzaville, era o responsável pela organização de duas áreas de treinamento militar de rebeldes ao norte daquela cidade). Os chineses deram apoio a Christophe Gbenye[153] e a Pierre Mulele, tanto em dinheiro como em armas (este último se preparara para a luta armada na RPC por um ano e meio, e era visto como confiável para ser um dos dirigentes na campanha de libertação do Congo-Léopoldville, de acordo com Pequim). Segundo David Wise e Thomas B. Ross, "*the operation withered away*" depois de 1966, sem atingir seu objetivo[154].

Após sua partida da China, Guevara foi a Paris e, de lá, para Argel. Depois visitou rapidamente a Tanzânia, no dia 11 de fevereiro. Foi recebido pelo presidente Nyerere ("um católico formado em Edimburgo e de inspiração socialista")[155], por Abdul Rahman Mohamed Babu e pelo embaixador cubano Pablo Rivalta Pérez, seu "velho companheiro de luta" e "capitão do Exército Rebelde"[156]. Um banquete oficial seria oferecido pelo ministro de Relações Exteriores, Oscar Kambona, contando com a presença de todos os embaixadores de países africanos credenciados na capital, assim como a do representante soviético. A legação chinesa, contudo, não enviou nenhum diplomata para aquele jantar...[157].

O ministro de Indústrias de Cuba comprometeu-se a entregar ao "Mwalimu" uma pequena fábrica têxtil, além de médicos e técnicos. Nas conversas sobre os movimentos de libertação nacional, os dois líderes puseram-se de acordo quanto aos procedimentos de luta armada.

Em Dar Es-Salaam, o Che teve importantes encontros com organizações revolucionárias congolesas. Alguns desses *freedom fighters* – chamados assim de forma sarcástica pelo argentino – viviam em hotéis confortáveis e não o impressionaram, apesar de pedirem para serem treinados em Cuba. Notou também a grande quantidade de tendências entre os grupos, suas divergências ideológicas e sua desorganização. Fez contato com Laurent Kabila (que, segundo Fidel Castro, havia realizado um treinamento de vários meses em Nanjing)[158], dirigente que o agradou (o Che, mais tarde, diria que ele era "sem dúvidas, o único deles [dos chefes] que une a um cérebro claro, a uma capacidade de raciocínio desenvolvida, uma personalidade de dirigente; se impõe por sua presença, é capaz de obrigar à lealdade, ao menos à submissão, é hábil em seu trato direto com a população... em suma: um dirigente capaz de mobilizar as massas),[159] e com Gaston Soumaliot, o qual não o impressionou: considerou-o pouco desenvolvido politicamente, não podendo, a seu ver, ser um verdadeiro "condutor de povos". Tanto Guevara quanto Kabila acreditavam que o problema do Congo não poderia ser tratado apenas como um fenômeno regional, pois era uma questão de importância mundial. Nessa ocasião, o comandante ofereceu trinta instrutores militares e armas, que foram prontamente aceitos mediante o compromisso de que fossem negros (de acordo com Paco Ignacio Taibo II, Froilán Escobar e Félix Guerra, esse apoio não foi iniciativa do Che, mas sim uma designação direta de Fidel Castro)[160]. Vale lembrar que em 1964 três lideranças do CNL, Casimir Mbaguira, Albert Kissonga e Placide Kitunga, foram treinar em Cuba, e que, justo no mês anterior, uma delegação do Conselho estivera em Havana[161]. Na Embaixada cubana, o Che também se encontrou com Juan Carretero ("Ariel"), chefe da seção da América Latina da Direção de Inteligência do Ministério do Interior, enviado para lá para lhe relatar como andavam os planos de guerrilha para a região. No dia 18, o chefe de delegação ainda deu uma entrevista para a agência Prensa Latina[162].

Guevara seguiu para o Egito no dia 18 de fevereiro, onde foi recepcionado por seu representante diplomático no país, Luís García Guitart, e depois se encontrou com o presidente Nasser. O Che contou a ele que pensava em comandar pessoalmente combatentes cubanos no Congo (surpreendendo seu interlocutor) e perguntou se ele aceitaria contribuir com soldados de seu país, o que ele recusou imediatamente[163]. Para o *rais*, a revolução era um fenômeno mundial que não fazia distinção entre diferentes cores e raças, ainda que certas coisas devessem ser levadas em consideração. Segundo ele: "O que devemos fazer é ajudar os africanos, tentar dar a cada povo o direito de fazer o que considere correto"[164]. Nasser, contudo, afirmou que se Cuba e Egito enviassem contingentes para lutar no Congo, esse ato seria considerado uma interferência estrangeira e faria mais mal do que bem[165].

Já no dia 24 de fevereiro, de volta à Argélia, discursou no Segundo Seminário Econômico de Solidariedade Afro-Asiático, criticando implicitamente a União Soviética (o que desagradou sobremaneira o Kremlin e aparentemente incomodou as lideranças cubanas, cada vez mais alinhadas com o PCUS). Quando citava nominalmente a União Soviética, fazia-o com cautela e sem grandes alardes, sempre colocando-a lado a lado com a China. Mas as críticas eram claras:

> O exercício do internacionalismo proletário não é apenas um dever dos povos que lutam para assegurar um futuro melhor; além disso, é uma necessidade

imprescindível. Se o inimigo imperialista, norte-americano, ou qualquer outro desenvolve sua ação contra os povos subdesenvolvidos e os países socialistas, uma lógica elementar determina a necessidade de aliança dos povos subdesenvolvidos e dos países socialistas; se nenhum outro fator de união existisse, deveria constituí--lo o inimigo comum.[166]

E continuava:

Será "benefício mútuo" vender a preços de mercado mundial as matérias-primas que custam suor e sofrimentos sem limites aos países atrasados e comprar a preços do mercado mundial as máquinas produzidas nas grandes fábricas automatizadas da atualidade? Se estabelecermos este tipo de relação entre os dois grupos de nações, devemos concordar que os países socialistas são, de certo modo, cúmplices da exploração imperialista. Pode-se argumentar que o montante do intercâmbio com os países subdesenvolvidos constitui uma parte insignificante do comércio externo destes países. É uma grande verdade, mas não elimina o caráter imoral da troca.[167]

O Che insistia em que "as armas não podem ser mercadoria nos nossos mundos; devem entregar-se gratuitamente e em quantidades necessárias e possíveis aos povos que as pedem para disparar contra o inimigo comum"[168]. Tal afirmação, considerando-se a conjuntura, sem dúvida, incomodava os soviéticos. As declarações do argentino instigavam a luta armada num período em que o Kremlin preservava um delicado equilíbrio político-militar com os Estados Unidos. Não podemos esquecer que, pouco depois, na resolução do XXIII Congresso do PCUS, de 8 de abril de 1966, seriam ressaltadas duas tendências da política soviética: que Moscou apoiava os países "já libertados" e não em fase de guerra de libertação; e que seriam priorizados os interesses de seu próprio povo. Ou seja, "o dever internacionalista para com os países socialistas irmãos" ficaria relegado a um segundo plano[169].

Nikita Kruschev, ainda que tivesse atacado o culto à personalidade de Stálin – o qual encampara o "socialismo em um só país" –, na prática utilizava aquele mesmo preceito para conduzir sua política externa, justificando a não participação da União Soviética na ajuda aos movimentos de libertação nos territórios que combatiam contra os neocolonialistas e os imperialistas com a ideia da "coexistência pacífica". Ou seja, a situação revolucionária objetiva interna nos países subdesenvolvidos seria o fator primordial para o sucesso de possíveis revoluções no Terceiro Mundo. Os PCs, por sua vez, teriam o papel de conscientizar as massas e preparar o terreno, de forma legal, se possível, e não violenta, para a nova ordem.

Muitos críticos mais radicais, especialmente trotskistas, maoistas e da "nova esquerda", contudo, achavam que nem a União Soviética nem os partidos ligados a ela desempenhavam o papel de "vanguarda do proletariado" necessário naquele período. Robert R. Furtak, professor da Universidade de Heidelberg, por exemplo, afirmava que "o conceito soviético de coexistência pacífica inclui, ademais, um segundo princípio que se afasta de Lênin: a renúncia expressa no emprego de medidas militares para a propagação do socialismo e para a solução dos conflitos políticos e ideológicos entre os países socialistas e capitalistas, assim como a eliminação do princípio de força como instrumento da revolução socialista"[170].

Os maoistas, especialmente, recordavam que o próprio Lênin havia se declarado a favor do apoio militar à classe operária de outros países – ou seja, o princípio do internacionalismo – após o triunfo da revolução socialista em um deles. O dirigente bolchevique fora categórico ao dizer que "os socialistas nunca foram e nunca poderão ser adversários de guerras revolucionárias"[171]. Nas palavras de Furtak, "comparada com a ideia marxista-leninista de revolução, a ideia moderna soviética da coexistência pacífica não é sequer um meio para a revolução, mas sim um *substituto da revolução*"[172].

Em 1963, Havana e Moscou haviam assinado uma declaração conjunta que estabelecia um *modus vivendi* que fazia Cuba concordar que cada partido comunista do continente poderia escolher seu caminho para a revolução, sem pressões da ilha. No comunicado, Kruschev e Fidel afirmavam: "O PURS e o PCUS consideram que a questão da via pacífica ou não pacífica para o socialismo em um país ou outro vai ser resolvida em definitivo pelos próprios povos em luta e de acordo com a correlação prática das forças de classe e com o grau de resistência das classes exploradoras à transformação socialista da sociedade"[173].

Nesse sentido, outro comentarista, Ricardo Robledo Limón, acreditava que, "se o *modus vivendi* resolvia transitoriamente a polêmica, permitia também a Castro apoiar os que estivessem com armas na mão"[174]. Guevara não só era favorável a essa atuação cubana como simbolizava a luta revolucionária no Terceiro Mundo. Não custa lembrar que, em novembro de 1964, o Che esteve em Moscou, onde conversou com o vice-chefe do Departamento das Américas do Comitê Central do PCUS, Vitali Korionov, que, segundo o biógrafo Jon Lee Anderson, comentou que Guevara e Fidel "estavam propondo nada menos do que uma versão moderna das épicas guerras de libertação travadas por José de San Martín e Simón Bolívar mais de um século antes. Exércitos marxistas dos países do norte – Venezuela, Colômbia e Equador – desciam para o sul como as tropas de Bolívar, enquanto os provenientes dos países do sul – Chile, Peru, Argentina e Uruguai – marchariam para o norte, como as de San Martín. A Bolívia seria o ponto de encontro"[175].

No dia 3 de março de 1965, o Che voltou para o Cairo. Novamente criticou a União Soviética e sua política econômica numa publicação oficial egípcia[176]. Encontrou-se com dirigentes congoleses e visitou as obras da represa de Assuan

66 CHE GUEVARA E A LUTA REVOLUCIONÁRIA NA BOLÍVIA

com o presidente Nasser[177]. Lá, concedeu entrevista a Boualem Rouissi para o semanário marroquino *Liberátion*, na qual destacava a importância do Congo e seu interesse pelo país:

> As alternativas mostram-se dessa maneira: ou os países progressistas constituem um bloco homogêneo com o intuito de lutar contra o imperialismo norte--americano no Congo, e após a vitória contra o imperialismo lá continuam a luta contra os países neocolonialistas que constituem as bases de agressão (naturalmente essa não é uma luta militar); ou a situação continuará fluida, permitindo que os norte-americanos inflijam golpes separados nos países mais fracos (é necessário aprender uma lição do assassinato do primeiro-ministro do Burundi e o que se seguiu). E, nesse caso, os países progressistas estarão parcialmente isolados no momento que deveriam lutar contra a penetração norte-americana, começando no Congo. Resumindo, a batalha do Congo deve ter para os países africanos o significado de uma etapa histórica que determinará ou seu avanço ou seu retro-cesso. A vitória no Congo mostrará aos africanos que a libertação nacional abre o caminho para a construção do socialismo; uma derrota abrirá caminho para o neocolonialismo. Socialismo ou neocolonialismo, isso é o que está em jogo para toda a África no encontro que se dá agora no Congo.[178]

Essa foi a última declaração do Che à imprensa antes de seu desaparecimento. Retornou a Cuba no dia 14 (via Praga, com uma escala técnica, não programa-da, na Irlanda), onde era esperado pela cúpula do governo. Um memorando da CIA, assinado por Thomas L. Hughes, afirmava, na ocasião, que "a aventura africana de Guevara deve ser qualificada como um êxito modesto. Teve sucesso em transmitir a mensagem de Cuba durante reuniões com altos funcionários, em discursos e em entrevistas. Sua visita ajudou Cuba a estreitar suas relações com a Argélia. Logrou, ademais, receber diferentes convites para assistir a futuras conferências africanas"[179].

O desaparecimento do Che

Che Guevara era aguardado no aeroporto de Rancho Boyeros por Fidel Castro, o presidente Osvaldo Dorticós, Carlos Rafael Rodríguez, Emilio Aragonés, sua esposa Aleida March e os ministros Jesús Montané e Orlando Borrego, além de jornalistas e de seus companheiros do Ministério de Indústrias, Santiago Riera e Tirso W. Sáenz[180]. A recepção, segundo diferentes autores, não foi amistosa (alguns chegam a afirmar que, inclusive, houve um clima tenso na ocasião).

Informes de representantes diplomáticos da República Democrática Alemã na ilha indicam que após o retorno do Che teriam ocorrido "discussões e intercâmbios acalorados"[181] entre ele e o "líder máximo", principalmente por causa de seu polêmico discurso recente, ainda que alguns autores desconfiem dessa versão[182]. Afinal, temos de recordar que mesmo que pudesse haver qualquer divergência entre os dois dirigentes, o argentino continuaria a ser respaldado pelo governo cubano em seus projetos futuros: receberia apoio logístico, armamento, combatentes treinados, traslado por diferentes países, nova documentação, casas de apoio e suporte diplomático em suas vindouras empreitadas na África e na América Latina. Além disso, tanto a Conferência Tricontinental quanto o encontro da Olas, mais tarde, exaltariam o Che e promoveriam suas ideias, que foram apresentadas nesses foros internacionais como política oficial de Estado. Por isso, tudo indica que a relação entre o "guerrilheiro heroico" e Fidel continuava estreita: o vínculo de amizade e companheirismo entre ambos, portanto, permaneceu sólido, ao contrário do que afirmam alguns biógrafos, como o mexicano Jorge G. Castañeda.

O filósofo francês Régis Debray, que conhecia a ambos, é enfático ao rejeitar qualquer afastamento entre os dois revolucionários. Anos mais tarde, diria:

> Ouvi Fidel a sós, antes de minha partida para Ñancahuazú, falar-me uma noite inteira do Che, com essa mescla de tato, de orgulho e de inquietude que só um irmão mais velho pode ter por um mais novo que partiu para a aventura, de quem conhece bem os defeitos e a quem mais ama. Ouvi como o Che, antes de meu suposto regresso a Havana (depois de um giro pelos países vizinhos), me falava de Fidel, dando-me para levar a ele numerosas mensagens, pessoais e políticas (seu rádio-transmissor já não funcionava). Com uma devoção absoluta [...] Posso garantir que jamais houve ruptura do Che com Fidel – e que os contrastes de sensibilidade não romperam a relação de fidelidade.[183]

Ainda assim, Jean Cormier (autor de uma biografia em colaboração com Hilda Guevara e Alberto Granado) diria que aquele não era um momento para efusividades e que nem Castro nem Dorticós estavam de bom humor no dia da volta do argentino. O Che, teoricamente, lhes devia explicações. Durante dois dias e duas noites, de acordo com Cormier, eles se encerraram para discutir e colocar tudo às claras[184]. Segundo essa versão, o grupo dirigente sentia que Guevara, ao ser associado às ideias chinesas, poderia dificultar as relações com a União Soviética, com a qual Cuba cada vez mais se alinhava. Ao mesmo tempo, os contatos feitos no giro africano eram de suma importância para a ilha em sua tentativa de jogar um papel alternativo na revolução no Terceiro Mundo.

Um par de dias após o retorno, os vice-ministros do Minind se encontraram com seu chefe, que relatou a viagem, especialmente suas conversas com diferentes líderes guerrilheiros (sem mencionar seus nomes ou países de origem).

68 Che Guevara e a luta revolucionária na Bolívia

No dia 22, por sua vez, o Che presidiu, pela manhã, uma reunião ordinária no Conselho Diretor da instituição que dirigia e depois fez uma apresentação no salão de atos do Ministério sobre seu périplo pela África, mostrando à audiência um grande mapa do continente e dando detalhes sobre a região. Entre os membros da assistência, o chanceler Raúl Roa.

Naquele breve período desde sua chegada, Ernesto, acompanhado de Tirso W. Sáenz, teve um encontro de trabalho com Osvaldo Dorticós e Carlos Rafael Rodríguez (que encabeçava na época a Comissão Nacional de Colaboração Científico-Técnica), para debater uma sugestão do ICRM de negociar um crédito de 20 milhões de rublos com a União Soviética para a compra de equipamentos para prospecção de petróleo, e ainda convocou outra reunião, da qual participaram um conselheiro econômico soviético e o vice-ministro para a Construção Industrial, Angel Gómez Trueba, com o intuito de discutir a ampliação da planta Antillana de Acero, momento em que Guevara teve participação ativa e entusiasmada nas conversações (ao final, foi decidido que não seria feito o investimento naquele projeto)[185]. Há ainda o relato do militante Robert Williams, que indicou que o Che o chamou para conversar em seu escritório um dia antes de partir. O comandante disse que iria ao Oriente para cortar cana como parte de seu trabalho voluntário. Depois que retornasse, o procuraria para continuar seus assuntos. Daí em diante, contudo, não seria mais visto publicamente.

Na última semana de março, o argentino passou a viver numa casa em La Coronela (a vários quilômetros do centro de Havana), onde começou a transformação de sua aparência enquanto a documentação para sua nova empreitada era preparada. Guevara sumiria de cena, não sem antes escrever uma carta emocionada para seus pais[186], outra para seus filhos (Hildita, de seu casamento com a peruana Hilda Gadea, além de Aleida, Celia, Camilo e Ernesto, de seu segundo matrimônio)[187] e uma terceira para o próprio Fidel. As duas primeiras só deveriam ser entregues aos destinatários em caso de morte (a mãe, falecida poucos meses mais tarde, nunca chegaria a ler a missiva do primogênito). A última, por sua vez, apenas poderia ser levada a público se ele não sobrevivesse à sua nova empreitada guerrilheira. Ele também gravou, como recordação para sua esposa, uma fita recitando alguns de seus poemas favoritos, entre os quais, "Farewell" e "Veinte poemas de amor y una canción desesperada", de Pablo Neruda, "Piedra sobre Piedra" e "Los heraldos negros", de César Vallejo, "La sangre numerosa" e "El abuelo", de Nicolás Guillén, e "La pupila insomne", de Rúben Martínez Villena[188].

O que teria acontecido com Guevara? Essa pergunta correu o mundo. Muitas foram as indagações e conjecturas; poucas as respostas.

No dia 20 de abril de 1965, em meio a uma jornada de trabalho no corte de cana no Central Noel Fernández (Camagüey), perguntado sobre o paradeiro do argentino, Fidel Castro respondeu: "ele está onde for mais útil à revolução"[189]. Reafirmou que o Che gozava de ótima saúde, mas não poderia revelar o local onde se encontrava.

Pensava-se que seria visto junto a outros líderes cubanos nas comemorações do dia 1º de maio, mas nada. Naquele mês, informes da CIA sugeriram que o argentino havia sido preso e enviado para a Argélia; que poderia estar em Moscou, fazendo um tratamento para curar um suposto câncer de garganta[190]; ou gravemente doente, internado num hospital em Cuba[191]. Havia outras hipóteses sobre seu desaparecimento. Estaria asilado na embaixada da China, por sentir ameaçada sua posição diante do governo cubano e após discutir com Fidel? Teria sido executado? Estaria encarcerado e incomunicável? Fora rebaixado a um posto de pouca importância? Teria se suicidado? Ou teria ido lutar em outros países?

Por vários meses, muito se especulou. Segundo o mexicano Paco Ignacio Taibo II, em sua edição de 28 de junho de 1965, a revista *Newsweek* divulgou que o comandante, "demitido" do Ministério de Indústrias, teria se matado[192], enquanto no mês seguinte se espalhou o boato de que o autor de "Guerra de guerrilhas" teria vendido ao governo dos Estados Unidos segredos cubanos por US$ 10 milhões[193]. No dia 26 de julho, data das comemorações do 12º aniversário do ataque ao Quartel Moncada, os retratos de Camilo Cienfuegos e de Guevara foram vistos em desfile pelas ruas da capital cubana, mas o próprio Che não aparecia.

Em agosto, outro documento da CIA indicava que a União Soviética teria pressionado Fidel a tirar o argentino de circulação[194]. Já no dia 8 de setembro, foi divulgado na Cidade do México que ele havia perdido a vida em combates em São Domingos e que seu corpo fora incinerado por ordens do coronel Francisco Caamaño Deñó. Esse anúncio, feito por um grupo de exilados cubanos, afirmava que o Che estivera na República Dominicana, hospedado no Hotel Embajador e que perecera na luta travada desde 24 de abril até a posse do presidente provisório Héctor García-Godoy, combatendo as tropas do general Elías Wessin y Wessin. Outro boato foi plantado no dia 22 de setembro, quando o piloto José Maria di Albanez foi acusado de levar o guerrilheiro às escondidas ao Panamá, país em que os Estados Unidos mantinham um dos mais importantes centros de treinamento de contrainsurgência. Houve os que disseram que o Che estaria viajando, incógnito, entre Uruguai, Brasil e Paraguai. E ainda aqueles que afirmavam ter visto o comandante, disfarçado e com documentos falsificados, em Córdoba e Alta Gracia, locais onde passara sua infância e adolescência, uma notícia que supostamente fora confirmada por alguns de seus amigos íntimos. Segundo essa notícia, ele teria permanecido por vinte dias naquela região, planejando levar um grupo de setenta jovens para a referida área, com o objetivo de treiná-los

70 Che Guevara e a luta revolucionária na Bolívia

para a luta armada e, em seguida, iniciar um foco guerrilheiro numa localidade próxima[195]. É claro que era tudo uma farsa.

No dia 1º de outubro, o diretório nacional do PURS foi desfeito para ser substituído pelo novo PCC, formado por um Comitê Central com 91 membros (entre os quais, Flavio Bravo, Leonel Soto, Alfredo Guevara, Blas Roca, Carlos Rafael Rodríguez, Osvaldo Dorticós, Juan Almeida, Ramiro Valdés, Guillermo García, Sergio del Valle, Armando Hart, Celia Sánchez, Vilma Espín, Haydée Santamaría e Raúl Castro), um birô político, um secretariado e cinco comissões de trabalho (Forças Armadas e Segurança do Estado; Econômica; Estudos Constitucionais; Educação; e Relações Exteriores). O nome de Guevara não estava incluído.

Vale lembrar que em 1962 haviam sido criadas as ORI, constituídas a partir de elementos das principais forças políticas progressistas da revolução, o M-26-7, o PSP e o DR. Em 1963, a sigla mudou para PURS, num contínuo processo de depuração. Finalmente, em 1965, a agremiação foi reestruturada e se tornou o novo Partido Comunista de Cuba.

Em 2 de outubro, ocorreu a primeira reunião do CC e foi publicada a última edição do *Revolución*, na qual seriam divulgados os nomes dos integrantes do núcleo dirigente. No dia seguinte, Fidel apresentou a lista em público. O Che era, por certo, não apenas figura proeminente como também símbolo do que se almejava no novo partido. O fato de o "guerrilheiro heroico" não constar no rol da direção da agremiação causou estranheza.

Em 3 de outubro, no teatro Chaplin, em Havana, dia do encerramento do Congresso do PURS e data da fundação oficial do novo PCC e do periódico *Granma*, dirigido por Isidoro Malmierca (após a fusão entre o *Hoy* e *Revolución*), Castro comentou:

> Há uma ausência em nosso Comitê Central, de quem possui todos os méritos e todas as virtudes necessárias no grau mais alto para pertencer a ele e que, não obstante, não figura entre os membros de nosso Comitê Central. [...] Sobre isso, o inimigo pôde tecer mil conjecturas; o inimigo tratou de confundir e de semear a cizânia e a dúvida, e pacientemente, posto que era necessário esperar, esperamos. Como se Ernesto Guevara tivesse sido expurgado, como se Ernesto Guevara estivesse doente, como se Ernesto Guevara tivesse tido discrepâncias e coisas do tipo.[196]

Fidel fez questão de tecer esse comentário para dissipar todas as insinuações e calúnias sobre o desaparecimento do argentino, após ser alvo de grande pressão internacional. Por causa disso, decidiu ler em público a carta de despedida do guerrilheiro:

Fidel:

Lembro-me nesta hora de muitas coisas, de quando te conheci na casa de Maria Antônia, de quando você me propôs acompanhá-lo, de toda a tensão dos preparativos.

Um dia alguém passou perguntando quem deveria ser avisado em caso de morte, e a possibilidade real do fato golpeou-nos a todos. Depois soubemos que era verdade, que numa revolução ou se vence ou se morre (se ela for verdadeira). Muitos companheiros ficaram ao longo do caminho para a vitória. Hoje tudo tem um tom menos dramático porque já amadurecemos, mas o fato é o mesmo. Sinto que cumpri a parte de meu dever que me ligava à Revolução Cubana em seu território e me despeço de ti, dos companheiros, de teu povo que já é meu. Demito-me formalmente de meus postos na Direção do Partido, do meu cargo de ministro, de minha patente de comandante, de minha condição de cubano. Nada legal me liga a Cuba, apenas laços de outro tipo, que não se podem romper como as atribuições. Fazendo um rápido balanço de minha vida passada, creio haver trabalhado com suficiente honestidade e dedicação para consolidar a vitória revolucionária. Minha única falta, de certa gravidade, foi não haver confiado mais em ti desde os primeiros momentos de Sierra Maestra e não haver entendido com rapidez suficiente suas qualidades de líder e revolucionário. Vivi dias maravilhosos e senti ao teu lado o orgulho de pertencer ao nosso povo nos dias luminosos e tristes da crise do Caribe. Poucas vezes brilhou mais alto um estadista quanto naqueles dias; orgulho-me também de haver seguido teus passos sem vacilações, identificado com a tua maneira de pensar e de ver e de apreciar os perigos e os princípios.

Outras terras do mundo reclamam o concurso de meus modestos esforços. Eu posso fazer aquilo que te é negado pela tua responsabilidade à frente de Cuba, e chegou a hora de separar-nos. Saiba que faço isso com um misto de alegria e de dor; deixo aqui o mais puro das minhas esperanças de construtor e os mais amados dentre meus entes queridos [...] e deixo um povo que me admitiu como um filho; isso dilacera uma parte de meu espírito. Nos novos campos de batalha carregarei a fé que me inculcaste, o espírito revolucionário de meu povo, a sensação de cumprir com o mais sagrado dos deveres: lutar contra o imperialismo onde quer que ele esteja; isto reconforta e cura sobejamente qualquer ferida. Digo mais uma vez que libero Cuba de qualquer responsabilidade, salvo a que emana de seu exemplo. Se me chegar a hora definitiva sob outros céus, meu último pensamento será para este povo e especialmente para ti. Agradeço aquilo que me ensinaste a teu exemplo, ao qual tentarei ser fiel até as últimas consequências dos meus atos. Digo que sempre me identifiquei com a política externa da revolução e que assim permaneço. Que no lugar onde eu estiver sentirei a responsabilidade de ser revolucionário cubano e agirei como tal. Que não deixo aos meus filhos e minha mulher nada de material e isso não me aflige: alegra-me que assim o seja. Que não peço nada para eles, pois o Estado lhes dará o suficiente para viver e educar-se. Teria muitas coisas a dizer, a ti e ao nosso povo, mas sinto que são desnecessárias, as palavras não podem exprimir o que eu sinto, e não vale a pena sujar mais papel.

Até a vitória sempre. Pátria ou morte!

Abraça-te com todo o fervor revolucionário,

Che.[197]

Fidel Castro tinha um projeto ambicioso para Cuba e, por certo, trabalhava em consonância com seu amigo argentino. Pragmático, tentava equilibrar-se entre a *realpolitik* com a União Soviética e desempenhar um papel independente no Terceiro Mundo. Guevara destacara-se como "embaixador" da revolução, fizera inúmeros contatos com líderes africanos, asiáticos e latino-americanos, tinha enorme fama internacional, era admirado por intelectuais do porte de Jean-Paul Sartre e sabia que Cuba necessitava de uma retaguarda à parte do bloco socialista para se desenvolver com maior autonomia. Mas não poderia atuar como agente oficial do governo cubano, para não comprometer o relacionamento de Fidel com os soviéticos nem expor a ilha a possíveis represálias externas. Assim, o fato de o Che renunciar à sua cidadania cubana (que lhe havia sido concedida poucos dias depois do triunfo da revolução) e eximir o governo da ilha de quaisquer compromissos ou da responsabilidade pelo que viesse a fazer era conveniente e mesmo essencial. O comandante teria o respaldo cubano, mas um respaldo extraoficial. Continuaria agindo com o apoio de Fidel, com homens que conhecia, com armamento, com dinheiro e de acordo com o projeto internacional de Cuba. Os contatos seguiriam sendo feitos com os partidos comunistas e grupos revolucionários de esquerda em diversos países, mantendo a linha desenvolvida até então. Mas, para todos os efeitos, Cuba não estaria *oficialmente* participando dos intentos de Guevara (ou pelo menos fora eximida pelo próprio guerrilheiro de qualquer culpa em caso de acusações)[198].

Era necessário naquele momento, portanto, não revelar o verdadeiro paradeiro do Che, em boa medida para garantir sua "liberdade" de atuação e a segurança dos agentes cubanos que o acompanhavam. E os boatos continuaram...

Em 6 de outubro de 1965, novas informações indicavam que o guerrilheiro estaria no Peru e que as autoridades militares daquele país já se encaminhavam para prendê-lo. Outra farsa. A notícia de que Guevara estaria internado num hospital psiquiátrico no México apareceu no dia 17 do mesmo mês. Novamente, tudo foi desmentido. No dia 29, o "guerrilheiro heroico" foi supostamente visto transportando armas no Acre (Brasil), em direção à Bolívia. Mas ninguém conseguiu encontrá-lo lá. Houve boatos ainda mais exóticos, como aquele que dizia que o Che estava preso numa cela na fortaleza de La Cabaña e que de lá teria jogado ao mar uma garrafa com um bilhete de pedido de socorro[199]. E ainda surgiu o rumor de que ele estaria em Nova York[200]!

As notícias se sucediam: em 6 de dezembro de 1965, a agência UPI divulgou que Felipe Albuaguante, dirigente trotskista mexicano, afirmou ao periódico *El Universal* que Guevara fora assassinado por Fidel por ordem da União Soviética, sem, contudo, indicar quaisquer provas sobre suas acusações (outros militantes conhecidos da IV Internacional, Adolfo Gilly e J. Posadas, também disseram o mesmo)[201]; no dia 27 de fevereiro de 1966, a *Gazette*, de Lausanne, Suíça, afirmava que a União Soviética pretendia convidar Guevara para o XXIII Congresso do PCUS; em maio de 1966, *L'Express* de Paris indicou que ele estaria nos Andes peruanos[202] (neste caso, ele teria sido entrevistado por um jornalista daquele país)[203]; de Santiago, no Chile, surgiu a informação de que o revolucionário estivera lá para conversar com comunistas locais e com o dirigente sindical Clotario Blest[204]; o Che também teria sido visto na província de Missiones, entre Brasil, Paraguai e Argentina, em 5 de julho; em 4 de agosto de 1966, teria estado no município de Barracão (Paraná); no dia seguinte, a Chancelaria paraguaia ordenou uma vigilância especial na fronteira, por causa da mesma notícia, já que o guerrilheiro estaria perto da divisa dos dois países, disfarçado de padre dominicano[205]; no dia 19 do mesmo mês, autoridades militares brasileiras organizaram uma operação secreta para interceptar um automóvel em que Guevara supostamente se encontrava, já que haviam recebido uma informação de que ele estaria sendo transportado numa Rural Willys por Maurício Grabois e um camarada (ambos do PCdoB) pela estrada entre Curitiba e São Paulo[206]; em janeiro de 1967, *La Nación* informou que o Che estava em Montevidéu[207]; ele também teria sido visto combatendo na Guatemala e na Nicarágua[208]; estaria -- segundo um informe do embaixador português em Havana –, na Guiné-Bissau, junto a Amílcar Cabral, acompanhado de cinquenta "peritos" da guerrilha[209]; e alguns chegaram a dizer até mesmo que ele estaria no Vietnã, lutando ao lado dos vietcongues[210]. Mas o que havia de certo era a total desinformação.

Em realidade, durante parte de seu "sumiço", o Che esteve, juntamente com soldados cubanos, auxiliando a luta dos insurgentes congoleses (depois de sua experiência naquele país, ainda iria para Tanzânia, Tchecoslováquia, Cuba e Bolívia, sempre incógnito). Mas, como diria Ben Bella, ele teria chegado "tarde demais"[211] ao Congo, que já não reunia mais as condições ideais para um projeto como aquele almejado.

Após conseguir sua independência formal da Bélgica, em 30 de junho de 1960, o Congo, terceiro maior país da África, com uma extensão geográfica de 2.345.000 km², povoado por mais de trezentos grupos étnico-culturais e com mais de quatrocentos idiomas ou dialetos locais, começou a ser liderado pelo carismático primeiro-ministro Patrice Lumumba, um nacionalista de esquerda de 35 anos de idade e dirigente do Movement Nationale Congolese e pelo conservador presidente Joseph Kasavubu, do partido Alliance de Ba-Kongo. Na época, o país tinha em torno de 14 milhões de habitantes, mas, ainda assim, não possuía médicos, professores ou oficiais do exército locais. Apenas duas semanas depois da independentização negociada, Lumumba teria de enfrentar uma profunda crise interna. Soldados da Force Publique (o exército colonial treinado e dirigido por militares belgas), havia meses sem receber salários, se amotinaram após a recusa de seu *chief of staff* [comandante], o general Émile Janssens, de pagar (e aumentar) seus soldos, melhorar as condições na caserna, e criar a possibilidade de ascensão hierárquica e "africanizar" a corporação e seu oficialato. Sargentos congoleses foram convocados para conter o motim, mas, inexperientes, não conseguiram fazer muito. Vários deles se juntaram aos revoltosos. O caos era evidente, com homens armados e uniformizados saqueando casas e lojas e espancando e assassinando moradores brancos, o que levou muitos europeus a fugir para Brazzaville. Por causa da insubordinação, tropas belgas ainda no país, que contavam com 3.800 soldados, aumentaram seus efetivos, com reforços enviados do Velho Continente, chegando a 10 mil homens. Acostumadas a excessos e arbitrariedades, essas tropas dispararam indiscriminadamente contra os recrutas locais, obrigando Lumumba a remover os oficiais europeus e a indicar Kasavubu como novo comandante em chefe. Os soldados congoleses logo se uniriam aos funcionários públicos em seus protestos junto ao novo governo. Enquanto isso, ocorriam massacres entre diferentes grupos étnicos em Kasai, envolvendo as comunidades Baluba e Lulua. Ao mesmo tempo, a Confederação de Associações Tribais de Catanga, de Moïse Tshombe, que havia conseguido apenas 8 das 137 cadeiras na Assembleia Nacional (o partido vitorioso nas eleições foi o MNC), exigiu dois importantes ministérios, o da Defesa e o do Interior, para fazer parte do governo de coalizão, o que foi recusado pelo *Movement*. A Conakat também ganhou apenas 25 dos 60 postos na Assembleia da Província de Catanga (a mais rica do Congo), mas de acordo com a Loi Fondamentale (a Constituição do país), ela não poderia formar um governo local, já que não possuía a maioria dos assentos após as eleições regionais (ela precisaria de pelo menos 31 representantes eleitos). Aliada de Tshombe, contudo, a Bélgica fez emendas à Carta Magna, o que abriu a possibilidade de formação de um governo provincial encabeçado por seu homem forte e maior aliado no país, que declararia unilateralmente, em 11 de julho de 1960, a independência de Catanga.

É bom lembrar que, naquele mesmo ano, Lumumba havia assinado um acordo com Bruxelas, garantindo que tropas belgas só poderiam intervir militarmente no país se fossem requisitadas pelo novo governo. Quando Tshombe anunciou a secessão de Catanga, contudo, a Bélgica, em seu apoio, imediatamente enviou soldados para a capital da província, Elizabethville. Por isso, o primeiro-ministro congolês acusaria a antiga metrópole colonial de ter cuidadosamente preparado a secessão de Catanga, colocando um títere no poder para garantir sua posição na região[212].

Aquela província era de interesse estratégico para as potências ocidentais. Em torno de 60% da receita do Congo provinha de lá. A maior parte de suas reservas minerais era controlada pela Union Minière du Haut Katanga, uma empresa de capital misto dos Estados Unidos, Inglaterra e Bélgica. Em 1960, ela produzia 60% do urânio do Ocidente, 73% do cobalto e 10% do cobre, contabilizando vendas anuais de US$ 200 milhões. A companhia também possuía 24 afiliadas no Congo, entre as quais usinas hidrelétricas, fábricas de produtos químicos e ferrovias. Só a Bélgica havia investido em torno de US$ 3 bilhões no país e os Estados Unidos meio bilhão de dólares, em grande parte, por meio do grupo Rockfeller, que comprara, logo antes da independência, a Bauxicongo (para a produção de bauxita), assim como ampliado sua participação acionária na UMHK. A American Metal Climax e a Tempelsman & Son (ambas as empresas de propriedade de altos funcionários do governo norte-americano) também entraram no Congo, enquanto os investimentos dos Estados Unidos no país entre 1961 e 1963 mais do que dobraram, chegando a US$ 1,2 bilhão (segundo Gus Hall, o investimento de Washington na África quadruplicou entre 1957 e 1968, e entre 1963 e 1968 as inversões privadas estadunidenses naquele continente cresceram a uma taxa média anual de 14%, e os setores mineiro e petrolífero totalizaram em torno de três quartos do conjunto)[213]. No entanto, as indústrias do cobre, como a Kennecott e a Anaconda, que possuíam minas em vários outros países (especialmente no Chile), tinham interesse em ver a indústria de Catanga destruída, para que não fosse parar nas mãos da família Rockfeller, com a qual não queriam competir[214] (vale lembrar que o Congo era o primeiro produtor do mundo de cobalto e o segundo de diamantes industriais, além de possuir a maior reserva de gás natural do planeta e gigantescas jazidas de ouro e prata).

O país se encontrava em situação caótica, com motins no exército, a fragmentação nacional e uma nova ocupação por tropas estrangeiras. E com a penetração de capital ocidental e a ingerência cada vez maior de outras nações. Para completar, em agosto, o líder Baluba Albert Kalonji declararia a independência de Kasai do Sul, complicando ainda mais o painel político naquele território.

Preocupado com a desintegração do país, Lumumba acreditou que sua melhor alternativa seria solicitar a intervenção da ONU. Sendo assim, em 25 de julho do mesmo ano, as Nações Unidas enviaram tropas para o Congo, que rapidamente ocuparam todas as províncias que o governo de Lumumba controlava, *exceto* Catanga (a região onde estava o problema), que permaneceu nas mãos dos belgas e dos homens de Tshombe.

Por trás das ações da Organização das Nações Unidas, entretanto, os Estados Unidos agiam. Não só todos os principais cargos do Secretariado da ONU em Nova York eram preenchidos por norte-americanos e europeus, mas o secretário-geral, o sueco Dag Hammarskjöld, estava cercado de assessores de Washington, como Ralph Bunche, Heinz Weishoff e Andrew Cordier. O próprio Hammarskjöld tinha conexões estreitas com a família real belga. Seu irmão, Bo, fazia parte do conselho de diretores da Liberian Iron Ore, Ltd., uma corporação fundada por estadunidenses, mas controlada por seus compatriotas, que tinha interesse em acabar com a competição das minas de Catanga. As operações das Nações Unidas no Congo também foram financiadas em grande medida pela Casa Branca, que ofereceu, entre julho de 1960 e junho de 1963, US$ 299,7 milhões. O Congresso ainda colocou à disposição do presidente norte-americano mais US$ 10 milhões, para o caso de alguma emergência[215]. Não custa lembrar que o diretor da CIA Allen Dulles afirmara que "a tomada do poder pelos comunistas [sic] no Congo traria consequências desastrosas [...] para os interesses do mundo livre"[216]. Para ele, portanto, era um *"urgent and prime objective"* o assassinato de Lumumba[217], que deveria ser substituído por um governo "pró-ocidental" o quanto antes[218].

Ainda que muitos capacetes azuis fossem provenientes de países recém-independentizados e de caráter progressista, não podiam receber ordens diretas de seus governos, mas somente dos comandantes das Nações Unidas. O contingente de Gana (o maior de todos) era comandado pelo trio composto pelo general H. T. Alexander, pelo brigadeiro Stephen Otu e pelo coronel J. A. Ankrah, e mesmo com os protestos de Nkrumah sobre sua atuação no teatro de operações, ele nada pôde fazer para mudar a situação (Alexander, por exemplo, usando o pretexto de restaurar a lei e a ordem no país, desmobilizaria a Force Publique controlada por Lumumba e impediria a ingerência de Nkrumah sobre seus soldados).

Lumumba ainda sofreria outro revés, quando Kasavubu decidiu dissolver o Parlamento, exonerá-lo do cargo e indicar um novo governo, que deveria ser encabeçado pelo presidente do Senado, Joseph Ileo. No mesmo momento, o primeiro-ministro reagiu, anunciando que permanecia no poder e que seu antigo colega (de acordo com ele, um traidor que havia se aliado aos belgas) não era mais o chefe de Estado.

A situação continuava a se deteriorar. Joseph Desiré Mobutu (o qual Lumumba nomeara chefe do novo exército congolês) foi cooptado pela CIA e mudou de lado (ele seria rapidamente promovido de coronel a general e receberia uma quantidade enorme de dinheiro dos Estados Unidos, via ONU). Ao mesmo tempo, começavam a ocorrer tentativas separatistas em Bacongo.

Ainda que o Senado rejeitasse a moção do presidente e votasse esmagadoramente a favor da permanência de Lumumba, Kasavubu (que, segundo William Blum, era um homem que "sat at the feet of the CIA men")[219] já tinha o total apoio da Casa Branca. Assim, as tropas da missão das Nações Unidas, logo após anúncio do traidor, tomaram o aeroporto de Ndjili e a estação de rádio nacional em Leopoldville, impedindo que o prócer congolês conclamasse a população a resistir. Mas deixaram que Tshombe e Kasavubu continuassem usando livremente as rádios Elizabethville e Brazzaville para difundir ataques e injúrias contra o primeiro-ministro.

Lumumba protestou a Nkrumah, que instruiu seu embaixador em Leopoldville a intervir. Mas nada aconteceu. O presidente de Gana chegou a cogitar retirar suas tropas da missão internacional e usá-las para defender o governo legítimo de seu aliado, mas não o fez (mais tarde, Ankrah e Otu, que encabeçavam as tropas de seu país no Congo, estariam envolvidos, com apoio da Agência Central de Inteligência, no golpe que destituiu Osagyefo do poder). O primeiro-ministro congolês, portanto, estava só.

Com a intenção de manter a integridade territorial do país, Lumumba pediria ajuda ao Kremlin, sendo imediatamente acusado pelo governo norte-americano de "pró-soviético". Mobutu daria um golpe. O resultado foi o bloqueio do auxílio de Moscou, o fechamento das embaixadas da União Soviética, de Gana e do Egito e a fuga do mandatário legítimo, que tentaria organizar uma rebelião na região nordeste. Ele seria finalmente capturado pelas tropas de Mobutu (que se tornaria mais tarde presidente do país) e entregue a Tshombe, em Catanga, onde foi torturado e brutalmente assassinado. Washington, contudo, mudando de postura, decidiu pressionar pelo fim da secessão em Catanga. E os blue helmets rapidamente ganharam o controle da província. Em 1963, portanto, as tropas das Nações Unidas já haviam conseguido suprimir por completo a rebelião promovida pelos rebeldes separatistas[220]. E Tshombe foi obrigado a se exilar na Europa por um breve período. Ele participaria de reuniões com altos dignitários belgas e norte-americanos e prepararia seu retorno ao país.

Desde a partida da missão da ONU, em 1964, diversos grupos insurgentes voltaram a atuar. Em 1963, forma-se o Conseil National de Libération, com o intuito de levar adiante a luta pelos ideais lumumbistas. De um lado, na província de Kwilu, a oeste, estavam os rebeldes liderados por Pierre Mulele (que havia sido ministro da Educação), com apoio de Pequim. De outro, a nordeste, na província de Kivu e no norte de Catanga, ocupando toda uma faixa do lago Tanganica e as cidades de Albertville e Baudouinville, os revolucionários dirigidos por Gaston Soumaliot e Christophe Gbenye, respaldados pela União Soviética e por Cuba. Mulele chegaria a ter em suas mãos 25% do Congo. Ainda que Mobutu fosse, então, o homem forte do governo "oficial", controlando *nominalmente* seu território, em realidade seu poder não se estendia além da província de Leopoldville. Mas a parte leste era controlada por Antoine Gizenga, líder de esquerda do MNC, que proclamou Stanleyville a capital da "República Livre do Congo", amparado pelas tropas do general Victor Richard Lundula. Nasser e o bloco soviético logo reconheceram seu governo[221].

A situação política delicada em que se encontrava o Congo obrigou Kasavubu a convocar o anticomunista radical Moïse Tshombe, então residindo na Espanha, para voltar ao Congo e se tornar primeiro-ministro. Considerado por muitos como o representante oficial do imperialismo no país, o novo premiê foi desprezado pelos principais líderes progressistas africanos, como Ben Bella, Nkrumah, Nasser, Sékou Touré e Nyerere[222]. Enquanto os Estados Unidos enviaram entre cem e duzentos assessores técnicos e militares para ajudar as tropas do governo (além de a CIA coordenar uma campanha paramilitar no leste do país)[223], Argélia, Egito e Gana, por sua vez, tentariam ajudar como pudessem os rebeldes, principalmente no envio de armas para os grupos revolucionários.

Nkrumah mandou, em aeronaves IL-18, centenas de armas e munições para os rebeldes, usando Brazzaville como escala, enquanto os governos de Nasser e Bella enviaram diferentes tipos de equipamentos militares em aviões soviéticos Antonov AN-12, até Brazzaville e Juba, no sul do Sudão, de onde eram transportados em caminhões até as províncias de Orientale e Kivu. Ao todo, a Argélia chegou a encaminhar em torno de trezentas toneladas de armas[224].

Quando Guevara decidiu ir lutar no Congo, contudo, Ben Bella estava para ser retirado do poder e já ocorrera o sufocamento quase total da rebelião, com o uso de recursos financeiros de Bruxelas e Washington, assim como de tropas belgas e de mercenários da Rodésia e da África do Sul, então comandados, com apoio da CIA, pelo coronel Mike Hoare (5º Comando), pelo francês Bob Denard (6º Comando) e por Jean "Black Jack" Schramme (10º Comando). Em novembro de 1964, veio o golpe de misericórdia contra os insurgentes, a Opération Dragon Rouge [Operação Dragão Vermelho], uma missão de "resgate" de reféns ocidentais, na qual 545 paraquedistas belgas (ou 350, segundo outras fontes), com ajuda militar norte-americana (incluindo exilados cubanos anticastristas) e de Pretoria, invadiram Stanleyville (Kisangani), na época em controle dos simbas, coincidindo com a chegada de mercenários estrangeiros[225]. Logo depois da partida das tropas da ONU e da ocupação de Stanleyville, os rebeldes lumumbistas foram expulsos, mas continuaram atuando no campo, especialmente no lado oeste do lago Tanganica, ainda que, certamente, sem a mesma força de antes[226].

Na época em que o Che chega ao Congo, portanto, a guerrilha se encontrava prejudicada por uma diversidade de fatores, com todo tipo de problemas, que iam da indisciplina dos soldados e das disputas faccionais até a falta de uma maior unificação política e tendências personalistas de alguns dirigentes. O país também ainda estava repleto de mercenários estrangeiros experientes. Tudo isso tornava a possibilidade de uma vitória militar bastante remota.

A campanha no Congo

Por meio do embaixador Pablo Rivalta, Guevara havia preparado o terreno para sua chegada à Tanzânia, e, de lá, sua entrada em território congolês. Os contatos feitos pouco antes foram de extrema importância. O diplomata cubano travara amizade com autoridades locais e mantinha-se atento às indicações de procedimento enviadas por compatriotas de confiança em Argel e no Cairo. Ao longo do processo, também teriam participado como enlaces nomes como Edouard Sumbu e D. H. Mansur[227].

Aparentemente, o Che não achava essencial comandar pessoalmente a missão no Congo. Fidel Castro considerava sua designação para lutar naquela localidade "transitória", uma etapa até que se criassem as condições para que ele pudesse atuar na América do Sul[228].

Víctor Dreke, antigo membro do Diretório Estudantil Revolucionário, na época com 27 anos, dá sua versão das razões para a escolha daquele país:

> O Che nos havia dado alguma ideia das conversações prévias com os congoleses em Argel. Ele era muito audaz, dizia que nas conversações não havia conseguido dados precisos sobre a situação da luta armada. "O resto vamos aprender lá."
> Os congoleses esperavam os cubanos, mas não esperavam por ele. Suponho que o Che se incluiu no projeto em consequência do ocorrido previamente. E o fez contra sua ideia original de ir lutar na Argentina. O assassinato de Lumumba, a situação geral do Congo, fizeram o Che pensar nessa guerrilha. Tinha uma visão dupla: preparar um grupo para a América Latina e criar um terceiro foco no Congo (Vietnã, América, África). Queria levar a cabo todas essas ideias. A África parecia mais fácil que a América.[229]

Para Dreke, "o Congo reunia duas características: eles nos haviam pedido ajuda em Brazzaville e existia um enorme território liberado pelas guerrilhas no ex-Congo belga, com bastante armamento chinês e soviético. Até possuía boas condições geográficas"[230]. Rivalta, por sua vez, comentou que o país serviria de base para iniciar a revolução em nações vizinhas (uma ideia parecida com o projeto guerrilheiro na Bolívia).

80 CHE GUEVARA E A LUTA REVOLUCIONÁRIA NA BOLÍVIA

A partir de fevereiro de 1965, Rogelio Oliva (que ganhou o pseudônimo "David"), funcionário da legação cubana em Dar Es-Salaam, recebeu instruções diretamente do Che para ir a Quigoma, uma cidade de aproximadamente 70 mil habitantes (muitos dos quais indianos, que controlavam o comércio local), próxima ao lago Tanganica, repleta de bares e bordéis, e que tinha somente duas ou três ruas asfaltadas, um porto e uma ferrovia. De lá, sua tarefa seria visitar o lado ocidental junto a Antoine Godefroid Tchamlesso (mais tarde apelidado pelos cubanos de "Tremento Punto"), dirigente do Movimento de Libertação Nacional e o "representante congolês de maior hierarquia" que se encontrava na Tanzânia naquele momento[231], com o objetivo de realizar um amplo levantamento daquela zona. Ele tirou várias fotografias da área, averiguou as condições do caminho e conversou com autoridades locais, enquanto o colega, por sua vez, contratou uma lancha para cruzar o lago em viagem exploratória. Seguiram ao país vizinho e regressaram no mesmo dia. Oliva também teve como missão comprar mochilas, botas, uniformes e outros artigos para os futuros guerrilheiros (adquiriu tudo aos poucos, para não levantar suspeitas) e uma caminhonete coberta de lona[232].

Enquanto isso, em Cuba, desde o dia 22 daquele mesmo mês, em torno de quinhentos homens (todos negros e voluntários), ocupando diferentes postos hierárquicos nas forças armadas e dispostos a participar de uma empreitada militar internacionalista, começaram a realizar treinamentos intensos nos acampamentos Piti "um", "dois" e "três" nas montanhas de Pinar de Río (a maioria deles com algum grau de experiência de combate no Exército Rebelde, na Luta Contra os Bandidos, na defesa da ilha no período da invasão de Playa Girón e em outras ações de segurança interna). Receberam, na ocasião, a visita de Fidel, Raúl e do então ministro de Obras Públicas, Osmany Cienfuegos. Foi a partir desse grupo que foram selecionados os soldados enviados, em seguida, para a África (no final de março, seriam escolhidos mais de cem deles para atuar lá)[233].

Em 1º de abril, cedo pela manhã, Guevara partiu do Aeroporto Internacional José Martí, acompanhado de Víctor Dreke ("Roberto") e José María Martínez Tamayo ("Papi" ou "Ricardo"). Disfarçado, irreconhecível, com uma maleta de mão, um sobretudo dobrado no braço e utilizando o nome "Ramón Benítez", faria escalas em Gander (Canadá), Praga, Milão, Cairo e Nairóbi, até desembarcar na Tanzânia, no dia 19 do mesmo mês, para a surpresa de Rivalta, que não sabia que o comandante iria para lá pessoalmente coordenar as guerrilhas. Como Kabila não estava no país (já que participava de uma reunião no Egito, junto a seus segundos, Ildefonse Masengo e Leonard Mitudidi), o Che (ainda disfarçado e incógnito) se entrevistou com Tchamlesso, que aceitou a oferta de trinta instrutores cubanos oferecidos na viagem anterior (na mesma hora, o comandante comunicou que seu governo tinha 130 homens dispostos a lutar) e enviou um emissário ao Cairo com o objetivo de avisar seu chefe que os primeiros soldados da *"mayor de las Antillas"* haviam acabado de chegar.

Após o ingresso de mais um grupo vindo da ilha, Guevara e seus assistentes (que estavam hospedados num hotel em Dar Es-Salaam) partiram num comboio de automóveis em direção a Quigoma, a oeste da capital. Eram catorze combatentes (além de um funcionário da Embaixada cubana, dois motoristas, Tchamlesso e um delegado de polícia local, que os acompanhava para evitar problemas no trajeto). Dirigiram mais de 1.700 km de estradas, a maior parte de terra batida (somente 100 km estavam asfaltados até Borogoro e entre 14 km e 15 km até Dodoma), em jipes e um pequeno caminhão (todos usando roupas civis, armados com fuzis FAL e submetralhadoras UZI), se revezando ao volante durante dois dias de viagem[234] (outros quatro soldados cubanos, recém-ingressos, ficaram na capital por não terem equipamentos, que ainda seriam comprados)[235].

Na noite de 23 de abril e madrugada do dia 24, já uniformizados, o Che e seus companheiros cruzaram durante várias horas, em meio a uma tempestade e vento forte, o enorme lago (de 35 mil km^2, 50 km de largura e situado a aproximadamente 700 metros acima do nível do mar) numa lancha de madeira sobrecarregada[236]. O clima estava tenso: o motor do barco quebrou e só voltou a funcionar depois de alguma insistência. Enquanto isso, os homens precisavam tirar, com baldes, a água que ia enchendo o casco. Além do mais, havia ali quem não soubesse nadar... Para completar, eles ainda ouviram o ruído de pequenas embarcações nas proximidades, que poderiam ser de tropas inimigas, mas que provavelmente apenas levavam pescadores.

Conseguiram chegar a Kibamba, do outro lado da fronteira, pouco antes do amanhecer. Eram os primeiros dos cerca de 120 homens que Cuba enviaria para a região[237]. Cada um dos membros do grupo agora já possuía um codinome *swahili* (baseado em números), pseudônimos escolhidos um pouco antes da travessia, ainda na ribeira tanzaniana. Víctor Dreke, fazendo o papel de chefe, era agora "Moja", ou número um; José María Martínez Tamayo, conhecido como "Ricardo" ("Papi"), atuando como ajudante e médico sanitarista, era "Mbili" (dois); e Guevara, "Tatu", ou número três. Ia disfarçado, ocupando a posição de médico principal e tradutor, não querendo ser reconhecido como o cabeça da guarnição. Como ele e "Ricardo", havia apenas mais alguns poucos brancos no grupo cubano. Foram recebidos por uma guarda marcial do Armée Populaire de Libération (APL), organizada e uniformizada com roupas amarelas, doadas pelos chineses (o armamento que se encontrava no local eram fuzis SKS de dez tiros, submetralhadoras PPCh, Amt. AA. 12.7 soviéticas e canhões chineses de 75 mm sem recuo). Essa seria a primeira e última vez que o Che veria os soldados congoleses daquela forma: daí por diante, a desorganização prevaleceu.

A região onde atuariam possuía um terreno acidentado, chuvas frequentes e diárias entre outubro e maio e escassas entre junho e setembro. Se na área de planície a caça de animais como o veado era abundante, nas montanhas as presas eram búfalos, elefantes e macacos (de acordo com o argentino, a carne dos símios era mais ou menos agradável, enquanto a do elefante, mesmo que gomosa e dura, era comestível se temperada). Também era possível encontrar mandioca e milho, e nos vilarejos aves e porcos. Segundo Guevara, ao norte de Baraka-Fizi havia uma maior variedade de cultivos; acima de Uvira, uma central açucareira; e na zona de Kabambare-Kasengo, arroz e amendoim[238].

Tatu conversou com representantes do Estado-Maior, Emmanuel Kasabuvabu (chefe do abastecimento e armamento) e Kiwe (chefe de Informação) e recebeu detalhes das disputas e das divisões entre os diferentes grupos combatentes. Pouco depois, Tchamlesso convocou uma reunião que teve a participação do Che, de Dreke, do coronel Bidalila (chefe da Primeira Brigada, líder da frente de Uvira), do tenente-coronel Lambert (representando o general Moulane, da Segunda Brigada) e de André Ngoja (vindo da área de Kabambare e que se tornaria chefe de outra brigada). Tremendo Punto sugeriu que Moja participasse de todas as reuniões do grupo, mas aparentemente os oficiais não gostaram da proposta[239]. Quando Guevara contou a Tchamlesso, mais tarde, numa conversa particular, quem ele era, houve desespero. Temia-se escândalo internacional (o interlocutor serviria de tradutor do francês para o *swahili*). Acompanhado de dois cubanos, ele viajaria imediatamente para a Tanzânia para reportar a presença do argentino no Congo.

Outra preocupação era de caráter cultural. Os nativos acreditavam na *dawa*, uma "poção mágica" composta de ervas variadas, preparada por um *moganga* (um feiticeiro ou curandeiro da aldeia), que a jogava no corpo dos soldados, após um ritual com signos cabalísticos, com o objetivo de torná-los supostamente invulneráveis às balas inimigas. Quem fosse untado antes de um combate, em teoria, ficaria impenetrável. Mas a *dawa* só seria eficaz se fossem seguidos alguns requisitos: quem tivesse o líquido vertido sobre sua pele não poderia roubar nenhum objeto alheio, não poderia ter relações com mulheres de outros e não poderia sentir medo. Caso um desses pontos não fosse cumprido, a poção não funcionaria. Explicando de outra forma: quem perdesse a vida em combate provavelmente teria violado uma dessas leis... E não estaria lá para desmentir. Outra maneira para que a *dawa* não apresentasse resultados favoráveis seria se o "bruxo" que a preparasse não fosse bom o suficiente. Guevara preocupou-se quando notou que os congoleses levavam a sério essa mistura de ervas e "materiais mágicos"[240].

Desde o início, o Che havia proposto procedimentos para as tropas rebeldes. Sempre lhe respondiam com evasivas. Com o passar do tempo, começou a inquietar-se: estava sendo deixado de lado, não era ouvido. Começou a questionar alguns líderes guerrilheiros e impacientar-se com seu isolamento. Os soldados congoleses contraíam doenças venéreas, embriagavam-se, não queriam receber ordens e fugiam quando começavam os combates[241]. E seus líderes, muitas vezes, incompetentes, corruptos e desinteressados em levar adiante a luta. Para evitar o ócio e o descontentamento, o comandante passava o tempo organizando aulas de francês, *swahili* e cultura geral e lendo. Enquanto isso, os congoleses ainda pensavam que Dreke era o líder ali.

O Che aguardava a presença de Kabila, que se encontrava em Dar Es-Salaam naquele momento. Em vez de seguir para a região onde o argentino estava, permaneceu na capital tanzaniana e enviou para o Congo Leonard Mitudidi, que chegou ao lado oeste do lago Tanganica com dezoito soldados enviados por Cuba, no dia 8 de maio (ele perderia a vida por afogamento no mês seguinte). Mitudidi imediatamente deu a autorização para que Tatu estabelecesse um acampamento próximo a Luluabourg, a 1.500 metros acima do nível do mar e a 3 km de Kibamba.

Naquele mesmo mês, contudo, o Che adoeceu: febre intensa, pressão alta, delírios, vômitos, sangramento no nariz, falta de apetite. O médico Rafael Zerquera avaliou que estava com malária. Como era alérgico à penicilina, o argentino recebeu canamicina, cloranfenicol e cloroquina, o que aliviou os sintomas. Em alguns dias já se sentia melhor (pelo menos outros dez cubanos encontravam-se enfermos no momento). Só se recuperaria plenamente, contudo, um mês mais tarde.

No dia 22, Guevara foi visitado por Osmany Cienfuegos, que trazia um contingente de dezessete soldados cubanos (outro grupo, com o mesmo número de homens, ficou em Quigoma, esperando por barcos para cruzar o lago). O colega, na ocasião, lhe contou que Celia de la Serna estava bastante debilitada.

Aquela seria "a notícia mais triste da guerra: tinham ligado de Buenos Aires para avisar que minha mãe estava muito doente, com um tom que fazia presumir que não se tratava apenas de um aviso preparatório"[242] (na verdade, o emissário cubano não sabia que ela havia falecido poucos dias antes). A progenitora, com câncer pulmonar em estado avançado, fora internada em 10 de maio, num aposento privado no sanatório Stapler[243]. Sua saúde se deteriorou rapidamente. De acordo com Juan Martín, irmão caçula do Che, Celia havia mandado um comunicado a Ernesto, no começo daquele ano, informando que desejava regressar a Cuba o quanto antes. A resposta do primogênito teria chegado a ela em abril. E causou estranheza, já que ele teria respondido que havia deixado o Ministério de Indústrias para se dedicar, nos próximos anos, a "dirigir uma empresa"[244]. Celia ficou desconcertada. Conhecendo bem o filho e sabendo que ele dificilmente a impediria de ir à ilha, se convenceu de que ele estava ocultando algo, não acreditando naquilo nem na história de que ele havia ido cortar cana como parte do trabalho voluntário. Segundo Juan Martín, ela "tentou freneticamente, por todos os meios, entrar em contato com ele, mas em vão. Estava extraordinariamente aflita. Foi um período doloroso"[245].

A mãe não compreendia o silêncio de Ernesto. No dia 16 de maio, ela conseguiu falar por telefone com Aleida. Mas já era tarde. Morreria dois dias depois, às 14h30, menos de um mês antes de completar 59 anos de idade. O velório ocorreria na rua Pacheco de Melo, n. 1.976. No dia seguinte, às 11h25, partiu o cortejo fúnebre para o cemitério da Recoleta, com aproximadamente cem pessoas. Cobrindo o caixão, uma bandeira argentina, outra cubana e um pano com as cores do Movimento de Libertação Nacional. Ricardo Rojo foi o primeiro orador, seguido por discursos de John William Cooke e Susana Fiorito. Na sequência, o féretro foi depositado no jazigo da família De la Serna, enquanto Ernesto Guevara Lynch e seus filhos prestavam suas últimas homenagens[246].

O Che só teve a confirmação do ocorrido em junho, quando recebeu de Zerquera um exemplar da revista *Bohemia* com a trágica notícia estampada em suas páginas. Naquele período, ele escreveu "La piedra", um de seus textos mais comoventes, em que se lembrava com carinho da progenitora. Nele dizia que tinha a "necessidade física de que apareça minha mãe e eu recline minha cabeça em seu regaço magro e ela me diga: 'meu velho', com uma ternura seca e plena e sentir no cabelo sua mão desajeitada, acariciando-me a saltos, como um boneco de corda, como se a ternura lhe saísse pelos olhos e pela voz [...] Não é necessário pedir-lhe perdão; ela compreende tudo"[247].

Em junho, os cubanos deram seus primeiros tiros com baterias antiaéreas 12.7 contra dois aviões que atacavam casas em Kisoso, perto do lago Tanganica. Mas no dia 15 daquele mês, Ben Bella, o maior aliado do Che na África, foi deposto na Argélia pelo coronel Boumédiène, num golpe considerado por Fidel como "traiçoeiro", "inglório" e "ignominioso", realizado, segundo ele, pelo ministro das Relações Exteriores, Abdelaziz Bouteflika, "aquele que sem dúvida planejou o *cuartelazo*" e que "não era um revolucionário, mas um direitista, conhecido como tal por todo o mundo e pelo povo argelino e um inimigo do socialismo"[248]. Guevara, a partir daí, não poderia contar com seu principal apoio no continente. Para alguns autores, o declínio na produção, a burocratização, a dependência de créditos na França, a organização da FLN num esquema de partido monolítico criaram as condições para a investida contra o presidente[249]. Outras explicações indicavam que Ben Bella acumulara demasiado poder pessoal, centralizando a direção política e gastando dinheiro em excesso para o projeto de liderança do continente. O novo líder do país, Boumédiène ("um homem que Castro pessoalmente detestava")[250], aparentemente não estava disposto a prosseguir com os mesmos acordos com Cuba, e isso levou à rediscussão das intenções da ilha no Congo. O dirigente imediatamente mandou fechar a sede da agência Prensa Latina em Argel e expulsou vários de seus jornalistas[251].

Por sua vez, no dia 17, Kabila deu a ordem para que suas tropas, junto aos cubanos, atacassem Front de Force (Fort Bendera), uma protegida guarnição do sudeste do Congo, próxima a uma usina hidrelétrica no rio Kimbi, que contava com um número aproximado de quatrocentos a setecentos combatentes, entre soldados locais e mercenários. Mesmo sendo contrário a essa ação imprudente e arriscada, o Che acabou aceitando (Kabila não admitiu sua participação direta e insistiu que a direção ficasse nas mãos de um tutsi ruandês treinado na China, conhecido como Mudandi).

Em torno das 5h do dia 29, começou a batalha, na qual 44 soldados cubanos participaram junto a 160 africanos (destes, sessenta desertaram antes do início do combate, enquanto vários nem sequer chegaram a disparar suas armas). A defesa do inimigo foi feroz. Se os cubanos, liderados por Dreke, lutaram bravamente, o mesmo não pode ser dito dos congoleses e ruandeses, que se evadiram à medida que a batalha se intensificava, abandonando suas armas e seus feridos pelo caminho. Como resultado, quatro cubanos e quatorze ruandeses perderam a vida (entre eles, o irmão de Mudandi). Além disso, os mercenários sul-africanos ainda encontraram um diário, um passaporte cubano e alguns documentos entre os pertences de um dos combatentes da ilha, confirmando a participação das tropas daquele país ali. A boa notícia foi a chegada de mais 39 cubanos ao acampamento no dia 24 de junho, entre os quais três médicos e dois membros da escolta do Che, o veterano da Sierra Maestra Harry Villegas ("Pombo") e o tenente (antigo integrante do Exército Rebelde) Carlos Coello ("Tuma"), enviados pessoalmente por Fidel para garantir sua segurança pessoal[252].

Somente no dia 7 de julho é que Kabila se encontraria com Tatu. O líder congolês, na ocasião, trouxe outro oficial, Ildefonse Masengo (posteriormente descrito pelo Che como "um indivíduo de muito pouco caráter, sem conhecimento da arte da guerra nem capacidade organizativa")[253], para substituir Mitudidi, que perecera afogado pouco antes. Guevara insistiu para assumir o comando de tropas na linha de frente, mas Kabila recusou-se a dar a autorização. Após somente cinco dias na localidade, Kabila voltou para a Tanzânia... Enquanto isso, naquele mesmo mês, Cuba enviava 257 homens, comandados por Jorge Risquet, para Brazzaville (o Batalhão "Patrice Lumumba"), para defender o governo nacionalista de Massamba-Débat e, eventualmente, abrir uma segunda frente no Congo, em possível auxílio ao Che, o que não ocorreu (ainda que outros grupos guerrilheiros tenham sido treinados por eles, como o MPLA)[254].

Uma emboscada, liderada por Martínez Tamayo, em agosto (numa zona previamente explorada pelo tenente Israel Reyes Zayas, membro da escolta de Raúl Castro e veterano da Sierra Maestra e da segunda frente Frank País, nas Escambray), com a participação de 25 cubanos e um mesmo número de ruandeses, teve êxito em destruir um caminhão militar inimigo (que transportava mercadorias para um quartel) com cinco ocupantes[255] (Mbili em seguida faria outra ação exitosa contra um comboio apoiado por um jipe e duas tanquetas, eliminando sete combatentes belgas)[256]. Foi nessa época também que Guevara, desobedecendo "ordens" e não pedindo consentimento aos "anfitriões", decidiu se colocar no mando de uma coluna que atuava próxima à estrada a Albertville, no entorno de Front de Force. Mas não houve qualquer resultado decisivo daquela ação para a guerra.

No dia 11 de setembro, o Che resolveu ajudar na preparação de uma nova tocaia. Mas a pressão de alguns de seus soldados, que demonstravam desejo de voltar para Cuba, insatisfeitos com o desempenho dos congoleses, aos poucos aumentava.

Nesse ínterim, Gaston Soumaliot viajou para Havana e, mostrando um panorama falso da situação, pediu mais apoio. O Che avisou Fidel que seria um desperdício. Dois meses antes do fim da campanha, Guevara declarou, em carta ao *"líder máximo"*: "Direi apenas que aqui perdi minha fama de objetivo ao manter um otimismo carente de bases, diante da situação existente. Posso lhe assegurar que, se não fosse por mim, esse belo sonho estaria totalmente desintegrado no meio da catástrofe geral"[257]. E sobre os congoleses: "Soumaliot e seus companheiros venderam-lhes um bonde de grandes dimensões. Seria prolixo enumerar a grande quantidade de mentiras nas quais incorreram [...] Não podemos libertar sozinhos um país que não quer lutar, é preciso criar esse espírito de luta e buscar soldados com a lanterna de Diógenes e a paciência de Jó, tarefa que se torna mais difícil à medida que essa gente encontrar pelo caminho mais imbecis que façam as coisas por ela"[258] (por sinal, o "guerrilheiro heroico" comentaria, depois, que Soumaliot seria "um indivíduo útil como dirigente médio da Revolução" e que "bem orientado e controlado podia ter rendido algum trabalho, como presidente do Conselho Supremo da Revolução; sua grande tarefa é viajar, viver bem, dar conferências de imprensa sensacionais e nada mais"; ou seja, "carece de toda capacidade organizativa")[259].

Em 24 de outubro, tropas inimigas (*askaris* e mercenários) invadiram o acampamento-base de Tatu, que conseguiu empreender uma retirada de emergência junto aos companheiros, incendiando as choças e deixando para trás armamentos, munições, mantimentos, documentos e equipamentos de comunicação. "Por pouco não mataram o Che", diria Dreke, anos mais tarde[260]. Ele e seus homens marcharam durante toda a noite seguinte e de madrugada entraram num vilarejo, onde encontraram o cubano Orlando Puente Mayeta (apelidado de "Bahaza"), com uma bala no pulmão. Depois de tratar como puderam do ferimento, seguiram adiante, durante seis horas, por trilhas íngremes e lamacentas, carregando o soldado, no meio de uma chuva torrencial, para um refúgio nas montanhas. Bahaza parecia melhor e dava a entender que se recuperaria. Mas tudo mudou rapidamente. No dia 26, um enfermeiro da tropa avisou o argentino que o ferido acabara de falecer. A causa aparente: um hemotórax agudo. Cavaram uma fossa e enterraram o corpo do soldado. Era o sexto e último cubano a perder a vida naquele país.

Na aldeia aonde chegaram, Guevara foi repreendido por camponeses e ainda recebeu mensagens de que os comandantes congoleses o estavam culpando por derrotas, enquanto no dia 30 daquele mês o "guerrilheiro heroico" foi avisado que posições próximas a Kibamba estavam sendo bombardeadas. A situação era grave. O Che considerou que aquele fora um mês de desastres sem atenuantes...

Em 1º de novembro, o governo da Tanzânia convocou o embaixador Pablo Rivalta para comunicar-lhe que estava encerrado o acordo de assistência com o Movimento de Libertação do país vizinho. Guevara ficou sabendo logo em seguida da notícia, por uma carta enviada por "Rafael", o representante cubano naquele país:

Companheiro Tatu,

Na manhã de hoje, Pablo foi chamado pelo governo para comunicar-lhe que, em vista dos acordos da reunião dos Estados Africanos a respeito a não intervir nos assuntos internos dos outros países, tanto eles como os demais Governos que até agora vêm dando ajuda ao Movimento de Libertação do Congo, terão de mudar o caráter dessa ajuda. Que, em consequência, nos pediam que retirássemos o que temos ali, como contribuição nossa a essa política. Que reconheciam que havíamos dado mais do que muitos Estados africanos e que por enquanto não se diria nada disto ao Movimento de Libertação congolês até que não tenhamos nos retirado; então o próprio Presidente convocará estes dirigentes e lhes informará da decisão tomada pelos Estados africanos. Foi mandada uma informação a respeito para Havana. Esperamos saber tua opinião.[261]

O Che recebeu outro telegrama de "Rafael" no dia 4, proveniente de Dar Es-Salaam, no qual eram colocados alguns pontos a se considerar sobre a saída dos cubanos daquela região. Também ficou sabendo que Moja, Siki e Tembo haviam sido designados membros do CC do novo PCC. E que Fidel havia lido sua carta de despedida publicamente no mês anterior[262] (o que teria, de acordo com Dariel Alarcón, incomodado sobremaneira o argentino; alguns autores, contudo, indicam que o Che ouvira o discurso de Castro pelo rádio, na base de Luluabourg, na mesma época em que foi proferido)[263].

Naquele momento, segundo William Gálvez, Guevara sugeriu operar com um Estado-Maior reduzido e mais flexível, algo que foi rejeitado peremptoriamente por Ildefonse Masengo. De qualquer forma, queria continuar lutando ali:

Cuba ofereceu sua ajuda sujeita à aprovação da Tanzânia. Ela foi aceita e a ajuda se efetivou. Compreendemos as atuais dificuldades da Tanzânia, mas não estamos de acordo com suas proposições. Cuba não recua de suas promessas nem aceitará uma fuga vergonhosa, deixando seus irmãos na desgraça, à disposição dos mercenários. Só abandonaremos a luta se houver razões bem-fundamentadas ou de força maior, [ou se] os próprios congoleses nos pedirem que o façamos, mas continuaremos a lutar para que isso não chegue a acontecer.[264]

Ainda assim, o Che se lamentava da falta de armas e da maneira arbitrária como eram distribuídas. Sem novidades nos dias subsequentes, se ocupava inspecionando e aperfeiçoando as fortificações, assim como se entrevistando com oficiais, especialmente o já mencionado Masengo.

Os combatentes inimigos, por sua vez, continuavam avançando em direção ao lago Tanganica. No dia 16, Guevara pediria à Embaixada cubana em Dar Es-Salaam o suprimento de armamentos em Quigoma (insinuando, ao mesmo tempo, que as autoridades locais impediam o funcionamento da logística preparada para abastecer a guerrilha) e solicitaria reforços para seu grupo. A situação se tornava desesperadora. Muitos queriam partir, mas o Che insistia em ficar e lutar. Ao ser informado que a base superior havia sido capturada sem que seus homens tivessem sequer combatido, o argentino decidiu recuar (em 18 de novembro, ele deu a ordem para que todos batessem em retirada, pedindo para que barcos fossem preparados para a evacuação).

Finalmente, em 21 de novembro, após quase sete meses[265], Ernesto e sua tropa terminariam sua participação militar no Congo (no começo da empreitada ele havia advertido seus soldados, contudo, que a duração daquela "guerra" seria de três a cinco anos).[266] Até o último momento, contudo, ele cogitou ficar no país e tentar se unir às forças comandadas por Pierre Mulele (o qual Guevara consideraria "a grande incógnita" entre os dirigentes nacionais e "quase um fantasma", já que "não foi visto nunca em reuniões" e "não saiu de sua zona depois de iniciada a luta"; ainda assim, diria que "há muitos indícios de que se trata de um homem de categoria superior")[267]. Com a chegada das lanchas que levariam os guerrilheiros cubanos (e alguns poucos locais) para a Tanzânia, do outro lado da fronteira, ele decidiu partir. Era o fim de sua atuação na África...[268].

Novos preparativos

Guevara passou mais de três meses encerrado na residência da Embaixada cubana no bairro Hupanga, em Dar Es-Salaam. Num pequeno apartamento de dois aposentos reservado para ele (sem ar-condicionado), no andar superior da legação diplomática, o Che (deprimido e muito magro, após meses de problemas de saúde, como paludismo, asma, má alimentação e uma desinteria) se dedicou a ler, fumar, estudar matemática, jogar xadrez, conversar sobre política, discutir problemas africanos e escrever. Como companhia ocasional, em diferentes momentos, os colegas Carlos Coello ("Tuma"), Harry Villegas ("Pombo"), Martínez Tamayo, Pablo Rivalta, Luis García Gutiérrez ("Fisín") e Ulises Estrada, formando um grupo bastante reduzido e seleto.

A esposa de Che, Aleida, também se uniu a ele. Desde que iniciara seu projeto no Congo, Tatu trocara correspondências com Aleida, cartas que eram levadas para ele por Osmany Cienfuegos, José Ramón Machado Ventura, Ulises Estrada, Oscar Fernández Mell e Emilio Aragonés, quando visitavam o acampamento no Congo. "Isto é outra Sierra Maestra, mas sem o sabor da construção nem, ao menos, a satisfação de senti-lo como meu", disse o Che numa das missivas[269].

Guevara escrevia quando podia para a mulher. Ela não deveria insistir num encontro entre os dois:

> Não me chantageie. Você não pode vir aqui agora nem dentro de três meses. Dentro de um ano será outra história e veremos. É preciso analisar bem isso. O imprescindível é que, quando vier, você não seja "a senhora", mas a combatente, e para isso deve se preparar, ao menos em francês [...] Ajude-me agora, Aleida, seja forte e não me arranje problemas que não podem ser resolvidos. Quando nos casamos, você sabia quem eu era. Cumpra sua parte do dever para que o caminho seja mais suportável, porque ele é muito longo ainda.[270]

Quando já estava de volta à Tanzânia, Tatu mandou, em 28 de novembro de 1965, nova missiva a Aleida, na qual dizia, sobre ambos, que "a separação promete ser longa, tinha a esperança de poder vê-la no transcorrer do que parecia uma guerra longa, mas não foi possível. Agora haverá entre nós muita terra hostil e até as notícias escassearão. Não posso vê-la antes porque é preciso evitar toda possibilidade de ser detectado; na mata me sinto seguro, com minha arma na mão, mas o perambular clandestino não é meu ambiente e tenho que levar as precauções ao extremo"[271].

Apesar disso, a esposa, ao conversar com Fidel, recebeu autorização para se encontrar com o marido. E o Che, ao contrário do que ela imaginava, dessa vez aceitou que viajasse até Dar Es-Salaam para visitá-lo, o que ocorreu logo em seguida, a partir do dia 15 de janeiro de 1966, via Praga e Cairo, acompanhada de Juan Carretero. Foi disfarçada e com o passaporte falso, utilizando o nome "Josefina González". Enquanto ficou com o marido na Tanzânia, presenciou sua rotina: ele tirava fotos dos dois e as revelava ali mesmo; dava aulas de francês para ela; e gravava histórias para seus filhos. Ainda escreveu uma carta para Castro, que deveria ser entregue por Aleida pessoalmente[272].

Nos meses anteriores, o comandante solicitara à mulher o envio de vários livros: obras de Píndaro, Ésquilo, Sófocles, Eurípedes, Aristófanes, Heródoto, Xenofonte, Demóstenes, Platão, Aristóteles, Plutarco, Racine, Dante, Ariosto, Goethe e Shakespeare. E, como não podia faltar, o *Dom Quixote de la Mancha*, de Cervantes[273]. Além disso, em sua *"libreta de lecturas"* (que compreende o período em que ficou na África), há uma lista longa de trabalhos: o volume IV das *Obras escolhidas* de Mao Tsé-Tung, os tomos IV e V das *Obras completas* de José Martí, os volumes 2, 32 e 33 das *Obras completas* de Lênin, *Los problemas de la dialéctica en El Capital*, de Mark Moisevich Rosental, *Historia de la época contemporánea*, de J. Vostov e Zukov, *A ilíada* e *A odisseia*, de Homero, *Brasil, siglo XX*, de Rui Facó, *Historia de la filosofía* (t. I), de Hegel, *México insurgente*, de John Reed, *Los princípios fundamentales de la dirección de la guerra*, de Carl von Clausewitz, *Nous, les negres*, coletânea com textos de James Baldwin, Malcolm X e Martin Luther King, *El guerrillero y su trascendencia*, de F. Solano Costa, *Cualquier corsario*, de Jorge Onetti e *Aurora Roja*, de Pío Baroja, entre outros[274].

O fato é que o Che planejava escrever um livro sobre filosofia. Além disso, começou a preparar seus *Apuntes críticos a la economia política* e a gravar (ou, por vezes, ditar) sistematicamente a narrativa baseada em seu diário de campanha, material que era logo repassado a Colman Ferrer (funcionário da representação), que o transcrevia à máquina, dando origem a *Pasajes de la guerra revolucionaria (Congo)*, texto sobre a experiência recente (que era prontamente devolvido pelo assistente para ser revisado à mão por Guevara)[275]. O tom da obra é sombrio:

> Esta é a história de um fracasso; chega aos detalhes pitorescos, como corresponden- te aos episódios da guerra, mas está matizada de observações e de espírito crítico, já que imagino que, se alguma importância pode ter o relato, é a de permitir extrair uma série de experiências que sirvam para outros movimentos revolucionários. A vitória é uma grande fonte de experiências positivas, mas também o é a derrota e mais ainda, em minha opinião, neste caso, quando os atores e informantes foram arriscar suas vidas em território desconhecido, de língua distinta e ao qual estavam unidos somente pelos laços do internacionalismo proletário, inaugurando um método não praticado nas guerras de libertação modernas.[276]

E utiliza essa oportunidade também para fazer uma autocrítica:

> É necessário fazer a análise mais difícil, a de minha atuação pessoal. Aprofundando até onde fui capaz na análise autocrítica, cheguei às seguintes conclusões: do ponto de vista das relações com os mandos da revolução, vi-me travado pela forma um tanto anormal como entrei no Congo e não fui capaz de superar esse

Guevara prepara o caminho   91

inconveniente. Em minhas reações, fui desigual; mantive muito tempo uma atitude que se pode qualificar de excessivamente complacente, e às vezes tive explosões muito cortantes e que provocaram profundas mágoas; quiçá por uma característica inata em mim, o único setor com quem eu mantive sem dúvida relações corretas foi com os camponeses, pois estou mais habituado à linguagem política, à explicação direta e com o exemplo, e creio que poderia ter tido êxito nesse campo. Não aprendi o *swahili* com suficiente rapidez e com a suficiente profundidade; foi um defeito atribuível em primeira instância ao conhecimento do francês, o que me permitia comunicar-me com os chefes, mas me deixava afastado das bases. Faltou vontade para realizar o esforço necessário.

Quanto ao contato com meus homens, creio haver sido suficientemente sacrificado para que ninguém me imputasse nada no aspecto pessoal e físico, mas meus dois "fracos" fundamentais foram satisfeitos no Congo: o tabaco, que me faltou muito pouco, e a leitura, que sempre foi abundante. O incômodo de ter um par de botas rotas ou uma muda de roupa suja, ou comer a mesma *pitanza* da tropa e viver nas mesmas condições, para mim não significa sacrifício. Sobretudo o fato de retirar-me para ler, fugindo dos problemas cotidianos, tendia a afastar-me do contato com os homens, sem contar que há certos aspectos de meu caráter que não fazem fácil a aproximação. Fui duro, mas não creio o haver sido excessivamente nem injusto. Utilizei métodos que não se usam em um exército regular, como o de deixar sem comer; é o único eficaz em tempos de guerrilha. A princípio quis aplicar coerções morais e fracassei. Julguei que minha tropa tivesse o mesmo ponto de vista que eu em relação à situação, e fracassei; não estava preparado para olhar com otimismo um futuro que deveria ser vislumbrado através de brumas tão negras quanto o presente.

Não me animei a exigir o sacrifício máximo no momento decisivo. Foi uma trava interna, psíquica. Para mim era muito fácil ficar no Congo; do ponto de vista do amor-próprio do combatente, era o que deveria ser feito; do ponto de vista de minha atitude futura, se não era o que mais convinha, era indiferente naquele momento. Quando avaliava a decisão, incomodava-me saber o quão fácil seria para mim o sacrifício decisivo. Considero que deveria ter superado interiormente o lastro desta análise autocrítica e impor a uma determinada quantidade de combatentes o gesto final; uns poucos, mas deveríamos ter ficado.

Por último, pesou em minhas relações com o pessoal – pude notar bem, ainda que seja algo totalmente subjetivo – a carta de despedida a Fidel. Esta fez que os companheiros vissem em mim – como há muitos anos, quando comecei na Sierra – um estrangeiro em contato com cubanos; naquela época, eu era aquele que chegava; agora, o que estava se despedindo. Havia certas coisas em comum que já não tínhamos, certos anseios comuns aos quais eu tácita e explicitamente havia renunciado e que são os mais sagrados para cada homem individualmente:

sua família, sua terra, seu meio. A carta que provocou tantos comentários elogiosos em Cuba, e fora de Cuba, separava-me dos combatentes.

Talvez pareçam insólitas estas considerações psicológicas na análise de uma luta que tem escala quase continental. Sigo fiel a meu conceito do núcleo; eu era o chefe de um grupo de cubanos, uma companhia, nada mais, e minha função era a de ser chefe real, seu condutor à vitória que impulsionaria o desenvolvimento de um autêntico exército popular, mas minha peculiar situação me convertia ao mesmo tempo em soldado, representante de um poder estrangeiro, instrutor de cubanos e congoleses, estrategista, político de alto nível, em um cenário desconhecido.[277]

O que teria aprendido Guevara com aquela experiência? Certamente, chegara à conclusão de que ele deveria estar no controle de qualquer projeto revolucionário que participasse. Seu isolamento, suas restrições e suas limitações no mando haviam se provado suficientemente ostracizantes e pouco eficazes. De agora em diante, desconfiaria de outros líderes que lhe quisessem impor deliberações. Ou seja, ele estaria, sem dúvida, daí em diante, no comando militar. A partir daquele momento, seria ele quem organizaria e daria as ordens, especialmente nas questões bélicas táticas e estratégicas, de forma inequívoca, em qualquer outra empreitada na qual participasse.

Em relação às dificuldades linguísticas – um problema identificado por ele no trecho supracitado –, ele cometeria o mesmo erro ao considerar a ação na zona de Ñancahuazú, na Bolívia, habitada por moradores de origem guarani, língua que nem ele nem seus homens dominavam, além das demais regiões em que são falados outros idiomas como o quéchua e o aimará, que ele só aprenderia rudimentarmente.

Antes de partir, o Che seria disfarçado por García Gutiérrez, que fora enviado para a Tanzânia com o objetivo de torná-lo irreconhecível. Membro da Liga Juvenil Comunista e integrante pleno do PCC desde 1938, Fisín (como era conhecido) se tornou doutor em odontologia em 1943, realizando trabalho clandestino para o partido desde aquela década. Foi responsável por mudar a aparência de diversos dirigentes comunistas ao longo dos anos. E seria encarregado, naquela ocasião, de criar um novo visual para o Che, que precisava viajar incógnito[278].

Fisín chegou a Dar Es-Salaam passando por Praga, Paris e Cairo. Encontrou Tatu barbeado, trabalhando diante de uma mesa. Sugeriu as mudanças na fisionomia, que foram imediatamente aceitas: com a cera que havia comprado na França, a caminho da Tanzânia, depilou parte do cabelo, criando duas entradas de calvície; preparou um casaco que simulava uma pequena corcunda nas costas; introduziu um salto interno, dentro dos sapatos, para aumentar sua estatura; e lhe forneceu um par de óculos. Na ocasião, também foi providenciado um novo passaporte com identidade falsa para o argentino.

Em seu trajeto de retorno, o comandante iria para Praga (via Cairo e Belgrado), enquanto o dentista cubano, para Havana. O Che e seus homens foram recebidos por José Luís Ojalvo Mitriani, o representante da DGI naquele local[279]. Guevara ficaria até julho de 1966, primeiro num apartamento, e em seguida numa casa de dois andares, com jardim, em Ladvi, a 20 km da capital da Tchecoslováquia (a mesma em que, dois anos antes, se hospedara Tania), acompanhado de Harry Villegas ("Pombo"), Carlos Coello ("Tuma"), Martínez Tamayo ("Papi"), Alberto Fernández Montes de Oca ("Pacho") e, no início, Ulises Estrada, que logo retornaria a Cuba, sendo substituído por Juan Carretero ("Ariel").

Pouco tempo depois, García Gutiérrez seria incumbido por Manuel Piñero de viajar para aquela cidade europeia, supostamente a pedido do próprio Che, onde permaneceria por quinze dias. O "guerrilheiro heroico" havia gostado do trabalho em seu rosto e queria retoques. O disfarce de Alberto Fernández Montes de Oca (que depois acompanharia o argentino na Bolívia) foi igualmente "revisado" naquela época.

Guevara fazia caminhadas pelas redondezas, visitava um bosque nas cercanias e chegou até a jogar futebol com alguns rapazes que se divertiam num daqueles momentos e que nunca souberam quem era o misterioso esportista... No "aparelho" (casa de segurança) hermético onde se encontrava, o Che dormia num colchonete, no chão (com cinco ou seis livros com páginas marcadas, colocados na "cabeceira" daquela "cama" improvisada), no mesmo quarto antes ocupado por Tania, no segundo piso. Lá ele escutava notícias num rádio de ondas curtas, ouvia discos de música popular (um álbum dos Beatles e outro de Miriam Makeba), jogava xadrez, lia e praticava diariamente tiro ao alvo... Por causa do barulho dos disparos, alguns vizinhos chamaram a polícia, que foi averiguar o que estava acontecendo. As autoridades, com roupas civis, porém, foram persuadidas a deixar a casa por uma mulher (segundo Fisín, provavelmente vinculada à Segurança do Estado) que se encontrava no local lhes preparando uma refeição (ela, aparentemente, ia com frequência àquela casa cozinhar para os cubanos). O odontologista retornou a Cuba, enquanto o ex-ministro de Indústrias permaneceu com os outros camaradas por mais algum tempo[280]. O Che ainda recebeu a visita de sua esposa Aleida e se reuniu com Ramiro Valdés e José Gómez Abad.

O destino do comandante ainda parecia incerto. Sua intenção, na verdade, era ir para a França, onde pretendia ficar escondido durante um tempo e então, de lá, seguir para a América do Sul, o que poderia colocar sua vida e a de agentes cubanos em risco. Sua insistência nesse sentido, contudo, era grande. E a possibilidade de ficar vulnerável aos serviços de Inteligência ocidentais, também. Afinal, sua posição poderia expor desnecessariamente a si mesmo e ao governo da ilha. Mesmo que emissários de Havana se empenhassem para ele mudar de ideia, o Che parecia decidido. Talvez por isso, em junho, Castro tenha enviado uma carta incisiva ao companheiro escondido na Europa, na qual diria que sabia dos planos de Ramón para lutar na Argentina, mas o exortava a voltar a Cuba para treinar, já que "dada a delicada e inquietante situação em que você se encontra aí, você deve, de todas as formas, considerar a conveniência de dar um pulo até aqui"[281]. Fidel acabou convencendo o amigo.

Vale mencionar que em agosto de 1965 (ou seja, alguns meses antes, no ano anterior), vários bolivianos que residiam em Cuba, entre os quais, os militantes da JCB e bolsistas do governo cubano Freddy Maemura e Mario Gutiérrez Ardaya (ambos estudantes de medicina), Jaime Arana Campero (aluno de hidrotecnia) e o crucenho Lorgio Vaca Marchetti (discente de economia), foram encaminhados para um edifício isolado, de dois andares e seis quartos, em Havana, onde começaram a receber aulas de topografia, saúde, comunicações e de técnicas para montar e desmontar armamentos, uma preparação que duraria até janeiro de 1966, quando seriam levados num caminhão do exército a Pinar del Río, na mesma época em que outros militantes do PCB chegaram a Cuba para treinamento militar[282]. Coco Peredo, El Loro Vázquez, Rodolfo Saldaña e Julio Méndez (El Ñato) eram quatro jovens de confiança enviados especialmente pelo partido, que se propunha a ajudar Fidel e Guevara no projeto revolucionário em algum país da América do Sul fronteiriço com a Bolívia. Em sua terra natal, eles comporiam o grupo de homens-chave do auxílio do PC aos cubanos da região. A Bolívia ainda não havia sido escolhida como o foco central do projeto que o Che pretendia levar adiante, mas, por sua importância geopolítica, necessitava de quadros bem treinados e de uma estrutura de apoio a possíveis guerrilhas em países limítrofes. Por isso a necessidade de os jovens militantes bolivianos estarem preparados para fazer o trabalho dentro de um esquema de possível retaguarda.

Os bolsistas ficariam naquela província até abril, sendo preparados por três instrutores locais (um de tiro, outro de explosivos e um último de autoproteção). Eram cursos práticos e teóricos, nos quais aprendiam a manejar diferentes fuzis, como Springfield, Garand M1, M2, M3 e FAL (em torno de cem cartuchos eram disparados diariamente), morteiros e bazucas, assim como manuseavam TNT, C3 e C4, aprendendo técnicas para dinamitar pontes[283]. Ao final do curso, todos foram levados de volta a Havana, onde fariam um *check-up* médico, alguns sendo mandados para um hotel (onde permaneceriam por três meses), enquanto outros encaminhados para suas residências. Em julho, os futuros combatentes retornariam para Pinar del Río, para uma marcha que duraria doze dias. Realizariam a longa caminhada uniformizados (incluindo coturnos e bonés), carregando uma mochila nas costas, uma rede de dormir, um cantil, um fuzil com vinte cartuchos e alimentos diversos (leite condensado, sardinhas, arroz, charque, sal, açúcar, chocolate e café). Também podiam levar cigarros. Quando cumpriram a tarefa, foram trasladados novamente para a capital...[284].

Entre 3 e 15 de janeiro de 1966, ocorreu a primeira Conferência Tricontinental, em Havana, com a presença de aproximadamente quinhentos delegados de vários países (entre os quais, Luis Augusto Turcios, Amílcar Cabral e Rodney Arismendi). Nesse encontro foi anunciada a criação da Olas (que teria sua reunião inaugural no ano seguinte) e delineadas as linhas mestras da política externa cubana. Os principais temas daquele encontro eram a luta contra o imperialismo, o colonialismo e o neocolonialismo; colocar em foco as lutas revolucionárias na Ásia, África e América Latina; a solidariedade entre os povos dos países subdesenvolvidos oprimidos; e a tentativa de organizar e unificar politicamente os esforços de luta de diferentes povos do Terceiro Mundo para a libertação nacional.

Nessa primeira reunião de fundação da Ospaaal (que teve em Osmany Cienfuegos como secretário-geral), Fidel demonstrou seu desagrado em relação aos chineses e ao mesmo tempo seu interesse em criar condições de luta revolucionária na América Latina. Em seu discurso, Castro também atacou os trotskistas, considerados "os principais porta-vozes na campanha imperialista de intriga e difamação contra Cuba em relação ao companheiro Guevara"[285]. Para ele, "se em um tempo o trotskismo representou uma posição errônea, mas uma posição dentro do campo das ideias políticas, o trotskismo tornou-se, nos anos recentes, um instrumento vulgar do imperialismo e da reação"[286] (esse episódio levou o Secretariado Unificado da Quarta Internacional a publicar uma "carta aberta" a Castro, mantendo seu apoio à Revolução Cubana, mas se defendendo de todas as acusações).

Os convidados internacionais eram bastante variados. Na delegação chilena, o senador Salvador Allende (representante da Frap), Manuel Rojas e Clodomiro Almeyda. Régis Debray, um jovem filósofo francês, de família burguesa conservadora, ex-aluno de Louis Althusser e doutorado pela École Normal Superiore em Paris, que escrevera o ensaio "América Latina: alguns problemas de estratégia revolucionária" e que se tornaria célebre com o pequeno livro *Revolução na revolução*, igualmente se encontrava no evento, assim como o argentino John William Cooke, um advogado, jornalista e professor titular de economia política da Faculdade de Direito e Ciências Sociais da UBA, influenciado pela guerrilha rural peronista tucumana Uturuncos e pela Revolução Cubana, antigo editor da revista *De Frente*, ex-deputado nacional, apoiador do EGP de Jorge Ricardo Masetti, fundador da ARP e exilado por um breve período na ilha caribenha[287].

Também participando, o peruano Juan Pablo Chang Navarro, antigo dirigente estudantil e aluno de Letras da Universidade Mayor de San Marcos, um ex-militante aprista que mais tarde se tornaria membro do PCP (do qual integrou o Comitê

Central). Chang foi preso e deportado em algumas ocasiões, chegando a estudar em instituições de ensino superior em Buenos Aires, Cusco e México (neste último caso, cursou dois semestres de antropologia social). Em Paris, onde esteve exilado, conheceu Guillermo Lobatón e apoiou a criação da FLN argelina. Ao retornar a seu país, voltou a estudar na UNMSM, se tornou dirigente da FER, trabalhou nas agências France Press e Ansa, teve atuação sindical e ajudou a criar a Apuir e a FIR. De lá, mais tarde, iria para a Tchecoslováquia e, depois, a Cuba, para treinamento militar. Em 1963, participaria do Exército de Libertação Nacional do Peru e, em 1967, estaria do lado de Che Guevara no ELN boliviano[288].

Nem todas as organizações de esquerda, contudo, estiveram presentes. Os partidos comunistas da Argentina e do Peru, por exemplo, contrários à luta armada, não enviaram emissários para a capital cubana. Entre os bolivianos, por sua vez, o PCB e a Flin (seu braço eleitoral) foram convidados. Seus representantes: Mario Monje Molina, Mario Miranda Pacheco e Juan Carlos Lazeano. Eles seriam os únicos participantes "oficiais" daquele país. Já o Conselho Democrático do Povo, um aglomerado de partidos de esquerda, entre eles o Prin, o POR, a ala esquerda do MNR, o PC-ml e a Liga Espartaquista (socialistas independentes), por exemplo, não estaria presente naquele congresso[289]. Na ocasião, a delegação do Codep, que havia chegado a Havana, através da mediação de Allende, pelo México – um dos poucos países que possibilitavam a entrada de elementos reconhecidamente radicais –, aparentemente foi isolada no Hotel Habana Riviera e deixada de lado pelas autoridades cubanas. O único membro do Conselho que recebeu permissão para ingressar na Tricontinental foi a chefe da delegação, Lidia Gueiler (Prin), que, em solidariedade ao restante do grupo (composto por Guillermo Lora, Raúl Ruiz González, Ignacio Miashiro, Hilda Alvarado, Waldo Rocha e Jorge Lazarte), não aceitou o convite[290].

Apesar de o Che não estar presente, a conferência foi permeada de suas ideias. De acordo com a proposta cubana, uma guerrilha de libertação nacional isolada, fechada dentro do âmbito interno de um país, teria poucas possibilidades de sucesso; assim, seria imprescindível estabelecer um plano amplo, organizando-se uma coordenação regional para direcionar os aspectos políticos e logísticos dos grupos guerrilheiros, deixando mais flexibilidade e certa autonomia para decisões militares locais. O país latino-americano escolhido como base deveria oferecer as condições necessárias para que o projeto tivesse êxito[291].

Em março, Ricardo ("Papi") chegou a La Paz com um passaporte colombiano, utilizando o nome "Julio César Giraldo". Era o primeiro cubano do futuro grupo de Guevara que entrava na Bolívia. Sua função, porém, era preparar condições para possíveis ações guerrilheiras na Argentina ou no Peru.

Em fins de julho, os militantes do PCB retornaram a seu país via Moscou e Praga. Na União Soviética, Coco e Rodolfo, após participarem de uma reunião de membros do Comitê Central do PCUS, receberam a oferta de treinar naquele país, o que não veio a ocorrer. Na Tchecoslováquia, se encontraram com Jorge Vázquez Viaña ("El Loro") e seguiram para a Bolívia. Seu irmão Humberto, na época estudante em Bucareste (Romênia), também partiu para seu país, via Colônia-Paris-Lima (ele ajudaria depois a compor o aparato urbano do futuro ELN). Em Praga, chegaram o capitão Harry Villegas Tamayo ("Pombo") e o tenente Carlos Coello ("Tuma"). Seguiram em 14 de julho para a Bolívia via Frankfurt e São Paulo, com passaportes equatorianos. Lá foram recebidos por Ricardo, onze dias mais tarde.

Nesse mesmo mês de julho, tomou-se a decisão de começar a guerrilha em território boliviano. Entre as considerações feitas pelos cubanos, estavam as difíceis condições político-militares no Peru e na Argentina e o bom número de quadros de qualidade na Bolívia. Além disso, nesse país havia camadas populares combativas – especialmente os mineiros – e um governo repressivo. Como a intenção não era promover inicialmente a revolução naquele território, mas sim criar um campo de treinamento, em local afastado, em que colunas guerrilheiras saltariam posteriormente para os países limítrofes, acreditou-se que talvez aquela fosse a melhor opção. As conversas de Pombo, Tuma e Ricardo com o secretário-geral do Partido Comunista, Mario Monje, pareciam fluir bem, fazendo os cubanos acreditarem que ele se engajaria positivamente na guerrilha.

Essa deliberação, entretanto, não agradou a todos. Ao saber da mudança de planos, Juan Pablo Chang ficou incomodado. Não entendia o porquê de se iniciar a guerrilha na Bolívia. Afinal, como afirmou Harry Villegas,

> o Che realmente não pretendia ir à Bolívia. Ele pretendia ir ao Peru. Quando nós saímos da África, a linha principal era ir ao Peru. E os bolivianos se comprometem conosco em dar-nos ajuda para organizar a maneira de ir ao Peru ou à Argentina. [...] As instruções que me deram quando eu saí de Praga era que explicasse a Papi concretamente que já não íamos para o Peru. Que havia que explicar a Sánchez – que era o representante do grupo peruano que tínhamos na Bolívia – as razões. E tudo isso se fundamentou em que o movimento peruano estava penetrado, infiltrado, como se podia ver pelos golpes que lhe haviam dado. Essas eram as instruções que me deram.[292]

Ele emitiu a mesma opinião a William Gálvez ao dizer que, "nos primeiros dias de maio de 1966, cheguei com Tuma (Carlos Coello) a Praga. A razão de nossa viagem, ademais de acompanhar o Che, era, fundamentalmente, que ele nos preparasse para a futura missão, que seria reiniciar a luta armada no Peru, para em seguida estendê-la aos demais países; ainda que a entrada do Che se daria pela Bolívia"[293] (afinal, em fevereiro de 1966, aparentemente o próprio Fidel havia sugerido ao Che a possibilidade de luta no Peru)[294]. Mas os planos, como se pode perceber, haviam mudado. Pombo, assim, explicou ao Chino que os episódios envolvendo a captura de Héctor Béjar ("Calixto") e Ricardo Gadea e as perdas de La Puente e Lobatón deveriam ser esclarecidos para que se pudesse investir num projeto peruano confiável. Assim, naquele momento, ele teve de aceitar a mudança de rumos e se incorporar provisoriamente ao novo direcionamento, com vistas a expandir futuramente suas atividades em seu país.

Também em julho começavam em Cuba os treinamentos dos futuros guerrilheiros cubanos em Pinar del Río, num local na região da Sierra de los Órganos, próxima a San Andrés de Caiguanabo. Combatentes experientes seriam designados para acompanhar o Che na nova empreitada, homens selecionados por ele próprio[295], ainda que eles pudessem decidir, voluntariamente, se participariam ou não do projeto em andamento. Por três meses ficariam isolados, se preparando de maneira intensiva.

No grupo escolhido estavam membros graduados do governo cubano, o que mostra a importância dada àquele intento. Entre eles, tenentes, capitães e comandantes, além daqueles que haviam exercido a função de guarda-costas do argentino, todos com vasta experiência militar: alguns haviam lutado na Sierra Maestra e nas Escambray durante a Revolução Cubana; outros participaram da campanha contra o banditismo naquela mesma província onde se encontravam, pouco antes; e, para completar, até mesmo veteranos da guerrilha no Congo. Isso para não falar que aquele núcleo contava com membros do Comitê Central do PCC e funcionários de alto escalão do Ministério de Indústrias, por exemplo. Na primeira fase do preparo, eles seriam treinados pelo comandante de origem camponesa Antonio Sánchez Díaz (também conhecido como "Pinares" e "Marcos"), que trabalhara na construção civil e que lutara na Coluna de Camilo Cienfuegos, ocupando diferentes cargos nas forças armadas cubanas depois do triunfo da revolução.

Durante um mês, Guevara permaneceu recluso e incógnito, longe dos homens selecionados para a futura missão na Bolívia. Utilizava o quarto do antigo dono da chamada "Casa del americano", a sede de uma moderna propriedade que pertencera a um rico estadunidense no período batistiano, confiscada pelo governo revolucionário, com um largo portão na entrada (guardado por dois soldados armados de fuzis), além de outros aposentos, uma grande cozinha, uma piscina, um terraço central e alguns laterais[296]. Até que ele foi levado para "inspecionar" a tropa. Ficou diante dos voluntários, de terno e gravata, calvo e de óculos, com a aparência de um homem idoso, completamente irreconhecível. Foi apresentado como um espanhol de nome "Ramón". De início, ninguém sabia quem era aquele senhor grisalho, estranhamente familiar. Ao ser colocado na frente dos futuros guerrilheiros, o "burocrata", de cachimbo na boca, tratou a todos com desdém e certa hostilidade, insultando os presentes. Em seguida, apertou a mão de cada um e continuou proferindo impropérios. Os cubanos alinhados sentiram-se incomodados e desrespeitados com a atitude grosseira daquele dirigente arrogante que aparentemente não conheciam. Ninguém, até então, percebera o disfarce. Até que o capitão Jesús Suárez Gayol (ex-combatente do Exército Rebelde, vice-ministro da Indústria Açucareira e membro do Comitê Central do PCC) se deu conta de que era Ernesto. Quando, surpreendido e admirado, revelou a todos os camaradas sua descoberta, os soldados, estupefatos e aliviados, não contiveram as risadas. Todos se sentiram exultantes. Lutariam ao lado do Che!

A partir desse momento, o comandante unir-se-ia ao grupo e começaria também a treinar. Os voluntários estudavam desde táticas e tiros até noções de topografia e engenharia. E manejavam armas de origens diversas: Kalashnikovs, Garands M1, FAL, metralhadoras Thompson, bazucas, equipamentos chineses... O preparo (que incluía caminhadas de seis horas seguidas, carregando um fuzil, uma canana e uma mochila com 50 libras de peso)[297] era intenso: das 5h30 até as 17h, só era interrompido uma vez, brevemente, para o almoço (nas marchas, se destacaram Urbano, Miguel, Rolando, Braulio e Benigno)[298]. De noite, após o jantar, os guerrilheiros participavam de cursos variados, como de línguas (espanhol, francês e idiomas indígenas bolivianos), matemática e história, que se prolongavam até quase meia-noite. O próprio Che e o comandante Gustavo Machín Hoed de Beche, conhecido como "Alejandro" (um dos fundadores do Diretório Estudantil Revolucionário, vice-ministro da Fazenda e de Indústrias, assim como chefe militar de Matanzas, em Cuba), ministravam as aulas (de acordo com alguns autores, contudo, o treinamento mostrou debilidades de alguns daqueles combatentes)[299]. Talvez mais importante, contudo, fosse o estudo das biografias criadas para cada um deles, seus "novos" nomes e profissões, famílias e histórias pessoais pregressas, além das características dos países dos personagens que "interpretariam". Nesse sentido, precisavam estudar a demografia, topografia e até os hinos de suas respectivas nações de origem. Como forma de entretenimento, por sua vez, liam, jogavam dominó e assistiam a filmes em 16 mm, entre os quais, *O assalto ao trem pagador*, longa-metragem brasileiro de 1962 dirigido por Roberto Farias[300]. Nas horas de folga, o Che chegou até mesmo a brincar de toureiro, lidiando um novilho com uma capa improvisada[301]!

O projeto boliviano, porém, era segredo. Para despistar as respectivas famílias e amigos, os combatentes inventavam desculpas para sua futura ausência. O capitão Eliseo Reyes Rodríguez, mais conhecido como "Rolando", casado e pai de três filhos (antigo membro do Movimento 26 de Julho, chefe do batalhão de defesa de La Cabaña, chefe de Inteligência e Segurança de Pinar del Río), por exemplo, anunciou à esposa que passaria um longo tempo fora, estudando na União Soviética. Ela achou estranho, ainda mais quando viu que ele andava tentando aprender quéchua e aimará, idiomas pouco úteis por lá!

100   Che Guevara e a luta revolucionária na Bolívia

Antes de partir, o assistente do ex-ministro de Indústrias, Orlando Borrego, ainda daria de presente ao comandante uma coleção de livros organizada por ele intitulada *El Che en la Revolución Cubana* (que continha discursos, textos e transcrições taquigrafadas de intervenções de Guevara após o triunfo dos barbudos). Depois, o argentino, já disfarçado, ainda se encontrou com sua esposa e filhos (menos Hildita) numa mansão nos arredores de Havana. Seria sua despedida da família.

Enquanto isso, Coco, Loro, Rodolfo e El Ñato trabalhavam recrutando novos voluntários. O PCB, ainda que vacilante, demonstrava interesse no projeto de revolução continental[302]. Um exemplo disso foi a viagem de Inti Peredo a Cuba para contatos (originalmente a favor da via pacífica, mais tarde aderiu à ideia da luta armada). Em maio de 1966, ele já havia elaborado um comunicado para o congresso regional do partido colocando como *impostergável* o início de atividades guerrilheiras no país. Depois, ele, Coco, Loro, Rodolfo e El Ñato continuariam desconfiados dos direcionamentos de sua agremiação, que nas eleições de julho de 1966 conseguiu 32 mil votos, fato surpreendente para alguns. Esse fato, aliado a vacilações de alguns elementos da sigla em relação à luta insurrecional imediata, preocupava os jovens comunistas e os homens encarregados de preparar as bases políticas para a chegada dos cubanos ao país, mesmo que não soubessem que o Che, pessoalmente, lideraria a guerrilha. Ou seja, ao menos parte dos militantes do PCB (oficialmente alinhado às diretrizes soviéticas e influenciado pelo recente escrutínio) se preparava para a *possibilidade* de luta armada (mesmo que seus principais defensores fossem de um grupo jovem específico, que tinha afinidades com os cubanos) e organizava cursos de montagem e utilização de artefatos militares. Seguia também com o recrutamento de jovens voluntários que poderiam incorporar-se futuramente a um grupo[303].

Em setembro, chegaram a La Paz o capitão Alberto Fernández Montes de Oca, conhecido como "Pacho" (que ocupou o cargo de diretor de Minas do Ministério de Indústrias), e Régis Debray. O primeiro, vindo do Chile com passaporte uruguaio, tinha como missão organizar a zona de atuação da guerrilha e fazer contatos políticos. Como ficaria pouco tempo no país, passaria suas instruções para os outros dois cubanos que já preparavam o terreno para a vinda de Guevara. O segundo estava incumbido de fazer um levantamento de duas regiões bolivianas que poderiam ser utilizadas como áreas prioritárias dos combatentes. As visitas do intelectual francês ao Chapare e ao Alto Beni indicavam a possibilidade de estabelecer um acampamento em local mais povoado e perto de centros urbanos de maior importância. Debray também deveria entrar em contato com membros do PC-ml de Oscar Zamora.

De acordo com Jan Lust, o Che reiteradamente havia assinalado que seria importante adquirir um sítio ao norte, perto de La Paz, na região do Alto Beni, que estaria na mesma linha geográfica do departamento peruano de Puno, local em que guerrilheiros do ELN do país vizinho estruturavam uma frente armada[304] (uma *finca* nas cercanias de Caranavi, a três horas de distância da capital, foi cogitada para ser um esconderijo e centro de preparação de combatentes vindo de Cuba a caminho do Peru; em outubro, por solicitação de Ricardo, Rodolfo Saldaña acabou comprando uma fazenda no Alto Beni)[305]. Essa seria a região onde o argentino queria ter estabelecido seu foco. Dariel Alarcón chegou a comentar que os treinamentos dos cubanos na ilha apontavam que a luta ocorreria, de fato, lá. Mesmo o estudo do quéchua indicaria que seria aquela a área onde atuariam[306].

De qualquer forma, a chegada de Debray teve repercussões desagradáveis em várias direções. O jornalista e politicólogo francês trabalhava na revista *Jeune Afrique*, colaborava com o periódico *Révolution* (editado por Jacques Vergès) e era visto como pró-chinês, o que causava preocupação ao Comitê Central do PCB. Para os comunistas ligados ao primeiro-secretário Mario Monje, a presença do jovem filósofo indicava indiretamente que os cubanos estavam tratando com os maoistas às costas de seu partido[307]. Exemplo disso foram as temperadas discussões entre Monje e Pombo acerca das andanças do europeu em território boliviano. Ao mesmo tempo, sua "visita" também preocupava os órgãos de segurança de Barrientos. Imaginava-se que, se o autor de *Revolução na revolução* estava na Bolívia, Guevara provavelmente também estivesse. Mesmo tendo ingressado no país de forma legal, utilizando seu próprio nome e recursos, Debray ainda atraía suspeitas, já que sua militância esquerdista e suas ligações com Havana eram conhecidas.

Em 26 de agosto, Coco Peredo e Loro Vázquez haviam comprado um sítio de propriedade de Remberto Villa, próximo ao rio Ñancahuazú, por 15 mil pesos bolivianos, um contrato assinado pelo primeiro e registrado oficialmente pelo notário Lucas Viruez Canido, no dia 27 de janeiro de 1967[308]. Esse rancho, com 1.227 hectares, na zona do Pincal, no departamento de Santa Cruz, possuía uma pequena choça de dois quartos, com paredes de adobe e porta de madeira, bastante desconfortável, conhecida como "Casa de Calamina" (por causa de seu telhado, feito de chapa de zinco), que seria habitada, naqueles dias, pelos militantes comunistas Apolinar Aquino Quispe ("Apolinario"), Serapio Aquino Tudela ("Serapio" ou "Serafín") e Antonio Domínguez ("León"). No local, ainda havia um forno de argila e depois receberia um dispensário médico simples e um espaço para secar carne, assim como mesas e bancos de troncos cortados, para as refeições. Numa caverna nas imediações, seria instalado um radiotransmissor (os guerrilheiros, depois, também providenciaram esconderijos para estocar alimentos, munição e documentos)[309].

A zona, de difícil acesso e pouco povoada, fora a primeira opção daqueles futuros membros bolivianos do ELN. A chegada de Alberto Fernández Montes de Oca e Régis Debray em setembro, porém, mudou temporariamente os planos. Em teoria, as regiões do Alto Beni – especificamente a região de Yungas, a noroeste da capital boliviana – e Chapare ofereciam melhores condições para o desenvolvimento da luta armada. Como já mencionado, um sítio havia sido adquirido na primeira área. Mesmo que houvesse ocorrido uma desistência dessa localidade (considerando que estava próxima a um acampamento militar), Guevara instruiu Pacho a pedir para que Martínez Tamayo e Pombo procurassem outra propriedade nas proximidades. Também foi analisada a região do Chapare. Ao final, porém, foi decidido que a guerrilha seria montada em Ñancahuazú. Por quê? Primeiro, as diversas incursões no Alto Beni acarretaram suspeitas. A zona, assim, ficou "queimada", sem falar dos efetivos militares ali. No Chapare, as visitas de Debray também geravam dúvidas. Não só havia desconfiança das autoridades do governo boliviano como também uma vigilância estrita do PCB. As duas regiões citadas eram de forte presença mineira, e nessa categoria havia uma importante influência do PC-ml. Os pró-soviéticos, assim, não gostariam de ver os rivais participando de um movimento armado da magnitude que estava sendo proposto (e, muito menos, ocupando uma posição proeminente naquele projeto). Como o sítio de Ñancahuazú já havia sido comprado e oferecia relativa segurança, essa acabou sendo a região escolhida[310]. Além disso, segundo Richard L. Harris, o Che pensava que, posteriormente, suas forças poderiam se deslocar para o norte e ameaçar três importantes centros urbanos, Cochabamba, Santa Cruz de la Sierra e Sucre, o que permitiria que seu grupo pudesse controlar a linha férrea que conectava o norte argentino a Santa Cruz de la Sierra e também cortar o oleoduto da empresa norte-americana Gulf Oil, que ia daquela última cidade até Camiri. A intenção do Che era abrir uma segunda frente no Chapare em algum momento[311].

O argentino chegara a encomendar a Régis Debray um estudo sobre as condições socioeconômicas do campesinato crucenho, já que estava consciente de que a economia agro-industrial da região provavelmente havia produzido um proletariado agrícola e uma massa flutuante de pequenos proprietários rurais em dificuldade financeira, o que poderia garantir, posteriormente, algum possível apoio para a guerrilha, que teria mais condições de sobreviver e crescer naquele território do que na área em que eventualmente iniciaria suas atividades[312]. De qualquer forma, em outubro de 1966, começou-se a preparar o terreno na região de Ñancahuazú. Incumbidos dessa tarefa estavam Coco Peredo e os cubanos Ricardo ("Papi") e Tuma. Em pouco tempo, o Che estaria chegando à Bolívia para iniciar sua última incursão guerrilheira.

2

A SOMBRA NO ESCURO

O dia 3 de novembro de 1966 marcou a chegada de Che Guevara à Bolívia. Entrava no país semicalvo e grisalho, de óculos e sem barba, utilizando um passaporte uruguaio de n. 130.748, disfarçado como "Adolfo Mena González", suposto comerciante e enviado especial da OEA com o objetivo de fazer estudos e levantamentos acerca da situação econômico-social no interior do país. Ele também levara consigo em seu percurso outro documento do mesmo tipo, de n. 130.220, que o identificava como "Ramón Benítez Fernández"[1]. A partir daí, adotaria como pseudônimo "Ramón". Não teve problemas para ingressar legalmente na nação andina, já que tinha duas credenciais do governo, uma da Dirección Nacional de Informaciones de la Presidencia de la Republica e outra do Instituto de Colonización y Desarrollo de Comunidades Campesinas, ambas providenciadas por meio de Tania, que se apropriou de papéis timbrados oficiais em branco daquelas agências e os repassou, meses antes, para o agente Mercy, que depois os levou a Cuba para serem preenchidos por especialistas locais e então entregues a Guevara antes de sua saída da ilha[2]. Ninguém esteve no aeroporto para recepcioná-lo, uma decisão do próprio comandante[3].

O itinerário do "guerrilheiro heroico" até a nação sul-americana ainda é objeto de controvérsias. Diferentes biógrafos apontam os possíveis caminhos que ele teria tomado até chegar a seu destino. Carimbos falsos em seu passaporte, preparados pelas autoridades cubanas (mesclados com estampas verdadeiras obtidas em diversas fronteiras e aeroportos), também ajudaram a confundir os estudiosos.

O périplo *provável* do Che começou com sua partida de Cuba, no dia 23 de outubro. De lá, seguiu com Pacho (que carregava dois passaportes uruguaios com os nomes "Antonio Garrido García" e "Raúl Borges Mederos") a Praga. Os dois foram de trem para Viena (ou, segundo outras fontes, para Zurique) e, na sequência, para Frankfurt, onde pegaram um voo para São Paulo (alguns autores, por sua vez, afirmam que o Che ainda teria passado por Madri). E então, do Brasil, ambos os guerrilheiros finalmente seguiram para a Bolívia[4]. Já os outros cubanos também viajariam em pares, do final de outubro até a metade de novembro, passando por várias capitais do Velho Continente e da América do Sul, igualmente utilizando identificações de diferentes nacionalidades, se passando por cidadãos equatorianos e panamenhos[5] (Taibo II, por sua vez, ainda inclui passaportes colombianos, peruanos, bolivianos e até mesmo um mexicano e um espanhol)[6]. Todos conseguiram chegar a seu destino sem serem descobertos.

No dia 4 de novembro, o Che solicitou a Pacho que se encontrasse com o agente "Iván" (Andrés Barahona López, também conhecido como "Renán Montero Corrales" e "José Monleón") no restaurante El Prado (localizado no bairro de mesmo nome), para marcar um encontro entre ambos. Guevara conversaria pessoalmente com ele às 20h, num aparelho em Miraflores, para lhe passar instruções sobre a recepção de outros membros da guerrilha que estavam chegando e o esquema de transferência de armamento[7]. Iván ingressara no país na terceira semana de outubro, com um visto de permanência de seis meses e voltaria a Cuba em abril do ano seguinte. Sua missão seria garantir a estadia dos voluntários cubanos na capital e seu traslado para a área da guerrilha[8].

Dois dias após se hospedar no apartamento 304, no terceiro andar do Hotel Copacabana (situado no *paseo* de El Prado, no centro da cidade), Guevara saiu de La Paz às 18h30 num jipe rumo a Cochabamba, juntamente a Pacho e Tuma. Três horas e meia mais tarde, deixariam a capital boliviana, em outro veículo do mesmo tipo, Pombo e Loro, que os encontrariam no meio do caminho[9]. De Cochabamba, o argentino seguiu para o sudeste, cruzando os rios Seco e Grande, chegando à Casa de Calamina no dia 7 de novembro, por meio de um desvio da estrada Cochabamba-Santa Cruz, para a direção de Gutiérrez-Camiri[10]. Nessa mesma data, o Che fez a primeira anotação em seu famoso diário: "Hoje começa uma nova etapa", escreveu, confiante.

Nos próximos dias, ele e seus companheiros realizariam explorações na região, organizariam esconderijos para guardar mantimentos e munições e estabeleceriam um novo acampamento a alguns quilômetros dali, já que desconfiavam de Ciro Algarañaz, um "vizinho", ex-prefeito de Camiri, que sempre estava por perto e acreditava que ali se preparava uma fábrica para produzir cocaína. De forma geral, contudo, esse foi um mês tranquilo, sem grandes novidades.

Antonio Sánchez Díaz ("Marcos"), Rolando e Rodolfo Saldaña chegaram no dia 20, enquanto Inti Peredo, Juan Vitalio Acuña Núñez (ou "Joaquín", comandante do Exército Rebelde, de origem camponesa, e membro do CC do PCC), o tenente Israel Reyes Zayas (combatente no Congo, que na Bolívia utilizava o pseudônimo "Braulio") e Ricardo (que depois ainda traria Tania ao acampamento) saíram de La Paz no dia 25, seguindo outro automóvel, que levava o capitão e antigo guarda-costas do Che, Leonardo Tamayo Núñez ("Urbano"); o primeiro capitão e veterano da Sierra Maestra (ex-chefe da vanguarda em Camagüey, durante a etapa armada da revolução), Manuel Osorio Hernández ("Miguel"); Freddy Maemura; e Coco Peredo, entrando no sítio Ñancahuazú no dia 27. No final de novembro, trinta homens já se encontravam na quinta.

O então capitão Dariel Alarcón Ramírez, veterano da Sierra Maestra (que entrara no país com o passaporte equatoriano em nome do suposto comerciante "Benigno Soberón Pérez"), mais tarde ressaltou os objetivos de Ramón naquele país:

> Em nossos planos, deveríamos terminar em 30 de junho com os bolivianos, argentinos, brasileiros e peruanos, em uma primeira etapa, para nos convertermos em seguida em assessores de luta em cada um desses países [...] No dia 26 de julho pensávamos tomar um quartel como batismo de fogo, e dali o Che partiria para a Argentina com os argentinos e alguns cubanos, eu iria ao Brasil com os brasileiros, outros ao Peru com os peruanos; na Bolívia, Coco e Inti Peredo iriam com os bolivianos até o Alto Beni, onde havia condições para começar a luta. O Chile, por não ter condições para a luta armada, era reservado como unidade de retaguarda, para onde levar feridos ou de onde trazer medicamentos para qualquer um dos outros países, porque tem 2 mil milhas de fronteira marinha [...] Considerava-se que em dezembro [de 1967] o Peru, o Brasil, a Argentina, a Bolívia e o Uruguai estariam simultaneamente em luta.[11]

No dia 2 de dezembro, Juan Pablo Chang ("El Chino") encontrou-se com Guevara em Ñancahuazú. Discutiram sobre os futuros planos da guerrilha e decidiram que o peruano iria a Cuba informar o que se passava na região. Planejavam que em dois meses cinco compatriotas deveriam incorporar-se ao ELN boliviano para treinamento. Enquanto isso, dois homens – um médico e um técnico em rádio – ficariam por lá. Além do mais, Ramón forneceu a ele alguns fuzis e granadas, assim como também lhe prometeu comprar uma M1 e garantiu apoio para estabelecer relações com correligionários para que pudessem passar armas para uma área próxima de Puno, na outra ribeira do lago Titicaca. Chang ainda contou sobre suas aventuras no Peru, inclusive um plano audacioso para libertar Héctor Béjar ("Calixto") da prisão, o que pareceu fantasioso para o argentino (nove dias mais tarde, o "Chino" partiria para Cuba, com intenção de regressar a Ñancahuazú após seu retorno).

Já em 11 de dezembro, chegaram os cubanos Gustavo Machín; o irmão de Papi, René Martínez Tamayo (que integrara o ER e desempenhara atividades na Força Aérea, no Departamento de Investigaciones e no Ministério do Interior, além de ser um egresso do curso básico de oficiais); o antigo membro do M-26-7, do Exército Rebelde e das tropas cubanas no Congo, Octavio de la Concepción de la Pedraja ("Moro"); Dariel Alarcón; e os bolivianos Lorgio Vaca Marchetti (ou "Carlos", ex-dirigente da União de Trabalhadores de Seguro Social, que estudara economia em Havana); Orlando Jiménez Bazán, conhecido como "Camba", líder camponês, antes ligado ao PCB; e Júlio Luis Méndez Korne ("Ñato").

No dia seguinte, por sua vez, o Che reuniu os homens e discutiu a necessidade de coesão e disciplina. Nessa ocasião, nomeou os cargos principais da guerrilha: Joaquín seria o segundo chefe militar; Rolando e Inti Peredo (este último, também encarregado das finanças), comissários; Alejandro, chefe de operações; Pombo, serviços; Ñato, encarregado de armamentos e abastecimento; e Moro, serviços médicos. Naquela conversa, Guevara repreenderia Marcos ("Pinares") por "erros" que se repetiam constantemente, o que o incomodava bastante. Essas questões persistiriam daí em diante[12].

No dia 19, chegaram os últimos combatentes da ilha, o capitão Orlando Pantoja Tamayo ("Antonio" ou "Olo", que fora membro do M-26-7 e veterano da Sierra Maestra) e Suárez Gayol ("Rubio"). Segundo Pierre Kalfon, o acampamento foi dividido em três zonas de difícil acesso para aguentar todo o tempo necessário. O Che achava que a etapa insurrecional duraria pelo menos dez anos[13].

No dia 24, por sua vez, os homens festejariam a véspera de Natal com "muita alegria e júbilo"[14]. Numa espécie de "evento cultural"[15], comeram um grande leitão assado, doces, uvas e queijos[16]; beberam 29 garrafas de cerveja, 10 de vinho, 4 de rum, cidra e singani (uma aguardente destilada típica da Bolívia)[17]; cantaram e dançaram. Guevara chegou até mesmo a recitar um poema de sua autoria[18]. O médico Octavio de la Concepción de la Pedraja diria em seu diário que "tenho certeza de que passei a *noche buena* melhor que minha família, mas a culpa não é minha, mas sim do imperialismo"[19]. Eles aguardavam o Ano Novo para poder celebrar também o aniversário da Revolução Cubana[20].

Esse mês caracterizou-se pela continuação dos preparativos na região e pela chegada de Mario Monje ("Estanislao"), primeiro-secretário do partido. No início de dezembro, Monje, que voltava da Bulgária, encontrara-se com Fidel em Havana para saber o que estava acontecendo em relação ao projeto revolucionário que seria encabeçado pelo argentino. O líder cubano contou--lhe que Guevara estava num país próximo e disse-lhe para se encontrar com o comandante na fronteira de uma nação vizinha, em local que lhe seria informado a seu tempo. O dirigente pecebista ainda acreditava que teria de sair da Bolívia novamente para encontrar com o Che, mas logo se deu conta do que se passava. No dia 31 de dezembro, chegou à Casa de Calamina acompanhado de Antonio Jiménez Tardío, conhecido como "Pan Divino" (ou "Pedro", um estudante cochabambino que na época era membro do Comitê Executivo da JCB), e de Tania e Ricardo. Assim se refere o argentino sobre esse episódio, em anotação desse dia:

Inicialmente, conversei com Monje sobre assuntos gerais. Ele, porém, logo foi ao ponto de suas exigências básicas, compreendidas em três condições fundamentais:

1. Renunciaria à direção do partido, mas este ficaria neutro e dele seriam retirados elementos para a luta.

2. Enquanto a revolução tivesse âmbito boliviano, caber-lhe-ia a direção político-militar da luta.

3. Cuidaria das relações com outros partidos sul-americanos, encarregando-se de conseguir o apoio destes aos movimentos de libertação (indicou Douglas Bravo como exemplo).

Retruquei-lhe que o primeiro ponto ficava a seu arbítrio, como secretário do partido, embora pessoalmente eu considerasse sua posição errônea. Era vacilante e acomodatícia, e preservava o nome histórico de pessoas que deveriam ser condenadas por sua posição claudicante. O tempo haveria de me dar razão.

Quanto ao terceiro ponto, não havia inconveniente em que se fizesse isso, mas estava fadado ao fracasso. Solicitar a Codovilla que apoiasse Douglas Bravo equivaleria a lhe pedir que admitisse a rebeldia dentro de seu partido. O tempo também seria o juiz.

E sobre o segundo ponto, jamais havia de aceitá-lo. O chefe militar seria eu e não aceitava ambiguidades quanto a isso.[21]

Ocorria aí a ruptura definitiva entre Che Guevara e o PCB[22]. Mario Monje teria dito que "quando o povo souber que esta guerrilha está sendo dirigida por um estrangeiro, vai virar-lhe as costas e negar-lhe o apoio. Estou seguro de que fracassará porque não a dirige um boliviano, mas sim um estrangeiro"[23]. Inti Peredo afirma que todos ali ficaram indignados quando o primeiro-secretário qualificou o Che de "estrangeiro". Monje também teria proposto que os combatentes abandonassem a luta e retornassem com ele. Os presentes se recusaram. Apesar da insistência de alguns homens para que mudasse de opinião e ficasse com Ramón, o líder comunista manteve-se irredutível. Seus posicionamentos seriam ratificados entre 8 e 10 de janeiro pelo Comitê Central.

Monje retirou-se do acampamento no dia 1º de janeiro de 1967, enquanto Tania partiu no dia 2, incumbida de ir à Argentina procurar Ciro Bustos e o jornalista, advogado e ex-membro do PCA, Eduardo Jozami, para trazê-los a Ñancahuazú e coordenar com eles futuros focos insurrecionais naquele país. O Che aproveitaria para pedir a Tamara que levasse um bilhete que deveria chegar a seu pai em Buenos Aires: "Entre a poeira que levantam os cascos do *Rocinante*, com lança em riste para atravessar os braços dos gigantescos inimigos que o enfrentam, deixo este papelzinho com uma mensagem quase telepática contendo um abraço para todos. Que eu possa vê-los logo. São meus desejos concretos e os confio a uma estrela fugaz que deve ter colocado um rei mago em meu caminho"[24].

E terminava com uma frase em italiano, agregada de um "espanholismo" embutido: "*Arrivederci, se non te veo piu*"[25]. Assinava: "D. Tuijo" ("*de tu hijo*"). A carta seria enviada pelo correio provavelmente por Tamara na própria capital, num envelope comum com selo argentino. Em seu país de origem, para onde Tania retornava depois de dezesseis anos, a jovem usaria o codinome "Elma"[26].

No acampamento, por sua vez, chegava Aniceto Reinaga Gordillo, filho de mineiros, nascido no distrito de Siglo XX. Antigo membro da direção nacional da Juventude Comunista Boliviana que estudara em Cuba, começou a ministrar aulas de quéchua para os guerrilheiros no dia 11 daquele mês, junto a Antonio Jiménez Tardío. Também seriam oferecidas aulas de gramática, matemática, geometria, economia, história e espanhol. O próprio Che seria responsável por dar lições de francês[27].

No resto do país, a situação se acirrava. Em 18 de janeiro, na capital, em torno de vinte personalidades políticas, entre as quais o ex-vice-presidente Ñuflo Chávez (MNR), o ex-ministro da Educação Carlos Serrate Reich (Prin) e o ex-senador Mario Torres Calleja (PC-ml), eram detidas, acusadas de atividades subversivas em conivência com estudantes universitários[28]. No dia seguinte, a seu turno, o Che anotaria em seu diário que além de o capitão Manuel Hernández Osorio ("Miguel") ficar doente, com febre alta (demonstrando todas as características da malária), ele próprio havia sofrido com tremores o dia inteiro[29].

Enquanto isso, a presença do vizinho Algarañaz tornava-se mais preocupante, principalmente quando ele avisou os policiais sobre a existência de uma suposta fábrica de cocaína na localidade. Um tenente e quatro soldados com trajes civis ingressaram na propriedade e conversaram com Loro, confiscando uma pistola dele, dizendo que sabiam de "tudo" o que se passava ali e recordando que o pessoal da fazenda Ñancahuazú teria de "contar com eles". Evidentemente estavam equivocados, mas despertar suspeitas não agradava nem um pouco a ninguém ali[30].

Neste ínterim, os treinamentos continuavam: caminhadas, práticas de tiros, testes com o equipamento de rádio e explorações da região. No dia 21, realizaram um combate simulado, que, segundo Guevara, de modo geral foi bom[31]. Naquela ocasião, Pedro trouxe três novos recrutas, Benjamín Coronado Córdova, Eusebio Tapia Aruni e Walter Arancibia Ayala. O primeiro seria designado para a vanguarda, por seu conhecimento de armas, e os outros dois ficariam na retaguarda[32].

Loyola Guzmán Lara, estudante de filosofia da UMSA e militante da JCB, com apenas 19 anos de idade, e Moisés Guevara Rodríguez, líder sindical mineiro de Huanuni e dissidente do PC-ml, encontram-se com o Che no dia 26 de janeiro. Esse seria um momento importante para a organização guerrilheira, já que Guzmán (que ganharia o apelido de "Ignacia", por causa da semelhança de seu primeiro nome com o de San Ignacio de Loyola, fundador da Companhia de Jesus) atuaria como um dos mais importantes elementos de ligação urbanos e teria a tarefa de ser a tesoureira do movimento (na entrevista, o Che deu a ela, como forma de reembolso, 70 mil pesos bolivianos), enquanto Moisés aceitava incorporar-se sem restrições nem exigências, comprometendo-se a trazer mais vinte homens para o grupo.

Nessa ocasião, foram entregues a ela as instruções aos quadros destinados ao trabalho urbano, que Ramón possivelmente começara a redigir no dia 15 daquele mês e terminara de escrever no dia 22 (quando também preparou uma carta para Fidel Castro, para lhe explicar a situação e testar o contato entre eles)[33]. Nesse documento, o Che expunha detalhadamente as funções de cada membro dos núcleos de apoio nas cidades e quais deveriam ser seus procedimentos[34]. A rede urbana precisaria estar composta de encarregados de fornecimentos, transportes, informações, finanças, ação e homens treinados para atender simpatizantes. A chefia da organização, a cargo do dr. Walter Pareja, teria de ser em La Paz, mas esta possuiria ramificações nas principais cidades, como Cochabamba, Santa Cruz, Sucre e Camiri, incluindo também, em menor escala, Oruro e Potosí. Algumas localidades seriam importantes pela proximidade com as fronteiras. Assim, a cidade de Santa Cruz de la Sierra, por exemplo, teria o papel de ser o local para contatos e abastecimentos com o Brasil; Villazón e Tarija, com a Argentina; e Huaqui, com o Peru. Nos maiores centros deveriam ser organizados armazéns, sapatarias, confecções e oficinas mecânicas[35].

Loyola não decepcionaria Ramón, trabalhando incessantemente para que a rede urbana funcionasse da melhor maneira possível. Apesar de Pareja ser nomeado como chefe principal da organização, Loyo, mesmo sendo uma das figuras-chave das questões referentes ao campo das finanças das guerrilhas, destacar-se-ia de forma singular em outras tarefas, estabelecendo contatos com militantes de alguns partidos para prováveis treinamentos e incorporações e demonstrando lealdade ao líder revolucionário até ser presa, em 14 de setembro.

A rede urbana havia começado com o lento trabalho de Tania, desde sua chegada em La Paz em 1964, ainda que não estivesse claramente definido o papel futuro da Bolívia no projeto de Ramón. A partir de janeiro de 1966, a atividade clandestina de Tamara intensificou-se: ela encontrou-se com um enviado do governo cubano, que lhe repassou informações e técnicas de espionagem; entrou em contato com os outros enlaces para preparar o terreno para a guerrilha; alugou casas; e preparou armazéns; ou seja, toda uma sorte de diferentes precauções organizativas para que o ELN tivesse condições de luta. A rede urbana já contava nesse período com homens como Rodolfo Saldaña, Hugo Lozano, Walter Pereja, Humberto Rhea e Humberto Vázquez Viaña, além da própria Loyola Guzmán. Nas casas que utilizavam como fachada, fabricavam-se bombas e adaptavam-se fuzis que eram mais tarde enviados à zona guerrilheira. O grupo nas cidades também tinha elementos que trabalhavam como caminhoneiros e transportavam os armamentos para Ñancahuazú, aparentemente conseguindo recrutar cinquenta novos combatentes para serem, a seu devido tempo, enviados à selva do sudeste boliviano, o que nunca chegou a acontecer[36]. De qualquer forma, no dia 25, Fidel anunciaria que receberia o número dois do PCB, Jorge Kolle, e o sindicalista comunista Simón Reyes[37].

O mês de janeiro terminou com Guevara fazendo algumas análises do período, que indicavam como estava o encaminhamento das guerrilhas:

> Como eu esperava, a atitude de Monje foi evasiva no primeiro momento, e depois traiçoeira.
>
> O partido já está em armas contra nós, e eu não sei até onde eles chegarão, mas isso não nos deterá e, quem sabe, a longo prazo, seja benéfico (estou quase certo disso). O pessoal mais honesto e combativo estará conosco, embora alguns atravessem crises de consciência mais ou menos graves. [Moisés] Guevara, até agora, respondeu bem. Veremos como se comportam, ele e seu pessoal, no futuro. Tania partiu, mas os argentinos não deram sinal de vida, tampouco ela. Agora começa a etapa da própria guerrilha e experimentaremos a tropa; o tempo dirá no que vai dar e quais são as perspectivas da Revolução Boliviana.
>
> De tudo quanto foi previsto, o que se encaminhou mais lentamente foi a incorporação dos combatentes bolivianos.[38]

O Che concluiria que Estanislao já podia ser considerado um inimigo e que a rede de apoio estava se armando devagar "por falta de gente e de experiência"[39]. Em La Paz ficariam Rodolfo, Loyola e Humberto; em Camiri, uma irmã de Guzmán; e em Santa Cruz, um enlace de nome "Calvimonte"[40]. Ele achava que, aparentemente, a guerrilha se internacionalizaria desde o início[41].

A partir de fevereiro teria início uma nova fase da campanha. Vale lembrar que justo naquele mês o Congresso boliviano aprovou uma nova Constituição, o que daria, pelo menos superficialmente, uma aparência democrática ao processo que se desenvolvia desde a eleição do ano anterior. A Carta, com 246 artigos, teve como principal novidade a supressão da pena capital. Além disso, todo o gabinete de Barrientos renunciaria em bloco por causa de críticas do presidente. Ainda assim, o mandatário ratificaria todos os seus subordinados nos cargos, com exceção do ministro do Trabalho, Vicente Mendoza Nava, do Partido Democrata Cristão, que seria substituído pelo senador Walter Humérez. Na mesma ocasião, o PDC se retiraria do governo de coalizão[42].

No dia 1º, Ramón, com mais 28 homens, partiu para explorações na região. O grupo seria dividido em três colunas distintas. Marcos comandaria a vanguarda, composta por cinco combatentes; o centro, liderado pelo Che, contaria com dezoito guerrilheiros; e a retaguarda, encabeçada por Joaquín, com seis soldados.

A SOMBRA NO ESCURO   111

A marcha, prevista para durar 25 dias, estender-se-ia por 48 e daria cabo da vida de dois guerrilheiros. De qualquer forma, a ideia é que não se começassem operações de combate naquele momento. Eles planejavam fazer isso somente a partir do segundo semestre daquele ano.

Realizada numa topografia difícil e com poucos recursos para aqueles voluntários[43] (que carregavam mais de 25 quilos de equipamentos, armas e munições)[44], a exploração se mostraria dura. No dia 4, o Che reclamou que o terreno era desastroso para os sapatos. Por isso, diversos camaradas estavam quase descalços[45]. Guevara, por sua vez, sentia dor nos ombros que, algumas vezes, tornava-se insurportável.

No dia seguinte, chegaram ao rio Grande. E no dia 6, o argentino anotou que Pombo estava muito enfermo. Três dias depois, Inti e Ricardo foram mandados para explorar as redondezas, chegando à casa de Honorato Rojas, um camponês pobre que se encontrava lá com sua mulher e seis filhos. Ele os recebeu amistosamente e forneceu muitas informações sobre a região. Inti, depois, se apresentaria como chefe da guerrilha e compraria dois porcos.

Nos dias que se seguiram, houve a abordagem a trabalhadores rurais da região. Crianças com verminose foram tratadas, assim como outra, que recebera o coice de uma égua. Os guerrilheiros também estabeleceram contato com um adolescente (cujo pai estaria fora de casa por mais uma semana), que deu sugestões de como atravessar o rio, e que, mais tarde, avisou os guerrilheiros que pessoas haviam passado por lá. O Che, além disso, recebeu uma mensagem de Havana com uma anotação de Jorge Kolle e a informação de que Régis Debray chegaria a La Paz no dia 23 daquele mês, onde se hospedaria na casa de Pareja ou de Rhea. E então, no dia 16, ainda deram mil pesos a um morador local, para que ele adquirisse cerdos gordos para o grupo.

Durante todo esse tempo, a chuva forte não dava trégua e o rio ficava cada vez mais cheio e caudaloso. O clima, contudo, logo mudaria. O comandante diria que 23 de fevereiro seria um "dia negro" para ele. Exausto, após caminhar horas debaixo de um sol inclemente, desmaiou ao atingir o topo de uma colina. De acordo com o Che, "desse momento em diante eu andei somente com minha força de vontade"[46]. Além disso, brigas e discussões entre eles continuavam. No dia 25, por exemplo, Marcos e Pacho quase se agrediram fisicamente. Pinares, dando ordens de forma autoritária, chegou a ameaçar usar um machete naquela ocasião, batendo com o cabo do facão no rosto do colega. Por causa de situações como essa, o Che criticaria Tuma e Pacho a seu tempo, e começaria a marginalizar Antonio Sánchez Díaz de sua posição dentro do grupo[47].

A marcha sofreria o primeiro grande revés no dia 26, com o afogamento de Benjamín Coronado Córdova, um rapaz nascido em Potosí que, descuidando-se, caiu no rio Grande. Não sabendo nadar, foi arrastado pela forte corrente,

112   CHE GUEVARA E A LUTA REVOLUCIONÁRIA NA BOLÍVIA

sem que nada pudesse ser feito. Todas as tentativas para salvá-lo foram inúteis (Rolando chegou a pular na água em direção ao jovem, mas ele já havia afundado). Benjamín foi o primeiro a perder a vida.

No dia 27, muito cansados, o Che e seus homens chegaram ao rio Rosita. Lá comeram sua última ração. Até aí, nenhum combate fora travado; enfermidades, brigas, discussões, fome e a perda do companheiro de armas, sem que um tiro sequer tivesse sido disparado contra tropas inimigas, diminuíam o moral dos guerrilheiros.

Fevereiro representou muito para o grupo de Ramón: a marcha, feita para conhecer melhor a região e dar mais coesão ao foco, mostrou diversas irregularidades. A zona explorada era mais árdua do que se imaginava, e muitos dos voluntários internacionalistas estavam menos preparados para as agruras na floresta do que se poderia prever. Além disso, o comandante encontrou o camponês Honorato Rojas, que não aparentava ser perigoso, mas que, meses mais tarde, seria um dos principais delatores da guerrilha e responsável pela dizimação do grupo liderado por Joaquín.

Também chegaram, nos primeiros dias do mês, Moisés Guevara e oito camaradas dos vinte previstos. Sem conseguir trazer todos os homens que prometera, o líder mineiro esforçava-se para cumprir o combinado, ainda que de forma precária. Seus subordinados vinham direto das minas, em regiões afastadas de Ñancahuazú, sem qualquer experiência militar. Esses novos guerrilheiros foram, de certa forma, enganados pelo ex-membro do PC-ml, já que ele lhes havia dito que iriam para Cuba treinar. Quando ingressaram no acampamento central, surpreenderam-se com o fato de terem de atuar imediatamente na guerrilha[48]. Os recrutas de Moisés seriam os piores dentre todos ali, sendo mais tarde considerados por Ramón como a "*resaca*". Também em fevereiro, a JCB resolveu expulsar os jovens que haviam decidido manter-se junto ao Che e seu grupo de combatentes. Apesar de tudo, Guevara diria que "tudo vai perfeitamente bem"[49]. Ele anotou em seu diário que o próximo estágio seria "combativo e decisivo"[50].

Março de 1967. No dia 4, a situação não parecia das melhores. Os homens estavam com o moral baixo e fraqueza física, enquanto as pernas do Che começavam a apresentar sinais de edema. Comeram dois macacos, um papagaio e uma pomba, acompanhados de palmito (três dias depois, a refeição seria três pássaros e meio, com o resto do palmito, e no dia seguinte, ainda que tivessem alimentos enlatados, se refastelaram de *cotorras* e um par de símios).

No dia 5, o grupo comandado por Marcos, que se havia afastado de Ramón e demoraria em restabelecer contato, encontrou-se com um civil, Epifanio Vargas – chamado de "índio" por Pacho, em seu diário –, que desconfiou dos guerrilheiros. Ao cruzar com uma torre dos Yacimientos Petrolíferos Fiscales Bolivianos e topar com Vargas, o comandante Antonio Sánchez Díaz inventou a história de que era um engenheiro mexicano que estava lá a trabalho, e quis saber onde poderia conseguir alimentos. A vanguarda finalmente pôde ter uma boa refeição. Nos poucos dias em que ficaram nos arredores de Tatarenda, compravam víveres e diziam aos estranhos que eram geólogos da Universidade de Potosí (ainda que sua aparência não indicasse isso, já que andavam armados e maltrapilhos). De lá, resolveram retornar ao acampamento principal e esperar o Che. Não obstante, o funcionário da YPFB, desconfiado, resolveu avisar a IV Divisão do Exército, em Camiri, sobre os cinco barbudos com uniformes militares que havia encontrado (Marcos, Pacho, Loro, Aniceto e Benigno), sendo obrigado a servir de guia para os soldados. É interessante ressaltar que no dia 8, o jornal *O Globo*, do Rio de Janeiro, havia informado que o Che teria se reunido na fronteira do Brasil e da Bolívia com Juan Lechín Oquendo, após ingressar clandestinamente no país disfarçado como o frei colombiano Juan de los Santos Antonio de Avilas, uma informação totalmente improcedente[51] (o dirigente boliviano enviaria uma mensagem pública em comemoração ao aniversário do Prin, convocando à unidade e luta e desmentindo a notícia sobre seu encontro com o argentino)[52].

Dois homens recrutados por Moisés Guevara resolveram desertar no dia 11 e tornaram-se delatores. Vicente Rocabado Terrazas (conhecido como "Orlando") e Pastor Barrero Quintana ("Daniel"), ambos orurenhos, foram capturados pela polícia no dia 14 de março, em Lagunillas, quando tentavam vender seus rifles. Sem qualquer pudor, soltaram todas as informações que possuíam: não só indicaram a localização da base guerrilheira como denunciaram seus principais líderes – entre eles Che Guevara – e mostraram o caráter internacionalista da empresa. Segundo Paco Ignacio Taibo II, Rocabado fora membro da Polícia de Investigação Criminal (da qual havia sido expulso por corrupção) e fez questão de fornecer uma abundância de detalhes sobre os combatentes, entregando os nomes de vários integrantes do grupo e se oferecendo para guiar os soldados até a Casa de Calamina[53] (quando o exército chegou lá, já havia sido abandonada)[54].

No dia 15, boa parte do grupo do centro atravessou o rio Ñancahuazú (dois deles tentariam no dia seguinte). Atiraram em gaviões para ter o que comer. O moral continuava baixo e os pés de Miguel e de outros homens cada vez mais inchados.

Em 16 de março, o Che confessaria que se encontrava "extremamente fraco". A dupla de companheiros que ficara para trás tentou cruzar o rio e foi levada pela correnteza (Joaquín foi atrás deles e sumiu temporariamente). Além disso, um cavalo, encontrado perdido no meio do caminho, que estava sendo usado pela coluna, foi sacrificado. O desespero levou a tropa a insistir com Guevara na necessidade de matar o animal para garantir a alimentação de todos ali, o que efetivamente ocorreu. De acordo com o comandante, isso precisou ser feito porque a fome era alarmante.

Por sua vez, no dia 17, ainda que Joaquín tivesse retornado ao meio-dia e os camaradas perdidos às 14h, outro combatente perdeu a vida afogado.

114   Che Guevara e a luta revolucionária na Bolívia

Lorgio Vaca Marchetti era considerado por Guevara o melhor dos bolivianos na retaguarda, por sua seriedade, disciplina e entusiasmo. Na ocasião, também foram extraviadas mochilas, seis fuzis e munições, levados pelas águas do rio. O "centro", assim, ficava sem recursos e permanecia famélico. Nesse mesmo dia ocorreram outros dois fatos importantes: o boliviano Salustio Choque Choque[55] – que alguns acusaram de ter-se tornado delator, apesar de suas negativas em entrevistas anos mais tarde – foi feito prisioneiro pelo exército perto da Casa de Calamina; e o primeiro encontro armado de um guerrilheiro com um destacamento do EB, ocasião em que Loro atingiu a tiros o soldado Sebastián Rojas[56].

Marcos, avaliando a situação, decidiu por conta própria evacuar o acampamento da vanguarda que fora descoberto. O Che, contudo, ficaria irritado com a decisão e mais uma vez repreendeu, de forma ríspida, o comandante Pinares[57]. Alguns acharam a atitude de Guevara injusta com o camarada[58]. Pouco tempo depois, quando o Che ameaçou expulsá-lo da guerrilha desonrosamente, por indisciplina, Marcos, indignado, respondeu que antes preferia ser fuzilado que mandado embora[59].

Em 18 de março, comeram um cervo caçado por Ricardo, guardando um pouco da carne de cavalo como reserva, e no dia seguinte outro foi providenciado para a refeição. Na ocasião, o Che se encontrou com o médico peruano Restituto José Cabrera Flores ("Negro"), que chegara com Juan Pablo Chang e um telegrafista. Avisou que dois homens de Moisés haviam desertado alguns dias antes.

Finalmente, no dia 20 de março, Ramón estava de volta ao acampamento central de Ñancahuazú. Encontrou-se com Régis Debray, Tania, Ciro Bustos, Moisés Guevara e El Chino, que o esperavam havia duas semanas. Nos dois dias seguintes, discutiria o que fazer. Chang queria obter US$ 5 mil por mês, num espaço de dez meses, cinco homens de imediato e mais quinze que lhe seriam enviados mais tarde, para que pudesse começar seu foco na zona de Ayacucho, no Peru. Poucos meses depois, Guevara receberia uma mensagem de Havana explicando o andamento dos acordos com os peruanos. Preparava-se um núcleo guerrilheiro em Puno, mas o processo andava lentamente, já que não conseguiam contato com Chino. Júlio Danigno ou "Sánchez" (enlace urbano do ELN peruano em La Paz) recebeu US$ 25 mil para enviar voluntários a Cuba para treinar. Ele ainda ficava com US$ 48 mil que Chang lhe havia deixado, mas nada podia fazer, já que estava imobilizado pela falta de comunicação com seu chefe. A conclusão da mensagem de Havana era clara: a preparação do foco era lenta e se constituía de apenas cinco homens[60]. El Chino acabaria decidindo-se por permanecer no ELN boliviano e preparar-se ali mesmo para suas futuras ações.

Régis Debray ("Danton" ou "francês"), por sua vez, passou informações referentes a alguns líderes do Partido Comunista da Bolívia. Quando o Che sugeriu que voltasse (pois, teoricamente, ele seria mais útil arregimentando apoio internacional na França), gostou da ideia, já que ficara insistindo com o argentino que tinha planos de casar e ter filhos. Guevara pensava em escrever uma carta para Jean-Paul Sartre e Bertrand Russell, no intuito de eles organizarem um fundo internacional para auxiliar o movimento de libertação boliviano. Na entrada do dia 27 de março de seu diário, o Che afirmou que Debray não gostou nem um pouco da ideia de que se tornaria difícil sua partida da base, e no dia 28 indicou que "o francês foi muito veemente quando mencionou o quão útil poderia ser lá fora"[61]. Além disso, sugeriu ao filósofo parisiense que, antes de ir a Cuba e à Europa, fosse ao Brasil para procurar Carlos Marighella[62]. De acordo com Danton, naquele país, originalmente, "o contato passava por certas forças 'nacionalistas revolucionárias', compostas nomeadamente por soldados, sargentos e marinheiros agrupados atrás de um *leader* popular do Sul do Brasil" (provavelmente se referia a Leonel Brizola; vale lembrar que em seu diário, Pombo havia dito, em setembro de 1966, que, num recente Congresso do PCU, Jorge Kolle havia conversado com membros da "organização de Brizola", que manifestaram sua decisão de iniciar a luta armada e pediram ajuda de seu partido para comprar armas e equipamentos, assim como pessoal que servisse de guia para entrar no território brasileiro, além do envio de emissários cubanos para discutir o auxílio)[63]. E continuava:

> Nas fronteiras de Minas Gerais e do Espírito Santo, este movimento estava construindo as bases de um foco guerrilheiro rural nas montanhas de Caparaó, foco que seria surpreendido no estágio de treino e desarticulado por um batalhão do Primeiro Exército Brasileiro, no momento preciso em que o Che metia mãos à obra. A coordenação prevista não teve, portanto, seguimento. As tendências dissidentes no seio do PCB[64] não estavam ainda organizadas nem manifestas, e, se bem que Marighella tivesse já dado sinal de vida e das suas intenções em fins de 1966, o ELN brasileiro não existia ainda e não podia, portanto, haver um contato orgânico com as forças que acordarão mais tarde para lançar em 1968 a guerrilha urbana no Brasil. No entanto, o Che, informado tarde dos preparativos de Marighella que não passavam ainda de intenções, teve o cuidado de incluir a situação existente no seio do Comitê Regional do PCB de São Paulo no lote de informações que me pediu para lhe levar mais tarde, quando eu voltasse à guerrilha, depois de um périplo pelo estrangeiro, que acabou antes de ter começado, com minha captura em Muyupampa, em companhia de Ciro Bustos.[65]

O francês aparentemente acreditava que faria várias idas e vindas ao acampamento ao longo dos anos[66].

O Che também tinha planos para Bustos. Mesmo que comentasse que lamentava perder a etapa essencial do crescimento de suas filhas, ainda crianças[67], este último propôs ficar sob as ordens de Guevara (em mensagem a Fidel, contudo, o Che diria que Pelao estava "desesperado" para partir)[68]. O comandante, contudo, sugeriu que retornasse à Argentina para coordenar as guerrilhas com Jozami, Juan Gelman (ou, segundo Bustos, Alfredo Hellman)[69] e Luis Faustino Stamponi, pedindo para que fossem enviados cinco voluntários para treinar na Bolívia (de acordo com o militante trotskista Guillermo Almeyra, contudo, o diretor teatral Pedro Asquini chegou a contatá-lo em Buenos Aires, dizendo que o Che queria que ele e Juan Gelman se integrassem ao ELN, e que levassem consigo pessoas próximas, já que o comandante confiava em muito poucos de seus acompanhantes, e menos ainda em "assessores" como Régis Debray)[70]. Além disso, para Jan Lust, nos primeiros meses de 1967, Marcos Osatinsky e Roberto Quieto planejavam fundar um ELN na Argentina, com o objetivo de dar apoio à guerrilha de Guevara na fronteira norte, assim como também deveriam ter sido criadas, com a mesma intenção, as Fuerzas Armadas de Liberación. Nada disso foi adiante[71] (ainda assim, segundo Harry Villegas, uma "divisão" de militantes platenses teria se deslocado para a fronteira com a Bolívia em busca deles, e revolucionários brasileiros *supostamente* assumiram a responsabilidade de financiamento econômico da experiência guerrilheira do Che)[72].

Naqueles dias, Ramón reuniria os pelotões do centro e da retaguarda para uma conversa. Fez questão de explicar aos bolivianos os motivos para a participação cubana na empreitada e para o resto qual seria o sentido da guerrilha para o país onde estavam. Guevara explicou que ele e seus companheiros caribenhos não estavam lá para fazer a guerra em lugar do povo local, mas para ajudá-lo a desencadear sua própria revolução. Os bolivianos presentes, portanto, deveriam saber que, uma vez concluída a fase de formação e treinamento, eles se tornariam os principais responsáveis por levar adiante a direção da luta em seu território. O Che, então, afirmou: "A nossa função não é sequer a de detonador. O detonador são vocês. Nós somos ainda menos. Somos a escorva, a minúscula camada de fulminato de mercúrio que, no interior de um detonador, envolve o explosivo, servindo apenas para ativá-lo e reforçar a inflamação. E mais nada"[73].

A situação, entretanto, era mais complicada do que poderia parecer: os combates estavam para começar. A primeira batalha iniciou-se no dia 23 de março e a luta, a partir daí, prosseguiria até outubro. Diz-se que Guevara, ao ficar sabendo desse primeiro choque com as forças regulares, levantou-se da rede onde estava deitado lendo e deu um pulo de alegria.

Numa emboscada, o grupo composto por seis bolivianos e dois cubanos[74] abriu fogo contra uma coluna de 35 homens, comandados pelo major

Hernán Plato Ríos. Após o primeiro disparo de Rolando, seguiu-se a fuzilaria (que durou apenas seis minutos), com sete vidas ceifadas do lado do Exército boliviano (entre as quais, um tenente) e cinco feridos. Nenhuma baixa foi registrada entre os guerrilheiros. Além disso, quinze soldados foram feitos prisioneiros e depois soltos. Nesse episódio, foi morto a balaços o delator Epifanio Vargas, que guiava os soldados da IV Divisão. O major Plato e o capitão Eugenio Silva, de acordo com o Che, estavam assustados e falavam muito[75]. Como resultado, os internacionalistas confiscaram 25 armas de vários tipos, incluindo 3 morteiros de 60 mm com os respectivos obuses, além de farta munição e equipamentos[76].

Apesar de a tropa pedir para que Ramón executasse o major por causa de maus-tratos, ele se recusou. No dia 25, reunido com o restante da guerrilha, Guevara decidiu dar ao movimento o nome de Exército de Libertação Nacional (ELN). Em seguida, no dia 27, escreveu o primeiro comunicado para o povo boliviano sobre o combate travado[77], o único que chegou a se tornar público[78], que seria divulgado pelo periódico *Prensa Libre*, de Cochabamba[79] (aparentemente, Barrientos, muito incomodado com a repercussão da notícia, ordenou ao prefeito daquela cidade, Soriano Badani, que prendesse o diretor do referido jornal, Carlos Beccar, que foi interrogado, julgado e condenado a cinco anos atrás das grades; o escândado foi grande, e após pressões e manifestações de diversos setores sociais, ele foi posto em liberdade)[80].

O fato é que aquele não era o momento dos mais propícios para se iniciar a luta guerrilheira *de fato*. Famintos e cansados, os internacionalistas não estavam nas melhores condições físicas. A partir do primeiro encontro, suas posições seriam mais facilmente identificadas. Além disso, os homens de Moisés Guevara davam, a cada momento, mais sinais de que queriam abandonar a empresa. Esses elementos (a "escória" da guerrilha) seriam expulsos por Ramón.

No dia 24, uma importante quantidade de documentos de Tania (incluindo fotografias) fora encontrada em seu jipe, em Camiri, o que acabou por destruir seu disfarce, além do trabalho clandestino no qual se empenhara tanto. Com isso, ela não poderia mais voltar – pelo menos imediatamente – a La Paz, sendo obrigada pelas circunstâncias a ficar com o grupo na selva (três dias mais tarde, essa notícia seria difundida na imprensa)[81].

Também não havia, naquela ocasião, uma rede de apoio suficientemente organizada e forte nem suporte militar de nenhum partido. O ELN via-se cercado, de acordo com o próprio Ramón, por 2 mil homens num raio de 120 km, e era seguidamente bombardeado de napalm[82]. O mês terminou com o Che criticando os homens de Moisés e Marcos – que foi destituído da chefia da vanguarda por indisciplina no dia 25 – e organizando de forma definitiva a composição dos grupos de vanguarda, retaguarda e centro, incluídos neles os que queriam desertar e os visitantes. Para ele, aquele havia sido um período de consolidação e purificação para a guerrilha. A situação não era boa, mas esses problemas deveriam ser superados para que o Exército de Libertação Nacional pudesse seguir em seu caminho.

Abril chegou, com Guevara sentindo-se cada vez mais desconfortável com a presença de Danton e Pelao. No dia 3, ofereceu-lhes três alternativas: ficarem com o ELN, irem embora por conta própria ou serem levados até o povoado de Gutiérrez, e de lá partirem sozinhos. Os dois escolheram a última opção, não só porque teriam mais segurança, como também porque o Che pretendia eventualmente capturar um jipe para transportá-los. Em pouco tempo Ramón descartou essa alternativa, desconfiando que Gutiérrez estivesse ocupada por tropas do Exército. O melhor caminho seria por Muyupampa.

No dia 4, um baque para as forças guerrilheiras: foi descoberta pelo Exército boliviano a localização do acampamento central de Ñancahuazú. Guiados pelos dois desertores e informantes, Rocabado e Barrero Quintana, os soldados encontraram uma variedade de documentos, inclusive o diário do guerrilheiro Bráulio. O Che já não teria um local seguro para retornar depois das marchas (a partir daí, mesmo os acampamentos complementares teriam de ser abandonados)[83]. Ficando conhecido o pseudônimo de "Ramón", Guevara mudou seu nome de guerra para "Fernando".

Em 10 de abril de 1967, novos combates, dessa vez com uma patrulha comandada pelo tenente Luis Saavedra Arombal. Numa refrega que começou às 10h20 (e que só durou três minutos), um inimigo foi morto e três feridos (dois dos quais não sobreviveriam), além de serem feitos seis prisioneiros[84]. O resultado: o confisco de seis Garands, dez M1 e quatro Mausers[85].

Quatro soldados, contudo, conseguiram fugir e chamar o major Rúben Sánchez e sua tropa, que chegaram ao local às 17h10, quando sofreram uma emboscada. A nova batalha duraria quinze minutos[86], demonstrando maior preparo do ELN, que saiu mais uma vez vitorioso contra uma coluna de 120 homens[87]. Deles foram tomados uma Browning, um morteiro, quinze granadas, quatro M1, duas M2 e cinco Mausers, além de outras armas[88].

Ao todo, segundo o Comunicado n. 2 do ELN, foram dez baixas fatais do lado do Exército – dois oficiais –, além de trinta prisioneiros, incluindo um major, suboficiais e soldados (entre os quais, seis feridos). De acordo com o Che, eram "quase meninos", integrantes de vários regimentos misturados. No saldo do dia, a guerrilha perdeu, no primeiro entrevero, com um tiro na cabeça, o capitão Jesús Suárez Gayol ("El Rubio"), que foi enterrado numa cova rasa, na manhã seguinte, quando os prisioneiros foram liberados (os mortos e os feridos de ambos os combates puderam ser levados por eles)[89]. Foram entregues ao major Sánchez[90] dois despachos, que deveriam ser divulgados na imprensa.

No dia 11, por sua vez, jornalistas entrariam no acampamento central da guerrilha. O periodista chileno Héctor Precht Bañados, do *El Mercurio*, assim descreveria o local:

Chegamos ao quartel-general. Este se encontrava em uma clareira da selva, de uns 30 metros de comprimento por oito de largura. Os guerrilheiros haviam construído uma ampla cabana aberta, com troncos de árvores e rodeada de mesas baixas, que podiam servir também de bancos ou camas. Mais acima, a uns dez metros de distância, estava o que parecia ser um serviço higiênico, e mais acima ainda um armazém talhado na rocha viva. Encontravam-se ali caixas de munições de procedência dominicana e argentina, vendas elásticas ensanguentadas e uma carteira também com sangue. Igualmente havia bombas de fabricação caseira, garrafas, os restos de uma mula devorada pelos rebeldes e um forno para fazer pão. Muitos exemplares dos dois principais jornais de La Paz: *Presencia* e *El Diario* estavam espalhados pelo lugar. Tinham datas do começo deste ano. Outros objetos eram uma camisa verde, confeccionada em La Paz, leite em pó, doado pelo povo dos Estados Unidos, botas, peúgas, um exemplar da revista *Life*, um jarro de gordura de porco fabricado na Argentina, um machete, uma balança, textos de contabilidade e administração agrícolas; manifestos universitários comunistas de Lima e Buenos Aires, uma forma para sapatos e o feminino toque de um frasco de desodorante. Havia também um terreno semeado de hortaliças e uma galinha com pintinhos.[91]

A descrição chegaria ao Che. Ele escreveria em seu diário que "um jornalista chileno fez uma narração pormenorizada de nosso acampamento e descobriu uma foto minha, sem barba e com cachimbo. Haveria que investigar mais como foi obtida"[92].

Não custa lembrar também que em 12 de abril, o Prin e o PCB foram oficialmente colocados na ilegalidade e, na sequência, o membro do secretariado do Comitê Central deste último (assim como diretor do órgão *Unidad*), Humberto Ramírez Cárdenas, foi preso. No dia 14, o "Comunicado n. 2 ao povo boliviano"[93] e um relatório de atividades para Havana foram dados a Debray para que os levasse na partida. A guerrilha agora já era conhecida e temida pelo governo.

Em 16 de abril, decidindo levar o francês e Bustos para fora da zona para que pudessem prosseguir de Muyupampa, Guevara pediu a Joaquín para esperá-lo com a retaguarda na zona por três dias, sem dar combate ao Exército. As movimentações do "centro" e da "vanguarda" eram necessárias por alguns motivos. Não só havia contingentes militares na área que causavam preocupação a Fernando, mas sair do cerco era fundamental: afinal, precisavam levar Pelao e Debray para que seguissem caminho; reabastecer os efetivos guerrilheiros de

120 Che Guevara e a luta revolucionária na Bolívia

víveres; e tentar fazer contatos com camponeses. Mesmo estando num raio de relativa proximidade, o grupo de Fernando nunca mais se encontraria com o de Joaquín, que, cumprindo estritamente as ordens do comandante, esperou-o e depois marchou durante meses – muitas vezes bem próximo à sua coluna –, sem conseguir fazer contato.

Naquele mesmo dia seria publicado em Cuba o artigo do Che, "Mensagem aos povos do mundo através da Tricontinental", documento extremamente influente, que resumia em grande medida seu pensamento na época. Começava com uma epígrafe de José Martí: "*Es la hora de hornos y no se ha de ver más que la luz*". No texto, o comandante afirmava:

O campo fundamental da exploração do imperialismo abarca os três continentes atrasados: América, Ásia e África. Cada país tem características próprias, mas os continentes, em seu conjunto, também as apresentam.

A América constitui um conjunto mais ou menos homogêneo e, na quase totalidade de seu território, os capitais monopolistas norte-americanos detêm uma primazia absoluta. Os governos títeres ou, no melhor dos casos, fracos e medrosos, não podem opor-se às ordens do amo ianque. Os norte-americanos chegaram quase ao máximo de sua dominação política e econômica, pouco mais já poderiam avançar; qualquer mudança da situação se poderia converter em um retrocesso de sua primazia. Sua política é manter o que foi conquistado. A linha de ação se reduz, no momento atual, ao uso brutal da força para impedir movimentos de libertação de qualquer espécie que sejam.

Sob o slogan "Não permitiremos outra Cuba", encobre-se a possibilidade de agressões sem qualquer risco, como a perpetrada contra São Domingos ou, anteriormente, o massacre do Panamá e a clara advertência de que as tropas ianques estão dispostas a intervir em qualquer lugar da América onde a ordem estabelecida seja alterada, pondo em perigo seus interesses. Essa política conta com uma impunidade quase absoluta; a OEA é uma máscara cômoda, por mais desprestigiada que se encontre; a ONU é de uma ineficiência raiando ao ridículo ou ao trágico; os Exércitos de todos os países da América estão prontos a intervir para arrasar seus povos. Formou-se, de fato, a Internacional do crime e da traição. Por outro lado, as burguesias autóctones perderam toda a sua capacidade de oposição ao imperialismo – se é que alguma vez a tiveram – e apenas compõem-se carro de fila. Não há mais mudanças a fazer; ou Revolução socialista ou caricatura de Revolução. [...]

Na América Latina se luta com as armas na mão na Guatemala, Colômbia, Venezuela e Bolívia, e despontam já os primeiros surtos no Brasil. Há outros focos de resistência que aparecem e se extinguem. Mas quase todos os países deste Continente estão maduros para uma luta de tal espécie que, para terminar triunfante, não se pode contentar com menos que a instauração de um governo de linha socialista.

Neste continente, fala-se praticamente uma língua, salvo o caso excepcional do Brasil, com cujo povo os de fala hispânica podem entender-se, dada a semelhança entre ambos os idiomas. Há uma identificação tão grande entre as classes destes países que atingem uma identificação de tipo "internacional-americano" bem mais completa que em outros continentes. Língua, costumes, religião e um senhor comum os unem. O grau e as formas de exploração são similares em seus efeitos para exploradores e explorados de uma boa parte dos países de nossa América. E a rebelião está amadurecendo aceleradamente nela.

Podemos perguntar-nos: Esta rebelião, como frutificará? De que espécie será? Sustentamos desde algum tempo que, dadas suas características similares, a luta na América adquirirá, em seu momento, dimensões continentais. Será o cenário de muitas grandes batalhas travadas pela Humanidade por sua libertação. [...]

A América, continente esquecido pelas últimas lutas políticas de libertação, que começa a se fazer sentir através da Tricontinental na voz da vanguarda de seus povos que é a Revolução Cubana, terá uma tarefa de maior relevo: a da criação do segundo ou terceiro Vietná do mundo.

Definitivamente, é preciso levar em conta que o imperialismo é um sistema mundial, última etapa do capitalismo, e é necessário derrotá-lo em uma grande confrontação mundial. A finalidade estratégica dessa luta deve ser a destruição do imperialismo. A participação que toca a nós, os explorados e atrasados do mundo, é a de eliminar as bases de sustentação do imperialismo: nossos povos oprimidos, de onde se extraem capitais, matérias-primas, técnicos e operários baratos e para onde exportam novos capitais – instrumentos de dominação –, armas e toda espécie de artigos, submetendo-se a uma dependência absoluta.

O elemento fundamental dessa finalidade estratégica será, então, a libertação real dos povos; libertação que se produzirá através da luta armada, na maioria dos casos, e que terá, na América, quase indefectivelmente, a propriedade de converter-se em uma Revolução Socialista.[94]

No dia 19 de abril, inesperadamente apareceu no acampamento o "periodista" e fotógrafo anglo-chileno George Andrew Roth. Assim Fernando descreveu a chegada do visitante: "Seus documentos estavam em ordem, mas havia algo suspeito. Na parte referente à sua profissão, a palavra 'estudante' havia sido trocada pela palavra 'jornalista' (realmente, ele alegava ser fotógrafo). Ele tinha um visto porto-riquenho, e quando foi inquirido acerca de um cartão de uma organização de Buenos Aires, disse ter sido professor de espanhol"[95]. Muitos acreditam que Roth era um espião da CIA que vivia em Santiago do Chile e fora incumbido de seguir viagem até a Bolívia por Buenos Aires, onde teria se encontrado com o venezuelano Moisés García, correspondente da revista *Time-Life* para a América do Sul; este lhe passara a tarefa de cobrir a guerrilha do ELN para aquela publicação. Após acompanhar várias incursões do Exército na zona guerrilheira (inclusive durante a descoberta do acampamento central), foi a La Paz, onde conversou com vários funcionários da Agência Central de Inteligência e informou o que havia visto. De acordo com Adys Cupull e Froilán González, Roth recebera instruções para: chegar aos guerrilheiros e espalhar uma substância química que provocaria o olfato de cães treinados e, assim, facilitar sua captura; descobrir se Debray e Tania estavam no grupo; e colher informações gerais sobre a guerrilha[96].

Apesar de tudo isso, Roth poderia ser o "salvo-conduto" de Danton e Pelao. Como sabia de suas dificuldades para deixar a região, o francês propôs ao fotógrafo que o ajudasse a sair dali, como "prova de sua boa-fé". O anglo-chileno aceitou. Segundo o próprio Roth, Inti Peredo havia lhe dito que teria de expulsá-lo junto a Debray e Bustos, os dois "colegas seus" de profissão.

Os estrangeiros saíram às 23h45 do dia 19, numa noite de frio intenso, em direção a Muyupampa, capital do departamento de Chuquisaca, um vilarejo com 3 mil habitantes, um médico, um padre, vinte soldados, oito membros da DIC, uma igreja, uma escola e uma cadeia[97]. Quando os três chegaram à entrada do povoado, às 5h do dia 20 de abril, foram presos pelo Exército (outras fontes indicam que sua detenção teria ocorrido mais tarde, às 8h)[98], obrigados a tirar toda a roupa e conduzidos pelos soldados até a sede da prefeitura. Enquanto Roth mostrava sua documentação legal fornecida pelo Comando do EB em La Paz e Debray se apresentava como periodista (tinha as credenciais da revista mexicana *Sucesos* e da editora Maspero), utilizando seu próprio nome e pedindo para telefonar para a Embaixada da França na capital, com o intuito de resolver aquela questão, Bustos se encontrava numa situação mais complicada, já que carregava uma identidade falsa com o nome "Carlos Alberto Frutos", um suposto engenheiro civil. De qualquer forma, os três seriam levados de helicóptero até o posto militar de Choreti, mais tarde para Santa Cruz, em seguida, de volta à primeira localidade e então, finalmente, para Camiri, onde seriam julgados. Um representante da Coordenação Federal da PFA e um especialista da Seção de Identificação da Argentina foram enviados para lá, com o objetivo de descobrir quem era o compatriota detido. Apesar de aparentemente bem tratados nos primeiros dias, foram posteriormente submetidos a duros interrogatórios e até mesmo à tortura, acompanhados por um agente da CIA, Gustavo Villoldo Sampera, o "Dr. González", que estaria doravante presente nas entrevistas (Bustos, contudo, mais tarde insistiria que ele e Debray *nunca* foram torturados, e que, depois de um tratamento um pouco mais duro na primeira noite, não voltaram a tocá-los daí em diante)[99]. Pelao acabaria desenhando o retrato dos guerrilheiros, o que faria muitos críticos o acusarem de ser um colaborador.

As Forças Armadas, naquele momento, poderiam ter tirado o máximo de informações dos dois e depois matá-los, jogando seus corpos em algum ponto da selva. É bom salientar que havia rumores de que o francês havia perecido, junto aos guerrilheiros do ELN, num combate no final de abril[100]. Ou seja, eles poderiam ter eliminado o jovem filósofo parisiense, tentando não acarretar suspeitas. Mas Danton, assim como Pelao, foram salvos pelo jornalista Hugo Delgadillo Olivares, que publicou fotos de ambos, vivos e presos, no jornal *Presencia* (inclusive um retrato do francês com o pároco de Muyupampa, Leo Schwartz). Roth foi solto em julho[101], após a intervenção do embaixador britânico na Bolívia; já Debray e Bustos seriam alvo de um processo judicial e considerados elementos de ligação das guerrilhas.

O mendoncino e seu colega acabariam falando demais. Apesar de insistir que nada tinha a ver com o ELN, Régis Debray, mais tarde, seria considerado por alguns como "guerrilheiro", o que absolutamente não era verdade: durante todo o tempo havia pedido para partir do acampamento[102] (ao ser perguntado por Delgadillo Olivares sobre a presença de Tania e se ela colaborava com a guerrilha, o francês responderia que "ela já saiu do cerco", denunciando imediatamente sua presença no grupo)[103]. Na análise do mês de abril, Guevara escreveria: "Danton e Carlos foram vítimas de sua ânsia, quase desespero de saírem, e de minha falta de energia para impedi-los de o fazerem, de modo que também ficam cortadas as comunicações com Cuba (Danton) e perde-se o esquema de ação na Argentina"[104].

Ao ser posto no cárcere, o francês contou o que sabia sobre o grupo revolucionário, mas negou pertencer ao ELN. Depois, numa reviravolta, declarou sentir-se honrado em fazer parte do foco, insinuando que até mesmo tomara parte em suas operações. Não obstante, Fernando já havia considerado o intelectual europeu como "visitante".

Em carta aos amigos, Debray afirmava: "não aceito, pois, a acusação de ter sido guerrilheiro, porque não o fui [...] Nego também ter sido comissário político, responsável militar menos ainda, porque não era"[105]. Mas, em sua carta aos juízes, durante o julgamento, Danton disse:

> Não entrando nos detalhes da minha atividade, desejo frisar que, porque participava totalmente do ideal dos guerrilheiros bolivianos, pedi eu mesmo, chegando ao acampamento central, para participar de todas as obrigações e deveres da vida de guerrilha e, por fora, ajudando na cozinha, na caça e em todos os outros trabalhos da vida quotidiana.
>
> Para isso pedi que me dessem, como aos outros, uma matrícula correspondente à minha ordem de chegada, porque não podia, nem queria, na condição de revolucionário, aceitar o tratamento de simples visitante instalado num hotel, ficar de braços cruzados e dormir confortavelmente enquanto meus companheiros se

124 CHE GUEVARA E A LUTA REVOLUCIONÁRIA NA BOLÍVIA

esgotariam trazendo-me comida e protegendo meu sono. Esta situação manteve-se até o dia em que pude entrever-me com o Che, no dia 20 de março. Embora na condição de simples jornalista, fui eu que pedi a Che Guevara, nesse momento, que mandasse vir uma outra pessoa para fazer meu trabalho, acabar com a minha condição de visitante e aceitar minha integração na guerrilha, depois de ter consultado os guerrilheiros bolivianos. Mas ele rejeitou meu pedido, esclarecendo que a minha missão de informação no exterior sobre a sua presença aqui e sobre os objetivos da guerrilha era tão importante como combater [...] Para facilitar a função do procurador, preciso, ainda, que minha missão, que consistia em divulgar no exterior os fins da guerrilha, é uma parte do trabalho revolucionário. Só pode cumprir uma missão de solidariedade como esta quem se sente totalmente solidário com os atos da guerrilha. Há várias maneiras de combater. A difusão e explicação são também uma forma de combate, que exclui as outras apenas temporariamente. É neste sentido que afirmo ser moral e politicamente co-responsável pelos atos dos meus camaradas guerrilheiros; estou convencido da sua legitimidade, e poderia participar a seu lado se a decisão do Che fosse outra. Peço ao tribunal para ter a benevolência de me considerar como tal.[106]

O fato é que o "corresponsável pelos atos dos camaradas guerrilheiros", e que poderia "participar a seu lado", viria a contar tudo o que sabia para o Exército, mesmo que alguns detalhes já fossem conhecidos dos militares. Debray falou a seus interrogadores que havia estado com Fidel Castro em dezembro de 1966, em Cuba, e que nesse encontro travara conhecimento da presença de Guevara na Bolívia como líder de um foco; que divulgaria dados acerca da existência do ELN; que havia entrado no país ilegalmente vindo do Chile em fevereiro; que havia seguido para a Casa de Calamina com Tania e Bustos e depois ao acampamento central, onde havia cerca de vinte guerrilheiros cubanos e bolivianos; que esperou até o dia 20 de março para entrevistar-se com Guevara, pois este havia saído em exploração na região acerca do rio Grande; e citando outros acampamentos menores, disse que havia diferentes locais para armazenar armas e munição[107]. Além disso, detalhou suas conversas com Fernando, explicando o projeto revolucionário do comandante, desde a forma como aquele havia entrado disfarçado no país até seus motivos e estratégias na Bolívia, não deixando de lado nem mesmo as discussões internas e relatos de batalha.

O próprio Che chegou a afirmar em seu diário que as declarações de Debray revelaram mais do que o necessário. De acordo com Andrew Saint-George,

Régis Debray falou como só um jovem intelectual parisiense que afronta o problema mais vital do dia – o de sua própria sobrevivência – pode falar [...] E para Debray, a CIA não resultou de forma alguma na *bête noir* [besta negra] de que

A SOMBRA NO ESCURO 125

ele havia falado tão frequentemente em público. "Dadas as circunstâncias, creio que me salvaram a vida", disse Debray a este escritor durante uma conversação que celebrou com ele durante todo um dia em Camiri, lugar onde agora está cumprindo a pena (trinta anos de prisão) que lhe foi imposta.[108]

Enquanto esteve preso, Debray recebeu o apoio dos editores François Maspero e Giangiácomo Feltrinelli; do catedrático em filosofia Alain Badiou; do advogado George Pinet; de outro defensor, o belga Roger M. Lallemand (representante da Liga dos Direitos do Homem); de seus pais Georges e Janine (ambos direitistas e de classe média alta); e de sua futura esposa, a antropóloga venezuelana Elizabeth Burgos, que vieram visitá-lo na Bolívia. Também angariou o suporte do presidente De Gaulle, que enviou carta a Barrientos pedindo o perdão ao jovem intelectual, e do embaixador Dominique Ponchardier, que solicitou que a vida do compatriota fosse poupada. Até o Papa Paulo VI se envolveu na questão. Todos, em certa medida, a pedido da mãe do prisioneiro, influente em círculos políticos, especialmente conservadores. Mas nada disso parecia mudar a opinião de Barrientos, que parecia irredutível em relação ao célebre detento[109].

Uma campanha internacional, que não dispensou sequer a intervenção de Jean Paul-Sartre e André Malraux, foi acionada para que o jovem pudesse ser libertado. Para dar auxílio diplomático ao filósofo, estavam presentes na cidade a cônsul da França na Bolívia Thérèse de Lioncourt e o agregado cultural Gérard Barthélémy, que foi vigiado por controle telefônico. Do Reino Unido, também chegaram os jornalistas e os intelectuais de esquerda, Perry Anderson, da *New Left Review*, Robin Blackburn, do *Tribune* e do *Sunday Times*, Tariq Ali, da *Town Magazine*, e Ralph Schoenman, da Fundação Bertrand Russell[110].

Já em relação a Bustos, o interesse era menor. Praticamente desconhecido em nível mundial, seu nome não mobilizava as massas e seu caso, portanto, não gerava a mesma comoção. Só sua esposa, Ana María, foi visitá-lo na prisão... No entanto, parte da opinião pública boliviana considerava Danton um "assassino" – o que ele efetivamente não era – e um colaborador das guerrilhas, e pedia sua execução, o que não poderia ocorrer oficialmente, já que a pena capital havia sido abolida da Bolívia.

O julgamento do parisiense e do colega argentino, num tribunal improvisado numa biblioteca rústica do sindicato de petroleiros de Camiri, ganharia grande atenção da imprensa internacional. Mais de uma centena de correspondentes de diferentes agências de notícias (como UPI, AP, Reuters e Interpress), assim como enviados de redes de televisão e repórteres e fotógrafos de revistas e jornais de grande circulação, se encontravam na cidade naquela ocasião. Entre os periodistas, destacavam-se alguns, como o mexicano Luis Suárez (*Presencia*), o chileno Augusto Carmona (*Punto Final*), o britânico Richard Gott, o sueco

126 CHE GUEVARA E A LUTA REVOLUCIONÁRIA NA BOLÍVIA

Björn Kumm, o francês Philippe Nourry (*Le Figaro*), os italianos Sergio de Santis e Franco Pierini (*L'Europeo*), o fotógrafo Paul Slade, o norte-americano Alfred Hopkins (*National Guardian*) e o brasileiro Irineu Guimarães (AFP), entre outros.

Debray e Bustos, defendidos pelos advogados Raúl Novillo e Jaime Mendizábal Moya, teriam de enfrentar um tribunal hostil, presidido pelo coronel Efraín Guachalla Ibáñez, e que tinha como promotor Remberto Iriarte Paz; como juiz relator, Remberto Torres Lazarte; e como membros do júri, Luis Nicolau Velasco e Mario Mercado Aguilar; todos eles militares da mesma patente daquele que dirigia os trabalhos da corte. Há relatos de que os documentos para a defesa do intelectual europeu foram roubados[111].

No dia 16 de novembro de 1967, Debray foi condenado em Camiri, juntamente de Pelao. A sentença, proferida no dia seguinte pelo Conselho de Guerra, foi de trinta anos de trabalhos forçados. Como esse tipo de pena dificilmente era cumprido em toda a sua extensão em prisões militares, temia-se que fosse utilizada a "lei de fuga", que permitia ao Exército atirar para matar caso um prisioneiro tentasse escapar do cárcere (um expediente legal para que se forjasse uma situação em que se pudesse eliminar o "fugitivo" sem constrangimentos). Ele se casaria com Burgos durante seu período na prisão.

Os dois estrangeiros ficaram detidos por apenas três anos, confinados num antigo cassino de oficiais em Camiri, convertido em prisão especial. Naquele período, ambos dariam depoimentos bastante duros sobre o "guerrilheiro heroico". Em entrevista a Georgie Anne Geyer, do *Chicago Daily News*, por exemplo, Bustos declarou que Guevara fizera tudo errado e que "o principal problema era a visão continental do Che", tendo ele subestimado o Exército, a vontade do povo e o nacionalismo boliviano[112]. Inti Peredo chamou Bustos de "colaborador do Exército", por ter feito o reconhecimento de cadáveres de guerrilheiros e desenhos dos rostos de vários combatentes, utilizados mais tarde para identificação dos membros do ELN. De qualquer forma, o francês e o argentino foram anistiados pelo governo do general Juan José Torres e puderam partir[113]. Sendo acusado por décadas de ser um traidor, somente em 2007 Bustos publicaria um livro contando em detalhes sua versão dos fatos, desde sua relação com Cuba e a guerrilha de Masetti até sua convivência com o Che no oriente boliviano e seu julgamento.

No caso de Debray, por sua vez, sua filha Laurence diria que "depois de sua libertação, meu pai se 'esqueceu' de agradecer a esses diplomatas que fizeram o máximo por ele. Tampouco manifestou maior reconhecimento para seus pais e minha mãe, os quais lhe dedicaram quatro anos de sua vida com grande abnegação, visitando-o em condições muito difíceis e mantendo em forma admirável uma campanha de solidariedade muito dinâmica"[114]. Após sua soltura, Debray foi ao Chile, onde criticou Salvador Allende[115]. Mais tarde, atacaria Fidel Castro.

E seria um estreito colaborador do governo de François Mitterrand, atuando como seu assessor de política internacional para o Terceiro Mundo e como membro do Conselho de Estado. Ele chegaria a afirmar que "o *slogan* 'o poder aos trabalhadores' em realidade dissimulava o feroz apetite de uma camada de 'desclassificados' (frustrados, insatisfeitos, amargurados) em busca de domínio, aos que a ordem tradicional não oferecia saídas à altura de suas aspirações"[116]. Suas atitudes ao longo dos anos seriam muito criticadas por setores de esquerda, tanto no meio político como acadêmico[117].

Mas continuemos com a campanha do ELN em abril de 1967. O dia 25 trouxe uma perda dolorosa para Guevara e para toda a guerrilha. "Teu pequeno cadáver de capitão valente estendeu na imensidão sua forma metálica"[118]. Essas foram as palavras de Fernando sobre Rolando, o capitão Eliseo Reyes, parafraseando um verso de "Un canto para Bolívar", de Pablo Neruda, que ele havia transcrito em seu *Cuaderno verde* (um livreto de 150 páginas com 69 poemas de autoria de Nicolás Guillén, César Vallejo, León Felipe e do já mencionado bardo chileno, anotados à mão pelo próprio comandante e que ele carregava sempre consigo)[119]. Sua importância era tal que o Che pensara em deixá-lo no comando de uma possível segunda frente, caso ela se efetivasse[120]. "O melhor homem da guerrilha" morreu naquele dia fatídico, quando os internacionalistas se encontraram com uma patrulha avançada do Exército boliviano. Um tiro no fêmur atingiu o jovem soldado, que tanto se havia destacado na Revolução Cubana quando estivera junto ao comandante na IV Coluna com apenas 16 anos, demonstrando, apesar do tamanho e da idade, enorme coragem e espírito de luta. Todas as tentativas de salvar a vida de San Luís (como também era chamado) foram em vão. Na operação de retirada do local, o corpo do camarada foi carregado por seus companheiros e às 15h enterrado (seus restos só seriam encontrados por uma equipe de especialistas cubanos em 16 de abril de 2000 e, então, enviados de volta para seu país).

Loro Vázquez Viaña foi detido e preso com ferimentos graves no dia 27. Ele havia se afastado e se perdido de seu grupo no dia 24 durante uma ação contra uma patrulha militar, dirigindo-se para Taperillas, onde, disfarçado com roupas de civil, tentava esconder-se da polícia. Descoberto, foi baleado na fuga, capturado e levado para o hospital de Monteagudo, onde foi operado[121]. Proveniente de uma família tradicional e abastada, era filho do conhecido historiador Humberto Vázquez Machicado, um dos fundadores da YPFB. Foi trasladado para Camiri, para recuperar-se na clínica daquela mesma empresa, da qual foi transferido, mais uma vez, para o quartel de Choreti. Mesmo sendo torturado, não revelou nada aos militares, que resolveram utilizar outros métodos para obter informações. Por causa de seu estado físico debilitado pela ação dos torcionários, foi dada a Jorge melhor atenção médica.

O Dr. González entrou em ação novamente, fingindo ser um agente de Fidel Castro que havia se infiltrado nos meios militares para ajudá-lo. Disse ao prisioneiro que era um jornalista panamenho de esquerda que queria entrevistá-lo e, ao mesmo tempo, era enviado do *"jefe máximo"*. Primeiramente, Loro desconfiou, mas depois se convenceu de que estava sendo sincero. González perguntou detalhes sobre a guerrilha e Jorge, ingenuamente, revelou diversas informações para os serviços de inteligência do Exército e a CIA. Os fatos que se seguiram foram parte do teatro armado pelo governo de Barrientos. Anunciando que Loro seria julgado por "crimes de guerra", foi organizada uma entrevista coletiva com oficiais e com o próprio Bigotes, que, estranhamente, não apareceu. Sua cadeira ficou vazia durante todo o tempo. Depois, os militares divulgaram falsamente que ele havia escapado de sua custódia e fugido para o Paraguai. Na realidade, segundo a maioria dos relatos, assassinaram-no com um tiro na nuca e, mais tarde, jogaram seu corpo de um helicóptero pilotado por Jaime Niño de Guzmán e Carlos Rafael Estívariz, no meio da selva[122]. Na versão do general Luis Reque Terán, por sua vez, Jorge Vázquez Viaña e um prisioneiro não identificado foram fuzilados na parte de trás do hospital de Choreti, a 7 km de Camiri. No começo de maio, então, os dois cadáveres teriam sido levados num autogiro para a zona do rio Grande, onde foram enterrados por membros do exército[123].

Com as contínuas derrotas militares e nenhuma melhora substancial no andamento da luta de contrainsurgência promovida pelas Forças Armadas, foram enviados no dia 29 de abril, provenientes da Base Aérea de Howard, na zona do Canal do Panamá, quatro oficiais e doze soldados do Mobile Training Team, incumbidos de treinar seiscentos soldados bolivianos para torná-los *rangers*, um grupo especializado em combate antiguerrilhas no prazo de cinco meses. Em março, já haviam chegado a Santa Cruz o tenente-coronel Redmond E. Weber e o major Ralph W. "Pappy" Shelton, ambos do Grupo Especial de Operações, que preparavam o terreno para o auxílio militar direto dos Estados Unidos à Bolívia[124]. Shelton, nascido em Corinth (Mississippi) e veterano da guerra da Coreia (tendo atuado também em ações no Laos e na República Dominicana), seria acompanhado, em sua equipe, pelos capitães Edmond Fricke, LeRoy Mitchell e Margarito Cruz, pelo primeiro-tenente Harvey Wallender, pelos sargentos Oliverio Gómez, Roland Milliard e Alvin Graham III, pelos primeiros-sargentos Héctor Rivera-Colón e Jerald Peterson e pelos segundos-sargentos James Haptka e Wendell Thompson Jr. Em dezenove semanas, a partir de maio, os soldados bolivianos estariam mais bem equipados, treinados e prontos para combater a guerrilha eficazmente. Essa estratégia visava capacitar o EB para a luta sem que houvesse necessidade de envolver seus próprios homens (soldados norte-americanos) em batalhas. Com isso, evitariam a acusação de intervenção. No final do mês de abril, Guevara começava a desconfiar da presença dos norte-americanos no país[125].

Começava mais um mês de atividades guerrilheiras. No dia 8 de maio, tropas lideradas pelo subtenente Henry Laredo foram emboscadas. Essa foi mais uma vitória do ELN, com três baixas fatais do inimigo (o próprio comandante da unidade e os alunos da Escola Militar Román Arroyo Flores e Luis Peláez) e sete prisioneiros[126]. Seriam apreendidas sete carabinas M1 e quatro fuzis Mauser. Como nota de macabra curiosidade, nesse episódio foi encontrado junto aos pertences de Laredo uma carta de sua esposa, que pedia que ele trouxesse de presente "os escalpos dos guerrilheiros para decorar a sala de estar de sua casa"[127]. Até o dia 16 daquele mês, o governo tinha forças regulares em diferentes pontos da região: a Companhia La Fuente, em Ñancahuazú-Iquira; a Companhia Pacheco, em Itimiri-Iti; a Companhia Vargas-Moreira, no acampamento central; a Companhia López, em Tiraboy e Pirirenda; e a Reserva Divisionária, em Taperillas[128] (depois dessa data, seis novas unidades foram atribuídas à IV Divisão, a Companhia Colorados, Cite-2, Ingavi, Trinidad, Toledo e Companhia Ranger; já a Bateria Bolívar, que teve má atuação, seria enviada de volta a Viacha)[129].

Nos dias 30 e 31, outras duas derrotas do exército boliviano ocorreram perto de El Espino. Na primeira emboscada – da qual participaram Antonio, Arturo, El Ñato, Luís, Raúl e o cochabambino Simeón "Willy" Cuba Sarabia (um trabalhador mineiro de Huanuni, casado e com três filhos, ex-membro do PCB e do PC-ml, partido o qual abandonou junto a Moisés Guevara)[130] – houve três baixas fatais e um ferido[131]; na segunda, o ataque a dois caminhões do EB resultou num par de homens feridos[132]. O mês de maio trouxe mais três vitórias do ELN, ainda que o grupo continuasse sem conseguir fazer contato com Joaquín, além de não manter linhas de comunicação com La Paz ou Havana. O isolamento da guerrilha tornava-se pior à medida que os camponeses não se incorporavam a seus efetivos. Para completar, ao longo daquelas semanas, o Che passou por cólicas, diarreias e vômitos, sem energia e doente em diferentes momentos (ele chegara a desmaiar no dia 16 e teve de ser carregado de maca)[133].

Seus companheiros de armas igualmente não andavam bem. Em seu diário, Pacho em diferentes ocasiões comentava a alimentação precária dos guerrilheiros. Ao longo do mês, se queixava constantemente que se sentiam muito fracos. No dia 5, por exemplo, seu café da manhã foi um chá com casca de laranja e o jantar uma asa de gavião. No dia seguinte, tomou a mesma infusão sem açúcar. Segundo relatou, mal conseguia carregar os equipamentos, de tão combalido que estava (se alguém sofresse ferimentos por espinhos, se infectava com facilidade, por causa das baixas defesas do organismo). No dia 8, ele informou que, quando se agachava, ficava enjoado, por falta de comida. Já em 10 de maio, lembrava: "Estamos muito debilitados e esfomeados. É difícil manter-se caminhando, ainda mais com a carga de machetes e armas"[134]. No dia seguinte, por sua vez, afirmava que estava exausto e sentia-se mal do estômago (para completar seus problemas, as solas de seus sapatos se soltaram). Dois dias depois, teve longos episódios de vômito. E no dia 16 de maio, diria que "quase todos estamos enfermos"[135]. É claro que em alguns momentos os homens se alimentavam um pouco melhor e, por vezes, recuperavam o ânimo. Mas o fato é que as condições da guerrilha, sem dúvida, se mostravam muito difíceis.

Ainda assim, em sua análise do mês, o Che parecia confiante e o tom de suas palavras era de esperança e boas expectativas, pois ainda acreditava que Loro estivesse vivo e que havia fugido. Exultava com o julgamento de Debray, que para ele causava mais furor que dez vitórias nos campos de batalha. Também acreditava que o exército começava a pressionar os camponeses, e isso era bom, já que fortalecia a posição do ELN, que teria agora de convencê-los a ficar a seu lado. Apesar do estado físico dos combatentes e da deserção, no dia 24 de maio, de Julio Velazco Montana ("Pepe"), recrutado por Moisés Guevara (que, depois de se entregar, foi assassinado pelo exército), as perspectivas pareciam mais animadoras.

Os mineiros e a "Noite de São João"

Os eventos mais importantes do mês de junho estiveram mais relacionados aos mineiros do que propriamente ao ELN. Para a guerrilha, esse mês trouxe a perda de três combatentes em choque com patrulhas do Exército. Pereceram Marcos e Víctor, homens da retaguarda de Joaquín, em 2 de junho, e Tuma, num encontro com soldados em Florida, no dia 26. Seu fígado fora esmagado e ele apresentava perfurações abdominais. Foi enterrado no dia seguinte. Sobre ele, Guevara comentou que "tinha sido um inseparável companheiro meu ao longo dos anos, leal até o fim, e cuja ausência sentirei como se fosse a de um filho"[136]. O Che lembraria, em seu diário, que o camarada pedira para que seu Rolex lhe fosse entregue e, posteriormente, dado a seu filho, a quem nunca vira. O comandante já guardava os relógios de dois outros companheiros tombados em combate e carregaria o de Carlos Coello até o dia de sua captura. Além disso, no dia 10, a vanguarda da Companhia Trinidad alcançou Abapó e, por ordem do subtenente Grover Monzón, abriu fogo contra um grupo em que se encontravam Pacho, Coco, Pombo e Aniceto, que responderam ao ataque (o estafeta dos militares Antonio Melgar perdeu a vida e o soldado Eladio Arias foi atingido)[137]. Na ocasião, Pombo, ficou levemente ferido.

Ainda sem encontrar a retaguarda, o Che resolveu seguir para o norte, cruzando o rio Grande. No dia 19, ao tomar o povoado de Morocos, ele tentou, sem sucesso, contatar a rede urbana em La Paz. Em 21 de junho, foram feitos três prisioneiros na estrada de Mosquera, os quais seriam privados de todos os seus pertences, e cinco dias depois dois espiões seriam detidos, um tenente e um carabineiro. Foram todos liberados.

No dia 29, Guevara resolveu ter uma conversa com seus homens, quando apresentou Juan Pablo Chang como um exemplo entre eles, criticando a falta de autodisciplina e a lerdeza da marcha. Finalmente, no dia seguinte, comentou as declarações de Ovando de que o EB estava lutando contra um grupo que não só era perfeitamente treinado como incluía em suas fileiras comandantes vietcongues que haviam acabado de derrotar os melhores regimentos norte-americanos. Como o próprio Che dizia, a lenda da guerrilha crescia[138].

As manifestações dos mineiros, por sua vez, se ampliavam. Logo após uma assembleia, os trabalhadores de Huanuni manifestaram sua solidariedade ao ELN; no dia 6 de junho, o general Barrientos decretou o estado de sítio. Qualquer um que protestasse poderia ser preso e seus direitos seriam suspensos. Para se contrapor aos professores em greve, o presidente decidiu oficialmente adiantar as férias. Afinal, fechando as escolas e mandando os alunos para casa, não importaria que os docentes paralisassem suas atividades.

No entanto, os trabalhadores das minas foram para as ruas. A marcha de 8 de junho em Oruro, logo após a nova disposição governamental, representou a primeira reação imediata à política repressiva implantada no país. Desde 19 de abril – data em que a assembleia geral de Catavi resolvera exigir a restituição salarial e a readmissão dos demitidos em 1965 –, aquela era a maior manifestação popular contra o regime.

Antonio Peredo afirma que,

> de uma forma mais ampla, o Che, assim como os outros líderes guerrilheiros, acreditavam – e com razão – que o apoio viria de amplos setores do proletariado. Isso ficou inquestionavelmente provado na Bolívia. Pouco depois da luta guerrilheira ter começado, no mês de junho, trabalhadores dos três principais centros mineiros fizeram uma assembleia especial em que concordaram em prover "apoio moral, material e físico". Essas foram as palavras usadas na declaração pública em apoio às guerrilhas. Como foi concretizado esse apoio? Em uma oferta de enviar homens e material (os mineiros na Bolívia ainda tinham armas como resultado da luta revolucionária de 1950); e dinheiro, com a doação do salário de um dia de trabalho de todos os trabalhadores nos três centros (cerca de 25 mil mineiros). Essa decisão provocou a reação imediata do governo.[139]

O resultado da mobilização foi um dos maiores massacres após a revolução de 1952, que passou para a história como a "Noite de São João". Preparava-se uma grande assembleia para o dia 24 de junho, que coincidiria com as festividades juninas. Diferentes partidos de esquerda se reuniriam nas minas Siglo XX (antes o mais importante centro do grupo Patiño Mines, na província de Bustillos), que continham cerca de cinco mil trabalhadores e eram consideradas um dos pontos não apenas economicamente mais significativos, como também o que possuía os dirigentes mais politizados e combativos da Bolívia. As principais lideranças sindicais locais, após constantes ataques ao governo, resolveram transformar a área em "território livre", enquanto rádios mineiras propagandeavam seu apoio ao ELN. A noite da assembleia seria, assim, a data ideal para acabar com aquela conspiração "subversiva", aos olhos do regime. De madrugada, os trabalhadores já estariam cansados de tanto festejar e muitos se encontrariam dormindo, o que facilitaria a invasão do acampamento e evitaria o revide dos proletários.

Uma versão sobre esses fatos conta que, numa reunião na Embaixada dos Estados Unidos entre Barrientos, o coronel Juan Lechín Suárez (presidente da Comibol) e John H. Corr (oficial da CIA), foi informado aos dois bolivianos que no complexo Catavi, Huanuni e Siglo XX preparava-se um plano para derrubar o governo. Os mineiros destinavam parte de seus salários para a compra de armas, munições e remédios para os guerrilheiros, e ofereciam homens para ingressarem em suas fileiras. Corr insistiu que vinte indivíduos já estavam prontos a incorporar-se às "colunas" de Guevara. Ao terminar, entregou ao chefe de Estado uma lista com os nomes dos "agitadores" considerados "vermelhos" que deveriam ser eliminados[140]. Aparentemente, nas comemorações de São João, a Comibol forneceu uma quantidade excessiva de bebidas alcoólicas aos *obreros* locais, com o objetivo de embriagá-los e facilitar o serviço da repressão. Entre as 4h e 5h do dia 24 de junho de 1967, *rangers* e policiais invadiram os distritos de Catavi e Siglo XX atirando e assassinando, de acordo com os números oficiais da época, 16 pessoas e deixando 71 feridos. Mais tarde, veio a público que, de fato, 87 pessoas haviam perdido a vida na ação militar, incluindo aí mulheres e crianças. O exército ocupou a Praça do Mineiro, a sede sindical e a rádio La Voz del Minero. Com isso, as áreas de Catavi e Siglo XX foram proclamadas "zonas militares".

Ninguém quis ficar com a culpa. Enquanto o general Ovando afirmava que a ordem teria vindo da presidência da República, Jorge Belmonte Ardiles, comandante da FAB, insistia em que o ingresso das tropas do Exército obedeceu a um requerimento da Comibol "para normalizar a produção"[141]. De qualquer forma, os oficiais norte-americanos elogiaram a ação e o embaixador Henderson comentou que ela se justificava[142]. No dia 25, após terem sido aprovados pelo Gabinete Militar todos os procedimentos do EB nas minas, foi divulgado um comunicado de Barrientos:

> O processo subversivo desenvolveu-se assim: primeiro, foram reuniões agressivas nas quais se fizeram pronunciamentos e coletas a favor dos guerrilheiros. Depois, ameaça contra o poder constituído e prazos inadmissíveis para que se aceitassem

suas demandas. Em seguida, as rádios de Huanuni, Catavi e Siglo XX propagaram palavras de ordem incendiárias, exigindo colericamente a derrocada do governo e, ainda mais, a luta de classes para instituir o governo proletário.

Por último, arrastando as maiorias ingênuas, os vermelhos estrangeiros e os velhos líderes do sindicalismo corrompido declararam enfaticamente que as três minas principais nacionalizadas eram "território livre", no qual ninguém poderia ingressar sem permissão dos agitadores, donos exclusivos desses distritos de produção e, por sua própria vontade, à margem da constituição e das leis, que desconheceram radicalmente. Foi então que tivemos de ordenar o ingresso das tropas nas minas para cortar pela raiz o movimento subversivo.

Nem o primeiro nem o segundo tiro partiram das Forças Armadas, porque as primeiras baixas foram do nosso lado. E que não se diga candidamente que os extremistas somente queriam divertir-se em torno das fogueiras de São João; estavam bem armados de fuzis e dinamite, como ficou demonstrado pelo forte combate e numerosas baixas, e se não tivessem sido surpreendidos ter-se-iam espalhado para Oruro e Lagunillas, em busca de soluções violentas [...] Essa é a verdade do que ocorreu. Uma vez mais, punhados de agitadores internacionais e velhos caciques sindicais arrastaram a grande massa mineira, sob o pretexto de reivindicações econômicas e sociais, ao desconhecimento das autoridades, à rebelião armada e ao desastre.[143]

A guerrilha, provável aliada dos mineiros, estava distante geograficamente e sem meios de entrar em contato direto com eles. No "Comunicado n. 5", dirigido a esse setor, Guevara mostrou seu posicionamento:

Companheiro mineiro: não dê ouvidos aos falsos apóstolos da luta de massas, que a interpretam como um avanço compacto e frontal do povo contra as armas opressoras. Aprendamos com a realidade! Contra metralhadoras não valem peitos heróicos, contra as modernas armas de destruição não valem as barricadas, por mais bem construídas que estejam. A luta de massas, nos países subdesenvolvidos, com grande base camponesa e extensos territórios, deve ser desenvolvida por uma pequena vanguarda móvel: a guerrilha, apoiada no seio do povo, que irá adquirindo forças à custa do exército inimigo e catalisará o fervor revolucionário das massas, até criar a situação revolucionária em que o poder estatal será derrubado com um único golpe, bem desferido e no momento oportuno.

Entenda-se bem: não chamamos à inatividade total, mas recomendamos que não se comprometam forças em ações cujo sucesso não esteja assegurado. Porém, a pressão das massas trabalhadoras, contudo, deve ser exercida constantemente contra o governo, pois esta é uma luta de classes, sem frentes limitadas. Onde quer que se encontre um proletário, ele tem obrigação de lutar, na medida de suas forças, contra o inimigo comum.

Companheiro mineiro: as guerrilhas do ELN te esperam de braços abertos e te convidam a unir-te aos trabalhadores do subsolo que estão lutando ao nosso lado. Aqui reconstruiremos a aliança operário-camponesa que foi rompida pela demagogia antipopular; aqui transformaremos a derrota em triunfo e o pranto das viúvas proletárias em um hino de vitória. Esperamos-te.

ELN da Bolívia.[144]

O fato é que a guerrilha não conseguiu se conectar com os mineiros, e assim perdeu as possibilidades de aumentar seus efetivos. O Exército de Libertação Nacional acabou influenciando, contudo, a pequena burguesia radical das cidades e os estudantes. Um exemplo disso foi que, logo após o massacre da "Noite de São João", os alunos proclamaram as universidades "território livre", primeiramente em La Paz e depois em Oruro, Potosí, Santa Cruz, Cochabamba, Tarija, Sucre e Trinidad. Na Universidade Mayor de San Andrés (UMSA), na capital, foram feitas coletas de dinheiro para a compra de alimentos e medicamentos para os mineiros que haviam apoiado a guerrilha. Passeatas em diversas cidades foram realizadas em favor do ELN, demonstrando o apoio, pelo menos verbal, dos estudantes àquele grupo. De acordo com Jorge Lazarte Rojas, entre as ações significativas na Bolívia daquela época, "por seu valor simbólico e repercussão no país, foram as chamadas 'revoluções universitárias' que sobrepolitizaram as universidades para a esquerda e as converteram nas sedes dos núcleos militantes mais ativos e radicais de onde saíram os quadros político-militares que seguiriam para o monte para continuar a guerrilha do Che"[145].

Naquele mês, Guevara escreveu que a tarefa mais urgente era restabelecer contato com La Paz para conseguir suprimentos com equipamento militar e remédios, além da incorporação de cinquenta a cem homens da cidade. O fato é que, coincidentemente, Rodolfo Saldaña (que cuidava da rede urbana na capital) enviou naquela época uma mensagem a Havana avisando que estavam sendo analisadas zonas em Santa Cruz e no sul, ao mesmo tempo que requisitava orientações para a abertura de uma nova frente com trinta ou quarenta guerrilheiros. Obteve como resposta que o estudo das áreas deveria ser aprofundado, que não seria conveniente abrir outra frente naquele momento e que era necessário entrar em contato com o Che, que decidiria essa questão[146]. Fernando recebeu, pouco depois, a mensagem cifrada n. 35, relatando as indagações de Saldaña e informando que 23 militantes bolivianos estavam sendo treinados na ilha para integrar seu contingente. Além disso, os cubanos comunicaram que estavam trabalhando na captação de bolsistas daquele país que estudavam na União

Soviética e Tchecoslováquia, para levá-los à *"mayor de las Antillas"* para adestrá-los e, em seguida, despachá-los para a região onde combatia[147].

Continua a luta guerrilheira

Durante todo o mês de julho de 1967 a coluna de Che Guevara não conseguiu fazer contato algum com o grupo de Joaquín. A retaguarda travaria combate com o Exército no dia 20, em Ticucha, e teria dois desertores bolivianos (Eusebio Tapia Aruni e Hugo Choque Silva, ou "Chingolo"), que no início de agosto guiariam o exército boliviano até as "covas estratégicas", perto do acampamento central, onde seria encontrada vasta documentação, como fotos, passaportes, fichas de identificação, passagens e provisões. Com isso, as autoridades descobririam nomes e retratos de vários membros da rede urbana do ELN, que depois seriam presos.

O estado de saúde de Fernando não era bom, assim como o de muitos guerrilheiros. Apesar disso, no dia 6 de julho, o grupo conseguiu ocupar Samaipata, próxima à principal estrada entre Cochabamba e Santa Cruz, fato considerado uma de suas principais ações durante todo aquele período. No desenrolar dos acontecimentos, capturaram caminhões e invadiram a cidade, que não ofereceu resistência. Lá compraram alimentos pagando mais do que o necessário e mataram um soldado, que havia reagido à sua chegada. Foram feitos, de início, três prisioneiros do Exército, dois carabineiros e o tenente Juan Vacaflor, o chefe do posto militar, que tinha dez soldados naquele momento. O local foi tomado pela coluna, resultando na apreensão de cinco Mausers e uma ZB-30. Em meia hora partiram, levando de caminhão todos os detidos, sem roupas, para Las Cuevas, a 1 km dali. A ação audaciosa não correspondia, porém, ao verdadeiro estado da guerrilha, que cada vez mais se enfraquecia.

Nos dias seguintes, o Che teve de tomar várias injeções de uma solução de adrenalina 1/900 preparada com colírio (ele precisava com urgência de remédio para asma) e ainda perdeu um cavalo. Também comentou que Raúl Castro, em seu discurso na cerimônia de formatura de oficiais da Escola Máximo Gómez, refutara as afirmações dos tchecos sobre sua mensagem à Tricontinental. Aqueles aliados da Europa oriental estavam chamando Guevara de "novo Bakunin", mostravam-se indignados pelo sangue derramado em virtude da luta armada e alertavam para o que poderia ocorrer caso a consigna de criar "dois, três, muitos Vietnãs" se efetivasse.

Naquele mês, a coluna de Fernando ainda participaria de dois choques com as forças regulares: no dia 27, quando um soldado e um guia foram feridos, e no dia 30, em Morocos, com quatro baixas do Exército. O capitão José María Martínez Tamayo foi baleado no segundo incidente e pereceu, agonizando, horas mais tarde, sem que seus companheiros pudessem fazer nada (o último plasma havia sido perdido com a mochila de Willy). Em torno das 22h, seu corpo foi enterrado. De acordo com Guevara, Ricardo era "o mais indisciplinado do grupo cubano e o que tinha menos determinação para enfrentar os sacrifícios diários, mas era um lutador extraordinário e um velho companheiro de aventuras desde o primeiro fracasso de Segundo, no Congo, e agora. Era outra perda irreparável, devido às suas qualidades"[148]. No entanto, Pacho foi atingido superficialmente às margens do rio Rosita, quando tentava abrir caminho para encontrar um local onde melhor poderia resistir ao ataque. A emboscada naquela manhã ainda seria cruel para o boliviano Raúl Quispaya Choque, que levou um tiro na boca. Para completar, foram extraviadas onze mochilas com remédios, binóculos e equipamentos (com gravações de mensagens de Havana), um livro de Debray (com anotações feitas pelo Che) e outro de Trótski. Uma contagem nada agradável para o ELN, que não recebia incorporações e necessitava de cada homem naquele momento. Guevara lembrava que eles eram 22, incluindo dois feridos (Pacho e Pombo) e ele próprio, com fortes ataques de asma. Na análise do mês de seu diário, o Che apontou que continuava a falta total de contato, que a lenda da guerrilha adquiria "dimensões continentais" e que a crise do governo aumentava. As tarefas mais urgentes seriam o restabelecimento dos contatos, a incorporação de militantes e a obtenção de medicamentos.

Na mesma época, o secretário de Estado Dean Rusk, em conversa com o embaixador da Argentina em Washington, Álvaro C. Alsogaray, receberia a confirmação de um acordo entre o Palacio Quemado e a Casa Rosada, o qual autorizava ocasionalmente que a polícia de fronteiras do país platino perseguisse os guerrilheiros por 2 km dentro do território boliviano[149]. As autoridades norte-americanas ficariam sabendo "que o governo argentino está enormemente preocupado pela situação boliviana. Teme que o problema da guerrilha e outras questões internas possam acabar com o atual governo de La Paz e substituí-lo por um de esquerda"[150]. Além disso, Buenos Aires estaria preparado "para entrar em ação e neutralizar essa possibilidade, mas antes quer debater com os Estados Unidos essa possível emergência"[151]. Tropas argentinas aparentemente já se encontravam perto da divisa[152].

Entre 31 de julho e 10 de agosto, Havana foi palco da conferência da Organização Latino-Americana de Solidariedade (Olas). No comitê organizador, nomes como Haydée Santamaría e Miguel Brugueras Del Valle, assim como delegados temporários da Colômbia, da Guatemala, do México, do Peru e do Uruguai, entre outros países. Os enviados das Faln, Far (Guatemala) e Farc seriam alguns dos mais celebrados no encontro. O Brasil seria representado, na ocasião, pelo líder sindical bancário Aluísio Palhano Pedreira Ferreira, exilado na ilha (onde trabalhava na Rádio Havana), que mais tarde se tornaria militante da VPR. Também presentes no evento, Herbert José de Souza (em nome da AP) e, por conta própria, Carlos Marighella, que já enviara uma carta ao CE do PCB, na qual comunicara que havia se desligado da agremiação. No entanto, vários partidos comunistas da região (como o argentino, o brasileiro e o venezuelano) não participaram.

No dia da inauguração da conferência, no Hotel Habana Libre (que contou com um discurso do presidente Osvaldo Dorticós), Che Guevara foi aclamado seu "presidente de honra". Composto de 165 convidados de todo o continente (representando alguns PCs, federações, comitês e organizações políticas), o congresso aprovou a tese de que fossem criados "dois, três, muitos Vietnãs", ao mesmo tempo que enviava uma "mensagem de felicitação" ao comandante, onde quer que estivesse. A delegação da Bolívia, por sua vez, integrada por Mário Carrasco (do Prin) e Ricardo Cano (Flin), assim como Aldo Flores (que tentou se passar por representante do ELN) e Ramiro Otero (ambos do Partido Comunista), afirmou em seu discurso que

> nosso povo não renuncia a ser o gestor de sua própria revolução. E, ainda que acreditemos que esse processo revolucionário e as tarefas que ele engloba saiam dos marcos estritamente nacionais, sabemos – como bem referiram os companheiros Dorticós e Hart – que a revolução não se exporta; que, nesse sentido, nós bolivianos temos uma responsabilidade perante todos os povos da América Latina de fazer nossa revolução como parte da revolução continental [...] Daí a enorme importância que adquire a ação consciente da vanguarda, do partido revolucionário e da própria organização armada. Essa é a razão pela qual sustentamos que a luta armada não pode andar desligada da luta política e que ambos os termos não se excluem.[153]

Na sessão de encerramento foi concedido a Che Guevara o título de "cidadão da América Latina", assim como aprovada uma mensagem em solidariedade à guerrilha boliviana e uma resolução final com vinte pontos. A declaração afirmava que fazer a revolução constituía um direito e um dever dos povos da América Latina; que a revolução no continente possuía suas mais profundas raízes históricas no movimento de libertação contra o colonialismo europeu do século XIX e do imperialismo no século XX, e que as lutas nas décadas anteriores eram uma inspiração para o movimento revolucionário latino-americano; que o caráter da revolução era o da luta pela independência nacional, pela emancipação em relação às oligarquias e pelo caminho socialista para o pleno desenvolvimento econômico e social; que o movimento revolucionário do continente era orientado pelo marxismo-leninismo; que a luta armada constituía a linha fundamental da revolução na América Latina; e que a guerrilha constituiria o método mais eficaz para iniciar e desenvolver a luta revolucionária na maioria dos países da região[154].

Nesse mesmo mês de agosto, contudo, Che Guevara continuava vagando com seu grupo, debilitado. Uma das características daqueles dias era a situação física precária do argentino. "Minha asma continua séria e já usei a última injeção antiasmática; não me resta mais nada senão tabletes para cerca de dez dias"[155], diria. "O dia e a noite foram maus para mim e não me parece que melhorarei logo. Tentei uma injeção intravenosa de novocaína mas não adiantou"[156]. E ainda: "Minha asma é implacável"[157]; "eu com a asma que não tenho como tratar"[158]; após comer duas laranjas, "tive uma imediata reação asmática"[159]; e depois de ingerir um peru, "tive uma reação asmática"[160]. Em meados do mês, comentou que "agora estou destinado a sofrer de asma por tempo indefinido"[161].

Isso para não falar da alimentação e dos ataques de insetos ao grupo. O diário de Pacho é repleto de exemplos nesse sentido. A principal refeição era carne de cavalo. O guerrilheiro narrava o que comiam ao longo daquelas semanas. "A carne de cavalo esteve cheia de moscas o dia todo"[162]; "o cavalo tem gosto ruim"[163]; "de noite o médico me assou a cabeça [do cavalo] e comi os olhos e os miolos"[164]; "já caminho um pouco, se não caminho mais é pela debilidade, deve ser pelo sangue perdido e não ter outra comida que cavalo a toda hora"[165]. E continuava: "Comi um pedaço de cavalo do tamanho de uma sola de sapato. Essa foi a única comida do dia"[166]. Em outra circunstância: "Para comer nos resta um pedaço de carne de cavalo com verme"[167]. Quando o cardápio mudava, contudo, nem sempre era para melhor: "Como comida recebi a pata de uma anta com seu casco. Comi todo seu couro, que estava duríssimo (continuei com fome). A carne tem vermes e ovos de moscas"[168]. Depois, "a única comida é à noite, um caldo com vermes de anta"[169]. E em outra oportunidade, comentou: "Aqueci comida à noite, gato selvagem que tinha vermes quando o encontraram ontem na armadilha"[170].

Além disso, o núcleo liderado pelo Che continuava sem contatos com Joaquín, que pereceria juntamente de toda a retaguarda no último dia do mês. Cansados, enfermos e famintos, eles voltaram à região de Ñancahuazú após marchar por toda a área que compreendia as margens dos rios Grande e Frias tentando a qualquer custo um contato com Fernando. Estavam quase todos com um calçado improvisado com cordas, trapos e arame... Encontraram-se com Honorato Rojas, pedindo-lhe que os ajudasse a achar um melhor caminho para atravessar o rio Grande. O camponês indicou o local adequado, mas, sabendo do itinerário seguido pela coluna, pediu a seu filho que avisasse o Exército (uma versão aponta que um agente da CIA, Irving Ross, teria conversado antes com Rojas e lhe proposto uma recompensa em dinheiro por sua delação; outra, que Honorato e sua família teriam sido ameaçados de fuzilamento pelos fardados e obrigados, de forma agressiva, a passar todas as informações que possuíam)[171]. O soldado Fidel Rea, ao ficar ciente do que ocorria, abandonou seu equipamento e correu para informar seus superiores. A avançada militar – unidade da VIII Divisão atuando na área da IV Divisão, com a qual aparentemente tinha rivalidades –, liderada pelo capitão Mario Vargas Salinas, "o Leão de Masicurí" (o qual estudou na Escola Superior de Guerra Luís María Campos, em Buenos Aires, e depois, entre 1968 e 1969, nas Escolas de Comando e Estado-Maior), preparou então uma emboscada aos guerrilheiros às 17h30 do dia 31. Enquanto os combatentes do ELN atravessavam o rio em fila indiana, foram fuzilados pelos 41 soldados que se encontravam escondidos nas imediações, em ambas as margens. Sete guerrilheiros perderam a vida na hora: Joaquín, Braulio (que seguia à frente da fila), Alejandro, Moisés Guevara, Apolinar Aquino Quispe ("Pólo"), o mineiro Walter Arancibia Ayala e Tania, que, por estar vestindo uma roupa clara, diferentemente dos outros combatentes, foi a primeira a sucumbir, e teve seu corpo arrastado pela correnteza (seu cadáver foi encontrado somente três dias mais tarde). O médico peruano Restituto José Cabrera Flores ("El Negro"), apreendido depois da emboscada, foi assassinado pela IV Divisão. Foram capturados Freddy Maemura ("Ernesto") e José Castillo Chávez ("Paco"), um antigo carpinteiro e tapeceiro de Challapata, trabalhador ferroviário em Uyuni e de oficinas artesanais em Oruro; dos dois, apenas o segundo teve a vida preservada (ele foi mandado para a prisão de Camiri, onde estavam Debray, Bustos, Salustio Choque Choque e Eusebio Tapia, recebendo uma pena de trinta anos, que foi anulada pelo presidente Torres em 1970, sendo libertado em seguida; faleceu em março de 2008). Os acontecimentos no Vado del Yeso, como ficaram conhecidos (ainda que, em realidade, tenham ocorrido no Vado de Puerto Maurício, no rio Grande)[172], tiveram enorme repercussão nos meios militares e ajudaram a propaganda de vitória do governo. Na ocasião, cada guerrilheiro recebeu entre sete e oito tiros dos soldados do Exército.

A coluna do Che ficava agora completamente isolada. Com apenas 22 combatentes, seguiu para o norte, tentando encontrar uma região que oferecesse melhores condições de sobrevivência e reorganização. Dariel Alarcón afirmou, em entrevista ao jornal *Clarín*, em meados da década de 1990, que Guevara havia oferecido a opção de desmobilização dos combatentes:

> Aqui não há nada para fazer, isso serve para cubanos e bolivianos; todos os bolivianos podem voltar para suas casas e esperar para ver se poderemos reorganizar isto e continuar posteriormente; e os cubanos que acreditam que devem partir com os bolivianos podem fazê-lo também, não os considerarei nem arrependidos, nem traidores, nem nada, mas o fato é que não há nada a fazer. Mas como eu voltei a ser o Che, só me resta uma opção: transformar-me em um animalzinho a mais na selva e ver quanto tempo posso sobreviver, porque, mesmo como animal, a vida tem de ser apreciada, há que lutar para viver.[173]

140 Che Guevara e a luta revolucionária na Bolívia

Todos decidiram ficar junto ao comandante e permanecer na luta. Ainda assim, segundo Guevara, aquele

> foi sem qualquer dúvida, o pior mês que atravessamos, desde o começo. A perda de todas as cavernas contendo os documentos e os medicamentos é um duro golpe; acima de tudo, psicológico. A perda de dois homens no fim do mês e a subsequente marcha com apenas carne de cavalo como alimento deterioraram os homens [...] A falta de contato com o exterior, com Joaquín e o fato de que prisioneiros tivessem falado, também quebraram o moral da tropa. Minha doença criou insegurança em vários outros e tudo isso refletiu em nosso único encontro, no qual poderíamos ter causado pesadas perdas ao inimigo e onde causamos apenas alguns ferimentos. Por outro lado, a marcha difícil através das montanhas, sem água, nos criou outros aspectos negativos.[174]

Apesar disso, ele termina seu comentário dizendo que "deveria ser levado em consideração que Inti e Coco excedem ainda mais firmemente como revolucionários e militares"[175].

Nos primeiros dias de setembro, a polícia arrombou, invadiu e vasculhou a casa e o consultório do dr. Hugo Lozano, que passou para a clandestinidade. No dia 12 daquele mês, por sua vez, um telegrama enviado pela Embaixada dos Estados Unidos em Brasília ao Departamento de Estado informaria que havia rumores sobre a presença de quinze brasileiros na guerrilha do Che, um boato totalmente improcedente[176]. Já no dia 14, Loyola Guzmán, a professora Paquita Bernal de Leytón e a líder mineira Norberta de Aguilar seriam presas. Protestos de estudantes universitários se seguiram, exigindo a libertação delas. Alguns docentes também seriam detidos na época, como César Chávez Taborga e Gonzalo Ramírez Alcázar, provocando uma paralisação geral promovida pelo sindicato da categoria. Por sua vez, o diretor do colégio Hugo Dávila, no bairro de Miraflores, foi mandado para o xadrez por alguns dias, acompanhado de vários colegas. Os estudantes daquela escola decretariam uma greve de fome em seu apoio. Em Oruro, além de manifestações populares, houve episódios violentos, como o espancamento do universitário Néstor Nogales e a morte do jovem Justino Durán Illanes, após confrontos com a polícia. Os estudantes decretaram 48 horas de luto pelo amigo[177].

Além disso, naquele mês, um grupo de conhecidos intelectuais bolivianos, entre os quais, Sergio Almaraz Paz, René Zavaleta Mercado, Jaime Otero Calderón, Horacio Torres Guzmán, Guillermo Riveros Tejada, Sergio Virreira, Eusebio Gironda e Enrique Fernholds Ruiz, fundou a Coordinadora Nacional de la Resistencia [Coordenadoria Nacional da Resistência], na capital. Em seguida, eles lançaram o *Manifiesto a la Nación* [Manifesto à nação], que denunciava o governo como pró-imperialista, entreguista e antipatriótico, responsável pela destruição dos setores estratégicos da economia e por promover a desnacionalização sistemática, ao mesmo tempo que reprimia a classe operária, especialmente os mineiros. O documento denunciaria os massacres ocorridos nos bairros de Villa Victoria, Manauypata e El Tejar, em La Paz, assim como nos centros mineiros de Milluni, Kami, Atocha, Telamayu e Catavi. O massacre de São João seria especialmente lembrado por eles, com indignação. Também acusavam os militares de promoverem subornos e nepotismos. O objetivo do Exército na época, assim, não seria a defesa do território nacional, mas resguardar os interesses do imperialismo norte-americano naquela parte do continente. O manifesto terminava exortando o povo a resistir àqueles que ocupavam seu território e a expulsar os intrusos.

A guerrilha, por sua vez, continuava a se mover nas montanhas. O Che ficou sabendo do aniquilamento do grupo de Joaquín em 2 de setembro por uma transmissão da Voz da América, mas não acreditou. Pelos próximos dias, continuaria ouvindo a mesma notícia, sem querer crer que fosse verdade. As emissões da rádio norte-americana e de outras locais, contudo, insistiam no episódio. No dia 7, ele escutaria pela rádio chilena Cruz del Sur que o corpo de Tania havia sido encontrado e, no seguinte, que um jornal de Budapeste o havia criticado, descrevendo-o como uma figura patética e aparentemente irresponsável e saudando-o, ao mesmo tempo, a postura do Partido Comunista do Chile, que, segundo o periódico, adotava atitudes práticas diante dos fatos. "Como eu gostaria de chegar ao poder, nem que fosse para desmascarar covardes e lacaios dessa ralé toda e esfregar-lhes no focinho as suas porcalhadas"[178], escreveria indignado o argentino em seu diário.

Na primeira semana do mês, o que restara do ELN participou de uma pequena escaramuça, em que os guerrilheiros mataram um soldado. Em outra oportunidade, quase houve confronto com patrulhas guiadas por cães, mas os soldados seguiram adiante sem perceber a presença dos internacionalistas. Além disso, no dia 10, ao tentar atravessar a nado um rio, Guevara tomou o primeiro banho em meses, mas perdeu suas botas, que estavam mal amarradas. El Ñato prepararia umas abarcas improvisadas para o comandante, um tipo de calçado rústico feito de ataduras e tiras de couro amarradas. Ele usaria essas frágeis sandálias artesanais, parecidas com mocassins, enroladas em seus pés, até sua captura.

Já no dia 18 os homens do ELN deteriam temporariamente quatro camponeses, que seriam liberados a seu tempo, enquanto, em 22 de setembro, Fernando e sua coluna chegaram a Alto Seco, um vilarejo com cinquenta casas localizado a 1.900 metros de altitude. Foram recepcionados por uma população que expressava ao mesmo tempo temor e curiosidade. Quando descobriram que o prefeito havia escapado de lá no dia anterior para avisar o Exército que a guerrilha estava nas proximidades, decidiram tirar tudo o que havia no reservatório do povoado como represália (logo ficaram com uma quantidade satisfatória de provisões). De noite, fizeram dissertações políticas para a população local. Inti Peredo foi o primeiro a falar, e logo em seguida o Che. Os discursos tinham como tema a exploração dos camponeses indígenas e os objetivos do Exército de Libertação Nacional. Para contrapor a guerrilha, Fernando ressaltou que o governo possivelmente faria melhorias na infraestrutura dos povoados, somente por causa da presença do ELN ali. Um professor local perguntou se eles lutariam nas cidades e quis saber informações sobre o socialismo. Quando um camponês pensou em unir-se ao grupo, um dos combatentes bolivianos ter-lhe-ia dito para não fazer isso, porque eles estavam "acabados"[179]. Ainda nesse mesmo dia, o Che soube que Barrientos e Ovando haviam dado uma entrevista à imprensa em que "ofereceram todas as informações e documentos e consideraram o grupo de Joaquín liquidado"[180].

Ao sair de Alto Seco, o grupo já delatara sua posição. Avisados pelo prefeito da cidade, soldados de uma companhia do regimento de 12º Infantaria Manchego, liderados pelo subtenente Eduardo Galindo, atacaram a vanguarda no dia 26 de setembro em Abra del Picacho, perto de La Higuera, numa emboscada na Quebrada del Batán, matando Coco Peredo, o primeiro capitão cubano Manuel Hernández Osorio ("Miguel") e o boliviano Mario Gutiérrez Ardaya ("Julio"). O Che diria que a perda mais sensível era a de Coco, mas os outros dois "eram magníficos lutadores e o valor humano dos três é imponderável". Já especificamente sobre Julio, comentou: "Brilhou como combatente exemplar, sobretudo por seu calor humano e seu entusiasmo contagioso. Outra grande perda de um futuro grande quadro revolucionário". Benigno foi ferido, enquanto o orurenho Francisco Huanca Flores, também conhecido como Pablo ou Pablito (um ex-mineiro de Corocoro, com breve militância no PC-ml), e o médico cubano Moro encontravam-se em péssimo estado físico. Naquele mesmo dia, o general Barrientos avisaria o embaixador Henderson que o EB havia matado o Che naquele combate. Ele estava equivocado[181].

A condição física dos insurgentes permanecia precária. No dia 24, Guevara escrevera em seu diário que ele mesmo havia sofrido um ataque no fígado e vomitara bastante. Já seus homens estavam "exaustos". O comandante argentino, que antes pesava cerca de 75 kg, agora não tinha mais de 45 kg. Em outras palavras, estava muito magro, enfraquecido e visivelmente desgastado[182].

Nos combates do dia 26, ocorreu a deserção de dois bolivianos oriundos do Beni, Orlando Jiménez Bazán ou "Camba" (que desde meados do mês anterior expressava seu desejo de abandonar o grupo) e Antonio Domínguez Flores ("León"), que seriam capturados pelo Exército no dia 28. Essa incursão – que culminou com três perdas importantes do lado do ELN – tinha alguns objetivos primordiais. A ideia básica era chegar até Pucará, para deixar os doentes. Uma vez recompostos, ou entrariam monte adentro com os combatentes em melhores condições físicas, ou se arriscariam de forma audaciosa, tomando um veículo que pudesse levá-los até Vallegrande, onde se encontrava a VIII Divisão. Tentariam enganar as tropas do Exército, abastecer-se de medicamentos, alimentos e equipamentos gerais, e seguiriam para se reorganizar ao norte, no Chapare ou Alto Beni. Mas nada disso foi possível.

O pequeno grupo de Guevara contava agora com apenas dezessete indivíduos, estava cercado pelas tropas do Exército e encontrava-se em precárias condições físicas (principalmente El Chino, que havia perdido os óculos e mal conseguia caminhar durante a noite, atrasando toda a coluna). Só restava mover-se para fora daquela área e tentar restabelecer contatos com a rede urbana em La Paz que, sem que soubessem, estava sendo desmantelada pelo governo. Além disso, as autoridades, àquela altura, ofereciam o equivalente a US$ 4.200 em pesos bolivianos pela captura do Che, que ouviu pela rádio Balmaceda do Chile que fontes do comando militar informavam que o haviam encurralado num desfiladeiro. Para o argentino, "isto parecia traição ou a certeza da nossa presença na região"[183].

No fim do mês, ele admitiria que as notícias sobre o grupo de Joaquín podiam ser verdadeiras, mas ainda achava que um pequeno núcleo poderia ter sobrevivido e quem sabe estivesse se movimentando, evitando o contato com as Forças Armadas. Ou seja, ele pensava que a perda conjunta de sete combatentes poderia ser falsa ou, pelo menos, exagerada. Mas o comandante concluía que "o exército mostra mais efetividade na ação e a massa camponesa não nos ajuda e se torna até delatores"[184]. A guerrilha, naquele momento, só podia contar consigo mesma.

O último combate e o assassinato de Guevara

Naquele momento, o Che caminhava para seu derradeiro confronto. Os poucos homens que restavam encontravam-se num "cerco estratégico" do Exército. Eles não se afastaram muito de La Higuera, e por vezes viam soldados bem próximos, sem que, contudo, estes notassem sua presença. Os guerrilheiros movimentavam-se em busca de água e alimentos, e passavam por várias quebradas perto dos povoados vizinhos. Encontravam-se na região as companhias "A" dos *rangers* (nas quebradas El Quinal, El Jaguey, Yuro e Abra del Picacho) e "B" (em La Tosca, Quebrada San Antonio, Yuro, Abra del Picacho e La Higuera). Os internacionalistas estavam cercados por todos os lados. Durante meses a VIII Divisão, a mando de Joaquín Zenteno Anaya, perseguia-os ao norte, e a IV Divisão, comandada por Luis Reque Terán, fazia seu trabalho ao sul. No dia 6, Guevara anotaria que "o rádio chileno anunciava noticiários censurados, o que mostrava haver cerca de 1.800 homens na região, procurando por nós"[185]. Agora, parecia que finalmente seriam encurralados.

No dia 8 de outubro, às 6h30, o camponês Pedro Peña[186] informou o subtenente Carlos Pérez (comandante da primeira seção da companhia "A") que havia visto dezessete homens acampando na Quebrada del Yuro[187]. Rapidamente, este último pediu apoio ao capitão Gary Prado Salmón, comandante de uma unidade "B" dos *rangers*, que se encontrava em Abra del Picacho e tinha mais condições de fazer frente aos guerrilheiros. Mobilizando seus homens, Prado ordenou a Pérez que ficasse ao norte da quebrada, para evitar a fuga dos insurgentes, e ao sargento Bernardino Huanca[188], que se posicionasse na Quebrada Tusca, a leste. Os membros do ELN organizaram-se em três grupos: um, composto por Pombo, Inti, Ñato e Darío, protegendo a parte superior da quebrada; outro, com Guevara, no centro; e o último, com Chapaco, Moro, Pablo e Eustáquio, protegendo a retaguarda. O combate que se deu nesse mesmo dia *não foi uma emboscada*. Os guerrilheiros sabiam que estavam cercados, e se posicionaram imaginando que pudesse ocorrer uma batalha. Além disso, esperavam o melhor momento para tentarem escapar do local.

O capitão Gary Prado deu ordens para que as companhias se mobilizassem e apertassem os posicionamentos dos guerrilheiros, apontando as metralhadoras para o ponto de confluência onde eles se encontravam. O horário de início e fim do combate continuam sendo tema de debates. De acordo com alguns relatos, a luta teria começado aproximadamente entre meio-dia e 13h30 da tarde, com o Che e seus homens a todo custo tentando romper o cerco[189] (segundo documentos do governo norte-americano o combate completo, com os guerrilheiros restantes, teria durado seis horas)[190]. Ele acreditava que, se conseguissem aguentar-se nas posições até as 15h ou mais, poderiam estender a luta até o anoitecer e, então, se safar. Do contrário, as coisas se complicariam. Assim, combinaram até um lugar determinado para se encontrar, caso fosse necessário separar-se durante a refrega.

Mais tarde, enquanto alguns guerrilheiros reuniram-se no local marcado, outros haviam perdido a vida ou sido capturados no choque com os *rangers*. Antonio, Arturo e Aniceto sucumbiram. Já o Che e Simeón "Willy" Cuba foram feitos prisioneiros. Pacho e El Chino conseguiram se esconder por algumas horas e depois foram assassinados.

O Che, ferido na perna, com seu fuzil inutilizado por um tiro – sem contar que estava sem o pente de sua pistola –, era carregado por Willy, que tentava salvá-lo. De acordo com testemunhos de soldados e jornalistas que mais tarde entrevistaram os atores da batalha, às 14h30 aproximadamente, ao ser interpelado por um recruta que lhe apontava a arma, Fernando teria dito apenas: "Não atire. Sou o Che Guevara" (depois, militares começaram a incluir novas frases, possivelmente fantasiosas, que seriam agregadas à sentença anterior, entre as quais, as mais conhecidas delas, "valho mais para vocês vivo do que morto" e "fui derrotado")[191]. Logo chegou o capitão Prado, que, ao certificar-se da identidade de seu prisioneiro, avisou por rádio a seus superiores que estava com "Papá"[192], posteriormente levando-o, com as mãos amarradas, para La Higuera, onde seria interrogado.

Com o Che foram encontrados seu diário (uma agenda alemã e um caderno), dois livros, alguns livretos com cópias de mensagens recebidas e enviadas, além de códigos, vinte mapas atualizados da região oriental da Bolívia, seu fuzil, uma pistola 9 mm com pente, doze rolos de filme fotográfico de 35 mm não revelados, um rádio e uma bolsa com dinheiro (aproximadamente US$ 2.500). O capitão Prado, a pedido do argentino, custodiou seu Rolex banhado em ouro e o de Tuma, e foi incumbido de entregá-los à sua esposa Aleida, em Cuba, quando pudesse[193]. Além desses, ainda havia outros dois relógios da mesma marca, uma pistola alemã calibre 45, uma adaga Solinger, dois cachimbos e uma altímetro[194]. Inti Peredo e seus companheiros conseguiram escapar e ainda tinham esperanças de encontrar seu comandante, apesar de desconfiarem que ele estivesse sob a custódia das companhias "A" e "B" dos *rangers*.

Entre 19h30 e 20h, Guevara entrou caminhando em La Higuera[195] – um povoado muito pequeno, com pouquíssimas residências, todas humildes e uma rua principal de terra batida – e foi encerrado na escolinha local, uma casa de tijolos e argamassa, com portas de madeira e duas salas com paredes descascadas separadas por uma divisória, onde passou a noite e a manhã do dia 9 de outubro. Visitado por soldados, oficiais e membros da Inteligência (tanto boliviana como da CIA), que tentavam descobrir detalhes da guerrilha, o prisioneiro não forneceu nenhuma informação específica que os militares procuravam. Fernando passou a noite sentindo dores por causa de seus ferimentos, fumou e tentou até a colaboração de um soldado que montava guarda na escola e que havia simpatizado com ele, para poder fugir dali. O *ranger* Eduardo Huerta, mesmo tendo se impressionado com o autor de *Guerra de guerrilhas*, ficou com medo de auxiliá-lo e depois ser punido, e não atendeu ao pedido do prisioneiro.

Aparentemente, o argentino pensava que sobreviveria. Quando conversava com o capitão Prado, perguntou-lhe se seria julgado em Camiri, recebendo como resposta que não, que provavelmente seria em Santa Cruz, na jurisdição das tropas que o capturaram[196]. Durante essa mesma noite, porém, em La Paz, após consultas a Washington, temendo que seu julgamento tivesse repercussões internacionais maiores do que o de Debray, os generais Barrientos, Ovando e Torres decidiram que ele deveria ser eliminado.

Pela manhã, o Che conversou com a professora Julia Cortéz de Balderas, de 19 anos, que, supostamente orientada por membros do Exército, havia ido à escola com o intuito de ofendê-lo. Após alguns minutos em sua presença, contudo, fascinada com a personalidade do prisioneiro, começou a admirá-lo. Guevara pediu a ela que perguntasse aos militares o que fariam, já que considerava que não convinha a eles matá-lo. Ele acreditava que a docente poderia ter acesso aos oficiais e, assim, informar-se sobre o que lhe aconteceria[197]. Depois da saída da educadora, entraram na sala o agente da CIA Félix Rodríguez e o coronel Zenteno Anaya, que haviam acabado de chegar à aldeia. Enquanto isso, eram trazidos os cadáveres de El Chino (há relatos, contudo, de que ele foi levado moribundo para La Higuera e lá executado pelo oficial Carlos Pérez Panoso, logo depois de Willy, que estaria preso com ele no mesmo local) e Pacho, que haviam se refugiado numa quebrada durante a noite e que, ao atirarem contra tropas do Exército pela manhã, para defenderem-se, haviam perecido sob tiros de metralhadora e explosões de granadas lançadas por soldados. Também foi trasladado para La Higuera, segundo a narrativa oficial, o corpo de Aniceto, que perdera a vida no dia anterior (anos mais tarde, novas investigações levaram os familiares deste último a acreditar que ele, na verdade, também foi capturado com vida, ferido, levado para o povoado e depois assassinado)[198].

Na sala ao lado de onde se encontrava o Che, seu companheiro de armas Simeón Cuba era justiçado a tiros de M2, disparados por Bernardino Huanca. Em seguida, seria a vez do argentino. O horário de sua eliminação física varia de acordo com as fontes, tendo ocorrido, segundo diferentes relatos, entre o meio-dia e 13h40. O fato é que, no dia 9 de outubro de 1967, Guevara foi executado pelo suboficial Mario Terán, que, após conversa com seus superiores, acabou aceitando a tarefa. Assim descreve a cena o próprio Terán, em entrevista ao jornalista Jorge Canelas:

> "Eu matei Guevara porque sou muito corajoso. Dois oficiais tinham medo de fazê-lo; eles se recusaram, sob o pretexto de que eram militares e não 'assassinos contratados'. Que besteira!"
>
> "Quem deu a ordem para matar Guevara?"
>
> "Você não acha que está sendo curioso demais? Isso pode fazer mal à sua saúde."
>
> Eu não prestei atenção a esse aviso de tomar cuidado e continuei minhas perguntas. Pedi mais bebidas para todos. Como um economista diria, era um "investimento" do qual eu esperava um bom retorno.
>
> "Barrientos e Ovando disseram ao general Joaquín Zenteno Anaya que Guevara não deveria ser exibido como prisioneiro, [...] Eles tinham de acabar com ele. De acordo com rumores subsequentes, a ordem teria vindo de Washington. Eu fiquei sabendo que o sinal para dar a ele um fim era 'Diga alô a *Papá*'. Naquele ponto, o destino do Che estava selado. Régis Debray tinha feito o diabo em sua cela de prisão. O que Guevara poderia ter feito? Como poderíamos deixar a história se repetir? Além disso, tínhamos de destruir o mito de comandante invencível. [...] Selich convocou-me e disse-me para proceder com a tarefa. Eu tomei algumas bebidas e entrei no quarto onde o Che estava, gravemente ferido. Ele havia recebido um tiro na perna."

"Como Guevara o tratou?"

"Ele foi arrogante. Ele me insultou e exortou que me apressasse. Ele sabia que estava próximo da morte. Eu segurei minha arma e atirei em seu mamilo esquerdo. Estava tudo acabado. Depois fiquei sabendo que Guevara tinha cuspido em Zenteno Anaya e Selich, e que tinha maltratado o general Federico Arana Sernudo (posteriormente nomeado embaixador na Venezuela)."

Não pude deixar de notar que Terán parecia lutar com sua consciência. Eu estava pronto; o momento do ataque havia chegado.

"Você está orgulhoso do que fez?"

"Estou confuso. Não apenas porque estou bêbado, mas porque por vezes me considero um herói de meu país, e em outras eu me sinto como um assassino comum que não merece viver. Não sei se devo sentir-me orgulhoso ou não. A única coisa que sei com certeza é que matei um homem. De sargento fui promovido a primeiro-sargento, e Barrientos me deu dinheiro."[199]

Algumas fontes indicam que outro soldado, o suboficial Carlos Pérez, teria entrado na sala e dado o tiro de misericórdia no Che (outra versão ainda inclui mais um indivíduo naquela cena, um recruta que teria também disparado contra o guerrilheiro). De fato, no total, o corpo de Guevara recebeu nove disparos.

Às 14h, Zenteno partiu de helicóptero para Vallegrande, onde era esperado pelos agentes da CIA dr. González e Julio Gabriel García e pelos militares "Toto" Quintanilla e Arnaldo Saucedo, que comunicaram os acontecimentos a Ovando, que também se encontrava ali. Às 16h, o corpo do Che foi levado – amarrado numa maca do lado de fora, em cima do trem de pouso de um autogiro da FAB pilotado pelo major Jaime Niño de Guzmán –, num trajeto de trinta minutos para aquela cidade, onde seria, depois, exposto para a imprensa estirado em cima de um tanque de cimento na lavanderia do Hospital Nuestro Señor de Malta. Os cadáveres dos outros quatro guerrilheiros foram colocados na mesma casa de saúde, em local separado.

Os militares ordenaram que limpassem o corpo (que havia sido despido pela enfermeira Susana Osinaga), lhe injetassem formol para atrasar sua decomposição e abrissem seus olhos, para facilitar a identificação. Mais tarde, o jornalista brasileiro José Stacchini deu sua versão (ao que parece, bastante fantasiosa e com imprecisões) do que afirma ter visto: "O corpo foi posto completamente nu sobre a tábua. O médico pegou o bisturi e aproveitou o corte da baioneta. Presenciei uma cena dantesca: quando ele mexeu com o bisturi, o cadáver se sentou, sozinho. Ele tinha os olhos semi-abertos. Fiquei estupefato"[200].

As autoridades, então, permitiram que vários periodistas entrassem para ver de perto e fotografar, de todos os ângulos, o cadáver ali exposto, muito magro, sem camisa, com as galdras surradas e os pés descalços. Depois que a imprensa realizou seu trabalho, foi autorizado o ingresso da população local. Dezenas de pessoas humildes passaram ao lado do comandante, em silêncio, numa espécie de cortejo fúnebre improvisado. Todos aparentavam grande consternação com o que presenciavam.

Os médicos Moisés Abraham Baptista e José Martínez Casso, por sua vez, em 10 de outubro, certificaram a defunção causada por "múltiplos ferimentos de balas no tórax e nas extremidades" que levaram à "hemorragia subsequente", e protocolaram a necropsia ordenada pelos militares. Na certidão de óbito, afirmaram que a autópsia ocorrera naquele mesmo dia, e que haviam encontrado no corpo uma ferida de bala na região clavicular esquerda, com saída na região escapular; outra na região clavicular direita (com fratura da mesma, sem saída); mais uma na região costal direita (também sem saída); duas entradas de tiros na parte costal lateral esquerda (com saída na parte dorsal); uma ferida de bala no peito esquerdo entre a 9ª e 10ª costelas, com saída lateral do mesmo lado; uma entrada de disparo de arma de fogo no terço médio esquerdo da perna direita; outra no terço médio do músculo esquerdo; e uma ferida de bala no terço inferior do antebraço direito (com fratura do cúbito). Após abrirem a cavidade toráxica, os médicos constataram que houve lesões nos pulmões e vasos subclávios, com projéteis alojados na segunda vértebra dorsal e na articulação costovertebral, com abundante *colección* sanguínea[201]. Depois, as mãos do comandante foram cortadas, colocadas em formol e enviadas num recipiente de metal para La Paz. Um molde de gesso do rosto do comandante também foi tirado.

No dia 14 de outubro, um grupo de três peritos da polícia federal argentina (um *escopométrico* e dois papiloscopistas), composto pelo inspetor Esteban Belzahuser e os subinspetores Nicolás Pellicari e Juan Carlos Delgado, se deslocou até a Bolívia, levando as fichas datiloscópicas para confirmar se as impressões digitais eram mesmo dele, assim como a autenticidade dos diários apreendidos[202]. Na capital, os especialistas aplicaram o sistema "Juan Vucetich" para recolher as marcas papilares dos dedos. Como a pele estava enrugada (por causa da solução de aldeído metílico), não foi possível realizar o procedimento. As impressões foram tomadas, assim, em lâminas de polietileno e peças de látex. Ao compararem as digitais com a cópia do expediente de identificação de Guevara, de n. 3.524.272, constataram, sem qualquer dúvida, que se tratava da mesma pessoa. Além disso, também confrontariam suas fichas com as impressões digitais tomadas em Vallegrande, o que confirmou a informação[203]. O perito em caligrafia avaliou os cadernos escritos pelo Che, que estavam em boas condições. Foi constatado que havia suficiente regularidade de características para determinar que haviam sido redigidos pela mesma pessoa que assinara o registro de identidade de Ernesto, o que comprovava que eram dele[204].

Tanto as mãos amputadas como a máscara mortuária seriam guardadas pelo ministro do Interior Antonio Arguedas, que mais tarde deu instruções a seu amigo, o advogado e jornalista cochabambino Víctor Zannier, para desenterrá-las de um local onde as havia escondido e levá-las dali. O material foi entregue ao dirigente do PCB, Jorge Sattori, que, junto a outro militante comunista, Juan Coronel, fez chegar os valiosos objetos a Moscou, de onde foram mandados, no fim de 1969, para Havana[205].

No entanto, os pertences do Che foram distribuídos entre seus captores. O dinheiro que carregava (dólares norte-americanos e pesos bolivianos) seria distribuído entre os soldados em La Higuera. A caneta Parker que usava para escrever em sua agenda ficou com um suboficial, enquanto outro integrante do EB confiscou o anel do comandante. O fuzil de Guevara, avariado, parou nas mãos do coronel Zenteno Anaya, que depois, aparentemente, o repassou para Ovando. Seus cachimbos foram para o sargento Bernardino Huanca e Andrés Selich. Este último também teria se apossado de diversos rolos de filmes fotográficos e do *Cuaderno verde,* com a transcrição de poemas feita pelo Che, o qual, posteriormente, teria sido entregue ao major Jaime Niño de Guzmán. E finalmente os dois relógios Rolex que estavam com Guevara, um deles, o seu, e o outro do cubano Carlos Coello ("Tuma"), que, como foi dito anteriormente, ficaram com Gary Prado (ainda assim, há quem diga que o relógio do Che foi apropriado pelo agente da CIA Félix Rodríguez; pelo mencionado sargento Huanca; ou até mesmo pelo general Ovando, enquanto o de Tuma teria sido entregue a Miguel Ayoroa)[206]. Eis alguns dos espólios da guerrilha disputados pelos militares.

Na Argentina, a família Guevara passava por momentos de aflição. Juan Martín, o irmão caçula do Che, diz que ficou sabendo do ocorrido em 10 de outubro, pela imprensa. Ele havia acabado de chegar ao trabalho quando viu a manchete do jornal *Clarín* com a foto do guerrilheiro executado. Foi correndo para a casa do pai, na rua Paraguay, com o periódico na mão. Todos se reuniram lá (com exceção de Ana María, que morava em Tucumán). A irmã Célia e o progenitor não queriam acreditar, diziam que podia ser uma montagem. Juan Martín, contudo, estava convencido. Alguém precisaria ir à Bolívia averiguar. O escolhido foi o advogado Roberto Guevara, de 35 anos. No dia 11, ele foi para Vallegrande num pequeno avião particular (juntamente com dois jornalistas da revista *Gente*), fazendo uma breve escala em Salta, onde passou a noite. Chegou no dia seguinte a seu destino, com o objetivo de identificar o corpo do irmão e confirmar seu falecimento. Ficou sabendo que ele havia sido enterrado no dia anterior. Roberto falou com o coronel Zenteno Anaya e pediu para que o cadáver fosse exumado, mas não recebeu a autorização. Foi aconselhado a ir a La Paz, conversar com o próprio general Ovando. Chegando ao local não encontrou o militar no quartel e se dirigiu imediatamente à sua casa. Ainda que este não costumasse receber visitas em sua residência, abriu uma exceção ao argentino

150   CHE GUEVARA E A LUTA REVOLUCIONÁRIA NA BOLÍVIA

e deu o aval que ele pedira. Roberto, então, ficou aquela noite na capital e, no dia seguinte, viajou para Santa Cruz, onde pegou, na sequência, outro voo para Vallegrande. Lá encontrou, mais uma vez, Zenteno Anaya, que pareceu contrariado de vê-lo ali novamente. Ainda assim, convidou o jovem a se reunir com ele e Juan José Torres. Foi quando Roberto recebeu a notícia dos oficiais de que não seria possível desenterrar o cadáver, já que os restos de seu irmão supostamente haviam sido cremados. As contradições pareciam demasiadas. E as aparentes tentativas de dificultar suas atividades, também. Retornou a Buenos Aires, ainda repleto de dúvidas sobre o ocorrido[207].

Em Cuba, Fidel e membros de seu governo tentavam averiguar a veracidade das informações. Castro logo aferiu a autenticidade das evidências, comunicou imediatamente o fato à família Guevara (que divulgaria em seguida uma nota oficial em conjunto relativa ao acontecimento)[208] e, no dia 15 de outubro, anunciou pela televisão, em rede nacional, que os rumores sobre o falecimento do antigo ministro de Indústrias haviam sido confirmados. A consternação na ilha foi enorme. Foi decretado luto oficial por três dias. As bandeiras em Cuba ficariam a meio mastro por trinta dias. E a data do último combate e da captura do argentino passaria a ser comemorada, a partir daquele momento, como o "dia do guerrilheiro heroico". O Comitê Central do PCC constituiu uma comissão presidida por Juan Almeida e integrada por Ramiro Valdés, Rogelio Acevedo e Alfonso Zayas para organizar as atividades com objetivo de perpetuar a memória do Che. Além disso, o povo foi convocado para se reunir no dia 18, às 20h, na Praça da Revolução, em Havana, para prestar uma homenagem pública ao comandante.

O que teria sido feito com o corpo de Guevara é algo que permaneceu por muito tempo envolto em mistério. Em 1995, o general reformado Mario Vargas Salinas, aparentemente embriagado, contou ao jornalista Jon Lee Anderson, do *New York Times*, que os restos do guerrilheiro estariam enterrados sob uma pista de pouso em Vallegrande, contestando as versões oficiais de que o Che teria sido incinerado (o próprio Gary Prado apoiava a versão de que ele havia sido cremado[209]; mais tarde, ao vir à tona a versão de Mario Vargas Salinas, mudou de ideia).

A partir daí, surgiram diversas especulações. Stipp Júnior, do jornal *O Estado de S. Paulo*, baseado em informações de Stacchini, disse que o cadáver do Che teria sido levado de Vallegrande no dia 11 de outubro para La Paz e de lá seguido num avião C-130 Hércules da Usaf para o Panamá e os Estados Unidos, após negociações com o governo boliviano[210]. Outro que contestou as afirmações de Mario Vargas Salinas foi o médico boliviano Reginaldo Ustariz Arze, que cobriu a chegada dos restos de Guevara em Vallegrande para o jornal *Prensa Libre*[211]. Para Ustariz, no dia 12 – ou seja, um dia após a data em que o Che teria sido enterrado – um paciente viu o corpo do guerrilheiro sendo retirado do hospital às 4h. Além disso, caso tivesse sido aberto um grande buraco na pista de pouso para sepultar Fernando e os outros quatro combatentes, o local seria facilmente identificado, já que era um descampado e as marcas poderiam ser vistas no solo. Ustariz Arze afirmava, ainda, que o corpo fora embalsamado, e não faria sentido fazer tal procedimento e depois enterrá-lo. O médico boliviano acreditava que os restos de Guevara teriam sido jogados na selva[212]. O soldado Jatha Teófilo Zárate, porém, rebatia essa opinião e afirmava que era um dos quinze soldados responsáveis por vigiar os cadáveres dos guerrilheiros e que às 3h do dia 11 teriam sido levados por um caminhão e sepultados por uma escavadeira em local não identificado[213]. Já Gary Prado Salmón, que sempre defendera a teoria da cremação, depois afirmou que o Che fora inumado após o dia 14 de outubro, com outros quatro guerrilheiros que haviam sucumbido em Cajones após tentar furar o cerco dos militares, o que lançou ainda mais dúvidas sobre o caso. Segundo ele, os despojos dos outros combatentes que pereceram na Quebrada del Yuro e La Higuera foram encovados no dia 9 de outubro; já no caso do argentino, tentou-se cremá-lo por dois dias seguidos, jogando sobre ele gasolina. Quando se convenceram de que não conseguiriam destruir por completo seus restos, resolveram enterrá-lo junto aos camaradas que haviam perecido em Cajones[214].

Eram muitas as especulações. A partir de 1995, a Equipe Argentina de Antropologia Forense, composta por Alejandro Incháurregui, Patrícia Bernardi e Carlos Somigliana, junto ao diretor do Instituto de Antropologia Forense de Havana, Jorge González Pérez, e um geólogo boliviano da Universidade Gabriel René Moreno, de Santa Cruz, trabalhariam com afinco para encontrar os indícios do grupo. Porém, mesmo se esforçando para descobrir as ossadas, ao escavarem a área assinalada, nada encontraram.

Isso mudaria dois anos mais tarde. No dia 28 de junho de 1997, às 9h30, um time de especialistas cubanos e rio-platenses liderado pelo mesmo médico legista do IAF, González Pérez (acompanhado de Héctor Soto Izquierdo, María del Carmen Ariet e Roberto Rodríguez Suárez, entre outros)[215], encontrou ossadas de sete guerrilheiros na antiga pista do aeroporto de Vallegrande e retirou do solo os esqueletos dos antigos combatentes, entre eles um de cor amarelada e sem mãos, coberto por uma jaqueta verde-oliva (o que indicava que poderia ser o de Guevara). Além disso, faltava o primeiro molar esquerdo da arcada superior e havia coincidências entre as protuberâncias acima dos olhos com as do comandante. Análises seriam realizadas a partir daí. Depois se comprovou que o primeiro a ser achado fora Aniceto Reinaga. O segundo, o Che. No dia 10 de julho, após compararem os dentes do crânio encontrado com as fichas dentárias do "guerrilheiro heroico" foi concluído que os restos eram realmente dele (também seriam exumados Pacho, Juan Pablo Chang, Willy, Arturo, Olo e o já mencionado Aniceto). A confirmação seria assinada por González e Bernardi,

152 Che Guevara e a luta revolucionária na Bolívia

que igualmente participou daquele esforço[216]. No ano seguinte, seria a vez de os restos de Tania serem identificados e, posteriormente, enviados a Cuba[217]. Em 2007, para eliminar todas as dúvidas e polêmicas sobre a autenticidade dos ossos do Che, foram realizados exames de DNA, que confirmaram que, de fato, pertenciam a ele.

Epílogo guerrilheiro

O restante dos combatentes que sobreviveram aos episódios da Quebrada del Yuro se separou em dois grupos. No dia 14 de outubro, em Cajones, na confluência dos rios Mizque e Grande, a noroeste de La Higuera, a companhia "C" do regimento Manchego dos *rangers*, comandada pelo capitão Ángel Mariscal, que atuava na região, matou quatro guerrilheiros: Moro; Eustáquio; o ex-membro do PCB Jaime Arana Campero ("Chapaco")[218]; e Pablito. Foram 145 soldados contra o pequeno núcleo (que tinha três homens doentes). De acordo com algumas versões, Moro perdeu a vida no confronto, enquanto Pablito, Eustáquio (ambos com ferimentos leves) e Chapaco (gravemente atingido) foram amarrados, levados para as margens do rio Grande e executados[219].

Por sua vez, no dia 12, o grupo liderado por Inti Peredo havia logrado romper o cerco em El Naranjal. Os seis homens fizeram cinco baixas do lado do exército e seguiram para Mataral, onde, no dia 15 de novembro, El Ñato perdeu a vida após um combate[220]. Foi o último guerrilheiro a perecer.

Em dezembro, Inti Peredo e o cubano Urbano conseguiram chegar a Santa Cruz, e de lá de avião a Cochabamba, disfarçados, ajudados por alguns camponeses e contando com apoio do PCB e do sogro do primeiro, o escritor Jesús Lara. Na cidade, organizaram o resgate e a saída de Pombo, Benigno e do orurenho David Adriazola Veizaga ("Darío") da região, em janeiro de 1968, ainda intensamente pressionados pelas buscas do governo (Peredo e Darío, mais tarde, tentariam reorganizar o ELN boliviano).

Finalmente, a 15 de fevereiro de 1968, os três cubanos conseguiram atravessar a fronteira chilena, guiados por Efraín Quicañez e Estanislao Vilca[221], sendo recepcionados no povoado de Camiña, no dia 22, pelo jornalista Luis Berenguela e pelo Comitê de Solidariedade aos Guerrilheiros (presidido pelo prefeito de Iquique Jorge Soria), integrado pelo deputado comunista Arturo Carvajal Acuña, pelo dirigente socialista Lionel Valcarce e por Mario Díaz, os quais solicitaram ao capitão dos carabineiros, Caupolicán Arcos Albarracín, tratamento especial àqueles homens[222]. De lá, foram trasladados para a base aérea Los Condores, em Iquique, onde receberam a visita de vários funcionários e personalidades municipais (a prefeitura os declarou "filhos ilustres", aparentemente a maior honraria outorgada na cidade).

A SOMBRA NO ESCURO   153

No dia 18, o trio foi para Antofagasta, sendo entregue à polícia política, que os tratou com maior rigor. Enquanto isso, em Santiago, o presidente do Senado, Salvador Allende, junto a seus colegas parlamentares María Elena Carrera, Volodia Teitelboim e Luis Luengo, conversou com o ministro do Interior, Edmundo Pérez Zujovic, pedindo garantias aos estrangeiros e solicitando "refúgio político" a eles. O dirigente do Partido Comunista do Chile, Luis Corvalán, por sua vez, disse que havia dois procedimentos para se tomar naquele caso:

> Um, o Direito de Asilo Diplomático, que é o que se pede nas Embaixadas, e o outro o Refúgio Político, que é para as pessoas que entram no país, perseguidas pelas autoridades de sua pátria e que é precisamente o caso dos guerrilheiros bolivianos.
> Este "refúgio político" foi acordado na Convenção Internacional de Montevidéu celebrada em 1939 e está subscrito pelos governos do Chile e Bolívia.[223]

No dia 23, os homens partiram de avião para Santiago, aonde chegaram às 5h40, algemados e amarrados aos assentos, seguindo para o Hospital dos Carabineros, onde lhes fizeram um exame completo. Depois, no quartel de Investigações, conversaram com os senadores Salvador Allende, Raúl Ampuero, Rafael Tarud, Aniceto Rodríguez e Luis Corvalán, que prontamente lhes garantiram proteção.

O presidente Eduardo Frei havia restabelecido relações comerciais com Cuba durante seu mandato e o clima entre os dois países estava mais amistoso. Os sobreviventes, ao que tudo indicava, teriam garantias de vida naquela nação sul--americana. Por duas horas, foram fichados e se entrevistaram com o diretor de polícia. Em seguida, seria a vez do ministro do Interior se encontrar com eles.

Os trâmites para a deportação foram acelerados e os combatentes, pouco depois, expulsos do país. Do Chile continental partiram, na madrugada do dia 25 de fevereiro de 1968, para a Ilha de Páscoa, acompanhados por Allende. Permaneceram por quase uma semana lá, seguindo para Papeete, capital do Taiti, onde foram recebidos pelo embaixador cubano na França Baudilio Castellanos. Descansaram por três dias (ali também puderam conversar com mais calma com o presidente do Senado chileno). A próxima parada seria Numea (uma pequena ilha no Pacífico), de onde continuaram imediatamente em direção ao Sri Lanka. Ainda fariam uma escala em Addis Abeba, para então desembarcar em Paris, local de trânsito para pegar um novo voo, dessa vez para Moscou. Na capital soviética, se hospedaram por dois dias na casa de um funcionário da Embaixada cubana e então finalmente retornaram para a ilha caribenha num TU-114 da Aeroflot, chegando no dia 6 de março e sendo recebidos às 10h no aeroporto por Fidel Castro em pessoa[224]. Inti Peredo e Darío, por sua vez, permaneceram na Bolívia, para tentar reorganizar a guerrilha.

O governo boliviano ficou indignado com o Chile. Em 1º de maio, La Paz acusou Santiago ante o Conselho da OEA, em Washington, de ter ajudado os sobreviventes do ELN, considerando que a atitude do vizinho havia sido "de extrema gravidade para todo o continente"[225]. No dia 3, seria a vez do chanceler chileno Gabriel Valdés, em resposta, declarar de maneira veemente que sua terra natal não era lugar de trânsito nem de refúgio para pessoas interessadas em promover a violência entre os países da região[226]. Seu homólogo boliviano, Tomás Guillermo Elío, contudo, imediatamente replicou, rejeitando uma suposta acusação do colega de que sua nação teria a intenção de criar problemas para o Chile ao enviar os combatentes que haviam lutado com o Che para seu território. E registrou um protesto formal contra o tratamento de exceção que Santiago havia dispensado aos guerrilheiros[227]. Os dois países acabariam eventualmente chegando a bons termos sobre a questão[228].

Mas os eventos de Ñancahuazú continuaram a repercutir. Em 1º de abril, o general Barrientos acusaria publicamente Fidel Castro de estar tentando "financiar um novo processo subversivo"[229] no país, e no dia 14 o presidente rechaçaria a possibilidade de permutar os restos de Guevara. Pouco depois, em 23 de junho, segundo informe da AFP, o mandatário declararia estado de emergência nos departamentos de Cochabamba, Santa Cruz, Chuquisaca e La Paz, com o intuito de adotar medidas para investigar e sancionar "atividades subversivas" levadas a cabo por elementos "castristas" entre os camponeses[230].

O diário do Che

Do espólio da guerrilha, o diário do Che (escrito num caderno e numa agenda comprada em Frankfurt) era, sem dúvida, o material mais valioso e cobiçado. Militares bolivianos, editores estrangeiros e o governo cubano estavam interessados em ter em suas mãos, por motivos diferentes, os escritos do comandante. A saga dos manuscritos do argentino seria mais um capítulo empolgante da guerrilha do ELN. Aquela seria uma disputa baseada, para alguns, em interesses financeiros, e, para outros, numa obrigação moral. De qualquer forma, a trajetória das *libretas* seria repleta de polêmicas e emoções.

Em 15 de outubro de 1967, um informe da United Press dizia que o "chefe das forças armadas da Bolívia, general Ovando Candia, está lendo cuidadosamente, de noite e na cama, o diário de Ernesto Che Guevara"[231]. No dia 3 de novembro, por sua vez, nova notícia indicava que o governo em La Paz estava negociando os direitos mundiais de difusão daquele texto a um "importante grupo jornalístico norte-americano", a Magnum Photos Inc., representante de um consórcio que incluía, entre outros, o periódico *The New York Times*[232]. No mês seguinte, por meio do Decreto Supremo n. 08165, de 6 de dezembro, para facilitar as negociações para a publicação do material no exterior, o comando em chefe das Forças Armadas recebeu oficialmente do governo o direito de propriedade de toda a documentação e apetrechos capturados na área da guerrilha (segundo Soria Galvarro, mais de duas dezenas de militares, entre os quais Hugo Banzer e David Padilla, ficaram responsáveis pelo diário nos anos seguintes)[233]. Na mesma época, a UPI informou que a *Time-Life* e a *Stern* também estariam fazendo contatos para comprar os direitos sobre os manuscritos do "guerrilheiro heroico"[234] (assim como Thomas H. Lipscomb, da Stein and Day, que demonstrou interesse no trabalho)[235], e no dia 11 de dezembro a revista *Newsweek* confirmava que a Doubleday se retirara do negócio da Magnum (por ter dúvidas sobre a validade jurídica da propriedade daquele documento), enquanto a Holt, Rinehart and Winston começara conversações sobre a possibilidade de publicação do conteúdo do diário[236]. As ofertas iniciais foram de US$ 20 mil e chegariam a US$ 400 mil. Nada disso foi adiante e todos os intentos de comprar os direitos de edição acabaram fracassando.

No entanto, um informe especial da CIA, de 15 de dezembro de 1967, dizia que o diário do Che revelava que "o bando guerrilheiro sofreu desde o começo de dissenso e de ineptidão, que se combinaram para aumentar as dificuldades que sofreram as operações na selva. Em última instância, o movimento de Guevara fracassou porque os camponeses bolivianos recebiam os guerrilheiros com temor e suspeita"[237]. Continuava:

> Em seu diário, Guevara escrevia de maneira simples, sem metáforas nem outros recursos para embelezar a prosa. Não analisava questões ideológicas nem políticas substanciais e evitava as reflexões e reminiscências pessoais. Não dizia praticamente nada que pudesse converter-se em um lema inspirador ou um mito. Além do mais, o que parece é que, quando o diário for publicado, seu relato da patética luta travada na Bolívia só poderá debilitar a lenda de Guevara.[238]

Em seguida comentava que Fidel e o Che "tiveram sistematicamente a intenção de provar o corolário de Debray do castrismo militante: que o movimento guerrilheiro latino-americano devia ser uma insurgência rural institucionalizada nascida da rebelião de um campesinato frustrado e oprimido"[239]. Para o relatório, "a luta desesperada de Guevara e sua derrota só provaram, não obstante, a futilidade"[240]. Insistia ainda que, "provavelmente, Guevara, suas lições e sua lenda ficaram aniquilados simultaneamente. Ainda que Castro e outros revolucionários possam seguir afirmando que a luta continuará interminavelmente em seu nome, agora devem ter grandes dúvidas sobre suas perspectivas"[241]. E então concluía: "O completo fracasso, sem nenhum aspecto resgatável, da primeira tentativa de instrumentalizar as teorias de Castro, Guevara e Debray sobre a insurgência seguramente provocará uma reavaliação por parte de Havana. Há que se ver se as duras lições da Bolívia se impõem à teoria quase sagrada"[242].

Naquele mesmo dia, 15 de dezembro, o general Barrientos solicitou ao chefe do departamento técnico do Ministério do Interior, Ricardo Aneyba Torrico, uma cópia do diário, que foi providenciada por ele, por seu ajudante Jaime Moreno Quintana e pelo fotógrafo Fernando Manzaneda Mallea. O então ocupante da pasta, Antonio Arguedas, aproveitou e pediu uma reprodução extra para si. Seria esse o material que ele enviaria para Fidel Castro, ainda que faltassem treze páginas, aquelas correspondentes aos dias 4, 5, 8 e 9 de janeiro, 8 e 9 de fevereiro, 14 de março, 4 e 5 de abril, 9 e 10 de junho e 4 e 5 de julho de 1967. A primeira edição cubana, sem essas entradas, portanto, ficaria incompleta. As páginas faltantes seriam publicadas por *Presencia* em 12 de julho de 1968.

Muitas eram as dúvidas sobre como o documento teria chegado às mãos de Fidel Castro, e enorme a insatisfação do Palacio Quemado, que desconfiava de um traidor em suas fileiras. É sabido que os originais do diário do "guerrilheiro heroico" estavam em poder das autoridades bolivianas. Já em La Higuera, o agente da CIA Félix Rodríguez fotografara todas as suas páginas em frente a oficiais (o diário depois seria levado para o Instituto Geográfico Militar em La Paz). Como aponta o estudioso Carlos Soria Galvarro, "essas cópias, assim como outros documentos capturados da guerrilha e o material gravado nos interrogatórios foram enviados imediatamente aos Estados Unidos"[243].

Mas ainda havia o material em posse de Arguedas. O fato é que o ministro passou suas cópias para o colega Víctor Zannier, que recebeu a incumbência de ir pessoalmente ao Chile entregá-las à equipe da revista *Punto Final*, para que ela, então, as levasse a Cuba. Seria o início da Operação Tía Victoria, que contou com o diretor daquela publicação, Manuel Cabieses, os membros do conselho de redação, Hernán Uribe e Carlos Jerquera (que também trabalhavam na *Prensa Latina*), Mario Díaz e Jaime Faivovich, além de seu gerente e advogado, Alejandro Pérez.

Em janeiro de 1968, Zannier fez um primeiro contato com Uribe (o qual havia conhecido no ano anterior na Bolívia) para levar a proposta, que foi aceita. Em março, retornou a Santiago e foi direto para a redação, com dois LPs de música folclórica boliviana. Dentro das capas de ambos os discos, fechados em plástico, estavam adesivadas as tiras de películas fotográficas de 35 mm do diário (há quem afirme, contudo, que se tratava de microfilmes). Cabieses levou os álbuns para casa e os guardou por um tempo. Quando foi visitado por Luis Fernández Oña, funcionário do Departamento das Américas do Comitê Central do PCC (que mais tarde se tornou marido da médica e militante Beatriz "Tati" Allende), mostrou os negativos ao convidado, que confirmou sua autenticidade. O encarregado de transportar clandestinamente o material seria Mario Díaz, que o levou de avião primeiro ao México e depois a Havana, onde foi entregue às autoridades do país[244].

No dia 1º de julho de 1968 foi lançado, em Cuba, o *Diario del Che en Bolivia*, a partir do trabalho de transcrição realizado por Aleida Guevara, supervisionada pelo historiador Rolando Rodríguez, que na época encabeçava o Instituto del Libro e que editou a obra, impressa em Havana, na antiga unidade litográfica Omega (onde anteriormente se imprimia a revista *Selecciones del Reader's Digest*), a partir do esforço de 200 funcionários daquela oficina, 106 estudantes da Escola Poligráfica do Mined e trabalhadores de outras unidades (ao todo, em torno de 400 pessoas), que cederam 7 mil horas de trabalho voluntário para que aquele documento pudesse ser publicado. O livro seria distribuído gratuitamente para a população em várias cidades do país (na ocasião, segundo relatos da imprensa, "milhares" de cubanos ficaram durante horas em longas filas para receber seu exemplar). O volume de 392 páginas, com 16 reproduções das folhas originais da agenda do Che (além de outras fotografias da guerrilha), ainda incluía uma introdução de 23 páginas escrita por Fidel Castro. A Província do Oriente recebeu 40 mil exemplares da obra; Camagüey, 25 mil; Las Villas, 30 mil; Matanzas, 20 mil; Havana, 70 mil; e Pinar del Río, 20 mil. No fim daquela mesma semana, foi feita uma nova tiragem de 250 mil exemplares, e logo em seguida mais 100 mil seriam impressos[245]. Um mês após o lançamento, já havia um milhão de exemplares em circulação. Ou seja, aproximadamente um a cada oito habitantes de Cuba possuía uma cópia do diário[246].

Três meses após ser lançada na "*mayor de las Antillas*", a obra seria editada em 22 nações: nos Estados Unidos, a revista *Ramparts*, da Califórnia, recebeu o direito exclusivo diretamente de Fidel Castro para imprimir o diário[247] (junto da Bantam Books); na França, a incumbência ficaria a cargo da Maspero[248]; na Argélia, por sua vez, o material foi editado pela Sociedade Nacional de Difusão[249]; já na Itália, Giangiácomo Feltrinelli foi o responsável por divulgar o trabalho, que deveria ter os lucros das vendas revertidos para os movimentos de libertação nacional da América Latina; no México, a Siglo XXI imprimiu uma edição que se esgotou rapidamente, com duas novas tiragens logo depois (as revistas *Sucesos* e *La Prensa* também reproduziriam o texto na mesma época)[250]; e no Brasil, o jornal *Correio da Manhã* publicou o documento[251]. O texto foi publicado também em russo no suplemento da revista soviética *Novoye Vremya*[252], em 18 de outubro de 1968, enquanto na Polônia, por sua vez, dois semanários divulgaram trechos do diário (um dos quais, o *Zycie Literackie*, com a tradução de Zbigniew Marcin Kowalewski); o texto integral só saiu no ano seguinte. O livro também seria distribuído na Alemanha, Argentina, Chile, Equador, Espanha, Índia, Inglaterra, Japão e Uruguai, entre outros.

158 CHE GUEVARA E A LUTA REVOLUCIONÁRIA NA BOLÍVIA

Na Bolívia, a obra apareceu nove dias depois de vir à luz na ilha, no matutino católico *Presencia*, com a distribuição de 125 mil exemplares, um recorde para os padrões locais. Em seguida, o jornal *Los Tiempos*, de Cochabamba, o publicaria com igual êxito[253].

Em julho de 1968, Arguedas (ex-major da FAB e advogado, que também havia sido deputado pelo MNR no início dos anos 1960) sumiu da Bolívia para reaparecer repentinamente no Chile, pedindo asilo político. Na ocasião, revelou ter sido agente da CIA desde 1965, o que mostrava que a cúpula dirigente de seu país não sabia ao certo o quanto a agência estava infiltrada nos vários escalões governamentais. Disse também que fora ele quem enviara pessoalmente a Fidel Castro as cópias do diário do Che. O ex-ministro do Interior declarou-se marxista e, com medo de represálias, fugiu para Londres, Nova York e, posteriormente, Lima. O cochabambino, casado e pai de quatro filhos, tornou-se protagonista de uma série de episódios repletos de contradições que quase resultaram em sua morte. Foragido no Peru, resolveu retornar à Bolívia, entregando-se para ser julgado. Alertava publicamente, no entanto, possuir fitas gravadas em que fazia importantes revelações sobre os episódios de La Higuera e da penetração da Central Intelligence Agency no país. Caso algo lhe ocorresse, as gravações seriam divulgadas. Em La Paz, expôs uma lista de vários agentes da CIA que atuavam na Bolívia e, repentinamente, mudando suas declarações iniciais, disse que nunca fora agente do serviço secreto estadunidense. Foi encarcerado, à espera de julgamento militar. Quando saiu da prisão, em 7 de junho, caminhando por uma rua da capital, foi baleado por homens não identificados num carro em movimento. Arguedas sobreviveu ao atentado e foi operado. No dia 8 de julho de 1969 pediu asilo à embaixada do México e sumiu da vista do público. Mas sua trajetória pessoal continuaria cheia de controvérsias. Ele perderia a vida em 22 de fevereiro de 2000, quando uma bomba que carregava na Plaza Roma, no bairro pacenho de Obrajes, explodiu em suas mãos.

Ao longo de quase duas décadas, os diários de Che e Pombo (além de outros papéis relativos à guerrilha) foram guardados pelas Forças Armadas, até que em 15 de dezembro de 1983, numa inspeção de rotina no Departamento II do EB, descobriu-se que haviam desaparecido. Pouco tempo depois, funcionários da Embaixada da Bolívia em Londres avisaram sua Chancelaria que no dia 28 de março de 1984 a Galeria Sotheby's havia divulgado no periódico *Daily Telegraph* que os documentos iriam a leilão no dia 16 de julho, com um lance inicial de US$ 350 mil. Como indica o jornalista Carlos Soria Galvarro, o governo, a partir daí, começou um processo para reaver os pertences e descobrir o responsável pelo roubo. Após rápidas investigações, foi encontrado o culpado, o ditador Luis García Meza, condenado, especificamente por esse crime, a 22 anos de reclusão (dos 157 que acumulou por vários outros delitos)[254]. Para reaver o material, La Paz pagou em torno de US$ 30 mil, entre fianças e honorários de advogados. A almoeda foi suspensa e, em seguida, o material devolvido. Em setembro de 1986, o diário finalmente foi mandado de volta à Bolívia, sendo guardado no Banco Central, segundo o mesmo periodista, "o lugar mais seguro do país"[255]. Numa gaveta metálica no BCB, em envelopes lacrados, o diário do argentino ficou protegido e distante do grande público[256].

Em Cuba, uma nova edição, completa e ilustrada, com todas as páginas que faltavam (além de notas explicativas, retificação de lugares e nomes, mapas e fotos inéditas), a partir da pesquisa feita por Adys Cupull e Froilán González, realizada entre 1983 e 1986 (época em que o casal morou na Bolívia e percorreu toda a região por onde o Che esteve durante a luta guerrilheira), revista pelo comandante Juan Almeida Bosque com a colaboração do general Armando López Orta, foi lançada em 1987 pela editora Política, a cargo de Hugo Chinea e Iraida Aguirrechu, com uma tiragem inicial de mais de 250 mil exemplares.

Em 7 de julho de 2008, por sua vez, as autoridades bolivianas decidiram retirar o diário dos cofres e fotocopiar todas as suas páginas, para publicar edições fac-similares extremamente fiéis aos dois cadernos originais (até a capa dura da agenda foi reproduzida), com um folheto anexo com um prólogo bem curto escrito pelo presidente Evo Morales (datado de 8 de outubro de 2009) e outro preparado por Fidel Castro para a primeira tiragem cubana. Tudo isso feito por um comitê organizador da comemoração do 40º aniversário do assassinato do Che, composto pelo ministro de Culturas Pablo Groux, pelo embaixador cubano em La Paz Rafael Dausá, pela ministra conselheira da legação cubana Mercedes de Armas, pelo senador Antonio Peredo Leigue e pelo periodista Carlos Soria Galvarro[257]. Apesar disso, a reprodução, em tiragem limitada, não continha a transcrição do manuscrito em letras de imprensa, como havia sido a intenção original. Por esse motivo, foi preparada por Soria Galvarro uma edição eletrônica completa, incluindo documentos não anexados em volumes anteriores. O material foi rigorosamente cotejado com os originais, eliminando todos os erros pregressos (fossem tipográficos ou outros quaisquer), além de ser incluída uma nova apresentação, mais de 200 notas de rodapé explicativas e 127 entradas biográficas. Dessa forma, foi apresentado ao público o material mais fiel aos escritos do Che até o momento (entre as outras edições estrangeiras, vale destacar também aquela publicada em 1996 pela Erre emme e editora Política, traduzida e preparada pelo italiano Roberto Massari, com tabelas, índices, 350 notas, 25 mapas e 300 fotos)[258].

Nota sobre a continuidade das atividades do ELN boliviano

No dia 19 de julho de 1968 foi divulgado o manifesto *Volveremos a las montañas* [Voltaremos às montanhas], escrito por Inti Peredo no mês anterior, no qual dizia que o ELN ainda estava vivo e que recomeçaria suas atividades[259]. O documento era a culminação do retorno do Exército de Libertação Nacional depois da execução do Che. Ele representava os ideais do novo organizador do grupo e o compromisso em levar adiante a luta interrompida. O texto foi difundido por Rodolfo Saldaña, a pedido de Inti, que se preparava para sair do país. Em 8 de agosto daquele ano, este último chegou a Havana, com a intenção de ficar pouco tempo e retornar o quanto antes a seu país para reestruturar a guerrilha. Na ilha, conversou com Fidel, mas não aceitou a oferta de que seu governo financiasse a nova empreitada que queria encabeçar[260]. Ele planejava conseguir fundos para as atividades do grupo por meio de assaltos a bancos na Argentina, Chile e Bolívia[261]. Em outubro, já estava de volta a seu país, quando começou a recrutar novos voluntários.

No dia 24 de junho de 1969, numa entrevista concedida a Augusto Olivares, da revista chilena *Punto Final*, o líder guerrilheiro apontou que o Exército de Libertação Nacional

> não é uma organização feita para a Bolívia. Esta é a época da revolução continental. Por isso aqui há chilenos, argentinos, peruanos e pessoas de muitos lugares do continente. A luta contra o imperialismo é uma só [...] Há aqueles que desejam congelar os movimentos, que lutam pela libertação continental dentro das fronteiras nacionais. É absurdo, a luta é de todos. Há pseudorrevolucionários que fazem o jogo do inimigo com essas consignas, porque se elas são seguidas, se divide o movimento emancipador.[262]

Inti também afirmou que o ELN era o mesmo de antes, ou seja, mantinha

> os princípios que instaurou o Che. Consideramos válida para a atual situação latino-americana a tese do foco guerrilheiro, por isso anunciamos nossa volta às montanhas. Estruturaremos uma força armada. Não buscamos formar um partido político. Estou consciente de que a organização de um aparato militar aporta problemas, mas creio que na ação se alcançam definições políticas. Não podemos nos permitir o luxo de formar uma organização de massas (e que se entenda que não as desdenhamos, pelo contrário, lutamos para liberá-las da dominação imperialista, e das oligarquias e sua exploração), mas consideramos que ante o poder militar alcançado por nossos inimigos só podemos enfrentá-los com um aparato militar, e este se forma com quadros politizados e adestrados militarmente.[263]

A entrevista só seria publicada três meses mais tarde[264].

Mas o novo projeto não duraria. No amanhecer do dia 9 de setembro daquele ano, o dirigente seria cercado por 150 policiais num pequeno quarto localizado

A SOMBRA NO ESCURO   161

no saguão de acesso aos pátios interiores de uma casa onde se encontrava escondido, na *calle* Santa Cruz, 584 (entre as ruas Isaac Tamayo e Max Paredes), no bairro El Rosario, uma zona comercial populosa de La Paz (segundo alguns, após ser delatado por um militante, que teria recebido um pagamento de US$ 4 mil; outros acreditam que sua descoberta teria sido resultado de imprudências e deficiências de segurança de seu grupo).

Durante uma hora, resistiria sozinho ao tiroteiro iniciado pelas forças de segurança, encerrado na habitação do ex-militante comunista e antigo administrador do semanário *Unidad*, Fernando Martínez ("Dopey" ou "Tesorito"), que saíra de lá pouco tempo antes. Uma granada, jogada para dentro de seu refúgio, acabou por feri-lo gravemente em uma perna e um braço. A versão original foi de que ele havia perdido a vida ali mesmo, combatendo as forças da repressão (até um membro do ELN, Humberto Vázquez Viaña, corroboraria essa informação, assim como o jornalista Jon Lee Anderson e Yemaya Lara, sobrinha de Matilde Lara Rico, viúva de Inti, que assegura, sem qualquer dúvida, que o dirigente não saiu da casa com vida, tendo sido assassinado, segundo ela, por Lechín Mendez)[265]. Outros afirmam categoricamente que ele foi retirado com vida do aparelho onde se escondia e levado para o centro de detenção de Achocalla, onde foi torturado por Roberto "Toto" Quintanilla. Como resistia, o doutor Hebert Miranda Pereira acabou por eliminar o guerrilheiro com uma injeção letal (há ainda outra versão, defendida por Víctor Montoya, de que ele teria sido trasladado para as dependências do Ministério do Interior, onde lhe teriam partido o crânio a coronhadas). De qualquer forma, somente às 20h20 (ou 22h20, segundo outros testemunhos), no pátio central da Dirección de Investigaciones Criminales (DIC), o governo apresentou seu corpo à imprensa. Foi um duro golpe ao projeto revolucionário naquele momento[266].

No dia 31 de dezembro, David Adriazola ("Darío"), o último sobrevivente boliviano do grupo do Che (entre os que haviam lutado até o fim das operações; era integrante da "vanguarda", encabeçada por Manuel Hernández Osorio), foi assassinado pela polícia no bairro de Sopocachi, em La Paz, após ter sido delatado. Na semana seguinte, as emissoras de rádio e jornais divulgavam o *Manifiesto a la Nación*, do ELN, anunciando o fato.

Aquele crime ocorria num momento em que as disputas intragovernamentais se acirravam entre setores ovandistas e barrientistas, que culminaram com as execuções de Jorge Solís, de Jorge Otero Calderón e do diretor do matutino *Hoy* e acionista do *Ultima Hora*, Alfredo Alexander. O governo tentou atribuir esses atentados ao ELN, o qual negou qualquer participação, denunciando com veemência a farsa[267].

A partir daí, porém, a organização, sofrendo abalos contínuos, precisaria ser reconstruída. A ideia inicial havia sido estruturar o grupo a partir dos antigos quadros e contatos, entre os quais, Inti, Darío, Pombo e Benigno (da formação original), além dos argentinos Luis Faustino Stamponi e Oscar Pérez Betancourt (que participaram da frustrada guerrilha de "Vasco" Bengochea) e Rubén Cerdat (Federação Juvenil Comunista), entre outros. Mas tudo mudou. Os assassinatos de Inti e Darío seriam um duro golpe no processo, especialmente o primeiro. Em seguida, os cubanos decidiram deixar o projeto. Segundo o economista, cientista social e historiador cochabambino Gustavo Rodríguez Ostria, isso ocorreu provavelmente por pressões soviéticas, escassas condições de segurança na infraestrutura boliviana e possibilidades de mudança de conjuntura naquele país[268]. Não só não enviaram seus homens para a futura guerrilha de Teoponte como aparentemente retiveram por vários meses em Baracoa diversos militantes que haviam treinado com o intuito de seguir para a nação da América do Sul. Em torno de oitenta ativistas haviam se preparado militarmente na ilha desde 1967, mas o grupo havia sido reduzido pela metade por causa de diferenças políticas[269].

Desgastado com a derrota de Ñancahuazú e pelo assassinato de Inti Peredo em 1969, o Exército de Libertação Nacional, de fato, encontrava-se em situação fragilizada. Em 1970, porém, teve início a nova campanha armada em Teoponte, encabeçada pelo médico Osvaldo "Chato" Peredo (formado pela Universidade Patrice Lumumba em Moscou), que retornava do Chile para dar seguimento ao projeto de seus irmãos Coco e Inti.

O "novo" ELN diferenciava-se bastante de seu primeiro momento: enquanto antes contava com total respaldo cubano e seu objetivo era primordialmente utilizar a Bolívia como base para iniciar a revolução continental, agora – ainda com caráter internacionalista – tinha como objetivo principal a derrubada do governo boliviano e a deflagração da revolução socialista no país. Deixava-se de lado aí o aspecto secundário da Bolívia no projeto guevarista, tornando aquela nação seu alvo principal. Chato Peredo reiterava o caráter rural da guerrilha, insistindo que a luta deveria ser travada no campo. A organização também tinha uma abordagem bastante "militarista". Em cartas a Régis Debray, Peredo afirmava que "a frase de Lênin e Clausewitz de que a guerra não é mais que a continuidade da política por outros meios deve inverter-se para a maioria de nossos países: a continuação da política por outros meios não é outra coisa que não a guerra"[270].

Diferentemente do grupo de Ñancahuazú, o "novo" ELN não possuía elementos cubanos nem soldados experientes militarmente. Os voluntários eram, em grande medida, estudantes e profissionais liberais de classe média (além de camponeses) bolivianos, argentinos, chilenos, peruanos e até um brasileiro, o gaúcho Luiz Renato Pires Almeida, mais conhecido como "Dippy". Alguns de seus integrantes eram contatos que haviam esperado para ingressar no grupo do Che, sem êxito. Também participavam dirigentes universitários que haviam sido membros do PCB e do PDCR. Mas a guerrilha de Teoponte, com apenas

67 homens, dos quais 58 perderam a vida[271] (alguns militantes e dirigentes, contudo, que não constavam na "coluna rural", pereceram em circunstâncias diversas, como o chileno Elmo Catalán e sua companheira Genny Köller Echalar)[272], foi rapidamente destruída pelo Exército, que enviou mais de mil homens para a região onde atuou e que contou com apoio dos Estados Unidos e a utilização de helicópteros, bombas de napalm, aviões e todos os recursos bélicos disponíveis[273]. Vale recordar que a zona de operações no Alto Beni, que já havia sido explorada anteriormente por Debray, antes do início da guerrilha do Che, foi revisitada no começo de 1969, dessa vez por Jorge Ruiz Paz ("Omar") e Javier Landívar ("Quirito"), que fizeram um novo levantamento geográfico e político daquela área[274].

No dia 15 de julho, uma suposta brigada de "alfabetizadores" (entre eles o poeta Nestor Paz Zamora e o cantor folclórico Benjamín Cordero, conhecido como "Benjo Cruz") se deslocou para uma região próxima da cidade mineira de Teoponte, localizada a aproximadamente 200 km da capital, a fim de recrutar voluntários. No dia 19, esse grupo iniciou, então, a Operação Ricardo-Victoria, logo depois de passar por Alcoche. A primeira ação foi a tomada da empresa norte-americana South American Placers e o sequestro de dois funcionários alemães daquela firma, Gunter Lerch e Eugenio Schulhauser. O governo de Ovando Candia declararia, imediatamente, as provícias de Caupolicán, Larecaja e Nor Yungas "Zona Militar", estabeleceria estado de sítio em todo o território boliviano e enviaria soldados para tentar acabar com a guerrilha[275]. Apesar das tentativas de reaproximação com os setores populares, o projeto de Teoponte fora organizado e conduzido principalmente por elementos de classe média insatisfeitos com a condução política do país e jovens estudantes idealistas. Em fins de agosto, pereceram lutando contra as Forças Armadas nove guerrilheiros, entre eles, Adolfo Quiroga Bonadona (secretário-executivo da Federação Universitária), Juan José Saavedra (membro do Comitê Revolucionário da Universidade de La Paz) e o argentino Ricardo Oscar Puente. Em 23 de outubro, foram presos Chato Peredo e Mario Soares Moreno, ex-vice-presidente da Confederação Universitária Boliviana.

O governo de Ovando mostrava-se implacável[276]. Os *rangers*, comandados pelo general Luis Reque Terán, com a experiência adquirida em Ñancahuazú, destruíam facilmente os focos do ELN em Teoponte, menos preparados militarmente. Com a saída de Ovando e a entrada em cena de Torres como presidente, Chato Peredo foi libertado. Ao chegar ao exílio, no Chile, fez uma autocrítica, afirmando que muitos combatentes tinham "inconsistência ideológica" e que a derrota teria ocorrido por causa de "deserções, falta de preparo militar, ausência de ajuda dos centros urbanos, meio ambiente hostil e indiferença dos camponeses pela sorte dos guerrilheiros"[277].

Na prática, toda a organização do grupo insurgente havia sido precipitada. Personalidades como Régis Debray e Humberto Vázquez Viaña avisavam dos perigos de uma campanha feita nos moldes que Chato Peredo propunha e acreditavam que a experiência estava fadada ao fracasso. Sem ouvir esse tipo de advertências e exagerando o fator subjetivo, incorreu-se em graves equívocos. A falta de preparo bélico – com lideranças estudantis encabeçando colunas – mostrava-se evidente, e o maior número de soldados do lado do governo, muito mais bem preparados, além do completo isolamento das camadas populares, que não se incorporaram às suas fileiras, levaram à derrota aqueles combatentes. A sobrevivência de alguns guerrilheiros deveu-se mais à saída de Ovando do poder e à benevolência da população local do que à própria competência militar do grupo[278].

Um exemplo disso se deu quando os moradores da cidade de Tipuani fizeram um "cordão de isolamento" em torno de Chato Peredo e seus companheiros para protegê-los dos ataques do Exército e poder salvá-los, mesmo que discordassem de seus métodos[279]. Ou seja, o povo, na prática, salvou os combatentes, sem quaisquer condições de fazer frente aos efetivos regulares do Exército. O ELN, assim, não alcançou qualquer êxito (pelo menos imediato) com exceção da troca de dez presos políticos (Loyola Guzmán, Rodolfo Saldaña, Gerardo Bermúdez, Félix Melgar, Oscar Bush, Víctor Córdova, Roberto Moreira, Juan Sánchez, Benigno Coronado e Enrique Ortega) pelos já mencionados dois engenheiros germânicos sequestrados pela organização, nos primeiros dias dos combates. A realidade foi que vários de seus homens pereceram de fome e cansaço, entre os quais, Paz Zamora; outros desertaram e se entregaram; muitos tiveram suas vidas ceifadas, assassinados pela repressão governamental; e os poucos sobreviventes foram presos e posteriormente exilados. Dos 58 militantes da coluna que perderam a vida em Teoponte, o governo só devolveu os restos de 26, ou seja, os outros continuam desaparecidos, inclusive 14 estrangeiros... Como afirmou Gustavo Rodríguez Ostria, concebida para durar dez anos, aquela experiência guerrilheira teria pouco mais de cem dias de existência[280].

PARTE 2

Che em um ponto de observação da guerrilha em Ñancahuazú, Bolívia, 1967. Arquivo do Centro de Estudos Che Guevara de Havana, Cuba.

3

A ÁREA DA GUERRILHA

"Aquilo era Paris". Foi isso que disse Pombo a Humberto Vázquez Viaña, comparando as montanhas Escambray, em Cuba, à região de Ñancahuazú, na Bolívia[1]. As longas distâncias entre os vilarejos, o tipo de terreno percorrido pelos guerrilheiros, a vegetação espinhosa e os traços culturais locais são elementos necessários de análise, ao se pretender fazer um balanço da atuação do ELN. Serão destacados alguns elementos da geografia e dos tipos humanos da área ao sul de Santa Cruz, para que se possa avaliar as dificuldades enfrentadas por Che Guevara em 1967.

Ao se observar o contingente de residentes das principais cidades na zona da guerrilha no ano em que o Exército de Libertação Nacional começou a combater, pode-se constatar que, com exceção de Santa Cruz – que não foi atingida *diretamente* pelos conflitos –, todos os outros sítios eram de pequena envergadura. Vallegrande, por exemplo, contava com 7.841 pessoas; Camiri, 12.871 habitantes; e Samaipata, 1.696. De resto, havia na região uma porção de povoamentos, com populações camponesas diminutas. Assim, na época, Abapó registrava apenas 965 indivíduos; Pucará, 611; Alto Seco, 420; El Picacho, 114; e La Higuera, somente 296 cidadãos[2].

De acordo com as "Instruções para os quadros destinados ao trabalho urbano", elaboradas pelo Che, a faixa de operações mais ampla onde o foco deveria atuar se situava entre 66 e 63 graus de longitude e 17,30" e 20 graus de latitude, numa área de 160 mil km², ou seja, maior do que todo o território cubano[3]. Já a região mais específica onde Guevara transitou tinha 20 mil km², com aproximadamente 30 mil habitantes (ou 0,6% do total do país)[4].

As distâncias eram significativas. De Ñancahuazú a Camiri, 95 km; do mesmo local a Santa Cruz, 250 km; a Sucre, 455 km; a Cochabamba, 750 km; a Catavi (Siglo XX) e centros mineiros, 900 km; a La Paz, 1.250 km; à fronteira paraguaia, 250 km; à divisa argentina, 300 km; e à divisa brasileira, 1.500 km de distância[5]. As áreas com maior combatividade e potencial revolucionário, assim, ficavam a

168 CHE GUEVARA E A LUTA REVOLUCIONÁRIA NA BOLÍVIA

quase mil quilômetros de lá. Em outras palavras, a região onde o ELN atuou era afastada dos grandes centros, como Cochabamba e La Paz, e longe das principais áreas mineiras, onde os trabalhadores eram mais politizados. Considerando-se que boa parte dos camponeses nessas cidades (e lugarejos) era de origem quéchua ou guarani, era improvável que o grupo liderado pelo Che conseguisse misturar-se à população local como "peixe na água", como diria Mao Tsé-Tung.

Não custa lembrar que apenas um guerrilheiro, Lorgio Vaca Marchetti ("Carlos"), havia nascido naquela macrorregião (especificamente em Santa Cruz), mas era de extração urbana e não estava familiarizado com o meio rural. Ele se afogaria no início das atividades. Nenhum outro tinha origem naquele ambiente. No grupo dos bolivianos, três eram de Potosí, quatro de Cochabamba, sete de La Paz, oito de Oruro, um de Tarija e cinco do Beni. Já do lado do Exército, vários oficiais e soldados procediam daquele território. O então capitão Gary Prado, por exemplo, havia sido criado em Guadalupe, entre La Higuera e Vallegrande. Celso Torrelio (militar da mesma patente e integrante da companhia *ranger*), por sua vez, nasceu e passou a infância e a adolescência em Padilla, a poucos quilômetros do povoado onde o Che foi executado. Isso para não falar dos soldados, como Carlos Arteaga Calzadilla, sobrinho do *corregidor* de La Higuera, que participou de diferentes ações contra a guerrilha[6].

Para Humberto Vázquez Viaña, um dos equívocos cometidos pelo Che foi a concepção andina da Bolívia. De acordo com ele, Guevara e seu grupo acreditavam que "a Bolívia era composta de índios quéchuas e aymarás, condores, montanhas e planícies. Já os índios guaranis não eram parte do país. Eles eram da Argentina, Brasil e Paraguai, mas não da Bolívia. Estudava-se quéchua e francês na guerrilha, mas não se estudava guarani. Ñancahuazú, porém, é um nome guarani. A zona era guaranítica e a maioria dos camponeses na principal área onde atuou o ELN eram guaranis"[7].

Não apenas isso, mas a densidade populacional naquele país era de quatro habitantes por quilômetro quadrado e, especificamente na região onde a guerrilha se deslocou, de menos de um. Nas palavras de René Zavaleta, "a Bolívia é um país no qual onde há homens não há árvores, e onde há árvores não há homens, ou, para dizer em outras palavras, um país onde a história dos homens não foi feita lá onde está a selva, pelo menos até hoje em dia"[8]. Ainda assim, o mesmo intelectual, lembrando "a guerra civil de 1949" em que "numa ação relâmpago" o MNR se apoderou de cinco dos nove departamentos, comenta que

> é ainda mais eloquente que o movimento triunfante em Santa Cruz e a batalha de Incahuasi tenham sido sustentados por camponeses de uma região desvinculada em absoluto do centro econômico nacional. O fato de o MNR ter podido mobilizar então a gente da mesma região, onde depois ia tentar estabelecer-se a

guerrilha de 1967, mostra bem a diferença que há entre tentar um movimento que dispunha disso em grande extensão. Ou seja, é a hegemonia de classe que torna possível levantar a questão do poder e só excepcionalmente pode o poder, *a posteriori*, construir a hegemonia de classe. [...] Ou seja, as massas criam as armas; a guerra civil preexiste à disposição das armas, ela deve estar já no ânimo das pessoas. A aquisição das armas é apenas um resultado desta difusão. No subjetivo, a situação revolucionária consiste nisto: em estar-se disposto a arriscar a vida pelas coisas do poder.[9]

O Che certamente sabia da necessidade de uma cooperação íntima com o campesinato, mas na prática preocupava-se com delações, não conseguiu se inserir no contexto local nem logrou organizar e armar o povo para que lutasse com ele. Régis Debray acreditava que nem as condições socioeconômicas da zona nem as naturais foram devidamente estudadas. E esses fatores, de suma importância na organização de qualquer guerrilha, *aparentemente* foram sobrepassados quando da escolha da área em questão. Diz o filósofo francês:

Mas não é o relevo ou as coordenadas geográficas que fazem a história, e sim as massas, e os homens que vivem ao nível do solo, em condições socioeconômicas precisas que determinam, por sua vez, relações com o meio ambiente: distribuição demográfica, tipos de cultura e de exploração, relações de produção, clivagens de classe, estado das comunicações, grau de coesão cultural e política, dependência hierárquica para com as autoridades tradicionais (Exército, Igreja, administração civil, partidos dominantes). Não pertence à topografia decidir, em última análise, se uma zona oferece ou não condições favoráveis à forma superior da luta de classes que é a luta armada, mas sim a presença, atestada ou não, de contradições sociais suficientemente antagônicas.[10]

A região não continha uma fauna diversificada e abundante, sendo, portanto, pouco propícia para a caça. Com exceção de algumas tentativas bem-sucedidas em que se conseguiram encontrar macacos pequenos (*cayarás*), cervos (*urinas*) e, segundo Debray, pássaros "esqueléticos"[11] (*guajhás, pycasú cueras, caranchos* e *charatas*), não era fácil deparar com animais silvestres, e isso se tornou um problema à medida que escasseavam as possibilidades de uma melhor alimentação. De acordo com Danton, a missão cotidiana de caça, incumbência de todos os combatentes, de forma alternada, se mostraria decepcionante[12]. Foi significativo que os guerrilheiros e o próprio Che tivessem de matar seus cavalos para ter o que comer. O médico Octavio de la Concepción de la Pedraja comentou, em certo momento, que a síndrome de hipoproteinemia persistia, já que eles estavam ingerindo apenas 14 gramas de proteínas e 1.300 calorias por dia. Quando

170 Che Guevara e a luta revolucionária na Bolívia

foram atrás de milho, no dia 28 de março, só conseguiram 60 libras, quantidade insuficiente para alimentar os homens[13]. Por diversas vezes em seu diário, Guevara mencionou o fato de estar faminto e com sede, já que os combatentes, a partir de certo momento, também não encontravam água[14] (o diário de Pacho, nesse sentido, é bastante útil, ilustrando em detalhes as agruras do ELN). Em 29 de agosto de 1967, por exemplo, o argentino anotaria em sua agenda que alguns companheiros (Jaime Arana, Eustáquio e Chino) estavam desmoronando por falta de água. E no dia seguinte, comentou que Manuel Hernández, Adriazola e Chang estavam bebendo sua própria urina, o que lhes causava diarreias e cãibras[15].

No entanto, abundavam os insetos, como *ñatiú cueras*, *saguaypés* e carrapatos. Ciro Bustos narra que, num daqueles dias,

> uma nuvem de mosquitos, ou melhor, infinitas nuvens de variadas espécies de mosquitos nos rodearam o dia todo. Sua distribuição do trabalho era notável: uns se encarregavam da pele do pescoço, especialmente atrás das orelhas; outros, das mãos e dos braços e através da roupa; outros incursionavam nos orifícios do nariz e, sobretudo, da boca. Mas os mais minúsculos e ardentes aspiravam a beber os olhos, a umidade aparente. Envolviamo-nos em lenços; ocultávamos as mãos, fumávamos, agitávamos ramos furiosamente, mas nada.[16]

O Che, por sua vez, numa anotação de seu diário, disse: "Tirei seis carrapatos do corpo"[17]. Isso para não falar que vários homens foram acometidos por paludismo, vômitos e disenteria.

A vegetação era, em boa parte, cerrada e espinhosa, o que dificultava a locomoção, principalmente se levarmos em conta o grande peso que os combatentes carregavam durante horas seguidas de caminhada, incluindo facões e fuzis, entre outros armamentos e munições. As árvores da área não eram frutíferas em sua maioria, e dificilmente era possível conseguir alimentos delas. Com isso, em boa parte do tempo os guerrilheiros dependiam do apoio dos locais para conseguir víveres, e para adquirir produtos alimentícios chegavam a pagar preços mais altos, a fim de conseguir sua confiança. Como já foi visto, os contatos com os camponeses da região não foram dos mais bem-sucedidos.

O acampamento central de Ñancahuazú havia sido criado para uma guerra de longa duração. Sendo assim, o Che cuidou de equipá-lo e transformá-lo em local onde se pudesse ter uma razoável infraestrutura para treinamento de futuros guerrilheiros. A base teria condições de servir como local de agrupamento, descanso, aulas políticas, preparo militar, armazém de mantimentos, armas e munição, centro de comunicações etc. Cercado por trincheiras camufladas, provido de sistema de comunicação na selva e até mesmo de um pequeno pomar, o local parecia seguro e confiável. Mas o início inadvertido dos combates e a perseguição

A ÁREA DA GUERRILHA   171

do EB impossibilitaram a utilização da base por mais tempo, e, abandonando o local, os guerrilheiros tiveram de enfrentar, além das Forças Armadas, a natureza, que era tão ou mais cruel que seus inimigos do exército regular.

Do ponto de vista hidrográfico, destacava-se o rio Grande, que recebe como afluentes principais ao norte os rios La Pesca, Masicurí e Rosita, e ao sul, o rio Azero e o rio Ñancahuazú. Os rios mostraram-se, para a guerrilha, de difícil travessia em época de cheia. Dois guerrilheiros, Benjamin e Víctor, morreram afogados tentando cruzar o rio Grande.

O clima durante o inverno na área é frio e chuvoso, podendo atingir, nas alturas acima de 2 mil metros, de 8 ºC a 0 ºC; no verão, a temperatura é sufocante, alcançando 40 ºC. Devemos lembrar que na maior parte do tempo a guerrilha atuou em altitudes um pouco inferiores a 2 mil metros; mesmo assim, boa parte da região apresenta características similares. La Higuera, contudo, encontrava-se a 2.280 metros de altitude. Os guerrilheiros enfrentaram tanto chuvas torrenciais e contínuas como momentos de calor intenso.

Não podemos esquecer também dos mapas precários que possuía a guerrilha. Sem conhecer a região, os combatentes frequentemente se perdiam. Por exemplo, a exploração que fez o grosso da guerrilha – 29 homens –, iniciada em fins de janeiro de 1967 e prevista para durar 25 dias, acabou se estendendo por quase sete semanas, não só pela dureza do terreno, como também por deficiências cartográficas. Isso para não falar das longas caminhadas em terreno acidentado. O médico Morogoro comentava que em certo dia andaram das 6h50 às 16h praticamente sem parar, percorrendo 15 km. Em outro momento disse que em cinco dias percorreram 60 km ou mais[18].

A malha viária nas proximidades da área guerrilheira era irrisória. Havia apenas uma estrada asfaltada, principal via de acesso para um grande centro, a rodovia Santa Cruz-Cochabamba. Todas as outras autopistas eram de menor envergadura, em geral de terra batida e mão dupla. Era escassa a possibilidade de feitos militares de relevo no que diz respeito à interceptação de importantes cargas ou à destruição das vias de acesso entre as pequenas cidades bolivianas, considerando a reduzida importância regional comparada ao resto do país. Mesmo que perto dali se encontrassem reservas da YPFB, a zona específica onde o ELN atuou era pouquíssimo povoada. A única exceção nesse cenário é a da já mencionada *carretera* Santa Cruz-Cochabamba, significativa para a economia nacional, com um tráfego de veículos de transporte relativamente alto, utilizada para escoar a produção de açúcar, arroz, milho e madeira para outras regiões do país, e que tem a seu lado a cidade de Samaipata, palco de ações rebeldes exitosas.

É claro que outros fatores, de ordem política e militar, não podem ser deixados de lado; mas, ao se analisar em detalhes os aspectos citados, é possível verificar que eles tiveram relevância no resultado dos episódios aqui descritos.

4
CHE GUEVARA E O CAMPESINATO
INDÍGENA NA BOLÍVIA

Até 1952, a Bolívia poderia ser vista como um exemplo clássico do sistema latifundiário latino-americano. As maiores e melhores propriedades eram controladas por *terratenientes* que conseguiam mão de obra barata mediante um sistema de câmbios, em que os camponeses recebiam pequenas parcelas para trabalhar em troca de serviços, na maioria das vezes sem contratos laborais ou pagamento. Não tendo condições de rebelar-se, colocados em posição marginal em relação ao movimento operário e sem estabelecer levas migratórias significativas para os centros urbanos – que na época pré-revolucionária eram incapazes de comportar grandes contingentes humanos vindos do meio rural –, o campesinato via-se praticamente obrigado a resignar-se a um papel subalterno e apendicular na economia nacional. O sistema agrícola não se desenvolveu, já que, dada a tendência abstencionista dominante, o fazendeiro vivia na metrópole e "cuidava" à distância de sua propriedade, a qual ficou relegada ao latifúndio de baixa produção de alimentos, cultivados com sementes de má qualidade e equipamentos rudimentares. Por sua vez, além de todos os seus encargos, o camponês via-se forçado a trabalhar como serviçal da família do *hacendado*[1].

Em 1953, o governo encabeçado por Víctor Paz Estenssoro, pressionado pelas movimentações populares para uma mudança na estrutura econômica e social do campo, promulgou o decreto de reforma agrária, que aparentemente não impressionou Che Guevara, na época com 25 anos e que, naquele ano, esteve no país. O censo de 1950 indicava a existência de 2.799 comunidades indígenas, com cerca de um milhão de pessoas, ocupando uma superfície de 7.178 milhões de hectares (94% das terras comunais se situavam no altiplano, nos departamentos de Potosí, Oruro e La Paz; neste último, havia 1.131 comunidades numa área de 3 milhões de hectares)[2]. Havia aproximadamente

5 mil *haciendas* de mais de 500 hectares (nas quais trabalhavam 200 mil famílias indígenas) e 50 mil pequenos proprietários[3].

Para o economista Celso Furtado,

> a *hacienda* boliviana era muito menos uma empresa que pretendia apoderar-se das terras da *comunidad*, para utilizá-las em seu benefício, que um sistema de tipo semi-feudal [sic] que tratava de apoderar-se diretamente de uma parte do que produzia a *comunidad*. Ela envolvia uma ou várias comunidades, que passavam a ser consideradas como *cativas* da *hacienda*. Nessa forma, a comunidade era preservada como quadro de organização social, com suas próprias autoridades *tradicionais*, mas se modificavam suas relações com a terra. Uma parte desta era adjudicada em parcelas individuais a cada família, e o que fosse terra comunal, ou algo equivalente, passava a ser terra cultivada diretamente para a *hacienda* [...] A comunidade indígena, tutelada pela *hacienda*, era mantida em isolamento extremo, reduzindo-se ao mínimo o fluxo monetário interno e fomentando a atividade artesanal de subsistência. Os vínculos com o mundo exterior, econômico ou político, se realizavam por intermédio da fazenda.[4]

Sendo assim, para ele a reforma agrária (executada principalmente por meio da direção de sindicatos rurais, com supervisão política urbana) teria como objetivo eliminar a exploração da comunidade pela *hacienda*, especialmente aquela classificada como latifúndio (já onde a fazenda era catalogada como propriedade média ou "empresa agrícola", a expropriação se limitou às terras que superavam o tamanho estipulado por lei, que variavam segundo a natureza de sua atividade)[5].

Dez anos depois da lei de reforma agrária, o governo já havia concedido em torno de 200 mil títulos de propriedade de terras no Altiplano, ou seja, quase todas as famílias que anteriormente viviam em *haciendas* se tornariam agricultores autônomos[6]. Ainda que se tenha promovido certa distribuição de renda em favor da massa rural, permitindo maior independência no plano social e articulando as comunidades do campo à vida política nacional por meio dos sindicatos, é possível perceber, contudo, que em muitos casos as terras coletivas foram reduzidas a extensões mínimas, não houve investimentos em várias delas e não ocorreram avanços técnicos significativos na produção[7].

Alguns críticos apontam que em pouco menos de uma década a reforma agrária se transformou num processo de crescente empobrecimento do trabalhador rural[8]. Como indicam Mary Maemura Hurtado e Héctor Solares Maemura, os objetivos da lei (que tinha um nítido viés privatizante), especialmente no Altiplano e nos vales, haviam sido limitados ao fracionamento de grandes e médias propriedades, isolando os camponeses com uma produção que não podia satisfazer as demandas do mercado, obrigando-os a buscar trabalhos complementares. Com o aumento da população rural e o contínuo parcelamento de propriedades, ocorreria um incremento na migração para os centros urbanos, para as áreas mineiras e para as regiões agroindustriais, assim como para o norte argentino e para as planícies do oriente (especialmente para Santa Cruz), onde era possível identificar um processo de acumulação e concentração fundiária em mãos de poucos proprietários[9]. Nessa região se alargou a superfície cultivada e a agropecuária foi estimulada pela concessão de créditos, abertura de mercados, subvenções e outros incentivos governamentais[10]. Ou seja, em Santa Cruz ocorreu uma *consolidação* e *ampliação* do latifúndio (na província Cordillera, na zona guerrilheira, em 1967, nenhum latifúndio foi afetado)[11]. De qualquer forma, de maneira geral, de acordo com o historiador Herbert S. Klein:

> Em todas as zonas de predomínio índio foram ocupadas quase a totalidade das terras e os índios deixaram de pagar a indenização ordenada legalmente; na realidade, as terras foram confiscadas. As únicas exceções foram a região crucenha, relativamente despovoada, e as regiões meridionais com fazendas médias como Monteagudo, que possuíam uma agricultura modesta com o uso intensivo de capital e careciam de populações indígenas residentes; ou a região vitícola de pequenas propriedades do Vale do Cinti. No resto do país aboliu-se a fazenda, destruiu-se a classe *hacendada* e surgiu uma nova classe de proprietários campo-neses comunitários.[12]

E continuava:

> Com a eliminação dos odiados *hacendados* e de muitos de seus intermediários *cholos* e a concessão de títulos de propriedade, os índios converteram-se em uma força política relativamente conservadora do país; na realidade, foram-se tornando indiferentes, senão hostis, a seus antigos colegas trabalhadores urbanos. A não--satisfação da fome dos índios por terra fez com que se voltassem para dentro de si mesmos, e durante as duas gerações seguintes a preocupação prioritária das comunidades e de seus sindicatos foi o recebimento de instalações modernas de saúde e educação e a intangibilidade de seus títulos de propriedade de terra. No resto, mostraram-se receptivos à política reformista e inclusive conservadora dos centros urbanos.[13]

O movimento operário boliviano no fim da década de 1960, por seu lado, encontrava-se numa posição difícil. Já na revolução de 1952, viu o poder escapar-lhe entre os dedos. Mas, à diferença daquele episódio, o quadro que se apresentava em 1967 era muito mais desfavorável a qualquer possibilidade de vitória. Sendo a Bolívia tradicionalmente um país agrário e mineiro, com uma burguesia fraca, vinculada a interesses externos, o proletariado poderia ter ocupado um papel de verdadeira vanguarda política e impulsionado a promoção de mudanças estruturais no país. Mas vários foram os fatores que, de um modo ou outro, impediram a ascensão da classe operária ao poder.

No dia 17 de abril de 1952, foi fundada a COB, "uma das confederações sindicais mais militantes do mundo"[14], a partir da iniciativa do membro do POR, Miguel Alandia Pantoja e tendo Juan Lechín como seu secretário. Para alguns, como Liborio Justo, a Central seria "o verdadeiro e efetivo poder na Bolívia"[15]. Em pouco tempo, contudo, seria incorporada à máquina estatal e controlada pelos setores "direitistas" do MNR. De acordo com Omar de Barros Filho, um crítico do processo:

> A radicalização das massas chegava ao seu ponto máximo, e a COB emergia como um organismo de poder operário, onde o movimentismo não contava com uma grande força organizada, e os militantes do POR ocupavam um lugar de destaque. No entanto, o MNR, aliado ao stalinismo e à burocracia sindical, [sic] tratou de descaracterizá-la com um órgão de poder dual, atacando o movimento de massas, postergando a nacionalização das minas e lutando para acabar com a democracia operária na COB [...] O embuste emenerrista só foi possível devido à ausência de uma direção revolucionária suficientemente forte, que demolisse a demagogia do movimentismo, destruindo a burguesia e seus aparatos, armando o proletariado, fortalecendo os organismos de poder operário e seu partido. A falta de uma direção marxista revolucionária autêntica daria à revolução de 52 um caráter *sui generis*.[16]

Não custa lembrar que Che Guevara era um crítico do "duplo poder" logo após o triunfo da Revolução Boliviana, ou seja, uma situação em que coexistiriam numa mesma realidade o governo nacional e a central operária, milícias operárias e camponesas e o Exército, numa constante contradição e contraposição. De acordo com ele, esse "equilíbrio instável" favorecia a absorção do poder pela burguesia, o que veio a acontecer. O proletariado e o campesinato deveriam ser capazes de tomar o poder e mantê-lo. Do contrário, a burguesia, reconstituindo o Exército, massacraria as massas operárias e camponesas, absorveria os movimentos populares e tomaria conta da revolução[17]. Maria José Lourenço diria:

> Mas, o que ninguém sabe muito bem, é qual foi a política do Partido Operário Revolucionário (POR), o partido que se reivindicava trotskista e que era o mais forte de toda a esquerda. O POR fez o contrário de tudo o que os bolcheviques fizeram na Rússia e do que o trotskismo vem levantando em todas as revoluções. Este partido, impressionado pelos discursos "revolucionários" do MNR, impres-

sionado porque se davam casos como o de Lechín (o maior burocrata sindical) que dizia que era "trotskista clandestino", isto é, não assumia essa posição publicamente e que deu um "apoio crítico" ao governo burguês do MNR, não lutou para que a COB se mantivesse independente do governo e se preparasse para a tomada do poder. Ao invés de lutar contra o MNR, o fortaleceu. Com estas posições, o POR renunciou na prática ao princípio mais elementar de uma direção revolucionária, que é o de jamais apoiar um governo burguês, por maior que seja a sua fraseologia socializante. Nesse sentido, é o POR o grande responsável pela derrota do proletariado boliviano.[18]

Para Omar de Barros Filho, por sua vez, após a revolução de 1952 o Partido Obrero

não seria o caudilho das massas bolivianas. Serviria como uma ponte entre elas e o MNR, [sic] e não se preparou (e nem entendeu em toda a sua profundidade) para a situação revolucionária que acompanhava um sentimento visível nas classes dominantes, incapaz de controlar o país, de superar sua própria crise de poder e de manter os trabalhadores sob permanente fustigamento. As massas queimavam etapas, e tanto o POR quanto a própria direção da Quarta Internacional, sob a direção do grego Michel Pablo, caducariam diante da crua realidade da revolução boliviana.[19]

Como afirmou Guillermo Lora, "o proletariado vitorioso entregou o poder aos líderes pequeno-burgueses do MNR, uma liderança política que não era a sua"[20]. Além disso, com a distribuição de terras pela lei de reforma agrária de 1953, o camponês não só deixou de associar-se à vida política nacional como apoiou o "direitismo" movimentista. Por meio de "caciques" corruptos e benfeitorias, os camponeses associaram-se à ala moderada do MNR, que era vista como a verdadeira promotora das mudanças. Segundo René Zavaleta Mercado, o principal resultado da revolução é que "a casta dominante se converte de oligarquia em burguesia, embora tenha de se arranjar para sobreviver. O preço que deve pagar é a aceitação na esfera estatal da massa que havia estado sempre fora dela. O *quantum* dessa massa eram os camponeses índios e são os próprios operários que, graças a seu atraso ideológico, criam as condições para que o campesinato se alie com a nova burguesia"[21].

Por sua vez, com o advento do pacto militar-camponês de Barrientos, os setores castrenses adiantavam-se à esquerda e aos operários de forma geral e garantiam, senão o apoio, pelo menos um controle mais efetivo sobre o campesinato. Além disso, o "obreirismo" da COB (por intermédio de líderes sindicais corrompidos ou ligados ao MNR) era mais suscetível a combates por conquistas dentro do próprio contexto laboral do que propriamente para as lutas mais amplas, em prol de uma revolução socialista.

Mais crítico ainda é Régis Debray. Para ele:

> Durante os primeiros anos da Revolução foram os operários em armas que, não existindo exército regular, asseguraram sozinhos a defesa do poder governamental. O campesinato não desempenhou qualquer papel na insurreição de Abril e foi, contudo, ele que veio a ser o principal beneficiário da Revolução, cuja obra maior foi a Reforma Agrária. Os camponeses receberam os seus minifúndios em partilha por uma decisão estatal, vinda de cima, e não em consequência de uma agitação e de uma luta, conduzida embaixo pelas suas próprias forças. O Estado transformou-se assim, aos olhos do campesinato, num pai milagroso e adorável, repartindo a terra, organizando os seus sindicatos, distribuindo-lhes armas, fabulosos subsídios e prebendas aos seus dirigentes e deputados. Mas esta veneração filial e religiosa, votada pelo camponês ao poder de Estado, sancionava apenas um equívoco fundamental: o campesinato acreditava em que tinha sido a pequena burguesia no poder atrás de Paz Estenssoro que lhe tinha generosamente dado a terra e esquecia que o verdadeiro doador fora o proletariado que conduzira o MNR ao poder, e sem o qual Paz Estenssoro teriam tombado, ao cabo de alguns dias. Assim se estabeleceram, pouco a pouco, relações de dependência unilateral e exclusiva entre os detentores do aparelho de Estado e os beneficiários da Reforma Agrária, decretada e promulgada por decisão ministerial, da qual o proletariado fora o verdadeiro instigador, mas de que foi o primeiro a pagar as custas.
>
> Efetivamente, a pequena burguesia reacionária anexa a si o campesinato, transforma-o em massa de manobra e volta-o contra o proletariado, que se encontra por força disso isolado e minoritário, cercado e sem aliados. Em vez de ser o exército de reserva do proletariado revolucionário, uma grande fração do campesinato médio torna-se o exército de reserva da burguesia contrarrevolucionária e do seu substituto e sucessor à cabeça do Estado a partir de 1964: as Forças Armadas. O famoso "pacto militar-camponês", por inoperante e vazio de conteúdo que tenha sido, apresenta-se como o prolongamento e a formalização, por intermédio de Barrientos e das camarilhas sucessivas que o substituirão, deste pacto de aliança tácita, automaticamente concluído e automaticamente reconduzido, unindo os herdeiros, quaisquer que sejam os doadores aparentes em 1952, e os beneficiários reais, os camponeses detentores dos seus quintais de miséria. Cúmulo da ingratidão, o proletariado é apresentado pela propaganda governamental ao campesinato como uma ameaça constante de confiscação de terras e de usurpação da propriedade, em nome do "comunismo espoliador", e é a burocracia do Estado, incarnada nessa circunstância pelo poder militar, que se levanta perante a sinistra pretensão dos "vermelhos" como penhor titular das conquistas revolucionárias.[22]

Na opinião de Régis Debray, a questão camponesa na região de Ñancahuazú não estava ligada necessariamente à propriedade da terra, que teoricamente já havia sido resolvida, mas principalmente a uma série de reivindicações dispersas, localizadas principalmente na esfera da circulação, como o preço de venda dos produtos, custo dos transportes, atuação de intermediários e créditos agrícolas, entre outras[23]. Na província Boeto, por exemplo, na região norte ocidental da zona de atividades da guerrilha, onde 66% da população era analfabeta, 44% dos agricultores possuíam menos de três hectares, 54% eram donos de terrenos de três a dez hectares e 1% não tinha terras. Já os latifúndios ali eram minoritários em termos percentuais, ainda que algumas propriedades contabilizassem entre mil e 20 mil ha. Aquela era, portanto, uma região em que predominava o minifúndio. Além disso, 47,6% da população teve suas terras legalizadas pela Lei de Reforma Agrária e o restante estava em processo de legalização, mas já a possuía de fato, usando-a para o cultivo agrícola. Como diria Humberto Vázquez Viaña, a reivindicação pela posse de terra não podia ser considerada a principal bandeira de luta nem um fator de mobilização social[24].

Já na região ao sul do rio Grande, a situação era distinta. A principal característica ali seria a exploração desenfreada dos avá-guaranis, que trabalhavam como peões assalariados. Na região de Muyupampa e Monteagudo, a maior parte das propriedades fundiárias era controlada por latifundiários. Já os pequenos proprietários, em geral, *afuerinos* (quéchuas ou mestiços imigrantes), eram em torno de 16%, uma boa porcentagem dos quais posseiros transitórios que cultivavam em determinadas temporadas e que, depois, partiam em busca de trabalho em Santa Cruz.

Por sua vez, na província Hernando Siles, praticamente todos os latifundiários tiveram suas fazendas legalizadas. Se 70% dos antigos donos de grandes propriedades haviam recebido seus títulos de posse, o mesmo ocorreu com apenas 12% dos *afuerinos* e somente quatro ou cinco famílias dos avá-guaranis, que eram os mais pobres, muitas vezes explorados pelo patronato local em regime de trabalho análogo à escravidão e que, por causa de sua situação de extrema vulnerabilidade e fragilidade social, não tinham meios legais para se defender naquela época[25]. Em 1967, viviam entre 25 mil e 30 mil indivíduos dessa etnia na região, e especificamente na zona guerrilheira (principalmente Saipurú, Masarí e Ytembeguazú), entre 7 mil e 10 mil, residindo em comunidades dispersas por toda a área[26].

Em seu "Guerra de guerrilhas: um método", Guevara escreveu que "o camponês é uma classe que, pelo estado de incultura em que é mantida e pelo isolamento em que vive, necessita de direção revolucionária e política da classe operária e dos intelectuais revolucionários, uma vez que não poderia por si só lançar-se à luta e conquistar a vitória"[27]. Muitos argumentariam, contudo, que o

180   Che Guevara e a luta revolucionária na Bolívia

papel do camponês como *liderança* de um processo revolucionário *também* seria fundamental, na medida em que ele tem plenos conhecimentos do estado em que vive, da região onde atua e de sua cultura. No caso boliviano, e em outros países andinos, vemos a partir da década de 1970 o surgimento e crescimento de grupos indigenistas (sem excluir, por certo, os movimentos de natureza similar em períodos anteriores, como a Confederación Regional Indígena e o Grupo Resurgimiento, ambos do Peru, nos anos 1920). Esses movimentos autóctones indicam que as comunidades nativas tinham plena consciência de seu papel histórico em suas respectivas regiões e tentavam promover a autodeterminação e valorização de suas culturas, quase como numa inversão de papéis com a burguesia urbana que por tanto tempo lhes havia imposto seus valores.

O caso do katarismo é um bom exemplo. A nova geração de camponeses que surgiu após a revolução de 1952 via mais criticamente a política partidária e sindical do que seus antecessores indígenas. Esse "novo" campesinato pode ser considerado "produto" da reforma agrária, das escolas rurais e das novas relações econômicas impostas a partir dos anos 1950. Críticos do sindicalismo movimentista e do pacto militar-camponês começaram a se organizar em agremiações sindicais inicialmente de caráter cultural, utilizando o nome do mártir aimará do século XVIII, Túpac Katari.

A forma de organização sindical no campo, em realidade, seguiu algumas premissas que estabeleceram um tipo de relacionamento entre indígenas, sindicatos e MNR que causavam profundo desagrado às novas gerações camponesas. Como afirma James V. Kohl:

> assim, a revolução agrária introduziu um estilo político novo e distinto. O dirigente do sindicato camponês agora representava a nova posição de poder e autoridade nas comunidades camponesas, e seu *status* se dava por sua habilidade em manipular a burocracia de língua espanhola do regime nacional revolucionário. Aqueles dirigentes mais bem-sucedidos em arrancar favores (por exemplo, estradas, escolas, água potável, eletricidade, adjudicação favorável de disputas de limites) da revolução rapidamente vieram a associar-se com o MNR. Aqueles dirigentes que apoiavam a política fora do MNR foram marginalizados; rotulados de "extremistas", "agitadores" e "comunistas", eles desapareceram do poder nos primeiros anos da revolução. Dito simplesmente, a institucionalização da revolução envolveu o desenvolvimento de uma burocracia rural de dirigentes fiéis à liderança do MNR.[28]

Reagindo a isso, o katarismo logo se tornou um movimento intelectual de ampla influência, colocando em pauta o *Manifiesto de Tiwanaku*, que estabelecia de forma clara a posição ideológica do grupo. Propunha autonomia política e sindical ao campesinato indígena, reafirmava sua identidade étnica e criticava os feitos da Revolução de 1952. Sua influência, a partir daí, estendeu-se por todo o altiplano de La Paz e Oruro, e, à medida que o movimento ia crescendo, o Movimento Revolucionário Túpac Katari reafirmava sua posição de autonomia e independência do MNR e sua política sindical[29].

Alain Touraine acreditava que o katarismo havia surgido, na realidade, como reação a uma "desarticulação política e ideológica em relação à situação econômica"[30]. Para ele, o MRTK fora produto da intelectualidade aimará urbana, e mesmo preocupado com o campesinato – alguns insistiam em que o movimento ficava sempre à margem dos camponeses – tinha importante presença nas comunidades aimarás dos bairros pobres de La Paz e outras cidades. Touraine concluiu que "os movimentos étnicos não participam da política nacional senão enquanto base de grupos políticos ou culturais minoritários no sistema político nacional"[31]. O intelectual francês podia ter razão, mas, apesar desse caráter limitado, essas iniciativas tiveram um papel primordial para as comunidades marginalizadas, e para que elas fossem incluídas num esquema maior de luta teriam de ser compreendidas e ter voz própria. Genaro Flores, líder katarista, afirmava:

> Quem escreve a história são os nossos exploradores. E nossos exploradores ignoram a história do movimento camponês na Bolívia. Eles tergiversam a verdadeira história. [...]
> Em relação a Túpac Katari, afirmamos que ele lutou contra o imperialismo espanhol daquele tempo. Ele lutou para redimir os camponeses de nossa pátria, e não é um representante da burguesia nacional. Foi um simples camponês que nasceu numa pequena comunidade.
> Não estamos contra os marxistas, mas acreditamos que seria muito importante que adequassem a revolução à realidade boliviana. Assim pensamos.[32]

Não custa lembrar que boa parte dos guerrilheiros era composta por estrangeiros (vários dos quais, brancos), que não falavam as línguas autóctones do país. Como já foi dito, nenhum camponês (que deveria ser a principal base social rural da guerrilha), incorporou-se aos combatentes internacionalistas liderados pelo Che. Isolados, os membros do ELN não conseguiram convencê-los de seu projeto[33]. Os camponeses, em realidade, tinham interesses específicos e menos ambiciosos, como melhoria de alguma estrada, eletrificação de um povoado ou construção de um posto de saúde, necessitando apenas requerer o auxílio das Forças Armadas ou do governo nacional. Os guerrilheiros, no entanto, eram vistos como inimigos por parte da população rural, muito influenciada pela propaganda do governo. Isso sem contar que a região em que Guevara atuou é considerada uma das mais conservadoras e politicamente atrasadas da Bolívia, com intensa

182   CHE GUEVARA E A LUTA REVOLUCIONÁRIA NA BOLÍVIA

presença do Exército, que informava aos povos da área que os revolucionários eram invasores "paraguaios", utilizando-se, assim, dos sentimentos dos camponeses contra o país vizinho, decorrente da Guerra do Chaco[34].

Uma observação semelhante foi feita pelo dirigente porista Hugo González Moscoso, que afirma ter oferecido cinquenta combatentes ao ELN (o que, na prática, nunca se efetivou). Sua ideia, aparentemente, era enviar para lutar com o Che, segundo ele,

> camponeses e operários, porque tínhamos uma crítica à guerrilha: a composição da guerrilha é ruim, dizíamos; o camponês de Vallegrande, de Ñancahuazú, não se vê nos guerrilheiros [...] há que levar dirigentes que se pareçam [com eles], que sejam representativos, fisicamente e linguisticamente, idiomaticamente. Então selecionamos uma equipe de mineiros fabris e camponeses, os quais treinamos empiricamente [...] O primeiro que nos exigiram foi o *curriculum vitae* de cada um deles [...] começaram a colocar entraves. O CV, com a vida de cada um deles, nos pareceu um disparate, francamente.[35]

Quando Debray escreveu seu *A guerrilha do Che*, fez um balanço das atividades e projetos dos combatentes de Ñancahuazú. Segundo ele:

> Para desenvolver uma "linha de massas", é preciso, evidentemente, ter um conhecimento aproximado das condições de vida materiais das massas, das suas contradições de classe, das relações entre produtores e comerciantes das cidades, das tradições políticas locais, dos usos e costumes etc. É claro que o melhor teria sido não ter de fazer este inquérito do exterior, por meio de métodos mais ou menos superficiais, livrescos ou abstratos, mas sim se fundindo no interior das massas com a devida antecedência e vivendo diretamente suas condições de vida. Tal tarefa requer a presença de guerrilheiros originários da região ou ligados a ela por laços ancestrais, porque só eles podem trazer consigo todos estes conhecimentos elementares do meio ambiente, por assim dizer congenitais, inatos, sem os quais, numa região afastada e atrasada, toda a gente se vê fatalmente tratada de *extraño*, de estrangeiro, de suspeito. Tal não foi o caso, apesar de somente um dos camaradas bolivianos falar algumas palavras de guarani – a língua mais frequente entre os índios das *haciendas* nesta região que faz fronteira com o Paraguai. Vários camaradas bolivianos praticavam ou aprendiam o quéchua e alguns o aymará, mas estas línguas, em qualquer outro sítio indispensáveis, não serviam aqui para nada. Que fosse adquirida ou instintiva, o fato dos "sociólogos" ou o fato dos "compadres", apenas este conhecimento íntimo dos dados *específicos e locais* da exploração de classe teria permitido descobrir as reivindicações latentes, imediatas e concretas das camadas mais desfavorecidas – incluindo as reivindicações

"regionalistas" respeitantes ao conjunto da população e que desempenham na Bolívia um papel preponderante (isenções fiscais, montante das *royalties* do petróleo reinvestidas no terreno, abertura de estradas, créditos municipais, eleição de autoridades locais etc.). Sem um programa mínimo deste gênero, uma guerrilha avança às cegas, sem hipóteses de inserção no meio e muito menos de recrutamento nos próprios sítios das operações militares.[36]

De acordo com o próprio Debray, Guevara estava ciente dos problemas étnicos e socioeconômicos da região, e pensava em mudar a área de atuação da guerrilha para outra mais propícia em todos esses aspectos, provavelmente em torno de Santa Cruz; porém, quando decidiu fazer isso, a situação do momento inviabilizou a empreitada.

Em 1973, o mesmo filósofo francês também expôs o fenômeno indigenista de natureza "infrapolítica" cristalizado no movimento Túpac Katari como expressão dos povos quéchuas e aimarás em seu intuito de maior participação política nos assuntos do Estado, e soluções para questões étnicas propostas pelas próprias comunidades. Mesmo que não acreditasse que aquelas reivindicações chegassem a atingir um "patamar" revolucionário, ele considerava fundamental entender o paradoxo histórico da Bolívia que consistia "na justaposição de uma massa agrícola 'indígena' (evidentemente diferenciada segundo a língua, a região, a escala de classe), demograficamente dominante, mas na função economicamente secundária e com o papel político subalterno, e de um proletariado demograficamente dos mais reduzidos, mas na função econômica central e com papel político preponderante"[37]. A Bolívia seria, nessa acepção, um país onde diversos grupos étnicos de origem camponesa "conviveriam" quase alienados dos grandes centros e das massas proletárias, e, apesar de constituírem a principal força em termos numéricos, estariam isolados dos demais atores sociais e menos interessados em mudanças políticas de maior relevância, ou seja, na criação de um ambiente revolucionário que abarcasse ideias e conceitos que fossem além de suas próprias comunidades e que promovessem o câmbio do "estado geral" das coisas em todo o território nacional.

Em seu *Revolução na revolução*, Debray afirmava que

os focos guerrilheiros, ao começo da sua ação, ocupam regiões relativamente pouco habitadas, de população muito dispersa. Ninguém, nenhum recém-chegado, passa despercebido numa aldeia dos Andes, por exemplo, inspirando, antes de qualquer coisa, desconfiança. Do forasteiro, do "branco", os camponeses quéchuas ou cakchiqueles (maias) têm muitas razões para desconfiar; sabem bem que as belas palavras não lhes darão o que comer nem os protegerão dos bombardeios. O camponês pobre acredita, antes de tudo, em alguém que tenha poder, expressando pelo poder de fazer o que diz.[38]

Conhecedor das questões indígenas, o jornalista José Carlos Mariátegui já ressaltava sua posição em relação à forma de atuação dos povos originários durante um processo revolucionário. Ele comentava, em seu *El problema de las razas en la América Latina* [O problema das raças na América Latina]:

> Para a progressiva educação ideológica das massas indígenas, a vanguarda operária dispõe daqueles elementos militantes da raça índia que, nas minas ou nos centros urbanos, particularmente nos últimos, entram em contato com o movimento sindical e político. Assimilam seus princípios e se capacitam para cumprir um papel na emancipação de sua raça. É frequente que os operários provenientes do meio indígena regressem temporariamente ou definitivamente a este. O idioma permite-lhes cumprir eficazmente uma missão de instrutores de seus irmãos de raça e classe. Os índios camponeses não entenderão de verdade a não ser os indivíduos de seu meio, que lhes falem em seu próprio idioma. Do branco, do mestiço, desconfiarão sempre; e o branco e o monarca, por sua vez, muito dificilmente se colocarão o árduo trabalho de chegar ao meio indígena e levar a ele a propaganda classista.[39]

Não só considerava o intelectual peruano que os problemas étnicos e de classe eram ligados e inseparáveis na conjuntura de seu país – e por que não dizer, andina –, como também confirmava a necessidade de uma participação ativa e preponderante dos povos tradicionais para a resolução de seus antagonismos e para a liderança de uma revolução socialista na região. O professor Nonato Rufino Chuquimamani Valer, de origem quéchua, corroborando as observações de Mariátegui, declarava que "este caminho que é de revolução é bastante difícil, pois somos nós mesmos, os índios, que dividimos as massas camponesas e mostramos caminhos errôneos. Estamos trabalhando para buscar nossa libertação, a libertação do índio; mas também há pessoas que se servem dos índios e mais do que tudo buscam sua transculturação. Quando todos os quéchuas (pobres) nos levantarmos como um só homem, nesse dia conseguiremos nossa liberdade"[40].

Vale lembrar que o proletariado mineiro era composto em sua maioria de elementos quéchuas e aimarás, esses mesmos "filhos do campo" que se haviam proletarizado nas minas e nos sindicatos. Uma abordagem mais incisiva do movimento operário teria sido imprescindível e aumentaria as possibilidades de vitória de um projeto político popular mais radical.

No governo de Juan José Torres – portanto, após a guerrilha de Ñancahuazú –, os mineiros, em sua *Tesis socialista* [Tese socialista] do IV Congresso da COB, em 1970, afirmavam que é "missão histórica dos trabalhadores e do proletariado como seu núcleo dirigente, e como representantes genuínos dos interesses nacionais, esmagar o imperialismo e lutar pelo socialismo"[41]. Propunham, para tanto, uma "unidade trabalhadora anti-imperialista", com uma frente popular de vários partidos de esquerda e mineiros que impulsionasse a luta revolucionária, juntamente à ruptura do pacto militar-camponês de Barrientos. E, além disso, que a COB deveria organizar um congresso nacional camponês de unidade, trazendo o apoio dos camponeses para seu lado. Jorge Lazarte Rojas afirma:

> Sobre os camponeses, podemos dizer que seguiram a evolução política nacional e suas próprias modificações internas. Quando de alguma maneira se imaginaram como tal, tomando por parâmetro suas condições econômicas de existência, estiveram do lado do Estado; em contrapartida, quando começou a desempenhar um papel mais determinante em sua identidade a dimensão étnico-cultural e, junto a isso, viram-se entrelaçados à crise do Estado, aproximaram-se da COB, mas questionando a ideia operária de que constituíam o aliado seguidor da vanguarda operária.[42]

Todas as questões envolvendo os trabalhadores rurais e sua relação com seus *counterparts* urbanos, por certo, são complexas e podem ter múltiplos desdobramentos, passando por temas diversos, como origem étnica, aspectos culturais, táticas de mobilização política e luta de classes. A guerrilha do Che não teve êxito imediato em modificar a estrutura socioeconômica boliviana na época em que atuou, mas certamente ajudou a provocar uma maior discussão e conscientização de mineiros e camponeses indígenas naquele país nos anos que se seguiram.

5
PARTIDOS POLÍTICOS E GUERRILHA

Entender a relação de Che Guevara com os partidos políticos de esquerda bolivianos e, além disso, compreender a posição destes em relação à concepção da luta armada como meio viável para se chegar ao poder, são pressupostos importantes para se fazer um balanço geral da atuação do ELN naquele período.

Críticos ortodoxos na década de 1960 apontavam o conceito do foco como supostamente antileninista e demasiadamente voluntarista. Para os defensores dessa modalidade, contudo, esta não teria como incumbência *por si só* levar adiante um processo revolucionário, a partir da vontade de seus integrantes, mas funcionaria como elemento de aceleração de um processo latente. Intelectuais e militantes da "nova esquerda" acreditavam que os PCs da América Latina se comportavam de forma tímida, esperando a revolução em vez de realizá-la. Nesse sentido, o núcleo armado poderia atuar como uma alternativa às organizações tradicionais, o equivalente a um partido de vanguarda (mesmo que em gestação), um grupo político-militar que apressaria a derrocada do governo atacado, e, junto aos camponeses e operários, levar adiante um processo de mudanças estruturais profundas[1]. Não haveria, neste caso, de acordo com a mesma lógica, qualquer aventureirismo, mas a noção de que a guerrilha funcionaria apenas como "o pequeno motor que acionaria o grande motor". O Che, por sua vez, não acreditava que se poderia chegar ao poder rapidamente, com ações espetaculares, com "tomadas de palácio". Para ele, o caminho seria longo, e somente após anos de lutas e de preparação das condições para a destruição do regime em vigência é que a revolução triunfaria.

No artigo "A guerra de guerrilhas", V. I. Lênin, afirmava que "o marxismo admite as formas mais diversas de luta; ademais, não as 'inventa', mas sim as generaliza, organiza e torna conscientes as formas de luta das classes revolucionárias que aparecem por si mesmas no curso do movimento"[2]. E insistia que, "por isso, o marxismo não rechaça nenhuma forma de luta. O marxismo não se limita, em nenhum caso, às formas praticáveis e existentes somente em um momento dado, admitindo a *aparição inevitável* de formas de luta novas, desconhecidas dos militantes de um período dado, ao mudar-se a conjuntura social"[3].

O Che, por sua vez, acreditava que era necessário fazer uma frente única contra o maior inimigo, o imperialismo, e seus colaboradores internos. Assim, não descartava alianças com agremiações de diferentes tendências. Afinal, uma guerrilha não pode alcançar vitórias se estiver completamente isolada dos atores sociais que compõem uma nação. Sem o apoio dos trabalhadores urbanos, camponeses e partidos, e em menor escala de outros setores da sociedade (como estudantes e intelectuais), tem poucas possibilidades de vitória. Por isso, ele tentou dar seguimento a acordos com o PCB (sem sucesso), tinha elementos dissidentes do PC-ml (maoista) e dos pró-soviéticos, e recebia o apoio (mesmo que verbal) do Prin de Lechín e do POR. Para Guevara, as diferenças ideológicas seriam superadas ao longo do tempo, e os objetivos comuns sobrepujariam os problemas e divergências e criariam coesão e maior união entre os combatentes. Mas não poderia haver aliança com a burguesia. O processo seria, para ele, inevitavelmente feito por meio das armas, e deveria ser conduzido contra os latifundiários, a burguesia dependente e os governos autoritários dos países latino-americanos.

Segundo a jornalista e historiadora Lupe Cajías, "a maioria dos partidos apoiou neste momento a guerrilha e a justificou. Esse respaldo praticamente durou até a tragédia do Vado del Yeso. Os partidos e sindicatos viram na guerrilha uma possibilidade de acabar com o governo opressor"[4]. A questão não seria exatamente assim, ainda que, de fato, houvesse suporte, pelo menos retórico, de distintas organizações de esquerda às atividades do ELN.

Diferentes personalidades políticas se manifestariam publicamente naquele período. O dirigente histórico do MNR, Guillermo Bedregal, em maio de 1967, declararia que "a guerrilha se apresenta como uma forma de luta por falta de meios de expressão democrática na Bolívia"[5]. Já Víctor Paz Estenssoro, por sua vez, comentou, em 14 de junho, que "no momento atual, as guerrilhas são uma ação política necessária"[6]. Isso para não falar de trotskistas, maoistas e outros grupos nacionalistas de esquerda. Todos eles se manifestaram, de uma forma ou de outra, naquela situação.

Partido Obrero Revolucionario (POR)

As posições do POR (*Masas* e Combate) apresentadas aqui limitar-se-ão às suas concepções específicas sobre a luta guerrilheira. O partido foi fundado em 1934 em Córdoba, na Argentina, por Guillermo Lora, José Aguirre Gainsborg e Tristán Marof (pseudônimo de Gustavo Adolfo Navarro), este associado ao marxismo heterodoxo de Mariátegui, procurando nas tradições coletivistas incaicas sua inspiração (não deixa de ser interessante apontar que na década de 1920, Marof colaborara com Roberto Hinojosa para a "preparação de uma revolução americana que deveria ter seu foco na Bolívia e em seguida se expandir para todo o continente")[7].

A agremiação desvencilhou-se aos poucos da influência de Navarro, quando outros núcleos começaram a ganhar voz internamente (em 1938, Marof fundaria o PSOB). Mais notória foi a crescente importância e ascendência de Lora no meio político-intelectual local. Em 1946, conseguiu a aprovação de suas *Teses de Pulacayo* pela Federação Mineira da Bolívia, fato que evidenciava, pela primeira vez na América Latina, a aceitação oficial, por um grupo de trabalhadores de peso, das ideias de revolução permanente de Leon Trótski[8].

Após a revolução de 9 de abril de 1952, contudo, começou a ocorrer uma cisão dentro do partido. De um lado, aglutinou-se um grupo de ideólogos ligados a Lora e seu periódico *Masas*; de outro, o secretário-geral Hugo González Moscoso, e seu grupo Combate, com o órgão *Lucha Obrera*. Ambos escreveriam e dariam declarações sobre a luta armada na década de 1960.

Para Lora, uma guerrilha só poderia ser bem-sucedida em um país onde existisse um governo eleito democraticamente se os militares estivessem claramente subordinados a um poder imperialista (como os Estados Unidos) ou se houvesse um partido suficientemente organizado para liderar a revolução[9]. A guerrilha, assim, *deveria estar sempre subordinada a um partido*.

De acordo com ele, esperar pelas condições ideais para se iniciar a luta armada era coisa para "social-democratas e membros dos partidos comunistas ortodoxos". Com isso, demonstrava que não só acreditava em sua viabilidade como achava que essa modalidade poderia e deveria ser levada a cabo, mesmo sem todas as condições necessárias no momento, já que elas poderiam ser criadas, caso houvesse um partido como vanguarda[10]. Apesar disso, pensava que o nível de desenvolvimento político e histórico era diferente nos países latino-americanos e que, assim, não se poderia aplicar o modelo cubano em todos os casos, como uma "fórmula".

Seu grupo tentou participar do Congresso da Tricontinental, mostrando interesse nas articulações que se desenvolviam em Havana, sendo, contudo, barrado por recomendação do PCB. Lora afirmava que "o POR boliviano foi o partido que mais prestou atenção ao problema das guerrilhas; não somente discutiu e escreveu sobre esse método de luta, mas também realizou trabalhos preliminares para sua constituição"[11]. Ele acreditava que uma guerrilha na Bolívia só poderia obter sucesso tendo como liderança o Partido Obrero Revolucionario. Segundo o dirigente porista, o antitrotskismo de Fidel Castro representava um "sectarismo suicida", que se tornou regra quando se tratava de acordos de apoio a movimentos guerrilheiros, e provou ser desastroso[12]. Para o político boliviano, o que antes era imposição dos soviéticos acabou por se tornar norma de conduta (uma crítica similar àquelas feitas por outros dirigentes trotskistas). Além do mais, "a situação boliviana exige outro tipo de guerrilha, que resulte de uma frente única das tendências operárias"[13]. Publicado originalmente no periódico *Masas*, o documento oficial sobre esse tema mostra-se útil para que se possa compreender a posição da sigla:

1 O movimento guerrilheiro não resolve por si só o problema n. 1 do processo revolucionário, ou seja, o problema da direção, como tampouco pode colocar-se à margem da evolução política do país. Essas considerações têm plena vigência na etapa de preparação do dito método de luta; quando eclode a ação, é dever elementar do partido da classe operária dirigi-la. A guerrilha não é nada mais do que a luta do povo contra o *gorilismo* entreguista e antipopular.

2 Neste momento de definições, o POR diz publicamente que se solidariza e apoia o movimento guerrilheiro que acaba de eclodir, segundo informações oficiais, no sudeste do país. Assume-se essa atitude sem previamente considerar sua força ou debilidade, suas virtudes ou defeitos. Os guerrilheiros, apesar de todas as limitações que possam ter, são parte da vanguarda armada do povo. Seus objetivos são a libertação nacional e social e estão a serviço do progresso e do avanço da história: a violência que utilizam justifica-se por isso.

3 O POR denuncia com toda a energia que o oficialismo teve especial cuidado em inflar o volume das guerrilhas porque assim convém a seus mesquinhos interesses. Fala-se de um complô internacional, de guerrilheiros vindos de todos os rincões da Terra para encobrir melhor as medidas repressivas que vêm exercitando o governo contra o movimento operário e revolucionário. Os bolivianos têm de saber que seus irmãos que se levantaram em armas, juntamente às populações inocentes, estão sendo vil e covardemente assassinados pelas forças regulares. Humildes moradores têm de suportar o contínuo e aterrorizante bombardeio da aviação que ostenta a bandeira norte-americana e emprega cargas de *napalm*. Todo elemento suspeito aprisionado é imediatamente fuzilado e, sob o pretexto de exterminar as guerrilhas, nas cidades altiplânicas e centros de trabalho vêm-se operando incursões de "limpeza".

4 O território nacional foi declarado em emergência, e vivemos virtualmente sob o império do estado de guerra. Dezenas de cidadãos opositores estão sendo enviados a campos de concentração, apesar de a lógica mais elementar dizer que nada têm a ver com as guerrilhas. O governo encontrou um bom pretexto para justificar seu tenebroso plano repressivo contra todo o povo boliviano.[14]

Em "Revolución y foquismo", Lora aponta vários dos motivos que, segundo ele, levaram ao fracasso a guerrilha do ELN boliviano, como o isolamento dos

PARTIDOS POLÍTICOS E GUERRILHA 191

combatentes de outros atores importantes do cenário nacional. A indiferença popular foi, para ele, um indicativo do pouco apelo que os revolucionários tiveram no meio social local. Tanto antes quanto depois da experiência de Ñancahuazú, diferentes intelectuais trotskistas, como o argentino Nahuel Moreno, fariam críticas duras, no mesmo sentido, ao Che[15].

Para Lora, a ideia da revolução continental como "desculpa" para os intentos guerrilheiros na região de Ñancahuazú podia ser bonita, mas a subversão simultânea em vários países a partir desse conceito seria simplesmente utópica. Como ele mesmo afirmava,

> não pode ser uma justificativa o argumento de que Ñancahuazú era um simples elo de um plano continental: instalar focos guerrilheiros na maior parte dos países latino-americanos, movendo-se sob a direção cubana, para facilitar a luta contra o imperialismo e as ditaduras *criollas*. Se observarmos a partir desse plano, a aparição de novas guerrilhas constitui um feito de importância enorme, porque é coadjuvante do movimento continental; não obstante, seu isolamento, sua falta de ligação com as massas se transformará, ao longo do tempo, em uma das causas de seu progressivo debilitamento. A revolução latino-americana começará incorporando-se dentro das fronteiras de um país e então se projetará ao plano continental.[16]

A posição de outro dirigente trotskista, Hugo González Moscoso, também precisa ser avaliada aqui. Em entrevista realizada em novembro de 2009, ele afirmou que, na mesma época da guerrilha de Ñancahuazú, o POR (Combate) estava planejando criar um foco em Santa Cruz. Nesse sentido, um grupo do partido já fazia levamentos na região quando foi pego de surpresa pela notícia do início das atividades do Exército de Libertação Nacional naquela área[17]. Na ocasião, o próprio Moscoso acabaria detido, quando se encontrava em Guarayos, acusado de estar envolvido com o ELN (o que não era verdade). Ele, entretanto, imediatamente enviou uma mensagem à direção do POR em La Paz recomendando o apoio aos insurgentes[18]. O partido acatou a deliberação e resolveu, como seção boliviana da IV Internacional, defender a guerrilha[19] (González Moscoso, não obstante, achava que a luta armada deveria ser levada a cabo nas serras de Surrutu ou em Guarayos, neste último caso, pelas características da população local)[20].

É bom lembrar que o Che já iniciara um diálogo com trotskistas alguns anos antes, com interlocutores tão diferentes como Ángel Amado "Vasco" Bengochea e Ernest Mandel, e que estava aberto a discutir alianças com eles[21]. Por isso, não é de se estranhar a aproximação com militantes daquela tendência.

Loyola Guzmán, tesoureira da guerrilha, afirma que no começo de 1966 alguns membros do ELN – incluindo ela própria – estabeleceram contatos com o

192 CHE GUEVARA E A LUTA REVOLUCIONÁRIA NA BOLÍVIA

setor do POR ligado a González Moscoso (vinculado ao Secretariado Unificado), disposto a dar suporte à guerrilha. Aparentemente, foram organizados na época pequenos grupos para dar treinamento aos trotskistas, a fim de iniciar atividades nas cidades (como já comentado anteriormente, González Moscoso afirma que seu grupo ofereceu cinquenta combatentes)[22]. O agrupamento enviou para Rodolfo Saldaña endereços de prováveis colaboradores em La Paz[23] (o recrutamento teria ocorrido também entre alguns setores do MNR)[24]. Nenhum apoio *efetivo*, em termos de envio de militantes e material, contudo, ocorreu durante todo o período da guerrilha do Che na Bolívia.

Ainda assim, não custa recordar que González Moscoso, já em maio de 1967, declarou publicamente seu apoio ao ELN, afirmando que "a causa dos guerrilheiros é a causa de todos os bolivianos"[25]. Defensor incondicional da Revolução Cubana, diria num artigo que a ilha e a Bolívia haviam sido países semicoloniais monoprodutores dominados pelo imperialismo e pelo latifundismo, sem diversificação ou desenvolvimento da indústria manufatureira, com uma burguesia fraca e parasitária que não representava os interesses nacionais, enquanto o povo vivia em condições de pobreza, atraso e humilhação. No caso da Bolívia, contudo, a revolução havia sido interrompida após ter caminhado uma distância curta e muitas de suas conquistas gradualmente eliminadas. Aquela revolução, em última instância, não levou à independência nacional, não desenvolveu a economia, não melhorou a vida da população, mas restaurou o poder dos militares e dos oligarcas. As portas da nação foram novamente abertas ao imperialismo. Já em Cuba, o processo resultou inequivocamente no primeiro Estado operário da América Latina, uma revolução contra o imperialismo e a burguesia nacional. Ou seja, cada uma dessas experiências seguiu por vias distintas. E algumas lições deveriam ser aprendidas da nação caribenha, entre as quais, que o processo revolucionário é permanente e não passa por etapas; que a burguesia e a pequena burguesia não são capazes de levar adiante um projeto revolucionário profundo e precisam sair de cena numa revolução proletária; que quando os métodos tradicionais de luta política estão bloqueados pela ditadura capitalista e a oposição é duramente reprimida pelo aparato governamental, as massas não têm outra alternativa que não pegar em armas e preparar a insurreição; que os camponeses podem desempenhar um papel fundamental ao longo do processo; e que a revolução pode influenciar experiências similares em outros países apenas por seu exemplo. Para que a Revolução Cubana pudesse avançar e se consolidar, seria fundamental, portanto, expulsar o imperialismo e liquidar o capitalismo em outras nações da América Latina; em seguida, construir Estados operários e socialistas no continente[26].

Segundo Michael Löwy, o POR seria a única organização a apoiar abertamente a guerrilha de Ñancahuazú, ao defender não só a adesão aos esforços do ELN, mas também o desenvolvimento da luta de massas urbana, com mobilização de sindicatos mineiros e organização de milícias operárias[27]. Um manifesto do birô político daquele partido, de maio de 1967, publicado em *Quatrième Internationale* em julho daquele ano, afirmava que "as guerrilhas são uma convocação ao combate e indicam o caminho que as massas bolivianas devem seguir para esmagar o jugo que as oprime e explora"[28]. Nesse sentido, afirmava que, ainda que exaltassem o exemplo da Revolução Cubana, as ações empreendidas no sul do país não eram uma "louca aventura" ou uma "transposição mecânica" de experiências forâneas, mas parte da tradição de sublevações armadas do povo boliviano, representando "o ponto culminante de um processo político interno"[29]. Até mesmo a região escolhida era a mesma em que Juana Azurduy e Manuel Padilla haviam vencido o exército real espanhol na segunda década do século XIX. Por isso, os guerrilheiros representavam a linha histórica de luta nacional, expressavam os anseios populares e eram os melhores porta-vozes do povo. Aquela iniciativa, portanto, era algo que havia amadurecido na consciência operária "mediante um lento processo", que envolveu, ao longo dos quinze anos anteriores, diversas reuniões e congressos de trabalhadores urbanos, camponeses e estudantes, que elaboraram reivindicações constantes e formularam planos e programas. As massas, contudo, sempre haviam sido enganadas: a reforma agrária não melhorou a vida dos homens do campo, que continuaram na miséria; a nacionalização das minas só serviu para enriquecer uma "casta" e criar uma burguesia forte; o capital financeiro se apoderou do petróleo e do ouro; e os imperialistas penetraram em todas as instituições do governo. Os militares, por sua vez, chegaram ao poder para esmagar a população, matando mineiros, confiscando bens sindicais, reduzindo salários, aumentando o desemprego e decretando a ilegalidade do POR e do PCB[30]. Assim, as guerrilhas serviriam para abrir um novo caminho para o progresso do país[31]. Por isso,

> todos os revolucionários devem se unir para fortalecer a poderosa Frente de Esquerda. Devem reaparecer os comitês clandestinos, as milícias armadas nos sindicatos, precisamos contar com direções sindicais audazes. Neste processo, é preciso reorganizar vigorosamente os sindicatos, da base até a direção da COB, com homens que estejam à altura da luta armada iniciada pela guerrilha. As massas devem partir do nível que alcançaram graças às experiências dos últimos anos.[32]

De setembro de 1967 a fevereiro de 1968, contudo, os contatos antes construídos e estabelecidos seriam interrompidos. Foi um período caracterizado por reuniões promovidas pelo aparato de segurança cubano em Havana com membros das duas organizações, com o intuito de reconstituir seus laços políticos e operacionais. Nessa época, González Moscoso foi à ilha para selar o acordo (segundo

194 Che Guevara e a luta revolucionária na Bolívia

esse dirigente, ele próprio teria sugerido a aliança entre o ELN e o POR, que deveriam ser comandados por Inti Peredo, o que contradiz outros relatos sobre o tema)[33]. Lá os militantes trotskistas (aparentemente em torno de uma dezena)[34] foram enviados a um acampamento e treinaram com peruanos, chilenos e argentinos, enquanto, em La Paz, eram organizadas oficinas e práticas para a luta insurgente, experiências que foram desbaratadas pelo governo[35] (os ativistas em preparação acabariam sendo mandados para a prisão de San Pedro e, ao cabo, o próprio Gonzalez Moscoso partiria para a Argentina, onde se aproximaria do ERP, de Mario Santucho e de outras lideranças da organização)[36].

Nas negociações em Cuba, contudo, foi proposto, na ocasião, que o POR (Combate) deveria se dissolver como partido e se integrar ao ELN, aceitando a liderança única e indiscutível de Inti Peredo; a notícia da fusão dos dois grupos precisaria ser divulgada publicamente antes do início das novas ações armadas; algum membro do alto escalão da agremiação trotskista teria de ser enviado às montanhas para consolidar essa união; e o Partido Obrero Revolucionario aceitaria formalmente fornecer sessenta militantes para ingressar nas guerrilhas[37]. Peredo, que não estava presente nas conversas, se incomodou que o documento tivesse sido firmado sem seu conhecimento e autorização, mas acabou ratificando o acordo.

Como mostra Humberto Vázquez Viaña, aquelas decisões eram dificilmente realizáveis e fora de propósito, considerando que nenhum partido político tomaria uma medida tão drástica a ponto de se dissolver e de se subordinar a outra organização. Além disso, o POR também não teria condições reais de oferecer tantos combatentes para uma guerrilha na área rural. Para completar, o mesmo autor acreditava que o fato de o aparato de segurança de Cuba supostamente impor suas designações sobre o andamento do processo e os contatos a serem feitos (e não a direção do ELN) era outro fator que desagradava os militantes bolivianos[38]. O arranjo, assim, acabou não se efetivando.

Partido Revolucionario de la Izquierda Nacional (Prin)

O Prin é notadamente identificável com seu maior dirigente, Juan Lechín Oquendo, que o fundou em dezembro de 1963, após ser expulso do MNR juntamente a vários outros companheiros. O caráter combativo de Lechín e sua inclinação esquerdista sempre incomodaram diversos elementos emenerristas e do governo estadunidense, que o viam como ameaça à "democracia" boliviana. Indicativa de seu "radicalismo" – para os setores de direita, é claro – foi sua conclamação aos mineiros da Bolívia alguns dias antes do triunfo da revolução de 9 de abril de 1952. Publicada em *La Razón* no dia 4, a mensagem do sindicalista preocupava alguns quanto ao futuro direcionamento daquela revolta e ao

Partidos políticos e guerrilha   195

próprio papel político do dirigente nela. "Estamos caminhando de um estágio pré-revolucionário para a revolução proletária, quando expulsaremos a burguesia do poder e instalaremos a ditadura do proletariado. Os trabalhadores serão os verdadeiros destruidores do fascismo, porque eles destruirão o capitalismo de uma vez por todas"[39], diria ele naquele momento.

Lechín defendeu a luta armada e teve contatos com Fidel Castro à época da experiência de Ñancahuazú para uma possível ajuda a Guevara e seus combatentes. Para Lupe Cajías, aquele dirigente "tratou de apoiar a guerrilha incorporando de forma massiva seus partidários. Opinava que, para seu êxito, era vital conectá-la com as lutas populares nas minas e nas cidades"[40]. Mas a importância de sua participação, na prática, foi exagerada.

Em 1967, Jorge Kolle afirmou que o partido de Lechín era uma importante força no ambiente político boliviano, particularmente com elementos ativistas vindos das camadas estudantis universitárias e mineiras. Para ele, na ocasião, o ELN teria cerca de cem homens armados e estaria formado por militantes do Prin e "mineiros desocupados", "simpatizantes das guerrilhas", "desertores do exército boliviano" e "comunistas", além de "voluntários estrangeiros"[41]. Como se vê, ele se equivocava nesse caso...

Na realidade, Lechín nunca chegou a entrevistar-se com o Che nem seu partido participou diretamente dos combates. Ele dizia que o argentino provavelmente não se esforçou para procurar apoio de outros partidos por confiar em demasia no PCB[42]. Além disso, acreditava que Guevara queria manter-se reservado, para preservar sua posição de incógnito na Bolívia até os primeiros choques militares. Lechín relata assim seu encontro com Fidel Castro e como recebeu a informação sobre a guerrilha:

> Fui convidado à União Soviética. Lá, fui procurado pelo embaixador cubano, que me transmitiu um convite para viajar a Cuba. Assim o fiz, com muito prazer. Quando cheguei a Havana, o Che não estava. Disseram-me que Fidel viajava pelo Oriente, e que quando voltasse me colocariam em contato com ele. Assim, me levaram para a praia de Varadero. Fiquei um dia ou dois e voei para encontrar Fidel. Cheguei às 3h da madrugada no local onde ele estava. Naturalmente, não iria permitir que o acordassem. Perguntaram-me se queria madrugar para acompanhá-lo. Eu disse: "Caramba, estou muito cansado. Vou dormir até às 9h da manhã". Mais tarde, de carro, seguimos até encontrar Fidel no meio do caminho. Eu via como ele ia a cada vilarejo, orientando as pessoas sobre o que produzir. Continuamos e chegamos a um quartel onde iríamos comer. Depois que comemos, Fidel me disse que iríamos a um quarto. Então entramos e lá estavam o presidente de Cuba nesta época, Dorticós, o Barbarroja (Piñero Losada) e o encarregado de assuntos bolivianos. A primeira coisa que fizeram foi me entregar um cabograma

onde se anunciava o primeiro choque guerrilheiro. Naturalmente teve êxito. Pela mensagem, convenci-me de que a guerrilha era bem-preparada. E então, Fidel me disse: "Aqui está nosso Che Guevara".

Fiquei calado. Depois disso, não transmiti essa informação a ninguém, nem mesmo a meus amigos de partido.

Disse a Fidel que não achava que a guerrilha iria dar certo, porque na Bolívia havia ocorrido uma reforma agrária e os camponeses já não procuravam mais o que buscavam durante séculos: a terra. Com a reforma agrária, este setor estava satisfeito. Agora o que pediam, de vez em quando, era uma escola, uma estrada, luz, e isso sabiam que poderiam conseguir do governo. Então Fidel me perguntou quais eram os setores mais aguerridos. Eu disse que eram as minas, por um lado, e a cidade de La Paz, por outro. Se havia o aumento de um centavo no preço do pão, ou se aumentassem as tarifas dos transportes, o povo se levantava. Havia um setor que não aceitava injustiças nem pobrezas maiores nem encargos maiores aos setores populares. Então ele me perguntou se eu gostaria de falar com o Che e eu disse que sim. O Che era uma realidade na Bolívia. Mas eu falei a Fidel que não podia procurá-lo na Bolívia, que eu era conhecido e que poderiam me reconhecer. Eu chamaria a atenção indo a um vilarejo em que não havia mineiros, nem petroleiros, nem outros operários. Então, esperaram alguns dias para ver se eu poderia me comunicar com a guerrilha. Talvez o Che saísse para algum dos outros países e eu me encontraria com ele para conversar.

Passou-se uma semana e não puderam contatar o Che, por causa do combate com o exército. Quando descobriram o acampamento central, acabou o contato.[43]

Apesar de demonstrar admiração e respeito a Fidel Castro, Lechín discordava de suas concepções guerrilheiras. Por conta de sua importante participação na revolução de 1952, baseado em sua própria experiência (e no caso da China), o dirigente do Prin defendia uma insurreição popular de massas (ainda que houvesse a necessidade de uma vanguarda armada).

Um grupo de seis homens do Prin foi enviado (com identidades falsas) para treinar em Cuba. Quando voltaram, ficaram sabendo que o Che estava na Bolívia. No entanto, nenhum desses militantes engrossou as fileiras do ELN. Para Lechín, os cubanos sabiam que seu partido era combativo, "o único lutador", mas esses voluntários não chegaram a atuar no campo de batalha[44].

Para o encontro Tricontinental, seu partido enviou Lidia Gueiler como representante, mas não participou em solidariedade ao POR, proibido de ingressar no congresso a pedido do PCB e da Flin. Apesar disso, Lora não poupou críticas a Juan Lechín. Segundo ele, o sindicalista seria um oportunista (referindo-se, provavelmente, às declarações de Lechín em Santiago do Chile, em maio de 1967, às suas contradições e à posição final do Prin após a destruição das guerrilhas).

Lechín afirmara que a luta armada não deveria ser "monopólio" de comunistas e que não se reunira com membros do Partido Comunista do Chile (apesar de o porista insinuar indiretamente que os encontros ocorreram) para, ao término da campanha de Ñancahuazú, indicar, por comunicado oficial, que seu partido nada tinha a ver com as guerrilhas[45].

Assim, segundo seu maior dirigente, apesar de não acreditar de todo na possibilidade de sucesso da guerrilha do Che, o Prin demonstrou relativo apoio ao comandante, mesmo que ele tenha sido basicamente verbal. No dia 1º de maio de 1967, Lechín enviou uma mensagem do Chile para o povo boliviano antes de tentar atravessar clandestinamente a fronteira para seu país, acompanhado por Luis Valente Rossi (deputado do PCCh) e do comerciante Luis Hederman: "Encontramo-nos novamente firmes, no posto de batalha pela classe trabalhadora e pela libertação nacional do jugo imperialista. A única alternativa é defender a democracia com o fuzil no ombro dos trabalhadores e desempregados. Os guerrilheiros lutam pela libertação da pátria do funesto jugo que se encontra no Palácio do Governo e no Quartel de Miraflores"[46].

Por sua vez, um documento do Prin com as assinaturas de Lidia Gueiler e Carlos Daza, exortava a formação de uma frente de apoio aos guerrilheiros. A carta pública citava um texto de Lechín:

> As guerrilhas têm minha admiração e respeito porque sua única alternativa é vencer ou morrer. Escolheram o único caminho que resta ao povo boliviano para romper as cadeias da opressão da tirania imperante em minha pátria. As guerrilhas não são o instrumento de um só partido. Há anos foram o instrumento dos povos oprimidos para libertar-se da opressão. No presente, está o caso da Colômbia, onde houve guerrilhas comandadas pelo sacerdote Camilo Torres, que sem abandonar seu credo religioso esteve a mando delas e morreu lutando.[47]

Lechín, o líder máximo do partido, contudo, pouco podia fazer, visto que entre os anos de 1964 e 1969 passou a maior parte do tempo na clandestinidade e no desterro. Entre 1963 e 1964, permaneceu semiclandestino, perseguido pelo MNR; entre 1964 e 1965, manteve-se escondido, acossado pelo general Barrientos; em 1965 foi preso e deportado ao Paraguai; em 1966 entrou furtivamente na Bolívia; em 1967 saiu, novamente clandestino, para União Soviética e Cuba; e nesse mesmo ano foi preso em Arica, no Chile, com identidade falsa, com passaporte expedido na Argentina em 1962 em nome de Eduardo Manosera, pedindo asilo naquele país, no que foi ajudado pelo senador Salvador Allende[48]. Em outras palavras, mesmo querendo, o Prin aparentemente não tinha condições nem estrutura suficientes para dar apoio substancial aos guerrilheiros. Sua influência entre os mineiros seria importante para aumentar as possibilidades de êxito do ELN. O próprio *New York Times* chegou a dizer que ele tinha enorme força naquela categoria, assim como entre os estudantes, e que poderia constituir uma base chave para a guerrilha[49].

As conclusões de Lechín acerca da vanguarda revolucionária eram inequívocas, quando afirmava que o maior erro da COB fora não haver tomado o poder em 1952, e que o cogoverno fracassara "quando o fuzil deixou de pertencer ao trabalhador"[50]. A "missão" de fazer a revolução seria, portanto, sem dúvida, dos mineiros. Mas no fim dos anos 1960 e início dos anos 1970, sua influência declinara e ele não conseguia mais aglutinar aqueles setores, já que muitos líderes sindicais e homens de sua confiança romperam publicamente com ele "por erros cometidos e impossíveis de remediar"[51]. Lechín e o Prin estavam do lado da guerrilha – mesmo não acreditando na viabilidade daquele projeto específico –, mas não ofereceram muito em termos práticos.

Partido Comunista Marxista-Leninista (PC-ml)

Fundado em abril de 1965 no distrito mineiro Siglo XX, no norte de Potosí, e dirigido por Federico Escobar e Oscar Zamora Medinaceli, também conhecido como "Motete" (tio do futuro presidente da Bolívia Jaime Paz Zamora), o PC-ml, de orientação maoista (uma dissidência do PCB pró-soviético), não teve qualquer participação na guerrilha dirigida por Che Guevara e tampouco a apoiou materialmente, apesar de oficialmente ser a favor da luta armada e de publicamente a defender. Os preceitos básicos do partido, por sua vez, foram assim assinalados por Zamora:

> 1 Colocar a política em primeiro plano na condução da guerra popular. Isso quer dizer que é imprescindível contar com uma direção marxista-leninista, eliminando toda corrente contrarrevolucionária, como o revisionismo contemporâneo.
> O partido, a frente popular e o Exército Popular Revolucionário têm de estar unidos pela ideologia marxista-leninista.
> 2 A guerra popular é a luta política das massas por meio das armas para sua libertação. Por ele, o trabalho político no interior das massas, particularmente operárias e camponesas, é inseparável da atividade militar; esse trabalho político deve ser efetuado antes e durante a luta armada.
> 3 A guerra popular desenvolve-se nas três seguintes etapas: guerra de movimentos; guerra de guerrilhas, ligadas aos levantes camponeses; e guerra de posições, ou seja, a tomada das cidades pelo campo. Consideramos as bases de apoio, com características próprias de cada etapa, fundamentais para alcançar a vitória de uma guerra prolongada, como será a guerra popular, que levará o povo boliviano à sua libertação.[52]

Essas premissas demonstram uma quase impossibilidade de qualquer amparo ao movimento encabeçado pelo Che. Enquanto o revolucionário argentino acreditava numa aliança ampla de várias tendências de esquerda na luta de libertação nacional, Zamora praticamente excluía qualquer chance de negociação com grupos que não fossem "marxistas-leninistas", o que para ele significava maoistas (o PCB, segundo ele, era um partido reformista, revisionista e adepto da "coexistência pacífica"). Mas, ao fazer tal afirmação, o PC-ml colocava-se contra os preceitos do inspirador do partido, Mao Tsé-Tung. É bem verdade que o "grande timoneiro" acreditava que "a guerra das guerrilhas poderia ser levada a cabo somente quando liderada pelo Partido Comunista"[53], apontando que "a guerra é a forma mais elevada de se resolverem contradições, quando elas se desenvolveram até certo estágio, entre classes, nações, Estados ou grupo políticos, e existe desde a emergência da propriedade privada e das classes"[54]. Além disso, insistia que "a tomada de poder por força armada, a resolução da questão pela guerra, é a tarefa principal e a forma mais elevada de revolução. Esse princípio marxista-leninista de revolução é universal, para a China e para todos os países"[55]. Ao mesmo tempo, ele lembrava que, na guerra revolucionária – no caso, a chinesa –, dever-se-ia "opor a política de isolamento e afirmar a política de ganhar todos os aliados possíveis"[56].

O escritor Jesús Lara afirma que, em 1964, os maoistas faziam proselitismo e proclamavam a urgência do lançamento da luta armada. Chegaram a armazenar garrafas vazias para posteriormente produzirem coquetéis molotov, além de moerem carvão e comprarem salitre e enxofre para fabricar pólvora. E ainda simularam um treinamento militar no Chapare com "um pequeno grupo de adolescentes iludidos"[57]. O intento não foi adiante.

Quanto à guerra popular, preconizada por Zamora, não se pode dizer que o Che fosse contrário a esse conceito. É importante que se compreenda que o comandante *acreditava nas lutas das massas, incluindo as camponesas*. No prólogo do livro *Guerra do povo, exército do povo*, de Vo Nguyen Giap[58], pode-se observar claramente a íntima ligação das ideias do dirigente do governo cubano e do estrategista militar vietnamita. É nítida a concordância de Guevara em relação à guerra popular; não obstante, ele tinha sua própria interpretação da guerrilha e a aplicaria na América Latina, em uma realidade distinta daquela do Vietnã. Dizia o Che, no mesmo texto: "A luta de massas foi utilizada durante todo o transcurso da guerra pelo partido vietnamita. Foi utilizada, em primeiro lugar, porque a guerra de guerrilhas não é senão uma expressão da luta de massas e não se pode pensar nela quando isolada de seu meio natural, que é o povo; a guerrilha significa, neste caso, o avanço numericamente inferior da grande maioria do povo que não tem armas, mas que expressa em sua vanguarda a vontade do triunfo"[59].

Ele insistia que "o marxismo foi aplicado consequentemente à situação histórica concreta do Vietnã, e por isso, guiado por um partido de vanguarda, fiel a seu povo e consequente em sua doutrina, conseguiu-se a tão retumbante vitória sobre os imperialistas"[60]. Na Bolívia, não havia partido que tomasse a bandeira da revolução *continental* e que pudesse levá-la adiante. O ELN, assim, como ponta de lança, teria o papel de catalisador da revolução na América do Sul. O plano era certamente ambicioso, mas o Che era a única figura, entre todas as conhecidas, que poderia amalgamar um número suficiente de apoios para essa empresa (que, mesmo assim, não alcançou os resultados desejados).

Régis Debray acreditava que, no "plano pessoal", Guevara preferiria ter-se relacionado de forma mais próxima com Zamora do que com Monje. O Che teria, por meio de Ricardo ("Papi"), trabalhado "à margem" dos acordos com o PCB e contatado diversas vezes o dissidente daquele partido[61].

Os primeiros encontros entre Zamora e Guevara ocorreram em setembro de 1964, quando o jovem boliviano (juntamente a outros estudantes de seu país) encontrava-se em Cuba, ainda como membro do Partido Comunista pró-soviético. Nas conversas entre ele e o Che, o ministro de Indústrias teria, segundo Zamora, criticado o PCB (o qual não considerava um partido confiável), mas em nenhum momento mencionou seu projeto continental, muito menos a criação de um foco em território boliviano. De acordo com Motete, sua entrevista com o "guerrilheiro heroico" (ao que tudo indica, sem outras testemunhas) durou catorze horas num quarto que tinha nas paredes um quadro com a foto de Mao e outro com o retrato de Fidel. Na ocasião, ambos os interlocutores teriam (ainda segundo o boliviano) expressado admiração ao "grande timoneiro", concordando com a coerência internacionalista da China e exaltando Stálin... Também supostamente teriam demonstrado sua desconfiança em relação a Luis Corvalán, ao Partido Comunista do Chile e ao PCB[62].

Para Fidel Castro, porém, Zamora era "outro Monje, que algum tempo antes se havia comprometido a trabalhar com o Che para organizar a luta armada na Bolívia. Mais tarde, contudo, ele renegou seus compromissos, cruzando os braços de uma maneira covarde quando o momento da ação chegou"[63]. Igual opinião tinha Martínez Tamayo, que confessou a Debray que o dirigente do PC-ml "iludia-o" sistematicamente, faltando a encontros e nunca se comprometendo oficialmente com o projeto guevarista. Ao que tudo indica, ele achava que os cubanos só estavam na Bolívia de passagem, para iniciar algum projeto na Argentina, e por isso não sentiu qualquer obrigação que não fosse de caráter pessoal[64].

É difícil dizer com precisão quem está certo nessa polêmica. O que sabemos com certeza é que os únicos homens ligados a Motete que participaram da guerrilha foram justamente dissidentes do partido pró-chinês. Moisés Guevara,

Partidos políticos e guerrilha 201

líder sindical mineiro expulso do PC-ml por "fracionalismo", inegavelmente empenhado na luta de libertação nacional, participou ativa e fielmente da guerrilha ao lado do Che. Ele e um grupo de oito combatentes provenientes das minas, porém, agiam à margem dos desígnios de Zamora e atuavam independentemente de sua antiga orientação partidária, ou seja, nada tinham a ver com tal dirigente naquele momento. Em 1968, Zamora chegaria a acusar Fidel, sem qualquer comprovação, de ter traído o Che, por supostamente abandoná-lo na Bolívia sem provisões nem equipamentos[65].

É interessante notar que, mais tarde, no governo de Ovando, o PC-ml foi o que se posicionou mais radicalmente contra ele. Em 1970, a posição da esquerda boliviana era de que a direção do país, produto do fracasso da "Aliança para o Progresso", não enfrentava o imperialismo e mantinha-se ligada ao antigo governo Barrientos. James Dunkerley afirmou que

> em um foro político organizado pela Federação Universitária Local (FUL) da Universidade Mayor de San Simón de Cochabamba em janeiro de 1970, e que se prolongou por uma semana, Zamora diferenciou-se claramente do resto da esquerda, ignorando os elementos reformistas do governo, marginalizando as tarefas de organização de massas e sustentando um caráter contrarrevolucionário do regime (uma qualidade que compartilhava com Allende no Chile), conclamando à deflagração de uma "guerra revolucionária do povo", a qual, defendeu firmemente, estava pronta para começar.[66]

Em 1971, Zamora tentou colocar em prática seu plano. Nas diretivas que enviou à Assembleia Popular, recomendava "aglutinar as forças revolucionárias sob a direção da classe operária e preparar as forças revolucionárias para a luta armada que permita alcançar o Estado Socialista"[67]. Sendo assim, a União dos Camponeses Pobres (Ucapo), ligada ao PC-ml, iniciou atividades guerrilheiras no norte de Santa Cruz, tendo como liderança o próprio Zamora, que utilizava na ocasião o nome de guerra "comandante Rolando". Os *rangers* foram requisitados, a guerrilha rapidamente desmantelada e seu líder preso e exilado. Aquela experiência durou pouco e não teve os efeitos de "guerra popular" que o dirigente maoista desejava. O partido pró-chinês aparentemente não tinha o preparo político-militar, os recursos e o apoio que imaginava.

Mais tarde, Zamora retornou à Bolívia, declarou-se um "social-democrata" e começou a defender o sistema parlamentarista. Fundou a Frente Revolucionaria de Izquierda (FRI), sendo mais tarde senador por vários mandatos. Também foi indicado como embaixador na China (cargo que eventualmente declinou), prefeito de Tarija e ministro do Trabalho. Este foi o caminho seguido pelo antigo revolucionário...

Partido Comunista da Bolívia (PCB)

O PCB foi, naquela época, o partido mais atacado pela liderança cubana pela falta de apoio direto aos guerrilheiros. Quando se examina os documentos da agremiação, contudo, pode-se notar sua adesão e constante admiração pela Revolução Cubana. No informe do balanço do Comitê Central do PCB em seu II Congresso Nacional, de abril de 1964, coloca-se em evidência a aceitação do caráter continental da luta anti-imperialista na América Latina. O comunicado insinuava que os destinos dos dois países estariam ligados a partir da base e da história e certificava que Cuba não exportava e não poderia exportar a revolução, mas sim "seu exemplo", algo que não poderia ser detido pelos estadunidenses.

No ano seguinte, em maio, o informe de Mario Monje à VII Conferência Nacional do partido expressava que, "como fruto da maturidade das condições revolucionárias, Cuba avança incontível para o socialismo. O triunfo da Revolução Cubana, ao marcar etapa na ascensão revolucionária continental, ilumina o caminho a seguir e introduz mudanças profundas nas perspectivas revolucionárias continentais"[68].

O teor dos dois documentos é nitidamente "internacionalista". O problema da luta insurrecional é exposto de forma global, e a Bolívia e os outros países latino-americanos aparecem sempre juntos, como parte de um único emaranhado de dificuldades ante o imperialismo, e como parte de uma mesma solução conjunta. A Bolívia não é vista como caso isolado, mas sim como uma nação, entre outras do hemisfério ocidental, que dividem características semelhantes e que devem resolver seus problemas na esfera ampla da luta na região.

Nessa mesma VII Conferência, o Partido Comunista declarava seu ponto de vista acerca do golpe "restaurador" de Barrientos e Ovando, em novembro do ano anterior, condenando os militares, que representavam os aliados dos imperialistas norte-americanos e dos setores reacionários que lutaram contra o legado de 9 de abril de 1952.

Com o golpe em 1964 e a Conferência Tricontinental, os pró-soviéticos demonstravam completo acordo com a política de Fidel Castro. Expressando enorme admiração pelo líder cubano, não faltavam editoriais extensos e laudatórios no órgão *Unidad* exaltando sua figura e concordando com a ideia de "encurtamento" do processo revolucionário. Essa aceleração na luta de libertação nacional estava estritamente vinculada aos planos elaborados na ilha caribenha e afastava-se do que seria a tendência predominante da política soviética de "via pacífica" para a tomada do poder.

O PCB participou da reunião de fundação da Ospaaal, juntamente a um grupo integrado por representantes da COB, FSTMB e Flin, entre outros, encabeçando a delegação boliviana. Sua influência era tal que teve condições de impedir o Codep de participar da reunião. Para os cubanos, porém, mesmo que acordos paralelos fossem feitos, era mais seguro manter-se oficialmente respaldando o grupo de Mario Monje. Mas a posição daquele dirigente era bastante dúbia:

> Durante a Conferência Tricontinental Fidel me perguntou sobre meus planos. Eu lhe respondi que sempre havia possibilidade para rebeliões quando se agudizavam as divergências. Eu mesmo havia participado em dois levantes exitosos. Comuniquei a Fidel que já dispunha de um grupo para treinamento militar. Manuel Piñeiro me disse depois que minha atitude não agradava a Fidel: "Por que você não quer uma guerrilha? Pense bem!". Sabia que os cubanos não me deixariam sair se não participasse em seu jogo e disse a Manuel Piñeiro que veria o que era possível fazer. Eu mesmo solicitei participar na instrução militar para demostrar que estava disposto à luta.
>
> Enquanto isso, pedi que Ramiro Otero regressasse de Praga e enviei ao CC do PCB: "Avise à direção que os cubanos estão preparando uma guerrilha na Bolívia". O birô político não acreditou em mim e pensou que era um pretexto para eu ficar em Cuba. O CC do PCUS em Moscou tampouco confiava em minhas advertências. O que eu podia fazer?
>
> Fidel me convidou a empreender uma viagem pelo interior de Cuba, e enquanto estávamos no avião me contava como haviam combatido as tropas de Batista e mostrava os lugares do combate lá de cima. Interpretei que estava me testando. Recordei-lhe que a Bolívia tinha uma longa tradição de insurreições populares e que, dadas as condições da ditadura militar, era possível que surgisse uma nova. Entendi que me estava testando. Disse a Fidel: "Se há algum levante teremos possibilidade de tomar o controle da situação. Não quero uma guerra civil, prefiro buscar uma saída eleitoral. Nesse caso, nós sairíamos fortalecidos".
>
> Fidel de novo me perguntou: "O que você pensa fazer? Peço-lhe um favor. Sabe, sempre lhe considerei um bom internacionalista. Francamente quero agradecer por toda sua ajuda; e agora ocorre que um amigo comum quer regressar a sua pátria. Seu caráter e calibre revolucionários são inquestionáveis e ninguém pode impedir que volte. Ele pensa que o melhor lugar por onde passar é a Bolívia. Peço-lhe para ajudá-lo. Você poderá fazê-lo, sempre ajudou as pessoas".
>
> "Está bem, o farei".
>
> "Escolha as pessoas", disse Fidel, "que o acompanhariam até a fronteira. Se você e o Partido não estiverem contra, poderiam acompanhá-lo também para o outro lado da fronteira".
>
> Nunca pronunciou o nome do Che; não obstante, entendi de quem se tratava.[69]

Por certo dentro do Partido Comunista da Bolívia havia setores que defendiam a "via pacífica" (a linha oficial do PCUS). O primeiro-secretário Mario

204 CHE GUEVARA E A LUTA REVOLUCIONÁRIA NA BOLÍVIA

Monje, no entanto, demonstrava uma atitude ambígua, se declarando, por vezes, a favor da luta armada, passando a impressão de que estava de acordo com aquele método, sem, contudo, romper com a linha oficial soviética (em 1966, o partido participou das eleições e recebeu um número considerável de votos, o que fez com que alguns pensassem que essa poderia ser a solução a médio e longo prazo para sua atuação). Monje sempre insistia para seus companheiros que tinha grande amizade com Fidel Castro e elogiava o caminho para a revolução por meio do fuzil. Fora a Cuba treinar e apoiou jovens militantes do partido e membros da JCB a aprenderem técnicas militares e a fazer recrutamentos para possíveis intentos guerrilheiros (exemplo disso foi o envio dos quatro homens-chave nas articulações com a guerrilha de Ñancahuazú para se adestrar na ilha, em janeiro de 1966).

Mais tarde, contudo, Monje afirmaria que *nunca defendera a luta armada na Bolívia*. Sua posição ancípite, por certo, pode ter confundido tanto os cubanos como os soviéticos. É inegável, entretanto, que o partido esteve altamente envolvido com os projetos de Puerto Maldonado e Salta. Os dois intentos foram coordenados com os cubanos, e a participação logística do PCB foi muito importante. Por isso, o compromisso com a revolução continental não era apenas verbal. Os comunistas bolivianos ajudaram na prática as tentativas de luta insurrecional no Peru e Argentina. Assim, não se pode dizer que ignoravam o projeto de Che Guevara (de maneira mais ampla) nem que não estavam envolvidos nele, apesar de desconhecerem suas especificidades.

A direção cubana, no entanto, deixou de repassar informações importantes quanto a suas intenções na Bolívia. É verdade que somente em meados de 1966 decidiu-se por organizar um foco naquele território, mas os procedimentos e a organização preliminares foram feitos à margem do PCB. Havana realizava contatos com o grupo de Zamora e com Lechín, e essas atitudes desagradavam os pró-soviéticos, que não entendiam exatamente o que ocorria. Mario Monje declarou:

Em agosto de 1966, sugeriram que eu me encontrasse com o Che. Eu estava feliz em ter a oportunidade de falar com ele, mas lhes falei que aquele não era o momento ideal. Em setembro, alguns mal-entendidos surgiram entre nós e os cubanos. A presença de Debray colocou-me numa posição razoavelmente desconfortável. Sou muito sensível e acreditei que Debray era parte de um fenômeno estrangeiro, que em realidade algumas condições existentes haviam sido violadas. Previamente, eles se aproximaram de nós de maneira diferente, o que teria permitido que nosso partido se unisse à luta.

Dada a situação, a liderança do PC decidiu declarar que a revolução boliviana tinha de ser liderada por bolivianos, e que nós acreditávamos que os bolivianos poderiam resolver seus próprios problemas.[70]

Monje afirmava, ainda, que:

Eu me encontrei pela primeira vez com o Che em 1962. Nós nos vimos de novo algumas vezes em 1963 e 1964. Parece-me importante mencionar meu encontro com o Che, e depois com Fidel, em 1964. O Che era daquelas pessoas que estavam convencidas de que não se poderia fazer a guerra de guerrilhas na Bolívia; isso foi o que ele falou em 1964, recordando a época em que esteve na Bolívia, por volta de 1952 [sic]. Ele não achava que uma força guerrilheira poderia vencer na Bolívia. Ele pensava que nosso país deveria tentar entender, ou seja, que nós deveríamos de alguma forma esperar que a revolução tivesse sucesso em outros países.

Numa entrevista conhecida, corroborando essas mesmas informações e mencionando uma reunião que teve com o ministro de Indústrias em Havana, ele disse:

O Che me perguntou: "Então, você não acredita na revolução na Bolívia?" "Claro que não", foi minha resposta. "Você tem razão, a guerra de guerrilhas é impossível na Bolívia". "O mesmo me disse Fidel em 1963", comentei, "os guerrilheiros não poderiam triunfar na Bolívia porque o governo estava realizando a reforma agrária. Diga isso às pessoas que vieram comigo. Não creem que os cubanos estão de acordo [com meu ponto de vista]". O Che não vacilou em reagir: "Claro, lhes direi. Estive na Bolívia e vi que o país carece de bosques, não há onde realizar a guerrilha. Os camponeses tampouco nos apoiarão. É preciso apoiar-se com outras forças". Obviamente, achei que pensávamos igual.
Mas ao mesmo tempo, Zamora, o dirigente do grupo maoista dentro do PCB, esteve em Cuba em agosto (o que eu não sabia) e convenceu Fidel e o Che sobre as boas perspectivas na Bolívia, e que Monje era culpado pelo fracasso da guerrilha na Argentina (por ter informado o PCA sobre a infiltração dos agentes policiais). Segundo Zamora, era preciso destituir Monje e fundar um novo partido comunista; e os cubanos lhe deram o dinheiro para realizar a ruptura dentro do PCB.[71]

O primeiro-secretário encontrou-se com Guevara em Ñancahuazú. A conversa, na versão de Monje, teria sido assim:

Expliquei ao Che – assim como havia feito a Fidel anteriormente e repetia há um bom tempo – nossa posição sobre a revolução boliviana. Sugeri que o necessário seria construir um partido em escala nacional, uma organização militar capaz de levar adiante a revolução num tempo de crise, a partir de quando certas condições existissem.

Então ele me disse: "Eu não posso lhe dar a liderança da revolução porque você não acredita na luta guerrilheira. Você tem planos diferentes; você está se preparando – assim crê você – para uma insurreição, um levante de caráter nacional, sem data ou hora marcadas; você está esperando pela agudização ou pelo surgimento de certas contradições".

Eu lhe disse que sim, você me compreende, é isso que eu penso, porque eu não acredito que uma luta guerrilheira levará à revolução.[72]

Em outro depoimento, ele daria mais detalhes:

Quando eu estava na Casa de Calamina, veio o Inti, e só então apareceu o Che. Havíamos trocado um par de frases gerais. Inti me advertiu: "Sua conversa será histórica. Ele anotará qualquer palavra em seu livreto".

Em torno das dez fui conversar com o Che. Ele começou a conversa: "Há muito queria falar contigo. Mas antes de mais nada devo dizer certas palavras. Desculpe-nos, Mario: te enganamos. Eu havia pedido que falasse contigo. Ele não tem culpa. A responsabilidade é minha, ele te sugeriu o que eu queria, mas ambos tínhamos o critério de não te comunicar nenhum plano nosso. Papi, o cubano com quem você tinha falado, é militar e não podia violar a ordem recebida. Havíamos ajudado Oscar Zamora, mas este resultou ser um *cacho de mierda* incapaz de cumprir sua palavra". Ele me assegurou que se ligariam com militantes e ex-militantes com simpatias pró-chinesas.

Logo refleti muito sobre tudo o que me disse o Che. O que tudo isso tinha a ver com o internacionalismo proletário e com o marxismo?

Coco me declarou: "Ramón não está questionando sua posição como líder do PCB. Só quer ser dirigente militar". Em seguida, quando já falava com o Che, entendi bem seu plano. E compreendi de maneira perfeita que eu seria incapaz de dirigir o grupo pessoalmente fiel ao Che.

O Che me propôs ficar com eles e encabeçar a revolução; eu, por minha parte, exigi mais informação. Ele me falou da Revolução na América Latina, de preparar o pessoal na Bolívia. Afirmava que o exército boliviano era fraco, que podiam treinar ali as equipes que fariam a revolução no Peru, na Argentina. E o nosso Partido Comunista poderia ajudar nesse sentido. Eu lhe comentei: "o exército pode ser fraco, mas vai aprender. Vocês poderão lhes dar golpes iniciais, mas eles lhes darão golpes depois". Ele me disse: "Você é um covarde". Eu lhe respondi: "Você é suicida?"

"Você deve ser o líder da revolução na Bolívia", dizia o Che, "eu só serei o dirigente militar. Seu projeto de levante urbano é o mesmo que espreitar pelas sombras, enquanto eu disponho do plano de atividades concretas. Você só está perdendo oportunidades e tempo."

Assim iniciou a discussão: "Agora, imaginemos que sou o líder da revolução e você só se ocupa de coisas militares. Mas a partir do momento que começa o combate, o comandante militar se converte em um líder, enquanto o líder político só se limita a ser conselheiro, ao modo do presidente cubano Dorticós, no governo de Castro. Então, quem serei? Efetivamente, você seria um dirigente mais importante! Vou me retirar da direção do PCB para me ocupar de toda essa coisa. Tudo deve estar sob o controle do partido". Havíamos falado durante quatro horas. Disse-lhe, finalmente: "Não posso estar de acordo com sua atitude. Vou lhe dizer francamente: devo ser o líder número um. E ponto! Goste você ou não". O Che, por sua vez, me disse que não cederia em relação ao mando militar. Eu lhe adverti que transmitiria tudo à direção do partido e que seria o partido que daria a última palavra.[73]

Segundo um informe confidencial enviado pelo embaixador Douglas Henderson ao Departamento de Estado, Monje teria, naquela ocasião, proposto convocar uma conferência de partidos comunistas latino-americanos para coordenar as ações de apoio à rebelião, formar uma ampla frente política boliviana para sustentar o foco e basear a luta na "experiência e consciência do povo" e não apenas nos métodos de guerrilha. O diplomata afirmava que o PCB teria, dessa forma, organizado e mobilizado as forças armadas populares, dirigindo as ações nas cidades, montanhas e área rural. Além disso, o partido teria sugerido atrasar o início dos combates para que fossem coordenados com uma insurreição nacional[74]. O Che teria rechaçado os dois primeiros pontos, mas achou o terceiro interessante. Ainda assim, os dois dirigentes não entraram em acordo[75].

No dia 11 de janeiro de 1967, em carta a Fidel Castro assinada pelo CC do PCB, Monje e seus companheiros reiteraram sua posição de que a revolução na Bolívia deveria ser feita por bolivianos. Entregue pessoalmente pelo líder da FSTMB, o dirigente mineiro de Tarija Simón Reyes (também membro do secretariado do Comitê Central), o documento expressava o interesse de sua agremiação em assumir a liderança do processo[76]. A partir daí, o tom que o partido daria às suas declarações acerca dos cubanos e da guerrilha de Ñancahuazú seria mais crítico, e muitas vezes acusador.

Apesar disso, ainda houve uma tentativa "reconciliadora", que não veio a se concretizar devido ao início dos combates. Jorge Kolle e Simón Reyes, que retornaram de Cuba no fim de março, tinham a intenção de conversar com Che Guevara e entrar em novos acordos com o guerrilheiro. Como não sabiam do "projeto continental" – pelo menos era o que alegavam –, queriam discutir novas formas de cooperação entre o partido e o ELN. Reyes, de acordo com Guevara, estaria inclusive disposto a ajudá-lo, independentemente do partido. Com as movimentações da coluna de Che nas selvas de Ñancahuazú, novos combates e o decreto de ilegalidade do PCB, essa nova aproximação não ocorreu. De qualquer forma, a legenda divulgou uma declaração assinada por Monje e Kolle se solidarizando com a guerrilha[77].

Vale lembrar que vários militantes vinculados ao PCB se incorporaram ao ELN, ainda que já não pertencessem mais ao partido (inclusive dois membros de seu Comitê Central): Antonio Domínguez, Apolinar Aquino Quispe, Eusebio Tapia, Freddy Maemura, Guido Inti Peredo Leigue, Jorge Vázquez Viaña, Luis Méndez, Mario Gutierrez, Orlando Jiménez, Roberto Coco Peredo Leigue, Rodolfo Saldaña e Serapio Aquino Tudela. A JCB expulsara Loyola Guzmán, Aniceto Reinaga e Antonio Jimenez de suas fileiras, aparentemente por decidirem ficar ao lado de Guevara. E ainda estava no Exército de Libertação Nacional Walter Arancibia (do Comitê Executivo da Juventude Comunista Boliviana). Recebendo a aprovação de Mario Monje e Humberto Ramírez, a direção da JCB foi repreendida por Kolle, que acreditava que tal atitude poderia prejudicar o andamento dos possíveis "novos" acordos com os cubanos. Os dirigentes dessa organização afirmaram na ocasião que os três ainda permaneciam membros do CC, e que apenas haviam sido afastados em razão de uma "reestruturação" de suas fileiras, já que Loyola e seus companheiros encontravam-se havia algum tempo ausentes.

Em documento de abril de 1967, assinado pelo escritório político da JCB, é possível notar um rechaço da prática revolucionária empregada pelo ELN, ao mesmo tempo que os pró-soviéticos, apesar disso, confirmavam seu apoio à guerrilha. O que pode parecer uma contradição a princípio acabou por tornar-se rejeição ao final, já que essa posição dúbia do PCB e da JCB não lhes deixou alternativa senão se colocarem, mesmo que com ressalvas, criticamente em relação aos guerrilheiros:

A teoria do "foco revolucionário" pretende mostrar que as condições subjetivas para a luta revolucionária podem ser conseguidas criando focos conflitivos, armados, em distintos lugares, os mesmos que, ao remover a consciência popular, agudizariam as contradições de classe e, em um suposto desenvolvimento de círculos concêntricos cada vez mais extensos, alcançariam (estes focos) uma generalização da luta revolucionária. Essa teoria pretende desconhecer o papel dos partidos comunistas como fator decisivo neste processo; é a negação da vanguarda do proletariado, pois os "focos", de acordo com ela, são chamados a cumprir a tarefa daqueles. Sem dúvida alguma, a tese do "foquismo" absolutiza mecanicamente as vias e as formas de luta revolucionária e, ao pretender superar a teoria marxista da revolução, cai em uma deformação ideológica afastada da realidade histórica concreta.[78]

Apesar disso:

> Nosso partido manifestou seu apoio oficial ao movimento guerrilheiro e, com isso, não fez nada além de demonstrar seu dinamismo para colocar-se objetivamente na realidade.
>
> [...] Sem participar ativamente do movimento guerrilheiro, é necessário compreender que nos achamos imersos em suas projeções, de modo que a disjuntiva de estar ou não embarcados no processo não é já tal, e se prescindirmos desta realidade, corremos o risco de nos marginalizarmos historicamente.
>
> [...] Duas situações e um caminho apresentam-se nas perspectivas de nossa luta. Em primeiro lugar, nosso apoio ao movimento guerrilheiro, que em nenhum momento pode ser simplesmente declarativo e lírico, e a necessidade de conduzir o povo ao triunfo revolucionário.[79]

Além de publicar alguns comunicados do ELN no órgão *Unidad*, pouco fez o PCB para ajudar o Che durante os acontecimentos de Ñancahuazú em 1967. Pelo contrário: de acordo com Fidel Castro, Monje tentou sabotar o movimento, interceptando militantes comunistas treinados militarmente que se encontravam em La Paz e que queriam unir-se ao grupo guerrilheiro[80]. Ao longo do tempo, o comunista boliviano diria que o maior responsável pelo que ocorrera com o Che fora Fidel, que nunca quis reconhecer seu grau de responsabilidade, ainda que soubesse perfeitamente que a guerra de guerrilhas na Bolívia era inviável[81]. Para o dirigente do PCB, "o Che não tinha nenhuma chance de ganhar"[82].

Mario Monje renunciaria ao cargo de secretário-geral em dezembro de 1967. No ano seguinte, foi detido e encarcerado até ser libertado em 1970, junto a vários prisioneiros, por uma multidão, no panóptico de San Pedro, no dia em que Juan José Torres assumiu o poder. Depois de ser escolhido como primeiro--secretário do Comitê Regional do PCB em La Paz, foi novamente mandado para trás das grades durante o mandato do general Hugo Banzer. Quando saiu do cárcere, partiu para a União Soviética, onde recebeu asilo político. Depois da dissolução da União Soviética, continuaria morando na Rússia[83]. Ele faleceria no Hospital Clínico de Moscou em 15 de janeiro de 2019, aos 89 anos de idade.

Em 1968, tentando defender-se das acusações de Fidel, o PCB fez sua primeira importante autocrítica. O principal reconhecimento não está ligado ao fato de aquela agremiação não ter dado o apoio necessário à guerrilha, mas sim de ter, de alguma forma, viabilizado as possibilidades de sua existência. Enquanto antes o Partido Comunista achava que o foco, apesar de não ser uma tática correta, era uma forma de luta entre várias outras (e que por isso merecia ser, pelo menos, parcialmente apoiado), em 1968 decidiu fazer um balanço completo do suporte ao treinamento militar de seus membros para ingressar em atividades armadas no campo. O ELN não seria nem partido, nem vanguarda armada do partido, teria membros recrutados em bases "pessoais" e possuiria uma ideologia marxista misturada com concepções pequeno-burguesas. Isso tudo justificaria seu fracasso.

Não era isso, porém, o que pensava Ramiro Barrenechea (também integrante do PCB), que rompeu com sua ala ortodoxa em 1985. De acordo com ele, tudo indica que os membros do Comitê Central comprometeram o partido com a guerrilha e, se não bastasse, também garantiram pessoalmente que iriam incorporar-se na luta. Além disso, afirmou que o partido – tanto a direção quanto as bases – foi desinformado pelos principais dirigentes do que se passava nos acordos com os cubanos; e que a sigla mudou de rumos e quebrou as promessas que tinha estabelecido com a guerrilha[84]. Também pensavam assim Rodolfo Saldaña e Ramiro Otero. Para este último, um dos responsáveis pelo fracasso do ELN foi Monje, e "a derrota do Che, sem dúvida e desgraçadamente, significou a derrota de todos nós"[85].

O Partido Comunista da Bolívia evidentemente tinha posições diferentes das defendidas pelos cubanos. Mas esteve envolvido no projeto global de Che (como nos casos de Puerto Maldonado e Salta) e, apesar de diferenças ideológicas, mantinha-se em contato com Fidel e a direção da ilha. Mesmo não estando de acordo com as concepções guerrilheiras do argentino, o PCB era parte importante do esquema que supostamente desembocaria na revolução socialista. A organização, porém, não fez nada de concreto para ajudar o Che depois da partida de Monje do acampamento.

A partir do momento que Guevara não teve mais apoio do PCB, ficou praticamente sozinho, o que dificultou sobremaneira a possibilidade de sucesso. Como curiosidade, vale mencionar a tentativa de apoio do Partido Comunista do Uruguai à operação do Che na Bolívia, já que o PCU supostamente havia treinado um grupo de militantes para depois se juntar ao ELN (o que nunca chegou a acontecer)[86]. Isso mostra uma posição distinta de outros partidos homólogos da região, especialmente o argentino. Vittorio Codovilla, primeiro-secretário do PCA, por exemplo, era extremamente crítico e refratário ao posicionamento dos cubanos, chegando, inclusive, a chamar o Che, ironicamente, de "garibaldino"[87], além de "aventureiro", "pró-chinês" e "trotskista"[88]. A posição dos uruguaios, portanto, pode ser vista como singular. Rodney Arismendi, dirigente histórico do PCU, diria, em relação ao "guerrilheiro heroico":

> Nosso Partido manteve sempre um grande carinho e uma grande admiração pelo Che, pensador profundo e um dos mais puros heróis desta época em que América Latina se colocou de pé na segunda guerra de independência. Sempre vimos o Che inseparável de Fidel – esse gigante do processo revolucionário continental e mundial – e de Raúl, ou seja, da revolução cubana, a qual qualificamos como

o maior acontecimento histórico desde a grande guerra da independência. O Che – como Fidel – é dessas figuras tão poderosas e tão ricas, tão carregadas de genialidade, que os grandes momentos revolucionários da história sabem parir... Uma das melhores figuras do heroísmo revolucionario, de grandeza moral, de vontade de refletir e estimular o despertar da conciência patriótica, latino--americana, internacionalista e socialista dos povos do continente... Creio que nossa amizade com o Che – quanto a mim, afetuosa e profunda – e com Fidel, foi ajudada pela precoce compreensão de nosso Partido do papel histórico da revolução cubana, incorporada a toda a análise teórica e estratégica do processo continental e mundial[89].

E especificamente em relação à gesta guevariana, afirmaria que

a apoiamos apesar de que considerávamos – e assim o dissemos – que os dados políticos em que se baseava a operação da Bolívia eram, no mínimo, problemáticos. Ou seja, que tínhamos uma margem crítica quanto à oportunidade política e algumas condições da operação. Mas advertíamos a projeção histórica do acontecimento para a América Latina. E não podíamos deixar o Che sozinho nesta hora do destino do continente [...] Seria ter uma concepção misérrima do processo revolucionário se valorássemos certos acontecimentos somente em função de seu êxito ou sua derrota. Militarmente a operação do Che na Bolívia foi derrotada, e seguramente as possibilidades de derrota eram cem vezes maiores que as de vitória. Mas, política e moralmente, o Che se tornou o símbolo da vontade indômita de libertação dos latino-americanos [...] O que não se pode esquecer do Che é sua grandeza histórica, sua força intelectual e moral, sua qualidade de arquétipo revolucionário, sua dimensão de comunista e revolucionário latino-americano, seu talento excepcional e sua bela e polícroma magnitude como pessoa.[90]

Capturado pelo Exército boliviano em La Higuera, Che Guevara foi assassinado no dia 9 de outubro de 1967.

6

CONSIDERAÇÕES SOBRE
A ATUAÇÃO DOS MILITARES

Desde a primeira metade da década de 1950 até o período subsequente ao fim da guerrilha de Ñancahuazú, é possível observar vários aspectos importantes do desenvolvimento das Forças Armadas bolivianas e a relevância do papel que exerceram na vida política do país, principalmente após assumirem o poder, nos anos 1960, resultado direto das disputas internas durante o segundo governo de Paz Estenssoro, da influência ostensiva dos Estados Unidos e dos episódios protagonizados pelo ELN.

Quando a revolução triunfou, em 1952, várias medidas restritivas foram tomadas em relação às FFAA. Os quadros considerados politicamente contrários ao MNR, por exemplo, foram afastados da ativa e o Colégio Militar fechado, além da desmobilização de 80% de seus efetivos[1].

Apesar do repúdio dos trabalhadores, expresso em declarações da COB contra o Exército[2], o *Movimiento* resolveu restabelecê-lo em decreto de 24 de julho de 1953, ainda que o intuito fosse o de reconstituí-lo em novos moldes. Ao mesmo tempo, reforçavam-se as milícias civis, que chegaram a ter 70 mil homens armados. Preocupada com os avanços do governo na reconstrução das instituições castrenses, em 10 de junho a Central havia aprovado, em caráter de urgência, a organização de um "exército proletário e popular", que teria em Juan Lechín seu comandante em chefe e que deveria coordenar-se com as milícias civis, estas últimas acionadas em caso de luta no campo e baseadas em técnicas de guerrilha. A preocupação *rosquera* (ou seja, o medo da contrarrevolução), não impediu, porém, o retorno dos efetivos regulares.

Também foi criada pela administração de Paz Estenssoro a Escola Nacional de Polícias. Os carabineiros tiveram treinamento paramilitar e receberam como incumbência ter em sua jurisdição a força de detetives e o Serviço Nacional de Identificação. Em teoria, com essa política o governo tentava manter um

214   CHE GUEVARA E A LUTA REVOLUCIONÁRIA NA BOLÍVIA

equilíbrio entre a polícia, o Exército e as milícias. Mas isso, só em teoria. Um dos fatores primordiais para a mudança dessa situação – e o gradual aumento do poder e da influência dos generais – foram os acordos de cooperação militar firmados com Washington em 1956. Como afirma Alfonso Camacho Peña, "com a missão dos Estados Unidos, em primeiro lugar, o novo exército boliviano converteu-se progressivamente em uma organização forte e logicamente se foi integrando ao sistema de defesa continental, com sua doutrina e programas; isso quer dizer, a Ação Cívica e os programas anti-insurreição"[3]. Posteriormente, com a ameaça "subversiva" de grupos inspirados pela Revolução Cubana em todo o hemisfério, o apoio norte-americano tornou-se ainda mais direto.

Vale lembrar também que as milícias não estavam atreladas ao poder central. Tendo relativa autonomia, elas respondiam basicamente a seus chefes locais e a algumas lideranças de expressão nacional (como Juan Lechín, por exemplo). Em atitudes como essa o Palacio Quemado viu mais uma desculpa para fortalecer os fardados.

Até o final da década de 1950, as FFAA possuíam material bélico obsoleto, principalmente o utilizado na Guerra do Chaco nos anos 1930; após os acordos celebrados com os Estados Unidos, contudo, receberam um arsenal mais moderno e treinamento para oficiais no Panamá. Em 1959, chegou a primeira remessa de equipamento para as companhias de infantaria, que cumpriam funções de segurança interna[4]. Além disso, o EB, que antes do golpe de novembro de 1964 possuía em torno de 9 mil soldados, em pouco tempo aumentou o número de seus efetivos para mais de 30 mil homens[5], enquanto seu salário-base se elevou em 30% na época[6].

O que podemos notar, pois, é o refortalecimento das Forças Armadas da Bolívia em escala progressiva após o triunfo da revolução e o gradual enfraquecimento das milícias civis. Alfonso Camacho Peña vê assim a situação:

De maneira que o novo exército boliviano, durante o período da revolução nacional, sofreu a seguinte evolução: em 1953 o Colégio Militar foi reaberto, com um novo enfoque que consistiu em mudar as bases de recrutamento para os novos oficiais. A partir de 1956, o exército começou a ser reorganizado sob a tutela da missão militar estadunidense. Assim como no passado – quando o exército boliviano "germanizou-se" sob a influência da missão militar alemã –, com a missão dos Estados Unidos o novo exército sofria um processo de "americanização". No começo dos anos 1960, as Forças Armadas passaram a desempenhar um papel político progressivo. Começa a notar-se sua influência com a reabertura dos institutos militares para oficiais de alta graduação. O tema fundamental que atraía a atenção dos militares era o desenvolvimento. Da "influência" passou-se à "participação", especialmente a partir de 1962, data em que o presidente Paz Estenssoro decidiu sua candidatura presidencial para 1964.[7]

O governo emenerrista começava, assim, a se apoiar nos "generais" como aliados diante da oposição de setores mais radicais. Programas como o Ação Cívica, elaborados por Washington e rapidamente assimilados pelas FFAA, foram primordiais para a afirmação dos verde-oliva da Bolívia como novos protagonistas do cenário político nacional. Essas iniciativas eram voltadas basicamente ao assistencialismo às camadas pobres indígenas que viviam na área rural, o que criou a possibilidade de um pacto "militar-camponês" (um dos sustentáculos do futuro governo do general Barrientos) e viabilizou o afastamento das Forças Armadas da esfera do *Movimiento*, permitindo-lhes uma atuação independente[8]. De acordo com a socióloga Gloria Ardaya Salinas, "o MNR fracassou no intento de implantar entre os militares o 'nacionalismo revolucionário', ideologia da revolução nacional, nada fazendo contra o imperialismo que durante esse período impôs sua hegemonia entre eles"[9]. Os fardados tornaram-se os "árbitros" da política boliviana, e de mediadores passaram a ter um papel objetivo de pressão que logo culminaria no golpe de Estado de 1964, quando tomaram o poder dos civis e passaram a governar o país de forma repressiva[10]. Além disso, não custa recordar que pelo menos 20 de 23 oficiais bolivianos de primeira linha foram treinados na Escola das Américas, tanto nos Estados Unidos como na zona do canal do Panamá, assim como 1.200 homens de outras forças[11] (segundo Pablo González Casanova, entre 1950 e 1972, o Departamento de Defesa norte-americano formou 61.032 oficiais e soldados de toda a América Latina)[12].

Com o país nas mãos dos militares a partir de 4 de novembro de 1964, o governo de Barrientos e Ovando teve por objetivo aumentar sua influência sobre o campesinato indígena, ao mesmo tempo que estrangulava o setor mineiro, potencialmente o mais radical e organizado. Nas áreas rurais, se incrementou a construção de escolas, pequenas estradas e postos de saúde, de maneira a estreitar os laços com a população local, muitas vezes afastada da vida política nacional e ostracizada pelas camadas médias urbanas. No entanto, no começo de 1965, os trabalhadores das minas sofreram um revés no interior da Comibol: a organização foi colocada sob a tutela dos verde-oliva e o *control obrero* (dispositivo do decreto de nacionalização das minas que dava aos líderes sindicais o direito de vetar decisões concernentes a fatores administrativos) foi anulado[13]. Para completar esse quadro, o pagamento dos trabalhadores foi cortado pela metade – aproximadamente US$ 0,80 por dia – e a força de trabalho da corporação reduzida em 10%. Quaisquer tentativas de protesto eram reprimidas com extrema violência.

Muitos estudiosos acreditam que, até o segundo governo de Paz Estenssoro, a Bolívia tinha possibilidade de contrapor minimamente a ideia de "nacionalismo revolucionário" à ingerência norte-americana. Após a tomada do poder pelas Forças Armadas, porém, foram eliminados todos os empecilhos à penetração completa do imperialismo do país, dinâmica que continuaria no governo

216 Che Guevara e a luta revolucionária na Bolívia

Barrientos, que seria eleito depois[14]. Em janeiro de 1965, por exemplo, um grupo de jovens lideranças camponesas seria enviado por dois meses para Utah, dentro do Programa Anual de Intercâmbio Educativo, para ver de perto os avanços da agricultura e da criação de gado[15] (outro grupo viajaria três meses depois para viver por cinco meses com *farmers* locais)[16], enquanto na mesma época o FBI e a Usaid dariam seu apoio à formação de novos detetives da Dirección Nacional de Investigación Criminal (Dnic)[17]. Em seguida, o ministro da Economia Nacional, Julio Sanjinés Goitia, assinou contratos de crédito de US$ 33 milhões com os Estados Unidos para a construção de estradas, ao mesmo tempo que o Banco Mundial e a Usaid, por sua vez, concederam créditos à Empresa Nacional de Eletrificação (Ende) e à Cooperativa Rural de Eletrificação (CRE)[18]. Já em março, o Decreto-Lei n. 7.097 liberou de impostos aduaneiros as importações da sucursal do First National City Bank em La Paz. Nesse mês, os dirigentes sindicais Felipe Moya Márquez, Justo Flores, Alfonso Ostria, Antonio Rodríguez e Natalio Camacho receberam bolsas da mesma United States Agency for International Development para um curso sobre "sindicalismo livre" no Colosso do Norte (que posteriormente fez o mesmo com os funcionários públicos Genaro Blanco, Milton Campero e David Medina para participarem de aulas sobre arrecadação tributária, relações públicas e impostos)[19] e o padre John Gallagher, presidente da National Catholic Welfare Conference, comunicou que 21 jovens receberiam *becas* [bolsas] para estudar no mesmo país[20] (o Departamento de Estado, além disso, concederia os mesmos benefícios para professores e estudantes da Universidade Autônoma Gabriel René Moreno, de Santa Cruz, para que passassem trinta dias lá; dez outros rapazes, posteriormente, participariam do Programa de Intercâmbio Estudantil auspiciado pela American Youth Exchange, com o objetivo de "conhecer o estilo de vida norte-americano")[21]. Não custa lembrar que no mesmo período o comandante do exército do Sul, o general James Alger, condecorou com a "Legião do Mérito" o general Ernesto Guzmán Fricke, da FAB, por seus serviços prestados como agregado da aeronáutica nos Estados Unidos[22]. A Bolívia, em 1965, tanto receberia 28 voluntários dos Peace Corps como enviaria, em visita aos Estados Unidos, os dirigentes universitários Mario Cossío e Oscar Prada (secretário da FUL), ambos de Tarija; Oscar Olmos (Santa Cruz); Enrique Pozo (secretário da FUL), de Oruro; Guido Strauss (La Paz); Julio Michel (Sucre); e Delfín Villegas (Potosí), que seriam recepcionados pelo subsecretário de Assuntos Latino-Americanos Jack Hood Vaugh[23]. Finalmente em dezembro, o representante do BID, Manuel Bendfeldit, anunciaria que aquela instituição havia aprovado empréstimos para três universidades bolivianas. Seriam US$ 500 mil para a Faculdade de Agronomia da UMSS de Cochabamba, US$ 400 mil para Faculdade de Engenharia Metalúrgica e Eletromecânica da UTO (Oruro) e US$ 400 mil para a Faculdade de Medicina Veterinária da UAGRM, de Santa Cruz, com uma taxa de juros de 2,25% e prazo de pagamento de vinte anos[24]. A guerrilha de Ñancahuazú, depois, funcionou como elemento que reforçou ainda mais a política "entreguista" dos militares bolivianos, já que os fatos demonstram que a colaboração dos Estados Unidos foi imprescindível para o sucesso contra os guerrilheiros.

O EB não estava preparado para enfrentar eficazmente o ELN liderado por Che Guevara em 1967. O auxílio da Casa Branca, por certo, foi fundamental na vitória contra os combatentes internacionalistas. Não custa lembrar que já no fim de janeiro de 1966, o comandante do exército do Sul dos Estados Unidos, o general Robert W. Porter, após se reunir em audiência com o presidente da Junta Militar Ovando Candia, em janeiro de 1966, anunciou que seu país ampliaria a ajuda à Bolívia para que este país pudesse se preparar para enfrentar "o problema das guerrilhas"[25]. Naquele mesmo mês, sete alunos da Escuela de Clases "Sargento Maximiliano Paredes" (José Zegarra Rojas, Guillermo Delgadillo Media, Wilfredo Montaño, Juan Ramallo, Martiriano Rodríguez, Rúben Quiroz e Lucio Torrico) foram trasladados para a zona do canal do Panamá, com o objetivo de realizar cursos de especialização técnica em rádio, motores e mecânica[26]. Em março de 1967, o general Porter chegaria à Bolívia para avaliar como estavam sendo utilizados os materiais bélicos outorgados recentemente e para delinear o programa de segurança e defesa do Hemisfério, dirigido por ele[27]. Em abril, por sua vez, o comandante da base aérea "Nataniel Verduguez" se deslocaria para os Estados Unidos a convite de autoridades locais, para visitar as principais instalações da Usaf[28], enquanto era enviado o brigadeiro William A. Tope, para que fizesse um informe completo sobre o quadro da guerrilha na Bolívia e que tipo de ajuda os norte-americanos deveriam dar ao governo daquele país (ele se reuniria três vezes com Barrientos e Ovando)[29]. A opinião da CIA sobre as Forças Armadas do país não era das melhores. De acordo com um memorando da agência:

> Doze anos de governo do MNR e dois anos de junta militar transformaram o Exército em uma estrutura medíocre: de fato, antepõe os interesses pessoais e as vantagens políticas à competência bélica. Ademais, há falta de confiança em si mesmo e em suas tropas [...] Consideramos que as ameaças são três: a guerrilha, as carências das Forças Armadas bolivianas no adestramento antiguerrilha (junto à escassa familiaridade do Estado Maior com a natureza da guerra de guerrilhas) e a persistente desafeição dos militares diante da população [...] A maior parte das tropas bolivianas está composta de soldados de leva sem preparação para o combate.[30]

Dois autores norte-americanos, Mitch Weiss e Kevin Maurer, chegaram a dizer que os soldados bolivianos eram quase todos analfabetos e desnutridos, e que seus uniformes eram tão largos que "dançavam sobre a sua esquelética estrutura"[31].

218   Che Guevara e a luta revolucionária na Bolívia

Isso sem contar os sérios problemas de higiene bucal e corporal. Muitos tinham gengivite e dentes podres. E não estavam acostumados a tomar banho e lavar suas roupas regularmente. Além disso, os homens recebiam a autorização para disparar apenas dez balas por treinamento, só dispondo de uma farda cada. Eles também não tinham cantis, ponchos ou rações embaladas para o campo[32]. De acordo com os mesmos escritores, "os cozinheiros do Exército boliviano – remanescentes da Guerra do Chaco –, começavam a preparar o jantar enchendo tambores com mais de 200 litros de água. Ali, eles jogavam arroz, batatas e alguns pedaços de carne – por vezes uma sucuri retalhada, quando conseguiam pegar alguma. Acendiam um fogo sob os tambores e, cerca de uma hora mais tarde, serviam aquele caldo nas tigelas"[33]. E completavam: "Os homens não ingeriam calorias suficientes para suportar o rigoroso treinamento. Não tinham a estamina e a força corporal necessárias para completar alguns dos exercícios, especialmente os de subir pela corda"[34].

Foram várias as tentativas de aprimorar as FFAA locais. O seminário "Defesa interna: organização do desenvolvimento", promovido pela missão militar norte-americana em agosto de 1966 foi mais um exemplo da proximidade entre oficiais dos dois países e contou com a participação de 28 representantes bolivianos de alto escalão[35]. Poucos meses depois, em dezembro, Washington doaria 25 jipes ao Exército daquela nação sul-americana, ainda que, paradoxalmente, fosse anunciada a redução do auxílio bélico para toda a região, por causa dos gastos excessivos dos Estados Unidos com a Guerra do Vietnã. Por isso, em vez de dez caças e nove helicópteros, La Paz receberia apenas cinco aviões e três autogiros[36].

A ajuda norte-americana fazia parte do Military Aid Program (MAP), que permitia a obtenção, por parte dos bolivianos, de equipamentos "modernos" para unidades específicas das Forças Armadas, como quatro aviões de treinamento T-28A para o Colégio Militar de Santa Cruz "Germán Busch" e alguns caças--bombardeiros Mustang F-51.

Além de armas mais adequadas ao combate antiguerrilha, também seriam enviados especialistas. A partir do dia 27 de março de 1967, o tenente-coronel Redmond E. Weber, um dos comandantes do 8º Grupo de Forças Especiais acantonado na zona do canal do Panamá, chegou a Santa Cruz, acompanhado do major "Pappy" Shelton. Em seguida, foi a vez de instrutores que haviam sido treinados em Fort Bragg e com experiência de luta no Vietnã. Assim, entre maio e setembro de 1967, cerca de seiscentos soldados foram preparados para se tornarem *rangers*[37] (a escolaridade média daqueles recrutas era de ensino fundamental)[38].

O ministro da Defesa, o general Hugo Suárez Guzmán, viajou a Santa Cruz para avaliar os melhores lugares para instalar o regimento, sendo escolhido o antigo engenho açucareiro abandonado La Esperanza, a 30 km ao norte da capital daquele departamento (o comandante em chefe seria o coronel Alberto

Gallardo). Com cinco andares e quinze metros de fachada, o edifício vazio, de vigas de metal, cercado por canaviais, havia sido construído alguns anos antes com financiamento da Aliança pelo Progresso e possuía um poço e uma cisterna para armazenamento de água[39]. Por causa da situação delicada naquele momento, a cooperação militar norte-americana chegaria a US$ 1 milhão anuais. Mais tarde, o agregado militar dos Estados Unidos em La Paz, o tenente-coronel John S. Brockinton, comunicaria às autoridades do país que academias de três forças dos Estados Unidos (West Point, Usaf e Marinha) ofereciam bolsas a oficiais bolivianos para cursos de aperfeiçoamento militar[40]. A Bolívia também recebeu ajuda de Argentina, Peru e Brasil, depois das viagens do general Leon Kolle Cueto – por sinal, irmão de Jorge Kolle, segundo homem do PCB – pela América do Sul, em busca de auxílio[41]. Vale lembrar que Argentina, Brasil, Peru e Paraguai[42] estudaram os passos a serem seguidos para prevenir que os "comunistas" tomassem o poder na Bolívia, já que isso poderia ameaçar suas próprias fronteiras. Nesse sentido, patrulhas foram reforçadas em áreas próximas às divisas argentina, brasileira e paraguaia. Buenos Aires e Lima chegaram a cogitar o envio de tropas para auxiliar La Paz na luta contra os guerrilheiros. Além disso, os argentinos e os paraguaios planejaram manobras militares perto de suas fronteiras com a Bolívia, enquanto o Palacio Quemado recebia assistência material da Casa Rosada e do Palácio do Planalto na mesma época[43].

Em 23 de junho, um memorando do assistente especial da presidência, Walt Whitman Rostow, para Lyndon Johnson, comunicava que havia evidências de que o Che liderava um pequeno grupo guerrilheiro na Bolívia (os operativos da Agência Central de Inteligência Gustavo Villoldo e Félix Rodríguez foram imediatamente mandados para esse país, no intuito de ajudar a treinar soldados locais)[44].

No mês seguinte, um documento do governo norte-americano (datado de 5 de julho) informava que os Estados Unidos deveriam se dedicar a constituir o segundo batalhão *ranger* na Bolívia para combater os rebeldes. O texto dizia que às 16h30 daquele dia, o mesmo Rostow, o membro do Estado-Maior do Conselho de Segurança Nacional William Bowdler e outro integrante do National Security Council, Peter Jessup, se reuniram na Sala de Crise da Casa Branca com o secretário de Estado adjunto Covey Oliver, o subsecretário adjunto Robert Sayre, o embaixador estadunidense em La Paz, Douglas Henderson, o representante do Departamento de Defesa William Lang e os agentes da CIA Desmond Fitzgerald e William Broe e concordaram que não seria aconselhável o envio de uma força de ataque especial para a Bolívia naquele momento. Eles achavam que Washington, na prática, deveria se concentrar em formar o segundo batalhão *ranger* com a preparação de uma unidade de Inteligência ligada a ele. Também consideraram conveniente estudar a ampliação do programa de polícia rural, elaborar planos de contingência contra os insurgentes e aportar US$ 2,5 milhões de subvenções ou auxílio financeiro para os dois meses seguintes. Além disso, propunham o envio de dezesseis homens das forças especiais norte-americanas para o desenvolvimento de táticas antiguerrilha, o fornecimento de munições, rações, equipamentos de comunicação e a entrega imediata de quatro helicópteros[45]. A estação da CIA em La Paz tinha em seus quadros vários agentes, como Charles Langalis, Robert Stenvens, William Culleghan, Hugo Murray, William Walker, John Mills, Burdell Merrell, John H. Corr e Stanley Shepard, além de Aurelio Hernández, responsável por interrogatórios e arquivos, Julio Gabriel García, chefe do departamento técnico, e Miguel Nápoles Infante, que trabalhou no processamento de imprensa e tarefas de contrainteligência[46]

Outro fator que acelerou o processo de luta contra o ELN foi o medo de invasão pelas nações limítrofes. Membros dos altos escalões em La Paz acreditavam que, se a campanha guerrilheira fosse bem-sucedida e ameaçasse efetivamente os países vizinhos, estes, com o pretexto da segurança nacional, enviariam tropas para a Bolívia[47].

Apesar do melhor treinamento e equipamentos, os soldados ainda estavam longe de serem grandes combatentes. Nos momentos iniciais da luta, apresentaram-se diversas dificuldades. Bússolas, roupas e machetes eram inadequados para a região. Os mapas eram antigos, com informações genéricas e muitas vezes equivocadas. Assim é descrita a situação por Diego Martínez Estévez:

> O escalão superior despachou equipamentos de rádio em péssimas condições, sem baterias, sem acessórios nem sobressalentes, nem se dispunha de rádio-operadores e radiotécnicos para sua operação e manutenção. Acreditava-se que inclusive os comandantes de seção deviam contar com um rádio de longo alcance para dar conta de suas atividades em missões de reconhecimento ou de combate, mas a realidade era que em certas unidades nem os comandos de companhia dispunham desse meio imprescindível. Seus superiores imediatos, para despachar ou receber ordens, tiveram de deixar sem aparato suas unidades dependentes. Na prática, controlavam e exerciam mando somente sobre aquelas que tinham rádio; as outras atuavam de forma independente, recorrendo a estafetas que não poucas vezes caminhavam por grandes distâncias para informar novidades. Até então, muitas horas transcorriam e a evolução dos acontecimentos já mostrava outra situação. Por essas razões, e pela afluência de informações proporcionadas por camponeses que juravam ter visto "barbudos", os critérios eram díspares, ocasionando expedição de ordens, contraordens e intromissões de mando dos escalões superiores.[48]

Além dessas deficiências, as botas eram de má qualidade, despregando-se ao contato constante com a água; havia poucos medicamentos, muitos deles com as informações escritas em inglês – incompreensíveis para o soldado médio –, e os médicos das tropas tinham pouca experiência. Havia restrição às "granadas de cor", utilizadas para localização. E era necessário trocar as velhas Mauser calibre 7.62 (fuzis antigos, usados na Guerra do Chaco) por armas mais modernas do mesmo calibre que, em geral, eram insuficientes[49]. Os pesquisadores cubanos Adys Cupull e Froilán González descrevem a situação:

> A desorganização, o caos e a desmoralização imperavam nas fileiras do exército de maneira impressionante; a incapacidade dos mandos se perfilava cada vez com maior claridade. Não obstante, a lealdade a Ovando era mais importante que a capacidade militar e, por essa razão, os mantinha em seus postos, com a exceção do chefe da Inteligência, a quem responsabilizaram por todos os erros e sobre quem recaíram as culpas. Substituíram-no pelo capitão Hugo Padilla, também homem de confiança de Ovando.
>
> Quando os soldados chegaram a Camiri não encontraram barracas, dormitórios, nem locais apropriados para guardar seus pertences; ao regressar por algum motivo, quase tudo havia desaparecido, o que ocasionava sérios conflitos.
>
> A média de baixas por enfermidades crescia a cada mês. Só existiam três sanitários para todas as tropas. Depois do combate de 10 de abril houve mais de quarenta baixas por enfermidades diarreicas, intestinais ou disenterias. Não havia médicos nem recursos para atender os feridos e os enfermos; segundo relatórios militares, só contavam com iodo e algumas pomadas. Os feridos em combate eram transportados em macas improvisadas por lugares onde não existiam caminhos. [...]
>
> As deserções, abandono das missões e os motins alcançaram níveis perigosos, o que obrigou o alto mando militar a abrir uma investigação sobre as causas dessa situação.[50]

Além disso, segundo os mesmos investigadores, a arrogância e arbitrariedades dos oficiais eram patentes em diversos momentos, e casos de castigos físicos perpetrados por eles sobre seus subalternos, assim como a falta de pagamento de salários e estipêndios prometidos, ocorriam com frequência. Houve episódios, por exemplo, em que soldados estavam com tamanha fome que chegaram a matar um de seus cães exploradores, o esquartejaram e em seguida o comeram[51].

A situação dos suprimentos, em alguns momentos, era, de fato, desesperadora. Gustavo Villoldo, agente da CIA atuando na Bolívia na época, foi enviado por Zenteno Anaya para a chamada "zona vermelha" da guerrilha, e ao voltar a Pucará, preparou um relatório revelando um quadro dramático: os *rangers* passavam por uma profunda falta de comida. O governo cogitava requisitar rações para a Argentina para garantir a alimentação da tropa[52].

Os soldados, assim como os guerrilheiros, também sentiriam a dureza daquele terreno. Carregando uma arma e 18 kg de mantimentos, além de kits de primeiros socorros e munição, tinham dificuldades em subir as encostas, as mãos e os joelhos em carne viva, sofrendo com os insetos, plantas urticantes e animais[53]. Um informe do capitão Humberto Cayola Riart, de junho de 1967, mostra bem a situação:

> Com o frio intenso desses dias – cinco graus negativos, a umidade aproximada de 90% e os insetos próprios desta época invernal, tais como os carrapatos, o *polvorín* [tipo de carrapato pequeno] etc. –, é provável que diminua a eficiência combativa das tropas, aumentando o número de perdas fora de combate. Isso é mais grave ainda se se considera que as tropas não têm roupas de xerga nem abrigos de lã com capuz, havendo inclusive tropas como a do Braun, que têm mantas que parecem mosquiteiros, muito velhas (provavelmente, dotações de quatro anos atrás). A isso há que agregar o equipamento inadequado de algumas unidades, o que mostra a desorganização de nosso exército, como se ele existisse somente para desfiles.[54]

O clima entre o oficialato e os recrutas nem sempre era dos melhores. No fim de abril, por exemplo, uma companhia do Exército boliviano na área da Casa de Calamina se sublevou e abandonou seus comandantes (sendo obrigada a retornar a seu posto, após ser ameaçada pelas autoridades), enquanto outras teriam se recusado a combater ou se amotinaram[55]. Por sinal, naquele mesmo mês, após a refrega do dia 10, em que o ELN libertou todos os seus prisioneiros, o general Ovando, em entrevista à revista *Primera Plana*, disse que os internacionalistas demonstraram que sua tática era ruim ao deixar que vinte homens voltassem à sua base. Afinal, segundo o militar, os guerrilheiros deveriam ter executado todos os soldados[56]!

Pouco antes do início dos combates, a IV Divisão não possuía mais do que 350 homens, sendo o efetivo total de 10 chefes, 21 oficiais, 54 suboficiais e sargentos e 244 recrutas (e apenas um helicóptero, muitas vezes avariado). Já a VIII Divisão, 14 chefes, 21 oficiais, 55 suboficiais e sargentos e 308 soldados, efetivo este, ainda assim, muitas vezes superior ao número de guerrilheiros, mas com quase nenhuma experiência de combate. No fim de março, contudo, houve incremento significativo na composição da IV Divisão, que passou a ter 12 chefes, 42 oficiais, 93 suboficiais e 1.619 soldados, um total de 1.770 homens (em maio, já seriam 2.500 efetivos no total)[57]. Já a VIII Divisão também foi robustecida. Em abril, chegou a ter mais de 1.200 soldados[58]. Isso sem contar aproximadamente 800 combatentes de outras unidades, entre as quais, a Companhia Trinidad (5 oficiais, 6 suboficiais e 160 soldados), 76 efetivos do Cite, 78 da Companhia Ustariz, 89 do Esquadrão Ingavi, 97 da força naval, 154 da Companhia Florida, 91 da Companhia de Roboré e 119 cadetes de escolas militares[59].

O fato é que não só o EB saiu vitorioso como foi elogiado pelo Che, que teria dito: "Jamais pensei que o exército boliviano fosse tão duro"[60]. Afinal, o número de baixas do lado das forças oficiais foi relativamente reduzido. Estiveram comprometidos nas ações no sul boliviano duas grandes unidades, a IV e a VIII Divisões, respectivamente assentadas em Camiri e Santa Cruz de la Sierra, além da Força Aérea e outros serviços militares e policiais. Em teoria, participaram, só da fase final de destruição da guerrilha, em torno de 2 mil efetivos, com apenas 49 baixas fatais, entre as quais, 2 tenentes, 3 subtenentes, 5 suboficiais e praças, 33 soldados, 1 guarda de polícia e 5 guias civis[61].

É contestável a influência dos Estados Unidos e da CIA especificamente na direção das ações antiguerrilheiras e nas decisões político-militares no caso de Ñancahuazú. Alguns comentaristas, de fato, afirmam que as mais importantes resoluções teriam sido tomadas em Washington, inclusive a ordem de executar Guevara. Antonio Arguedas, por exemplo, acusara nominalmente vários elementos como integrantes da Agência Central de Inteligência em La Paz, entre eles, Larry Sternfeld e John S. Tilton na chefia, e dos agentes Nicolas Leondiris, Hugo Murray, Gabriel García García, Mario González e N. Hernández. Já o coronel Joaquín Zenteno Anaya destacara o importante papel que havia tido o coordenador da Inteligência em Santa Cruz, William Culleghan. Mesmo um agente da Central Intelligence Agency, Phillip Agee, sugeriu que a Casa Branca teria mandado executar o guerrilheiro[62]. Sabe-se da presença militar norte-americana e de dois operativos da CIA (entre eles o já mencionado Félix Rodríguez) à época da captura do líder guerrilheiro, mas é convencionado por muitos estudiosos do tema e protagonistas daqueles eventos que as principais decisões foram tomadas pelo Exército boliviano e sua direção em La Paz. A ordem para assassinar Guevara, assim, teria vindo diretamente da capital, após uma reunião entre Barrientos, Ovando Candia e Juan José Torres, que viam na desaparição do revolucionário o meio eficaz de evitar mais complicações para o governo[63] (segundo algumas fontes, León Kolle, que estaria presente no encontro, foi a única pessoa que teria se pronunciado contra a execução do guerrilheiro)[64].

De acordo com Victor Marchetti e John D. Marks,

> o chefe da agência em La Paz tentou convencer o presidente Barrientos acerca das grandes vantagens, de longo alcance, de trazerem Guevara das montanhas como um prisioneiro do governo. Barrientos foi inflexível. Ele argumentou que o caso Debray causara suficientes dificuldades, e que a chegada de Che Guevara, vivo, à capital poderia trazer distúrbios entre os estudantes e esquerdistas, que seu governo não seria capaz de controlar. Em desespero, a estação da agência naquela noite apelou diretamente para o quartel de Langley, em busca de assistência, mas sem nenhum resultado.[65]

Podemos tirar várias conclusões sobre as consequências das guerrilhas no que diz respeito ao desenrolar dos acontecimentos dentro do governo Barrientos e do exército boliviano.

O êxito do presidente ao derrotar as guerrilhas consolidou sua posição de chefe de Estado e o prestígio do círculo que o apoiava; no entanto, reforçou também o grupo ligado ao general Ovando Candia, de tendências nacionalistas e anti-imperialistas. Ao se esclarecerem as diferentes linhas desses dois grupos dentro das Forças Armadas, foram constituídas pelo mandatário as Fuerzas Unidas para la Represión y el Mantenimiento del Orden y el Desarrollo (Furmod), uma espécie de "exército pessoal", além de se reforçar o Cite, uma brigada de paraquedistas de elite que tinha seu quartel-general na cidade natal de Barrientos.

Se durante o período de atividade das guerrilhas houve união dos diversos setores do Exército, a destruição daquelas propiciou o início de fricções dentro do governo. A criação das Furmod é mostra explícita da pouca sustentação e apoio que possuía Barrientos dentro das FFAA. Os grupos de Ovando, e depois de Juan José Torres, teriam mais importância e encabeçariam os governos subsequentes – após o desaparecimento de Barrientos em 1969 –, em contraposição a militares da linha barrientista, como os generais Miranda, Banzer e Ayoroa. As administrações de Ovando Candia (setembro de 1969 a outubro de 1970) e principalmente de Juan José Torres (outubro de 1970 a agosto de 1971) também merecem ser observadas, ainda que brevemente, para demonstrar que sofreram influência dos episódios de Ñancahuazú.

Ovando era a figura mais identificável com os governos de 1964-1969, e o que mais poderia ser associado com a vitória contra a guerrilha liderada pelo Che. No dia do golpe, início de sua administração, foi divulgado um comunicado das Forças Armadas redigido por Torres e assinado por elementos do alto escalão militar, como os generais Rogelio Miranda, David La Fuente e o almirante Alberto Albarracín. Mesmo demonstrando interesse em continuar a luta contra a insurgência, o "Mandato revolucionário das Forças Armadas da nação" assumiu um tom mais "esquerdista", o que desagradou o sucessor de Barrientos, que, apesar disso, aceitou o texto, já considerado como sua linha ideológica[66]. O novo presidente afirmou que "não queria o socialismo nem comparações com o governo do general Velasco Alvarado, no Peru"[67], mas que no fundamental a característica das duas "revoluções" era a mesma[68].

Cercado de especialistas e tecnocratas, Ovando começou o processo de nacionalização do petróleo, com a expropriação da representação da Gulf Oil[69] apenas quinze dias após sua chegada ao poder, oferecendo, não obstante, indenizar a empresa, que valia na época US$ 140 milhões (ou 50% mais do que o orçamento anual da Bolívia)[70]. Durante o curto período de seu governo, foi possível notar a crescente influência de Torres (comandante em chefe das Forças Armadas) e sua intensa atividade como liderança "alternativa", o que começou a preocupar o grupo associado ao presidente. Militares de linha dura, sentindo a força de Torres e de suas ideias mais "progressistas", conseguiram convencer o chefe de governo a abolir o cargo de comandante em chefe das FFAA, nomeando o general Miranda como responsável pelas armas do país, na qualidade de chefe do Exército.

O regime, no entanto, fechava jornais, investigava com displicência assassinatos políticos e permitia a invasão armada da Universidade Gabriel René Moreno pela Falange Socialista Boliviana (FSB)[71]. O mais importante evento desse período, contudo, foi a guerrilha de Teoponte. O desafio de Ovando era destruir o novo foco do ELN. Isso ocorreu sem grandes dificuldades, em parte graças ao material bélico e à experiência adquiridos contra o Che em Ñancahuazú. A eliminação do grupo liderado por Chato Peredo, porém, em vez de fortalecer o mandatário com mais uma vitória, explicitou a complicada e caótica situação sociopolítica do país, e começou-se a pensar em sua substituição, não somente dentro dos círculos militares locais como também nos Estados Unidos.

Tudo isso propiciou o malfadado golpe de Miranda, que tomou o poder no dia 4 de outubro de 1970, recebendo apoio de tropas comandadas por Hugo Banzer, que rapidamente cercaram La Paz. Sem conseguir respaldo de outras guarnições, porém, Miranda viu-se isolado e teve de capitular. Ovando, que já obtivera o apoio da direita, mostrava, contudo, que não estava em boa posição para continuar governando. A divisão do Exército e a sugestão da criação de uma junta para dirigir o país desencadearam protestos populares que levaram a uma greve geral e ao contragolpe de Juan José Torres, no dia 7 do mesmo mês.

De acordo com Herbert S. Klein, Torres fez "um dos governos mais extraordinários da história boliviana, pois de outubro de 1970 até agosto de 1971 demonstraria ser o general mais radical e mais ligado à esquerda que jamais governou a Bolívia"[72]. Para Klein, "apesar de ter militado na Falange em sua juventude, participado na campanha bélica contra o Che e apoiado plenamente as ações militares do período até sua ascensão à Presidência, Torres apareceu como um político idealista de esquerda que desejava ampliar a 'abertura democrática' de Ovando para incluir uma mobilização ainda mais radical dos trabalhadores e dos políticos de esquerda"[73].

Mesmo que seus objetivos tivessem sido basicamente os mesmos dos de Ovando, o novo mandatário fez mais esforços para ser bem-sucedido. O Palacio Quemado empenhou-se em obter maior controle nas empresas produtivas, ampliou a participação do Estado na economia, aceitou ajuda financeira da União Soviética e atacou o apoio sistemático dos Estados Unidos. Seu governo semibonapartista foi, de certa forma, uma tentativa de "independência" dos desígnios norte-americanos e, portanto, anti-imperialista. Sua infrutífera tentativa de substituir a esquerda pelo "torrismo"[74] fez com que sua presidência fosse considerada uma espécie de "empate" entre a caserna e a classe operária. Torres aventava a possibilidade de distribuir armas às milícias mineiras; foi o responsável – mesmo recebendo a forte oposição de setores do Exército – pela libertação de Ciro Bustos e Régis Debray e pela criação da Assembleia Popular. Ele se aproximou de Allende e Fidel, aumentou os laços comerciais com a União Soviética, nacionalizou minas de estanho norte-americanas, expulsou os Peace Corps, fechou a sede da Orit e fez diversos discursos sobre o poder operário e camponês[75]. Vale lembrar que alguns grupamentos militares ficaram preocupados com a tendência de Torres em fornecer armamentos às milícias mineiras e com sua aproximação com a esquerda. Um documento de outubro de 1970, assinado por comandantes e oficiais do regimento motorizado Max Toledo, pedia a "constitucionalização do país no menor tempo possível; que todos os oficiais que exerçam cargos políticos voltem a seus quartéis; a manutenção do princípio de autoridade sem que o governo se deixe rebaixar pelos estudantes e organizações sindicais; que o general Torres defenda sua instituição – a todo custo – ante os rumores de que se reorganizariam milícias armadas e se fecharia o Colégio Militar; que não se faça da Bolívia uma segunda Cuba"[76]. O documento completava: "se o governo cumprir esses pontos, o regimento oferece toda a sua colaboração e apoio. Mas, se nos defrauda, ver-nos-emos obrigados a enfrentá-lo em defesa da pátria e da instituição"[77]. E foi principalmente a agitação popular gerada pela AP, que não respaldava o poder de Torres, e ao mesmo tempo preocupava a direita, que propiciou o golpe de Banzer em agosto de 1971, fechando esse período da história boliviana, quando a influência do ELN ainda podia ser diretamente sentida no plano de política de governo.

Outro resultado do fim da guerrilha de Ñancahuazú foi a criação da Lei de Segurança do Estado, que permitia ao governo controlar qualquer tipo de atividade civil, tornando a Bolívia, de certo modo, um Estado policial. A lei visava suprimir todo tipo de ameaça que supostamente colocasse em perigo o *establishment*. Com ela, tornava-se legal encarcerar qualquer pessoa suspeita de atividades "subversivas".

Na parte técnica, o Exército experimentou melhoria em termos de equipamentos. Podemos ressaltar que as rações de campanha fornecidas por outros países, inclusive o Brasil, não eram do agrado dos soldados bolivianos. Não conseguindo se adaptar àquele tipo de alimentação, os combatentes frequentemente se sentiam mal ao consumir os preparados, o que fez com que o governo desenvolvesse um produto nacional, que se adequava melhor às condições e à cultura de seus homens[78]. No entanto, não ocorreu um desenvolvimento da indústria bélica local, continuando a dependência militar aos Estados Unidos.

Outro ponto importante foi o peso político adquirido pelos militares posteriormente. O interesse pelos assuntos internos – em contraponto às funções de

Considerações sobre a atuação dos militares 227

defesa contra inimigos externos, ainda que, desde a revolução, o Exército tenha participado do projeto político "desenvolvimentista" da Bolívia – aumentou gradativamente, e setores castrenses envolveram-se ativamente com partidos e com o processo político do país. O general Gary Prado Salmón, por exemplo, conspirou contra a ditadura de Banzer, participou da derrubada do presidente Pereda e chegou a ser ministro do Planejamento no governo do general David Padilla. Outro exemplo significativo é o do major Rubén Sánchez Valdivia. Em 10 de abril de 1967, ao entrar em combate com o grupo do Che, após uma emboscada, o comandante da companhia foi feito prisioneiro, juntamente a 21 de seus soldados. Nesse episódio, observou a boa conduta dos guerrilheiros, que trataram de seus homens com os escassos recursos médicos de que dispunham, e impressionou-se com o fato de lhe devolverem o revólver. Em relação a esse acontecimento, Sánchez comentou:

Rolando aproximou-se e me disse: "Major, faça suas tropas se renderem". "Eu não posso ordenar a meu pessoal que se renda; posso ordenar que recuem", respondi. "Faça-os se renderem, porque se você não o fizer, iremos matá-los." "Mate-me se quiser, mas não darei a ordem de rendição."

Rolando foi em frente e eu fiquei com Inti. Ele me ofereceu um cigarro. "Major, por favor, não saia do meu lado", ele disse. Mas eu não podia obedecê-lo, porque eu tinha homens mortos e feridos; um dos feridos ainda estava se debatendo n'água, e eu fui ajudá-lo. Inti me viu e não disse nada. Quando terminei de ajudar os feridos, naturalmente voltei para seu lado.

"Vocês são ladrões e assassinos", disse a Inti. "Por que vocês estão matando meus soldados?" Inti entregou-me um anel que pertencia ao tenente que havia sido morto pela manhã e falou: "Pegue isso, entregue à viúva dele. Nós precisamos dos relógios. Não somos nem ladrões nem assassinos. Você nos chama por esses nomes porque não entende o significado de nossa luta."

Quando nos acalmamos, Inti me disse: "Venha cá, major. Vamos ter uma conversa particular". Estávamos como que deitados numa cama de folhas secas sob uma árvore e começamos a falar. Ele contou-me sobre sua esposa, por que estava envolvido naquela luta, como havia sido quando criança, o que as guerrilhas esperavam alcançar, tudo. Eu também lhe contei muito sobre mim mesmo.

Após termos conversado por um longo tempo, ele me levou para perto de uma fogueira e um guerrilheiro chamado Marcos apareceu e disse: "Encontrei um tesouro na mochila de um dos soldados: café e açúcar, cavalheiros". Eram rações norte-americanas que carregávamos. "Mas apenas o major, eu e a pessoa que faz o café é que vamos beber", disse ele. O café foi preparado e Marcos falou: "Não, cavalheiros, o major e os feridos vão beber o café". Ele me deu todo o café, dizendo: "Beba, major, você deve estar cansado e molhado". E eu bebi o café.[79]

E concluiu:

> Fui convidado a ficar com a guerrilha, mas não aceitei. Eu lhes disse que não poderia ser um traidor, e que ainda não compreendia por completo seus objetivos. Eles me deram um comunicado, o qual, como havia prometido, entreguei à imprensa.
>
> Naturalmente, comecei a analisar os argumentos da guerrilha em profundidade. Li o livro de Régis Debray, *Revolução na revolução*, e outros textos. Tive um crescente interesse nesses livros, tão intimamente relacionados a meus sentimentos sobre as questões sociais. Aí, pensei, eu darei tudo o que tenho por essa luta.[80]

No governo de Ovando Candia, Sánchez respaldou a ala progressista do regime, e no ascenso de Torres ao poder foi ele o responsável pela tomada do Palacio Quemado, comandando o regimento Colorados. Tendo intensificado seus contatos com a esquerda, participou contra o golpe de Rogelio Miranda, e foi o único oficial com mando que se pronunciou contra o golpe de Hugo Banzer em 1971, tornando-se uma figura nova na política local[81], ocupando, mais tarde, o cargo de dirigente regional do Movimento Bolívia Livre (MBL), em Cochabamba[82].

Como consequência da luta contra o ELN, vale recordar que muitos dos que combateram a guerrilha ascenderam na hierarquia militar. Contudo, ocorreu no governo Torres uma radicalização à esquerda de oficiais jovens dentro do EB, com o surgimento da Vanguarda Militar do Povo (VMP). Em manifesto divulgado em outubro de 1971, o grupo afirmava que os baixos escalões das Forças Armadas eram os proletários em uma instituição de classe estratificada, e propunham a substituição da estrutura vigente por um exército popular, a serviço da população[83].

O fato é que a guerrilha do Che aguçou a consciência da jovem oficialidade e até mesmo dos soldados rasos. Exemplo interessante é o de Fausto Quipe, camponês do altiplano, que ainda jovem ingressou no Exército com grandes ideais, para depois se decepcionar:

> Quando completei 16 anos, resolvi entrar para o Exército [...] Era a época da guerrilha e a gente ouvia falar muito de Che Guevara, dos irmãos Peredo, das guerrilhas de Teoponte. Che passou como um meteoro em nossas vidas no altiplano. O Che era um cometa. Eu dava razão aos guerrilheiros, porque fiquei sabendo que queriam implantar um regime diferente no país, que pela democracia não atingiríamos nunca. Havia que impor essas mudanças pela força das armas, mas os guerrilheiros escolheram uma tática errada e se distanciaram das massas. Che não preparou bem o terreno, não conhecia bem a Bolívia e seu povo, e desconheceu um aspecto político fundamental: queria fazer o que as massas deviam fazer.

De qualquer maneira, nunca chegamos a entender completamente os objetivos da guerrilha. O rádio dava as notícias, informávamo-nos do que acontecia, mas nos mantínhamos distantes.

[...] Eu tinha entrado no Exército falsificando minha idade, e porque queria meu certificado militar para poder trabalhar. E acabei me dando conta de que o Exército é o maior inimigo do povo. Discutíamos essas questões no quartel, o pessoal comentava os massacres nas minas e no campo e a gente se perguntava se teria coragem de disparar contra outros camponeses como nós. No Exército, a grande maioria vem do campo, são filhos de camponeses. E a gente dizia que os soldados não eram culpados, que a culpa era dos oficiais, que tinham uma relação direta com a burguesia. O pessoal falava nos alojamentos: e se o pai da gente aparece na hora do massacre, o que vamos fazer? Tínhamos muito medo de que surgisse uma situação dessas.[84]

Após a destruição da guerrilha, os camponeses continuaram apoiando o governo, emprestando-lhe uma imagem de legitimidade apesar dos abusos e das políticas repressivas. Mesmo assim, outros setores sentiam-se desconfortáveis, já que o ELN havia despertado uma nova consciência em relação à situação nacional. Floresceu, então, uma "indignação nacionalista" contra as ligações do governo com a CIA e os Estados Unidos, principalmente nos setores médios, como estudantes e intelectuais[85].

A gesta de Che Guevara foi, portanto, um dos fatos mais importantes da história da Bolívia no século XX. Seus efeitos puderam ser sentidos em todos os aspectos da vida nacional, inclusive dentro das instituições castrenses, e foram tão intensos que continuariam atuando por vários anos após sua eliminação física. A compreensão do desenvolvimento das Forças Armadas nas décadas seguintes ao fim da experiência guerrilheira, portanto, não pode ser separada dos acontecimentos de Ñancahuazú. A análise dos governos militares logo após o término das ações do ELN, em contraposição, também é imprescindível para que se tenha noção de sua relevância nos acontecimentos históricos futuros.

Monumento ao Che em La Higuera, Bolívia. Foto de Augusto Starita.

7

CHE GUEVARA NO IMAGINÁRIO
SOCIAL BOLIVIANO

Insidiosos e dramáticos foram os caminhos percorridos por Che Guevara em seu dédalo boliviano. Ainda assim, apesar de todos os percalços, ele seria, em última instância, transformado em um mito moderno, tanto nos meios políticos – especialmente entre a esquerda latino-americana – como nos setores populares, enfatizando-se aqui o campesinato boliviano, que o tornou, ao longo das décadas, um santo contemporâneo.

Afinal, como afirmava Bronislaw Baczko, "o mito político, no sentido especificamente soreliano do termo, é uma forma particular da consciência coletiva. Resume-se em uma ideia-força, que é simultaneamente uma palavra de ordem da luta de massas e a imagem simbólica dessa luta e seu significado. [...] O mito não se discute; apodera-se das massas e anima seu combate"[1].

Por sua vez, José Carlos Mariátegui dizia que "o mito move o homem na história. Sem um mito, a existência do homem não tem nenhum sentido histórico. A história é feita por homens possuídos e iluminados por uma crença superior, por uma esperança super-humana; os demais homens são o coro anônimo do drama"[2]. No mesmo trabalho, o jornalista peruano insistia:

> O que mais claramente diferencia nesta época a burguesia e o proletariado é o mito. A burguesia já não tem mais mito algum. Tornou-se incrédula, cética, niilista. O mito liberal renascentista já envelheceu demasiadamente. O proletariado tem um mito: a revolução social. Em direção a esse mito move-se com uma fé veemente e ativa. A burguesia nega; o proletariado afirma. A inteligência burguesa entretém-se em uma crítica racionalista do método, da teoria, da técnica dos revolucionários. Que incompreensão! A força dos revolucionários não está em sua ciência; está em sua fé, em sua paixão, em sua vontade. É uma força religiosa, mística, espiritual. É a força do mito. A emoção revolucionária, como escrevi em um artigo sobre

232 CHE GUEVARA E A LUTA REVOLUCIONÁRIA NA BOLÍVIA

Gandhi, é uma emoção religiosa. Os motivos religiosos transferiram-se do céu para a terra. Não são divinos; são humanos, são sociais.[3]

Um crítico como Edgar de Decca, por exemplo, observava que o Che, entre outros personagens da década de 1960 que simbolizaram o imaginário da revolta e revolução, serviu para orientar as novas referências teóricas que começavam a surgir dentro do marxismo; ainda assim, para ele, a eliminação do líder guerrilheiro foi uma das perdas mais significativas em relação ao imaginário da revolução[4]. Na prática, contudo, ocorreu o oposto: a imagem jovem do "guerrilheiro heroico" como alguém disposto a sacrificar-se pela causa ampliou-se nos anos subsequentes, a ponto de transformá-lo em um herói moderno.

Importante para a formação da imagem "santificada" de Guevara foi sua associação com a efígie de Cristo. As fotografias expondo seu corpo estendido na lavanderia do Hospital Nuestro Señor de Malta, em Vallegrande, magro, cabelos e barbas longas e com feridas que poderiam ser comparadas às chagas de Jesus, assim como seu martírio nas selvas bolivianas, são alguns dos elementos que ajudaram a compor a figura santa, aos olhos de muitos, que percorreu a América Latina e foi incorporada no imaginário político e social da região. O que alguns não sabem, porém, é que as imagens religiosas sempre permearam a vida do Che. Quando tinha apenas 28 anos, o jovem Ernesto, em carta à sua mãe, escreveu: "Lançaste ao mundo um pequeno profeta ambulante que anuncia a vinda do dia do juízo final com voz estentórea"[5]. Não é de estranhar, pois, que o rapaz que viria a ser uma das maiores figuras políticas do século XX anotou, em suas observações de viagem, o dia de seu aniversário, 14 de junho de 1952, como sendo "o dia de San Guevara"[6].

Quando combatia nas selvas bolivianas, o Che tinha em seu grupo um guerrilheiro apelidado de "Pan Divino" [Pão de Deus] que gostava de ser chamado de Cristo e aludia sua metralhadora à cruz; também incorporado a suas fileiras estava Alberto Fernández Montes de Oca ("Pacho"), a quem o argentino comparava a São Lázaro, pela barba comprida e corpo delgado[7]. Pacho escreveu em seu diário da campanha que, ao chegarem às margens do rio Grande, em 5 de fevereiro de 1967, o comandante teria dito: "Chegamos ao rio Jordão. Batiza-me"[8].

Há também analogias religiosas depreciativas, como aquela feita por Régis Debray. Segundo Isidoro Calzada Macho, depois de chamar o Che de "neurótico" (após ter presenciado o comandante repreender o guerrilheiro Marcos no acampamento), o filósofo francês o associaria àqueles que massacraram os albigenses, na França, por diferenças de opinião sobre a fé religiosa[9]. O intelectual parisiense também comentou que o Che gostava de se comparar a um cristão das catacumbas diante do Império Romano (em seu caso, desafiando os Estados Unidos)[10].

Danton faria diversas aproximações do argentino com imagens religiosas. Diria, ao recordar uma passagem de seus "diários de motocicleta", que, na juventude, em sua viagem com Alberto Granado, Ernesto teve uma "iluminação digna dos fanáticos do Apocalipse", em referência a uma suposta visitação mística como aquelas dos "heróis" luteranos das guerras camponesas. Seu "calvário" teria começado como um *road movie*, cruzando a América Latina. Depois conheceria Fidel. Ao contrário do líder cubano, contudo, não era um político, mas um "místico"[11]. Ele não teria levado a cabo "um combate de ambição, mas sim de redenção [...] O valente quer refazer a alma do mundo, não retocar o mapa. Guerra santa, pois, limitada ao extremo em seus meios, mas total pelo impreciso dos objetivos perseguidos, sem outro final possível que o aniquilamento do adversário ou, em seu defeito e mais seguramente, de si mesmo. Uma guerrilha de religião, a vontade como credo"[12].

No entanto, logo depois da execução do Che, o sacerdote suíço (dominicano) Roger Schiller, pároco de Pucará, com uma posição muito distinta daquela, convocou o povo local para uma missa pelo guerrilheiro. Então, o padre teria dito: "Este crime nunca será perdoado. Os culpados serão castigados por Deus"[13].

Quando o corpo do comandante era exibido em Vallegrande, alguns populares cortaram mechas de seu cabelo, para que fossem guardadas como amuleto. Os locais acreditavam que possuindo algo de uma pessoa martirizada garantiriam proteção divina[14]. Um morador daquela cidade, Pastor Aguilar, comentou que "quando trouxeram o cadáver do Che, o levaram para o Hospital Nuestro Señor de Malta, o estenderam na lavanderia e se formou uma romaria. Todos os povoadores de Vallegrande foram vê-lo, com muito respeito, admiração e sentimento. Muitos choraram. Havia uma senhora que disse: 'O Che se parece a Cristo', e uma freira lhe respondeu: 'Não se parece, ele é Cristo, morreu por defender os pobres e os humildes como o fez Cristo', e desde esse momento correu a notícia de que ele era Cristo"[15].

É interessante ressaltar que Guevara havia transcrito o poema "Cristo", de León Felipe (da coletânea ¡*Oh, este viejo y roto violín!* [Ó, este velho e despedaçado violino]) em seu *Cuaderno verde*, que estava junto a seus pertences após sua captura:

Cristo,
te amo,
no porque bajaste de una estrella
sino porque me descubriste
que el hombre tiene sangre,
lágrimas,
congojas...
¡*llaves,*
herramientas!

Para abrir las puertas cerradas de la luz.
Sí... Tú me enseñaste que el hombre es Dios...
un pobre Dios crucificado como Tú.
Y aquel que está a tu izquierda en el Gólgota,
el mal ladrón...
¡también es un Dios! [16]

Outros poemas de Felipe transcritos por Guevara também teriam forte teor religioso e místico, como "Este orgulloso capitán de la historia" [Este orgulhoso capitão da história], "La cruz y la túnica vacías" [A cruz e a túnica vazias] e "La gran aventura" [A grande aventura]. Não custa lembrar que León Felipe era um de seus poetas favoritos. Em carta de 21 de agosto de 1964, o Che escreveu ao bardo que vivia no México, e fez questão de dizer que seu livro mais recente o havia marcado. Além disso, um dos volumes que estavam em sua mesa de cabeceira, em Havana, era *El ciervo* [O cervo]. Na missiva, o comandante também aproveitou para comunicar que havia declamado recentemente versos de Felipe para uma sala lotada de operários...[17]. Quando esteve escondido na Tchecoslováquia, pediu a um agente cubano que, quando voltasse à ilha, visitasse Aleida e pedisse que ela lhe enviasse um livro de poemas do autor espanhol que tanto admirava, que estava em seu quarto[18]. Mais tarde, Felipe dedicaria o poema "Otro relincho" [Outro relincho], de seu *Rocinante*, ao Che, "que sabia e nos ensinou como se fazem os heróis"[19].

Ciro Bustos recorda que certa noite, enquanto caminhavam na selva boliviana, Guevara começou a declamar o poema "Soy um vagabundo" [Sou um vagabundo], do mesmo escritor, desta vez, do livro *Ganarás la luz* [Ganhará a luz], que não está incluído no *Cuaderno verde*. Segurando uma lanterna, no meio da escuridão, na frente de seus homens, ele proferia as palavras em ritmo harmônico. O comandante dizia:

Yo no soy más que un hombre sin oficio y sin gremio,
no soy un constructor de cepos. ¿Soy yo un constructor de cepos?
¿He dicho alguna vez: Clavad esas ventanas, poned vidrios y pinchos en las cercas?
Yo he dicho solamente: No tengo podadera, ni tampoco un reloj de precisión que marque exactamente los rítmicos latidos del poema.
Pero sé la hora que es.
No es la hora de la flauta.
¿Piensa alguno que porque la trilita dispersó los orfeones tendremos que llamar de nuevo a los flautistao.
No es ésta ya la hora de la flauta.
Es la hora de andar, de salir de la cueva y de andar...

de andar... de andar... de andar.
Yo soy un vagabundo,
yo no soy más que un vagabundo sin ciudad, sin decálogo y sin tribu.
Y mi éxodo es ya viejo.
En mis ropas duerme el polvo de todos los caminos
y el sudor de muchas agonías.
Hay saín en la cinta de mi sombrero,
mi bastón se ha doblado
y en la suela de mis zapatos llevo sangre, llanto y tierra de muchos cementerios.
Lo que sé me lo han enseñado
el Viento,
los gritos
y la sombra... ¡la sombra! [20]

Alguns testemunhos sobre a captura de Guevara são interessantes para vermos a estranha relação do comandante com a simbologia religiosa. Um dos soldados que o capturou na Quebrada del Yuro afirmou, assombrado, que ele parecia Cristo. Já outros, supostamente, entraram em ríspida discussão com Guevara quando este se encontrava preso em La Higuera (em um diálogo que mais se aproxima da lenda do que da realidade):

> "Ouça, sem-vergonha... O que você queria aqui na Bolívia?" – disse em tom de insulto um soldado – "Não sabe o mal que fez matando camaradas?"
> "Bem, filho..." – disse, titubeando. Não esperava que um soldado lhe repreendesse neste tom – "É coisa da política."
> "Por acaso você tem sangue?" – volta a insultar o soldado.
> "Filho, o homem foi feito para sofrer e morrer pelos demais, pelos que sofrem de verdade."
> Outro soldado interrompe bruscamente e lança ao Che uma acusação: "Filho da mãe, você matou meu irmão! Você terá de responder por ele."
> "Filho, se seu irmão foi morto, é porque foi um homem" – responde, sem se modificar. E completa: "Não penses mais que teu irmão irá ao inferno. Ele está no céu."
> O soldado chora. [21]

À época da guerrilha de Ñancahuazú, alguns camponeses colaboraram com as Forças Armadas e delataram as posições do ELN. Várias décadas após o desaparecimento do líder revolucionário, contudo, os habitantes daquela região têm uma atitude inversa àquela. Na realidade, o que se deu foi a "canonização" ou "santificação" popular de Che Guevara na Bolívia, principalmente nos setores rurais (ainda que também com traços na pequena burguesia das grandes cidades).

O povo humilde de La Higuera afirmava que o Che operava milagres. De acordo com a população local, ele os ajudava sempre que podia e estava constantemente presente. Os moradores passaram a acreditar que o revolucionário foi alguém que lutou para libertá-los: retratos de Guevara, junto a velas acesas, pelo menos na década de 1990, eram uma cena comum nas casas do povoado. Na Bolívia, muitos campônios começaram a rezar para a Virgem Maria e para San Ernesto de La Higuera...

As fotografias do cadáver do Che acabariam por ampliar essa dimensão religiosa. Afinal, se por um lado um dos instantâneos foi comparado com *A lição de anatomia do Dr. Tulp*, de Rembrandt, por outro as imagens seriam logo associadas ao quadro *O Cristo morto*, de Andrea Mantegna.

Não é de estranhar, pois, uma exótica versão sobre o enterro dos restos do revolucionário, que cerca sua figura com um manto místico ainda mais evidente. Dizia a lenda que o corpo do Che foi colocado em um caixão de madeira, dentro de outro de zinco, selado hermeticamente e enterrado em um cemitério sob a inscrição "X". Isso tudo foi feito para confundir os possíveis "caçadores de relíquias" e admiradores do guerrilheiro. Segundo o folclore local, algumas pessoas acharam o caixão, o exumaram e nada encontraram dentro dele. A urna vazia aludiria, assim, à ressurreição do Cristo. Outras pessoas afirmavam que um féretro foi retirado da terra e em seu interior foi encontrado um homem com as mesmas características e feições de Guevara, intacto! Essas versões fantasiosas correram entre camponeses e influenciaram até a mentalidade da classe média na Bolívia[22].

Um estranho fenômeno ocorria em cidades como Santa Cruz de la Sierra. De acordo com Humberto Vázquez Viaña, "a burguesia de Santa Cruz faz operações místicas na cidade. A classe média local submete-se a operações com médiuns que recebem os espíritos de dez médicos do além. Um desses médicos é Guevara"[23]. Quem diria? Che Guevara, um ateu, que lutava pela revolução socialista, fazendo cirurgias espirituais para os abastados de Santa Cruz...

Alguns soldados que se depararam com ele, após combates com a guerrilha, diziam que ele era muito grande e elevava-se à sua frente como uma montanha, comparando-o com o monte Yumao, na Bolívia[24]. Também o consideravam enorme alguns velhos camponeses de Pucará e La Higuera. Quando se recordavam do comandante, falavam dele como se fosse imenso[25]. No entanto, o Che media apenas 1,73 m... O cineasta argentino Aníbal di Salvo ressaltava que, "para uns, ele era baixinho e gordo, outros o definem como alto e magro, de olhos verdes ou castanhos. Cada um o via à sua forma. É o verdadeiro mito!"[26].

Acreditava-se também em uma suposta "maldição" de Che Guevara. Em 1976, após o assassinato do general Joaquín Zenteno Anaya, o jornalista boliviano Ted Cordova-Claure escreveu que o líder guerrilheiro estaria voltando para se vingar de seus assassinos. Desde a execução do argentino, dizia o periodista, os oficiais na cadeia de comando do Exército boliviano com alguma ligação com o desaparecimento do revolucionário tiveram um fim trágico: do presidente na época, o general Barrientos, que perdeu a vida em um acidente de helicóptero em 1969, até o futuro general Gary Prado Salmón, responsável pela captura do Che (que ficou paralítico após ser ferido à bala no pulmão e na coluna vertebral durante a ocupação de um acampamento de petroleiros, em 1981). Para ilustrar essa "teoria", Cordova-Claure citava esses fatos e mais os homicídios dos generais Juan José Torres e Joaquín Zenteno Anaya, do coronel Toto Quintanilla e do major Andrés Selich Chop[27].

O coronel Quintanilla havia sido um dos principais chefes da polícia política na Bolívia durante o governo Barrientos. Segundo alguns relatos, foi ele quem sugeriu que as mãos do Che fossem decepadas e colocadas em formol, além de ter sido o responsável pela ordem de execução de Inti Peredo. Por isso, preocupado com possíveis atentados contra sua vida, solicitou ir para a Alemanha como cônsul em Hamburgo. Foi assassinado aos 43 anos de idade, em 25 de novembro de 1970, pela militante Monika Ertl, numa visita àquela legação. Ela entrou em seu escritório, crivou-o de balas, tirou a peruca loira que usava para se disfarçar e fugiu num carro que já a esperava na rua. O ELN assumiu a responsabilidade pelo atentado[28].

Já o general Zenteno Anaya foi assassinado a tiros em Paris em 11 de maio de 1976, quando se encaminhava para entrar em seu automóvel, durante um dia movimentado na capital francesa. Muitas testemunhas afirmaram ter visto um homem barbado com uma boina preta andando perto do local da execução durante aquele dia, o que aumentou o mito da maldição do "fantasma" do Che. As "Brigadas Internacionais Che Guevara" (um grupo desconhecido), assumiram aquele crime.

Depois, seria a vez do tenente-coronel Andrés Selich, que serviu por seis meses como ministro do Interior do governo Hugo Banzer, para depois ser enviado como embaixador em Assunção. Decidiu conspirar contra o presidente, e logo após retornar à Bolívia, em 1973, com o objetivo de iniciar uma rebelião, foi linchado por diversos elementos ligados ao mandatário.

Finalmente, o chefe do Estado-Maior, Juan José Torres, que foi executado com três disparos na cabeça pela organização de extrema direita Aliança Anticomunista Argentina (AAA ou Triple A), em Buenos Aires, em fevereiro de 1976. Ele havia sido retirado do poder por Banzer em 1971, quando se refugiou na Embaixada peruana em La Paz. De lá, foi para o Chile, de onde teve de partir em 1973, depois do golpe de Augusto Pinochet. Decidiu viver na capital argentina, onde conseguiu o status de asilado político. Seu cadáver foi encontrado embaixo de uma ponte de uma estrada vicinal de San Andrés de Giles, com os olhos vendados e três disparos no crânio. Seu velório teve a presença de dezenas de residentes bolivianos humildes que moravam naquela cidade. Em seu país de origem, os mineiros decretaram uma greve, enquanto vários protestos se espalharam pelo país[29].

Mesmo aqueles que não integravam as forças militares bolivianas também teriam sido atingidos pela suposta "maldição". O camponês Honorato Rojas, que denunciara os guerrilheiros para o Exército e que fora elogiado publicamente pelo vice-presidente Siles Salinas, foi assassinado por militantes do novo ELN em 14 de julho de 1969. E o agente da CIA, Félix Rodríguez, que sempre fora um homem saudável, começou misteriosamente a sofrer de recorrentes ataques de asma...

É óbvio que as "teorias" divulgadas pelo periodista e de outros são meros devaneios, mas de qualquer modo contribuíram para estimular o interesse pela figura do Che e povoar ainda mais a imaginação do povo boliviano, que incorporou essa versão dos acontecimentos a seu imaginário. Exemplo disso são as cartas-corrente enviadas por anônimos em La Paz no fim dos anos 1970. Uma delas, por exemplo, dizia:

Em toda a Bolívia, pessoas piedosas, horrorizadas pela onda de violência e crimes que vive o país, organizaram entre seus familiares e membros das Forças Armadas esta corrente religiosa, com o objetivo de afastar de nossas famílias o castigo divino que nos vem perseguindo.

Como todos sabem, desde a morte de Che Guevara em La Higuera tem ocorrido uma série de desgraças entre os familiares de militares que participaram neste tipo de acontecimentos, direta ou indiretamente.

Os mais conhecidos foram: a morte misteriosa do presidente René Barrientos, a desgraça conhecida na família do presidente Ovando com a morte misteriosa de seu filho, a horrível morte do coronel Andrés Selich e do capitão Zacarías Plaza, do coronel Toto Quintanilla e do general Joaquín Zenteno Anaya, assim como uma infinidade de oficiais, praças e soldados que não é necessário mencionar.

Para nos livrarmos desse terrível castigo de Deus, é necessário, antes de tudo, arrependermo-nos, não cometer mais atos de sangue contra pessoas que, equivocadas ou não, estavam de acordo com seus ideais e a favor dos famintos. É mandato divino que, junto ao arrependimento, ao receber esta "corrente" toda a família deve rezar em honra à Virgem de Copacabana um rosário completo.

Depois disso, é mandato divino fazer três cópias do presente escrito e remetê-los a três famílias de membros das Forças Armadas e da polícia que vocês conheçam e desejem livrar do presente castigo, por correio, sem necessidade de colocar seus nomes.

Quem não cumprir com este mandato divino, que foi ordenado pela mesma Virgem de Copacabana, sofrerá uma desgraça, ele próprio ou sua família, já que se romperá a corrente e Deus vê essa atitude com maus olhos.

Uma família de Cochabamba que recém-violou este mandato morreu em um acidente de trânsito pouco tempo depois. Um militar que também ignorou este mandato perdeu sua única filha de câncer; uma senhora em Tarija foi encontrada queimada; e a outro militar o Diabo se meteu no corpo de sua esposa e esta desapareceu com outro homem, abandonando-o e deixando-lhe suas *wawitas*[30] pequenas.

O mandato é o seguinte: rezar um rosário completo dedicado à Virgem de Copacabana arrependendo-se dos crimes que tenha cometido e prometendo não levantar mais a mão contra o próximo, como Deus manda.

Em caso de não haver cometido o crime, rezar pelos que tenham cometido. Enviar três cópias desta corrente textualmente a outras famílias de membros das Forças Armadas ou da polícia.

Deus queira que os caídos se arrependam a tempo.

Os que cumprirem esta corrente se salvarão.[31]

O poeta boliviano Ramiro Barrenechea escrevia sobre Guevara que "uns o assumiram como o mais alto herói civil, como o paladino de uma nova sociedade; outros, como a reencarnação do Cristo que veio para emancipar o homem. Uns o tomaram como escudo e guia dos combatentes; outros, como uma estampa milagrosa ('San Ernesto de la Higuera'), para cujo retrato começaram a acender velas como aos santos, para protegê-los dos males"[32]. Mas explica: "Em todo caso, o Che passou a ser uma lenda, porém mais real que os feitos, porque esteve entre nós, foi um original entre nós. É possível que retorne dentro de todos nós"[33].

E, dentro da imaginação popular, ele retornou, fazendo com que uma dezena de trovadores locais cantasse seu nome em versos. Dessa forma, entrava também no âmbito da literatura, influenciando estudantes e artistas nos anos que viriam após seu assassinato. Na poesia da Bolívia contemporânea sobre o Che, podem-se notar alguns matizes diferenciados em relação à temática empregada. A empreitada guerrilheira de Guevara foi homenageada por vates como Roberto Echazú Navajas, em seu *Tríptico del hombre y de la tierra* [Tríptico do homem e da terra], por Coco Manto (Jorge Mansilla), em *Escritura pública*, por José Arce Paravicini, em *In memoriam* [Em memória], e por Héctor Borda Leaño, em *El diario del comandante* [O diário do comandante]. A poesia de tributo é representada por Jorge Calvimontes, Alberto Guerra, Alfonso Gumucio Dagrón, Enrique Gamarra, Marcelo Arduz, Jaime Nisttahuz e Lucas L. Fernández. E, finalmente, há a poesia cujo intuito é projetar a figura do comandante e inspirar novas gerações, feita por artistas como Benjo Cruz, Juan Bautista Pabón e Mariano Méndez Roca.

A poesia sobre o Che circulou clandestinamente por alguns anos e foi divulgada principalmente em forma de folhetos, pequenos papéis e pasquins. Estes eram apreendidos e usados muitas vezes como "prova pré-constituída" para se aplicar a Lei de Segurança do Estado. Seus autores não podiam se expor por risco de serem presos.

É possível constatar, assim, a presença do Che em todos os âmbitos da vida boliviana. É comum encontrar nas ruas e na Universidade de La Paz, por exemplo, ilustrações e murais com a figura do guerrilheiro, mostrando que seu semblante está incorporado ao meio boliviano de forma consolidada. A prova mais cabal dessa afirmação foi a intenção do governo de Vallegrande de criar um mausoléu com a ossada do Che (que pretendia disputar com Cuba), além de transformar o cemitério local e a pista de aterrissagem em "patrimônio nacional". Para a prefeitura da cidade, Guevara seria parte da história boliviana e seus restos deveriam permanecer no país como demonstração da admiração local por ele. Ironicamente, quem lançou a ideia do cenotáfio foi o alcaide de Vallegrande, Hoover Cabrera. Ele e o subprefeito, o coronel Jorge Cortéz, porém, demonstraram que sua intenção verdadeira era mais comercial e turística do que histórica, já que pensavam que um memorial traria centenas de visitantes todos os anos para a cidade. De qualquer forma, a imagem do guerrilheiro permanece sólida na Bolívia, mesmo que seja para alguns ganharem dinheiro a suas custas, algo que ele certamente não aprovaria.

Para expressar de forma ainda mais contundente a importância de Che Guevara e da criação de seu mito, o discurso de Fidel Castro, em Pinar del Río, a 8 de outubro de 1987, durante a inauguração de uma fábrica no local, pode ser útil:

> Aqueles que se livraram de seu corpo para que ele não se tornasse um símbolo; aqueles que, sob a direção de seus mestres imperiais, não queriam que restasse dele nenhum traço, descobriram que, apesar de não haver corpo algum, mesmo assim um assustador oponente do imperialismo, um símbolo, uma força, uma presença de fato existe e não pode ser destruída.
>
> Quando eles esconderam o corpo do Che mostraram sua fraqueza e sua covardia, porque também mostraram seu medo do exemplo e do símbolo. Eles não queriam que os camponeses explorados, os trabalhadores, os estudantes, os intelectuais, os democratas, os progressistas ou os patriotas do hemisfério tivessem um lugar para ir e render homenagens ao Che. E, no mundo de hoje, onde não há nenhum lugar específico para se render homenagem aos restos do Che, a homenagem é feita em todos os lugares.[34]

E concluiu:

> Realmente, não pode haver símbolo superior, não pode haver melhor imagem, não pode haver ideia mais exata ao se procurar pelo revolucionário modelo. Eu digo isso porque tenho a mais profunda convicção – tanto quanto ou até mais do que

quando eu lhes falei naquele 18 de outubro e perguntei como nós queríamos que nossos combatentes, nossos revolucionários, nossos membros do partido, nossas crianças fossem, e eu disse que queríamos que eles fossem como o Che. Ele é a imagem do ser humano, se quisermos falar em uma sociedade comunista, se nosso objetivo real é construir não apenas o socialismo, mas estágios mais elevados do socialismo, se a humanidade não renunciar à grandiosa e extraordinária ideia de viver em uma sociedade comunista algum dia.

Se precisarmos de um paradigma, de um modelo, um exemplo a seguir para chegar a essas ideias elevadas, então as pessoas como o Che são essenciais, assim como o são os homens e as mulheres que o imitam, que são como ele, que pensam como ele, que agem como ele; homens e mulheres que têm uma conduta parecida com a dele quando chega o momento de fazer sua parte em cada coisa pequena, em cada detalhe, em cada atividade; em sua atitude em relação ao trabalho, seu hábito de ensinar e educar ao dar o exemplo; sua atitude de querer ser o primeiro em tudo, o primeiro a ser voluntário para as tarefas mais difíceis, as mais duras, as mais autossacrificantes; o indivíduo que dá seu corpo e sua alma para os outros, a pessoa que demonstra verdadeira solidariedade, o indivíduo que nunca abandona um companheiro; uma pessoa simples; as pessoas sem uma falha, que não vivem em nenhuma contradição entre o que falam e o que fazem, entre o que praticam e o que pregam; um homem de pensamentos e um homem de ação – tudo o que o Che simboliza.[35]

Para completar, vale lembrar o que disse José Aricó ao recordar Guevara:

Nosso grupo acompanhou com emoção e simpatia seu combate contra os moinhos de vento: o questionamento às formas burocráticas de gestão da economia cubana, seus esforços para expandir os estímulos morais em uma sociedade que dava mostras de esgotamento em sua luta contra o cerco, seu combate contra o tratamento pouco solidário dos países socialistas com os povos do Terceiro Mundo, a busca pela unidade americana para resistir às pressões do imperialismo, sua renúncia à cidadania cubana, seu percurso pelo mundo portando o verbo da revolução. Líamos seus escritos e os difundíamos porque reconhecíamos nele uma voz que se recusava a ficar no realismo político dos que se submetem àquilo que nem sequer querem mudar. Não acreditávamos que seu caminho era o nosso, porém as coisas pelas quais lutava eram. Não foi um professor, foi um símbolo, um exemplo moral em que muitos de nós nos reconhecíamos, não importa qual fosse o juízo que suas palavras tivessem para nós.[36]

A imagem do Che, portanto, perpassa todos os meios sociais, das camadas mais populares até a intelectualidade. E continua presente na Bolívia da atualidade.

Conclusão

Che Guevara foi, sem dúvida, um dos mais importantes, criativos e influentes teóricos e "homens de ação" de sua época, com uma abordagem original e ousada em relação à tradição marxista que marcaria toda uma geração. Alguém que teve uma vida coerente com os princípios que defendia e que, em última instância, se sacrificou em nome de seus ideais. Sua participação na guerrilha boliviana, nesse sentido, estava em total consonância com seu pensamento e se inseria em um projeto maior de disseminação da luta revolucionária na América Latina. Ele, por certo, sabia da complexidade geopolítica do continente e das diferentes variáveis que teria de enfrentar para levar adiante um projeto de tal magnitude. Os desafios a serem superados para que a empreitada tivesse êxito, contudo, eram múltiplos e difíceis de transpor. No entanto, o Che, mesmo tendo plena noção do caráter intrincado da interação entre os elementos objetivos e subjetivos no processo político, compreendia que a história pode se desenvolver em mais do que uma única direção, estando ela passível, assim, de seguir por diferentes caminhos, que dependeriam de variados fatores, entre os quais, o papel ativo dos indivíduos. Ao reconhecer o caráter aberto e flexível dessa dinâmica, ele daria centralidade à práxis revolucionária. E se esforçaria por implementar tal premissa, apesar dos obstáculos e dos equívocos que pudessem ser cometidos ao longo do trajeto.

Vale lembrar que o próprio Lênin (uma referência importante para o Che, especialmente em sua fase pré-nepiana) insistia que a revolução seria um processo de criação, nunca isento de erros e contratempos. Além disso, ele também recordava que "não consideramos de modo algum a teoria de Marx como algo acabado e intocável; pelo contrário, estamos convencidos de que ele apenas assentou a pedra angular da ciência que os socialistas *devem* fazer avançar em todas as direções, se não querem atrasar-se em relação à vida. Pensamos que para os socialistas russos é especialmente necessária a elaboração *independente* da teoria de Marx, pois esta teoria dá apenas postulados gerais *orientadores*, que *em particular* se aplicam à Inglaterra de maneira diferente da França, à França de maneira diferente da Alemanha, à Alemanha de maneira diferente da Rússia"[1]. Em seus "Conselhos de um ausente", por sua vez, Lênin escreveu que "a insurreição armada é uma forma especial de luta política, submetida a leis especiais, sobre as quais é preciso refletir atentamente". Nesse caso, ele destacaria diferentes aspectos da insurreição, suas "regras" e as lições aprendidas do marxismo clássico (ao qual ele se remetia no texto), que deveriam ser levadas em conta durante os momentos de ruptura e levantes populares[2].

O Che conhecia profundamente as obras do líder bolchevique, assim como trabalhos sobre questões militares de autores como Engels, Giap e Mao. No caso específico da guerrilha na Bolívia, o Exército de Libertação Nacional, na concepção de Guevara, poderia funcionar (*em última instância, após seu período inicial como embrião do projeto continental*) como o catalisador que impulsionaria, eventualmente, a mobilização das massas dentro daquele território, a partir do entendimento de que existiam condições para isso, explicitadas nos altos índices de pobreza e desigualdade social no país, além do clima de insatisfação entre os mineiros, os trabalhadores urbanos e a intelectualidade progressista, que sofriam com o ambiente de repressão governamental na época. O caráter dependente e apendicular da economia local e sua falta de dinamismo, agregada a um desenvolvimento irrisório e desequilibrado, e a relação da burguesia interna e dos militares com o imperialismo norte-americano, ajudariam a completar esse painel. Ainda assim o projeto do guerrilheiro argentino, como se sabe, não conseguiu atingir os objetivos almejados.

De qualquer forma, não se pode negar a importância que tiveram a imagem, o exemplo e as ideias de Che Guevara dentro da Bolívia. Tanto no meio civil como no castrense, ele deixou impressa a necessidade de mudança e de uma consciência mais apurada da situação socioeconômica precária e de subserviência aos interesses estrangeiros, às elites entreguistas e aos generais na qual vivia o país. O então major Rúben Sánchez disse:

> Quando eu era comandante do regimento Colorados, o general Alfredo Ovando reuniu os oficiais em uma unidade e disse: "Temos de tomar as bandeiras de luta do Che, mas com outros métodos, com métodos pacíficos, porque se não tomamos as bandeiras do Che, pode voltar a surgir outro movimento guerrilheiro de maior magnitude do que o dele".
> Os generais Alfredo Ovando e Juan José Torres foram os responsáveis pela instalação de fornos de fundição de Vinto em Oruro, apesar da oposição feroz do imperialismo norte-americano. Isso surgiu da preocupação com pensamento e as bandeiras do Che.

O general Torres mostrou uma posição tão contundente contra o imperialismo estadunidense que não houve nenhum governo, nem civil nem militar, em meu país, que tenha expulsado membros da organização Corpos de Paz – organismo que responde aos interesses da CIA e que penetrou em todos os países latino-americanos. [...] Se analisarmos a origem dessa situação, o maior arranque, o maior impulso ideológico e político na Bolívia surge a partir da presença e morte do Che.

Esta preocupação social, econômica e política que o Che deixou, continua seguindo em frente, e precisamente por estarem nos mandos militares pessoas já com algum nível de consciência e poder de convencimento na política nacional, nestes momentos são eles que têm garantido o processo democrático, promovendo uma luta ideológica contra os setores mais reacionários do país.[3]

O Che certamente influenciou as discussões entre os partidos de esquerda e os movimentos populares bolivianos. Algumas agremiações defenderiam a luta armada (como o POR), enquanto outras tentariam, mais tarde, dar início à guerrilha rural, como o PC-ml (ainda que este a partir de uma linha maoísta). Ainda houve agrupamentos, como o Prin, que se mostraram admiradores do comandante, mesmo não participando diretamente de seu intento. É claro que os posicionamentos e concepções de todas essas organizações diferenciavam-se entre si e do próprio projeto de Guevara, mas não podemos esquecer que a experiência que ele promoveu na região de Ñancahuazú propiciou o debate não só sobre a necessidade e viabilidade do foco, como também instigou esses distintos elementos a tomarem posições mais radicais diante da situação em que se encontrava aquela nação.

A atuação do ELN, sem dúvida, afetou estudantes e intelectuais, e foi capaz de mobilizar determinadas categorias do proletariado. É verdade que sua influência sobre este último foi limitada; mesmo assim, ocorreram intensas discussões no movimento operário (especialmente entre os mineiros) relativas à sua posição naquela contenda e à possibilidade de seu ingresso na guerrilha.

O campesinato não foi *diretamente* influenciado pela *ideologia* do ELN, em parte porque já havia um vínculo deste com o MNR (e, posteriormente, um "pacto" com os militares), sem contar que muitos trabalhadores rurais haviam recebido sua parcela de terra nos anos 1950. Além disso, os camponeses indígenas, em geral conservadores, tinham uma origem e uma formação etnocultural diferente dos guerrilheiros e falavam idiomas que muitos dos combatentes desconheciam.

Che Guevara, contudo, acabou incorporado ao imaginário social local, paulatinamente sendo associado à simbologia cristã. O fato é que os habitantes do oriente boliviano começaram a admirá-lo e a considerá-lo um santo popular. Ao contrário do que se verificou junto à classe média urbana intelectualizada, mais ligada a seus aspectos ideológicos, sua presença na região de Ñancahuazú penetrou nas camadas rurais curiosamente pelo misticismo e pela religião.

Podemos dizer que, apesar de seu insucesso na época, Guevara teve grande importância no desenvolvimento da consciência política e nos debates internos na Bolívia durante as décadas que se seguiram. Mesmo que suas ideias não tenham se adequado à realidade nacional naquele momento, tiveram enorme penetração em diferentes setores e aguçaram o pensamento crítico e as discussões no interior das instituições, assim como entre a população ao longo do tempo.

NOTAS

Introdução

[1] Tulio Halperin Donghi, *História da América Latina* (São Paulo, Paz & Terra, 1989), p. 256.

[2] Pierre Broué, "Bolivia, 9 April 1952: A Forgotten February Revolution?", *Revolutionary History*, v. 4, n. 3, 1992, p. 28.

[3] Ibidem, p. 29.

[4] Jean Lieven, "Bolivia: From the Birth of the Revolutionary Workers Party to the Popular Assembly", *Revolutionary History*, cit., p. 55; e José Villa, "A Revolution Betrayed: The POR and the Fourth International in the Bolivian Revolution", *Revolutionary History*, cit., p. 62 e 64. Para Liborio Justo, por exemplo, o MNR seria um partido pequeno-burguês. Ver Liborio Justo, "Bolivia: The Revolution Defeated", *Revolutionary History*, cit., p. 39.

[5] Richard W. Patch, "United States Assistance in a Revolutionary Setting", em Robert D. Tomasek (org.), *Latin American Politics: Studies of the Contemporary Scene* (Nova York, Anchor Books/ Doubleday and Company, 1970), p. 352. Segundo o historiador Harold Osborne, o MNR combinava "uma plataforma de nacionalismo chauvinista com apelos demagógicos para as classes trabalhadoras". Ver Harold Osborne, *Bolivia: A Land Divided* (Londres, Royal Institute of International Affairs, 1955), p. 64. Augusto Céspedes, por sua vez, dizia que "o MNR, sem negar a utilidade do método marxista, crê que sua aplicação ortodoxa na América Latina pode ser contrarrevolucionária. Na Bolívia, o conceito de classe, aplicado à emancipação nacional, é contrarrevolucionário". Ver Fernando Mires, "Bolivia: la revolución obrera que fue campesina", *Síntesis/Bolivia*, Madri, n. 14, maio/ago. 1991, p. 128. O programa do *Movimiento* dizia: "A Bolívia é uma semicolônia na qual subsistem resquícios feudais no sistema de trabalho da terra. Para independentizá-la, é necessário liquidar a influência do imperialismo e da grande burguesia que lhe serve de agente, devolvendo ao país a exploração de suas minas, redistribuindo a terra e diversificando a economia mediante a criação de novas fontes de riqueza". Ver ibidem, p. 129. E, então, Víctor Paz Estenssoro, que afirmava que "o MNR é um partido nacionalista com inclinações socialistas". Ver idem. O partido possuía desde "frações fascistoides" até grupos "populares" e "trabalhistas". Ver ibidem, p. 130-1 e 149. Mais tarde, absorveu militantes de outras agremiações, desde sindicalistas com tendências trotskistas até membros do PIR, de

248 Che Guevara e a luta revolucionária na Bolívia

inclinação stalinista. De acordo com James Dunkerley, "o MNR estreitou seus contatos com os mineiros e obteve a afiliação de líderes sindicais-chave – a do astuto e carismático Juan Lechín Oquendo (secretário-executivo da FSTMB) e a de Mario Torres Calleja (secretário-geral) –, mas nunca se dedicou a trabalhar com as bases nem obteve o controle total. Isso se deveu a que os mineiros desconfiavam de laços partidários demasiadamente fortes e estavam mais apegados à ideia de independência sindical, mas também refletiu a influência porista, que não se limitava a vituperar contra os barões do estanho com tanta veemência como o MNR, mas que tinha ademais um programa infinitamente mais coerente e radical que era defendido por seus militantes nos próprios acampamentos". Ver James Dunkerley, *Rebelión en las venas: la lucha política en Bolivia – 1952-1982* (La Paz, Quipus, 1987), p. 27. Herbert S. Klein comenta que, em meados da década de 1940, "após três anos da revolta e do exílio da ala superior do MNR, este voltaria a surgir como o partido mais popular da esquerda e o movimento político mais poderoso do país. [...] Para levar a cabo esta mudança, [o MNR] decidiu se desfazer, de uma vez por todas, de seus elementos fascistas. Para isto lhe ajudaram Lechín e seus mineiros, defensores da transformação revolucionária e que pediam que o partido apoiasse seu programa. Ao mesmo tempo Paz Estenssoro e outros novos líderes, como Hernán Siles Zuazo, se dedicaram a restabelecer sua sólida base de classe média com um forte programa de estabilização econômica, por um lado, e de nacionalização econômica, por outro". Ver Herbert S. Klein, *Historia de Bolivia* (La Paz, Juventud, 1994), p. 226. Segundo Klein, "o partido de 1952 era enormemente diferente do grupo pró-fascista derrocado em 1946: agora era um partido radical de gente de classe média e de trabalhadores revolucionários, encarnando um novo tipo de amálgama de movimento populista radical. [...] Ao aceitar a participação e a ideologia operárias e ao armar a massa popular, havia se comprometido com uma atitude absolutamente destruidora da velha ordem e, apesar de sua ideologia reformista tradicionalmente limitadora, agora estava lançado a um desenlace revolucionário". Ver ibidem, p. 231.

[6] Fernando Mires, "Bolivia: la revolución obrera que fue campesina", cit., p. 131.

[7] Robert J. Alexander, *El movimiento obrero en América Latina* (México, Roble, 1967), p. 139.

[8] Richard W. Patch, "United States Assistance in a Revolutionary Setting", cit., p. 353. Segundo Fernando Mires: "De todas as maneiras, e ante o espanto da direita, nas eleições de 6 de maio triunfou a fórmula representada por Paz Estenssoro e Siles Zuazo. A votação favorável ao MNR foi acachapante: 59.049 votos. Os republicanos obtiveram 13.180. O PIR, pagando a conta por seus erros, apenas 5.000, menos ainda que os liberais. Nunca, em toda a história da Bolívia, um partido havia obtido mais votos que o MNR". Ver Fernando Mires, "Bolivia: la revolución obrera que fue campesina", cit., p. 133. Herbert S. Klein, por sua vez, diz que o MNR recebeu 39 mil votos. Ver Herbert S. Klein, *Historia de Bolivia* (La Paz, Juventud, 1994), p. 230.

[9] Para Fernando Mires, "o alto mando militar, temendo entre outras coisas que o MNR reincorporasse os oficiais que haviam recebido baixa do exército depois de Villarroel, decidiu simplesmente anular as eleições aduzindo uma absurda conspiração entre MNR e comunistas. O ato foi tão grosseiro que até alguns parlamentares direitistas apresentaram seu protesto. Poucos golpes de Estado tiveram tão pouca legitimidade como aquele de 1951". Ver Fernando Mires, "Bolivia: la revolución obrera que fue campesina", cit., p. 133.

[10] René Zavaleta Mercado, "Considerações gerais sobre a história da Bolívia – 1932-1971", em Pablo González Casanova (org.), *América Latina: história de meio século*, v. 2 (Brasília, Editora UnB, 1998), p. 41.

[11] Richard W. Patch, "United States Assistance in a Revolutionary Setting", cit., p. 355. Já segundo Luiz Alberto Moniz Bandeira, baseado em informações do relatório especial "Revolução e conquista do poder pelo MNR, de 9 a 11 de abril de 1952", do embaixador brasileiro em La Paz Hugo Bethlem, 17 abr. 1952, foram duzentas vidas perdidas e 5 mil feridos. Ver Luiz Alberto Moniz Bandeira, *De Martí a Fidel: a Revolução Cubana e a América Latina* (Rio de Janeiro, Civilização Brasileira, 2009), p. 133. Herbert S. Klein, por sua vez, afirma que foram seiscentas vidas perdidas durante aqueles acontecimentos. Ver Herbert S. Klein, *Historia de Bolivia*, cit., p. 231.

[12] James Dunkerley, *Rebelión en las venas: la lucha política en Bolivia – 1952-1982*, cit., p. 18.

[13] Fernando Mires, "Bolivia: la revolución obrera que fue campesina", cit., p. 119.

[14] James Dunkerley, *Rebelión en las venas: la lucha política en Bolivia – 1952-1982*, cit., p. 18.

[15] René Zavaleta Mercado, "Considerações gerais sobre a história da Bolívia – 1932-1971", cit., p. 41. Já Liborio Justo, exageradamente, diria que aquela era "a mais profunda revolução social na história das três Américas!". Ver Liborio Justo, "Bolivia: The Revolution Defeated", cit., p. 39.

[16] Segundo Fernando Mires, "ainda que, ao parecer, muitos dirigentes do MNR se viram surpreendidos pela insurreição de 1952, o Movimento já havia provado em 1949 não ser nada refratário à violência. Novamente Hernán Siles Zuazo era o chefe da insurreição, que se viu facilitada porque o general de Carabineiros, Seleme –que mantinha contatos com o MNR a partir de seu cargo de ministro do Interior –, decidiu abrir os arsenais ao povo. Milhares de mineiros chegaram às cidades portando, ameaçadoramente, cartuchos de dinamite. Os camponeses também se armavam. E, nas cidades, cada um escolhia a arma de que mais gostava. Foram três dias de intenso combate. Os militares fugiam em debandada. De cada esquina, de cada janela saíam balas. A insurreição decisiva foi a de Oruro, pois determinou a desmoralização total das tropas em La Paz. Ao final, o exército estava política, militar e, sobretudo, moralmente destruído. As bandeiras do MNR eram o símbolo da insurreição popular. Mas aqueles que empunhavam os fuzis se levantavam, sobretudo, contra aquele sistema que depois da Guerra do Chaco havia perdido toda legitimidade, e não podiam dissimular que, quando combatiam o exército, o faziam contra um Estado que não representava mais a nação. Foi essa, sem dúvida, uma revolução da nação contra o Estado". Ver Fernando Mires, "Bolivia: la revolución obrera que fue campesina", cit., p. 133-4.

[17] De acordo com Fernando Mires, "os barões do estanho estavam longe de constituir algo próximo a uma classe social. Tratava-se na verdade de impérios econômicos individuais e/ou familiares. O mais lendário foi, sem dúvida, o de Simón Iturri Patiño, nascido em Cochabamba em 1868 [sic], que, de empregado de minas, converteu-se em um dos mais portentosos milionários do mundo. Em 1910, Patiño comprou a Uncía Mining Company e, em 1924, a companhia chilena de Llallagua. Já nesse período controlava em torno de 50% da produção boliviana, com um pessoal de mais de 100 mil homens. Sua fortuna era estimada em US$ 300 milhões. Só suas rendas eram superiores às do Estado, caso único no mundo. Seu avanço não tinha limites. Em 1916, adquiriu a William Harvey Co. de Liverpool, de onde construiu um império financeiro ramificado em toda a Europa. Não tão poderosos como Patiño, mas também importantes, foram as possessões mineiras da família Aramayo e de Mauricio Hochschild. Só esses três grupos controlavam toda a produção de estanho e grande parte da de chumbo, zinco, tungstênio e outros minerais. [...] Ainda que fossem bolivianos, os barões do estanho

250 CHE GUEVARA E A LUTA REVOLUCIONÁRIA NA BOLÍVIA

agiam na prática como capitalistas estrangeiros em seu próprio país. Isso inibiu ainda mais a possibilidade de que surgisse algo parecido a uma burguesia nacional. E obrigou o Estado a se converter no principal gestor da economia não mineira do país". Ver Fernando Mires, "Bolivia: la revolución obrera que fue campesina", cit., p. 115.

[18] Ricardo Rojo, *Meu amigo Che* (trad. Ivan Lessa, São Paulo, Edições Populares, 1983), p. 22-3.

[19] Ibidem, p. 24.

[20] Douglas Kellner, *Che Guevara* (trad. David Casas, São Paulo, Nova Cultural, 1990), p. 18-9.

[21] James Dunkerley, *Rebelión en las venas: la lucha política en Bolivia – 1952-1982*, cit., p. 68. O ministro chegou a dizer: "vamos orientar a reforma agrária sobre a base do fortalecimento da propriedade coletiva comunal e a implantação da etapa capitalista nas propriedades privadas, liquidando o feudalismo". Já um membro de sua equipe comentou que "a reforma agrária não implicará nenhum desconhecimento do Direito de Propriedade [...] a organização de um novo sistema de trabalho agrário se desenvolverá com base às atuais comunidades indígenas, para realizar a cooperativização [...] Não é possível fazer a redistribuição de terras porque isso implica estabelecer o minifúndio, prejudicial à produção". Ver idem.

[22] Ricardo Rojo, *Meu amigo Che*, cit., p. 31. Calica Ferrer acompanhou Guevara na audiência. De acordo com ele, "em seu gabinete, muito bonito, com cortinas, tapetes e poltronas, recebia as delegações indígenas que iam apresentar os dramas que sofriam. Antes de entrar, como supunham que tinham piolhos, os índios eram aspergidos com DDT no rosto, no pescoço, decote da camisa e cabelo. Era muito frequente ver pela rua índios com as sobrancelhas, os cílios e o cabelo cobertos de pó branco. 'Veja', dizíamos, 'esse aí foi ver Chávez'. O ministro nos recebeu muito gentilmente e nos deu vários livros, que contavam o movimento revolucionário boliviano". Ver Carlos "Calica" Ferrer, *De Ernesto a Che: a segunda e última viagem de Guevara pela América Latina* (trad. Sandra Martha Dolinsky, São Paulo, Planeta, 2009), p. 121-2.

[23] Che Guevara, citado em Michael Löwy, *O pensamento de Che Guevara* (Lisboa, Bertrand, 1976), p. 111.

[24] De acordo com Calica Ferrer, eles atravessaram a fronteira no dia 10 de julho de 1953 e saíram do país no dia 17 de agosto, ainda que o carimbo de entrada oficial no Peru tenha sido estampado no dia 18 daquele mês. Ver Carlos "Calica" Ferrer, *De Ernesto a Che: a segunda e última viagem de Guevara pela América Latina*, cit., p. 93-140. Já segundo William Gálvez, os amigos entraram na Bolívia no dia 9 de julho de 1953 e partiram no dia 18 de agosto. Ver William Gálvez, *Viajes y aventuras del joven Ernesto: ruta del guerrillero* (Havana, Ciencias Sociales, 1997), p. 228-38.

[25] Carlos "Calica" Ferrer, *De Ernesto a Che: a segunda e última viagem de Guevara pela América Latina*, cit., 2009.

[26] Ernesto Guevara, *Notas de viaje* (Havana/Madri, Abril/Sodepaz, 1992); e Alberto Granado, *Com Che Guevara pela América do Sul* (São Paulo, Brasiliense, 1987).

[27] Carlos "Calica" Ferrer, *De Ernesto a Che: a segunda e última viagem de Guevara pela América Latina*, cit., p. 97.

[28] Ernesto Guevara, *Outra vez: diário inédito da segunda viagem pela América Latina – 1953-1956* (trad. Joana Angelica D'Avila Melo, Rio de Janeiro, Ediouro, 2003), p. 19-20.

[29] Ibidem, p. 146.

NOTAS 251

[30] Ibidem, p. 146-7.

[31] Ricardo Rojo, *Meu amigo Che*, cit., p. 32-3.

[32] Sheldon B. Liss, *Marxist Thought in Latin America* (Berkeley/Los Angeles, University of California Press, 1984).

[33] Ministerio de Planificación y Coordinación de la República de Bolivia, "Bolivia: estrategia sócio-económica del desarrollo nacional – 1971-1999", em James Petras (org.), *America Latina: economía y política* (Buenos Aires, Periferia, 1972), p. 164-5.

[34] Em 1957, por exemplo, 32% da receita do tesouro boliviano vinha da Usaid, com uma média de 25,9% nos quatro anos subsequentes. A reestruturação do exército também recebeu grande auxílio dos Estados Unidos, tanto no que se refere a equipamentos como também em treinamento.

[35] Ministerio de Planificación y Coordinación de la República de Bolivia, "Bolivia: estrategia sócio-económica del desarrollo nacional – 1971-1999", cit., p. 166.

[36] Idem.

[37] Ibidem, p. 197.

[38] Pablo González Casanova, *Imperialismo y liberación: una introducción a la historia contemporánea de América Latina* (Cidade do México, Siglo XXI, 1979), p. 234.

[39] Fernando Mires, "Bolivia: la revolución obrera que fue campesina", cit., p. 139.

[40] Ministerio de Planificación y Coordinación de la República de Bolivia, "Bolivia: estrategia sócio-económica del desarrollo nacional – 1971-1999", cit., p. 167.

[41] De acordo com o Ministerio de Planificación y Coordinación de la República de Bolivia, "a execução do Plano foi disposta em três fases, das quais as duas primeiras se levaram a cabo entre 1960-1964. Na primeira, se desembolsaram 13,6 milhões de dólares, mas só se cumpriram parcialmente os objetivos fixados em relação à metalurgia, exploração, deslocação de supernumerários e assistência técnica; na segunda, os gastos ascenderam a 12,7 milhões que cobriram as necessidades mais urgentes do momento. Quanto à terceira fase, é necessário deixar estabelecido que se cumpriu através de muitas condições, requisitos e imposições dos financiadores, que não deixaram de constituir um submetimento e uma perda de soberania. Entre estas exigências se citam o compromisso que assumiu o governo de controlar totalmente o processo sindicalista; restringir os direitos dos trabalhadores mineiros e suprimir o controle operário com direito a veto". Ver ibidem, p. 243.

[42] James Dunkerley, *Rebelión en las venas: la lucha política en Bolivia – 1952-1982*, cit., p. 101.

[43] Ibidem, p. 100.

[44] William Blum, *Killing Hope: US Military and CIA Interventions since World War II* (Londres, Zed Books, 2004), p. 222.

[45] James Dunkerley, *Rebelión en las venas: la lucha política en Bolivia – 1952-1982*, cit., p. 108.

[46] John Cabot, discurso, 14 out. 1953, citado originalmente no *State Department Bulletin*, 26 out. 1953, e reproduzido em Laurence Whitehead, *The United States and Bolivia: A Case of Neocolonialism* (Oxford, Haslemere, 1969), p. 9.

[47] Para mais detalhes acerca do programa de empréstimos norte-americanos ao governo boliviano, ver Richard W. Patch, "United States Assistance in a Revolutionary Setting", cit., p. 346.

CHE GUEVARA E A LUTA REVOLUCIONÁRIA NA BOLÍVIA

[48] Milton S. Eisenhower, "A Aliança para o Progresso: raízes históricas", em John C. Dreier (org.), *A aliança para o progresso: problemas e perspectivas* (Rio de Janeiro, Fundo de Cultura, 1962), p. 37.

[49] Laurence Whitehead, *The United States and Bolivia: A Case of Neocolonialism*, cit., p. 11.

[50] Mary Maemura Hurtado e Héctor Solares Maemura, *Samurai da revolução: os sonhos e a luta de Freddy Maemura ao lado do Che* (Rio de Janeiro, Record, 2009), p. 67.

[51] Laurence Whitehead, *The United States and Bolivia: A Case of Neocolonialism*, cit., p. 11.

[52] Pablo González Casanova, *Imperialismo y liberación: una introducción a la historia contemporánea de América Latina*, cit., p. 233.

[53] James Dunkerley, *Rebelión en las venas: la lucha política en Bolivia – 1952-1982*, cit., p. 83.

[54] Laurence Whitehead, *The United States and Bolivia: A Case of Neocolonialism*, cit., p. 11.

[55] George Jackson Eder, citado em Laurence Whitehead, *The United States and Bolivia: A Case of Neocolonialism*, cit., p. 12.

[56] Informe do Subcomitê Econômico do Senado sobre Minerais, Materiais e Combustíveis do Comitê do Interior e Assuntos Insulares. Documento n. 83-4 Cong., primeira sessão, citado em Richard W. Patch, "United States Assistance in a Revolutionary Setting", cit., p. 365.

[57] Mariano Baptista Gumucio, "Introducción al tema de Bolivia", em Mariano Baptista Gumucio et al., *Guerrilleros y generales sobre Bolivia* (Buenos Aires, Jorge Alvarez, 1968), p. 25-6.

[58] Pablo González Casanova, *Imperialismo y liberación: una introducción a la historia contemporánea de América Latina*, cit., p. 234.

[59] Brian Loveman e Thomas M. Davies Jr., "Introduction: *Guerrilla Warfare*, Revolutionary Theory, and Revolutionary Movements in Latin America", em Ernesto Guevara, *Guerrilla Warfare* (Lincoln/Londres, University of Nebraska Press, 1985), p. 20-1.

[60] Ibidem, p. 26.

[61] Uma das melhores maneiras de os Estados Unidos fazerem pressão sobre a Bolívia era por meio da dívida externa desse país, o maior devedor da América Latina e, per capita, do mundo, tendo, de 1952 a 1964, recebido empréstimos que somavam US$ 398,2 milhões. Ver Fernando Mires, "Bolivia: la revolución obrera que fue campesina", cit., p. 138.

[62] Laurence Whitehead, *The United States and Bolivia: A Case of Neocolonialism*, cit., p. 25.

[63] Carlos Soria Galvarro (org.), *El Che en Bolivia*, v. 5: *Su diario de campaña* (La Paz, Cedoin, 1996), p. 291.

[64] Ver, por exemplo, a biografia de René Álvares Puente, *El mito del "Che"… y América a la hora de Barrientos* (La Paz, Artes Gráficas Potosí, 1991). No livro, o autor escreve sobre o presidente de uma forma tão laudatória que faz o general parecer um dos maiores líderes do século XX.

[65] Luiz Alberto Moniz Bandeira, *De Martí a Fidel: a Revolução Cubana e a América Latina*, cit., p. 590.

[66] O novo presidente da Comibol foi o coronel Juan Lechín Suárez (tio paterno de Juan Lechín), que apoiava Barrientos e decretou o fim da "ditadura extremista" nas minas. Enquanto isso, Juan Lechín estava exilado no Paraguai.

[67] Mitch Weiss e Kevin Maurer, *Caçando Che* (trad. Flávio Gordon, Rio de Janeiro, Record, 2016), p. 102. Já James Dunkerley afirma que duzentas pessoas foram assassinadas. Ver James Dunkerley, *Rebelión en las venas: la lucha política en Bolivia – 1952-1982*, cit., p. 114.

NOTAS 253

[68] Humberto Vázquez Viaña, *Del Churo a Teoponte: el traumático nacimiento del nuevo ELN* (Santa Cruz de la Sierra, El País, 2012), p. 125.

[69] Juan Ramón Quintana Taborga (org.), *Un siglo de intervención de EEUU en Bolivia – 1965-1981* v. 5 (La Paz, Ministerio de la Presidencia del Estado Plurinacional de Bolivia, 2016), p. 45.

[70] Idem.

[71] James Dunkerley, *Rebelión en las venas: la lucha política en Bolivia – 1952-1982*, cit., p. 116.

[72] Mariano Baptista Gumucio, "Introducción al tema de Bolivia", cit., p. 38.

[73] James Dunkerley, *Rebelión en las venas: la lucha política en Bolivia – 1952-1982*, cit., p. 119.

[74] Humberto Vázquez Viaña, contudo, tem opinião distinta. Ele afirma que "segundo nossa tese, quando partiu de Cuba para o Congo, o Che não tinha intenção de lutar na América Latina e muito menos na Bolívia". Para esse autor, só depois da epopeia na África é que os cubanos pensaram em organizar uma guerrilha para Guevara na América Latina, e, para isso, ativaram todos os agentes que tinham no continente para encontrar um local adequado para ele. Ver Humberto Vázquez Viaña, *La guerriglia del Che in Bolivia: antecedenti* (Bolsena, Massari, 2003), p. 286-7.

[75] Ministerio de Planificación y Coordinación de la República de Bolivia, "Bolivia: estrategia sócio-económica del desarrollo nacional – 1971-1999", cit., p. 220-1.

[76] Ibidem, p. 289.

[77] Mariano Baptista Gumucio, "Introducción al tema de Bolivia", cit., p. 11-21.

[78] Ibidem, p. 40-1.

[79] Ministerio de Planificación y Coordinación de la República de Bolivia, "Bolivia: estrategia sócio-económica del desarrollo nacional – 1971-1999", cit., p. 170-1.

[80] Ibidem, p. 191.

[81] Ibidem, p. 192.

[82] Ibidem, p. 193.

[83] Ibidem, p. 202.

[84] Ibidem, p. 202-7.

[85] Ibidem, p. 281.

[86] Ver Che Guevara, "La influencia de la revolución cubana en la América Latina", citado em Sergio Guerra Vilaboy e Ivan de la Nuez, "Che: una concepción anti-imperialista de la Historia de América", em Centro de Estudios sobre América, *Pensar al Che: desafíos de la lucha por el poder político*, t. I (Havana, Centro de Estudios sobre América/José Martí, 1989), p. 308.

[87] Andrey Schelchkov, "La Internacional Comunista y el partido boliviano: una historia de confusión y desengaños", em Andrey Schelchkov e Pablo Stefanoni (orgs.), *Historia de las izquierdas bolivianas: archivos y documentos – 1920-1940* (La Paz, Vicepresidencia del Estado Plurinacional, 2017), p. 57.

[88] Luiz Alberto Moniz Bandeira, *De Martí a Fidel: a Revolução Cubana e a América Latina*, cit., p. 135.

[89] Idem.

Capítulo 1

[1] Entre eles, Ricardo Rojo, Oscar Fernández Mell e o próprio Fidel Castro. Ver Ricardo Rojo, entrevista a Luiz Bernardo Pericás, Buenos Aires, jul. 1995; Jon Lee Anderson, *Che Guevara: uma biografia* (trad. M. H. C. Côrtes, Rio de Janeiro, Objetiva, 2012), p. 700; e Paco Ignacio Taibo II, *Ernesto Guevara, também conhecido como Che* (São Paulo, Scritta, 1997), p. 486. Ele teria dito a Fidel Castro que "a única coisa que quero é que quando triunfe a Revolução em Cuba, por razões de Estado, vocês não me proíbam de ir à Argentina para fazer a revolução". Ver Ignacio Ramonet, *Fidel Castro: biografía a dos voces* (Buenos Aires, Debate, 2006), p. 162.

[2] O grupo era composto por Edilberto Márquez, Manuel Cabrera, Javier Luis Heraud Pérez, Abraham Lama, Alaín Elías, Mario Rodríguez e Pelagio Flores.

[3] Javier Heraud, *El viaje* (Lima, Cuadernos Trimestrales de Poesía, 1961).

[4] Para mais informações sobre Javier Heraud, ver Cecilia Heraud Pérez, *Entre los ríos: Javier Heraud – 1942-1963* (Lima, Fondo Editorial de la Pontificia Universidad Católica del Perú, 2013).

[5] Ainda assim, vale lembrar que antes disso houve alguns intentos guerrilheiros menos conhecidos naquele país. Como aponta Jan Lust, "o ELN e o MIR não foram os primeiros grupos guerrilheiros inspirados pela Revolução Cubana. Um ano antes do intento do ELN de criar frentes guerrilheiras (1963), um pequeno grupo havia tratado de estabelecer um foco guerrilheiro na selva de Junín. [...] Em maio de 1962, um grupo dirigido pelo segundo tenente da Guarda Rural, Francisco Vallejo, levou a cabo as primeiras ações guerrilheiras como produto direto da Revolução Cubana. O grupo não havia recebido nenhum treinamento militar prévio às ações, não estava politicamente capacitado, muitos de seus participantes se encontraram pela primeira vez durante a própria ação, não houve trabalhos políticos prévios nem havia um programa político. [...] Em fevereiro de 1963, foi a vez de um grupo armado no povoado de Huacrachuco (departamento de Huánuco). Seis jovens esvaziaram a delegacia e cortaram a linha telegráfica. Ainda que, como os de Jauja, quisessem fazer 'algo' contra a exploração e a opressão no Peru e que considerassem empreender a luta guerrilheira, só ficaram em suas ações iniciais. O grupo não tinha nenhum plano nem programa político. A ação foi impulsionada principalmente pelas emoções, pensando fazer algo similar à Revolução Cubana". Ver Jan Lust, "50 años guerrilla peruana: 9 junio 1965 – 9 de junio 2015", *PapeldeArbol*, 15 jun. 2015; disponível em: <http://papeldearbol-papeldearbol. blogspot.com/2015/06/50-anos-guerrilla-peruana-9-junio-1965.html>.

[6] Daniel Muchnik e Daniel Pérez, *Furia ideológica y violencia en la Argentina de los 70* (Buenos Aires, Ariel, 2013), p. 143-8.

[7] De acordo com Jesús Lara: "ao longo de 1963, apareceu aqui em Cochabamba um numeroso grupo de guerrilheiros peruanos treinados em Cuba. O segundo secretário do Partido, Jorge Kolle, veio procurar pessoalmente alojamento para eles. Muitos de nós, inclusive alguns simpatizantes, fornecemos a hospedagem que eles mereciam. Depois de um tempo, os combatentes abandonaram a cidade e mais tarde soubemos que trataram de ingressar em seu país por Puerto Maldonado, lugar sobre o rio Madre de Dios, com fortuna adversa. Pouco tempo depois, a polícia de Paz Estenssoro deteve em Riberalta seis comunistas bolivianos que haviam servido de guias aos guerrilheiros peruanos e os conduziram a La Paz. Um dos presos era membro do Comitê Central; conseguiu-se sua evasão e em seguida sua saída clandestina do país". Ver Jesús Lara, *Guerrillero Inti Peredo* (La Paz, Cima, 1994), p. 29-30.

[8] Oscar Zamora, "Respuesta necesária", em Carlos Soria Galvarro (org.), *El Che en Bolivia*, v. 1: *El PCB antes, durante y después* (La Paz, Cedoin, 1994), p. 235.

[9] Humberto Vázquez Viaña, *Del Churo a Teoponte: el traumático nacimiento del nuevo ELN*, cit., p. 118-9.

[10] Régis Debray, *A guerrilha do Che* (Lisboa, Assírio e Alvim, 1975a), p. 180.

[11] O projeto revolucionário de Luis de la Puente e do MIR assemelhava-se em muitos pontos às ideias de Guevara. De la Puente criticava a política de coexistência pacífica dos soviéticos e acreditava na abertura de várias frentes contra o imperialismo norte-americano, com o apoio dos países socialistas. De la Puente afirmava que os Estados Unidos interviriam diretamente em qualquer nação que fosse alvo de guerrilhas, o que provocaria uma reação nacionalista que aceleraria o processo de libertação do país. Em documento explicando o projeto do MIR, o líder revolucionário peruano afirmava que as condições objetivas e subjetivas estão presentes no processo revolucionário, mas que a guerrilha pode criar as condições subjetivas caso não estejam suficientemente desenvolvidas; as massas devem tomar o poder pelas armas; a luta insurrecional deve ser no campo; a guerrilha cria a consciência revolucionária durante o processo de luta de libertação nacional, ocorrendo a mobilização das massas e a criação de um partido; a Revolução Peruana é parte de um processo continental e mundial e, com isso, é necessária a integração da luta do país aos movimentos de libertação de outras regiões, para que possa vencer o imperialismo e manter suas conquistas. Para mais informações, ver Richard Gott, *Guerrilla movements in Latin America* (Nova York, Double Day/Anchor, 1971), p. 336-50.

[12] José Luis Rénique, "De la 'traición aprista' al 'gesto heroico': Luis de la Puente Uceda y la guerrilha del MIR", *Ecuador Debate*, Quito, n. 67, abr. 2006, p. 88.

[13] Idem.

[14] Hugo Blanco foi um dos precursores da guerrilha no Peru e talvez um dos mais importantes líderes de esquerda daquele país. Nascido em Cusco em 1934, Blanco filiou-se ao POR em 1956 e foi viver no Vale de la Convención, onde, misturado ao povo local, aprendeu a língua quéchua e os costumes da região. Organizou diversos sindicatos, criando mais tarde uma federação camponesa. Héctor Béjar afirmou que "em 1961 e 1962, os jornais de Lima começam a falar de Hugo Blanco exigindo a repressão contra os sindicatos de La Convención e Lares. [...] Quase todos os dirigentes sindicais de La Convención e Lares eram ex-artesãos ou ex-trabalhadores ferroviários que haviam migrado ao vale, falavam espanhol e tinham conhecimentos elementares. Muitos eram evangélicos (protestantes fundamentalistas) e 'haviam visto no movimento operário a oportunidade de realizar os objetivos de justiça social que eles deduziam das sagradas escrituras. Como o expressou sucintamente um líder: a Bíblia ensina que os humildes herdarão a terra – e nós somos os humildes'. [...] Através dos advogados cusquenhos, os camponeses se vincularam à Federação de Trabalhadores de Cusco, dirigida quase integralmente pelo Partido Comunista [PCP]. A primeira greve ocorreu durante os meses de junho e julho de 1960, quando Hugo Blanco todavia não havia chegado ao vale. [...] A incorporação de Hugo Blanco à atividade organizativa dos sindicatos produz uma elevação no nível da luta. 1961 e 1962 podem assinalar como os pontos mais altos da onda sindicalista. [...] Mas a ideologia revolucionária de Blanco desperta o ciúme dos antigos dirigentes da Federação Provincial e seu trotskismo a desconfiança dos dirigentes comunistas da Federação de Trabalhadores de Cusco. Quando em 1962 é nomeado secretário-geral daquela, a eleição

é impugnada por alguns membros. Enquanto isso, o governo de Lima ordenava sua captura. [...] Sobreveio então o violento período de perseguição que culminou ao ser preso em maio de 1963. O governo havia se livrado de Blanco, mas não havia podido evitar a libertação de milhares de camponeses, a quebra do poder dos fazendeiros e a alteração da estrutura social preexistente. Era a primeira derrota do latifúndio nessas proporções: uma reforma agrária ficava realizada de fato". Ver Héctor Béjar Rivera, *Peru 1965: apuntes sobre una experiencia guerrillera* (Havana, Casa de las Américas, 1969), p. 35-6. Em 1966 iniciou atividades guerrilheiras, expropriando latifúndios, assaltando bancos e combatendo o exército, com grande apoio popular. Guevara observava atentamente os movimentos e ações de Blanco, mas não acreditava que fosse ser bem-sucedido. Nesse sentido, o Che mencionou que "os trotskistas não contribuíram em nada para o movimento revolucionário, em nenhum lugar; onde se fez alguma coisa, como no Peru, foi um fracasso, porque seus métodos não são bons. É por isso que o companheiro Hugo Blanco, pessoalmente um homem inatacável e cheio de espírito de sacrifício, está destinado a fracassar". Para mais informações, ver Ernesto Guevara, "O plano e o homem", em *Textos econômicos* (São Paulo, Edições Populares, 1982), p. 68.

[15] Héctor Béjar Rivera, *Peru 1965: apuntes sobre una experiencia guerrillera*, cit., p. 71.

[16] Ibidem, p. 72.

[17] Ver depoimento de Ricardo Gadea em Luis Rodríguez Pastor, "Entrevista a Ricardo Gadea: 'Es una obligación rendir nuestro homenaje a De la Puente y Lobatón para que la izquierda pueda recuperar su capacidad revolucionaria'", *Resbalosa y Fuga*, 7 jan. 2016; disponível em: <https://resbalosayfuga.lamula.pe/2016/01/07/entrevista-a-ricardo-gadea-es-una-obligacion-rendir-nuestro-homenaje-a-de-la-puente-y-lobaton-para-que-la-izquierda-pueda-recuperar-su-capacidad-revolucionaria/luchitopastor/>.

[18] Héctor Béjar Rivera, *Peru 1965: apuntes sobre una experiencia guerrillera*, cit., p. 81.

[19] Idem. Essa opinião, como se pode perceber, é distinta daquelas de Luis de la Puente. Ver Richard Gott, *Guerrilla Movements in Latin America*, cit., p. 336-50.

[20] Héctor Béjar Rivera, *Peru 1965: apuntes sobre una experiencia guerrillera*, cit., p. 84-5.

[21] Ibidem, p. 87.

[22] Jan Lust, "El rol de la guerrilla peruana en el proyecto guerrillero continental del Che", *América Latina en Movimiento*, 6 out. 2016; disponível em: <https://www.alainet.org/es/articulo/180807>. Segundo Jan Lust, em abril de 1965, em torno de vinte militantes do ELN foram para La Mar com o objetivo de estabelecer a frente guerrilheira "Javier Heraud". Cinco meses depois, ocorreu a principal ação do grupo, o ataque e a ocupação da fazenda Chapi, em 25 de setembro de 1965, uma ação realizada em conjunto às comunidades camponesas de Chungui e Anjo. Ver ibidem.

[23] Idem, "Perú: sobre el asesinato de Guillermo Lobatón y 8 guerrilleros del MIR el 7 de enero de 1966", *La Haine*, 18 jan. 2014; disponível em: <https://www.lahaine.org/mundo.php/peru-sobre-el-asesinato-de-guillermo-lob-1966>.

[24] Ver depoimento de Ricardo Gadea citado em Luis Rodríguez Pastor, "Entrevista a Ricardo Gadea: 'Es una obligación rendir nuestro homenaje a De la Puente y Lobatón para que la izquierda pueda recuperar su capacidad revolucionaria'", cit.

[25] Jan Lust, "El rol de la guerrilla peruana en el proyecto guerrillero continental del Che", cit.

Notas   257

[26] Idem.

[27] Personagem da literatura argentina contemporânea, do romance de Ricardo Güiraldes, *Don Segundo Sombra*, de 1926.

[28] Paco Ignacio Taibo II, *Ernesto Guevara, também conhecido como Che* (São Paulo, Scritta, 1997), p. 470; e Hernán Vaca Narvaja, *Masetti: el periodista de la revolución* (Buenos Aires, Sudamericana, 2017), p. 276.

[29] Jorge Ricardo Masetti, *Los que luchan y los que lloran y otros escritos inéditos* (Lanús Oeste, Nuestra América, 2014).

[30] De acordo com Ulises Estrada, citado em William Gálvez, *El sueño africano de Che: ¿que sucedió en la guerrilla congolesa?* (Havana, Casa de las Américas/Cultura Popular, 1997), p. 33.

[31] Hernán Vaca Narvaja, *Masetti: el periodista de la revolución*, cit., p. 259.

[32] Ciro Bustos, citado em Hernán Vaca Narvaja, *Masetti: el periodista de la revolución*, cit., p. 260-1.

[33] Hernán Vaca Narvaja, *Masetti: el periodista de la revolución*, cit., p. 272-5.

[34] Ibidem, 278-82.

[35] Jorge Negre, "Operación Penelope: el inicio de la guerrilla en la Argentina", *Jorge Negre*, 12 abr. 2016; disponível em: <http://jorgenegre.com.ar/web/index.php/2016/04/12/operacion-penelope-el-inicio-de-la-guerrilla-en-la-argentina/>.

[36] Idem.

[37] Hernán Vaca Narvaja, *Masetti: el periodista de la revolución*, cit., p. 277-8.

[38] Jesús Lara foi, durante muitos anos, militante do PCB. Escritor conhecido em seu país, era sogro de Inti Peredo, um dos líderes da guerrilha de Ñancahuazú.

[39] Jesús Lara, *Guerrillero Inti Peredo*, cit., p. 30.

[40] Humberto Vázquez Viaña, entrevista a Luiz Bernardo Pericás, Santa Cruz de la Sierra, jan. 1995.

[41] Resoluções e declarações do Partido Comunista da Argentina 1963/1964, em Comisión Nacional de Propaganda Adjunta Al Comité Central Del Partido Comunista De La Argentina, *No puede haber una "revolución en la revolución"* (Buenos Aires, Anteo, 1967), p. 8.

[42] Alberto Nadra, *Secretos en rojo: un militante entre dos siglos* (Buenos Aires, Corregidor, 2015), p. 177; e Ciro Bustos, *El Che quiere verte: la historia jamás contada del Che en Bolivia* (Buenos Aires, Javier Vergara, 2011), p. 202.

[43] Segundo Jorge Negre, "em torno de 5 de maio, o grupo partiu de Argel via Roma e São Paulo, encoberto dentro de uma suposta delegação diplomática argelina integrada pelos agentes Mohamed e Abdel (ou Masmut, segundo Serguera), que recorria a América do Sul no plano de promoção comercial. Uma vez no Brasil, a delegação se dividiu. 'Segundo', 'Hermes' e 'Furry' viajaram de avião a La Paz. Os argelinos, com o grupo restante ('Fabián', 'Basilio' e 'Laureano'), o fizeram em trem até Santa Cruz de la Sierra. Todos voltaram a se encontrar em Tarija, enquanto 'Furry' se fazia administrador de uma propriedade e com uma caminhonete recém-adquirida tateava o terreno buscando o melhor lugar para cruzar a fronteira". Ver Jorge Negre, "Operación Penelope: el inicio de la guerrilla en la Argentina", cit.

44 Guillermo Almeyra, *Militante crítico: una vida de lucha sin concessiones* (Buenos Aires, Continente, 2013), p. 217.

45 Ver anexos.

46 Sergio Nicanoff, "Los inicios del guevarismo en Argentina (Parte III): el EGP y las Farn, aparición, aniquilamiento y diáspora", *Contrahegemoniaweb*, 18 out. 2017; disponível em: <http://contrahegemoniaweb.com.ar/los-inicios-del-guevarismo-en-argentina-parte-iii-el-egp-y-las-farn-aparicion-aniquilamiento-y-diaspora/>.

47 Nas palavras de Jon Lee Anderson, Alberto Castellanos "contraiu uma séria infecção na garganta e, em dezembro, ficou óbvio que ele precisava de uma cirurgia. Seu mensageiro, dr. Canelo, levou-o para Córdoba e providenciou a operação. Para todos os efeitos, Castellanos era Raúl Dávila, um peruano. Passou o Natal e o Ano-Novo em Córdoba, foi operado e ficou convalescendo nessa cidade por todo o mês de janeiro. Durante esse tempo, Papi apareceu em Córdoba para informar a Castellanos que Che ainda não estava podendo vir e que Duque [Miguel Ángel Duque Estrada] tinha sido retirado da fazenda e retornara a Havana". Ver Jon Lee Anderson, *Che Guevara: uma biografia*, cit., 2012, p. 618.

48 Idem.

49 Ciro Bustos, *El Che quiere verte: la historia jamás contada del Che en Bolivia*, cit., p. 216.

50 Para Hernán Vaca Narvaja, o nome dele seria Miguel Goyechea. Ver Hernán Vaca Narvaja, *Masetti: el periodista de la revolución*, cit., p. 302.

51 Ver anexos deste volume.

52 Horacio Tarcus (org.), *Diccionario biográfico de la izquierda argentina: de los anarquistas a la "nueva izquierda" – 1870-1976* (Buenos Aires, Emecé, 2007), p. 58-9.

53 Jesús Rodríguez, "Confirman que los restos hallados en Salta son del guerrillero cubano", *Clarín*, Buenos, Aires, 12 jul. 2005; e Hugo Eduardo Montero, "Hermes Peña y los laberintos de la memoria", *La Jiribilla*, [s. d.]; disponível em: <http://www.lajiribilla.co.cu/2006/n279_09/279_15.html>; Hernán Vaca Narvaja, *Masetti: el periodista de la revolución*, cit., p. 344.

54 Para Hernán Vaca Narvaja, o nome deste guerrilheiro seria Atilio Altamira. Ver Hernán Vaca Narvaja, *Masetti: el periodista de la revolución*, cit., 2017.

55 Ciro Bustos, *El Che quiere verte: la historia jamás contada del Che en Bolivia*, cit., p. 216-7.

56 Horacio Tarcus (org.), *Diccionario biográfico de la izquierda argentina: de los anarquistas a la "nueva izquierda" – 1870-1976*, cit., p. 399-402; Hernán Vaca Narvaja, *Masetti: el periodista de la revolución*, cit., p. 297-302.

57 Oscar Zamora, "Respuesta necesária", cit.

58 Alguns autores indicam que Nadia Bider seria polonesa, enquanto outros russa, nascida em 1912, em Moscou. Ver, por exemplo, "Lives in Brief", *The Times*, 17 mar. 2003; disponível em: <https://www.thetimes.co.uk/article/lives-in-brief-lfl5mth82jz>.

59 José Gómez Abad, "Cómo el Che burló a la CIA", *Mimeo*, p. 37.

60 Ibidem, p. 38.

61 Horacio Tarcus (org.), *Diccionario biográfico de la izquierda argentina: de los anarquistas a la "nueva izquierda" – 1870-1976*, cit., p. 59. De acordo com Jorge Negre, "a experiência esteve a ponto de terminar aos tiros entre os argentinos quando se manifestaram as diferenças ideológicas. Não

eram o mesmo Luis Stamponi, Manuel Negrín e Ángel 'Vasco' Bengochea que os peronistas Carlos 'Pancho' Gaítan ou Manuel J. Gaggero, e o socialista Elías Semán, para citar alguns exemplos". Ver Jorge Negre, "Operación Penelope: el inicio de la guerrilla en la Argentina", cit.

[62] José Gómez Abad, "Cómo el Che burló a la CIA", cit., p. 42-3.

[63] Aldo Marchesi, *Latin America's Radical Left: Rebellion and Cold War in the Global 1960s* (Nova York, Cambridge University Press, 2018), p. 34.

[64] Marta Rojas, *Tania, guerrillera heroica* (Buenos Aires, Rafael Cedeño, 1993).

[65] Jon Lee Anderson, *Che Guevara: uma biografia*, cit., 2012, p. 591. De acordo com José Gómez Abad, "não faltaram aquelas penas mercenárias que propalaram que Tania era uma espécie de 'agente tripla', acusando-a de ter sido indistintamente (da Stasi da ex-RDA); da KGB (da extinta União Soviética); e de Cuba. Foi a própria Nadia Bider, mãe de Tania, quem se encarregou de buscar e receber em 1997 as provas documentais que desmentem totalmente essas difamações". Os documentos seriam: carta do Comissionado Federal do Serviço de Segurança do Estado da antiga República Democrática Alemã, 17 out. 1997, que afirmava que "as pesquisas nos fichários da carteira central e da carteira exterior de Berlim revelaram que não há sinais de documentos pertencentes à filha de sua mandante"; documento assinado pelo Chefe do Escritório de Imprensa do Serviço de Inteligência Exterior da Federação Russa, 5 dez. 1997; e carta manuscrita assinada pelo tenente general da Inteligência Soviética, substituto do diretor da PGU e responsável pelo trabalho no continente americano, 12 dez. 1997, na qual certifica que seu Serviço de Inteligência não teve nenhuma relação com Tamara Bunke. Ver José Gómez Abad, "Cómo el Che burló a la CIA", cit., p. 356.

[66] Ibidem, p. 46; Nestor Kohan, "Entrevista a Ulises Estrada Lescaille", *Quaderni della Fondazione Ernesto Che Guevara*, n. 6, Bolsena, 2004/2006, p. 212.

[67] Ela passou por Bolzano, Milão, Roma, San Remo, Ventimiglia, Nice, Estrasburgo, Munique, Nuremberg, Praga, Frankfurt e Orly.

[68] Segundo Gómez Abad, numa conversa que teve com uma autoridade tcheca, os dois coincidiram "que não devíamos utilizar a documentação italiana por ser facilmente verificável no caso de Tania empregá-la para uma estância prolongada em outro país. Com respeito a uma nova identidade argentina, [os tchecos] estavam de acordo, mas sem utilizar para isso o passaporte de Marta Iriarte López, no qual eles haviam encontrado alguns erros de quando foi habilitado em Havana, requerendo que fossem trocadas algumas páginas. Uma vez arranjado isso, podia ser utilizado para uma viagem curta. Felizmente, esses erros não foram detectados no percurso realizado por Tania. Os companheiros tchecos estavam à disposição, em caso de conseguirmos um passaporte argentino em branco, para habilitá-lo, pois eles nesses momentos não o possuíam. [...] Por todo o anterior, propusemos que se devia adotar uma nova lenda biográfica, assim como uma base documental mais idônea, ajustadas o mais possível a suas reais experiências vitais, para ter de inventar o menos possível e que fosse mais fácil de memorizar. Ou seja: propusemos uma nova identidade argentina com a qual viajaria e se radicaria na Bolívia, que a desviculasse totalmente da utilizada nessa primeira viagem europeia". Ver José Gómez Abad, "Cómo el Che burló a la CIA", cit., p. 77-8. O mesmo autor ainda disse que seus superiores em Cuba "me orientavam a utilizar novos documentos e lenda argentina para Tania, para a qual se me enviaria um passaporte em branco desse país para ser preenchido pelos tchecos. O trabalho deveria estar pronto antes de cinco meses para que ela começasse seu plano de trabalho

260 CHE GUEVARA E A LUTA REVOLUCIONÁRIA NA BOLÍVIA

na Bolívia. Deveria informar aos tchecos que o país de destino de Tania era a Bolívia, a fim de que eles me indicassem, de acordo com suas experiências, as facilidades e as dificuldades para sua radicação dela definitivamente nesse país. Fui autorizado a realizar as modificações necessárias a esta ideia básica sempre que não se alterasse o prazo estabelecido para sua saída. Finalmente recebi ordens de que deveria permanecer em Praga até a culminação do trabalho e saída definitiva de Tania e que respondesse por essa via o resultado das gestões com os tchecos". Ver ibidem, p. 82. Depois de conversar com o coronel Yemla, ainda diria que, mesmo que ele não soubesse que ajuda ele poderia fornecer, "já tínhamos o compromisso do segundo chefe do Serviço de Inteligência tcheco de ajudar-nos em tudo o que requisitássemos". Ver ibidem, p. 83. Os cubanos, em última instância, enviaram um passaporte argentino em branco, que foi preparado pelos tchecos para ser usado por Tania em seguida.

[69] Segundo Gómez Abad, "Tania frequentava o escritório de López Muñoz, do qual conseguiu conquistar sua confiança, a ponto de lhe expressar critérios e opiniões políticas a diversas personalidades e amizades próximas dos círculos políticos e de governo. Isso lhe permitiu participar em muitas das reuniões oficiosas que ali se celebravam, frequentadas por intelectuais e políticos de todas as tendências, e se envolver em diversas discussões, podendo assim conhecer as opiniões deles e caracterizá-los. López Muñoz tinha pendurado em uma parede uma bandeirola do PCB e um gorro verde-oliva que, segundo ele, lhe fora presenteado pela embaixada cubana. Frequentemente, o colocava quando o visitavam. Ela visitou várias vezes sua casa, onde pôde constatar que tinha uma biblioteca marxista bem sortida. Em uma dessas visitas, ele lhe mostrou revistas de Cuba e fotografias com funcionários cubanos, da etapa prévia ao rompimento de relações diplomáticas. [...] O grau de confiança a que chegaram propiciou que ele lhe confessasse que não sabia onde se situar politicamente naquele momento, considerando que o melhor seria ser 'neutro'. Não obstante, um dia o encontrou preenchendo uma solicitação de ingresso no Partido Comunista da Bolívia (PCB), de tendência moscovita. Segundo lhe disse posteriormente, entregou a solicitação, a qual foi aceita, mas sem dar publicidade ao fato, mantendo sua militância nas sombras". Ver José Gómez Abad, "Cómo el Che burló a la CIA", cit., p. 236.

[70] Nas palavras de Gómez Abad, o agente "Mercy" informou, em relação ao casamento de Tania, que "em meados de 1965, quando alugava um quarto de uma casa, se mudaram para outro aposento dois irmãos procedentes do Departamento de Sucre, um chamado Mario Antonio Martínez Álvarez, de 21 anos, e Gonzalo, estudantes de engenharia elétrica e de engenharia industrial, respectivamente. Em poucos meses, [Tania] se tornou namorada de Mario, que tinha ideias de esquerda, mas não militava em nenhum partido nem tinha uma atuação política ativa. O desejo dele era estudar no estrangeiro, preferencialmente em um país socialista. O pai era engenheiro de Minas em Oruro, com ideais de esquerda. A mãe vivia em Sucre com três filhos menores. Ambos sabiam das relações amorosas, mas não se lhes havia dito nada da intenção de se casarem, pois, segundo Tania, o namorado temia que eles reprovassem a decisão (sobretudo o pai, que queria que seu filho Mario Antonio não abandonasse os estudos). Após poucos meses de um namoro semissecreto, como ela estava procurando alguém com quem se casar para obter a cidadania boliviana e mudar sua falsa documentação argentina por uma real da Bolívia, perguntou ao namorado se estava disposto a se casar com ela; ele não pôs objeção a isso, mas solicitou que guardasse segredo. Assim estiveram durante meses, até que pouco antes de fazer essa revelação a Mercy, decidiram se casar. A opinião de Tania é que seu noivo, a princípio, aceitou por brincadeira, mas que naquele momento achava que estava apaixonado e

que realmente desejava se casar. Igualmente, Tania lhe comentou que considerava que não era prudente se casar com uma pessoa com muitos recursos econômicos, pois tentaria controlá-la, enquanto com o dito jovem teria mais possibilidades de movimento". Ver José Gómez Abad, "Cómo el Che burló a la CIA", cit., p. 185.

[71] Ver Ernesto Guevara, "Na XIX Assembleia Geral das Nações Unidas: discurso e contrarréplica", em *Por uma revolução internacional* (São Paulo, Edições Populares, 1981), p. 75.

[72] Ibidem, p. 77.

[73] Ibidem, p. 77-9.

[74] Paul J. Dosal, *Comandante Che, guerrilheiro, líder e estrategista – 1956-1967* (trad. Marcos Maffei, São Paulo, Globo, 2005), p. 257-8; e Piero Gleijeses, *Misiones en conflicto: La Habana, Washington y África, 1959-1976* (Havana, Ciencias Sociales, 2007), p. 54.

[75] Para mais informações sobre a formação e o desenvolvimento político e ideológico de Malcolm X, ver o artigo dos pesquisadores soviéticos Igor Gueevski e Svetlana Chervonnaya, "Malcolm X", em Academia de Ciencias de la URSS, *Los negros norteamericanos* (Moscou, Academia de Ciencias de la URSS/Instituto Miklujo Maklai de Etnografia, 1987), p. 91-118. De acordo com Manning Marable, Malcolm deu uma entrevista para o *Militant*, o jornal do Socialist Workers Party. Segundo ele, "por décadas, o SWP havia promovido o nacionalismo negro revolucionário. O próprio Leon Trótski acreditara que os negros norte-americanos seriam a vanguarda da inevitável revolução socialista nos Estados Unidos. A separação de Malcolm da Nação do Islã e seu endosso ao registro eleitoral e protestos de massa por afro-americanos parecia aos trotskistas um movimento em direção ao socialismo". Ver Manning Marable, *Malcolm X: A Life of Reinvention* (Nova York, Viking, 2011), p. 302. Em 8 de abril de 1964, ele daria uma palestra no Palm Gardens de Nova York patrocinada pelo Militant Labor Forum, um grupo ligado ao SWP. Para Marable, "em teoria, ele estava falando para um grupo eclético de ativistas marxistas independentes não alinhados e nacionalistas negros, mas na realidade era majoritariamente um público marxista com muitos seguidores fiéis de Malcolm também na audiência". Ver ibidem, p. 305.

[76] Manning Marable, *Malcolm X: A Life of Reinvention*, cit., p. 316; e Carlos Moore, *Castro, the Blacks and Africa* (Los Angeles, Center for Afro-American Studies, University of California, 1988), p. 186.

[77] Manning Marable, *Malcolm X: A Life of Reinvention*, cit., p. 317.

[78] Carlos Moore, *Castro, the Blacks and Africa*, cit., p. 204; e Jon Lee Anderson, *Che Guevara, uma biografia* (trad. M. H. C. Côrtes, Rio de Janeiro, Objetiva, 1997), p. 701-2.

[79] Em seu discurso na Cory Methodist Church, em 1964, Malcolm afirmou: "Não sou contra os brancos, sou contra a exploração e contra a opressão". Ver Manning Marable, *Malcolm X: A Life of Reinvention*, cit., p. 304. Mais tarde, ele diria: "Não sou racista [...] e não subscrevo aos princípios do racismo. Minha peregrinação religiosa a Meca me deu um novo insight sobre a verdadeira irmandade do Islã, que abarca todas as raças da humanidade [...] O objetivo comum de 22 milhões de afro-americanos é respeito e *direitos humanos* [...] Não poderemos nunca ter direitos civis nos Estados Unidos sem que antes nossos *direitos humanos* sejam restaurados". Ver Manning Marable, *Malcolm X: A Life of Reinvention*, cit., p. 365-6.

[80] Ver George Breitman, *The Last Year of Malcolm X: The Evolution of a Revolutionary* (Nova York, Schocken Books, 1968), p. 87.

[81] Carlos Moore, *Castro, the Blacks and Africa*, cit., p. 120; e Timothy B. Tyson. Robert F. Williams, "Black Power", and the Roots of the African American Freedom Struggle. *The Journal of American History,* Vol. 85, n. 2, setembro de 1998, p. 540-570.

[82] Carlos Moore, *Castro, the Blacks and Africa*, cit., Ibidem, 120-2; e Timothy B. Tyson. Robert F. Williams, "Black Power", and the Roots of the African American Freedom Struggle, *The Journal of American History*, vol. 85, n. 2, setembro de 1998, p. 540-570.

[83] Ver Malcolm X, *Habla Malcolm X: discursos, entrevistas y declaraciones* (Havana, Ciencias Sociales, 2008), p. 18; e Pierre Kalfon, *Che: Ernesto Guevara, una leyenda de nuestro siglo* (Barcelona, Plaza & Janés, 1997), p. 426.

[84] Segundo Manning Marable, Malcolm se definia, por certo tempo, como um *"black nationalist freedom fighter"*. Depois ele deixaria de utilizar a expressão *"black nationalism"*, por ela limitar seu escopo político, ao excluir todos os outros *"freedom fighters"*. Ou seja, ele começou a abarcar mais elementos em sua luta. De acordo com Marable, Malcolm tinha "uma visão moderna de pan-africanismo, baseada em um antirracismo global". Ver Manning Marable, *Malcolm X: A Life of Reinvention*, cit., p. 306, 406 e 485.

[85] Jon Lee Anderson, *Che Guevara, uma biografia*, cit., 1997, p. 702.

[86] Idem.

[87] Idem.

[88] Idem.

[89] Para mais informações sobre a vida e pensamento de Frantz Fanon, ver David Caute, *Fanon* (Londres, Fontana/Collins, 1970); e Irene L. Gendzier, *Frantz Fanon* (México, Serie Popular Era, 1977).

[90] Frantz Fanon, *Por la revolución africana* (México, Fondo de Cultura Económica, 1975), p. 173. Sobre Che Guevara e *Os condenados da Terra*, ver Paco Ignacio Taibo II, *Ernesto Guevara, também conhecido como Che*, cit., p. 483-484.

[91] Ibidem, p. 174.

[92] Ibidem, p. 180.

[93] Víctor Pérez-Galdós, *Un hombre que actúa como piensa* (Manágua, Vanguardia, 1985), p. 158.

[94] Ernesto Guevara, *Textos revolucionários* (São Paulo, Edições Populares, 1987), p. 127-8.

[95] Ibidem, p. 129.

[96] Ibidem, p. 133-4.

[97] Hernán Vaca Narvaja, *Masetti: el periodista de la revolución*, cit., p. 245-52.

[98] Robert Merle, *Ahmed Ben Bella* (Nova York, Walker and Company, 1967), p. 135-7.

[99] Ibidem, p. 139.

[100] Durante a visita de Ben Bella a Havana, Fidel teria perguntado ao líder argelino se seu país tinha tanques de guerra. Ele respondeu que não. Vários meses depois, Castro se lembrou da conversa. A Argélia havia encomendado um grande carregamento de açúcar de Cuba. Quando os navios estavam sendo descarregados, os trabalhadores encontraram blindados escondidos no meio do açúcar. Esses carros de combate foram importantes para garantir a defesa do país. Ver declaração de Ben Bella, citado em Robert Merle, *Ahmed Ben Bella*, cit., p. 140.

[101] Jorge Risquet Valdés, "La epopéya de Cuba em África negra", em Piero Gleijeses, Jorge Risquet e Fernando Remírez, *Cuba y África, historia común de lucha y sangre* (Havana, Ciencias Sociales, 2007), p. 82. De acordo com Carlos Moore, foram quarenta tanques soviéticos T 34, quatro caças, caminhões e mais de oitocentas toneladas de armas leves, munição e artilharia. Ver Carlos Moore, *Castro, the Blacks and Africa*, cit., p. 178.

[102] Jorge G. Castañeda, *Che Guevara: a vida em vermelho* (trad. Bernardo Joffily, São Paulo, Companhia das Letras, 1997), p. 286-7; e Piero Gleijeses, "How Cuba Aided Revolutionary Algeria in 1963", [s. n.], [s. d.]; disponível em: <http://www.usenet.com/newsgroups/soc.culture.african/msg01918.html>. De acordo com Fidel Castro, "um ano depois da crise de outubro, em 1963, a Argélia se viu ameaçada, de fato, na região de Tindufe, perto do deserto do Saara, por uma agressão do Marrocos cujas Forças Armadas, com apoio logístico dos Estados Unidos, trataram de despojar de importantes recursos naturais ao dessangrado país argelino. Pela primeira vez, nessa ocasião, tropas cubanas – um batalhão de mais de vinte modernos blindados equipados com dispositivos de visão noturna, que os soviéticos nos haviam enviado para nossa própria defesa, e várias centenas de combatentes – cruzaram o oceano e, sem pedir permissão a ninguém, acudiram o chamado do povo irmão da Argélia, o qual conseguiu assim defender suas fronteiras e proteger suas riquezas". Ver Ignacio Ramonet, *Fidel Castro: biografia a dos voces*, cit., p. 280.

[103] Paul J. Dosal, *Comandante Che, guerrilheiro, líder e estrategista – 1956-1967*, cit., p. 247.

[104] Idem.

[105] Víctor Pérez-Galdós, *Un hombre que actúa como piensa*, cit., p. 158.

[106] Ernesto Guevara, *Che Guevara Speaks* (Nova York, Pathfinder, 1985), p. 103.

[107] Idem.

[108] Jorge G. Castañeda, *Che Guevara: a vida em vermelho*, cit., p. 326; e Carlos Moore, *Castro, the Blacks and Africa*, cit., p. 193.

[109] Carlos Moore, *Castro, the Blacks and Africa*, cit., p. 114-5.

[110] Ibidem, p. 182.

[111] Hernán Vaca Narvaja, *Masetti: el periodista de la revolución*, cit., p. 247.

[112] Conferencia de imprensa de Che Guevara, citada em William Gálvez, *El sueño africano de Che: ¿ que sucedió en la guerrilla congolesa?*, cit., p. 37.

[113] Jorge G. Castañeda, *Che Guevara: a vida em vermelho*, cit., p. 326. Já Pierre Kalfon afirma que Modibo Keita escutou com interesse a um discurso do Che e "lhe assegurou suas simpatias socialistas". Pierre Kalfon, *Che: Ernesto Guevara, una leyenda de nuestro siglo* (Barcelona, Plaza & Janés, 1997), p. 428.

[114] Godfrey Mwakikagile, *Congo in the Sixties* (Dar Es Salaam, New Africa Press, 2014), p. 171.

[115] Ibidem, p. 191. Segundo Gleijeses, "Cuba havia estabelecido relações diplomáticas com o Congo em maio de 1964, mas quando o Che e Serguera chegaram a Brazzaville em… janeiro de 1965, a Embaixada ainda não havia sido aberta". Ver Piero Gleijeses, *Misiones en conflicto: La Habana, Washington y África*, 1959-1976, cit., p. 133.

[116] "Para ti, guerrillero: Che Guevara en conversación con los militantes del MPLA", publicado originalmente no *Boletim do Militante (MPLA)*, n. 4, p. 15-7, citado em William Gálvez, *El sueño africano de Che: ¿que sucedió en la guerrilla congolesa?*, cit., p. 39.

[117] Idem.

[118] Humberto Vázquez Viaña, *La guerriglia del Che in Bolivia: antecedenti* (Bolsena, Massari, 2003), p. 176; e Andrew Ivaska, "Liberation in Transit: Eduardo Mondlane and Che Guevara in Dar Es Salaam" em Chen Jian (org.), *The Routledge Handbook of the Global Sixties: Between Protest and Nation Building* (Routledge, 2018), p. 27-38.

[119] Richard Gott, *Cuba: uma nova história* (trad. Renato Aguiar, Rio de Janeiro, Jorge Zahar, 2006), p. 254. Nas palavras de Piero Gleijeses, "o encontro do Che com os líderes da Frelimo foi acerbo". Ver Piero Gleijeses, *Misiones en conflicto: La Habana, Washington y África, 1959-1976*, cit., p. 141.

[120] Idem.

[121] Carlos Moore, *Castro, the Blacks and Africa*, cit., p. 94-6.

[122] Ibidem, p. 97.

[123] Ibidem, p. 96.

[124] Ibidem, p. 134.

[125] Pierre Kalfon, *Che: Ernesto Guevara, una leyenda de nuestro siglo* (Barcelona, Plaza & Janés, 1997), p. 429. De acordo com Jorge Castañeda, "o poeta da negritude e seus colaboradores se 'indignaram' com a presença de Guevara em conversações entre africanos". Jorge G. Castañeda, *Che Guevara: a vida em vermelho*, p. 327.

[126] Segundo Dennis Laumann, a delegação cubana tinha seis membros e chegou ao país num voo da Ghana Airways. Já Jorge Serguera dizia que o Che e sua equipe tinham à disposição um avião Iliushin 18 de fabricação soviética, com capacidade para 80 pessoas, ainda que fosse de propriedade do governo cubano. E que, além da tripulação, eles eram apenas quatro (Jorge Risquet Valdés também diz que o Che utilizou um avião executivo IL-18 durante toda a viagem pela África). E Jorge Castañeda, que comenta que ao retornar a Cuba, mais tarde, Guevara utilizou um Britannia da Companhia Cubana de Aviação. Dennis Laumann, "Che Guevara's Visit to Ghana", *Transactions of the Historical Society of Ghana: New Series*, n. 9, 2005, p. 61; Pierre Kalfon, *Che: Ernesto Guevara, una leyenda de nuestro siglo* (Barcelona, Plaza & Janés, 1997), p. 427; Jorge Risquet, "Notas a la edición cubana", em Piero Gleijeses, *Misiones en conflicto: La Habana, Washington y África, 1959-1976*, cit., p. liv; e Jorge G. Castañeda, *Che Guevara: a vida em vermelho*, cit., p. 340.

[127] Dennis Laumann, "Che Guevara's Visit to Ghana", *Transactions of the Historical Society of Ghana: New Series*, n. 9, 2005, p. 61.

[128] Ibidem, p. 69.

[129] William Gálvez, *El sueño africano de Che: ¿que sucedió en la guerrilla congolesa?*, cit., p. 41.

[130] Paco Ignacio Taibo II, *Ernesto Guevara, também conhecido como Che*, cit., p. 478; Jorge G. Castañeda, *Che Guevara: a vida em vermelho*, cit., p. 325-8; e Pierre Kalfon, *Che: Ernesto Guevara, una leyenda de nuestro siglo* (Barcelona, Plaza & Janés, 1997), p. 427-30.

[131] Dennis Laumann, "Che Guevara's Visit to Ghana", cit., p. 71.

[132] Idem.

[133] Ibidem, p. 72.

[134] Carlos Moore, *Castro, the Blacks and Africa*, cit., p. 196.

[135] Dennis Laumann, "Che Guevara's Visit to Ghana", cit., p. 71.

Notas 265

[136] Carlos Moore, *Castro, the Blacks and Africa*, cit., p. 197. Segundo Pierre Kalfon, o Che viajou 500 quilômetros entre Acra (Gana) e Porto Novo (Daomé), ida e volta, de carro. Pierre Kalfon, *Che: Ernesto Guevara, una leyenda de nuestro siglo* (Barcelona, Plaza & Janés, 1997), p. 430.

[137] William Gálvez, *El sueño africano de Che: ¿que sucedió en la guerrilla congolesa*, cit., p. 43.

[138] Carlos Moore, *Castro, the Blacks and Africa*, cit., p. 199.

[139] Idem.

[140] Pierre Kafon comenta que antes Guevara passou por Paris, onde se encontrou com Emilio Aragonés, Osmany Cienfuegos e Manresa. Lá ficou no Hotel Vernet, próximo dos Champs Elysées. Andou pela cidade e foi a livrarias, onde comprou vários livros. Pierre Kalfon, *Che: Ernesto Guevara, una leyenda de nuestro siglo*, p. 430-431.

[141] Ainda assim, um biógrafo do Che, Hugo Gambini, mencionaria uma *suposta* conversa entre Guevara e Mao, na qual o argentino pediria ao líder chinês ajuda para operações guerrilheiras que ele se dispunha a dirigir, uma vez estabelecido o foco de subversão. Mao teria respondido que preferia que o Che continuasse em Cuba, já que "o necessitamos ali. Você é o homem indicado para defender nossa posição revolucionária diante do revisionismo soviético". Ver Hugo Gambini, *El Che Guevara: la biografia* (Buenos Aires, Booket, 2009), p. 281-2.

[142] Richard Bourne, *Political Leaders of Latin America* (Baltimore, Pelican, 1969), p. 74.

[143] Fernando Morán, *Revolución y tradición en África Negra* (Madri, Alianza, 1971), p. 173.

[144] É interessante recorrer a alguns manuais soviéticos da Acus e fazer a contraposição entre as distintas concepções revolucionárias. Para Batálov, Régis Debray e Frantz Fanon representavam um "revolucionarismo pequeno-burguês", que não poderia ser associado ao marxismo-leninismo. Ver E. Batálov, *La teoria leninista de la revolución* (Moscou, Progreso, 1985), p. 65.

[145] Luiz Bernardo Pericás, *Che Guevara e o debate econômico em Cuba*, cit., p. 167-194.

[146] Ernesto Guevara, "O plano e o homem", em *Textos econômicos*, cit., p. 68.

[147] Ignacio Ramonet, *Fidel Castro: biografía a dos voces*, cit., p. 259.

[148] Douglas Kellner, *Che Guevara* (trad. David Casas, São Paulo, Nova Cultural, 1990), p. 63.

[149] Immanuel Wallerstein, *Africa: The Politics of Independence* (Nova York, Vintage, 1964), p. 146.

[150] Alan Hutchinson, *China's African Revolution* (Londres, Hutchinson & Co, 1975), p. 56; e Udo Weiss, "China's Aid to and Trade with the Developing Countries of the Third World", *Asia Quarterly*, n. 3, 1974, p. 263-309.

[151] Apenas no ano de 1964 foram enviadas à China aproximadamente 225 delegações.

[152] Kwame Nkrumah foi acusado de ter organizado seis academias de espionagem com ajuda chinesa, para desestabilizar e promover a "subversão" em nações vizinhas. O novo governo ganês cortou relações diplomáticas com a China e expulsou 430 chineses do país.

[153] Che Guevara diria que "de Gbenye não vale a pena falar; é simplesmente um agente da contrarrevolução". Ernesto Guevara, *Pasajes de la guerra revolucionaria: Congo* (Cidade do México, Grijalbo, 1999), p. 320.

[154] Para mais informações do papel dos chineses na África e na América Latina, ver David Wise e Thomas B. Ross, *The Espionage Establishment* (Nova York, Random House, 1967), p. 188-91;

266 Che Guevara e a luta revolucionária na Bolívia

e William E. Ratliff, "Chinese Communist Cultural Diplomacy toward Latin America – 1949--1960", *Hispanic American Historical Review*, Pittsburgh, v. 49, n. 1, fev., 1969, p. 53-79.

[155] Pierre Kalfon, *Che: Ernesto Guevara, una leyenda de nuestro siglo*, cit., p. 433.

[156] Che Guevara, citado em William Gálvez, *El sueño africano de Che: ¿que sucedió en la guerrilla congolesa?*, cit., p. 69.

[157] Godfrey Mwakikagile, *Congo in the Sixties*, cit., p. 188.

[158] De acordo com Fidel Castro, em Ignacio Ramonet, *Fidel Castro: biografía a dos voces*, cit., p. 282.

[159] Ernesto Guevara, *Pasajes de la guerra revolucionaria: Congo* (Cidade do México, Grijalbo, 1999), p. 318-319.

[160] Após solicitação do Conselho Nacional da Revolução Congolesa. Paco Ignacio Taibo II, Froilán Escobar e Félix Guerra, *El año en que estuvimos en ninguna parte* (Buenos Aires, Pensamiento Nacional, 1994), p. 14-5; e Paco Ignacio Taibo II, *Ernesto Guevara, também conhecido como Che*, cit., p. 480.

[161] Carlos Moore, *Castro, the Blacks and Africa*, cit., p. 203.

[162] William Gálvez, *El sueño africano de Che: ¿que sucedió en la guerrilla congolesa*, cit., p. 51. Segundo Oscar Oramas, na Tanzânia havia sedes da Frelimo, MPLA, Zanu, ANC, PAC, Molinaco, Swapo e OLP, entre outras. Ver Oscar Oramas, *La descolonización de África y sus líderes* (Havana, Política, 1990), p. 97.

[163] Carlos Moore, *Castro, the Blacks and Africa*, cit., p. 202. Nessa ocasião, Nasser teria achado o plano de Guevara absurdo, tendo afirmado: "Você quer virar um novo Tarzan, um branco no meio dos negros, dirigindo-os, protegendo-os – isso é impossível". Ver Delmo Moreira, "Guevara leva o gosto da derrota", *O Estado de S. Paulo*, São Paulo, 17 set. 1995, p. A-25.

[164] Carlos Moore, *Castro, the Blacks and Africa*, cit., p. 203.

[165] Ibidem, p. 203. Piero Gleijeses, contudo, expressa dúvidas sobre o Che ter revelado seus planos para Nasser. Ver Piero Gleijeses, *Misiones en conflicto: La Habana, Washington y África, 1959--1976*, cit., p. 148.

[166] Discurso de Argel, 24 fev. 1965, citado em Ernesto Guevara, *Obras de Che Guevara*, v. 1 (Lisboa, Ulmeiro), p. 72.

[167] Ernesto Guevara, *Obras de Che Guevara*, cit., p. 73-4.

[168] Ibidem, p. 82.

[169] Robert K. Furtak, "Revolución mundial y coexistencia pacífica", *Foro Internacional*, 25-26, México, v. 7, n. 1-2, 1966, p. 1-28.

[170] Ibidem, p. 15.

[171] V. I. Lênin, "O programa militar da revolução operária", em *Obras escolhidas*, t. I (Lisboa, Avante/Moscou, Progresso, 1977), p. 679.

[172] Robert K. Furtak, "Revolución mundial y coexistencia pacífica", cit., p. 28.

[173] Ricardo Robledo Limón, "El Partido Comunista de Venezuela, suas tácticas políticas de 1964 a 1969", *Foro Internacional*, 44, México, v. XI, n. 4, abr./jul. 1971, p. 534.

[174] Ibidem, p. 535.

[175] Jon Lee Anderson, *Che Guevara: uma biografia*, cit., p. 654

[176] Douglas Kellner, *Che Guevara*, cit.

[177] Ricardo Rojo, *Meu amigo Che* (trad. Ivan Lessa, São Paulo, Edições Populares, 1983).

[178] Ernesto Guevara, *Che Guevara speaks*, cit., p. 119.

[179] Thomas L. Hughes, "Aventura del Che Guevara en África", *Departamento de Estado dos Estados Unidos*, 19 abr. 1965, citado em William Gálvez, *El sueño africano de Che: ¿que sucedió en la guerrilla congolesa?*, cit., p. 56-7.

[180] Pierre Kalfon, *Che: Ernesto Guevara, una leyenda de nuestro siglo*, p. 442; e Tirso W. Sáenz, *O ministro Che Guevara: testemunho de um colaborador* (Rio de Janeiro, Garamond, 2004), p. 270-271.

[181] Arquivos da antiga RDA, "Informe do embaixador em Havana a Stibi", 19 maio 1965, SED, DY30 IVA 2/20/283, p. 5, citado em Piero Gleijeses, *Conflicting Missions, Havana, Washington and Africa – 1959-1976*, Chapel Hill, The University of North Carolina Press, 2002, p. 104. Ver também Jean Lartéguy, *The guerrillas* (Nova York, Signet, 1972), p. 49-50; César Reynel Aguilera, *El soviet caribeño: la outra historia de la revolución cubana* (Buenos Aires, Ediciones B, 2018), p. 443; Pacho O'Donnell, *Che: el argentino que quiso cambiar el mundo* (Buenos Aires, Sudamericana, 2012), p. 342-3; Isidoro Calzada Macho, *Che Guevara* (Buenos Aires, Folio, 2003), p. 239; e Jorge G. Castañeda, *Che Guevara: a vida em vermelho*, cit., p. 343-6.

[182] Maurice Halperin, *The Taming of Fidel Castro* (Berkeley, University of California Press, 1979); e Jon Lee Anderson, *Che Guevara: uma biografia*, cit., p. 711.

[183] Régis Debray, *Alabados sean nuestros señores: una educación política* (Buenos Aires, Sudamericana, 1999), p. 136-7.

[184] Jean Cormier, Hilda Guevara e Alberto Granado, *La vida del Che: mística e coraje* (Buenos Aires, Sudamericana, 1995), p. 270. Ver também Carlos Franqui, *Vida, aventuras y desastres de un hombre llamado Castro* (México, Planeta, 1988), p. 330.

[185] Tirso W. Sáenz, *O ministro Che Guevara: testemunho de um colaborador* (Rio de Janeiro, Garamond, 2004), p. 271-5.

[186] Ver anexos neste volume.

[187] Ver anexos neste volume.

[188] Aleida March, *Evocación* (Havana, Casa de las Américas, 2008), p. 153.

[189] Víctor Pérez-Galdós, *Un hombre que actúa como piensa*, cit., p. 163.

[190] Informe da CIA 00-K-323/08C, 6 maio 1965, e Informe da CIA 00-K-323/0904, 24 maio 1965, citados em Pacho O'Donnell, *Che: el argentino que quiso cambiar el mundo*, cit., p. 363.

[191] Mario José Cereghino e Vincenzo Vasile, *Che Guevara top secret: la guerrilla boliviana en los documentos del Departamento de Estado y de la CIA* (Barcelona, Rba, 2009), p. 20.

[192] Paco Ignacio Taibo II, *Ernesto Guevara, também conhecido como Che*, cit., p. 514.

[193] Idem.

[194] Informe da CIA 00-K-323/1325, 4 ago. 1965, citado em Pacho O'Donnell, *Che: el argentino que quiso cambiar el mundo*, cit., p. 363.

[195] Enrique Salgado, *Radiografia del Che* (Barcelona, Dopesa, 1975), p. 158-9.

[196] Oismara González Consuegra, "3 de octubre de 1965: día memorable", *Vanguardia*, 3 out. 2015; disponível em: <http://www.vanguardia.cu/opinion-de-periodistas/4909-3-de-octubre-de-1965-dia-memorable>.

268   CHE GUEVARA E A LUTA REVOLUCIONÁRIA NA BOLÍVIA

[197] Ernesto Guevara, *Cartas* (São Paulo, Edições Populares, 1980), p. 17-9.

[198] Dariel Alarcón, guerrilheiro na Bolívia, corrobora essa acepção: "Estávamos reunidos quando várias pessoas perguntaram por que ele desistiria de seu posto, sua posição e sua cidadania, suas responsabilidades como ministro etc. Ele começou a explicar, a dar uma série de explicações que nos convenceram a nos unir a ele, mesmo que compreendêssemos que, como oficiais das Forças Armadas Revolucionárias, estaríamos comprometendo nosso país. Decidimos, como o Che, que teríamos de abandonar nossos postos, posição e cidadania a fim de criar um grupo completamente uniforme". Ver Guillermo Cabrera, *Memories of Che* (Secaucus, Lyle Stuart, 1987), p. 151.

[199] Ciro Bustos, *El Che quiere verte: la historia jamás contada del Che en Bolivia*, cit., p. 232.

[200] William Blum, *Killing Hope: US Military and CIA Interventions since World War II* (Londres, Zed Books, 2004), p. 225.

[201] Adolfo Gilly, "Respuesta a Fidel Castro", *Marcha*, n. 1.293, 18 fev. 1966, p. 20. De acordo com Guillermo Almeyra, "em 1965 – 'o ano em que Guevara esteve em lugar nenhum', pois depois de sua derrota política em Cuba na discussão econômica com os pró-soviéticos e sua crítica aos países 'socialistas' no Discurso de Argel, ele havia ficado em minoria –, a CIA e os comentaristas políticos reacionários começaram a dizer que o 'Che' havia sido assassinado em Cuba em uma discussão com Fidel. Posadas não só acreditou nessa versão como a propalou e seus seguidores o imitaram, o qual provocou, como é lógico, uma onda de fundados protestos cubanos contra essa calúnia. [...] Quando publicaram [...] depois as fotos do Che estendido como o Cristo de Mantegna para sua exibição, Posadas sustentou que a patranha continuava e que o que mostravam era somente um sósia", em Guillermo Almeyra, *Militante crítico: una vida de lucha sin concessiones*, cit., p. 232-3.

[202] Pierre Kalfon, *Che: Ernesto Guevara, una leyenda de nuestro siglo*, cit., p. 525-6.

[203] Informe do Exército Boliviano, secreto, 7 fev. 1968, CREST, citado em Mario José Cereghino e Vincenzo Vasile, *Che Guevara top secret: la guerrilla boliviana en los documentos del Departamento de Estado y de la CIA*, cit., p. 158-61.

[204] Pierre Kalfon, *Che: Ernesto Guevara, una leyenda de nuestro siglo*, cit., p. 526.

[205] Hugo Gambini, *El Che Guevara: la biografía*, cit., p. 300.

[206] Osvaldo Bertolino, *Maurício Grabois: uma vida de combates* (2 ed., São Paulo, Fundação Maurício Grabois/Anita Garibaldi, 2012), p. 539.

[207] Pierre Kalfon, *Che: Ernesto Guevara, una leyenda de nuestro siglo*, cit., p. 526.

[208] Informe do Exército Boliviano, secreto, 7 fev. 1968, CREST, citado em Mario José Cereghino e Vincenzo Vasile, *Che Guevara top secret: la guerrilla boliviana en los documentos del Departamento de Estado y de la CIA*, cit., p. 158-61.

[209] "Informações confidenciais localizam 'Che' Guevara na Guiné-Bissau em 1967", *Jornal de Notícias*, 7 out. 2017; disponível em: <https://www.jn.pt/mundo/informacoes-confidenciais--localizam-che-guevara-na-guine-bissau-em-1967-8825687.html>.

[210] Mario José Cereghino e Vincenzo Vasile, *Che Guevara top secret: la guerrilla boliviana en los documentos del Departamento de Estado y de la CIA*, cit., p. 20. Mais tarde, um telegrama enviado ao Departamento de Estado pela Embaixada dos Estados Unidos em Genebra diria que, "ontem à tarde, o embaixador chileno Hidokro me comunicou que, segundo algumas informações, Che Guevara esteve no Vietnã para estudar táticas de guerrilha dos vietcongues".

Ver telegrama enviado ao Departamento de Estado pela Embaixada dos Estados Unidos em Genebra, secreto, 4 maio 1967, 11h50, NARA, Rg 59, *General Records of the Department of State*, Cfpf 1967-1969, sobre 2019, fascículo Pol 7/Cuba, citado em Mario José Cereghino e Vincenzo Vasile, *Che Guevara top secret: la guerrilla boliviana en los documentos del Departamento de Estado y de la CIA*, cit., p. 80.

[211] Jorge G. Castañeda, *Che Guevara: a vida em vermelho*, cit., p. 322.

[212] Osei Boateng, "Lumumba: The UN and the American Role", *New African*, fev. 2000; disponível em: <http://findarticles.com/p/articles/mi_qa5391/is_200002/ai_n21451390>; e Robert Craig Johnson, "Heart of Darkness: The Tragedy of the Congo – 1960-1967", [s. n.], [s. d.]; disponível em: <http://worldatwar.net/chandelle/v2n3/congo.html>.

[213] Gus Hall, *O imperialismo hoje: uma apreciação dos problemas e acontecimentos mais importantes dos nossos dias* (Lisboa, Estampa, 1975), p. 72-3.

[214] Dick Roberts, "Patrice Lumumba and the Revolution in Congo", *The Militant*, v. 65, n. 28, 23 jul. 2001.

[215] Osei Boateng, "Lumumba: The UN and the American Role", cit.; e Dick Roberts, "Patrice Lumumba and the Revolution in Congo", cit.

[216] William Blum, *Killing Hope: US Military and CIA Interventions since World War II*, cit., p. 156.

[217] Ibidem, p. 158.

[218] Ibidem, p. 156. A CIA enviou para o Congo um cientista, o dr. Sidney Gottlieb, com "material biológico" (um vírus) para ser usado num possível assassinato de Lumumba. A ordem teria sido emitida pelo próprio presidente Eisenhower. Ver ibidem, p. 158.

[219] Ibidem, p. 158.

[220] Paul J. Dosal, *Comandante Che, guerrilheiro, líder e estrategista – 1956-1967*, cit., p. 277.

[221] Robert Craig Johnson, "Heart of Darkness: The Tragedy of the Congo – 1960-1967", cit.

[222] Jorge G. Castañeda, *Che Guevara: a vida em vermelho*, cit., p. 323-4; e Paul J. Dosal, *Comandante Che, guerrilheiro, líder e estrategista – 1956-1967*, cit. p. 277-9.

[223] William Blum, *Killing Hope: US Military and CIA Interventions since World War II*, cit., p. 160.

[224] Paul J. Dosal, *Comandante Che, guerrilheiro, líder e estrategista – 1956-1967*, cit., p. 279-80; e Robert Craig Johnson, "Heart of Darkness: The Tragedy of the Congo – 1960-1967", cit., p. 277.

[225] Para mais informações sobre os primeiros anos após a independência do Congo, ver Fred Bridgeland, *Jonas Savimbi: A Key to Africa* (Nova York, Paragon House, 1987); Jean Cormier, *Che Guevara, compagnon de la revolution* (Roma, Gallimard/Editoriale Libraria, 1996); Ian Greig, *The Communist Challenge to Africa: An Analysis of Contemporary Soviet, Chinese and Cuban Policies* (Sandton, Southern African Freedom Foundation, 1977); Thomas R. Kanza, *Conflict in the Congo: The Rise and Fall of Lumumba* (Harmondsworth, Penguin, 1972); Sean Kelly, *America's Tyrant: The CIA and Mobutu of Zaire* (Washington, American University Press, 1993); Bruce Larkin, *China and Africa – 1949-1970: The Foreign Policy of the People's Republic of China* (Berkeley/Los Angeles, University of California Press, 1971); Pierre De Vos, *Vida y muerte de Lumumba* (México, Era, 1962); Patrice Lumumba, *Libertad para el Congo* (Havana, Venceremos, 1964); Carmelo Mesa-Lago e June Belkin, *Cuba en Africa* (México, Kosmos, 1982); Kwame

270 CHE GUEVARA E A LUTA REVOLUCIONÁRIA NA BOLÍVIA

Nkrumah, *Challenge of the Congo* (Nova York, International Publishers, 1967); Crawford Young e Thomas Turner, *The Rise and Decline of the Zairian State* (Madison, University of Wisconsin Press, 1985); Catherine Coquery-Vidrovich, Alain Forest e Herbert Weiss, *Rébellions-révolution au Zaire – 1963-1965* (Paris, L'Harmattan, 1987, coleção Racines du Présent); Ludo Martens, *Pierre Mulele ou la second vie de Patrice Lumumba* (Ambéres, EPO, 1985); Madeleine G. Kalb, *The Congo Cables: The Cold War in Africa – from Eisenhower to Kennedy* (Nova York, Macmillan, 1982); e David N. Gibbs, *The Political Economy of Third World Intervention: Mines, Money, and US Policy in the Congo Crisis* (Chicago, University of Chicago Press, 1991).

[226] Paul J. Dosal, *Comandante Che, guerrilheiro, líder e estrategista – 1956-1967*, cit., p. 280-1; e Robert Craig Johnson, "Heart of Darkness: The Tragedy of the Congo – 1960-1967", cit.

[227] Carlos Moore, *Castro, the Blacks and Africa*, cit., p. 211.

[228] Paco Ignacio Taibo II, Froilán Escobar e Félix Guerra, *El año en que estuvimos en ninguna parte*, cit., p. 26.

[229] Ibidem, p. 52.

[230] Ibidem, p. 53.

[231] Paco Ignacio Taibo II, *Ernesto Guevara, também conhecido como Che*, cit., p. 495.

[232] Depoimento de Rogelio Oliva, citado em William Gálvez, *El sueño africano de Che: ¿que sucedió en la guerrilla congolesa?*, cit., p. 52.

[233] William Gálvez, *El sueño africano de Che: ¿que sucedió en la guerrilla congolesa?*, cit., p. 60-1.

[234] Paul J. Dosal, *Comandante Che, guerrilheiro, líder e estrategista – 1956-1967*, cit., p. 288; e Ernesto Guevara, citado em William Gálvez, *El sueño africano de Che: ¿que sucedió en la guerrilla congolesa?*, cit., p. 76.

[235] William Gálvez, *El sueño africano de Che: ¿que sucedió en la guerrilla congolesa?*, cit., p. 74.

[236] Como em vários momentos da biografia da Guevara, há diversas versões, discordantes, sobre o horário de partida, o número de barcos e o tempo da travessia do lago, mesmo quando se trata de relatos de pessoas que participaram daquela empreitada. Alguns dizem que o Che e seus homens saíram de Quigoma entre 21h e 22h, enquanto há os que garantem que partiram quase à meia-noite. Também há os que afirmam que só "um" barco foi usado na ocasião; outros citam o número de "duas" embarcações; e ainda um que é categórico ao dizer que eram "três" lanchas. O tempo de travessia também varia de acordo com distintos participantes da aventura e diferentes biógrafos. Alguns, por exemplo, indicam seis horas de duração; já outros, oito horas de viagem. Os primeiros combatentes cubanos a cruzar o lago e chegar ao Congo foram o comandante Víctor Dreke, o oficial do Minint José María Martínez Tamayo, o comandante Che Guevara, o tenente Norberto Pío Pichardo, o soldado Aldo García González, o cabo Pablo Osvaldo B. Ortiz, o cabo Pedro O. Ortíz, o sargento Eduardo Torres Ferrer, o sargento Julián Morejón Gilbert, o médico civil Rafael Zerquera Palacios, o soldado Martín Chivás, o sargento Víctor Manuel Ballester, o soldado Salvador José Escudero e o soldado Constantino Pérez Méndez.

[237] Os combatentes eram: 1. Comandante Víctor Dreke (Moja); 2. Oficial José M. Martínez (Mbili); 3. Comandante Che Guevara (Tatu); 4. Primeiro tenente Norberto Pío Pichardo (Inne); 5. Soldado Aldo García González (Tano); 6. Cabo Pablo B. Ortiz (Sita); 7. Cabo Pedro O. Ortiz (Saba); 8. Sargento Eduardo Torres (Nanne); 9. Sargento Julián Morejón (Tiza); 10. Médico Rafael Zerquera (Kumi); 11. Soldado Martín Chibás (Ishirini); 12. Sargento Víctor M.

Ballester (Telathini); 13. Soldado Salvador J. Escudero (Arobaine); 14. Soldado Constantino Pérez (Hansini); 15. Soldado Ángel Fernández Angulo (Sitaini); 16. Soldado Lucio Sánchez (Rabanini); 17. Soldado Noelio Revé (Kigulo); 18. Sargento Ramón Muñoz (Maganga); 19. Capitão Santiago Terry (Ali); 20. Sargento Manuel Savigne Medina (Singida); 21. Soldado Rafael Vaillant (Sultán); 22. Cabo Roberto Chaveco (Kasambala); 23. Soldado Rafael Hernández (Tom); 24. Soldado Galván Marín (Wasiri); 25. Soldado Augusto Ramírez (Kulula); 26. Tenente Catalino Olachea (Mafu); 27. Sargento Alberto Man Sieleman (Kahama); 28. Soldado Domingo Pie Fiz (Tamusini); 29. Soldado Emilio Mena (Paulu); 30. Cabo Wagner Moro Pérez (Kawawa); 31. Sargento Arcadio Hernando (Doma); 32. Sargento Alipio del Sol (Abdalla); 33. Capitão Roberto Sánchez (Changa); 34. Tenente Israel Reyes Zayas (Azi); 35. Soldado Andrés A. Arteaga (Aja); 36. Soldado Dioscórides Romero (Adabu); 37. Soldado Arquímides Martínez (Agano); 38. Soldado Mario Thompson Vegas (Ananane); 39. Cabo Arnaldo Domínguez (Anzama); 40. Soldado Moisés Delisle (Ansa); 41. Soldado Andrés J. Jardínes (Au); 42. Soldado Sinecio Prado (Alacre); 43. Soldado José L. Torres (Amia); 44. Cabo Octavio Rojas (Anzala); 45. Soldado Orlando Puente Mayeta (Bahasa); 46. Soldado Lorenzo Espinosa García (Alau); 47. Soldado Eduardo Castillo Lora (Ahili); 48. Soldado Vicente Yant (Andika); 49. Primeiro tenente Ramón Armas (Azima); 50. Sargento Argelio Zamora Torriente (Almari); 51. Soldado Roger Pimentel (Akiki); 52. Soldado Virgilio Jiménez Rojas (Aga); 53. Soldado Sandalio Lemus (Anchali); 54. Soldado Luis Monteagudo (Ansalia); 55. Soldado Mariano García (Arobo); 56. Soldado Roberto Rodríguez (Afendi); 57. Soldado Ezequiel Toledo Delgado (Ami); 58. Capitão Crisógenes Vinajera (Anzurune); 59. Soldado Juan F. Aguilera (Anga); 60. Soldado José Antonio Aguiar (Ahiri); 61. Soldado Luis Díaz Primero (Amba); 62. Cabo Santiago Parada (Ottu); 63. Sargento Hermínio Betancourt (Okika); 64. Tenente Erasmo Videaux (Kisua); 65. Soldado Fernando Aldama (Falka); 66. Soldado Germán Ramírez (Mongueso); 67. Soldado Arcadio Puentes (Kadatasi); 68. Soldado Nicolás Savón (Danhisi); 69. Sargento Giraldo Padilla (Sitini-Natutu); 70. Soldado Roberto Pérez Calzado (Chepua); 71. Soldado Rodovaldo Gundín (Hukumu); 72. Soldado Elio H. Portuondo (Isilin); 73. Soldado Tomás Rodríguez (Chesue); 74. Soldado Isidro Peralta (Marembo); 75. Médico Raúl Candevat (Chumi); 76. Médico Héctor Vera (Hindi); 77. Médico Gregorio Herrera (Fara); 78. Soldado Ismael Monteagudo (Barufu); 79. Soldado Daniel Cruz (Pilau); 80. Soldado Melanio Miranda (Bahati); 81. Soldado Luis Hechavarría (Chunga); 82. Cabo Adalberto Fernández (Hatari); 83. Soldado Santos Duquesne (Dakuduko); 84. Soldado Antonio Sánchez Pérez (Fada); 85. Soldado Casiano Pons (Masihisano); 86. Soldado Luis Calzado Hernández (Nñeyñea); 87. Cabo Bernardo Amelo (Badala); 88. Soldado Florentino Limindu Zulueta (Sakumu); 89. Soldado Virgilio Montoya Muñoz (Cheni); 90. Soldado Wilfredo de Armas (Samani); 91. Soldado Eddy Espinosa (Chembeu); 92. Cabo Dionisio Madera (Dwala); 93. Soldado Osvaldo Izquierdo (Hanesa); 94. Sargento Carlos Coello (Tumaini); 95. Sargento Marcos A. Herrera (Ngenje); 96. Soldado Vladimir Rubio (Safi); 97. Sargento Armando Martínez (Dufu); 98. Soldado Domingo Pérez Hernández (Changa); 99. Primeiro tenente Harry Villegas (Pombo); 100. Soldado Francisco C. Torriente (Zuleimán); 101. Tenente José Palacio (Karín); 102. Soldado Conrado Morejón (Mustafá); 103. Soldado Luciano Paul (Abdala); 104. Soldado Raumide Despaigne (Sheik); 105. Soldado Fidencio Semanat (Samuel); 106. Soldado Francisco Semanat (Awirino); 107. Sargento Víctor Cañas (Milton); 108. Tenente Víctor Schueg (Ziwa); 109. Capitão Aldo Margolles (Uta); 110. Comandante Oscar Fernández Mell (Siki); 111. Capitão Emilio Aragonés (Tembo); 112. Tenente Mario Armas (Rebocate); 113. Médico Adrián Zanzali

(Kasulo); 114. Médico Octavio de la Concepción de la Pedraja (Morogoro); 115. Médico Diego Lagomozino (Fizi); 116. Anestesista Domingo Oliva (Kimbi); 117. Tenente Justo Rumbaut (Mauro); 118. Soldado Florentino Nogas (Carlos); 119. Soldado Tomás Escadón Carvajal (Tulio); 120. Soldado Dioscórides Meriño Castillo (Agile); 121. Soldado Constantino Pérez Méndez (Ancine); 122. Soldado Jesús Álvarez Morejón (Víctor); e 123. Soldado Esmérido Parada Zamora (Aguir). Nesta lista, constam dois soldados homônimos chamados "Constantino Pérez" (com codinomes similares). É possível que tenha havido algum equívoco na listagem original dos referidos combatentes.

[238] Ernesto Guevara, *Pasajes de la guerra revolucionaria: Congo* (Cidade do México, Grijalbo, 1999), p. 311-4.

[239] Ibidem, p. 49-51.

[240] William Gálvez, *El sueño africano de Che: ¿que sucedió en la guerrilla congolesa?*, cit., p. 85.

[241] De acordo com Che Guevara, "os soldados são de extração camponesa, sem nenhum desenvolvimento, captados pela ideia de ter um uniforme, uma arma, às vezes até sapatos e certa autoridade sobre a região, pervertidos pela inação e os hábitos de ordem e mando sobre o campesinato... sem nenhuma educação política organizada. Consequentemente, sem consciência revolucionária, sem projeção ao futuro, sem outro horizonte que o abarcado tradicionalmente como território de sua tribo. Indisciplinado, preguiçoso, sem espírito de luta nem espírito de sacrifício, sem confiança em seus chefes (que só podem ser exemplo na obtenção de mulheres, *pombe* ou alguma comida, enfim, pequenas benesses), sem o exercício constante da luta que lhe permitira desenvolver-se... Com todas essas características, o soldado revolucionário congolês é o mais pobre expoente de lutador que tive a oportunidade de conhecer até agora". Ernesto Guevara, *Pasajes de la guerra revolucionaria: Congo* (Cidade do México, Grijalbo, 1999), p. 322.

[242] Paco Ignacio Taibo II, *Ernesto Guevara, também conhecido como Che*, cit., p. 508.

[243] Segundo Jon Lee Anderson, "quando a direção da clínica deixou claro seu desprazer por ter a mãe de um destacado 'comunista' em suas instalações, a família a transferiu para outra clínica", em Jon Lee Anderson, *Che Guevara: uma biografia*, cit., p. 747.

[244] Juan Martín Guevara e Armelle Vincent, *Mi hermano el Che* (Madri, Alianza, 2016), p. 168.

[245] Ibidem, p. 169.

[246] Julia Constenla, *Celia, la madre del Che* (Buenos Aires, Debolsillo, 2008), p. 267-73.

[247] Aleida March, *Evocación*, cit., p. 156.

[248] Carlos Moore, *Castro, the Blacks and Africa*, cit., p. 214; e Jean-Pierre Clerc, *Las cuatro estaciones de Fidel Castro: una biografía política* (Buenos Aires, Aguilar, 1997), p. 304.

[249] Eric R. Wolf, *Peasant Wars of the Twentieth Century* (Nova York, Harper Torchbooks/Harper & Row, 1970), p. 247.

[250] Carlos Moore, *Castro, the Blacks and Africa*, cit., p. 214.

[251] Ibidem, p. 215.

[252] Paco Ignacio Taibo II, *Ernesto Guevara, também conhecido como Che*, cit., p. 516.

[253] Ernesto Guevara, *Pasajes de la guerra revolucionaria: Congo* (Cidade do México, Grijalbo, 1999), p. 319.

[254] Ignacio Ramonet, *Fidel Castro: biografía a dos voces*, cit., p. 282; e Jorge Risquet Valdés, *El segundo frente del Che en el Congo: historia del Batallón Patricio Lumumba* (Havana, Casa Editora Abril, 2000).

[255] Ramón Pérez Cabrera, *La historia cubana en África: 1963-1991 – Pilares del socialismo em Cuba*; disponível em: <https://books.google.com.br/books?id=4HT2AgAAQBAJ&printsec=frontco ver&source=gbs_ge_summary_r&cad=0#v=onepage&q&f=false>.

[256] Idem.

[257] Delmo Moreira, "Guevara leva o gosto da derrota", cit.

[258] Idem.

[259] Ernesto Guevara, *Pasajes de la guerra revolucionaria: Congo* (Cidade do México, Grijalbo, 1999), p. 320.

[260] Pierre Kalfon, *Che: Ernesto Guevara, una leyenda de nuestro siglo*, cit., p. 495.

[261] William Gálvez, *El sueño africano de Che: ¿que sucedió en la guerrilla congolesa?*, cit., p. 272-3.

[262] Ibidem, p. 275.

[263] Pierre Kalfon, *Che: Ernesto Guevara, una leyenda de nuestro siglo*, cit., p. 489-90.

[264] William Gálvez, *El sueño africano de Che: ¿que sucedió en la guerrilla congolesa?*, cit., p. 277.

[265] Jorge G. Castañeda, *Che Guevara: a vida em vermelho*, cit., p. 357.

[266] Ernesto Guevara, *Pasajes de la guerra revolucionaria: Congo* (Cidade do México, Grijalbo, 1999), p. 327. Ainda assim, o Che chegou a dizer que "cinco anos constituem uma meta muito otimista para a revolução congolesa ter um final bem sucedido, se é que tudo deve se basear no desenvolvimento destes grupos armados". Paco Ignacio Taibo II, *Ernesto Guevara, também conhecido como Che* (São Paulo, Scritta, 1997), p. 523.

[267] Ernesto Guevara, *Pasajes de la guerra revolucionaria: Congo* (Cidade do México, Grijalbo, 1999), p. 319.

[268] A partir da independência formal do Congo até o final do mês em que o Che partiu de seu território, os chefes de governo do país foram Patrice Lumumba, de 24 de julho de 1960 a 5 de setembro de 1960; Joseph Ileo, de 12 de setembro de 1960 a 27 de julho de 1961; Antoine Gizenga, de 13 de dezembro de 1960 a 5 de agosto de 1961; Cyrille Adoula, de agosto de 1961 a 30 de junho de 1964; Moise Tshombe, de 10 de julho de 1964 a 13 de setembro de 1965; Évariste Kimba, de 18 de outubro de 1965 a 14 de novembro de 1965; e Leonard Mulamba, de 25 de novembro de 1965 a 26 de outubro de 1966.

[269] Aleida March, *Evocación*, cit., p. 155; e idem, *Evocação: minha vida ao lado do Che* (trad. André Oliveira Lima, Rio de Janeiro, Record, 2009), p. 185.

[270] Idem, *Evocación*, cit., p. 156; e idem, *Evocação: minha vida ao lado do Che*, cit., p. 187.

[271] Ibidem, p. 158-9; e ibidem, p. 190.

[272] Ibidem, p. 162-3; e ibidem, p. 194-5.

[273] Ibidem, p. 157-8.

[274] Ernesto Guevara, *America Latina: despertar de un continente* (Havana, Ocean Sur, 2006), p. 486-7.

274   CHE GUEVARA E A LUTA REVOLUCIONÁRIA NA BOLÍVIA

[275] Pierre Kalfon, *Che: Ernesto Guevara, una leyenda de nuestro siglo*, cit., p. 499, 500 e 503; Jon Lee Anderson, *Che Guevara: uma biografia*, cit., 1997, p. 773-9; William Gálvez, *El sueño africano de Che: ¿que sucedió en la guerrilla congolesa?*, cit., p. 324-6 e 353; Luis C. García Gutiérrez, *La outra cara del combate* (Havana, Ciencias Sociales, 2013), p. 131; e Paco Ignacio Taibo II, *Ernesto Guevara, também conhecido como Che*, cit., p. 555-6.

[276] Paco Ignacio Taibo II, Froilán Escobar e Félix Guerra, *El año en que estuvimos en ninguna parte*, cit., p. 239-40.

[277] Ibidem, p. 240-2.

[278] Luis C. García Gutiérrez, *La outra cara del combate*, cit., p. 130-4.

[279] José Gómez Abad, "Cómo el Che burló a la CIA", cit., p. 220.

[280] Luis C. García Gutiérrez, *La outra cara del combate*, cit., p. 135-45; Paco Ignacio Taibo II, *Ernesto Guevara, também conhecido como Che*, cit., p. 561-2; e Pierre Kalfon, *Che: Ernesto Guevara, una leyenda de nuestro siglo*, cit., p. 505-10.

[281] Ernesto Guevara, *Pasajes de la guerra revolucionaria: Congo*, cit., p. 16. Ver também anexos.

[282] Mary Maemura Hurtado e Héctor Solares Maemura, *Samurai da revolução: os sonhos e a luta de Freddy Maemura ao lado do Che* (Rio de Janeiro, Record, 2009), p. 94. De acordo com Jesús Lara, "outro antecedente [da guerrilha do ELN] encontramos no comportamento assumido a meados de 1965 por um grupo de doze militantes da Juventude Comunista da Bolívia que estudavam na Universidade de Havana. Esses jovens pediram reiteradamente aos cubanos que se lhes submetessem ao treinamento guerrilheiro para vir a iniciar a luta armada em nosso país. Para admiti-los nos acampamentos, os cubanos exigiram uma autorização expressa do Partido boliviano. Na ocasião, se encontrava em Cuba o segundo secretário, Jorge Kolle, quem, escutando os propósitos e os planos daqueles estudantes, não vacilou em dar seu consentimento. [...] Mas Kolle não se limitou a conceder a permissão em questão; prometeu aos cubanos enviar um grupo de militantes do Partido com a mesma finalidade e trouxe os recursos necessários para a viagem do grupo. O secretário cumpriu seu compromisso, pois viajaram Coco Peredo, Rodolfo Saldaña, Jorge Vázquez Viaña, em janeiro de 1966". Ver Jesús Lara, *Guerrillero Inti Peredo* (La Paz, Cima, 1994), p. 32.

[283] Mary Maemura Hurtado e Héctor Solares Maemura, *Samurai da revolução: os sonhos e a luta de Freddy Maemura ao lado do Che*, cit., p. 95.

[284] Idem.

[285] Fidel Castro, *Política internacional de la revolución cubana* (Havana, Política, 1966), p. 97.

[286] Idem.

[287] Horacio Tarcus (org.), *Diccionario biográfico de la izquierda argentina: de los anarquistas a la "nueva izquierda" – 1870-1976* (Buenos Aires, Emecé, 2007), p. 151.

[288] De acordo com Guillermo Almeyra, "Juan era um homem calmo, mas de uma enorme audácia e valentia. Sempre sorridente, enganava com sua miopia acentuada, seu aspecto tímido e seu corpo gorducho. Tinha um excelente domínio do francês – havia vivido em Paris, vendendo papéis e cartazes velhos que recolhia nas ruas – e, naturalmente, do castelhano. Vinha da esquerda da Apra e havia sido ganho ao comunismo – não ao stalinismo –, portanto, tinha importantes contatos tanto com o pessoal que formaria o MIR como com os que haviam optado por seguir Pequim na disputa com Moscou dentro do stalinismo, assim como com os trotskistas e, é

claro, com o novo governo revolucionário cubano, o qual naquela época estava recrutando na AFP de Lima boa parte do pessoal da recém-criada Agência Latina. [...] Ainda que '*El Chino*', como o chamávamos, morreu como guerrilheiro, não pretendia ser tal, pois tinha consciência de seu pé chato, seu peso e, sobretudo, sua miopia, que, como dizia, o impedia de acertar um tiro em uma vaca a dois metros de distância. Era sem dúvida um combatente e não lhe temia o uso de armas – estando preso, havia sequestrado com arma na mão um avião policial em pleno voo –, mas, como bom oriental, tinha plena consciência de suas limitações, assim como de suas virtudes, e se, como o próprio Che, morreu no Oriente boliviano em uma aventura mal preparada e em um terreno e condições escolhidas pela direção do partido comunista boliviano para que fracassasse foi porque nem ele nem o Che esperavam ter que combater, senão que se limitavam a reconhecer o terreno para preparar posteriormente uma ação guerrilheira internacional que abarcasse a zona selvática do Brasil, Bolívia, o noroeste argentino e Peru". Ver Guillermo Almeyra, *Militante crítico: una vida de lucha sin concessiones*, cit., p. 200-1.

[289] Os partidos políticos de esquerda bolivianos e sua relação com a guerrilha serão discutidos na segunda parte deste livro.

[290] Humberto Vázquez Viaña, *La guerriglia del Che in Bolivia: antecedenti*, cit., p. 272-3.

[291] Gary Prado Salmón, *La guerrilla inmolada* (Santa Cruz de la Sierra, Punto y Coma, 1992), p. 55-7.

[292] Jan Lust, "El rol de la guerrilla peruana en el proyecto guerrillero continental del Che", cit.

[293] Idem.

[294] Humberto Vázquez Viaña, *La guerriglia del Che in Bolivia: antecedenti*, cit., p. 285.

[295] Ignacio Ramonet, *Fidel Castro: biografía a dos voces*, cit., p. 268.

[296] José Gómez Abad, "Cómo el Che burló a la CIA", cit., p. 303-4.

[297] Ibidem, p. 308.

[298] Idem.

[299] Paco Ignacio Taibo II, *Ernesto Guevara, também conhecido como Che*, cit., p. 581. Segundo Taibo II, Pinares era indisciplinado e caótico, enquanto Vilo Acuña, pesado e doentio.

[300] José Gómez Abad, "Cómo el Che burló a la CIA", cit., p. 307.

[301] Lázaro Barredo, "Cuando el Che fue torero: jugarse la vida por Cuba", *Cubadebate*, 3 jun. 2017; disponível em: <http://www.cubadebate.cu/noticias/2017/06/03/cuando-el-che-fue-torero-jugarse-la-vida-por-cuba/>.

[302] A participação e a relação do PCB com o projeto de Guevara serão analisadas mais adiante, na segunda parte desta obra, num capítulo específico acerca dos partidos políticos da Bolívia e a guerrilha.

[303] Humberto Vázquez Viaña e Ramiro Aliana Saravia, "Entretelones de la fase preparatória", em Carlos Soria Galvarro (org.), *El Che en Bolivia*, v. 1: *El PCB antes, durante y después* (La Paz, Cedoin, 1994), p. 215-21.

[304] Jan Lust, "El rol de la guerrilla peruana en el proyecto guerrillero continental del Che", cit.

[305] Idem.

[306] Idem.

307 De acordo com Mario Monje, "por acidente, encontrei em uma rua de La Paz um homem de bigodes, o qual reconheci imediatamente: era Régis Debray. Comuniquei isso ao Secretariado do PCB. Entendi que Debray estava cumprindo a tarefa dos cubanos e que Havana queria nos enganar. Enviei algumas pessoas de diferentes regiões para averiguar se pessoas estranhas apareceram por lá. Viram Debray em La Paz, em Santa Cruz não detectaram ninguém, em Cochabamba viram alguém parecido a Debray. [...] Chamei o cubano: 'O que Debray está fazendo aqui'? 'Não sei, eu estava em Cuba e não tenho a menor ideia do que está fazendo na Bolívia'. Respondi-lhe: 'Vocês querem violar nosso acordo, mas na Bolívia não haverá uma guerrilha! Sou contra e comunicarei tudo aos dirigentes do partido. A história os condenará'. Tudo isso ocorreu em setembro de 1966". Ver Víctor L. Jeifets e Lazar S. Jeifets, "'Discúlpanos, Mario: te hemos engañado', eran las palabras del Ché: la entrevista con Mario Monje Molina", *Pacarina del Sur: revista de pensamiento crítico latinoamericano*, 15 set. 2014; disponível em: <http://pacarinadelsur.com/home/figuras-e-ideas/1031-disculpanos-mario-te-hemos-enganado-eran-las-palabras-del-che-la-entrevista-con-mario-monje-molina>.

308 Humberto Vázquez Viaña e Ramiro Aliana Saravia, "Entretelones de la fase preparatória", em Carlos Soria Galvarro (org.), *El Che en Bolivia*, v. 1: *El PCB antes, durante y después*, cit., p. 215-21; e Humberto Vázquez Viaña, *La guerriglia del Che in Bolivia: antecedenti*, cit., p. 330. Lavretsky, biógrafo soviético de Guevara, aponta a compra do sítio em Ñancahuazú como ocorrendo em julho ao preço de 30 mil pesos bolivianos, o equivalente a US$ 2.500. Ver I. Lavretsky, *Ernesto Che Guevara* (Moscou, Progreso, 1975), p. 250.

309 Jon Lee Anderson, *Che Guevara: uma biografia*, cit., p. 807.

310 Segundo Taibo II, "em 5 de outubro o capitão Martínez Tamayo sai da Bolívia rumo a Havana para se entrevistar com Che. Entre outras coisas, queria lhe dizer que não estava gostando muito daquela chácara de Ñancahuazú para estabelecer o acampamento, e que preferia ir para outra zona. Che fica zangado com ele; a viagem era inútil e representava um risco para a segurança. Além disso, a propriedade preenchia todos os requisitos que o próprio capitão Martínez Tamayo tinha estabelecido: era uma base afastada que permitia um longo treinamento, com a Argentina às costas, a certa distância". E então: "Pouco antes de partir, em outubro, Che recebe os relatórios de Debray ('Aquele relatório foi a melhor coisa que escrevi em toda a minha vida') e pode compará-los com os de Pacho: mapas, plantas, relatórios políticos, listas de simpatizantes. Parece evidente que outras regiões da Bolívia ofereciam um melhor assentamento para o foco guerrilheiro, com um campesinato social-mente mais sensível, com menor isolamento dos mineiros, uma das forças politicamente mais radicalizadas, a maior base militante dos partidos de esquerda. Mas como diz Debray: 'impaciente por voltar à vida de guerrilheiro [...], concentrado no treinamento militar, na seleção de pessoal da guerrilha e na preparação dos futuros contatos, não prestou a devida atenção à localização inicial do foco'. Mas não se trata apenas disso. Che aceita a base de Ñancahuazú, em uma zona sem qualquer trabalho político prévio, porque a concebe como uma base de retaguarda, cujo isolamento é muito valorizado". Ver Paco Ignacio Taibo II, *Ernesto Guevara, também conhecido como Che*, cit., p. 580.

311 Richard L. Harris, *Morte de um revolucionário: a última missão de Che Guevara* (Rio de Janeiro, G. Ermakoff, 2008), p. 76. No dia 10 de setembro de 1966, Pombo anotou em seu diário que o motivo para a escolha da região era o fato de ser uma zona tropical de colonizadores, nas imediações da Cordilheira Oriental dos Andes, com formações boscosas, rica em poços de

NOTAS 277

petróleo e gado, o que permitiria tentar um "golpe" de ressonância internacional atacando o oleoduto da Gulf Oil que exportava combustível para os Estados Unidos, via Chile. Ver Harry Villegas, *Pombo: un hombre de la guerrilla del Che* (Havana, Política, 1997), p. 31-2.

[312] Régis Debray, *A guerrilha do Che*, cit., p. 79.

Capítulo 2

[1] De acordo com José Gómez Abad, até Viena o Che usou o passaporte de n. 123.890, com o nome "Ramón Benítez Fernández", e Pacho o passaporte de n. 129.918, com o nome "Raúl Borges Mederos". Assim que saíram do terminal de trens da capital da Áustria, supostamente destruíram esses documentos e começaram a utilizar, respectivamente, o de n. 130.748, com o nome "Adolfo Mena González", e o de n. 123.924, com o nome "Antonio Garrido García". Ver José Gómez Abad, "Cómo el Che burló a la CIA", *Mimeo*, p. 342. Já documentos oficiais norte-americanos indicam que ele entrou na Bolívia com ambos os passaportes uruguaios, com fotos dele disfarçado. Os passaportes estavam de posse do governo do país, que confirmou suas impressões digitais eram dele. Ver Circular enviada pelo Departamento de Estado a todas as sedes diplomáticas estadunidenses na América Latina, secreto, 18 set. 1967, NARA, Rg 59, *General Records of the Departament of State*, Cfpf 1967-1968, sobre 2019, fascículo Pol 23-7 Cuba/6. I. 67, em Mario José Cereghino e Vincenzo Vasile, *Che Guevara top secret: la guerrilla boliviana en los documentos del Departamento de Estado y de la CIA* (Barcelona, Rba, 2009), p. 120-1. Outro documento indicaria que foram confiscados pelo exército dois passaportes falsos com as impressões digitais do Che naquela época. Ver Informe do Departamento de Estado, secreto, 27 out. 1967, NARA, Rg 59, *General Records of the Department of State*, Cfpf 1967-1969, sobre 1895, fascículo Pol 23-7 Bol/I. I. 67, em Mario José Cereghino e Vincenzo Vasile, *Che Guevara top secret: la guerrilla boliviana en los documentos del Departamento de Estado y de la CIA* (Barcelona, Rba, 2009), p. 145-52. E finalmente, um informe do Exército boliviano comentava que o Che chegou à Bolívia com "um passaporte falso, com o nome de Ramón Benítez González ou de Adolfo Mena González. Esses documentos se encontram agora em posse do Exército boliviano e foram apresentados e mostrados a Washington pelo ministro de Relações Exteriores boliviano durante a Duodécima Conferência de Ministros de Relações Exteriores da OEA". Ver Informe do Exército boliviano, secreto, 7 fev. 1968, CREST, em Mario José Cereghino e Vincenzo Vasile, *Che Guevara top secret*, cit., p. 158-61.

[2] Ver José Gómez Abad, "Cómo el Che burló a la CIA", *Mimeo*, p. 318.

[3] Ver Humberto Vázquez Viaña, "La red urbana abandonada: el caso Iván", *Quaderni dela Fondazione Ernesto Che Guevara*, n. 9, Bolsena, 2011 a 2014, p. 72.

[4] Há diversas versões sobre o itinerário e o ingresso do Che na Bolívia. De acordo com Humberto Vázquez Viaña, do Brasil, ambos os guerrilheiros continuaram seu percurso de avião até Cochabamba (o primeiro local em que estiveram ao ingressar na Bolívia), onde fizeram escala, e, então, na mesma aeronave, seguiram para a capital do país. O autor boliviano afirma em um texto que o Che chegou a La Paz em 4 de novembro, e, em outro, no dia 3 de novembro, e garante que havia carimbos oficiais no passaporte utilizado pelo Che em Cochabamba e em La Paz. Ver Humberto Vázquez Viaña, "La red urbana abandonada: el caso Iván", cit., p. 72; e idem, *La guerriglia del Che in Bolivia: antecedenti* (Bolsena, Massari, 2003), p. 348-9. Para Michael Ratner e Michael Steven Smith, ele teria entrado na Bolívia a partir de um voo do Uruguai.

278   Che Guevara e a luta revolucionária na Bolívia

Ver Michael Ratner e Michael Steven Smith, *¿Quien mató al Che?: cómo logró la CIA desligarse del asesinato* (Buenos Aires, Paidós, 2014), p. 70-1. Hugo Gambini, seguindo a mesma linha, diz que Guevara foi ao Uruguai, onde foi disfarçado como Adolfo Mena, e, então, de lá, seguiu para a Bolívia. Ver Hugo Gambini, *El Che Guevara: la biografia* (Buenos Aires, Booket, 2009), p. 300. Já Paco Ignacio Taibo II informa que o Che provavelmente saiu de Cuba em 23 de outubro e foi para Moscou usando um passaporte falso com a identidade de Luis Hernández Galván, suposto funcionário do Inra. De lá, foi com um passaporte uruguaio em nome de Ramón Benítez para Praga, seguindo de trem para Viena com o documento de Adolfo Mena. Há carimbos falsos de uma passagem por Madri. Ele teria ido para Frankfurt, depois Paris e então São Paulo em 1º de novembro. Lá, ele chegou com o nome de Adolfo Mena, mas teria sido detido pelas autoridades locais por não ter seu atestado de vacina. Isso teria ocorrido às 9h. No mesmo dia, às 16h, foi liberado para prosseguir viagem. No dia 3, pediu um visto de turista para La Paz. Mas, segundo Taibo II, não há registro de entrada na Bolívia em seu passaporte. Ver Paco Ignacio Taibo II, *Ernesto Guevara, também conhecido como Che* (São Paulo, Scritta, 1997), p. 758. Ainda assim, vale lembrar que o Che tinha um "Certificado oficial de vacunación" uruguaio válido. Ver, por exemplo, fotocópia do certificado em Che Guevara, *Diario di Bolivia* (Roma/Havana, Erre Emme/Política, 1996), p. 27. Jorge G. Castañeda afirma que o Che passou por Moscou, Praga, Viena, Frankfurt, Paris, Madri e São Paulo. Dali, seguiu de trem até Corumbá, na fronteira com a Bolívia, chegando lá no dia 6 de novembro de 1967. Guevara e seu acompanhante atravessaram a divisa e foram recebidos por Papi, Renán Montero Corrales e Jorge Vázquez Viaña, que os levaram de jipe até Cochabamba e La Paz. Ver Jorge G. Castañeda, *Che Guevara: a vida em vermelho* (trad. Bernardo Joffily, São Paulo, Companhia das Letras, 1997), p. 404. Já o general Ovando Candia chegou a dizer que Guevara havia entrado na Bolívia entre 15 e 22 de setembro de 1967, saído do país, e regressado definitivamente em 24 de novembro. Ibidem, p. 405. Pacho O'Donnell, por sua vez, diria que no caminho o Che teria feito escala em Madri, com o propósito de visitar Juan Domingo Perón, exilado no país, para lhe pedir sua colaboração. Guevara teria ido à casa do compatriota disfarçado de sacerdote. Ele teria contado todos os seus planos, e o ex-presidente aparentemente lhe respondeu que ele deveria abandonar seu projeto, dizendo que ele não sobreviveria. Perón teria conversado em privado com o Che por mais de vinte minutos, enquanto tomavam chimarrão, e lhe falou que não teria condições de lhe prestar ajuda formal. Quando a ação de Guevara se transferisse para a Argentina, então ele poderia contar com o peronismo. Mas ele prometeu que não se oporia a quem de seu movimento quisesse por vontade própria participar da guerrilha boliviana com ele. Ver Pacho O'Donnell, *Che: el argentino que quiso cambiar el mundo* (Buenos Aires, Sudamericana, 2012), p. 407-9. Isidoro Calzada Macho fala que ao chegar a São Paulo, o Che foi de ônibus até Corumbá, de lá para Puerto Suárez, na Bolívia, prosseguindo para Cochabamba e então La Paz. Ver Isidoro Calzada Macho, *Che Guevara* (Buenos Aires, Folio, 2003), p. 262. E, finalmente, Pierre Kalfon, que diz que o Che e Pacho foram para a Bolívia por terra, passando pelo Mato Grosso, entrando no país vizinho pelo posto de fronteira em Corumbá. Do outro lado da divisa, teriam pegado um voo interno até La Paz, já que a CIA estaria monitorando os voos internacionais para a capital. Ver Pierre Kalfon, *Che: Ernesto Guevara, una leyenda de nuestro siglo* (Barcelona, Plaza & Janés, 1997), p. 524.

[5] Segundo José Gómez Abad, ele próprio sugeriu apenas três nacionalidades para os futuros guerrilheiros, de acordo com suas características físicas. Ele comentou: "Sobre a documentação para o grupo de companheiros, lhe sugeri [ao Che] que, exceto ele e Pachungo, que viajariam

como uruguaios, os demais viajariam divididos em dois grupos, um como equatorianos e o outro como panamenhos, faltando-me propor-lhe a nacionalidade individual de cada um, o que faria naqueles dias. Ele esteve de acordo com essa proposição". Ver José Gómez Abad, "Cómo el Che burló a la CIA", cit., p. 314. As duplas que viajaram para a Bolívia, com suas respectivas identidades e nacionalidades, eram: Rolando (Panamá), n. 66019 (Rolando Rodríguez Suárez), e Marcos (Panamá), n. 65986 (Marcos Quintero Díaz); Joaquín (Panamá), n. 65736 (Joaquín Rivera Núñez), e Miguel (Panamá), n. 66069 (Miguel Espino Rivera); Urbano (Panamá), n. 71535 (Urbano García Núñez), e Braulio (Panamá), n. 72538 (Braulio Tapia Reyes); Alejandro (Equador), n. 49836 (Alejandro Estrada Puig), e Benigno (Equador), n. 49837 (Benigno Soberón Pérez); Arturo (Equador), n. 38924 (Arturo Fernández Martínez), e Moro (Equador), n. 49833 (Carlos Luna Martínez); e Antonio (Equador), n. 49840 (Antonio León Velazco), e Félix (Equador), n. 49889 (Jesús Cuevas Ulloa).

[6] Ver Paco Ignacio Taibo II, *Ernesto Guevara, também conhecido como Che*, cit., p. 760.

[7] Ibidem, p. 584; e Humberto Vázquez Viaña, "La red urbana abandonada: el caso Iván", cit., p. 73.

[8] Ver Humberto Vázquez Viaña, "La red urbana abandonada: el caso Iván", cit., p. 72 e 77. Segundo Ariel, "a missão específica de Iván era receber o Che e demais companheiros que eram enviados de Cuba e mandá-los para o acampamento de Ñancahuazú. Uma vez cumprida essa missão, devia regressar a Cuba. Essa foi uma das razões de que sua permissão de visto fosse tão limitada. Para voltar à Bolívia a cumprir outra missão, deveria esperar que o Che o decidisse". Ver ibidem, p. 75.

[9] Ver Harry Villegas, *Pombo: un hombre de la guerrilla del Che* (Havana, Política, 1997), p. 52. Em seu livro *La guerriglia del Che in Bolivia: antecedenti*, Humberto Vázquez Viaña afirma que Ricardo acompanhou o grupo, no mesmo jipe do Che, mas, antes de chegar a Pincal, teria voltado a La Paz em um dos carros, enquanto o resto do grupo continuou no outro até seu destino. Ver Humberto Vázquez Viaña, *La guerriglia del Che in Bolivia*, cit., p. 349. Ainda assim, em outro artigo, o mesmo autor dá a entender que Papi não acompanhou o grupo e que o Che viajou para o acampamento apenas com Pacho, Tuma, Pombo e Loro. Ver idem, "La red urbana abandonada: el caso Iván", cit., p. 73. Por sua vez, de acordo com Jon Lee Anderson, todos os seis, Guevara, Pombo, Tuma, Papi, Pacho e Loro, foram juntos, no mesmo carro. Ver Jon Lee Anderson, *Che Guevara: uma biografia* (trad. M. H. C. Côrtes, Rio de Janeiro, Objetiva, 2012), p. 750.

[10] De acordo com Jean Cormier, eles passaram por Comarapa, Materal, Samaipata, Camiri, Ipati e Lagunillas. Ver Jean Cormier, Hilda Guevara e Alberto Granado, *La vida del Che: mística e coraje* (Buenos Aires, Sudamericana, 1995), p. 302. Já Humberto Vázquez Viaña afirma que cruzaram o vilarejo de Gutiérrez, mas que não passaram por Lagunillas. Ver Humberto Vázquez Viaña, *La guerriglia del Che in Bolivia*, cit., p. 349.

[11] Ver Norma Fernández, "Entrevista com Dariel Alarcón: 'La guerrilla en Bolivia no era el objetivo del Che' (habla Benigno, un cubano que combatió con Guevara)", *Clarín*, Buenos Aires, 24 dez. 1995, p. 10-1.

[12] De acordo com Taibo II, o Che "realiza uma primeira reunião com o grupo para acabar com as tensões mínimas que começam a surgir. 'Fiz um discursinho sobre as qualidades da guerrilha e a necessidade de uma maior disciplina; expliquei que nossa missão, acima de todas as coisas, era formar o núcleo-modelo, que deve ser de aço, e com este exemplo expliquei a importância

do estudo, imprescindível para o futuro. A seguir, reuni os responsáveis: Vilo, Pinares, Machín Hoed, Inti, San Luis, Villegas, o Médico, o Ñato Méndez e Martínez Tamayo. Expliquei por que Vilo tinha sido escolhido para o posto de segundo chefe, devido a alguns erros de Pinares, que se repetiam constantemente [...] Os incidentes desagradáveis entre companheiros estão prejudicando o trabalho.' [...] Mas o assunto ainda não estará terminado. Os problemas com Pinares persistem. Uma semana mais tarde, Che anota: 'Vilo me disse que Pinares ficou magoado com a referência aos seus erros na reunião do outro dia. Tenho de falar com ele'. E um dia mais tarde: 'Conversei com Pinares; sua queixa era o fato de ter sido criticado diante dos bolivianos. Sua argumentação fazia sentido: com exceção do seu estado emocional, digno de atenção, o resto era irrelevante. Referiu-se a frases pouco corteses de Machín Hoed a seu respeito; isto foi esclarecido com este e parece que não houve nada, exceto um pouco de fofoca. Pinares ficou um pouco mais calmo'''. Ver Paco Ignacio Taibo II, *Ernesto Guevara, também conhecido como Che*, cit., p. 594-5.

[13] Ver Harry Villegas, *Pombo*, cit., p. 60; e Pierre Kalfon, *Che*, cit., p. 529.

[14] Ver Harry Villegas, *Pombo*, cit., p. 62.

[15] Ver "Diário de Rolando", em Carlos Soria Galvarro (org.), *El Che en Bolivia*, v. 4: *Los otros diarios y papeles* (La Paz, Cedoin, 1996), p. 102.

[16] Ver "Diário de Braulio", em Carlos Soria Galvarro (org.), *El Che en Bolivia*, v. 4, cit., p. 136.

[17] Ver idem; e "Diário de Morogoro", em Carlos Soria Galvarro (org.), *El Che en Bolivia*, v. 4, cit., p. 256-7.

[18] Ver Harry Villegas, *Pombo*, cit., p. 62.

[19] Ver "Diário de Morogoro", cit., p. 257.

[20] Harry Villegas, *Pombo*, cit., p. 63.

[21] Ver Ernesto Guevara, *Diário da guerrilha boliviana* (trad. Juan Martinez, São Paulo, Edições Populares, 1987b), p. 35-6.

[22] Os posicionamentos e os acordos do PCB com o governo cubano e com Guevara serão discutidos mais tarde, no capítulo acerca dos partidos políticos de esquerda bolivianos e a guerrilha, na segunda parte deste livro.

[23] Ver Inti Peredo, *Mi campaña junto al Che* (La Paz, Cima, 1994), p. 22.

[24] Ver Mónica Arrizabalaga, "Los mensajes en clave de la última carta del Che Guevara", *ABC*, 20 mar. 2021; disponível em: <https://www.abc.es/archivo/abci-ultima-carta-guevara-202010090114_noticia.html?ref=https:%2F%2Fwww.google.com.br%2F>. Ver também Pierre Kalfon, *Che*, cit., p. 539; e Isidoro Calzada Macho, *Che Guevara*, cit. p. 271.

[25] Segundo Mónica Arrizabalaga: "Curiosamente, na carta, toda escrita em espanhol, Che despedia-se em italiano com uma frase premonitória: *Si non te veo piu...* (se não voltar a te ver). [...] 'Ele sempre terminava as cartas assim; era uma espécie de senha para eu saber que era realmente dele', esclareceu seu pai antes de destacar um erro de grafia que cometeu: 'Pôs *veo* e não *vedo,* como se escreve corretamente em italiano'. Foi um sinal que sua família sabia interpretar. 'Quando tudo ia bem, ele colocava *vedo* corretamente; quando o perigo o ameaçava, escrevia *veo*. Ao escrever esta, que seria sua última carta, os acontecimentos acabariam justificando seus temores', lamentou o arquiteto argentino". Ver Mónica Arrizabalaga, "Los mensajes en clave de la última carta del Che Guevara", cit. Ver também Pierre Kalfon, *Che*, cit., p. 539; e Isidoro Calzada Macho, *Che Guevara*, cit., p. 271.

26 Ver José Gómez Abad, "Cómo el Che burló a la CIA", cit., p. 14.

27 Ver Pierre Kalfon, *Che*, cit., p. 537; Ciro Bustos, *El Che quiere verte* (Buenos Aires, Javier Vergara, 2011), p. 327; e "Diário de Pacho", em Carlos Soria Galvarro (org.), *El Che en Bolivia*, v. 4, cit.

28 Ver Carlos Soria Galvarro (org.), *El Che en Bolívia*, v. 2: *Su último combate* (La Paz, Cedoin, 1993), p. 320.

29 Ver Ernesto Guevara, *Diário da guerrilha boliviana*, cit., p. 44.

30 Ver idem.

31 Ver idem.

32 Ver ibidem, p. 45.

33 Ver Ernesto Guevara, *Diário da guerrilha boliviana*, cit., p. 42 e 45.

34 Ver em anexos "Instruções para os quadros destinados ao trabalho urbano".

35 Eram membros da rede urbana do ELN: Julio Dagnino Pacheco, Loyola Guzmán, Humberto Rhea, Luís Tellería, Humberto Vázquez Viaña, Rogelio Ovando, Zoilo Claure, Miguel Bejarano, Jorge Paredes, Alejandrina Campos, Fransisca Bernál, Rodolfo Saldaña e Norberta de Aguilar. Nos documentos da guerrilha encontrados pelo exército, e publicados por Diego Martínez Estevez, há os nomes de colaboradores, apoiadores e contatos em diversas cidades. Em Oruro: Ricardo e Jorge (chefe dos arquivos da UTO), Coco Romano (estudante de direito), Oswaldo Ukaspi (comerciante), Felipe Yaura, Sebastián Choque, Tito Baltazar (advogado), Guillermo Rocha (professor de curso primário, estudante de direito e dirigente do Prin), Loco Godoy (chefe regional da juventude do Prin e estudante de direito da UTO), Oscar Sálaz Moya (dirigente mineiro), Daniel Ordoñez (dirigente mineiro e membro do PCB), Hernán Santos (professor) e Ruperto Encinas (professor e membro do PCB). Em La Paz: Hugo Ramírez, "Raúl" (autor da obra teatral *Santa Juana de América*, estudante de economia da UMSA e membro da Flin), "Siles" (mineiro e membro da Juventude Comunista), Rodolfo Valencia (médico), Guido Fernández (estudante de economia e membro da Flin), Nancy Gutiérrez (membro do Comitê Regional do PCB e estudante de economia da UMSA), Víctor Collazos (estudante de direito da UMSA), Tania Fernández (estudante de economia da UMSA e membro da Flin e da JCB), José Daza (estudante da Normal Superior de La Paz e membro do PC-ml), Guillermo Uriona (trabalhador da YPFB), Angel Maimura (advogado e membro da JCB), Norberta Moreira (funcionária da Suprema Corte de La Paz), "Visy" (secretário permanente da Federação dos Ferroviários), Federico Argote (professor do curso primário), Benigno Coronado (alfaiate), Narciza Sanjinés (fábrica El Progreso e membro do PCB), Rafael Cornejo (fábrica El Progreso e membro do PCB), Luciano Quisberth (fábrica El Progreso e membro do PCB), Antonio Aquino, Félix Conde (professor normalista e membro do PCB), Jorge Huanca (membro da JCB), Ponciano Loayza (simpatizante da JCB) e Constantino Canaviri. Em Siglo XX: Daniel Ruedo, Domitila de Chungara e Napoleón Pacheco. Em Colquiri: Eliseo Rocabado. Em Cochabamba: Marcos Leaña (veterinário), "Antonio" (estudante de agronomia e membro suplente do Conselho Nacional Comunista), Juvenal Castro (delegado camponês do PCB) e Valentín Flores (médico e membro do PCB). Em Santa Cruz: Juvenal Rodríguez (estudante de veterinária e secretário regional do PCB), Humberto Rojas (membro da JCB), Ciro Frías (mecânico de motores a diesel), Raúl Suárez (dirigente dos trabalhadores de seguro social), Gloria Cisneros, Edgar Barbery, Jorge Ibañez (chefe regional do PCB) e Ignacio Acamín (membro do Comitê Regional do PCB). Em Riberalta, Guayaramerín e Trinidad: Juán Olmos (membro do PCB), Humberto

Céspedes (membro do PCB), Aldo Bravo (médico), Luciano Moreno, Betty Campos, Saturnino Moreno, Altagracia Pardo, Hernán Melgar (membro do Comitê Regional do PCB) e Roberto Soria (membro do PCB). Nos centros mineiros: Rosendo García, Rosendo Osorio (membro do PCB), Eloy Jiménez (membro do PCB), Pedro Lozano (membro do PCB), Wilfredo Ovando (membro do PCB), Angel Terceros (membro do Prin), Julio Torrico (membro da JCB), Cirilo Vargas (membro do Comitê Regional do PCB), Bartolomé Pallares (membro do Comitê Regional do PCB), Jaime Villalba (membro da JCB), Vidal Sánchez (membro do CC do PCB) e Emigdio Olañeta (membro do Comitê Regional do PCB). Em Potosí e Sucre: Nínus Fernández (membro do PCB), Jaime Heriberto Salamanca (membro do Comitê Central do PCB), Mamerto Alvarez (professor universitário), René Delgadillo (membro da JCB) e Juán Ortíz (membro da JCB). Em La Paz: Víctor Quispe, Luís Conde, Juan Conde, "Huanca", Juán Pinto, Dionicio Gutiérrez, Faustino Aquino, Gregorio Aquino, Serapio Cassas e Diego Aquino. Esses são, aparentemente, alguns dos colaboradores do ELN na Bolívia no período da guerrilha. Ver Diego Martínez Estévez, *Ñancahuazú: apuntes para la historia militar de Bolivia* (La Paz, [s. n.], 1984), p. 208-22.

[36] Ver Adys Cupull e Froilán González, *La CIA contra el Che* (Havana, Política, 1992), p. 123.

[37] Ver Pierre Kalfon, *Che*, cit., p. 537.

[38] Ver Ernesto Guevara, *Diário da guerrilha boliviana*, cit., p. 48.

[39] Ver em anexos "CZO, n. 3, LECHE".

[40] Ver Ernesto Guevara, *Diário da guerrilha boliviana*, cit., p. 37.

[41] Ver em anexos "CZO, n. 3, LECHE".

[42] Carlos Soria Galvarro (org.), *El Che en Bolívia*, v. 2, cit., p. 320-1.

[43] Uma análise mais detalhada da região da guerrilha será discutida na segunda parte desta obra.

[44] Ver Pierre Kalfon, *Che*, cit., p. 540.

[45] Ver Ernesto Guevara, *Diário da guerrilha boliviana*, cit., p. 50.

[46] Ver Ernesto Guevara, *Diário da guerrilha boliviana*, cit., p. 56.

[47] Ver Pierre Kalfon, *Che*, cit., p. 541-2; e Paco Ignacio Taibo II, *Ernesto Guevara, também conhecido como Che*, cit., p. 604.

[48] Ver Humberto Vázquez Viaña, entrevista a Luiz Bernardo Pericás, Santa Cruz, jan. 1995.

[49] Ver Ernesto Guevara, *Diário da guerrilha boliviana*, cit., p. 59.

[50] Idem.

[51] Ver Lupe Cajías, *Juan Lechín: historia de una leyenda* (La Paz/Cochabamba, Los Amigos del Libro, 1994), p. 271.

[52] Ver idem.

[53] Ver Paco Ignacio Taibo II, *Ernesto Guevara, também conhecido como Che*, cit., p. 606-7.

[54] Ver ibidem, p. 608.

[55] Outro homem recrutado por Moisés Guevara, considerado por Ramón, no diário, em sua análise do mês de março, como um prisioneiro "*hablador*" [falador].

[56] Ver Adys Cupull e Froilán González, *De Ñacahuasú a La Higuera* (Havana, Política, 1989), p. 63-5.

[57] Ver Pierre Kalfon, *Che*, cit., p. 546.

58 De acordo com Benigno, "considero que aquela descarga contra Marcos não era justa, pois ele havia feito o que deveria fazer". Já Régis Debray disse que esse tipo de atitude do Che "rompe o sentimento de superioridade fraterna que, de ordinário, inspira a seu entorno. Como se quisesse quebrar a comunhão, blindar sua solidão. Há uma espécie de medo reverencial sob o silencioso respeito que por ele sentem seus homens". E continuava: "O Che sentia um maligno prazer fazendo chorar (de raiva, de humilhação, de insulto) o comandante Pinares. Pinares me pediu que lhe dissesse que ele não podia mais, que aquilo era insuportável. O Che não tinha consciência disso"; Pierre Kalfon, *Che*, cit., p. 546.

59 Ver Pierre Kalfon, *Che*, cit., p. 547.

60 Ver em anexos "Mensagem n. 37 de Havana a Che Guevara".

61 Ver Ernesto Guevara, *Diário da guerrilha boliviana*, cit., p. 72.

62 Ver Paco Ignacio Taibo II, *Ernesto Guevara, também conhecido como Che*, cit., p. 611.

63 Ver Régis Debray, *A guerrilha do Che*, cit., p. 70; e Harry Villegas, cit., p. 33. Segundo Kalfon, "em 17 de março de 1964, [o Che] viaja a Genebra para representar Cuba na primeira Conferência das Nações Unidas para o Comércio e Desenvolvimento (UNCTAD). No avião, se senta a seu lado o jovem embaixador (vinte e oito anos) de Cuba no Brasil, filho do ministro cubano de Assuntos Exteriores, Raúl Roa. O chamam *Raulito* para distingui-lo de seu pai. Fidel lhe encarregou uma missão precisa: transmitir textualmente a Guevara o que acaba de expor confidencialmente em Varadero ante um reduzido comitê. Trata-se do projeto do brasileiro Leonel Brizola, cunhado do presidente Goulart, de organizar no Brasil uma guerrilha *a la cubana*, e para isso se requer a ajuda dos cubanos. O Che escuta com suma atenção e lhe confia logo uma significativa mensagem: Diga a Brizola que se necessita um bom chefe guerrilheiro, ofereço meus serviços". Ver Pierre Kalfon, *Che*, cit., p. 410. Mario Monje também afirma que o Che pensava em lutar no Brasil, ao lado de Leonel Brizola. Ver Víctor L. Jeifets e Lazar S. Jeifets, "'Discúlpanos, Mario: te hemos engañado', eran las palabras del Ché: la entrevista con Mario Monje Molina", *Pacarina del Sur: revista de pensamiento crítico latinoamericano*, 15 set. 2014.

64 Neste caso, o Partido Comunista Brasileiro.

65 Ver Régis Debray, *A guerrilha do Che*, cit., p. 70.

66 Ver idem, *Alabados sean nuestros señores: una educación política* (Buenos Aires, Sudamericana, 1999), p. 137.

67 Ver Ciro Bustos, *El Che quiere verte*, cit., p. 333.

68 Ver em anexos "CZO, n. 4, LECHE".

69 Segundo Bustos, em seu diário, o Che menciona o nome "Gelman", o que levou muitos a acreditarem que se tratasse possivelmente de Juan Gelman, ainda que alguns considerem que, em realidade, aquele teria sido um caso de confusão ou erro ortográfico. Bustos dizia que, na verdade, ele procurava Alfredo Hellman, dirigente comunista mendoncino. Ver Ciro Bustos, *El Che quiere verte*, cit., p. 342.

70 Ver Guillermo Almeyra, *Militante crítico: una vida de lucha sin concesiones* (Buenos Aires, Continente, 2013), p. 233.

71 Ver Jan Lust, "El rol de la guerrilla peruana en el proyecto guerrillero continental del Che", *América Latina en Movimiento*, 6 out. 2016.

72 Ver idem.

[73] Ver Régis Debray, *A guerrilha do Che*, cit., p. 15.

[74] Antonio Jiménez Tardío, Freddy Maemura, Walter Arancibia, Moisés Guevara, Francisco Huanca, Coco Peredo, Dariel Alarcón e Eliseo Reyes.

[75] Foi oferecido ao major Plato que se incorporasse à guerrilha. Não aceitou, mas disse que se retiraria do exército. O capitão Silva insistiu que seu irmão estudava em Cuba, que havia ingressado nas Forças Armadas por indicação de amigos do PCB e que outros oficiais do exército simpatizavam com a causa pela qual lutavam.

[76] Ver em anexos "Comunicado n. 1". De acordo com Morogoro, foram três morteiros de 60 mm com muitos projéteis (em torno de sessenta), dezesseis fuzis Mauser, três submetralhadoras Uzi, duas ZB 30, uma cal. 30 com duas caixas de fitas, três mil balas de Mauser, setecentas balas de 9 mm e alguns M1, assim como mosquiteiros, colchas, dois rádio-geradores de corrente, cananas, cinturões e baionetas. Ver "Diário de Morogoro", cit., p. 262.

[77] Ver em anexos "Comunicado n. 1".

[78] Ver Carlos Soria Galvarro (org.), *El Che en Bolivia*, v. 4, cit., p. 298.

[79] Ver Adys Cupull e Froilán González, *La CIA contra el Che*, cit., p. 9.

[80] Ver idem.

[81] Ver Paco Ignacio Taibo II, *Ernesto Guevara, também conhecido como Che*, cit., p. 615.

[82] Aparentemente, esse tipo de armas foi utilizado posteriormente. De acordo com o embaixador Henderson, "fomos informados pelo agregado militar da Embaixada argentina que o Exército boliviado pediu a Buenos Aires poder adquirir bombas de napalm e uma centena de artefatos explosivos de fragmentação". Ver Telegrama enviado ao Departamento de Estado pelo embaixador Henderson, confidencial, La Paz, 12 jun. 1967, 22h15, NARA, Rg 59, *General Records of the Department of State*, Cfpf 1967-1969, sobre 1523, fascículo Def Bol/I. I. 67, em Mario José Cereghino e Vincenzo Vasile, *Che Guevara top secret*, cit., p. 85-6.

[83] De acordo com Diego Martínez Estévez, havia três acampamentos principais: o Central, situado a 2 km a noroeste da Casa de Calamina; o Oso, localizado a quatro horas de caminhada a norte do acampamento Clínica; e o Clínica, que funcionava como posto de socorro, acima dos mencionados. Também teriam se destacado três postos de observação, o primeiro deles sobre a margem do rio reforçado com uma metralhadora e um morteiro, o segundo com um comunicador e um estafeta, a trezentos metros do acampamento Central, e o terceiro, para observar uma parte da estrada Lagunillas-Camiri, Pincal e as proximidades daquela região. Ver Diego Martínez Estévez, *Ñancahuazú*, cit., p. 9.

[84] Segundo Rolando, contudo, seriam sete prisioneiros. Ver "Diário de Rolando", cit., p. 128-9.

[85] Ver idem.

[86] Ver idem.

[87] Ver ibidem, p. 129. De acordo com o Che, no segundo combate houve 7 mortos, 5 feridos e 22 prisioneiros. Ver Ernesto Guevara, *Diário da guerrilha boliviana*, cit. Rolando, em seu diário, afirmaria que houve 7 mortos, 6 feridos e 13 prisioneiros. Ver "Diário de Rolando", cit., p. 129. Já Braulio diria que foram 28 mortos, 4 feridos e 16 prisioneiros. Ver "Diário de Braulio", cit., p. 141. E finalmente Morogoro, que escutou de outros que o número seria de 10 mortos, em torno de 10 feridos e muitos prisioneiros. Ver "Diário de Morogoro", cit., p. 265.

[88] Já Mitch Weiss e Kevin Maurer, baseados em fontes militares bolivianas e norte-americanas, afirmam que foram 21 fuzis M1 Garand, 12 carabinas M1, 9 rifles Mauser, 4 submetralhadoras M3 e 1 rifle automático Browning. Ver Mitch Weiss e Kevin Maurer, *Caçando Che* (trad. Flávio Gordon, Rio de Janeiro, Record, 2015), p. 62.

[89] De acordo com Ciro Bustos, depois de contar a Guevara os detalhes da morte de Rubio, o Che lhe teria dito que, "pela descrição da ferida, é uma bala de Garand, o fuzil de Braulio e o tiro é nosso". Ciro Bustos, *El Che quiere verte*, cit., p. 331.

[90] O major Rúben Sánchez teria um importante papel na vida política da Bolívia nos anos subsequentes. Ver o capítulo 6, acerca dos militares, na segunda parte deste livro.

[91] Ver Adys Cupull e Froilán González, *De Ñacahuasú a La Higuera*, cit., p. 130.

[92] Ver Ernesto Guevara, *Diário da guerrilha boliviana*, cit., p. 82.

[93] Ver em anexos "Comunicado n. 2".

[94] Ver Ernesto Guevara, "Mensagem aos povos do mundo através da Tricontinental", em *Por uma revolução internacional* (São Paulo, Edições Populares, 1981), p. 100, 102-4.

[95] Ver Ernesto Guevara, *Diário da guerrilha boliviana*, cit., p. 85.

[96] Ver Adys Cupull e Froilán González, *De Ñacahuasú a La Higuera*, cit., p. 128.

[97] Ver ibidem, p. 138.

[98] Ver ibidem, p. 140.

[99] Ver Ciro Bustos, *El Che quiere verte*, cit., p. 367.

[100] Ver Informe enviado ao Departamento de Estado pelo embaixador Henderson, confidencial, La Paz, 26 abr. 1967, NARA, Rg 59, *General Records of the Departamento f State*, Cfpf 1967-1969, sobre 1895, fascículo Pol 23-9 Bol/I. I. 67, em Mario José Cereghino e Vincenzo Vasile, *Che Guevara top secret*, cit., p. 75-8.

[101] É interessante notar que em nenhum momento apareceram amigos ou familiares de Roth à sua procura. Enquanto Debray e Bustos foram visitados por parentes, ninguém da família do anglo-chileno se apresentou para ajudá-lo. Isso deu vazão para que se reforçasse a ideia de que seu nome era falso e que ninguém conhecia sua verdadeira identidade.

[102] Já Inti Peredo afirma que Debray lhe havia pedido encarecidamente para dizer ao Che que só partiria porque não queria abandonar Ciro Bustos, o qual estava num estado de desespero e medo. Ver Inti Peredo, *Mi campaña junto al Che*, cit., p. 52. Na versão de Peredo, o francês queria ficar na guerrilha e combater como guerrilheiro, e Guevara "estimava-o muito e lhe atribuía grande valor intelectual". Ver ibidem, p. 48.

[103] Ver matéria no jornal *Presencia*, 27 abr. 1967, reproduzida em Humberto Vázquez Viaña, "La red urbana abandonada", cit., p. 79.

[104] Ver Ernesto Guevara, *Diário da guerrilha boliviana*, cit., p. 91.

[105] Ver Régis Debray, "Carta aos amigos", em Jean-Paul Sartre, *Um crime monstruoso: o caso Debray* (trad. Carlos T. Simões, São Paulo, Dorell, 1975), p. 18.

[106] Idem, "Carta aos juízes", em Jean-Paul Sartre, *Um crime monstruoso*, cit., p. 24.

[107] Conforme declarações de Régis Debray ao Departamento do II Exército em abril de 1967, reproduzidas em Gary Prado Salmón, *La guerrilla inmolada* (Santa Cruz, Punto y Coma, 1992), p. 110-1.

[108] Ver Andrew Saint-George, "La verdadera historia de como murió el Che Guevara", em Carlos Soria Galvarro (org.), *El Che en Bolivia*, v. 2, cit., p. 132.

[109] O presidente Barrientos diria: "A Sra. Debray quer o seu filho de volta. Dizemo-lhes que ela o perdeu há muito tempo, antes ainda que ele chegasse à Bolívia. Ela o perdeu quando ele se distanciou de Deus e de sua mãe para se juntar ao grupo de criminosos sem Deus, sem lar, sem bandeira. Ela o perdeu quando ele se tornou o instigador de assassinatos torpes, quando ele virou o teórico de covardes massacres na Venezuela, no Peru e na Bolívia. [...] Agora, a mãe do guerrilheiro idealista deveria resignar-se e perceber que o seu filho já não lhe pertence. Ele será posto diante de um tribunal que julgará as suas façanhas de assassino em massa". Ver Mitch Weiss e Kevin Maurer, *Caçando Che*, cit., p. 73-4.

[110] Ver Tariq Ali, *O poder das barricadas: uma autobiografia dos anos 60* (São Paulo, Boitempo, 2008), p. 211-40.

[111] Ver Adys Cupull e Froilán González, *La CIA contra el Che*, cit., p. 109.

[112] Ver Richard L. Harris, *Morte de um revolucionário: a última missão de Che Guevara* (Rio de Janeiro, G. Ermakoff, 2008), p. 107.

[113] Segundo Diego Martínez Estévez, "a libertação de Debray e Bustos se realizou em cumprimento ao Decreto Supremo No. 09621 e transmitido por ordem particular de operações no dia 21 de dezembro de 1970 procedente do Comando do Exército para o capitão Celso Torrelio e o subtenente Miguel Azurduy. Os presos, de Camiri, foram conduzidos a Boyuibe, onde se responsabilizou o subtenente Azurduy, e os escoltou com rumo desconhecido". Ver Diego Martínez Estévez, *Ñancahuazú: apuntes para la historia militar de Bolivia*, cit., p. 81.

[114] Ver Anne Marie Mergier, "Mi padre no delató al Che: Laurence Debray", *Proceso*, México, 11 nov. 2017; disponível em: <https://www.proceso.com.mx/reportajes/2017/11/11/mi-padre-no-delato-al-che-laurence-debray-194622.html>.

[115] Ver, por exemplo, Régis Debray, *Alabados sean nuestros señores*, cit., p. 169.

[116] Ver Daniel Muchnik e Daniel Pérez, *Furia ideológica y violencia en la Argentina de los 70* (Buenos Aires, Ariel, 2013), p. 155.

[117] O sociólogo e professor da State University of New York, James Petras, comentaria sobre Debray que, "após os seus escritos em apoio aos movimentos guerrilheiros na América Latina, converteu-se num defensor apaixonado da progressista e independente bomba francesa. Diferentemente do chauvinismo eurocêntrico de [André Gunder] Frank, Debray tem uma concepção mais estreita da política – construindo o nacionalismo num só país. Um empreendimento elegante sobre bases cambaleantes, especialmente na medida em que a internacionalização do capital mina este discurso particular. Debray coloca que a política mundial gira me torno dos poderes centrais – o Terceiro Mundo é uma área marginal. E dentro deste universo de grande poder, Debray está comprometido com o estabelecimento da identidade e do lugar ideológico e político da França: uma versão de uma contrarrevolução dentro da contrarrevolução. No entanto, uma vez mais existem certas semelhanças metodológicas e conceituais entre o passado e o presente. Existe a mesma ênfase voluntarista-ideológica: no passado, o foco guerrilheiro armado incita as massas à ação por meio da vontade; no presente, a mesma projeção subjetiva da força nuclear francesa independente cria sua posição no mundo. Nas duas instâncias, presta pouca atenção às condições estruturais históricas objetivas. Os escritos passados e presentes de Debray giram em torno dos seus vínculos com os 'homens de poder': Castro nos anos 60, Allende nos 70, Mitterrand nos 80. A política é feita por

indivíduos, não por classes, a força militar e ideológica dá forma ao poder, não os recursos técnicos e econômicos. As fases radical-socialista e nacionalista de Debray representam assim duas faces da mesma concepção elitista da política: a marginalização das forças autônomas da classe operária auto-organizada e a importância central de líderes heroicos ideologicamente corretos. Ao ignorar os movimentos sócio-políticos auto-organizados em relações interestatais (Frank) e em vanguardas elitistas (Debray), é fácil uma transição rumo à adoção das configurações contemporâneas do poder do Estado burguês [...] O abandono do marxismo e a adaptação intelectual a novas fontes de poder revela, portanto, a profunda separação do 'discurso' intelectual das realidades históricas". Ver James Petras, *Ensaios contra a ordem* (São Paulo, Scritta, 1995), p. 106-8. Já José Gómez Abad diria que, depois de sair da prisão, Debray "traiu seus ímpetos revolucionários juvenis e, como parte da pseudo-esquerda francesa, se caracterizou como um acérrimo crítico da revolução cubana". Ver José Gómez Abad, "Cómo el Che burló a la CIA", cit., p. 131.

[118] Ver Ernesto Guevara, *Diário da guerrilha boliviana*, cit., p. 89.

[119] Ver idem, *El cuaderno verde del Che* (Buenos Aires, Seix Barral, 2007).

[120] Ver ibidem, p. 91.

[121] De acordo com Diego Martínez Estévez, que apresenta a versão oficial do exército, "aproximadamente às 20h de 27 de abril, o sargento Guillermo Tórrez e o soldado Miguel Espada, componentes de uma fração do RI 2, utilizando uma lanterna, se dirigiam a uma casa em busca de alimentos, precisamente a mesma rota que tomava Loro, e, percebendo que atrás dele vinham dois fardados, esperou que eles o ultrapassassem e, atacando-os pelas costas, os matou com rajadas de sua pistola-metralhadora UZI. [...] O subtenente Ramos, que com sua fração controlava a passagem de Taperillas, abriu fogo, produzindo-se um confuso e prolongado tiroteio. [...] Dois dias depois, Loro foi capturado nos arredores de Monteagudo por soldados do RI 2, guiados por alguns camponeses". Ver Diego Martínez Estévez, *Ñancahuazú*, cit., p. 91.

[122] Ver Humberto Vázquez Viaña, entrevista a Luiz Bernardo Pericás, Santa Cruz, jan. 1995; e Adys Cupull e Froilán González, *La CIA contra el Che*, cit., p. 34-5.

[123] Ver Carlos Soria Galvarro (org.), *El Che en Bolivia*, v. 1, cit., p. 302.

[124] Mais informações sobre os militares na Bolívia na segunda parte deste livro.

[125] Ver Pierre Kalfon, *Che*, cit., p. 550.

[126] Ver em anexos "Comunicado n. 3".

[127] Ver Inti Peredo, *Mi campaña junto al Che*, cit., p. 56.

[128] Ver Diego Martínez Estévez, *Ñancahuazú*, cit., p. 101.

[129] Ver ibidem, p. 105.

[130] Ver "Hermano de guerrillero 'Willy' quiere hallar sus restos", *El Mundo*, Santa Cruz de la Sierra, 8 dez. 1995, p. A-20.

[131] De acordo Martínez Estévez, por sua vez, este combate custou as vidas do subtenente Eduardo Velarde e do soldado Wilfredo Venegas. Foram feridos, segundo ele, os soldados Florencio Viadez, Armando Soláz, Simón Escobar e Jorge Torrico. Ver Diego Martínez Estévez, *Ñancahuazú*, cit., p. 107.

[132] Neste caso, também há diferenças entre os relatos dos guerrilheiros e das forças regulares. Os informes do exército boliviano indicam que o primeiro veículo, do regimento "Boquerón", parou depois de ser atingido por uma granada de fuzil seguida de um tiroteio intermitente

288 CHE GUEVARA E A LUTA REVOLUCIONÁRIA NA BOLÍVIA

de carabinas. Nessa situação, teria perdido a vida o guia civil do grupo. O subtenente Siles perdeu a visão e o sargento Leonor Villa Gómez, motorista do caminhão, foi ferido na perna. Ver ibidem, p. 108.

[133] Ver Ernesto Guevara, *Diário da guerrilha boliviana*, cit., p. 97.

[134] Ver "Diário de Pacho", em Carlos Soria Galvarro (org.), *El Che en Bolivia*, v. 4, cit., p. 186.

[135] Ver ibidem, p. 189.

[136] Ver Ernesto Guevara, *Diário da guerrilha boliviana*, cit., p. 111.

[137] Ver Diego Martínez Estévez, *Ñancahuazú*, cit., p. 114-5.

[138] O general Ovando disse que seriam 150 guerrilheiros, entre os quais numerosos cubanos, peruanos, venezuelanos e asiáticos, especialmente, veteranos vietcongues. Ver Mario José Cereghino e Vincenzo Vasile, *Che Guevara top secret*, cit., p. 92.

[139] Guillermo Cabrera, *Memories of Che* (Secaucus, Lyle Stuart, 1987), p. 153-4.

[140] Ver Alberto Figueredo e Patsy Méndez (orgs.), *Sala 2: El Che vive*, Buenos Aires, n. 5, 1995.

[141] Trifonio Delgado González, *100 años de lucha obrera en Bolivia* (La Paz, Isla, 1984), p. 354.

[142] Ver Mitch Weiss e Kevin Maurer, *Caçando Che*, cit., p. 114.

[143] Trifonio Delgado González, *100 años de lucha obrera en Bolivia*, cit., p. 355-6.

[144] Ernesto Guevara, *Diário da guerrilha boliviana*, cit., p. 208-9 e documentos nos anexos.

[145] Jorge Lazarte Rojas, *Movimiento obrero y procesos políticos en Bolivia – Historia de la COB 1952-1987* (La Paz, Offset Boliviana, 1989), p. 144-5.

[146] Ver José Gómez Abad, "Cómo el Che burló a la CIA", cit., p. 25.

[147] Ver ibidem, p. 25-6.

[148] Ernesto Guevara, *Diário da guerrilha boliviana*, cit., p. 125.

[149] Ver Telegrama enviado pelo Departamento de Estado à Embaixada dos Estados Unidos em Buenos Aires, secreto, 29 jul. 1967, 16h40, NARA, Rg 59, *General Records of the Department of State*, Cfpf 1967-1969, sobre 1523, fascículo Def Bol/I. I. 67, em Mario José Cereghino e Vincenzo Vasile, *Che Guevara top secret*, cit., p. 107.

[150] Memorando da conversa entre Álvaro C. Alsogaray e Dean Rusk, secreto, 3 ago. 1967, 10h30, NARA, Rg 59, *General Records of the Department of State*, Cfpf 1967-1969, sobre 1895, fascículo Pol 23-9 Bol/I. I. 67, em Mario José Cereghino e Vincenzo Vasile, *Che Guevara top secret*, cit., p. 107.

[151] Idem.

[152] Ibidem, p. 107-8.

[153] Mensagem da delegação boliviana na Olas, lida por Aldo Flores e possivelmente escrita por Ramiro Otero. Ver Carlos Soria Galvarro (org.), *El Che en Bolivia*, v. 1: *El PCB antes, durante y después* (La Paz, Cedoin, 1994), p. 75-6.

[154] Ver "A declaração da Olas", em Michael Löwy (org.), *O marxismo na América Latina: uma antologia de 1909 aos dias atuais* (São Paulo, Perseu Abramo, 2012), p. 325-36

[155] Ernesto Guevara, *Diário da guerrilha boliviana*, cit., p. 127-9.

[156] Ibidem, p. 129.

[157] Idem.

[158] Ibidem, p. 130.

[159] Ibidem, p. 131.

[160] Idem.

[161] Ibidem, p. 132.

[162] "Diário de Pacho", em Carlos Soria Galvaemo (org.), *El Che en Bolivia*, v. 4, cit., p. 223.

[163] Ibidem, p. 224.

[164] Idem.

[165] Ibidem, p. 225.

[166] Ibidem, p. 226.

[167] Ibidem, p. 226-7.

[168] Ibidem, p. 227-8.

[169] Ibidem, p. 228.

[170] Ibidem, p. 229.

[171] Ver Isidoro Calzada Macho, *Che Guevara*, cit., p. 291. Por sua vez, de acordo com José Gómez Abad: "Enquanto o capitão Vargas avançava com seu destacamento, trazendo consigo a esposa e os filhos menores de Honorato, se encontraram com este e seu filho mais velho, os quais, com outros, tentavam abandonar o lugar. A presença dos militares o surpreende; disse a eles que não os esperava tão cedo. [...] Os soldados o ameaçaram de morte, acusando-o de traidor. A mulher e os filhos choraram e suplicaram. [...] Honorato informou que os guerrilheiros falaram com ele e lhe pediram que os ajudassem a cruzar o vau essa mesma noite, mas relatou que ele lhes aconselhou que era muito perigoso, que deviam esperar o dia seguinte e que estes lhe responderam que voltariam às cinco da tarde, mas que ele não queria fazê-lo e para não ter mais problemas, queria partir para sempre do lugar. [...] Os militares exigiram que regressasse e guiasse os guerrilheiros ou seria fuzilado. Andrea chorou e pediu a Honorato que não aceitasse, que iam matá-lo também; em tom suplicante pediu aos militares que o deixassem partir. Os soldados não aceitaram e lhe advertiram que se não cumprisse, ele, sua mulher e filhos seriam fuzilados por cumplicidade com os guerrilheiros. [...] Os militares, junto com Honorato e sua família, em marcha forçada, se dirigiram até a casa do camponês para preparar uma emboscada aos guerrilheiros. Desta forma o capitão Vargas obrigou Honorato a acompanhá-lo para que terminasse de desempenhar seu papel de traidor". Ver José Gómez Abad, "Cómo el Che burló a la CIA", cit., p. 32.

[172] Ver Adys Cupull e Froilán González, *De Ñacahuasú a La Higuera*, cit., p. 345.

[173] Norma Fernández, "Entrevista com Dariel Alarcón: 'La guerrilla en Bolivia no era el objetivo del Che' (habla Benigno, un cubano que combatió con Guevara)", cit., p. 10-1.

[174] Ernesto Guevara, *Diário da guerrilha boliviana*, cit., p. 138.

[175] Idem.

[176] Ver Telegrama enviado ao Departamento de Estado pela Embaixada dos Estados Unidos em Brasília, secreto, 12 set. 1967, 18h20, NARA, Rg 59, *General Records of the Department of State*, Cfpf 1967-1969, sobre 1523, fascículo Def Bol/I. I. 67, em Mario José Cereghino e Vincenzo Vasile, *Che Guevara top secret*, cit., p. 117-8.

[177] Ver Adys Cupull e Froilán González, *La CIA contra el Che*, cit., p. 105.

[178] Ernesto Guevara, *Diário da guerrilha boliviana*, cit., p. 145.

[179] James Dunkerley, *Rebelión en las venas: la lucha política en Bolivia – 1952-1982* (La Paz, Quipus, 1987).

[180] Ernesto Guevara, *Diário da guerrilha boliviana*, cit., p. 150.

[181] Ver Telegrama enviado ao Departamento de Estado pelo embaixador Henderson, La Paz, confidencial, 27 set. 1967, 13h25, NARA, Rg 59, *General Records of the Departament of State*, Cfpf 1967-1969, sobre 2019, fascículo Pol 6 Cuba, em Mario José Cereghino e Vincenzo Vasile, *Che Guevara top secret*, cit., p. 122.

[182] Ver Norma Fernández, "Entrevista com Dariel Alarcón: 'La guerrilla en Bolivia no era el objetivo del Che' (habla Benigno, un cubano que combatió con Guevara)", cit.

[183] Ernesto Guevara, *Diário da guerrilha boliviana*, cit., p. 155.

[184] Idem.

[185] Ibidem, p. 160.

[186] De acordo com outras fontes, o delator teria sido o camponês Víctor Colomi. Ver Luis González e Gustavo Sánchez, "La muerte del Che Guevara", em Carlos Soria Galvarro (org.), *El Che en Bolivia*, v. 2, cit., p. 59.

[187] Também chamada de Churo. Em quéchua e aimará, "caracol". Para os camponeses da região, o nome também significa "poço".

[188] Outras fontes indicam que na Quebrada Tusca encontrava-se liderando o tenente Eduardo Huerta. Ver Luis González e Gustavo Sánchez, "La muerte del Che Guevara", cit., p. 59.

[189] Como sempre ocorre nestes casos, as versões acerca do horário e tempo de duração do último combate são diversas e contraditórias. Alguns indicam que a luta se deu das 9h ou 10h até o meio-dia ou 13h; outras, que se teria iniciado às 13h30 e se estendido até as 17h; e outros, que a luta durara até as 19h.

[190] Ver Telegrama enviado ao Departamento de Estado pelo embaixador Henderson, La Paz, confidencial, 9 out. 1967, 14h24, NARA, Rg 59, *General Records of the Departament of State*, Cfpf 1967-1969, sobre 1895, fascículo Pol 23-7 Bol/I. I. 67, em Mario José Cereghino e Vincenzo Vasile, *Che Guevara top secret*, cit., p. 123-4.

[191] Telegrama enviado ao Departamento de Estado pelo embaixador Henderson, La Paz, confidencial, 11 out. 1967, 13h28, NARA, Rg 59, *General Records of the Departament of State*, Cfpf 1967-1969, sobre 2019, fascículo Pol 6, Cuba, em Mario José Cereghino e Vincenzo Vasile, *Che Guevara top secret*, cit., p. 126-7.

[192] Este era o codinome do Che entre os militares. Quando Prado avisou a "Saturno" (codinome "Joaquín Zenteno Anaya") da captura de Guevara, este não acreditou e pediu para que o capitão confirmasse a informação. Todos ficaram surpresos com a notícia.

[193] Guevara marcou seu relógio. O outro era de Tuma. Gary Prado relatou que devolveu o Rolex para os familiares do comandante quando a Bolívia restabeleceu relações diplomáticas com Cuba. De acordo com Gary Prado Salmón, entrevista a Luiz Bernardo Pericás, Santa Cruz, jan. 1995.

[194] Ver Adys Cupull e Froilán González, *La CIA contra el Che*, cit., p. 134.

[195] Ver Paco Ignacio Taibo II, *Ernesto Guevara, também conhecido como Che*, cit., p. 669; e Informe enviado ao Departamento de Estado pelo embaixador Henderson, La Paz, confidencial, 18 out. 1967, NARA, Rg 59, *General Records of the Department of State*, Cfpf 1967-1969, sobre 2019, fascículo Pol 6 Cuba, em Mario José Cereghino e Vincenzo Vasile, *Che Guevara top secret*, cit., p. 137-8.

[196] Ver Gary Prado Salmón, entrevista a Luiz Bernardo Pericás, cit.

[197] Ver Julia Cortéz de Balderas, "Conversé con él por última vez en La Higuera", entrevista, *El Mundo*, Santa Cruz, 26 nov. 1995, p. A-16.

[198] Ver Carlos Soria Galvarro, "Aniceto Reynaga: otro caso para la Comisión", *El Che en Bolivia*, 16 jul. 2017.

[199] Guillermo Cabrera, *Memories of Che*, cit., p. 33-4.

[200] Paulo José Stipp Júnior, "Avião C-130 da Força Aérea dos EUA levou líder morto", *O Estado de S. Paulo*, São Paulo, 28 nov. 1995, p. A-14.

[201] Ver "Protocolo de autopsia", em Carlos Soria Galvarro (org.), *El Che en Bolívia*, v. 2, cit., p. 96-7.

[202] Ver Carlos Soria Galvarro (org.), *El Che en Bolívia*, v. 2, cit., p. 95 e 98.

[203] Ver Michael Ratner e Michael Steven Smith, *¿Quien mató al Che?: cómo logró la CIA desligarse del asesinato* (Buenos Aires, Paidós, 2014), p. 259.

[204] Ver ibidem, p. 261.

[205] Ver Carlos Soria Galvarro (org.), *El Che en Bolivia*, v. 5, cit., p. 15.

[206] Ver Paco Ignacio Taibo II, *Ernesto Guevara, também conhecido como Che*, cit., p. 688-9; e Carlos Soria Galvarro (org.), *El Che en Bolívia*, v. 2, cit., p. 142.

[207] Ver Juan Martín Guevara e Armelle Vincent, *Mi hermano el Che* (Madri, Alianza, 2016), p. 167-83.

[208] O comunicado da família dizia: "Considerando as afirmações tendenciosas atribuídas aos parentes de Ernesto, e tendo em conta as diferentes opiniões expressadas, sentimos o dever moral de declarar que Ernesto Guevara, nosso filho e irmão, conhecido em todo o mundo como 'o Che', perdeu a vida, sem que nós saibamos a maneira, entre 8 e 9 de outubro de 1967, enquanto estava à frente dos guerrilheiros que operavam na área oriental da Bolívia. Ainda que o comportamento do governo de La Paz tenha nos deixado perplexos, a viagem de Roberto Guevara e o exame dos diferentes materiais escritos e fotográficos nos convenceram tristemente da morte de Ernesto. Esperamos que este seja nosso último comunicado de imprensa. Qualquer outra declaração, seja ou não pública, deverá ser considerada falsa ou não divulgada por nós. Assinantes: Ernesto Guevara Lynch (arquiteto), Celia Guevara de la Serna, Roberto Guevara de la Serna, Juan Martín Guevara de la Serna, Ana María Guevara de Chávez". Ver Informe enviado ao Departamento de Estado pela Embaixada dos Estados Unidos em Buenos Aires, confidencial, 22 nov. 1967, NARA, Rg 59, *General Records of the Department of State*, Cfpf 1967-1969, sobre 2019, fascículo Pol 6 Cuba, em Mario José Cereghino e Vincenzo Vasile, *Che Guevara top secret*, cit., p. 152-3.

[209] Ver Gary Prado Salmón, entrevista a Luiz Bernardo Pericás, cit.

[210] Ver Paulo José Stipp Júnior, "Avião C-130 da Força Aérea dos EUA levou líder morto", cit.

[211] Ver Reginaldo Ustariz Arze, entrevista a Luiz Bernardo Pericás, São Paulo, dez. 1995.

[212] Idem.

[213] Ver "Quince soldados custodiaban el cadáver", *La Estrella del Oriente*, Santa Cruz, 2 dez. 1995, p. A-2.

[214] Ver "General Gary Prado dice de su camarada Mario Vargas, único sobreviviente de los enterradores del Che", *El Mundo*, Santa Cruz, 23 nov. 1995, p. A-26.

[215] Ver Luis Hernández Semrano, "En busca de los restos del Che en Bolivia", *Juventud Rebelde*, Havana, 14 jun. 2010.

[216] Para um relato detalhado daquelas investigações, ver Roberto Rodríguez Suárez, "Arqueologia de uma procura e de uma busca arqueológica: a história do achado dos restos de Che Guevara", em Pedro Paulo A. Funari, Andrés Zarankin e José Alberioni dos Reis (orgs.), *Arqueologia da repressão e da resistência na América Latina na era das ditaduras – décadas de 1960-1980* (São Paulo, Annablume, 2008), p. 29-51.

[217] Nas palavras de José Gómez Abad, "os restos mortais de Tania, depois de quase três décadas de intensa busca, foram encontrados em 22 de setembro de 1998, nas imediações do Rotary Club, perto da pista aérea de Valle Grande. Dois meses depois, as agências internacionais deram a notícia. De todos os corpos achados dos combatentes caídos na Bolívia, o dela era o único que havia sido enterrado em um caixão. [...] Pela vontade de sua mãe Nadia, seus restos foram trasladados a Cuba no mês de dezembro desse mesmo ano em uma aeronave da Empresa Cubana de Aviación. [...] Na solene cerimônia, onde o povo rendeu as máximas honrarias, em 30 de dezembro de 1998 foram enterrados e repousam em Santa Clara, no Memorial Ernesto Che Guevara, ao lado do Che, seu chefe guerrilheiro e de outros integrantes da guerrilha". Ver José Gómez Abad, "Cómo el Che burló a la CIA", cit., p. 35.

[218] Seus restos foram encontrados em 1995 e, após ser velado na casa da família Vázquez Viaña, foi sepultado em sua cidade natal pela irmã, Martha Arana Campero, escritora de contos infantis.

[219] Ver Adys Cupull e Froilán González, *La CIA contra el Che*, cit., p. 157-8.

[220] Segundo Jon Lee Anderson, Ñato foi gravemente ferido e, por isso, pediu para que um de seus companheiros o matasse. Benigno afirmou que teria sido ele quem deu o tiro de misericórdia em seu companheiro. Ver Jon Lee Anderson, *Che Guevara*, cit., p. 800.

[221] Benigno estava com uma Browning .45, Pombo com uma pistola 9 mm, Urbano carregava uma Star 9 mm, Efraín Quicañez Aguilar um revólver Colt .38 e Estanislao Vilca dois punhais. Ver Adys Cupull e Froilán González, *De La Higuera a Chile: el rescate* (Ituzaingó/Buenos Aires, Cienflores, 2016), p. 111. Uma matéria do periódico *Punto Final* daquela época, contudo, afirma que os cinco estavam desarmados. Ver ibidem, p. 155.

[222] Ibidem, p. 141.

[223] Ibidem, p. 146.

[224] Ver Harry Villegas, *Pombo, un hombre de la guerrilla del Che*, cit., p. 225-39; e Humberto Vázquez Viaña, *Del Churo a Teoponte: el traumático nacimiento del nuevo ELN* (Santa Cruz de la Sierra, El País, 2012), p. 49.

[225] Carlos Soria Galvarro (org.), *El Che en Bolívia*, v. 2, cit., p. 328.

[226] Ver idem.

Notas 293

227 Ver idem.

228 Ver ibidem, p. 329.

229 Idem.

230 Idem.

231 Rolando Rodríguez, *Una edición memorable: el diario del Che en Bolivia* (Santa Clara, Capiro, 2007), p. 71.

232 Ibidem, p. 71-2.

233 Ver Carlos Soria Galvarro (org.), *El Che en Bolivia*, v. 5, cit., p. 17.

234 Rolando Rodríguez, *Una edición memorable*, cit., 2007, p. 72.

235 Ver Carlos Soria Galvarro, *Andares del Che en Bolivia* (Ituzaingó, Cienflores, 2014), p. 55.

236 Ver idem.

237 Michael Ratner e Michael Steven Smith, *¿Quien mató al Che?*, cit., p. 307.

238 Idem.

239 Ibidem, p. 309.

240 Idem.

241 Ibidem, p. 323.

242 Ibidem, p. 335.

243 Carlos Soria Galvarro (org.), *El Che en Bolivia*, v. 5, cit., p. 4.

244 Ver Hernán Uribe, *Operación Tía Victoria: cómo entregamos el diario del Che a Cuba* (Havana, Pablo de la Torriente, 1992), p. 17-21; e Faride Zerán, "La historia inédita del diario del Che (entrevista a Manuel Cabieses)", em Rolando Rodríguez, *Una edición memorable*, cit., p. 5-15.

245 De acordo com Frank Agüero, em artigo publicado originalmente em *Juventud Rebelde*, Havana, 1º jul. 1968, e reproduzido em Rolando Rodríguez, *Una edición memorable*, cit., p. 78-82.

246 De acordo com Frank Agüero, em artigo em *Juventud Rebelde*, Havana, 8 out. 1968, em Rolando Rodríguez, *Una edición memorable*, cit., p. 97.

247 Ver Fidel Castro, discurso na televisão cubana, Havana, 3 jul. 1968, publicado originalmente em *Granma*, Havana, 4 jul. 1968, p. 2, e reproduzido em Rolando Rodríguez, *Una edición memorable*, cit., p. 51.

248 Ver Frank Agüero, "Diario del Che en Bolivia: documento que recorre el mundo aprisa", publicado originalmente em *Juventud Rebelde*, Havana, 8 de outubro de 1968, e reproduzido em Rolando Rodríguez, *Una edición memorable*, cit., p. 98.

249 Idem.

250 Ibidem, p. 99.

251 Ibidem, p. 100.

252 Víctor Jeifets e Lazar S. Jeifets, "'Discúlpanos, Mario: te hemos engañado', eran las palabras del Che", cit.

253 Ver Carlos Soria Galvarro (org.), *El Che en Bolivia*, v. 5, cit., p. 6.

254 Ibidem, p. 17-21.

255 Ibidem, p. 22.

256 Ver idem.

257 Ver Arleen Rodríguez Derivet e Mercedes de Armas García, "Los diarios que Sotheby's no pudo subastar", *Cubadebate*, 4 dez. 2009.

258 Ernesto Guevara, *Diario di Bolivia*, cit.

259 Ver anexos.

260 Ver Jesús Lara, *Guerrillero Inti Peredo* (La Paz, Cima, 1994), p. 123-6.

261 Ver ibidem, p. 126.

262 Humberto Vázquez Viaña, *Del Churo a Teoponte: el traumático nacimiento del nuevo ELN*, cit., p. 106.

263 Ibidem, p. 106-7.

264 Ver Jesús Lara, *Guerrillero Inti Peredo*, cit., p. 133.

265 Ver Humberto Vázquez Viaña, *Del Churo a Teoponte*, cit., p. 102-3; e "Inti Peredo está enterrado en Beni, la tierra que él tanto amó", *Página Siete*, 27 mar. 2017.

266 Ver Elsa Blaquier, "Alvaro Inti Peredo Leigue: firmeza a toda prueba", em *El Orbita*, [s. d.]; e Euler de França Belém, "A história da mulher que matou coronel-cônsul da Bolívia para vingar Che Guevara", *Jornal Opção*, 28 abr. 2018.

267 Ver Humberto Vázquez Viaña, *Del Churo a Teoponte*, cit., p. 109-10.

268 Ver Gustavo Rodríguez Ostria, "Teoponte: la otra guerrilla guevarista en Bolivia", *El Orbita*, [s. d.].

269 Ver Daniel Muchnik e Daniel Pérez, *Furia ideológica y violencia en la Argentina de los 70*, cit., p. 109-31.

270 James Dunkerley, *Rebelión en las venas*, cit., p. 151.

271 A coluna guerrilheira era composta por: 1. Enrique Farfán Mealla (Adrián), geólogo boliviano; 2. José Miguel Céliz González (Alberto), trabalhador de construção civil chileno; 3. Estanislao Vilca Colque (Alejandro), estudante e camponês boliviano; 4. Carlos Suárez Soto (Alfonso), estudante boliviano; 5. Lorgio Roca Parada (Aníbal), estudante boliviano; 6. Alberto Caballero Medinacelli (Caballo), estudante boliviano; 7. Mario Carvajal Ruiz (Carlos), eletricista boliviano; 8. Luís Cordeiro Ponce (Benjo Cruz ou Casiano), cantautor e estudante boliviano; 9. Julio Alvaro Urquieta Paz (César), estudante boliviano; 10. Rafael Antezana Egüez (Chanquito), estudante boliviano; 11. Raúl Ibarguen Coronel (Chaska), médico boliviano; 12. Osvaldo Peredo Leigue (Chato), médico boliviano; 13. Alberto Revollo Olmos (Chayña), estudante boliviano; 14. Darío Busch Barbery (Chongo ou Gregorio), estudante boliviano; 15. Fabián Barba (Chuma ou Enrique), estudante colombiano; 16. Indalecio Nogales Cáceres (Claudio), trabalhador fabril boliviano; 17. Julio Olivares Romero (Cristian), estudante chileno; 18. Evaristo Bustos Araníbar (Dante), camponês boliviano; 19. Mario Suárez Moreno (David), estudante boliviano; 20. Ricardo Óscar Puente González (Diego), estudante argentino; 21. Luiz Renato Pires de Almeida (Dippy), estudante brasileiro; 22. Eloy Mollo Mamani (Dulio), camponês boliviano; 23. Jorge Fernández Meana (Felipe), físico e matemático norte-americano/espanhol; 24. Federico Argote Zúñiga (Ferte), professor boliviano; 25. Nestor Paz Zamora (Francisco), estudante boliviano; 26. Eduardo Quiroga Bonadona (Freddy), professor boliviano; 27. Guillermo Veliz González (Gastón), trabalhador fabril chileno; 28. Adolfo Quiroga

Bonadona (Gordo ou Rodolfo), estudante boliviano; 29. Hugo Rodríguez Román (Ignacio), estudante boliviano; 30. Filiberto Parra Rojas (Jacobo), camponês boliviano; 31. Gonzalo Rojas Paredes (Jaime), estudante boliviano; 32. Edison Segade Jurado (Jesús), transportista boliviano; 33. Norberto Domínguez Silva (Jorgito), estudante boliviano; 34. Horacio Rueda Peña (José María), estudante boliviano; 35. Carlos Aguedo Cortés Rueda (Juanito), estudante e camponês boliviano; 36. Francisco Imaca Rivera (Kolla), camponês boliviano; 37. Ricardo Justiniano Roca (Loco Sergio), universitário boliviano; 38. Carlos Navarro Lara (Luis), boliviano formado em direito; 39. Ricardo Imaca Rivera (Marcos), estudante e camponês boliviano; 40. Delfín Mérida Vargas (Mario), estudante boliviano; 41. Luis Barriga Luna (Martín), estudante boliviano; 42. Carlos Suárez Coimbra (Mamerto), estudante boliviano; 43. Juan José Saavedra Morató (Marco Antonio), estudante boliviano; 44. Hugo Bohorquez Fernández (Mauricio), estudante boliviano; 45. Luis Letellier Arauz (Mauro), estudante boliviano; 46. Emilio Quiroga Bonadona (Napoleón), piloto civil boliviano; 47. Clemente Fernández Fuentes (Nelson), camponês boliviano; 48. Efraín Lizarazu Cabrera (Mongol), professor rural boliviano; 49. Jorge Ruíz Paz (Omar), estudante boliviano; 50. Julio César Pérez López (Óscar), estudante boliviano; 51. Rubén Cerdat Acuña (Osvaldo), técnico mecânico argentino; 52. Tirson Montiel Martínez (Pablo), empregado chileno; 53. Édgar Soria Galvarro Camacho (Pedro), estudante boliviano; 54. José Arce Paravicini (Pedrito), médico boliviano; 55. Carlos Braín Pizarro (Peruchín), bancário chileno; 56. Julio Zambrano Acuña (Pepechá ou Manuel), estudante chileno; 57. Adolfo Huici Alborta (Pocho), estudante boliviano; 58. Benito Mamani Mamani (Popilo), técnico e camponês boliviano; 59. Hilario Ampuero Ferrada (Poropopó), pequeno comerciante chileno; 60. Javier Landívar Vilar (Quirito), bioquímico boliviano; 61. Antero Callapiña Hurtado (Raúl), estudante peruano; 62. Moisés Rueda Peña (Ringo), médico boliviano; 63. Calixto Pacheco Gonzáles (Rogelio), trabalhador mineiro chileno; 64. Cancio Plaza Astroña (Santiago), estudante boliviano; 65. Herminio Vilka Colque (Santos), camponês boliviano; 66. Rolando Araníbar Bustos (Sebastián), boliviano graduado em arquitetura; e 67. Antonio Figueroa Guzmán (Toño), estudante boliviano.

[272] Ver Gonzalo A. Figueroa Hernández, "La guerrilla de Teoponte en Bolivia", *MundoPolítico. CL.*, 13 jun. 2012.

[273] Ver idem.

[274] Ver idem.

[275] Ver idem.

[276] Ovando havia dado plenas garantias de vida para os guerrilheiros que abandonassem as armas. Apesar disso, os primeiros oito jovens que se entregaram foram sumariamente fuzilados pelo exército.

[277] João Batista Berardo, *Guerrilhas e guerrilheiros no drama da América Latina* (São Paulo, Edições Populares, 1981), p. 196.

[278] Uma narrativa dramática e muito crítica daquela experiência pode ser encontrada em Daniel Muchnik e Daniel Pérez, *Furia ideológica y violencia en la Argentina de los 70*, cit., p. 109-31.

[279] Aparentemente, um dos líderes guerrilheiros – Gustavo Ruíz Paz, ou "Omar" – chorava ao ver que a população que tentava salvá-los com tanto afinco não acreditava em suas ideias. Ver James Dunkerley, *Rebelión en las venas: la lucha política en Bolivia – 1952-1982*, cit., p. 152.

[280] Ver Gustavo Rodríguez Ostria, "Teoponte: la otra guerrilla guevarista en Bolivia", cit.

Capítulo 3

[1] Ver Humberto Vázquez Viaña, entrevista a Luiz Bernardo Pericás, Santa Cruz, jan. 1995.

[2] Ver Gary Prado Salmón, *La guerrilla inmolada* (Santa Cruz, Punto y Coma, 1992), p. 49-50.

[3] Ver Humberto Vázquez Viaña, *Cambas, colas y chiriguanos en la guerrilla del Che* (Santa Cruz, El País, 2012), p. 20.

[4] Ibidem, p. 21.

[5] Idem.

[6] Ver ibidem, p. 27-8.

[7] Humberto Vázquez Viaña, entrevista a Luiz Bernardo Pericás, Santa Cruz, jan. 1995.

[8] René Zavaleta Mercado, "El Che en el Churo", em Carlos Soria Galvarro (org.), *El Che en Bolivia*, v. 3: *Análisis y reflexiones* (La Paz, Cedoin, 1994), p. 125.

[9] René Zavaleta Mercado, "Considerações gerais sobre a história da Bolívia – 1932-1971", em Pablo González Casanova (org.), *América Latina: história de meio século*, v. 2 (Brasília, Editora UnB, 1998), p. 40.

[10] Régis Debray, *A guerrilha do Che* (Lisboa, Assírio e Alvim, 1975), p. 77.

[11] Idem.

[12] Ver idem.

[13] Ver "Diário de Morogoro", em Carlos Soria Galvarro (org.), *El Che en Bolivia*, v. 4: *Los otros diarios y papeles* (La Paz, Cedoin, 1996), p. 264.

[14] Ver, por exemplo, os episódios da guerrilha em Ernesto Guevara, *Diário da guerrilha boliviana* (trad. Juan Martinez, São Paulo, Edições Populares, 1987), p. 137.

[15] Ver Paco Ignacio Taibo II, *Ernesto Guevara, também conhecido como Che* (São Paulo, Scritta, 1997), p. 650.

[16] Ciro Bustos, *El Che quiere verte: la historia jamás contada del Che en Bolivia* (Buenos Aires, Javier Vergara, 2011), p. 285-6.

[17] Paco Ignacio Taibo II, *Ernesto Guevara, também conhecido como Che*, cit., p. 586.

[18] Ver "Diário de Morogoro", cit., p. 261.

Capítulo 4

[1] Ver Herbert S. Klein, *Historia de Bolivia* (La Paz, Juventud, 1994), cap. VIII.

[2] Ver Fernando Mires, "Bolivia: la revolución obrera que fue campesina", *Síntesis/Bolivia*, Madri, n. 14, maio/ago. 1991, p. 121. De acordo com Fernando Mires, "em vésperas da revolução, 973.959 pessoas, equivalentes a 72% da população economicamente ativa, se encontravam ocupadas no setor agrário. Em contrapartida, na mineração estava ocupada somente 27% da população economicamente ativa". Ver ibidem, p. 119.

[3] Ver Celso Furtado, *Breve historia económica de America Latina* (Havana, Ciencias Sociales, 1972), p. 234-5.

[4] Celso Furtado, *Breve historia económica de America Latina*, cit., p. 235. Segundo James Dunkerley, "o efeito da reforma agrária no esquema geral de tenência de terras não alcançou as

Notas 297

expectativas populares; entre 1954 e 1968, de um total aproximado de 36 milhões de hectares cultivados, apenas 8 milhões mudaram de dono. Depois de dois anos, 51% dos latifúndios de La Paz, 49% de Chuquisaca e 76% de Oruro haviam sido afetados; mas em Tarija a cifra foi de 33%; em Santa Cruz, de 36%; e em Cochabamba, só de 16%, somando um total nacional de somente 28,5%. Tão lento processo haveria de prolongar-se até o final da década; até 1960, 23% da terra cultivada havia sido distribuída entre 28% das famílias rurais". Ver James Dunkerley, *Rebelión en las venas: la lucha política en Bolivia – 1952-1982* (La Paz, Quipus, 1987), p. 74.

[5] Celso Furtado, *Breve historia económica de America Latina*, cit., p. 235-6.

[6] Ibidem, p. 236.

[7] Para René Zavaleta Mercado, "quanto à reforma agrária, temos já, aqui, uma obra das massas mesmas sob o impulso da classe operária. Em sua realização, muito anterior à lei e, depois, dando forma e a aplicação que queria à lei, atuaram centenas de agitadores sociais que surgiram da entranha das lutas sociais do país; a origem política desta classe de reformadores do campo ultrapassava amplamente o MNR ou qualquer grupo específico. Tratava-se de uma expressão em grande escala de quanto havia acumulado, com dificuldades ou sem elas, a consciência social sobre o problema. Por isso não se mostrava estranho que seu resultado fosse a liquidação, total na prática, da classe dos latifundiários senhoriais como classe mesmo, sua extinção material. Foi, sem dúvida, uma desorganizada tarefa de distribuição de parcelas e uma organização empírica do campesinato a imagem e semelhança do sindicato operário; com isso, a produção só podia ficar desorganizada, mas a exploração da terra era tão atrasada que, apesar de tudo, a produção aumentou bastante depois de poucos anos". Ver René Zavaleta Mercado, "Considerações gerais sobre a história da Bolívia – 1932-1971", cit., p. 47.

[8] Ver Mary Maemura Hurtado e Héctor Solares Maemura, *Samurai da revolução: os sonhos e a luta de Freddy Maemura ao lado do Che* (Rio de Janeiro, Record, 2009), p. 67.

[9] Idem.

[10] Idem.

[11] Ver Humberto Vázquez Viaña, *Cambas, colas y chiriguanos en la guerrilla del Che* (Santa Cruz, El País, 2012a), p. 50-1.

[12] Herbert S. Klein, *Historia de Bolivia*, cit., p. 241.

[13] Idem.

[14] James Dunkerley, *Rebelión en las venas: la lucha política en Bolivia – 1952-1982*, cit., p. 49.

[15] Liborio Justo, "Bolivia: The Revolution Defeated", *Revolutionary History*, v. 4, n. 3, 1992, p. 40.

[16] Omar de Barros Filho, *Bolívia: vocação e destino* (São Paulo, Versus, 1980), p. 31-3.

[17] Guillermo Almeyra, "Aspetti fondamentali della strategia guevarista", em Guillermo Almeyra e Enzo Santarelli, *Guevara: il pensiero ribelle* (Roma, Datanews, 1994).

[18] Maria José Lourenço, "Introdução", em Omar de Barros Filho, *Bolívia: vocação e destino*, cit., p. 5.

[19] Omar de Barros Filho, *Bolívia: vocação e destino*, cit., p. 33.

[20] Liborio Justo, "Bolivia: The Revolution Defeated", cit., p. 40.

[21] René Zavaleta Mercado, "Considerações gerais sobre a história da Bolívia – 1932-1971", cit., p. 51. Segundo o autor, "a convocatória ao movimento democrático-burguês havia saído da

298 CHE GUEVARA E A LUTA REVOLUCIONÁRIA NA BOLÍVIA

pequena burguesia urbana que, não em vão, tinha uma parte do monopólio ideológico, a exclusividade no uso da oferta intelectual do país. Buscava ela, a pequena burguesia, a ampliação burguesa e o cumprimento das tarefas nacional-burguesas. A própria expansão democrática do âmbito de alcance estatal é uma conquista material das massas e não parte do programa pequeno-burguês, ainda que aceita por ele. Mas quando se fazem presentes os operários (e num primeiro momento também os camponeses), estes buscam já a destruição da casta secular dominante como tal. Neste momento, que é o do poder operário, ou da supremacia operária, a pequena burguesia passa a conduzir-se como funcionário ou delegado das massas. Acompanhava o poder proletário, mas não acreditava nele. Isto mesmo contém dois fatos: primeiro, que a classe operária não sabia ou não podia, por qualquer razão, exercer seu poder por si mesma; segundo, que carecia de um projeto de concretização no tempo da liquidação da casta dominante como tal. Esta última comprovou, por seu turno, algo que é frequente na história do mundo, que é a capacidade de classes sociais ou grupos determinados de atravessarem diferentes modos de produção, sobrevivendo e ao mesmo tempo transformando-se internamente. Aqui, porém, a sobrevivência se dá, não pela consistência do setor (considerável de todas as maneiras, pelo menos na obstinação de seus mitos), mas pela invertebração do movimento revolucionário. [...] Em seu momento mais revolucionário, a pequena burguesia crê no Estado (mas não no projeto operário, que não existiu senão na consistência das proclamações). É ridículo pensar nisso como um complô desde o princípio contra a classe operária; mas a pequena burguesia acreditava numa abstração – o Estado – e isto era como crer no esquema classista tal como se reproduzira. Quando se vê encurralada e acossada (pela própria equação classista, pela eternidade aparente do instante estatal), utiliza o Estado não só para converter-se a si mesma em burguesia, mas também para reconstituir a classe dominante como tal, pensando que não havia outro remédio senão esse. Quando é burguesia, pois transformou-se nessa nova entidade, *torna-se tão reacionária, inclusive de um modo já antiestatal*, como a própria oligarquia transfigurada em burguesia por meio daquela pequena burguesia". Ver ibidem, p. 52

[22] Régis Debray, *A guerrilha do Che* (Lisboa, Assírio e Alvim, 1975), p. 52-3.

[23] Ibidem, p. 80.

[24] Humberto Vázquez Viaña, *Cambas, colas y chiriguanos en la guerrilla del Che*, cit., p. 59.

[25] Ver ibidem, p. 60-1.

[26] Ver ibidem, p. 65.

[27] Ernesto Guevara, "Guerra de guerrilhas: um método", em *Textos revolucionários* (São Paulo, Edições Populares, 1987), p. 63.

[28] James V. Kohl, "The Cliza and Ucureña War: Syndical Violence and National Revolution in Bolivia", *Hispanic American Historical Review*, Pittsburg, v. 62, n. 4, nov. 1982, p. 610. Um caso interessante é o de José Rojas, líder camponês que após a revolução de 1952 estabeleceu uma poderosa organização regional no Valle Alto. De acordo com alguns, Rojas, militante do Partido de Izquierda Revolucionaria (PIR), tinha a lealdade dos camponeses bolivianos, assim como Zapata tinha a dos mexicanos. Para outros, era um oportunista que mantinha ligações com o POR, vínculos com o MNR e um discurso independente. Oriundo de Ucureña, tornou essa região "o centro do poder geográfico camponês". Tendo como rival Sinforoso Rivas, entrava em acordos com o MNR para manter sua posição de liderança principal na região. Inicialmente líder local, Rojas tornou-se líder regional, subchefe da Federação Departamental

de Camponeses e, em 1954, secretário-geral. Entre 1956 e 1958, foi deputado, e, em 1959, nomeado ministro de Assuntos Camponeses. Em 1964, apoiou o general Barrientos nas eleições e manteve vínculos com ele após o golpe militar. Para mais informações, ver Fernando Mires, "Bolivia: la revolución obrera que fue campesina", cit., p. 143-4.

[29] Ver Silvia Rivera Cusicanqui, "Apuntes para una historia de las luchas campesinas en Bolivia – 1900-1978", em Pablo González Casanova (org.), *Historia de los campesinos latinoamericanos* v. 3 (Cidade do México, Siglo XXI, 1985), p. 202-3.

[30] Alain Touraine, *Palavra e sangue* (São Paulo, Editora da Unicamp/Trajetória Cultural, 1989), p. 243.

[31] Ibidem, p. 244.

[32] Omar de Barros Filho, *Bolívia: vocação e destino*, cit., p. 145.

[33] Um documento do governo norte-americano dizia que "sabemos que os guerrilheiros não puderam recrutar sequer um camponês. A população local normalmente vendia produtos aos rebeldes (e estes pagavam muito bem) e inclusive é provável que ocasionalmente trabalhassem de guias para eles. Mas em todos os relatos dos insurgentes caídos em mãos do Exército, o camponês aparece como um ator mudo (e passivo) do drama. O agricultor boliviano da área a leste de Chuquisaca (e a sudoeste de Santa Cruz) é um ser bem mais primitivo que o camponês cubano de 1959. Protege com zelo seus interesses e suspeita dos intrusos, sejam estes forasteiros ou representantes do governo. [...] Na grande maioria dos casos, o camponês está totalmente à margem da malícia e da sofisticação presentes na política. Em tal situação, e de maneira interessada, cooperou tanto com os guerrilheiros como com o Exército. Na recente caçada aos guerrilheiros parece haver sido operada quase inteiramente graças à ajuda de guias e informantes eleitos entre os camponeses". Ver Informe enviado ao Departamento de Estado pelo embaixador Henderson, La Paz, confidencial, 11 out. 1967, NARA, Rg 59, *General Records of the Department of State*, Cfpf 1967-1969, sobre 1893, fascículo Pol 13 Bolívia, em Mario José Cereghino e Vincenzo Vasile, *Che Guevara top secret: la guerrilla boliviana en los documentos del Departamento de Estado y de la CIA* (Barcelona, Rba, 2009), p. 128-30.

[34] Ver Humberto Vázquez Viaña, entrevista a Luiz Bernardo Pericás, Santa Cruz, jan. 1995.

[35] Diego Cano, "Trotskismo y lucha armada en Bolivia, entrevista a Hugo González Moscoso", em *Cedema*, 22 nov. 2009.

[36] Régis Debray, *A guerrilha do Che*, cit., p. 78-9.

[37] Ibidem, p. 41.

[38] Idem, *Revolução na revolução* (Havana, Casa de las Américas, 1967), p. 30-1.

[39] José Carlos Mariátegui, "El problema de las razas en la América Latina", em *Textos básicos* (Lima, Fondo de Cultura Económica, 1991), p. 226-7.

[40] Rodrigo Montoya e Luiz Enrique Lópes, *Quienes somos: identidad en el altiplano* (Lima, Mosca Azul, 1988), p. 40.

[41] Jorge Lazarte Rojas, "El movimiento obrero en Bolivia, crisis y opción de futuro de la Central Obrera Boliviana", *Síntesis/Bolivia*, Madri, n. 14, maio/ago. 1991, p. 53.

[42] Ibidem, p. 187-8.

300 Che Guevara e a luta revolucionária na Bolívia

Capítulo 5

[1] Quanto à importância de fatores subjetivos e do papel da liderança político-militar no processo revolucionário, é possível lembrar as declarações do líder chinês Mao Tsé-Tung: "A atividade consciente é uma característica humana. O homem expressa profundamente essa característica na guerra. É verdade que a vitória ou derrota na guerra é decidida pelas condições militares, políticas, econômicas e geográficas de ambos os lados, a natureza da guerra que cada lado está promovendo e o apoio internacional que cada um recebe, mas não é decidida somente por esses fatores. Por si mesmos, todos eles dão a possibilidade de vitória ou derrota, mas não decidem a questão. *Para decidir a questão, o esforço subjetivo deve ser acrescentado, ou seja, dirigir e empreender a guerra, a atividade consciente do homem na guerra*". E mais ainda: "Ao procurar a vitória, aqueles que dirigem a guerra não podem passar por cima das limitações impostas pelas condições objetivas; dentro destas limitações, contudo, eles podem e devem exercer atividade consciente ao lutar pela vitória. *O estágio de ações para comandantes na guerra deve ser construído sobre as possibilidades objetivas, mas naquele estágio eles podem dirigir o desempenho do drama de muitos, cheio de sons e cores, poder e grandiosidade*". Ver Mao Tsé-Tung, "On Protracted War", maio 1938, em *Selected Military Writings* (Pequim, Foreign Languages Press, 1963), p. 226. Grifo nosso.

[2] Ver V. I. Lênin, "La guerra de guerrillas", em *Contra el dogmatismo y el sectarismo en el movimiento obrero* (Moscou, Progreso, [198?], coletânea de artigos), p. 45.

[3] Idem.

[4] Lupe Cajías, *Juan Lechín: historia de una leyenda* (La Paz/Cochabamba, Los Amigos del Libro, 1994), p. 272.

[5] Idem.

[6] Idem.

[7] Segundo Andrey Schelchkov, "o plano não teve a sequência esperada dado que Hinojosa se precipitou na fronteira boliviana-argentina com um grupo armado proclamando a revolução socialista na localidade fronteiriça de Villazón". Ver Andrey Schelchkov, "La Internacional Comunista y el partido boliviano: una historia de confusión y desengaños", em Andrey Schelchkov e Pablo Stefanoni (orgs.), *Historia de las izquierdas bolivianas: archivos y documentos – 1920-1940* (La Paz, Vicepresidencia del Estado Plurinacional, 2017), p. 57.

[8] Já Pablo González Casanova seria bastante crítico em relação ao documento. De acordo com ele, "em 1946, os comunistas e as forças progressistas que se agrupavam no Partido de Izquierda Revolucionaria (PIR) se achavam muito desprestigiados. Poucos meses antes haviam contribuído à derrocada do governo nacionalista e populista de Villaroel, acreditando poder substituí-lo por outro democrático, desprovido de todo vínculo com forças acusadas por eles de fascistas. Em seu lugar se estabeleceu um novo governo da oligarquia e o imperialismo que se enfureceu especialmente contra os trabalhadores. Com esses antecedentes, os 'piristas' não puderam influir no Congresso de Pulacayo. Careciam nesse momento de qualquer autoridade política ou moral. Seu modo de raciocinar foi rechaçado com cólera e desprezo. Um pequeno partido trotskista chamado Partido Obrero Revolucionario (POR) os enfrentou clamorosamente, acusando-os de stalinistas, burocratas e reformistas. O pequeno partido trotskista logrou que a Federação de Trabalhadores da Bolívia aprovasse suas próprias teses, brilhantemente apresentadas à assembleia pela delegação de Llallagua, da mina Siglo XX. As 'Teses de Pulacayo' representaram algo mais e algo menos que

um pensamento trotskista: foram a manifestação de uma difusa cultura anarquista, de um anarquismo lógico mais que ideológico, expressado com linguagem parecida ao marxismo-leninismo e com retórica ameaçadora, totalmente inconsequente nos programas de ação. O brilhantismo do documento e a força de suas expressões verbais ocultaram as circunstâncias reais da luta. A ausência de uma análise mínima do processo anunciado impediu planejar ao menos algumas ações práticas acordes com as declarações. A revolução se colocou como ameaça, como perseguição e desafogo. As 'Teses de Pulacayo' exacerbaram o entusiasmo que haviam despertado as experiências espontâneas do poder popular, manifestaram a cólera natural contra o imperialismo e contra a burguesia e expressaram o menosprezo generalizado contra os líderes 'reformistas' que haviam estabelecido alianças com a oligarquia, só para que caísse Villaroel e se impusesse um governo de cujas repressões todos eram vítimas. Paradoxalmente, os autores das teses propuseram como alternativa uma espécie de 'revolução permanente' de tipo quase evolucionista. A classe operária – segundo esquema proposto depois de dura crítica ao 'reformismo'- haveria de iniciar uma revolução democrático-burguesa que seria um 'episódio' da revolução proletária. No documento se dizia ao governo com uma linguagem reformista: 'Se são cumpridas as leis, em boa hora; para isso estão os governantes [sic]. Se não forem cumpridas, enfrentarão nosso enérgico protesto' [sic]. No terreno prático os autores do documento formulavam um programa de pressões com demandas trabalhistas e ameaças de ocupação das minas. E não estabeleciam relação alguma entre esse tipo de ações e o longo processo da 'revolução permanente'. Não propunham nada sobre a questão do poder, como sobre a questão do Estado, nem da revolução e da contrarrevolução como fatos reais e possíveis. Com um legado anarquista fácil de advertir, davam preeminência à 'ação direta' das massas. 'Nesta etapa de ascenso do movimento operário – afirmavam os autores –, nosso método preferido de luta constitui a ação direta de massas e dentro desta, a greve e a ocupação de minas'. O documento renegava as 'frentes populares', e sem dizer uma só palavra sobre o partido da classe operária, sustentava a conveniência de 'formar blocos e firmar compromissos com a pequena burguesia como classe e não com seus partidos políticos'. Deixava assim em branco qualquer ação prática e real que correspondesse às vagas e truncadas propostas, só verbalmente ambiciosas. [...] As 'Teses de Pulacayo' – tão influentes na liderança de um movimento operário que acreditou ser radical – refletiram, de fato, muitas debilidades de um modo de pensar antigo e estendido, companheiro de história do paternalismo e do reformismo que diziam atacar. Fizeram da revolução uma retórica que enfrentaram a do reformismo, sem a menor vontade de poder e sem a menor visão ou prática política que correspondesse a uma iminente 'guerra de movimento' ou a uma longa 'guerra de posições'. Carentes de uma teoria mínima do partido e do Estado, deixaram a classe operária nos limites de sua cultura imediata: de suas fábricas, povoados, sindicatos, greves, 'ocupações', tumultos. Nada lhe deram que tivesse que ver com um plano político em relação ao Estado e ao partido da classe operária, nada que precisasse as distintas etapas e programas de uma 'revolução permanente' em forma que a classe operária não ficasse permanentemente no mesmo lugar: sua mina, seu povoado, sua greve, sua ocupação, seu tumulto, sua prisão, sua ação imediata". Ver Pablo González Casanova, *Imperialismo y liberación: una introducción a la historia contemporánea de América Latina* (Cidade do México, Siglo Veintiuno, 1979), p. 228-30.

[9] Ver Sheldon B. Liss, *Marxist thought in Latin America* (Berkeley/Los Angeles, University of California Press, 1984), p. 187. Para Daniel Gaido, "a crítica de Lora ao foquismo é um dos aportes mais importantes do trotskismo latino-americano. Enquanto que as tendências trotskistas internacionais se dividiam entre uma crítica sectária à revolução cubana que negava a expropriação da burguesia (Healy, Lambert, etc.), e uma adaptação acrítica ao foquismo,

302 Che Guevara e a luta revolucionária na Bolívia

que não era senão uma repetição inconsciente das teorias dos populistas e dos narodniks russos sobre la possibilidade de uma via camponesa ao socialismo (Michel Pablo, Ernest Mandel, Pierre Frank, Livio Maitan, Nahuel Moreno, etc.), Lora sustentou que a guerrilha era um método de luta armada que a classe trabalhadora podia adotar em certas circunstancias... mas que de nenhuma maneira podia suplantar a construção de um partido da classe operária, como condição indispensável para a transição do capitalismo ao socialismo. Daí sua crítica ao escrito de Guevara, já que 'leva diretamente a um desprezo do partido do proletariado como expressão do alto grau ou a maturidade da condição subjetiva da revolução' (Guillermo Lora, *Revolución y foquismo: balance de la discusión sobre la desviación "guerrillerista"*, Buenos Aires, RyR, 2011, p. 127). Na mesma linha se inscreve a crítica de Lora ao livro posterior de Régis Debray, *Revolución en la Revolución*, onde se lê: "Todo intento de substituir o partido com outra organização significa o menosprezo à atividade consciente da classe e endeusa a espontaneidade. Não se deve esquecer que somente o partido político, por sua natureza e estrutura nasce e se desenvolve no plano consciente. Tal é o problema fundamental e constitui um erro suplantá-lo com a discussão acerca das formas de luta que devem ser descartadas (o que, por outro lado, depende do momento político que se viva).' (Ibid., p. 271)". Ver Daniel Gaido, S. Sándor John, *Bolivia's Radical Tradition: Permanent Revolution in the Andes*, Revista *Izquierdas*, 24 jul. 2015.

[10] Juan Lechín afirmou, sobre Lora, que este e seu grupo se incorporaram à "luta pacífica" e não quiseram apoiar o Che; e que somente mais tarde começou a advogar a luta armada. O dirigente prinista acreditava que, mesmo com discordâncias, seriam necessários elementos em comum dentro da esquerda para que se possa lutar contra o imperialismo com maior eficácia. O POR não teria aceitado participar desse tipo de bloco em alguns momentos, como, por exemplo, quando insistia em enfrentar-se com Lechín e o Prin dentro do movimento dos mineiros. Ver Juan Lechín, entrevista a Luiz Bernardo Pericás, La Paz, jan. 1995.

[11] Guillermo Lora, "Revolución y foquismo", *Documentos: revista teórica do POR*, Buenos Aires, 1978, p. 159.

[12] Para mais informações sobre as opiniões de Lora em relação à Revolução Cubana e a seus dirigentes, ver Guillermo Lora, *Lección cubana* (La Paz, [s. n.], 1962); e idem, "El trotskismo en defensa de la revolución cubana", *El Porteño*, 2 jan. 2019.

[13] Idem.

[14] Ibidem, p. 143-4.

[15] Para Nahuel Moreno, o movimento revolucionário latino-americano havia sofrido várias "derrotas colossais", e a origem disso podia se encontrar na "categórica e perigosa afirmação" do Che, que postulava que a guerra de guerrilhas seria o único método viável para a revolução no continente. Para ele, "em consequência da qual morreram e seguem morrendo os melhores lutadores de vanguarda pequeno-burgueses latino-americanos". A "generalização abstrata" do Che sobre a realidade da América Latina seria criticada por aquele dirigente trotskista. Para ele: "Guevara ignora ou esquece a mais simples das verdades marxistas: que o método de luta armada de cada país latino-americano só poderá ser precisado depois do prévio estudo concreto de cada um deles. Tudo o que seja ignorar este método é substituir o marxismo por dogmas, por receitas que serão todas honestas e revolucionárias (como se queira), mas total e completamente inúteis. Ainda que quem a faça tenha dirigido uma revolução". Moreno também aponta que "nunca se

propõe a menor possibilidade de que essa situação possa variar de país a país". E ainda afirmava: "O verdadeiro argumento guevarista é técnico e não social. Ele apela ao campesinato e ao campo por ser a classe e a zona ideais para a guerrilha. Ou seja, a guerrilha e a luta armada não estão a serviço do movimento de massas do país, de sua dinâmica, senão pelo contrário, o movimento de massas e os lugares geográficos a serviço da guerra de guerrilhas. O campesinato é a classe de vanguarda porque isso será melhor para o desenvolvimento da guerrilha, não porque o seja na realidade". Ainda dizia: "Acreditamos que a concepção guevarista é a verdadeira causa teórica dos fracassos". Ele então recomendava que todos os revolucionários deveriam se unir em "um partido único em cada país para adotar um programa revolucionário que nos permita trabalhar dentro das organizações dos trabalhadores, para a partir daí organizar a tomada do poder com os métodos de luta armada adequados ao grau de desenvolvimento e consciência do movimento de massas desse país. E, para o caso de não sermos compreendidos, podemos dizer o que fazer e o que não se fazer: aceitar o *honesto, mas criminoso, conselho de Guevara de organizar um grupo guerrilheiro afastado do povo trabalhador"*. Ver Vera Carnovale, *Los combatientes: historia del PRT-* *-ERP* (Buenos Aires, Siglo XXI, 2018), p. 52-4. Ver também Nahuel Moreno, *Che Guevara: héroe y mártir* (Buenos Aires, La Montaña, 1997). Grifo nosso.

[16] Carlos Soria Galvarro, *El Che en Bolivia*, v. 3: *Análisis y reflexiones* (La Paz, Cedoin, 1994), p. 182.

[17] Ver Diego Cano, "Trotskismo y lucha armada en Bolivia, entrevista a Hugo González Moscoso", *Cedema*, 22 nov. 2009.

[18] Idem.

[19] Ver Ernesto Joaniquina Hidalgo, "La hoja de vida de Hugo González Moscoso", *PubliNet Internacional*, 31 mar. 2009.

[20] Ver Diego Cano, "Trotskismo y lucha armada en Bolivia, entrevista a Hugo González Moscoso", cit.

[21] Para mais informações sobre a relação do Che com os trotskistas, ver Luiz Bernardo Pericás, *Che Guevara e o debate econômico em Cuba* (São Paulo, Boitempo, 2018).

[22] Ver Diego Cano, "Trotskismo y lucha armada en Bolivia, entrevista a Hugo González Moscoso", cit.

[23] Ver em anexos "Mensagem n. 32, de Havana para Guevara na Bolívia, na metade de 1967".

[24] Ver Loyola Guzmán, "Anotações feitas na prisão", em Carlos Soria Galvarro (org.), *El Che en Bolivia*, v. 1: *El PCB antes, durante y después* (La Paz, Cedoin, 1994), p. 213.

[25] Michael Löwy, "Hugo Gonzales Moscoso (1922-2010)", *International Viewpoint*, 28 mar. 2010.

[26] Ver Hugo González Moscoso, "The Cuban Revolution and Its Lessons", *International Socialist Review*, v. 29, n. 2, mar./abr. 1968, p. 1-20.

[27] Ver Michael Löwy (org.), *O marxismo na América Latina: uma antologia de 1909 aos dias atuais* (São Paulo, Perseu Abramo, 2012), p. 481.

[28] Idem.

[29] Idem.

[30] Ibidem, p. 482.

[31] Ibidem, p. 483.

[32] Ibidem, p. 486.

304   Che Guevara e a luta revolucionária na Bolívia

[33]   Ver Michael Löwy, "Hugo Gonzales Moscoso (1922-2010)", cit.; e Ernesto Joaniquina Hidalgo, "La hoja de vida de Hugo González Moscoso", cit.

[34]   Ver Gustavo Rodríguez Ostria, "El legado del Che: del Ejército de Liberación Nacional al Partido Revolucionario de los Trabajadores en Bolivia – 1967-1977", *Políticas de la Memoria*, n. 18, 2018/2019, p. 83.

[35]   Ver Diego Cano, "Trotskismo y lucha armada en Bolivia, entrevista a Hugo González Moscoso", cit.; e Ernesto Joaniquina Hidalgo, "La hoja de vida de Hugo González Moscoso", cit.

[36]   Ver Ernesto Joaniquina Hidalgo, "La hoja de vida de Hugo González Moscoso", cit.

[37]   Ver Humberto Vázquez Viaña, *Del Churo a Teoponte: el traumático nacimiento del nuevo ELN* (Santa Cruz de la Sierra, El País, 2012), p. 69.

[38]   Ibidem, p. 70-1.

[39]   Mensagem de Juan Lechín, na época secretário-geral da Federação Sindical dos Trabalhadores Mineiros da Bolívia (FSTMB), publicada originalmente em *La Razón*, 4 abr. 1952 e reproduzida em Laurence Whitehead, *The United States and Bolivia: A Case of Neocolonialism* (Oxford, Haslemere, 1969), p. 18.

[40]   Lupe Cajías, *Juan Lechín: historia de una leyenda* (La Paz/Cochabamba, Los Amigos del Libro, 1994), p. 273.

[41]   Informações em nota do editor do jornal *Presencia* defendendo-se de acusações de Jorge Kolle sobre suposta entrevista ao periodista Paul L. Montgomery, do *New York Times*, reproduzidas em Carlos Soria Galvarro (org.), *El Che en Bolivia*, v. 1: *El PCB antes, durante y después* (La Paz, Cedoin, 1994), p. 64-5.

[42]   Ver Juan Lechín Oquendo, entrevista a Luiz Bernardo Pericás, cit.

[43]   Idem.

[44]   Idem.

[45]   Ver Guillermo Lora, "Revolución y foquismo", cit., p. 196.

[46]   Adys Cupull e Froilán González, *La CIA contra el Che* (Havana, Política, 1992), p. 26.

[47]   Lupe Cajías, *Juan Lechín*, cit., p. 277.

[48]   O Prin também apoiou as guerrilhas em forma de documento oficial do partido. Assinado por Lidia Gueiler e Carlos Daza, o documento, porém, só reforçava o apoio moral dos prinistas, sem, contudo, afetar de modo algum o desenlace dos acontecimentos no sudeste boliviano.

[49]   Ver Lupe Cajías, *Juan Lechín*, cit., p. 277.

[50]   Jorge Lazarte Rojas, *Movimiento obrero y procesos políticos en Bolivia – Historia de la COB 1952--1987* (La Paz, Offset Boliviana, 1989), p. 52.

[51]   Ibidem, p. 53.

[52]   Oscar Zamora, "Respuesta necesária", em Carlos Soria Galvarro (org.), *El Che en Bolivia*, v. 1, cit. p. 238.

[53]   Ibidem, p. 278.

[54]   Mao Tsé-Tung, "Problems of Strategy in China's Revolutionary War", dez. 1936, em *Selected Military Writings*, cit., p. 76.

NOTAS 305

55 Idem, "Problems of War and Strategy", 6 nov. 1938, em *Selected Military Writings*, cit., p. 267.

56 Idem, "Problems of Strategy in China's Revolutionary War", cit., p. 96.

57 Jesús Lara, *Guerrillero Inti Peredo* (La Paz, Cima, 1994), p. 31.

58 Ernesto Guevara, *Textos revolucionários* (São Paulo, Edições Populares, 1987), p. 115-24.

59 Ibidem, p. 118-9.

60 Ibidem, p. 119.

61 Ver Régis Debray, *A guerrilha do Che* (Lisboa, Assírio e Alvim, 1975).

62 Ver Jesús Cantín, "Motete, Castro y el PCB: 'Memorias necesarias' tras 50 años sin el Che", *Roma CDLX*, 27 jul. 2017.

63 Guillermo Cabrera, *Memories of Che* (Secaucus, Lyle Stuart, 1987), p. 156.

64 Ver idem.

65 Ver Carlos Soria Galvarro (org.), *El Che en Bolívia*, v. 2 (La Paz, Cedoin, 1993), p. 330.

66 James Dunkerley, *Rebelión en las venas: la lucha política en Bolivia – 1952-1982* (La Paz, Quipus, 1987), p. 148.

67 Diretivas originalmente publicadas em *Presencia*, em junho de 1971, e reproduzidas em Trifonio Delgado González, *100 años de lucha obrera en Bolivia* (La Paz, Isla, 1984), p. 385-6.

68 Mario Monje, citado em Carlos Soria Galvarro (org.), *El Che en Bolivia*, v. 1, cit., p. 33-4.

69 Víctor L. Jeifets e Lazar S. Jeifets, "'Discúlpanos, Mario: te hemos engañado', eran las palabras del Ché: la entrevista con Mario Monje Molina", *Pacarina del Sur: revista de pensamiento crítico latinoamericano*, 15 set. 2014.

70 Guillermo Cabrera, *Memories of Che*, cit., p. 153.

71 Víctor L. Jeifets e Lazar S. Jeifets, "'Discúlpanos, Mario: te hemos engañado', eran las palabras del Ché", cit.

72 Guillermo Cabrera, *Memories of Che*, cit., p. 158.

73 Víctor L. Jeifets e Lazar S. Jeifets, "'Discúlpanos, Mario: te hemos engañado', eran las palabras del Ché", cit.

74 Ver Informe enviado ao Departamento de Estado pelo embaixador Henderson, confidencial, 10 fev. 1968, NARA, Rg 59, *General Records of the Departament of State*, Cfpf 1967-1969, sobre 1893, fascículo Pol 12 Bol/I. I. 67, em Mario José Cereghino e Vincenzo Vasile, *Che Guevara top secret: la guerrilla boliviana en los documentos del Departamento de Estado y de la CIA* (Barcelona, Rba, 2009), p. 161-3.

75 Ver idem.

76 Ver em anexos "Carta do CC do PC da Bolívia a Fidel Castro", 11 jan. 1967.

77 Ver em anexos "Mensagem n. 35, de Havana ao Che".

78 Carlos Soria Galvarro (org.), *El Che en Bolivia*, v. 1, cit., p. 60-1.

79 Ibidem, p. 61-2.

80 Ver Fidel Castro, citado em Guillermo Cabrera, *Memories of Che*, cit., p. 160.

81 Ver Víctor L. Jeifets e Lazar S. Jeifets, "'Discúlpanos, Mario: te hemos engañado', eran las palabras del Ché", cit.

82 Idem.

83 Ver Carlos Soria Galvarro (org.), *El Che en Bolivia*, v. 5: *Su diario de campaña* (La Paz, Cedoin, 1996), p. 290.

84 Ver Ramiro Barrenechea, "El Che en la poesía boliviana", em Carlos Soria Galvarro (org.), *El Che en Bolivia*, v. 3, cit., p. 255.

85 Carlos Soria Galvarro (org.), *El Che en Bolivia*, v. 1, cit., p. 263.

86 Ver Niko Schvarz, "Las ideas comunes del Che Guevara y Rodney Arismendi", *Que Hacer*, n. 5, nov. 1997.

87 Ver Luis Sicilia, "Bajo la égida stalinista", em Pablo Domínguez, *Victorio Codovilla: la ortodoxia marxista* (Buenos Aires, Capital Intelectual , 2006), p. 10.

88 Jon Lee Anderson, *Che Guevara: uma biografia* (trad. M. H. C. Côrtes, Rio de Janeiro, Objetiva, 2012), p. 620-1. De acordo com Anderson, o soviético Nikolai Metutsov afirmou que o Che "estava contaminado pelo maoismo, em função de seu slogan de que o fuzil pode criar o poder. E certamente pode ser considerado um trotskista, porque ele foi para a América Latina a fim de estimular o movimento revolucionário". Ver ibidem, p. 624.

89 Niko Schvarz, "Las ideas comunes del Che Guevara y Rodney Arismendi", *Que Hacer*, n. 5, nov. 1997.

90 Idem. Em seu diário, no dia 24 de setembro de 1966, Pombo comentou que Monje dissera que, "no Uruguai, Arismendi falou de nossa presença aqui e sobre a possível chegada de Ramón para o assunto do sul. Arismendi exigiu que os secretários-gerais de todos os partidos sejam informados, e se não, ele se ocuparia pessoalmente". Ver Harry Villegas, *Pombo: un hombre de la guerrilla del Che.* (Havana, Política, 1997), p. 41.

Capítulo 6

1 Ver Alfonso Camacho Peña, "Los militares en la política boliviana", em Alfonso Camacho Peña et al., *Fuerzas Armadas, poder y cambio* (Caracas, Tiempo Nuevo, 1971), p. 329.

2 No dia 7 de janeiro de 1953, numa concentração que recebeu aproximadamente 100 mil pessoas, Juan Lechín afirmou aos presentes que a FSTMB se opunha à reorganização do exército e à reabertura do Colégio Militar, dizendo que "a melhor garantia de nossa revolução e de sua execução integral é um fuzil sobre o ombro de nossos trabalhadores, de nossos camponeses, de nossos empregados". Ver Jorge Lazarte Rojas, *Movimiento obrero y procesos políticos en Bolivia – Historia de la COB 1952-1987* (La Paz, Offset Boliviana, 1989), p. 15.

3 Alfonso Camacho Peña, "Los militares en la política boliviana", cit., p. 331.

4 Ver Gary Prado Salmón, *La guerrilla inmolada* (Santa Cruz, Punto y Coma, 1992), p. 33.

5 Ver Mariano Baptista Gumucio, "Introducción al tema de Bolivia", em Mariano Baptista Gumucio et al., *Guerrilleros y generales sobre Bolivia* (Buenos Aires, Jorge Alvarez, 1968), p. 29.

6 Ver Humberto Vázquez Viaña, *La guerriglia del Che in Bolivia: antecedenti* (Bolsena, Massari, 2003), p. 42.

7 Alfonso Camacho Peña, "Los militares en la política boliviana", cit., p. 337-8.

NOTAS 307

[8] Um dos primeiros antecedentes do pacto "militar-camponês" foi o chamado Pacto Anticomunista Militar-Camponês, de 11 de abril de 1963, em Ucureña. Esse compromisso se deu por meio de acordos entre membros da cúpula militar movimentista e dirigentes, com o objetivo de defender a revolução nacional, o binômio Paz Estenssoro-René Barrientos, apoiar Eduardo Rivas (secretário-executivo do Comitê Político Nacional do MNR) e fazer oposição a "doutrinas radicais". Para mais informações, ver o breve trabalho de Gloria Ardaya Salinas, "Ejército, crisis para la transición?", *Sintesis/Bolivia*, Madri, n. 14, maio/ago. 1991, p. 171-94.

[9] Ibidem, p. 176.

[10] Ver Alfonso Camacho Peña, "Los militares en la política boliviana", cit.

[11] Ver Michael Ratner e Michael Steven Smith, *¿Quien mató al Che? Cómo logró la CIA desligarse del asesinato* (Buenos Aires, Paidós, 2014), p. 74.

[12] Ver Pablo González Casanova, *Imperialismo y liberación: una introducción a la historia contemporánea de América Latina* (Cidade do México, Siglo XXI, 1979), p. 42.

[13] Ver Brian Loveman e Thomas M. Davies Jr., "Military Rule in Bolívia After 1964", em Brian Loveman e Thomas M. Davies Jr. (orgs.), *The politics of antipolitics* (Lincoln/Londres, Universitiy of Nebraska Press, 1989a), p. 345.

[14] Ver Gloria Ardaya Salinas, "Ejército, crisis para la transición?", cit., p. 171-94; e René Zavaleta Mercado, "El Che en el Churo", em Carlos Soria Galvarro (org.), *El Che en Bolivia*, v. 3: *Análisis y reflexiones* (La Paz, Cedoin, 1994), p. 125.

[15] Ver Juan Ramón Quintana Taborga (org.). *Un siglo de intervención de EEUU en Bolivia – 1965-1981*, v. 5 (La Paz, Ministerio de la Presidencia del Estado Plurinacional de Bolivia, 2016), p. 45.

[16] Ver ibidem, p. 49.

[17] Ver ibidem, p. 47.

[18] Ver idem.

[19] Ver ibidem, p. 57.

[20] Ver ibidem, p. 49.

[21] Ver ibidem, p. 55 e 58.

[22] Ver idem.

[23] Ver ibidem, p. 57.

[24] Ver ibidem, p. 59.

[25] Ibidem, p. 65-6.

[26] Ver ibidem, p. 64.

[27] Ver ibidem, p. 85-6.

[28] Ver ibidem, p. 70.

[29] Ver Michael Ratner e Michael Steven Smith, *¿Quien mató al Che?: cómo logró la CIA desligarse del asesinato*, cit., p. 79.

[30] Mario José Cereghino e Vincenzo Vasile, *Che Guevara top secret: la guerrilla boliviana en los documentos del Departamento de Estado y de la CIA* (Barcelona, Rba, 2009), p. 64-5.

308   Che Guevara e a luta revolucionária na Bolívia

[31] Mitch Weiss e Kevin Maurer, *Caçando Che* (trad. Flávio Gordon, Rio de Janeiro, Record, 2016), p. 93.

[32] Ver ibidem, p. 104.

[33] Idem.

[34] Idem.

[35] Ver Juan Ramón Quintana Taborga (org.), *Un siglo de intervención de EEUU en Bolivia – 1965--1981*, cit., p. 76.

[36] Ver ibidem, p. 78.

[37] Ver Luis Reque Terán, "Caída del Che", em Carlos Soria Galvarro (org.), *El Che en Bolívia*, v. 2: *Su último combate* (La Paz, Cedoin, 1993), p. 219-20.

[38] Ver Mitch Weiss e Kevin Maurer, *Caçando Che*, cit., p. 107.

[39] Ver ibidem, p. 56-7.

[40] Ver Juan Ramón Quintana Taborga (org.), *Un siglo de intervención de EEUU en Bolivia – 1965--1981*, cit., p. 96.

[41] Ver Humberto Vázquez Viaña, entrevista a Luiz Bernardo Pericás, Santa Cruz, jan. 1995. Segundo um informe do Departamento de Estado, "os Estados Unidos estavam dispostos a exercer uma considerável influência sobre as decisões que Argentina e Brasil tiveram que tomar em relação à Bolívia. Ainda assim, uma concatenação de desenvolvimentos negativos poderia modificar os equilíbrios de poder na Bolívia e induzir os países limítrofes (sobretudo Argentina e Brasil) a enviar tropas ao país, talvez a convite de La Paz". Para eles, contudo, parecia improvável que uma força de intervenção estrangeira pudesse extirpar, de maneira cirúrgica e rápida, a guerrilha naquele país. De acordo com o informe, "a intervenção poderia ofender o marcado nacionalismo dos bolivianos, desencadeando uma violenta resistência em massa contra o governo e as nações limítrofes". Ver Informe do Departamento de Estado, secreto, 18 jul. 1967, NARA, Rg 59, *General Records of the Departament of State*, Cfpf 1967-1969, sobre 1895, fascículo Pol 23-9 Bol/I. I. 67, em Mario José Cereghino e Vincenzo Vasile, *Che Guevara top secret*, cit., p. 103-6.

[42] No documento transcrito no livro de Mario José Cereghino e Vincenzo Vasile, o país incialmente mencionado é o "Uruguai", mas pode-se perceber um equívoco no texto. No mesmo documento, o autor do informe discute as medidas que o Paraguai estava tomando em relação a este caso. Ver Informe do Departamento de Estado, secreto, 27 out. 1967, NARA, Rg 59, *General Records of the Department of State*, Cfpf 1967-1969, sobre 1895, fascículo Pol 23-7 Bol/I. I. 67, em Mario José Cereghino e Vincenzo Vasile, *Che Guevara top secret*, cit., p. 148.

[43] Ver Informe do Departamento de Estado, secreto, 27 out. 1967, NARA, Rg 59, *General Records of the Department of State*, Cfpf 1967-1969, sobre 1895, fascículo Pol 23-7 Bol/I. I. 67, em Mario José Cereghino e Vincenzo Vasile, *Che Guevara top secret*, cit., p. 145-52.

[44] Ver Juan Ramón Quintana Taborga (org.), *Un siglo de intervención de EEUU en Bolivia – 1965--1981*, cit., p. 89.

[45] Ver ibidem, p. 90.

[46] Ver Adys Cupull e Froilán González, *La CIA contra el Che* (Havana, Política, 1992), p. 16-7.

NOTAS   309

[47] Ver Mário Rolón Anaya, entrevista a Luiz Bernardo Pericás, La Paz, jan. 1995.

[48] Diego Martínez Estévez, *Ñancahuazú: apuntes para la historia militar de Bolivia* (La Paz, [s. n.], 1984), p. 135.

[49] Ver Diego Martínez Estévez, *Ñancahuazú*, cit., p. 135-6. O exército boliviano vinha se modernizando desde 1959, com a adoção de fuzis norte-americanos M14. Essas armas foram distribuídas em pequenas quantidades e somente para um batalhão e algumas companhias, como uma do regimento de escolta presidencial Major Waldo Ballivián, uma do RC-4 e outra da Escola de Recrutas, em Cochabamba. Mais tarde, foram equipados com esse tipo de armamento o RI-25 (*rangers*), o RI-23 (regimento motorizado) e o Centro de Instrução de Tropas Especiais (Cite). As Divisões 4 e 8, responsáveis pela luta contra a guerrilha, não possuíam tais equipamentos. Ver Gary Prado Salmón, *La guerrilla inmolada*, cit.

[50] Adys Cupull e Froilán González, *La CIA contra el Che*, cit., p. 37.

[51] Ver ibidem, p. 38.

[52] Ver Mitch Weiss e Kevin Maurer, *Caçando Che*, cit., p. 189.

[53] Ver ibidem, p. 188.

[54] Ver Diego Martínez Estévez, *Ñancahuazú*, cit., p. 137.

[55] Ver Adys Cupull e Froilán González, *La CIA contra el Che*, cit., p. 38-9.

[56] Ver Pierre Kalfon, *Che: Ernesto Guevara, una leyenda de nuestro siglo* (Barcelona, Plaza & Janés, 1997), p. 552.

[57] Ver Adys Cupull e Froilán González, *La CIA contra el Che*, cit., p. 36.

[58] Ver ibidem, p. 43.

[59] Ver idem.

[60] "Informe geral da VIII Divisão", reproduzido em Diego Martínez Estévez, *Ñancahuazú*, cit., p. 302.

[61] Ver Carlos Soria Galvarro, *Andares del Che en Bolivia* (Ituzaingó, Cienflores, 2014), p. 155-6.

[62] Ver Frank Niess, *Che Guevara* (Barcelona, Expresso, 2011), p. 109.

[63] Ver Gary Prado Salmón, entrevista a Luiz Bernardo Pericás, Santa Cruz, jan. 1995. Outra versão é a dos pesquisadores cubanos Froilán González e Adys Cupull, segundo os quais, às 23h do dia 8 de outubro, o embaixador dos Estados Unidos em La Paz comunicou ao presidente Barrientos instruções do governo norte-americano para eliminar Guevara. O embaixador teria dito que seria muito arriscado manter o argentino preso, já que poderia haver tentativas de resgate ou de trocas por outros prisioneiros. Também teria argumentado que seu julgamento poderia causar mais estragos que o de Debray, e que a execução do guerrilheiro seria um duro golpe contra Cuba. Ver Adys Cupull e Froilán González, *La CIA contra el Che*, cit., p. 145. Um documento do governo norte-americano, contudo, informa que "o Che foi capturado vivo. Depois de um breve interrogatório dirigido a estabelecer sua identidade, o chefe das Forças Armadas bolivianas, general Ovando, ordenou sua execução. A meu parecer, foi uma decisão estúpida, ainda que compreensível do ponto de vista boliviano". Ver Informe enviado ao presidente Lyndon B. Johnson por Walt Whitman Rostow, conselheiro especial para a Segurança Nacional, Washington, secreto, 17 out. 1967, 10h30, NSF, *Country File Bolivia*, v. 4, sobre 8, LBJ Library, em Mario José Cereghino e Vincenzo Vasile, *Che Guevara top secret*, cit., p. 136-7.

[64] Víctor L. Jeifets e Lazar S. Jeifets, "'Discúlpanos, Mario: te hemos engañado', eran las palabras del Ché: la entrevista con Mario Monje Molina", *Pacarina del Sur: revista de pensamiento crítico latinoamericano*, 15 set. 2014.

[65] Víctor Marchetti e John D. Marks, *A CIA e o culto da inteligência* (Rio de Janeiro, Nova Fronteira, 1974), p. 116-7.

[66] O "Mandato" afirmava, entre outros pontos, que as Forças Armadas se propunham à luta pela justiça social, por uma "autêntica" independência nacional; que deveriam realizar uma rápida e profunda transformação das estruturas econômicas, sociais e culturais; que se instituiria "o poder revolucionário, para pôr fim a uma ordem pseudodemocrática, antinacional e falsamente estável". Dizia que a Bolívia não poderia seguir um modelo nem capitalista nem socialista, mas sim um "modelo revolucionário nacional", no qual coexistiriam a propriedade estatal, a propriedade social, cooperativa e comunitária dos meios de produção e a propriedade privada. Além disso, o documento sugeria o estabelecimento de relações com a União Soviética e o bloco socialista. Aparentemente, os outros signatários teriam colocado suas firmas sem lê-lo, acreditando ser um comunicado tradicional com características direitistas de documentos anteriores, e não teriam ficado satisfeitos com seu conteúdo. Ver James Dunkerley, *Rebelión en las venas: la lucha política en Bolivia – 1952-1982* (La Paz, Quipus, 1987), p. 143-4.

[67] Ibidem, p. 144.

[68] Para René Zavaleta Mercado, Ovando era "um militar inteligente, franco e astuto. Sua história mesma é contraditória: participou no que era uma verdadeira conspiração para a reorganização do exército, mas, ao mesmo tempo, foi a cabeça do setor militar interior no poder do MNR; foi parte da repressão antioperária e antiguerrilheira do tempo de Barrientos, inclusive daquele ato atroz que foi o massacre de San Juan e, sem dúvida, aceitou ou foi parte da corrupção como sistema de Estado. Mas junto com tudo isso, preparou uma conspiração nacionalista. O golpe de Estado que levou a cabo com a cumplicidade de um setor de intelectuais da pequena burguesia nacionalista foi um exemplo da certeza com que Ovando se movia dentro da nova situação". Ver René Zavaleta Mercado, "Considerações gerais sobre a história da Bolívia – 1932-1971", em Pablo González Casanova (org.), *América Latina: história de meio século*, v. 2 (Brasília, Editora UnB, 1998), p. 70.

[69] Aparentemente, Ovando estava vacilante quanto às nacionalizações, que foram realizadas por Torres, então comandante em chefe das Forças Armadas.

[70] Ver William Blum, *Killing Hope: US Military and CIA Interventions since World War II* (Londres, Zed Books, 2004), p. 226.

[71] A FSB foi fundada em 1937 por um grupo de exilados no Chile, nos moldes da Falange Espanhola. Tinha como pilares a Nação, a Igreja e o Exército, sendo seu lema "um soldado para defender, um padre para pregar, um mestre para ensinar". Era anticomunista e anticastrista. Em 1964, organizou guerrilhas contra o governo de Paz Estenssoro e, após o golpe, associou-se aos militares. É interessante notar que, entre todas as medidas mais radicais de direita no governo de Ovando Candia, temos como figura atuante o coronel Ayoroa, protagonista de quase todas as ações antipopulares já mencionadas.

[72] Herbert S. Klein, *Historia de Bolivia* (La Paz, Juventud, 1994), p. 256.

[73] Idem.

NOTAS 311

74 Para René Zavaleta Mercado, o "torrismo" seria uma tentativa de se criar uma forma política equivalente ao varguismo ou peronismo em torno da figura de Torres, o que não foi bem-sucedido. Ver René Zavaleta Mercado, "Bolivia: de la Asemblea Popular al combate de agosto", em James Petras (org.), *América Latina: economía y política* (Buenos Aires, Periferia, 1972).

75 Ver William Blum, *Killing Hope: US Military and CIA Interventions since World War II*, cit., p. 227.

76 Trifonio Delgado González, *100 años de lucha obrera en Bolivia* (La Paz, Isla, 1984), p. 375.

77 Idem.

78 Ver Gary Prado Salmón, entrevista a Luiz Bernardo Pericás, cit.

79 Guillermo Cabrera, *Memories of Che* (Secaucus, Lyle Stuart, 1987), p. 167-8.

80 Ibidem, p. 168.

81 Ver René Zavaleta Mercado, "Bolivia: de la Asemblea Popular al combate de agosto", cit., p. 335.

82 Ver Carlos Soria Galvarro (org.), *El Che en Bolivia*, v. 5 (La Paz, Cedoin, 1996), p. 298.

83 Ver Brian Loveman e Thomas M. Davies Jr., "Military Rule in Bolívia After 1964", cit., p. 349.

84 Omar de Barros Filho, *Bolívia: vocação e destino* (São Paulo, Versus, 1980), p. 114-6.

85 Ver Brian Loveman e Thomas M. Davies Jr., "Military Rule in Bolívia After 1964", cit., p. 346-7.

Capítulo 7

1 Bronislaw Baczko, *Enciclopédia Einaudi* (Lisboa, Imprensa Nacional/Casa da Moeda, 1985), p. 351.

2 José Carlos Mariátegui, "El hombre y el mito", em *Textos básicos* (Lima, Fondo de Cultura Económica, 1991a), p. 10.

3 Idem.

4 Ver Edgar S. de Decca, "A revolução acabou", *Reforma e Revolução: Revista Brasileira de História*, São Paulo, v. 10, n. 20, mar./ago. 1991, p. 63-74.

5 Juan Ignácio Siles, "San Ernesto de la Higuera", em Carlos Soria Galvarro (org.), *El Che en Bolivia*, v. 3: *Análises y reflexiones* (La Paz, Cedoin, 1994), p. 368.

6 Ernesto Guevara, *Notas de viaje* (Havana/Madri, Abril/Sodepaz, 1992), p. 108.

7 Ver Luiz Bernardo Pericás, "San Guevara", *General*, São Paulo, n. 12, 1995, p. 18-23.

8 Alberto Fernández Montes de Oca, *El diario de Pacho* (Santa Cruz, Punto y Coma, 1987), p. 11.

9 Ver Isidoro Calzada Macho, *Che Guevara* (Buenos Aires, Folio, 2003), p. 274.

10 Ver Régis Debray, *Alabados sean nuestros señores: una educación política* (Buenos Aires, Sudamericana, 1999), p. 139.

11 Ibidem, p. 140-1.

312 CHE GUEVARA E A LUTA REVOLUCIONÁRIA NA BOLÍVIA

[12] Ibidem, p. 144.

[13] Adys Cupull e Froilán González, *La CIA contra el Che* (Havana, Política, 1992), p. 150.

[14] Ver idem, *De Ñacahuasú a La Higuera* (Havana, Política, 1989), p. 422.

[15] Ibidem, p. 424.

[16] "Cristo,/ te amo,/ não porque caístes de uma estrela/ mas sim porque descobristes/ que este homem tem sangue,/ lágrimas,/ angústias.../ chaves,/ ferramentas!/ para abrir as portas fechadas da luz./ Sim... Tu me ensinastes que este homem é Deus.../ um pobre Deus crucificado como Ti./ E aquele que à sua esquerda está em Gólgota,/ o mau ladrão.../ também é um Deus!"; Ernesto Guevara, "Cristo, te amo", em Piedade Carvalho, *Che: a poética do combate* (Rio de Janeiro, Tempo Brasileiro, 1993), p. 151; e León Felipe, "Cristo", em Ernesto Guevara, *El cuaderno verde del Che* (Buenos Aires, Seix Barral, 2007), p. 146.

[17] Ver Ernesto Guevara, "A León Felipe", em *Cartas* (São Paulo, Edições Populares, 1980), p. 109-10.

[18] Ver José Gómez Abad, "Cómo el Che burló a la CIA", *Mimeo*, p. 266.

[19] León Felipe, "Otro relincho", em *Rocinante* (Madri, Visor Libros, 1982), p. 56.

[20] "Não sou mais que um homem sem trabalho e sem grêmio,/ não construo armadilhas. Construo armadilhas?/ Disse alguma vez: Pregue essas janelas, coloque vidros e pregos nas cercas?/ Eu disse somente: Não tenho tesoura de poda nem um relógio de precisão que marque exatamente as batidas rítmicas do poema./ Mas sei qual é a hora./ Não é a hora da flauta./ Alguém acha que porque o explosivo dispersou os coros devemos chamar os flautistas novamente?/ Não./ Não é esta a hora da flauta./ É a hora de andar, de sair da cova e de andar.../ de andar... de andar... de andar./ Eu sou um vagabundo,/ eu não sou mais que um vagabundo sem cidade, sem mandamentos e sem tribo./ E meu êxodo já velho está./ Em minhas roupas dorme o pó de todos os caminhos/ e o suor de muitas agonias./ Há pesar na aba de meu chapéu/ meu bastão se dobrou/ e na sola de meus sapatos levo sangue, choro de muitos cemitérios./ O que sei me foi ensinado/ o Vento,/ os gritos/ e a sombra... a sombra!" (traduzido pela edição). Ver León Felipe, *Ganarás la luz* (Madri, Visor Libros, 1981), p. 36; e Ciro Bustos, *El Che quiere verte: la historia jamás contada del Che en Bolivia* (Buenos Aires, Javier Vergara, 2011), p. 324-5.

[21] Narrado por José Luis Alcazar em seu livro *Ñacahuasú: la guerrilla del Che en Bolivia*, e reproduzido em Carlos Soria Galvarro (org.), *El Che en Bolívia*, v. 2: *Su último combate* (La Paz, Cedoin, 1993), p. 46-7.

[22] Ver Roberto Dotti, "Lo que el 'Che' soño fue para todos", *La estrella del Oriente,* Santa Cruz, 28 nov. 1995, p. A-16.

[23] Humberto Vázquez Viaña, entrevista a Luiz Bernardo Pericás, Santa Cruz, jan. 1995.

[24] Ver Adys Cupull e Froilán González, *De Ñacahuasú a La Higuera*, cit., p. 114.

[25] Baseado em conversas de camponeses bolivianos com o autor. Pucará e La Higuera, jan. 1995.

[26] Ariel Palacios, "Di Salvo conclui filme sobre Che Guevara", *O Estado de S. Paulo*, São Paulo, 20 ago. 1996, p. D-3.

[27] Ver Ted Córdova-Claure, "La maldición de Ernesto Che Guevara", em Carlos Soria Galvarro (org.), *El Che en Bolivia*, v. 2, cit., p. 311-5.

28 Ver Euler de França Belém, "A história da mulher que matou coronel-cônsul da Bolívia para vingar Che Guevara", *Jornal Opção*, 28 abr. 2018.

29 Ver Gregorio Levenson e Ernesto Jaureche, *Héroes: historias de la Argentina revolucionaria* (Buenos Aires, Pensamiento Nacional, 1998), p. 121.

30 "Crianças", em quéchua.

31 Adys Cupull e Froilán González, *La CIA contra el Che*, cit., p. 308.

32 Ramiro Barrenechea, "El Che en la poesía boliviana", em Carlos Soria Galvarro (org.), *El Che en Bolivia*, v. 3: *Análisis y reflexiones* (La Paz, Cedoin, 1994), p. 355.

33 Idem.

34 Fidel Castro, *Che*, organizado por David Deutschmann (Melbourne, Ocean Press, 1994), p. 140.

35 Ibidem, p. 141.

36 José Aricó, "La sed de absoluto", *La Ciudad Futura*, Buenos Aires, n. 7, out. 1987, p. 32.

Conclusão

1 V. I. Lênin, "O nosso programa", em Instituto de marxismo-leninismo do CC do PCUS, *Lénine, biografia* (Lisboa/Moscou, Avante!/Progresso, 1984).

2 V. I. Lênin, "Conselhos de um ausente", em *Obras escolhidas*, t. 2 (Lisboa/Moscou, Avante!/Progresso, 1978), p. 368-9.

3 Rúben Sánchez, citado em Adys Cupull e Froilán González, *De Ñacahuasú a La Higuera* (Havana, Política, 1989), p. 103.

REFERÊNCIAS

ADAMS, Jerome R. *Latin American Heroes*: Liberators and Patriots from 1500 to the Present. Nova York, Ballantine Books, 1993.

ALEXANDER, Robert J. *El movimiento obrero en América Latina*. México, Roble, 1967.

ALI, Tariq. *O poder das barricadas*: uma autobiografia dos anos 60. Trad. Mariana Beatriz de Medina, São Paulo, Boitempo, 2008.

ALMARAZ PAZ, Sergio. *El poder y la caída*: el estaño en la historia de Bolivia. La Paz/Cochabamba, Los Amigos del Libro, 1987.

ALMEYRA, Guillermo. Aspetti fondamentali della strategia guevarista. In: _____; SANTARELLI, Enzo. *Guevara*: il pensiero ribelle. Roma, Datanews, 1994, p. 15-42.

_____. *Militante crítico*: una vida de lucha sin concesiones. Buenos Aires, Continente, 2013.

_____; SANTARELLI, Enzo. *Guevara*: il pensiero ribelle. Roma, Datanews, 1994.

ÁLVAREZ DE TOLEDO, Lucía. *The Story of Che Guevara*. Londres, Quercus, 2010.

ALVAREZ PUENTE, René. *El mito del "Che"… y América a la hora de Barrientos*. La Paz, Potosí, 1991.

AMARANTE, Leonor. Entrevista a Luiz Bernardo Pericás. São Paulo, out. 1996.

ANDERSON, J. "El Che fue dejado sólo". *El Mundo*, Santa Cruz de la Sierra, 7 dez. 1995, p. A-21.

ANDERSON, Jon Lee. *Che Guevara*: uma biografia. Trad. M. H. C. Côrtes, Rio de Janeiro, Objetiva, 1997.

_____. *Che Guevara*: uma biografia. Trad. M. H. C. Côrtes, Rio de Janeiro, Objetiva, 2012.

ANTEZANA, Luis. *Bolivia*: de la reforma a la contra reforma agraria. La Paz, Juventud, 1992.

ARDAYA SALINAS, Gloria. Ejército, ¿crisis para la transición? *Sintesis/Bolivia*, Madri, n. 14, maio/ago. 1991, p. 171-94.

ARICÓ, José. La sed de absoluto. *La Ciudad Futura*, Buenos Aires, n. 7, out. 1987, p. 32.

AROCA, Santiago. *Fidel Castro*: el final del camino. Cidade do México, Planeta, 1992.

ARRIZABALAGA, Mónica. Los mensajes en clave de la última carta del Che Guevara. *ABC*, 20 mar. 2021. Disponível em: <https://www.abc.es/archivo/abci-ultima-carta-guevara-202010090114_noticia.html?ref=https:%2F%2Fwww.google.com.br%2F>.

316 Che Guevara e a luta revolucionária na Bolívia

BACZKO, Bronislaw. *Enciclopédia Einaudi*. Lisboa, Imprensa Nacional/Casa da Moeda, 1985.

BAPTISTA GUMUCIO, Mariano. Introducción al tema de Bolivia. In: BAPTISTA GUMUCIO, Mariano; CÓRDOVA-CLAURE, Ted; ALMARAZ, Sergio; REYES, Simón. *Guerrilleros y generales sobre Bolivia*. Buenos Aires, Jorge Alvarez, 1968.

BARRENECHEA, Ramiro. El Che en la poesía boliviana. In: SORIA GALVARRO, Carlos (org.). *El Che en Bolivia*, v. 3: *Análisis y reflexiones*. La Paz, Cedoin, 1994, p. 355-62.

BARREDO, Lázaro. Cuando el Che fue torero: jugarse la vida por Cuba. *Cubadebate*, 3 jun. 2017. Disponível em: <http://www.cubadebate.cu/noticias/2017/06/03/cuando-el-che-fue-torero-jugarse-la-vida-por-cuba/>.

BARROS FILHO, Omar de. *Bolívia*: vocação e destino. São Paulo, Versus, 1980.

BASMÁNOV, M.; LEIBZÓN, B. *Vanguardia revolucionária*: problemas de la lucha ideológica. Moscou, Progreso, 1978.

BATÁLOV, E. *La teoria leninista de la revolución*. Moscou, Progreso, 1985.

BEDREGAL, Guillermo. *Teoría del nacionalismo revolucionário*: ensayo de aproximación. La Paz, Juventud, 1985.

BÉJAR RIVERA, Héctor. *Peru 1965*: apuntes sobre una experiencia guerrillera. Havana, Casa de las Américas, 1969.

BERARDO, João Batista. *Guerrilhas e guerrilheiros no drama da América Latina*. São Paulo, Edições Populares, 1981.

BERNARD, Jean-Pierre. Bolívia. In: GOTT, Richard (org.). *Guide to the Political Parties of South America*. Londres, Pelican, 1973, p. 150-90.

BERTOLINO, Osvaldo. *Maurício Grabois*: uma vida de combates. 2 ed., São Paulo, Fundação Maurício Grabois/Anita Garibaldi, 2012.

BLAQUIER, Elsa. Alvaro Inti Peredo Leigue: firmeza a toda prueba. *El Orbita*, [s. d.]. Disponível em: <http://www.elortiba.org/old/inti.html>.

BLUM, William. *Killing Hope*: US Military and CIA Interventions since World War II. Londres, Zed Books, 2004.

BOATENG, Osei. Lumumba: The UN and the American Role. *New African*, fev. 2000. Disponível em: < http://findarticles.com/p/articles/mi_qa5391/is_200002/ai_n21451390>.

BOLIVIA. *Hispanic American Report*: publicação da Stanford University, Califórnia, vª XVII, n. 5, jul. 1964, p. 442-4.

_____. *Hispanic American Report*: publicação da Stanford University, Califórnia, v. XVII, n. 6, ago. 1964, p. 546-8.

BONSAL, Philip W. Cuba, Castro and the United States. *Foreign Affairs*, Nova York, v. 45, n. 2, jan. 1967, p. 260-76.

BOURNE, Richard. *Political Leaders of Latin America*. Baltimore, Pelican, 1969.

BREITMAN, George. *The Last Year of Malcolm X: The Evolution of a Revolutionary*. Nova York: Schocken Books, 1968.

BRIDGELAND, Fred. *Jonas Savimbi*: A Key to Africa. Nova York, Paragon House, 1987.

BROUÉ, Pierre. Bolivia, 9 April 1952: A Forgotten February Revolution?. *Revolutionary History*, v. 4, n. 3, 1992, p. 25-31.

REFERÊNCIAS 317

BUSTOS, Ciro. *El Che quiere verte*: a historia jamás contada del Che en Bolivia. Buenos Aires, Javier Vergara, 2011.

BYRNE, Jeffrey James. The Romance of Revolutionary Transatlanticism: Cuba-Algeria Relations and the Diverging Trends Within Third World Internationalism. In: PARROT, R. Joseph, e ATWOOD, Mark (orgs.). *The Tricontinental Revolution*: Third World Radicalism and the Cold War. Cambridge, Cambridge University Press, 2022, p. 163-190.

CABRAL, José Maria. *Denúncia! Guevara morreu em Cuba*. São Paulo, [s. n.], 1969.

CABRERA, Guillermo. *Memories of Che*. Secaucus/NJ, Lyle Stuart, 1987.

CABRERA, Hernán Martin. Militares barrieron con todos los vestigios del Che. *La Estrella del Oriente*, Santa Cruz de la Sierra, 19 mar. 1996, p. A-10.

_____. Vallegrande impedirá traslado de los restos del guerrillero. *La Estrella del Oriente*, Santa Cruz de la Sierra, 23 nov. 1997, p. A-8 e A-9.

CAJÍAS, Lupe. *Juan Lechín*: historia de una leyenda. La Paz/Cochabamba, Los Amigos del Libro, 1994.

CALDERÓN, Fernando. Hegemonía y bloque social en Bolivia. *Nueva Sociedad*, Caracas, n. 115, set./out. 1991, p. 157-60.

CALZADA MACHO, Isidoro. *Che Guevara*. Buenos Aires, Folio, 2003.

CAMACHO PEÑA, Alfonso. Los militares en la política boliviana. In: _____ et al. *Fuerzas Armadas, poder y cambio*. Caracas, Tiempo Nuevo, 1971, p. 281-361.

CANO, Diego. Trotskismo y lucha armada en Bolivia, entrevista a Hugo González Moscoso. *Cedema*, 22 nov. 2009. Disponível em: <http://www.cedema.org/ver.php?id=5016>.

CANTÍN, Jesús. Motete, Castro y el PCB: Memorias necesarias tras 50 años sin el Che. *Roma CDLX*, 27 jul. 2017. Disponível em: <http://roma460.blogspot.com/2017/07/motete-castro-y-el-pcb-memorias.html>.

CARNOVALE, Vera. *Los combatientes*: historia del PRT-ERP. Buenos Aires, Siglo XXI, 2018.

CARVALHO, Piedade. *Che*: a poética do combate. Rio de Janeiro, Tempo Brasileiro, 1993.

CASTAÑEDA, Jorge G. *Che Guevara*: a vida em vermelho. Trad. Bernardo Joffily, São Paulo, Companhia das Letras, 1997.

_____. *Utopia Unarmed*: The Latin American Left After the Cold War. Nova York, Alfred A. Knopf, 1993.

CASTRO, Fidel. *Che*. Organizado por David Deutschmann. Melbourne, Ocean, 1994.

_____. CASTRO, Fidel. *Política internacional de la revolución cubana*. Havana, Política, 1966.

CASTRO, P. G. Villas-Bôas. Che Guevara economista. *ADB: boletim da Associação dos Diplomatas Brasileiros*, Brasília, jan. 1994, p. 5.

CAUTE, David. *Fanon*. Londres, Fontana/Collins, 1970.

CENTRO DE ESTUDIOS SOBRE AMÉRICA. *Pensar al Che*: desafíos de la lucha por el poder político. T. 1. Havana, Centro de Estudios sobre América Latina: José Martí, 1989.

_____. *Pensar al Che*: los retos de la transición socialista. T. 2. Havana, Centro de Estudios sobre América Latina: José Martí, 1989.

CEREGHINO, Mario José; VASILE, Vincenzo. *Che Guevara top secret*: la guerrilla boliviana en los documentos del Departamento de Estado y de la CIA. Barcelona, Rba, 2009.

CHILDS, Matt D. An Historical Critique of the Emergence and Evolution of Ernesto Che Guevara's Foco Theory. *Journal of Latin American Studies*, Londres, v. 27, n. 3, 1995, p. 593-624.

CLERC, Jean-Pierre. *Las cuatro estaciones de Fidel Castro*: una biografía política. Buenos Aires, Aguilar, 1997.

CHITARIN, Attilio. Consideraciones "ideológicas" sobre la transición. *Cuadernos de Pasado y Presente/Teoría del proceso de transición*, Buenos Aires, n. 46, 1973, p. 15-25.

COGGIOLA, Osvaldo. Entrevista a Luiz Bernardo Pericás. São Paulo, dez. 1995.

COMISIÓN NACIONAL DE PROPAGANDA ADJUNTA AL COMITÉ CENTRAL DEL PARTIDO COMUNISTA DE LA ARGENTINA. *No puede haber una "revolución en la revolución"*. Buenos Aires, Anteo, 1967.

CONSTENLA, Julia. *Celia, la madre del Che*. Buenos Aires, Debolsillo, 2008.

COQUERY-VIDROVICH, Catherine; FOREST, Alain; WEISS, Herbert. *Rébellions-Révolution au Zaire – 1963-1965*. Paris, L'Harmattan, 1987, coleção Racines du Présent.

CÓRDOVA-CLAURE, Ted. La maldición de Ernesto Che Guevara. In: SORIA GALVARRO, Carlos (org.). *El Che en Bolivia*, v. 2: Su último combate. La Paz, Cedoin, 1993, p. 311-5.

CORMIER, Jean. *Che Guevara, compagnon de la révolution*. Roma, Gallimard/Editoriale Libraria, 1996.

_____; GUEVARA, Hilda; GRANADO, Alberto. *La vida del Che*: mística e coraje. Buenos Aires, Sudamericana, 1995.

CORTÉZ DE BALDERAS, Julia. Conversé con él por última vez en La Higuera. Entrevista, *El Mundo*, Santa Cruz de la Sierra, 26 nov. 1995, p. A-16.

CUBA. *Hispanic American Report*: publicação da Stanford University, Califórnia, v. XVII, n. 9, nov. 1964, p. 799-804.

CUPULL, Adys; GONZÁLEZ, Froilán. *De La Higuera a Chile*: el rescate. Ituzaingó/Buenos Aires, Cienflores, 2016.

_____. *De Ñacahuasú a La Higuera*. Havana, Política, 1989.

_____. El combate del Che en el Churo. In: SORIA GALVARRO, Carlos (org.). *El Che en Bolivia*, v. 2: Su último combate. La Paz, Cedoin, 1993, p. 138-54.

_____. *La CIA contra el Che*. Havana, Política, 1992.

DEBRAY, Régis. *A guerrilha do Che*. Lisboa, Assírio e Alvim, 1975.

_____. *Alabados sean nuestros señores*: una educación política. Buenos Aires, Sudamericana, 1999.

_____. Carta aos amigos. In: SARTRE, Jean-Paul. *Um crime monstruoso*: o caso Debray. Trad. Carlos T. Simões, São Paulo, Dorell, 1975, p. 14-22.

_____. Carta aos juízes. In: SARTRE, Jean-Paul. *Um crime monstruoso*: o caso Debray. Trad. Carlos T. Simões, São Paulo, Dorell, 1975, p. 23-5.

_____. Cronologia boliviana do comandante Che Guevara. In: GUEVARA, Ernesto. *Diário da guerrilha boliviana*. Trad. Juan Martinez, São Paulo, Edições Populares, 1987, p. 180-6.

_____. *Essais sur l'Amerique Latine*. Paris, François Maspero, 1967.

_____. *La crítica de las armas*, v. 2: *Las pruebas de fuego*. Cidade do México, Siglo XXI, 1975.

REFERÊNCIAS 319

_____. *La critique des armes*, v. 1. Paris, Seuil, 1974.

_____. Latin America : Some Problems of Revolutionary Strategy. In: HOROWITZ, Irving L.; CASTRO, Josué de; GERASSI, John (orgs.). *Latin American Radicalism*. Londres, Jonathan Cape, 1969, p. 532-42.

_____. *Revolução na revolução*. Havana, Cadernos da revista Casa de las Américas, 1967.

DECCA, Edgar S. de. A revolução acabou. *Reforma e Revolução: Revista Brasileira de História*, São Paulo, v. 10, n. 20, mar./ago. 1991, p. 63-74.

DELGADO GONZÁLEZ, Trifonio. *100 años de lucha obrera en Bolivia*. La Paz, Isla, 1984.

DORADO, Cecilia. Los campesinos todavía veneran la figura del "Che". *La Estrella del Oriente*, Santa Cruz de la Sierra, 23 nov. 1995, p. A-8.

_____. Yo llevé las manos del Che, cortadas hasta las muñecas. *La Estrella del Oriente*, Santa Cruz de la Sierra, 18 jan. 1996, p. A-16.

DOSAL, Paul J. *Comandante Che, guerrilheiro, líder e estrategista – 1956-1967*. Trad. Marcos Maffei, São Paulo, Globo, 2005.

DOTTI, Roberto. Lo que el "Che" soño fue para todos. *La estrella del Oriente*, Santa Cruz de la Sierra, 28 nov. 1995, p. A-16.

_____. San Ernesto de la Higuera. *La Revista/La Estrella del Oriente*, Santa Cruz de la Sierra, 26 nov. 1995, p. 5.

_____. Vallegrande bebió la sangre del Che. *La Revista/La Estrella del Oriente*, Santa Cruz de la Sierra, 26 nov. 1995, p. 4-5.

_____. Vallegrande en la búsqueda de una reconciliación histórica. *La Estrella del Oriente*, Santa Cruz , p. A-16, 26 nov. 1995d.

DOZER, Donald Marquand. *América Latina*: uma perspectiva histórica. Porto Alegre, Globo/ Edusp, 1966.

DREIER, John C. (org.). *A aliança para o progresso*: problemas e perspectivas. Rio de Janeiro, Fundo de Cultura, 1962.

DUNKERLEY, James. *Rebelión en las venas*: la lucha política en Bolivia – 1952-1982. La Paz, Quipus, 1987.

EISENHOWER, Milton S. A aliança para o progresso: raízes históricas. In: DREIER, John C. (org.). *A aliança para o progresso*: problemas e perspectivas. Rio de Janeiro, Fundo de Cultura, 1962.

ELOY MARTÍNEZ, Tomás. In the Camera's Flash, a Myth is Made. *The New York Times,* Nova York, 10 set. 1996, p. 7.

ESCOBAR, Froilán; GUERRA, Félix. *Che*: sierra adentro. Havana, Política, 1988.

EUA ficaram com o corpo de Che, diz jornalista. *O Estado de S. Paulo*, São Paulo, 28 nov. 1995; p. A-14.

FANON, Frantz. *Por la revolución africana*. Cidade do México, Fondo de Cultura Económica, 1975.

_____. *The Wretched of the Earth*. Nova York, Grove Weidenfeld, 1991 [Ed. bras.: *Os condenados da Terra*. Trad. De Enilce Albergaria Rocha e Lucy Magalhães. Juiz de Fora, Editora UFJF, 2005].

FELIPE, León. Cristo. In: GUEVARA, Che. *El cuaderno verde del Che*. Buenos Aires, Seix Barral, 2007.

320 Che Guevara e a luta revolucionária na Bolívia

_____. *Ganarás la luz.* Madri, Visor Libros, 1981.

_____. Otro relincho. In: _____. *Rocinante.* Madri, Visor Libros, 1982.

FERNANDES, Florestan. *Da guerrilha ao socialismo*: a Revolução Cubana. São Paulo, T. A. Queiroz, 1979.

FERNÁNDEZ, Norma. Entrevista com Dariel Alarcón: La guerrilla en Bolivia no era el objetivo del Che (habla Benigno, un cubano que combatió con Guevara). *Clarín*, Buenos Aires, 24 dez. 1995, p. 10

FERNÁNDEZ MONTES DE OCA, Alberto. *El diario de Pacho.* Santa Cruz de la Sierra, Punto y Coma, 1987.

FERRER, Carlos "Calica". *De Ernesto a Che*: a segunda e última viagem de Guevara pela América Latina. Trad. Sandra Martha Dolinsky, São Paulo, Planeta, 2009.

FIGUEREDO, Alberto; MÉNDEZ, Patsy (orgs.). *Sala 2: El Che vive*, Buenos Aires, n. 5, 1995.

_____. *Sala 2: Ernesto "Che" Guevara*, Buenos Aires, n. 2, 1995.

FIGUEROA HERNÁNDEZ, Gonzalo A. La guerrilla de Teoponte en Bolivia. *MundoPolítico.CL.* 13 jun. 2012. Disponível em: <https://cedema.org/digital_items/5023>.

FRAJMUND, Raymond. Entrevista a Luiz Bernardo Pericás. Brasília, jun. 1995.

FRANÇA BELÉM, Euler de. A história da mulher que matou coronel-cônsul da Bolívia para vingar Che Guevara. *Jornal Opção*, 28 abr. 2018. Disponível em: <https://www.jornalopcao.com.br/colunas-e-blogs/imprensa/a-historia-da-mulher-que-matou-coronel-consul-da-bolivia-para-vingar-che-guevara-123854/>.

FRANQUI, Carlos. *Retrato de família com Fidel.* Trad. Fábio Fernandes da Silva, Rio de Janeiro, Record, 1981.

_____. *Vida, aventuras y desastres de un hombre llamado Castro.* México: Planeta, 1998.

FUNARI, Pedro Paulo A.; ZARANKIN, Andrés; REIS, José Alberioni dos (orgs.). *Arqueologia da repressão e da resistência na América Latina na era das ditaduras (décadas de 1960-1980).* São Paulo, Annablume, 2008.

FURTADO, Celso. *Breve historia económica de America Latina.* Havana, Ciencias Sociales, 1972.

FURTAK, Robert K. Revolución mundial y coexistencia pacífica. *Foro Internacional*, 25-26, México, v. 7, n. 1-2, 1966, p. 1-28.

GAIDO, Daniel S. Sándor John, Bolivia's Radical Tradition: permanent Revolution in the Andes. *Revista Izquierdas*, 24 jul. 2015.

GÁLVEZ, William. *Che deportista.* Buenos Aires, GenteSur, 1995.

_____. *El sueño africano de Che*: ¿que sucedió en la guerrilla congolesa?. Havana, Casa de las Américas/Cultura Popular, 1997.

_____. *Viajes y aventuras del joven Ernesto*: ruta del guerrillero. Havana, Ciencias Sociales, 1997.

GAMBINI, Hugo. *El Che Guevara*: la biografia. Buenos Aires, Booket, 2009.

GARCÍA GUTIÉRREZ , Luis C. *La outra cara del combate.* Havana, Ciencias Sociales, 2013.

GENDZIER, Irene L. *Frantz Fanon.* Cidade do México, Serie Popular Era, 1977.

GENERAL Gary Prado dice de su camarada Mario Vargas, único sobreviviente de los enterradores del Che. *El Mundo*, Santa Cruz de la Sierra, 23 nov. 1995, p. A-26.

REFERÊNCIAS 321

GERASSI, John. Havana: a New International is Born. In: HOROWITZ, Irving L.; CASTRO, Josué de; GERASSI, John (orgs.). *Latin American Radicalism*. Londres, Jonathan Cape, 1969, p. 471-95.

GIBBS, David N. *The Political Economy of Third World Intervention*: Mines, Money, and US Policy in the Congo Crisis. Chicago, University of Chicago Press, 1991.

GILLY, Adolfo. Respuesta a Fidel Castro. *Marcha*, n. 1293, 18 fev. 1966.

GLAVINA, Luciano. Entrevista a Luiz Bernardo Pericás. São Paulo, out. 1996.

GLEIJESES, Piero. *Misiones en conflicto: La Habana, Washington y África*, 1959-1976. Havana, Ciencias Sociales, 2007.

_____. *Conflicting Missions, Havana, Washington and Africa – 1959-1976*. Chapel Hill, The University of North Carolina Press, 2002.

_____. How Cuba Aided Revolutionary Algeria in 1963. [S. n.], [s. d.]. Disponível em: <http://www.usenet.com/newsgroups/soc.culture.african/msg01918.html>.

GÓMEZ ABAD, José. Cómo el Che burló a la CIA. *Mimeo*.

GONZÁLEZ, Luis; SÁNCHEZ, Gustavo. La muerte del Che Guevara. In: SORIA GALVARRO, Carlos (org.). *El Che en Bolivia*, v. 2: Su último combate. La Paz, Cedoin, 1993, p. 57-73.

GONZÁLEZ CASANOVA, Pablo (org.). *América Latina*: história de meio século. V. 2. Brasília, Editora UnB, 1998.

_____. *Imperialismo y liberación*: una introducción a la historia contemporánea de América Latina. Cidade do México, Siglo XXI, 1979.

GONZÁLEZ CONSUEGRA, Oismara. 3 de octubre de 1965: día memorable. *Vanguardia*, 3 out. 2015. Disponível em: <http://www.vanguardia.cu/opinion-de-periodistas/4909-3-de-octubre-de-1965-dia-memorable>.

GONZÁLEZ MOSCOSO, Hugo. The Cuban Revolution and Its Lessons. *International Socialist Review*, v. 29, n. 2, mar./abr. 1968, p. 1-20.

GORENDER, Jacob. Entrevista a Luiz Bernardo Pericás. São Paulo, jan. 1996.

GOTT, Richard. *Cuba*: uma nova história. Trad. Renato Aguiar, Rio de Janeiro, Jorge Zahar, 2006.

_____. *Guerrilla Movements in Latin America*. Nova York/Double Day, Anchor, 1971.

GRANADO, Alberto. *Com Che Guevara pela América do Sul*. Trad. Wanda Caldeira Brant, São Paulo, Brasiliense, 1987.

GREIG, Ian. *The Communist Challenge to Africa*: An Analysis of Contemporary Soviet, Chinese and Cuban Policies. Sandton, Southern African Freedom Foundation, 1977.

GRIGULÉVICH, Iósif. *Luchadores por la libertad de América Latina*. Moscou, Progreso, 1988.

GUEEVSKI, Igor; CHERVÓNNAIA, Svetlana. Malcolm X. In: ACADEMIA DE CIENCIAS DE LA URSS. *Los negros norteamericanos*. Moscou, Academia de Ciencias de la URSS/Instituto Miklujo Maklai de Etnografia, 1987, p. 91-118.

GUEVARA, Aleida. Entrevista a Luiz Bernardo Pericás. São Paulo, out. 1996.

GUEVARA, Ernesto. "A León Felipe". In: _____. *Cartas*. São Paulo, Edições Populares, 1980, p. 109-10.

_____. *A new society*: reflections for today's world. Melbourne, Ocean Press, 1991.

322 CHE GUEVARA E A LUTA REVOLUCIONÁRIA NA BOLÍVIA

_____. Ao Primeiro Congresso Latino-Americano das Juventudes. In: _____. *Textos políticos e sociais*. São Paulo, Edições Populares, 1981.

_____. *America Latina*: despertar de un continente. Havana, Ocean Sur, 2006.

_____. *Cartas*. São Paulo, Edições Populares, 1980.

_____. *Che Guevara and the Cuban Revolution*. Organizado por David Deutschmann, Sydney, Pathfinder, 1987.

_____. *Che Guevara por ele mesmo*. Organizado por Manville Avalon, São Paulo, Martin Claret, 1993.

_____. *Che Guevara Speaks*. Nova York, Pathfinder, 1985.

_____. *Che periodista*. Havana, Pablo de la Torriente, 1988.

_____. Cristo, te amo. In: CARVALHO, Piedade. *Che*: a poética do combate. Rio de Janeiro, Tempo Brasileiro, 1993, p. 151.

_____. *Diário da guerrilha boliviana*. Trad. Juan Martinez, São Paulo, Edições Populares, 1987.

_____. *Diario di Bolivia*. Roma/Havana, Erre Emme/Política, 1996.

_____. *El cuaderno verde del Che*. Buenos Aires, Seix Barral, 2007.

_____. *Escritos y discursos*. Havana, Ciencias Sociales, 1985.

_____. Guerra de guerrilhas: um método. In: _____. *Textos revolucionários*. São Paulo, Edições Populares, 1987, p. 59-84.

_____. *Guerrilla Warfare*. Introdução e estudos de caso por Brian Loveman e Thomas M. Davies, Jr. Lincoln. Londres, University of Nebraska Press, 1985.

_____. Mensagem aos povos do mundo através da Tricontinental. In: _____. *Por uma revolução internacional*. São Paulo, Edições Populares, 1981, p. 97-106.

_____. Na XIX Assembleia Geral das Nações Unidas: discurso e contrarréplica. In: _____. *Por uma revolução internacional*. São Paulo, Edições Populares, 1981, p. 75-87.

_____. *Notas de viaje*. Havana/Madri, Abril/Sodepaz, 1992.

_____. *Obras de Che Guevara*. v. 1. Lisboa, Ulmeiro, 1975.

_____. O partido marxista-leninista. In: _____. *Textos políticos e sociais*. São Paulo, Edições Populares, 1981, p. 11-20.

_____. O plano e o homem. In: _____. *Textos econômicos*. São Paulo, Edições Populares, 1982. p. 68.

_____. O que é um "guerrilheiro". In: _____. *Textos revolucionários*. São Paulo, Edições Populares, 1987, p. 17-22.

_____. *Outra vez*: diário inédito da segunda viagem pela América Latina – 1953-1956. Trad. Joana Angelica D'Avila Melo, Rio de Janeiro, Ediouro, 2003.

_____. *Pasajes de la guerra revolucionaria*: Congo. Cidade do México, Grijalbo, 1999.

_____. Projeções sociais do Exército Rebelde. In: _____. *Textos políticos e sociais*. São Paulo, Edições Populares, 1981, p. 60-9.

_____. *Reflexões sobre a história cubana*. São Paulo, Edições Populares, 1981.

_____. *Sierra Maestra*: da guerrilha ao poder. São Paulo, Edições Populares, 1980.

_____. Sobre a construção do partido. In: _____. *Textos políticos e sociais*. São Paulo, Edições Populares, 1981, p. 21-32.

REFERÊNCIAS 323

_____. *Textos econômicos*. São Paulo, Edições Populares, 1982.

_____. *Textos políticos e sociais*. São Paulo, Edições Populares, 1981.

_____. *Textos revolucionários*. São Paulo, Edições Populares, 1987.

GUEVARA, Juan Martín; VINCENT, Armelle. *Mi hermano el Che*. Madri, Alianza, 2016.

GUEVARA LYNCH, Ernesto. *Meu filho Che*. Trad. Emir Sader, São Paulo, Brasiliense, 1986.

GUZMÁN, Loyola. "Recuerdos de Loyola" [Anotações feitas na prisão]. In: SORIA GALVARRO, Carlos (org.). *El Che en Bolivia*, v. 1: *El PCB antes, durante y después*. La Paz, Cedoin, 1994, p. 197-214.

HALL, Gus. *O imperialismo hoje*: uma apreciação dos problemas e acontecimentos mais importantes dos nossos dias. Lisboa, Estampa, 1975.

HALPERIN, Maurice. *The Taming of Fidel Castro*. Berkeley, University of California Press, 1979.

HALPERIN DONGHI, Tulio. *História da América Latina*. São Paulo, Paz & Terra, 1989.

HARRIS, Richard L. *Che Guevara*: A Biography. Santa Barbara, Greenwood, 2011.

_____. *Morte de um revolucionário*: a última missão de Che Guevara. Rio de Janeiro, G. Ermakoff, 2008.

HÁ VINTE ANOS A CIA assassinava um grande revolucionário. *Causa Operária*, São Paulo, n. 69, out. 1987, p. 6-7.

HERAUD, Javier. *El viaje*. Lima, Cuadernos Trimestrales de Poesía, 1961.

HERAUD PÉREZ, Cecilia. *Entre los ríos*: Javier Heraud – 1942-1963. Lima, Fondo Editorial de la Pontificia Universidad Católica del Perú, 2013.

HERMANO de guerrillero "Willy" quiere hallar sus restos. *El Mundo,* Santa Cruz de la Sierra, 8 dez. 1995, p. A-20.

HERNÁNDEZ SERRANO, Luis. En busca de los restos del Che en Bolivia. *Juventud Rebelde*, Havana, 14 jun. 2010. Disponível em: <http://www.juventudrebelde.cu/cuba/2010-06-14/en-busca-de-los-restos-del-che-en-bolivia>.

HILTON, Ronald. Castrofobia en los Estados Unidos. *Foro Internacional*, 16, México, v. 4, n. 4, abr./jun. 1964, p. 498-516.

HUTCHINSON, Alan. *China's African Revolution*. Londres, Hutchinson & Co, 1975.

INFORMAÇÕES confidenciais localizam "Che" Guevara na Guiné-Bissau em 1967. *Jornal de Notícias*, 7 out. 2017. Disponível em: <https://www.jn.pt/mundo/informacoes-confidenciais-localizam-che-guevara-na-guine-bissau-1967-8825687.html>.

INTI Peredo está enterrado en Beni, la tierra que él tanto amó. *Página Siete*, 27 mar. 2017. Disponível em: <https://www.paginasiete.bo/nacional/2017/3/27/inti-peredo-esta-enterrado-beni-tierra-tanto-amo-132069.html#!>.

IVASKA, Andrew. Liberation in Transit: Eduardo Mondlane and Che Guevara in Dar Es Salaam. In: CHEN, Jian (org.). *The Routledge Handbook of the Global Sixties*: Between Protest and Nation Building. Routledge, 2018, p. 27-38.

JEIFETS, Víctor L.; JEIFETS, Lazar S. "Discúlpanos, Mario: te hemos engañado, eran las palabras del Ché: la entrevista con Marlina. *Sur: revista de pensamiento crítico latinoamericano*, 15 set. 2014. Disponível em: <http://pacarinadelsur.com/home/figuras-e-ideas/1031-disculpanos-mario-te-hemos-enganado-eran-las-palabras-del-che-la-entrevista-con-mario-monje-molina>.

324 CHE GUEVARA E A LUTA REVOLUCIONÁRIA NA BOLÍVIA

_____. Moscú, Beijing o La Habana? Los conflictos dentro de la izquierda en torno a la lucha insurreccional. *Revista Izquierdas*, n. 49, abr. 2020.

JOANIQUINA HIDALGO, Ernesto. La hoja de vida de Hugo González Moscoso. *PubliNet Internacional*, 31 mar. 2009. Disponível em: <http://publinetrd.blogspot.com/2009/03/la-hoja-de-vida-de-hugo-gonzalez.html>.

JOHNSON, Robert Craig. Heart of Darkness: The Tragedy of the Congo – 1960-1967. [S. n.], [s. d.]. Disponível em: <http://worldatwar.net/chandelle/v2n3/congo.html>.

JUSTO, Liborio. Bolivia: The Revolution Defeated. *Revolutionary History*, v. 4, n. 3, 1992, p. 38-51.

KALB, Madeleine G. *The Congo Cables*: The Cold War in Africa – from Eisenhower to Kennedy. Nova York, Macmillan, 1982.

KALFON, Pierre. *Che*: Ernesto Guevara, una leyenda de nuestro siglo. Barcelona, Plaza & Janés, 1997.

KANZA, Thomas R. *The Rise and Fall of Lumumba*: Conflict in the Congo. Harmondsworth, Penguin, 1972.

KAROL, K. S. *Les guérilleros au pouvoir*. Paris, Robert Laffont, 1970.

KELLNER, Douglas. *Che Guevara*. Trad. David Casas, São Paulo, Nova Cultural, 1990.

KELLY, Sean. *America's Tyrant*: The CIA and Mobutu of Zaire. Washington, American University Press, 1993.

KLÁREN, Peter F.; BOSSERT, Thomas J. (orgs.). *Promise of Development*: Theories of Change in Latin America. Boulder/CO, Westview, 1986.

KLEIN, Herbert S. *Historia de Bolivia*. La Paz, Juventud, 1994.

_____. *Orígenes de la revolución nacional boliviana*: la crisis de la generación del Chaco. La Paz, Juventud, 1987.

KOHAN, Néstor. Entrevista a Ulises Estrada Lescaille. *Quaderni della Fondazione Ernesto Che Guevara*, n. 6, Bolsena, 2004/2006.

KOHL, James V. The Cliza and Ucureña War: Syndical Violence and National Revolution in Bolivia. *Hispanic American Historical Review*, Pittsburg, v. 62, n. 4, nov. 1982, p. 607-28.

LACHNER, Norbert (org.). *Que significa hacer política?* Buenos Aires, Desco, 1982.

LAMBERG, Roberto F. La guerrilla urbana: condiciones y perspectivas de la "segunda ola" guerrillera. *Foro Internacional*, 43, México, v. 11, n. 3, jan./mar. 1971, p. 421-43.

LAMEIRINHAS, Roberto. Boliviano contesta versão sobre enterro de Che. *O Estado de S. Paulo*, São Paulo, 27 nov. 1995, p. A-8.

LARA, Jesús. *Guerrillero Inti Peredo*. La Paz, Cima, 1994.

LARKIN, Bruce. *China and Africa – 1949-1970*: The Foreign Policy of the People's Republic of China. Berkeley/Los Angeles, University of California Press, 1971.

LARTÉGUY, Jean. *The Guerrillas*. Nova York, Signet, 1972.

LASERNA, Roberto. La acción social en la coyuntura democrática. *Síntesis/Bolivia*, Madri, n. 14, maio/ago. 1991, p. 213-62.

LAUMANN, Dennis. Che Guevara's Visit to Ghana. *Transactions of the Historical Society of Ghana: New Series*, n. 9, 2005, p. 61-74.

REFERÊNCIAS 325

LAVRETSKY, I. *Ernesto Che Guevara*. Moscou, Progreso, 1975.

LA VUELTA de Che Guevara. *La Razón*, Buenos Aires, 25 jan. 1996, p. 15.

LAZARTE ROJAS, Jorge. El movimiento obrero en Bolivia, crisis y opción de futuro de la Central Obrera Boliviana. *Síntesis/Bolivia*, Madri, n. 14, maio/ago. 1991, p. 263-88.

_____. *Movimiento obrero y procesos políticos en Bolivia – Historia de la COB 1952-1987*. La Paz, Offset Boliviana, 1989.

LECHÍN OQUENDO, Juan. Entrevista a Luiz Bernardo Pericás. La Paz, jan. 1995.

LÊNIN, V. I. As lições da insurreição de Moscovo. In: _____. *Obras escolhidas*. T. 1. Lisboa/ Moscou, Avante!/Progresso, 1977, p. 473-8.

_____. Conselhos de um ausente. In: _____. *Obras escolhidas*. T. 2. Lisboa/Moscou, Avante!/ Progresso, 1978, p. 368-9.

_____. *Duas táticas da social-democracia na revolução democrática*. Rio de Janeiro, Calvino, 1945.

_____. La guerra de guerrillas. In: _____. *Contra el dogmatismo y el sectarismo en el movimiento obrero*. Moscou, Progreso, [198?], coletânea de artigos, p. 45-6.

_____. O nosso programa. In: INSTITUTO DE MARXISMO-LENINISMO DO CC DO PCUS. *Lénine, biografia*. Lisboa/Moscou, Avante/ Progresso, 1984.

_____. O programa militar da revolução operária. In: _____. *Obras escolhidas*. T. 1. Lisboa/ Moscou, Avante/ Progresso, 1977, p. 679-87.

_____. Para a história da questão da paz infeliz. In: LÊNIN, V. I. *Obras escolhidas*. T. 2. Lisboa/ Moscou, Avante/ Progresso, 1978, p. 453-9.

LEVENSON, Gregorio; JAURECHE, Ernesto. *Héroes*: historias de la Argentina revolucionaria. Buenos Aires, Pensamiento Nacional, 1998.

LIEVEN, Jean. Bolivia: From the Birth of the Revolutionary Workers Party to the Popular Assembly. *Revolutionary History*, v. 4, n. 3, 1992, p. 52-7.

LISS, Sheldon B. *Marxist Thought in Latin America*. Berkeley/Los Angeles, University of California Press, 1984.

LIVES IN BRIEF. *The Times*, 17 mar. 2003. Disponível em: <https://www.thetimes.co.uk/article/ lives-iembrief-lfl5mth82jz>.

LORA, Guillermo. El trotskismo en defensa de la Revolución Cubana. *El Porteño*, 2 jan. 2019. Disponível em: <https://elporteno.cl/guillermo-lora-el-trotskismo-en-defensa-de-la-revolucion-cubana/>.

_____. *Lección cubana*, La Paz, [s. n.], 1962.

_____. Revolución y foquismo. *Documentos: revista teórica do POR*, Buenos Aires, 1978.

LOURENÇO, Maria José. Introdução. In: BARROS FILHO, Omar de. *Bolívia*: vocação e destino. São Paulo, Versus, 1980, p. 3-7.

LOVEMAN, Brian; DAVIES JR., Thomas M. Introduction: *Guerrilla Warfare*, Revolutionary Theory, and Revolutionary Movements in Latin America. In: GUEVARA, Che. *Guerrilla Warfare*. Lincoln/Londres, University of Nebraska Press, 1985.

_____; _____. Military Rule in Bolívia After 1964. In: _____; _____ (orgs.). *The Politics of Antipolitics*. Lincoln/Londres, Universitiy of Nebraska Press, 1989. p. 345-53.

326 CHE GUEVARA E A LUTA REVOLUCIONÁRIA NA BOLÍVIA

_____; _____. *The Politics of Antipolitics*. Lincoln/Londres, University of Nebraska Press, 1989.

LÖWY, Michael (org.). *O marxismo na América Latina*: uma antologia de 1909 aos dias atuais. Trad. Cláudia Schilling e Luís Carlos Borges, São Paulo, Perseu Abramo, 2012.

_____. *O pensamento de Che Guevara*. Lisboa, Bertrand, 1976.

LUMUMBA, Patrice. *Libertad para el Congo*. Havana, Venceremos, 1964.

LUST, Jan. 50 años guerrilla peruana: 9 junio 1965 – 9 de junio 2015. *PapeldeArbol*, 15 jun. 2015. Disponível em: <http://papeldearbol-papeldearbol.blogspot.com/2015/06/50-anos-guerrilla-peruana-9-junio-1965.html>.

_____. El rol de la guerrilla peruana en el proyecto guerrillero continental del Che. *América Latina en Movimiento*, 6 out. 2016. Disponível em: <https://www.alainet.org/es/articulo/180807>.

_____. Perú: sobre el asesinato de Guillermo Lobatón y 8 guerrilleros del MIR el 7 de enero de 1966. *La Haine*, 18 jan. 2014. Disponível em: <https://www.lahaine.org/mundo.php/peru-sobre-el-asesinato-de-guillermo-lob-1966>.

MACEOIN, Gary. *Revolution Next Door*. Nova York, Holt, Rinehart and Winston, 1971.

MAEMURA HURTADO, Mary; SOLARES MAEMURA, Héctor. *Samurai da revolução*: os sonhos e a luta de Freddy Maemura ao lado do Che. Rio de Janeiro, Record, 2009.

MAO, Tsé-Tung. On Protracted War. Maio 1938. In: _____. *Selected Military Writings*. Pequim, Foreign Languages Press, 1963, p. 187-266.

_____. Problems of Strategy in China's Revolutionary War. Dez. 1936. In: _____. *Selected Military Writings*. Pequim, Foreign Languages Press, 1963, p. 75-150.

_____. Problems of Strategy in Guerilla War Against Japan. Maio 1938. In: _____. *Selected Military Writings*. Pequim, Foreign Languages Press, 1963, p. 151-85.

_____. Problems of War and Strategy. 6 nov. 1938. In: _____. *Selected Military Writings*. Pequim, Foreign Languages Press, 1963, p. 267-83.

_____. *Selected Military Writings*. Pequim, Foreign Language Press, 1963.

MARABLE, Manning. *Malcolm X: A Life of Reinvention*. Nova York, Viking, 2011.

MARCH, Aleida. *Evocação*: minha vida ao lado do Che. Trad. André Oliveira Lima, Rio de Janeiro, Record, 2009.

_____. *Evocación*. Havana, Casa de las Américas, 2008.

MARCHESI, Aldo. *Latin America's Radical Left*: Rebellion and Cold War in the Global 1960s. Nova York, Cambridge University Press, 2018.

MARCHETTI, Victor; MARKS, John D. *A CIA e o culto da inteligência*. Trad. Milton Persson e Ruy A. de Sá. Rio de Janeiro, Nova Fronteira, 1974.

MARIÁTEGUI, José Carlos. El hombre y el mito. In: _____. *Textos básicos*. Lima, Fondo de Cultura Económica, 1991, p. 10.

_____. El problema de las razas en la América Latina. In: _____. *Textos básicos*. Lima, Fondo de Cultura Económica, 1991, p. 226-7.

_____. *Siete ensayos de interpretación de la realidad peruana*. México, Era, 1988.

_____. *Textos básicos*. Lima, Fondo de Cultura Económica, 1991.

MARTENS, Ludo. *Pierre Mulele ou la second vie de Patrice Lumumba*. Ambéres, EPO, 1985.

REFERÊNCIAS 327

MARTÍNEZ ESTÉVEZ, Diego. *Ñancahuazú: apuntes para la historia militar de Bolivia*. La Paz, [s. n.], 1984.

MARTÍNEZ HEREDIA, Fernando. *Las ideas y la batalla del Che*. Havana, Ciencias Sociales, 2012.

MASETTI, Jorge Ricardo. *Los que luchan y los que lloran y otros escritos inéditos*. Lanús Oeste, Nuestra América, 2014.

MASSARI, Roberto. *Che Guevara*: grandeza y riesgo de la utopia. Navarra, Txalaparta, 1993.

_____. *Ernesto Che Guevara*: uomo, compagno, amico. Bolsena, Massari, 2004.

_____. *Guevara para hoy*. Roma: Erre Emme, 1994.

MAYORGA, René Antonio. Tendencias y problemas de la consolidación de la democracia en Bolivia. *Síntesis/Bolivia*, Madri, n. 14, maio/ago. 1991, p. 155-70.

MERGIER, Anne Marie. Mi padre no delató al Che: Laurence Debray. *Proceso*, México, 11 nov. 2017. Disponível em:<https://www.proceso.com.mx/reportajes/2017/11/11/mi-padre-no-delato-al-em-laurence-debray-194622.html>.

MERLE, Robert. *Ahmed Ben Bella*. Nova York, Walker and Company, 1967.

MESA-LAGO, Carmelo; BELKIN, June. *Cuba en Africa*. México, Kosmos, 1982.

MCLELLAN, David. *Marxism after Marx*. Boston, Houghton Miffin, 1979.

MINÀ, Gianni. *An encounter with Fidel*. Melbourne, Ocean Press, 1991.

MINISTERIO DE PLANIFICACIÓN Y COORDINACIÓN DE LA REPÚBLICA DE BOLIVIA. Bolivia: estrategia sócio-económica del desarrollo nacional – 1971-1999. In: PETRAS, James (org.). *America Latina*: economía y política. Buenos Aires, Periferia, 1972.

MIR, Luís. *A revolução impossível*. São Paulo, Best Seller, 1994.

_____. Entrevista a Luiz Bernardo Pericás. São Paulo, dez. 1995.

MIRES, Fernando. Bolivia: la revolución obrera que fue campesina. *Síntesis/Bolivia*, Madri, n. 14, maio/ago. 1991, p. 109-54.

MONIZ BANDEIRA, Luiz Alberto. *De Martí a Fidel*: a Revolução Cubana e a América Latina. Rio de Janeiro, Civilização Brasileira, 2009.

MONTEJO, Paulino. La cuestión indígena latinoamericana. *História & Perspectivas*, Uberlândia, n. 7, p. 133-42, jul./dez. 1992.

MONTERO, Hugo Eduardo. Hermes Peña y los laberintos de la memoria. *La Jiribilla*, [s. d.]. Disponível em: <http://www.lajiribilla.co.cu/2006/n279_09/279_15.html>.

MONTOYA, Rodrigo; LÓPEZ, Luiz Enrique. *Quienes somos*: identidad en el altiplano. Lima, Mosca Azul, 1988.

MOORE, Carlos. *Castro, the Blacks, and Africa*. Los Angeles, Center for Afro-American Studies, University of California, 1988.

MORALES ANAYA, Juan Antonio. Democracia y política económica en Bolivia. *Síntesis/Bolivia*, Madri, n. 14, maio/ago. 1991, p. 311-24.

MORÁN, Fernando. *Revolución y tradición en África Negra*. Madri, Alianza, 1971.

MOREIRA, Delmo. A revolução secreta de Che. *O Estado de S. Paulo*, São Paulo, 17 set. 1995, p. A-24.

_____. Guevara leva o gosto da derrota. *O Estado de S. Paulo*, São Paulo, 17 set. 1995, p. A-25.

MOREIRA, Neiva. Havana: um debate inesquecível. *Cadernos do Terceiro Mundo*, Rio de Janeiro, n. 186, jun. 1995, p. 43-4.

MORENO, Nahuel. *Che Guevara*: héroe y mártir. Buenos Aires, La Montaña, 1997

MUCHNIK, Daniel; PÉREZ, Daniel. *Furia ideológica y violencia en la Argentina de los 70*. Buenos Aires, Ariel, 2013.

MWAKIKAGILE, Godfrey. *Congo in the Sixties*. New Africa Press, 2014.

NADRA, Alberto. *Secretos en rojo*: un militante entre dos siglos. Buenos Aires, Corregidor, 2015.

NEGRE, Jorge. Operación Penelope: el inicio de la guerrilla en la Argentina. [S. n.], 12 abr. 2016. Disponível em: <http://jorgenegre.com.ar/web/index.php/2016/04/12/ /operacion-penelope-el-inicio-de-la-guerrilla-en-la-argentina/>.

NICANOFF, Sergio. Los inicios del guevarismo en Argentina (Parte III): el EGP y las Farn, aparición, aniquilamiento y diáspora. *Contrahegemoniaweb*, 18 out. 2017. Disponível em: <http://contrahegemoniaweb.com.ar/los-inicios-del-guevarismo-en-argentina-parte-iii-el-egp-y-las-farn-aparicion-aniquilamiento-y-diaspora/>.

NIESS, Frank. *Che Guevara*. Barcelona, Expresso, 2011.

NKRUMAH, Kwame. *Challenge of the Congo*. Nova York, International Publishers, 1967.

O'DONNELL, Pacho. *Che*: el argentino que quiso cambiar el mundo. Buenos Aires, Sudamericana, 2012.

ORAMAS, Oscar. *La descolonización de África y sus líderes*. Havana, Política, 1990.

OSBORNE, Harold. *Bolivia*: A Land Divided. Londres, Royal Institute of International Affairs, 1955.

OSÓRIO, Helen. Mariátegui e a revolução Latino-Americana. *História, ensino e pesquisa*, Porto Alegre, ano 3, n. 4, p. 59-71, [199-].

PALACIOS, Ariel. Di Salvo conclui filme sobre Che Guevara. *O Estado de S. Paulo*, São Paulo, 20 ago. 1996, p. D-3.

PATCH, Richard W. United States Assistance in a Revolutionary Setting. In: TOMASEK, Robert D. (org.). *Latin American Politics*: Studies of the Contemporary Scene. Nova York, Anchor/ Doubleday and Company, 1970, p. 344-74.

PEREDO, Antonio. Entrevista a Luiz Bernardo Pericás. La Paz, jan. 1997.

PEREDO, Inti. *Mi campaña junto al Che*. La Paz, Cima, 1994.

PEREDO, Osvaldo. Entrevista a Luiz Bernardo Pericás. Santa Cruz, jan. 1997.

PÉREZ CABRERA, Ramón. *La historia cubana en África*: 1963-1991 – Pilares del socialismo em Cuba. Disponível em: <https://books.google.com.br/books?id=4HT2AgAAQBAJ& printsec=frontcover&source=gbs_ge_summary_r&cad=0#v=onepage&q&f=false>.

PÉREZ-GALDÓS, Víctor. *Un hombre que actúa como piensa*. Manágua, Vanguardia, 1985.

PERICÁS, Luiz Bernardo. Caminos cruzados. *Sudestada*, ano 16, n. 149, Buenos Aires, out. 2017, p. 8.

_____. *Che Guevara e o debate econômico em Cuba*. São Paulo, Boitempo, 2018.

_____. Che Guevara na África. *Afro-Ásia*, n. 38, Salvador, UFBA, 2008.

_____. Economia e revolução. *Caros Amigos*, ano XXI, n. 88, São Paulo, 2017, p. 28-9.

Referências 329

_____. Lênin e Che Guevara. *Germinal: Marxismo e Educação em Debate*, v. 9, n. 3, Salvador, ago. 2017, p. 255-61.

_____. San Guevara. *General*, São Paulo, n. 12, 1995, p. 18-23.

_____. San Ernesto de La Higuera. *Cadernos do Terceiro Mundo*, Rio de Janeiro, n. 186, p. 37-42, jun. 1995.

PETRAS, James (org.). *America Latina*: economía y política. Buenos Aires, Periferia, 1972.

_____. *Ensaios contra a ordem*. São Paulo, Scritta, 1995.

PORTANTIERO, Juan Carlos. Ernesto Guevara, argentino. *La Ciudad Futura*, Buenos Aires, n. 7, out. 1987, p. 11.

PRADO JR., Caio. *Formação do Brasil contemporâneo*. 21. Ed., São Paulo, Brasiliense, 1989.

PRADO SALMÓN, Gary. Entrevista a Luiz Bernardo Pericás. Santa Cruz de la Sierra, jan. 1995.

_____. *La guerrilla inmolada*. Santa Cruz de la Sierra, Punto y Coma, 1992.

QUEVEDO, Gonzalo. El "Che" Guevara, mito y leyenda. *El Mundo*, Santa Cruz de la Sierra, 22 nov. 1995, p. A-13.

QUIEREN CONSTRUIR mausoleo del "Che". *El Mundo*, Santa Cruz de la Sierra, 7 dez. 1995, p. A-21.

QUINCE soldados custodiaban el cadáver. *La Estrella del Oriente*, Santa Cruz de la Sierra, 2 dez. 1995, p. A-2.

QUINTANA TABORGA, Juan Ramón (org.). *Un siglo de intervención de EEUU en Bolivia – 1965- -1981*. v. 5. La Paz, Ministerio de la Presidencia del Estado Plurinacional de Bolivia, 2016.

RAMONET, Ignacio. *Fidel Castro*: biografía a dos voces. Buenos Aires, Debate, 2006.

RATLIFF, William E. Chinese Communist Cultural Diplomacy Toward Latin America – 1949- -1960. *Hispanic American Historical Review*, Pittsburg, v. 49, n. 1, fev.1969, p. 53-79.

RATNER, Michael; SMITH, Michael Steven. *¿Quien mató al Che?* Cómo logró la CIA desligarse del asesinato. Buenos Aires, Paidós, 2014.

RELATO cronológico de la emboscada al "Che". *La Estrella del Oriente*, Santa Cruz de la Sierra, 30 nov. 1995, p. A-9.

RÉNIQUE, José Luis. De la "traición aprista" al "gesto heroico": Luis de la Puente Uceda y la guerrilha del MIR. *Ecuador Debate*, Quito, n. 67, abr. 2006.

REQUE TERÁN, Luis. Caída del Che. In: SORIA GALVARRO, Carlos (org.). *El Che en Bolívia*, v. 2: *Su último combate*. La Paz Cedem 1993, p. 219-20.

REYNEL AGUILERA, César. *El soviet caribeño*: la otra historia de la revolución cubana. Buenos Aires, Ediciones B, 2018.

RISQUET VALDÉS, Jorge. *El segundo frente del Che en el Congo*: historia del Batallón Patricio Lumumba. Havana, Casa Editora Abril, 2000.

_____. "La epopéya de Cuba em África negra". In: _____; GLEIJESES, Piero; REMÍREZ, Fernando. *Cuba y África, historia común de lucha y sangre*. Havana, Ciencias Sociales, 2007, p. 81-106.

_____. Notas a la edición cubana. In: *Misiones en conflicto: La Habana, Washington y África, 1959-1976*. Havana, Ciencias Sociales, 2007.

RIVERA CUSICANQUI, Silvia. Apuntes para una historia de las luchas campesinas en Bolivia – 1900-1978. In: GONZÁLEZ CASANOVA, Pablo (org.). *Historia de los campesinos latinoamericanos*. V. 3. Cidade do México, Siglo XXI, 1985, p. 146-207.

ROBERTS, Dick. Patrice Lumumba and the Revolution in Congo. *The Militant*, v. 65, n. 28, 23 jul. 2001.

ROBLEDO LIMÓN, Ricardo. El Partido Comunista de Venezuela, sus tácticas políticas de 1964 a 1969. *Foro Internacional*, 44, México, v. 11, n. 4, abr./jul. 1971, p. 531-51.

RODRIGO, Alejandro. Che Guevara está enterrado en la pista de Vallegrande. *El Mundo*, Santa Cruz de la Sierra, 22 nov. 1995, p. A-14 e A-15.

RODRIGUES, Miguel Urbano. *Opções da revolução na América Latina*. Rio de Janeiro, Paz & Terra, 1968.

RODRIGUEZ, Carlos Rafael. *Cuba en el transito al socialismo (1959-1963)/Lenin y la cuestión colonial*. Cidade do México: Siglo XXI, 1978.

RODRÍGUEZ, Jesús. Confirman que los restos hallados en Salta son del guerrillero cubano. Buenos Aires, *Clarín*, 12 jul. 2005.

RODRÍGUEZ, Rolando. *Una edición memorable*: el diario del Che en Bolivia. Santa Clara, Capiro, 2007.

RODRÍGUEZ DERIVET, Arleen; ARMAS GARCÍA, Mercedes de. Los diarios que Sotheby's no pudo subastar. *Cubadebate*, 4 dez. 2009. Disponível em: <http://www.cubadebate.cu/especiales/2009/12/04/diarios-sotheby-no-pudo-subastar/#.XpJu_MhKjIU>.

RODRÍGUEZ HERRERA, Mariano. *Ellos lucharon con el Che*. Havana, Ciencias Sociales, 1982.

RODRÍGUEZ OSTRIA, Gustavo. El legado del Che: del Ejército de Liberación Nacional al Partido Revolucionario de los Trabajadores en Bolivia – 1967-1977, *Políticas de la Memoria*, n. 18, 2018/2019.

_____. Teoponte: la otra guerrilla guevarista en Bolivia. *El Orbita*, [s. d.]. Disponível em: <http://www.eemtiba.org/old/inti.html>.

RODRÍGUEZ PASTOR, Luis. Entrevista a Ricardo Gadea: "Es una obligación rendir nuestro homenaje a De la Puente y Lobatón para que la izquierda pueda recuperar su capacidad revolucionaria". *Resbalosa y Fuga*, 7 jan. 2016. Disponível em: <https://resbalosayfuga.lamula.pe/2016/01/07/entrevista-a-ricardo-gadea-es-una-obligacion-rendir-nuestro-homenaje-a-de-la-puente-y-lobaton-para-que-la-izquierda-pueda-recuperar-su-capacidad-revolucionaria/luchitopastor/>.

RODRÍGUEZ SUÁREZ, Roberto. Arqueologia de uma procura e de uma busca arqueológica: a história do achado dos restos de Che Guevara. In: FUNARI, Pedro Paulo A.; ZARANKIN, Andrés; REIS, José Alberioni dos (orgs.). *Arqueologia da repressão e da resistência na América Latina na era das ditaduras (décadas de 1960-1980)*. São Paulo, Annablume, 2008.

ROJAS, Marta. *Tania, guerrillera heroica*. Buenos Aires, Rafael Cedeño, 1993.

ROJO, Ricardo. Entrevista a Luiz Bernardo Pericás. Buenos Aires, jul. 1995.

_____. *Meu amigo Che*. Trad. Ivan Lessa, São Paulo, Edições Populares, 1983.

ROLÓN ANAYA, Mário. Entrevista a Luiz Bernardo Pericás. La Paz, jan. 1995.

ROMERO PITTARI, Salvador. El nuevo regionalismo. *Síntesis/Bolivia*, Madri, n. 14, maio/ago. 1991, p. 195-212.

SÁENZ, Tirso W. *O ministro Che Guevara*: testemunho de um colaborador. Rio de Janeiro, Garamond, 2004.

SAINT-GEORGE, Andrew. La verdadera historia de como murió el Che Guevara. In: SORIA GALVARRO, Carlos (org.). *El Che en Bolivia*, v. 2: *Su último combate*. La Paz, Cedoin, 1993, p. 121-36.

SALGADO, Enrique. *Radiografia del Che*. Barcelona, Dopesa, 1975.

SÁNCHEZ OTERO, German et al. *El pensamiento revolucionario del "Che"*. Buenos Aires, Seminario Científico Internacional: Dialéctica, 1988.

SANTOS, José Vicente T. dos (org.). *Revoluções camponesas na América Latina*. São Paulo, Ícone, 1985.

SARTRE, Jean-Paul. *Um crime monstruoso*: o caso Debray. Trad. Carlos T. Simões, São Paulo, Dorell, 1968.

SCHELCHKOV, Andrey. La Internacional Comunista y el partido boliviano: una historia de confusión y desengaños. In: SCHELCHKOV, Andrey; STEFANONI, Pablo (orgs.). *Historia de las izquierdas bolivianas*: archivos y documentos – 1920-1940. La Paz, Vicepresidencia del Estado Plurinacional, 2017.

_____; STEFANONI, Pablo (orgs.). *Historia de las izquierdas bolivianas*: archivos y documentos – 1920-1940. La Paz, Vicepresidencia del Estado Plurinacional, 2017.

SCHVARZ, Niko. Las ideas comunes del Che Guevara y Rodney Arismendi. *Que Hacer*, n. 5, nov. 1997. Disponível em: <http://www.quehacer.com.uy/index.php/uruguay/la-diaspora/tesis-xi/110-numero-5-noviembre-1997-/337-ideas-che-y-rodeney-arismendi>.

SICILIA, Luis, "Bajo la égida stalinista". In: Pablo Domínguez. *Victorio Codovilla: la ortodoxia marxista*. Buenos Aires: Capital Intelectual, 2006.

SILES, Juan Ignácio. San Ernesto de la Higuera. In: SORIA GALVARRO, Carlos (org.). *El Che en Bolivia*, v. 3: *Análises y reflexiones*. La Paz, Cedoin, 1994, p. 368.

SKIDMORE, Thomas E.; SMITH, Peter H. *Modern Latin America*. Nova York, Oxford University Press, 1989.

SORIA GALVARRO, Carlos. *Andares del Che en Bolivia*. Ituzaingó, Cienflores, 2014.

_____. Aniceto Reynaga: otro caso para la Comisión. *El Che in Bolivia*, 16 jul. 2017. Disponível em: <http://www.chebolivia.org/index.php/articulos/55-aniceto-reynaga-otro-caso-para-la-comision>.

_____ (org.). *El Che en Bolivia*, v. 1: *El PCB antes, durante y después*. La Paz, Cedoin, 1994.

_____ (org.). *El Che en Bolivia*, v. 2: *Su último combate*. La Paz, Cedoin, 1993.

_____ (org.). *El Che en Bolivia*, v. 3: *Análisis y reflexiones*. La Paz, Cedoin, 1994.

_____ (org.). *El Che en Bolivia*, v. 4: *Los otros diarios y papeles*. La Paz, Cedoin, 1996.

_____ (org.). *El Che en Bolivia*, v. 5: *Su diario de campaña*. La Paz, Cedoin, 1996.

SORÍN, Daniel. *John William Cooke: la mano izquierda de Perón*. Buenos Aires, Planeta, 2014.

STERN, Fritz (org.). *The Varieties of History*. Nova York, Vintage, 1973.

STIPP JÚNIOR, Paulo José. Avião C-130 da Força Aérea dos EUA levou líder morto. *O Estado de S. Paulo*, São Paulo, 28 nov. 1995, p. A-14.

_____. Guerrilha jamais ameaçou Bolívia. *O Estado de S. Paulo*, São Paulo, 28 nov. 1995, p. A-14.

_____. Napalm brasileiro destruiu as bases rebeldes na selva. *O Estado de S. Paulo*, São Paulo, 28 nov. 1995, p. A-14.

SURÍ QUESADA, Emílio. *El mejor hombre de la guerrilla*. Havana, Capitán San Luis, 1990.

TABLADA, Carlos. *Che Guevara*: Economics and Politics in the Transition to Socialism. Sydney, Pathfinder, 1989.

TAIBO II, Paco Ignacio. *Ernesto Guevara, também conhecido como Che*. São Paulo: Scritta, 1997.

_____. O mito Che ronda a América Latina. *Atenção*, São Paulo, n. 3, fev. 1996, p. 66-9.

_____; ESCOBAR, Froilán; GUERRA, Félix. *El año en que estuvimos en ninguna parte*. Buenos Aires, Pensamiento Nacional, 1994.

TARCUS, Horacio (org.). *Diccionario biográfico de la izquierda argentina*: de los anarquistas a la "nueva izquierda" – 1870-1976. Buenos Aires, Emecé, 2007.

TORRICO, Erick Rolando V. Bolivia: izquierdas en transición. *Nueva Sociedad*, Caracas, n. 141, jan./fev. 1996, p. 156-65.

TOURAINE, Alain. *Palavra e sangue*. São Paulo, Editora da Unicamp/Trajetória Cultural, 1989.

TYSON, Timothy B. Robert F. Williams, "Black Power", and the Roots of the African American Freedom Struggle. *The Journal of American History*, Vol. 85, n. 2, setembro de 1998, p. 540-570.

URIBE, Hernán. *Operación Tia Victoria*: como entregamos el diario del Che a Cuba. Havana, Pablo de la Torriente, 1992.

USTARIZ ARZE, Reginaldo. Entrevista a Luiz Bernardo Pericás. São Paulo, dez. 1995.

_____. La muerte de Ernesto "Che" Guevara. *Facetas/Los Tiempos*, Cochabamba, 3 dez. 1995, p. 7-10.

VACA NARVAJA, Hernán. *Masetti*: el periodista de la revolución. Buenos Aires, Sudamericana, 2017.

VÁZQUEZ VIAÑA, Humberto. *Acerca de la publicación de* Mi campaña junto al Che *atribuida a Inti Peredo*. La Paz, 1971. Mimeografado. 32 p.

_____. *Cambas, colas y chiriguanos en la guerrilla del Che*. Santa Cruz de la Sierra, El País, 2012.

_____. *Del Churo a Teoponte*: el traumático nacimiento del nuevo ELN. Santa Cruz de la Sierra, El País, 2012.

_____. Entrevista a Luiz Bernardo Pericás. Santa Cruz de la Sierra, jan. 1995.

_____. *La guerriglia del Che in Bolivia*: antecedenti. Bolsena, Massari, 2003.

_____. La red urbana abandonada: el caso Iván. *Quaderni dela Fondazione Ernesto Che Guevara*, n. 9, Bolsena, 2011 a 2014, p. 70-81.

_____; ALIANA SARAVIA, Ramiro. Entretelones de la fase preparatória. In: SORIA GALVARRO, Carlos (org.). *El Che en Bolivia*, v. 1: *El PCB antes, durante y después*. La Paz, Cedoin, 1994, p. 215-21.

VERA SOSA, Julio. El "Che", teórico de la violencia y la guerrilla. *El Mundo*, Santa Cruz de la Sierra, 24 fev. 1996, p. A-6.

VÍCTOR Zannier Valenzuela con "El Mundo" expone entretelones del "Che" en el país. *El Mundo*, Santa Cruz de la Sierra, 23 nov. 1995, p. A-27.

VILABOY, Sergio Guerra; NUEZ, Ivan de la. Che: una concepción anti-imperialista de la Historia de América. In: CENTRO DE ESTUDIOS SOBRE AMÉRICA. *Pensar al Che*: desafíos de la lucha por el poder político. T. I. Havana, Centro de Estudios sobre América/José Martí, 1989, p. 204-26.

VILLA, José. A Revolution Betrayed: The POR and the Fourth International in the Bolivian Revolution. *Revolutionary History*, v. 4, n. 3, 1992, p. 58-87.

VILLEGAS, Harry. *Pombo, un hombre de la guerrilla del Che*. Havana, Política, 1997.

VOS, Pierre De. *Vida y muerte de Lumumba*. México, Era, 1962.

WALLERSTEIN, Immanuel. *Africa*: The Politics of Independence. Nova York, Vintage, 1964.

WEISS, Mitch; MAURER, Kevin. *Caçando Che*. Trad. Flávio Gordon, Rio de Janeiro, Record, 2016.

WEISS, Udo. China's Aid to and Trade with the Developing Countries of the Third World. *Asia Quarterly*, n. 3, 1974, p. 263-309.

WHITEHEAD, Laurence. *The United States and Bolivia*: A Case of Neocolonialism. Oxford, Haslemere, 1969.

WISE, David; ROSS, Thomas B. *The Espionage Establishment*. Nova York, Random House, 1967.

WOLF, Eric R. *Peasant Wars of the Twentieth Century*. Nova York, Harper Torchbooks/Harper & Row, 1970.

WOLFF, Lenny. *Guevara, Debray y revisionismo armado*. Chicago, RCP, 1986.

X, Malcolm. *Habla Malcolm X: discursos, entrevistas y declaraciones*. Havana, Ciencias Sociales, 2008.

YOUNG, Crawford; TURNER, Thomas. *The Rise and Decline of the Zairian State*. Madison, University of Wisconsin Press, 1985.

ZAIDAN FILHO, Michel. Entrevista a Luiz Bernardo Pericás. Recife, set. 1996.

ZAMORA, Oscar. Respuesta necesária. In: SORIA GALVARRO, Carlos (org.). *El Che en Bolivia*, v. 1: *El PCB antes, durante y después*. La Paz, Cedoin, 1994, p. 232-9.

ZAVALETA MERCADO, René. Bolivia: de la Asamblea Popular al combate de agosto. In: PETRAS, James (org.). *América Latina*: economía y política. Buenos Aires, Periferia, 1972, p. 297-341.

_____. Considerações gerais sobre a história da Bolívia – 1932-1971. In: GONZÁLEZ CASANOVA, Pablo (org.). *América Latina*: história de meio século. v. 2. Brasília, Editora UnB, 1998.

_____. El Che en el Churo. In: SORIA GALVARRO, Carlos (org.). *El Che en Bolivia*, v. 3: *Análisis y reflexiones*. La Paz, Cedoin, 1994, p. 118-37.

ZERÁN, Faride. "La historia inédita del diario del Che (entrevista a Manuel Cabieses)". In: RODRÍGUEZ, Rolando. *Una edición memorable*: el diario del Che en Bolivia. Santa Clara, Capiro, 2007, p. 5-15

Revistas e jornais (citados, mencionados ou consultados)

ABC

ADB, Boletim da Associação dos Diplomatas Brasileiro

Afro-Ásia

Alger-Ce soir

América Latina en Movimiento

Asia Quarterly

Bohemia

Boletim do Militante (MPLA)

Cadernos do Terceiro Mundo

Caros Amigos

Chicago Daily News

Clarín

Compañero

Correio da Manhã

Cubadebate

Daily Telegraph

De Frente

Democracia

Documentos: revista teórica do POR

Ecuador Debate

El Diario

El Imparcial

El Mercurio

El Moudjahid

El Mundo

El Porteño

El Universal

Esto Es

Evening News

Foreign Affairs

Foro Internacional

Gazette

General

Gente

Germinal: Marxismo e Educação em Debate

Ghanaian Times

Granma

Hispanic American Historical Review

Hispanic American Report

História, Ensino e Pesquisa

História & Perspectivas

Hoy

International Socialist Review

International Viewpoint

Jeune Afrique

Jeunesse

Jornal de Notícias

Jornal Opção

Journal of Latin American Studies

Juventud Rebelde

La Ciudad Futura

La Época

La Estrella del Oriente

La Haine

La Jiribilla

La Nación

La Prensa

La Razón

L'Europeo

Le Figaro

L'Express

Liberátion

Life

Los Tiempos

Lucha Obrera

Lunes de Revolución

Marcha

Masas

Muhammad Speaks
National Guardian
New African
New Left Review
Newsweek
Notícias Gráficas
Novoye Vremya
Nueva Sociedad
O Estado de S. Paulo
O Globo
Pacarina del Sur: revista de pensamiento crítico latinoamericano
Página Siete
Pasado y Presente
Políticas de la Memoria
Prensa Libre
Presencia
Primera Plana
Punto Final
Quaderni della Fondazione "Ernesto Che Guevara"
Quatrième Internationale
Que Hacer
Ramparts
Revista Brasileira de História
Revista Izquierdas

Revolución
Révolution
Revolutionary History
Sala 2
Selecciones del Reader's Digest
Síntesis/Bolivia
Stern
Sudestada
Sucesos
The Journal of American History
The Militant
The New York Times
The Sunday Times
The Spark
The Times
Time-Life
Town Magazine
Transactions of the Historical Society of Ghana
Tribuna
Tribune
Ultima Hora
Unidad
Vanguardia
Vida Nueva
Visión
Zycie Literackie

Plano de leituras de Che Guevara na Bolívia

La historia como hazaña de la libertad, Benedetto Croce
Los orígenes del hombre americano, Paul Rivet
Memorias de guerra, General Charles De Gaulle
Memorias, Winston Churchill
Fenomenología del espíritu, Georg Wilhelm Friedrich Hegel
Le neveu de Rameau, Denis Diderot
La revolución permanente, Leon Trótski

Nuestros banqueros en Bolivia, Margarita Alexander Marsh

El lazarillo de ciegos caminantes, Concolorcorvo

Descripción de Bolivia, (La Paz, 1946)

El hombre americano, A. D'Orbigny

Viaje a la América Meridional, (Buenos Aires)

El pensamiento vivo de Bolívar, Rufino Blanco Fombona

Aluvión de fuego, Óscar Cerruto

El dictador suicida, Augusto Céspedes

La Guerra de 1879, Alberto Gutiérrez

El Iténez salvaje, Luis Leigue Castedo

Tupac Amaru, el rebelde, Boleslao Lewin

El indoamericanismo y el problema racial en las Américas, Alejandro Lipschutz

Internacionalismo y nacionalismo, Liu Shaoqi

Sobre el proyecto de constitución de la R. P. China

Informe de la misión conjunta de las Naciones Unidas y organismos especializados para el estúdio de los problemas de las poblaciones indígenas andinas, OIT, Genebra, 1953

Monografía estadística de la población indígena de Bolivia, Jorge Pando Gutiérrez

Historia económica de Bolivia, Luis Peñaloza

Socavones de angustia, Fernando Ramírez Velarde

La cuestión nacional y el leninismo, Josef Stálin

El marxismo y el problema nacional y colonial, Josef Stálin

Petróleo en Bolivia

Historia del colonialismo, J. Arnault

Teoría general del Estado, Carré de Malberg

Diccionario de sociologia, Pratt Fairchild

Heráclito, exposición y fragmentos, Luis Forie

El materialismo histórico en F. Engels, Rodolfo Mondolfo

Nacionalismo y socialismo en América Latina, Óscar Waiss

Contribución a la crítica de la filosofía del derecho de Hegel, Karl Marx

Ludwig Feurbach y el fin de la filosofía clásica romana, Friedrich Engels

El desarrollo del capitalismo en Rusia, V. I. Lênin

Materialismo y empiriocriticismo, V. I. Lênin

Acerca de algunas particularidades del desarrollo histórico del marxismo, V. I. Lênin

Cuadernos filosóficos, V. I. Lênin

Cuestiones del leninismo, Josef Stálin

La ciencia en la historia, John D. Bernal

Lógica, Aristóteles

Antología filosófica (la filosofía griega), José Gaos

Los presocráticos: fragmentos filosóficos de los presocráticos, García Bacca

De la naturaleza de las cosas, Tito Lucrecio Caro

El filósofo autodidacto, Abuchafar

De la causa, principio y uno, Giordano Bruno

El príncipe, obras políticas, Maquiavel

Novembro, 1966

El embajador, Morris West

Orient Express, Graham Greene

En la ciudad, William Faulkner

La legión de los condenados, Sven Hassel

Romancero gitano, Federico García Lorca

Cantos de vida y esperanza, Rubén Darío

La lámpara maravillosa, Ramón María Del Valle-Inclán

El pensamiento de los profetas, Israel Mattuck

Raza de bronce, Alcides Arguedas

Misiones secretas, Otto Skorzeny

El cuento boliviano, (selección)

La Cartuja de Parma, Stendhal

La física del siglo XX, Jordan

La vida es linda, hermano, N. Hikmet

Humillados y ofendidos, F. Dostoiévski

El proceso de Nuremberg, J. J. Haydecker e J. Leeb

La candidatura de Rojas, Armando Chirveches

Tiempo arriba, Alfredo Gravina

Memorias, Marechal Montgomery

La guerra de las republiquetas, Bartolomé Mitre

Los marxistas, C. Wright Mills

La villa imperial de Potosí, Brocha Gorda (Julio Lucas Jaimes)

Pancho Villa, I. Lavretski

La Luftwaffe, Cajus Bekker

La organización política, G. D. H. Cole

De Gaulle, Edward Ashcroft

Dezembro, 1966

La nueva clase, Milovan Djilas

El joven Hegel y los problemas de la sociedad capitalista, György Lukács

Juan de la Rosa, Nataniel Rodríguez [sic, Nataniel Aguirre]

Dialéctica de la naturaleza, Friedrich Engels

Historia de la revolución rusa I, Leon Trótski

Janeiro, 1967

Categorías del materialismo dialéctico, Rosental e Straks

Sobre el problema nacional y colonial de Bolivia, Jorge Ovando

Fundamentos biológicos de la cirurgía, Clínicas cirúrgicas dos Estados Unidos

Política y partidos en Bolivia, Mario Rolón

La compuerta N. 12 y otros cuentos, Baldomero Lillo

Fevereiro, 1967

La sociedad primitiva, Lewis H. Morgan

Historia de la revolución rusa II, Leon Trótski

Historia de la filosofía I, Dynnik

Breve historia de la revolución mexicana I, Jesús Silva Herzog

Breve historia de la revolución mexicana II, Jesús Silva Herzog

Anestesia, Clínicas cirúrgicas dos Estados Unidos

Março, 1967

La cultura de los incas, Jesús Lara

Todos los fuegos el fuego, Julio Cortázar

Revolución en la revolución, Régis Debray

La insurrección de Tupac Amaru, Boleslao Lewin

Socavones de angustia, Fernando Ramírez Velarde

Abril, 1967

Idioma nativo y analfabetismo, Gualberto Pedrazas J.

La economía argentina, Aldo Ferrer

En torno a la práctica, Mao Tsé-Tung

Aguasfuertes porteñas, Roberto Arlt

Costumbres y curiosidades de los aymaras, M. L. Valda de J. Freire

Las 60 famílias norteamericanas, Ferdinand Lundberg

Maio, 1967

Historia económica de Bolivia I, Luis Peñaloza
La psicología en las fuerzas armadas, Charles Chandessais

Julho, 1967

Historia económica de Bolivia II, Luis Peñaloza
Elogio de la locura, Erasmo

Agosto, 1967

Del acto al pensamiento, Henri Wallon

Setembro, 1967

Fuerzas secretas, F. O. Nietzsche [sic, Ferdinand Otto Miksche]

Composição da guerrilha de Che Guevara na Bolívia
Vanguarda

Manuel Hernández Osorio (*Miguel, Manuel*), cubano
Dariel Alarcón Ramírez (*Benigno*), cubano
Alberto Fernández Montes de Oca (*Pacho, Pachungo*), cubano
Jorge Vázquez Viaña (*El Loro, Bigotes, Jorge*), boliviano
Aniceto Reinaga Gordillo (*Aniceto*), boliviano
Orlando Jiménez Bazán (*Camba*), boliviano
Roberto Peredo Leigue (*Coco*), boliviano
David Adriazola Veizaga (*Darío*), boliviano
Mario Gutiérrez Ardaya (*Julio*), boliviano
Francisco Huanca Flores (*Pablo, Pablito*), boliviano
Raúl Quispaya Choque (*Raúl*), boliviano

Centro

Ernesto Guevara de la Serna (*Che, Ramón, Mongo, Fernando*), argentino/cubano
Gustavo Machín Hoed de Beche (*Alejandro*), cubano
Eliseo Reyes Rodríguez (*Rolando, San Luis*), cubano
Guido Álvaro Peredo Leigue (*Inti*), boliviano
Harry Villegas Tamayo (*Pombo*), cubano
Julio Luis Méndez Korne (*Ñato*), boliviano

340 CHE GUEVARA E A LUTA REVOLUCIONÁRIA NA BOLÍVIA

Carlos Coello (*Tuma, Tumaine*), cubano

Leonardo Tamayo Núñez (*Urbano*), cubano

Octavio de la Concepción de la Pedraja (*Moro, Morogoro, Muganga, Médico*), cubano

José Restituto Cabrera Flores (*Negro, Médico*), peruano

José María Martínez Tamayo (*Mbili, Papi, Taco, Ricardo, Chinchu*), cubano

René Martínez Tamayo (*Arturo*), cubano

Lucio Edilberto Galván Hidalgo (*Eustaquio*), peruano

Moisés Guevara Rodríguez (*Guevara, Moisés*), boliviano

Simeón Cuba Sarabia (*Willy*), boliviano

Jaime Arana Campero (*Chapaco, Luis*), boliviano

Orlando Pantoja Tamayo (*Antonio, Olo*), cubano

Antonio Domínguez Flores (*León, Antonio*), boliviano

Haydée Tamara Bunke Bider (*Tania*), argentina/alemã

Juan Pablo Chang Navarro (*Chino*), peruano

Serapio Aquino Tudela (*Serapio, Serafín*), boliviano

Retaguarda

Juan Vitalio Acuña Núñez (*Joaquín, Vilo*), cubano

Israel Reyes Zayas (*Braulio*), cubano

Jesús Suárez Gayol (*Rubio, Félix*), cubano

Antonio Sánchez Díaz (*Marcos, Pinares*), cubano

Antonio Jiménez Tardío (*Pedro, Pan Divino*), boliviano

Freddy Maemura Hurtado (*Ernesto, Médico*), boliviano

Apolinar Aquino Quispe (*Apolinario, Pólo*), boliviano

Walter Arancibia Ayala (*Walter*), boliviano

Casildo Condori Vargas (*Víctor*), boliviano

Julio Velazco Montana (*Pepe*), boliviano (*"grupo de la resaca"*, dispensado em 25 de março de 1967)

José Castillo Chávez (*Paco*), boliviano (*"grupo de la resaca"*, dispensado em 25 de março de 1967)

Eusebio Tapia Aruni (*Eusebio*), boliviano (*"grupo de la resaca"*, dispensado em 25 de março de 1967)

Hugo Choque Silva (*Chingolo*), boliviano (*"grupo de la resaca"*, dispensado em 25 de março de 1967)

Guerrilheiros que perderam a vida antes da formação da composição anterior

Benjamín Coronado Córdova (*Benjamín*), boliviano
Lorgio Vaca Marchetti (*Carlos*), boliviano
Salustio Choque Choque (*Salustio*), boliviano
Pastor Barrera Quintana (*Pastor, Daniel*), boliviano
Vicente Rocabado Terrazas (*Vicente, Orlando*), boliviano

ANEXOS

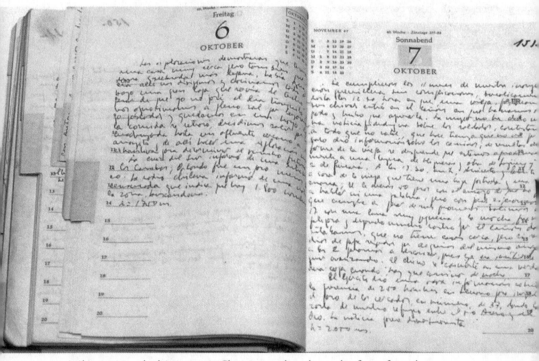
A última página do diário em que Che anotava, dia a dia, os desafios enfrentados por seu pequeno grupo de revolucionários na Bolívia. Foto de Gerardo Dell Oro.

Documentos das guerrilhas

Carta de Jorge Ricardo Masetti, em nome do EGP, ao presidente Arturo Illia (9 de julho de 1963)

Ao dr. Arturo Illia:

Sua trajetória de vida mostra que você foi um homem rebelde, aferrado a princípios nos quais acreditou e dos quais jamais se afastou. Portanto, ninguém até este momento poderia acusá-lo de ser um homem suscetível a trocar a honra pelo poder, nem a dignidade pela vanglória. Ninguém, até este momento, poderia dizer que você foi um homem fraco diante da chantagem ou que temia a coação. Ninguém, até este momento, poderia repreendê-lo, com sinceridade, por sua conduta cívica, já que, equivocado ou não, você soube defender seu critério com altivez.

Mas a partir deste momento, o povo argentino pode lhe dizer inequivocamente: você é o produto da mais escandalosa fraude eleitoral em toda a história do país.

Você dirá – como já o declarou a uma rádio chilena – que a fraude é um "preço" que os argentinos devemos pagar.

Pagar a quem? E pagar por quê, doutor Illia?

Pagar aos golpistas por seu assalto ao poder, por meio da chantagem da força e que pela força esmagaram o país?

Pagar porque os militares chantagistas são os únicos donos das armas e nos ameaçam permanentemente com elas?

Lemos em uma biografia sua, publicada recentemente, que você não se curvou perante Uriburu.

Você acha que Uriburu foi pior que os *gorilas*, seja qual for a cor de sua pelagem?

Não. São os mesmos eternos chantagistas, pistoleiros com canhões, guarda-costas armados do imperialismo e da oligarquia.

Você não cedeu a eles em 1930 e foi um cidadão digno. O senhor cede agora, paga o preço que lhe exigiram e não é outra coisa senão um político fraudulento.

Onde está sua rebeldia? Onde está seu valor? Se no momento mais importante de sua vida cívica o senhor cede e publicamente admite que teve que pagar o preço de vencer contra rivais proscritos: o de falar sobre rivais silenciados, o de gritar suas consignas sobre aqueles que estavam condenados ao cárcere, se mencionassem um só nome; o de fazer livre uso da maquinaria eleitoral de seu partido, sobre organizações despedaçadas por decretos repressivos.

O senhor admite que teve que pagar esse "preço", mas não denunciou a farsa em que você foi o mais votado, uma abominável fraude, como o teria feito em 1930, quando os silenciados e perseguidos eram os de seu partido.

O senhor, doutor Illia, é um argentino que admitiu ter cedido, ter-se rebaixado. Repetimos: o senhor pagou com sua honra o preço da chantagem.

Mas, colocando-nos hipoteticamente em sua posição e olhando deste ângulo o futuro do país, tendo pagado o preço exigido pelo chantagista, poderá o senhor governar com liberdade? Por acaso o chantagista depôs suas armas e ficou satisfeito?

A história de nosso país é repleta de exemplos. Os chantagistas sempre exigem mais e mais, até deixar a vítima exausta. Então a liquidam e recomeçam com outro candidato fraco que caia em suas redes.

Não, doutor Illia. Os argentinos não devemos pagar o preço que você predica como fatal. Os argentinos não devemos nos curvar, mas sim nos rebelar.

Seu fatalismo não contagiará a todos nós, porque os que não aceitamos a fraude, os que não admitimos a chantagem, os que queremos ver a nossa pátria livre para sempre da soga imperialista e dos cães cérberos que a sujeitam, nos negamos a pagar outro preço que não seja o de nossa vida, entregue na luta, com as armas nas mãos, contra os que, fechando todas as vias pacíficas, querem nos condenar a viver na opressão, sob sua censura e seu chicote, sob seus canhões e seus tanques, seus aviões e suas bombas.

Contra a força das armas que servem a oligarquia e o imperialismo, oporemos a força das armas empunhadas pelo povo e alimentadas por sua causa.

Subimos as montanhas, armados e organizados, e não desceremos de lá senão para lutar.

Somos os únicos homens livres nesta República oprimida e jamais deixaremos de sê-los.

Nosso exército é o dos rebeldes, o dos que não se curvam, o dos que repudiam as negociações fraudulentas de políticos fraudulentos em colégios eleitorais fraudulentos. O dos que não pagam atemorizados aos chantagistas, senão que os combatem com tenacidade e firmeza. E só deixaremos nossas armas para regressar a nossas ferramentas [de trabalho] quando houver no país um governo que não seja produto da fraude e da coação e um exército composto por militares dignos, que se sintam parte do povo e se considerem servidores dele.

O senhor, doutor Illia, ainda pode retificar e fazer um grande bem à nossa Nação. Renuncie a ser um presidente fraudulento, denuncie a fraude e exija eleições verdadeiras, gerais e livres, nas quais os argentinos não se vejam coagidos a votar, mas possam exercer seu direito a eleger.

Volte a ser rebelde. Exija e não conceda. Pense que o senhor receberá o poder depois de uma monstruosa farsa eleitoral, organizada por aqueles que colocaram nosso país no nível mais baixo de sua dignidade e no mais alto de sua vergonha.

Pense que você transigiu, aceitou a chantagem e, portanto, fortaleceu aqueles que consumaram a entrega mais abjeta de nossa soberania. Pense que você acaba de ceder e, portanto, de fortalecer aqueles que converteram nossos diplomatas em permanentes *yesmen* do imperialismo em todas as conferências internacionais e de ter colocado as nossas Forças Armadas na folha de pagamento do Departamento de Defesa norte-americano. Pense que você não acaba de achar uma saída para nossos problemas nacionais, mas, pelo contrário, de validar a fraude dos responsáveis pela prostração de nossa economia, com sua sequela de fome e desemprego, desespero e miséria, cárcere, tortura e perseguição dos dirigentes operários, estudantes, jornalistas, profissionais e militares dignos. Pense que o senhor acaba de se dobrar e de apoiar os usufrutuários do privilégio, a casta engordada, vestida e equipada pelo suor da massa que oprimem e desprezam.

Pense na quantidade de mortos, torturados, civis e militares, que por não pagar o preço que você pagou tombaram pelo povo, por defender seus interesses e seus direitos.

Pense neles, que, como você, falaram de liberdade política e sindical, de defesa de nosso petróleo, de revisão dos contratos elétricos. Todos eles foram vítimas por dizer o que você proclama, dos mesmos ante os quais você se resignou a pagar o preço da fraude.

Golpes de Estado, caçadas selvagens a homens, pactos secretos com o estrangeiro, conciliábulos militares no Panamá, regidos e ditados pelos Estados Unidos, rupturas diplomáticas servis, restrição de nosso comércio, até onde e quando o disponha o Departamento de Estado e milhares de desempregados, empregados que não recebem [salários], fome, cárcere e torturas para o povo. Todo eterno produto dos que agora somaram à lista de dores que infligiram à pátria, as fraudulentas e humilhantes eleições em que você, um dos não censurados, resultou com mais votos.

Voltamos a lhe perguntar, doutor Illia: chegado o momento de enfrentar a oligarquia e o imperialismo – se é que isso persiste em alguns pontos de seu programa –, com que força o fará? Com que força poderá se opor aos que hoje lhe facilitam pela força seu acesso ao poder? Você daria armas ao povo? Os trabalhadores da YPF, por exemplo, serão aqueles que defenderão sua empresa contra os generais do imperialismo?

Ainda no remoto caso que você responda afirmativamente – o que não pode fazer seriamente porque nem chegaria a assumir –, poderá convencer os trabalhadores de que quem uma vez decidiu pagar e transigiu, ou seja, um presidente fraudulento, não os trairá? Pense, doutor Illia, que você não pagou todo o preço, senão uma primeira cota. Quando não possa ou não queira pagar as seguintes exigências dos que lhe venderam a poltrona presidencial, eles a tirarão [de você] pela força.

E nesse caso, não ocorrerá com você como com seu antigo chefe e guia, o presidente Yrigoyen, a quem levaram sua cama pelas ruas, mas não puderam manipular sua honra.

Porque ele não a empenhou a qualquer preço para chegar ao poder. Ele não se "dobrou", como reza uma velha consigna de seu partido.

Denuncie a fraude. Exija eleições livres para todos os argentinos e então sim, dignamente, sem sentir-nos humilhados pela tutela dos chantagistas de tanque e canhão, nem pelo sorriso triunfante do imperialismo, trabalharemos juntos, o povo todo, pelos interesses da pátria.

Enquanto isso, os que não nos dobramos nem pagamos cotas de dignidade seguiremos construindo em nossas montanhas a pátria com que sonhamos, os únicos autenticamente

348 CHE GUEVARA E A LUTA REVOLUCIONÁRIA NA BOLÍVIA

livres entre todos os argentinos, defendendo nossa obra e nossa liberdade das armas dos inimigos, com nossas próprias armas.

Não somos aventureiros. Não trate de nos enquadrar na nomenclatura do jargão imperial. Simplesmente somos trabalhadores dignos, que das páginas da história de nossa pobre nação aprendemos que a oligarquia não entrega seus privilégios sem luta cruel nem cede uma partícula de poeira sem utilizar antes, para retê-la, toda a força dos aparatos repressivos que dela vivem.

Também aprendemos que da fraude não se pode destilar outro suco que o ácido do ódio, que corrói e divide.

Em suas mãos, doutor Illia, está a decisão. Nós já expusemos a nossa e a manteremos com a tenacidade que impõem o patrimônio, a honra e, sobretudo, o amor a nosso tantas vezes humilhado e escarnecido povo.

Doutor Illia, queremos crer que o senhor cometeu o grave erro de supor que suportando junto a seu até agora limpo sobrenome o qualificativo de fraudulento, favorecia o encontro de uma saída. Que acreditou ver uma porta, onde só há uma armadilha.

Esperamos com sinceridade que o antigo cidadão digno ainda viva puro dentro de você. Pouparia assim nossa querida pátria do calvário sangrento de novos anos de violência.

Acampamento Augusto César Sandino, 9 de julho de 1963.
REVOLUÇÃO OU MORTE
Pelo Exército Guerrilheiro do Povo
Segundo Comandante

"Mensaje a los campesinos", escrita por Jorge Ricardo Masetti, em nome do EGP (janeiro de 1964)

Companheiro camponês:

Escrevemos esta carta para que você a leia várias vezes. E para que seja lida também a todos os arrendatários, peões e *obrajeros* [trabalhadores rurais de empresas de exploração de madeira] que não sabem ler.

É importante que todos vocês nos escutem e pensem nestas coisas sobre as quais agora vamos falar, porque estamos seguros de que, depois de meditá-las, concordarão conosco.

E quem somos nós? Somos trabalhadores como vocês, de distintos ofícios e profissões, que éramos explorados nas cidades e vilarejos pelas mesmas pessoas que os exploram nos engenhos, nos montes ou nos campos.

Mas temos uma vantagem em relação a vocês, já que nos unimos e nos organizamos. Agora, os convidamos a também se unir e se organizar.

Para quê? Compreendemos que até agora sofríamos injustiça porque não tínhamos força para acabar com ela. Ninguém sofre porque quer, mas sim porque não pode evitá-lo. Ninguém recebe um golpe ou uma pancada ou deixa que lhe roubem, sem se defender, a não ser quando não tem como fazer frente ao explorador que está armado.

Expulsam vocês de suas terras, ou os obrigam a servir no engenho e os maltratam, como a nós nos expulsam das fábricas, ou não nos pagam por nosso trabalho ou nos prendem ou tudo isso junto.

E tudo isso tem ocorrido até agora porque os ricos, os donos das terras, os donos das fábricas, são também os donos das armas, ou seja, têm a força a seu lado.

Isso é fácil de perceber.

De que lado se coloca a gendarmeria, ou o exército, ou a polícia, quando há algum problema?

Do lado do peão, do arrendatário, do pequeno contratista, do *obrajero*, do cortador de cana? Ou se põe do lado do patrão, do lado do rico, do lado do dono da terra?

Quando há greves ou protestos – porque os patrões não pagaram nossos soldos ou nos dão salários de fome –, a gendarmeria e a polícia batem em quem? No patrão – que não nos paga e só nos rouba –, ou no peão, que exige o que é seu?

Alguma vez você viu algum policial ou um gendarme defendendo um pobre contra um rico?

Não. Nunca. Porque a gendarmeria, a polícia e o exército foram criados para defender os interesses dos ricos, não dos pobres.

Se a gendarmeria, a polícia e o exército estivessem compostos e dirigidos pelos trabalhadores, os ricos não poderiam usá-los contra os pobres.

Se todos os arrendatários, peões, contramestres, pequenos proprietários e contratistas tivessem uma arma, os ricos não os explorariam.

E se os ricos não explorassem os pobres, simplesmente não haveria ricos, porque se ninguém explorasse ninguém, todo mundo teria que trabalhar para viver.

A terra seria daquele que a trabalha. As fábricas, de seus trabalhadores.

Se todos trabalhassem de maneira igual, os benefícios seriam iguais para todos.

Haveria moradias decentes para todos. Escolas para todos.

Roupa, sapatos e comida para todos. Hospitais e remédios para todos os que os necessitem.

Os *changuitos* [garotos camponeses], por exemplo, teriam oportunidade de estudar, de se tornar técnicos, advogados, médicos, artistas, engenheiros. Todos os filhos dos operários e camponeses poderiam se vestir bem e estar bem alimentados, ter atenção médica e um futuro seguro.

Todos de forma igual, porque seriam todos filhos de trabalhadores.

No entanto, agora, os que têm tudo isso são os que não trabalham. Vivem bem os que não se esforçam.

Passeiam, educam seus filhos, têm mais casas do que precisam para viver e muito mais roupas do que as necessárias para vestir. São os donos da terra, de fábricas, de automóveis, de barcos e até de aviões, os que vivem do trabalho alheio. Cada vez que na casa do pobre nasce um bezerro, o Patrão Costa, Manero ou qualquer outro deles, se apresenta para cobrar.

Cada laranjeira que dá fruto dá dinheiro a eles.

De cada colheita, eles exigem – roubam – os benefícios.

Por acaso eles cuidaram da vaca parida ou semearam o pasto para alimentá-la, ou plantaram e podaram as laranjeiras?

Por acaso eles semeiam sob o sol, tomam o café da manhã em meio à chuva, perseguem os animais do monte, afugentam os pássaros, lutam contra a peste?

Alguma vez em sua vida se curvaram sobre a terra para fazer um sulco ou plantar uma árvore?

Por acaso alguma vez suas mãos empunharam um machado para cortar um tronco ou meteram seus pés descalços na selva repleta de serpentes?

Eles, os que melhor comem, jamais semearam.

Os que têm os móveis mais luxuosos, jamais cortaram uma árvore.

E os que semeiam, os que cortam com machado, só comem milho e não têm sequer uma mesa ou uma cama própria.

É fácil ver como eles vivem – os que não trabalham –, e como vivem vocês, os que se matam trabalhando.

E como vivem os filhos deles – os filhos dos ricos –, e como vivem seus filhos, nossos filhos, os filhos dos pobres.

Os filhos do Patrão Costa nascem tão nus como os nossos. E, apesar disso, jamais em sua vida lhes faltarão roupas nem sapatos, mesmo que nunca trabalhem.

Aos nossos sempre lhes faltará algo ou lhes faltará tudo, ainda que trabalhem desde criança.

Os filhos do Patrão Costa não nascem ilustrados. Nascem sem saber ler e escrever. E, apesar disso, nenhum deles ficará sem aprender e poderão seguir, se quiserem, a carreira que preferirem.

Muitos de nossos filhos, contudo, jamais terão tempo para aprender, nem nós poderemos mandá-los aos colégios das cidades, nem sequer comprar-lhes lápis e cadernos. E se algum quisesse ser médico, ou engenheiro, ou marinheiro, ou aviador, nunca poderia chegar a sê-lo, porque os Patrões Costa, Maner, Condutti, Vacareza e seus compadres mandarão neles, deixando-os passar fome, para servir-se deles, como se servem de nós e serviram de nossos pais.

E se os filhos dos ricos adoecem, não um, mas dez médicos os atendem.

Quantos médicos sobem até nossos ranchos?

Nem vendendo tudo o que temos teríamos dinheiro suficiente para pagar a viagem de um doutor. Nossos cemitérios guardam poucos velhos. Nossos mortos são *changuitos* e homens e mulheres jovens, que morreram, mais do que qualquer outra coisa, por serem pobres.

Assim é nossa vida. E assim é a deles.

Nós, trabalhando para morrer pobres.

Eles, nos explorando para viver ricos.

Dizem que são os senhores da terra e donos da província. E também se consideram donos do céu, porque quando o tempo é bom e a colheita é abundante, eles exigem mais, como se nos tivessem alugado a chuva e arrendado o sol.

Companheiro camponês:

Pensamos em tudo isso e queremos que você também pense. Porque chegamos à conclusão de que tudo isso precisa acabar. Mas para que as coisas mudem, só resta o caminho da luta.

Opor a suas armas, nossas armas; a suas forças, nossas forças.

Devemos tirar os fuzis das mãos deles e empunhá-los nós mesmos. Unir-nos e nos organizarmos. Logo seremos milhares. Nós, lutando nos montes e nas colinas. Os trabalhadores, nos engenhos e nas fábricas.

O patrão é um só. Os trabalhadores são milhares.

Os milionários, um grupinho. Os pobres, milhões.

O Patrão Costa tem em suas mãos o futuro de milhares de homens. Por acaso, os homens dessas famílias não são suficientemente homens para se rebelar?

É verdade que neste momento os ricos têm armas.

Por isso chegamos, por isso organizamos o Exército Guerrilheiro do Povo. Para, junto a vocês, tirar as armas deles e pô-las nas mãos do povo.

Este nosso Exército é o dos pobres. E dos humildes.

Mas é o Exército da maioria, que derrotará a minoria.

Nós, os pobres, somos em maior número – um número muito maior – que os ricos.

É claro que nossa luta será longa. E será dura.

Mas lutaremos em nosso solo e por nossa terra. Aproveitando para a guerra cada rio, cada arroio, cada senda e cada quebrada que conhecemos tanto, como os confins que levam a nossos ranchos.

Eles terão que vir de fora para onde tudo é seu inimigo: todos os combaterão e ninguém os ajudará.

Onde até o mosquito, a serpente e a onça estarão do lado do pobre e contra eles.

E muitos dos gendarmes e soldados que mobilizem contra nós – pobres como nós –, compreenderão que lutarão contra seu próprio solo, contra si mesmos e em favor de seus inimigos.

Ou podemos pensar que o Patrão Costa é amigo de um gendarme ou um policial? Simplesmente os usa, os arrenda. Mas eles se darão conta de que lado está o inimigo.

Dizíamos que esta luta vai ser dura e longa.

Os ricos colocarão em prática todos os recursos para nos esmagar, porque têm medo de nós.

E usarão de aviões, canhões, metralhadoras e até delatores.

Estes são nossos piores inimigos: os traidores que se fingem nossos amigos para em seguida nos delatar.

Com estes há que ser – e seremos – implacáveis.

Os assassinos como Pérez Puentes e Pereira – e todos os que cumprem o mesmo papel que eles – que se preparem. Nenhum poderá seguir explorando e assassinando. E os que lhe servem terão o mesmo destino deles.

Esta será uma guerra de homens, uma guerra de vida ou morte, até que derrotemos os senhores da terra, até que a terra esteja em mãos dos que a trabalham, sejam *coyas*, *criollos* ou *matacos*, sejam quem forem.

Pense, arrendatário, que no monte a terra é arada porque você suou.

Pense, arrendatário, que o fruto amadureceu porque você suou, que da selva se extrai riquezas porque você suou. Até quando você pagará por cada gota de suor como se seu trabalho fosse um pecado?

E quantos pesos [quanto dinheiro] recebidos com o seu trabalho com o machete retornam às áreas do engenho, que lhe escraviza com vales e dívidas?

Pense, *obrajero*, que cada dia que você siga cortando árvores, será para fazer mais luxuosa a casa daquele a quem você deve meses de seu mísero salário. Quando você poderá cortar as madeiras para sua própria casa?

Chegou o momento de se rebelar.

Não seremos os primeiros a fazê-lo. Já em outros países se alçaram, juntos, os camponeses e operários, e unidos venceram os patrões das fábricas e as entregaram aos trabalhadores.

Os exploradores acabaram.

Aqui deve-se fazer o mesmo.

Pense em tudo isto. Pense na força de todo o povo unido. No formidável exército que formarão todos os camponeses e os operários em armas. Nas colunas de camponeses, *criollos* ou indígenas, defendendo juntos seu direito à terra.

Pense em que, quando cada homem do povo tenha sua arma, as polícias violentas deixarão de existir. Pense que eles só afrouxam quando são golpeados. E que é preciso golpeá-los com todas as nossas forças unidas. Que milhares de punhos, juntos, caiam sobre eles. Que milhares de dedos apertem o gatilho ao mesmo tempo.

Nossa única saída é a rebelião.

Nas eleições, nos obrigam a votar só nos que os ricos querem. E então ganham os governos que servem aos ricos.

E se os governos quisessem fazer algo contra os ricos, não poderiam. Porque os ricos têm as armas a seu lado.

E assim mudam os governos; mas os ricos ficam cada vez mais ricos, e os pobres, cada vez mais pobres.

Essa é uma lei que os ricos impõem, porque têm a força a seu lado.

O que se pode fazer então? Unir-nos. Unir-nos, todos os pobres. Tomarmos as armas e ter a força a nosso lado.

O governo nada fará por nós. Porque os governos colocados pelos ricos e sustentados pelas mesmas armas que defendem os ricos não resolverão isto.

Isto será resolvido pelo povo. Isto será resolvido por nós. E você, companheiro, junto conosco, quando juremos

REVOLUÇÃO OU MORTE
Receba uma saudação de irmão
Montanhas de Salta, janeiro de 1964
Pelo Exército Guerrilheiro do Povo
Comandante Segundo

ELN boliviano

Instruções para os quadros destinados ao trabalho urbano

A formação de uma rede de apoio do tipo que queremos constituir deve ser orientada por uma série de normas, as quais desenvolveremos a seguir.

A ação deve ser fundamentalmente clandestina, mas alternada com certos tipos de trabalho em que será necessário o contato com indivíduos ou entidades que obrigarão certos quadros a agir na superfície. Isso exige que se seja muito estrito na compartimentalização do grupo, isolando cada uma das frentes em que se trabalhe.

Os quadros devem reger-se estritamente pela linha geral de conduta ordenada pela chefia do exército por intermédio dos centros dirigentes, mas terão total liberdade na maneira prática de levar a cabo essa linha.

Para poder cumprir as difíceis tarefas atribuídas e sobreviver, o quadro clandestino deve ter bem desenvolvidas as seguintes qualidades: disciplina, hermetismo, dissimulação, autocontrole e sangue-frio; assim como praticar métodos de trabalho que o acobertem contra contingências inesperadas.

Todos os companheiros que realizem trabalhos semipúblicos terão um escalão clandestino superior que lhes instruirá e controlará seu trabalho.

Dentro das possibilidades, tanto o chefe da rede como os distintos encarregados terão uma única função e os contatos horizontais serão feitos por meio do chefe. Os cargos mínimos para uma rede já organizada são os seguintes:

O chefe

I – Um encarregado do fornecimento.

II – Um encarregado dos transportes.

III – Um encarregado da Informação.

IV – Um encarregado de Finanças.

V – Um encarregado da Ação Urbana.

VI – Um encarregado de atender os simpatizantes.

Quando a rede se desenvolver, precisará de um encarregado de comunicações, dependente, em geral, do chefe.

O chefe receberá instruções da Direção do Exército e as colocará em prática por meio dos diferentes encarregados. [O chefe] Deve ser conhecido apenas por este pequeno núcleo dirigente, para evitar que se ponha em perigo toda a rede no caso de uma eventual captura. Se os encarregados se conhecerem entre si, de qualquer maneira seu trabalho será desconhecido entre uns e outros, e qualquer mudança não será comunicada.

Serão tomadas medidas para que a detenção de um membro importante da rede provoque a mudança de domicílio ou de métodos de contato do chefe e de todos que o conheceram.

O encarregado de abastecimento terá como tarefa abastecer o Exército, mas sua tarefa é organizativa: a partir do centro criará redes menores de apoio que cheguem aos confins do ELN, quer seja uma organização puramente camponesa, quer com a ajuda de comerciantes ou outros indivíduos ou organizações que estejam prestando seu apoio.

O encarregado dos transportes se ocupará de trasladar as provisões a partir dos centros de abastecimento até os pontos em que sejam recolhidos nas redes menores ou diretamente até o território libertado, segundo cada caso.

Esses companheiros devem trabalhar sob sólidas coberturas; por exemplo, organizando pequenas empresas comerciais que os acobertem de suspeitas das autoridades repressivas quando se façam públicas a magnitude e os objetivos do movimento.

O encarregado da informação centralizará toda a informação militar e política recebida por meio de contatos adequados (em ação semipública de contato com simpatizantes do

Exército ou do governo, o que torna especialmente perigoso o cargo). Todo o material recebido será remetido ao encarregado da informação de nosso Exército. Esse encarregado estará sujeito a uma dupla chefia: a do chefe da rede e a de nosso Serviço de Inteligência.

O encarregado de finanças deve controlar os gastos da Organização. Esse companheiro deve ter uma visão clara da importância de sua função, pois o quadro clandestino, apesar de sujeito a muitos perigos e exposto a uma morte obscura, pelo fato de viver na cidade, não passa pelas penúrias físicas do guerrilheiro e pode acostumar-se a manejar com despreocupação as quantias de abastecimento e de dinheiro que passem por suas mãos, correndo o risco de que sua estatura revolucionária diminua no contato permanente com fontes de tentação. O encarregado das finanças deve analisar até o último peso gasto, evitando que se entregue um único centavo sem causa justificada. Além do mais, será o encarregado de administrar o dinheiro – produto de coletas ou de impostos –, e de organizar sua cobrança.

O encarregado das finanças estará sob as ordens do Chefe da rede, mas será também seu inspetor, no que diz respeito aos gastos. De tudo isso se depreende que o encarregado de finanças deve ser ideologicamente muito firme.

A tarefa dos encarregados da ação urbana se estende a tudo que diz respeito à ação armada na cidade: eliminação de algum delator, de algum conhecido torturador ou um hierarca do regime, sequestro de alguma pessoa com o objetivo de obter resgate, sabotagem de alguns centros de atividade econômica do país etc. Todas as ações serão ordenadas pelo chefe da rede; esse companheiro não poderá agir por iniciativa própria, salvo em casos de urgência extraordinária.

O encarregado dos simpatizantes terá as funções mais públicas dentro da rede e estará em contato com elementos pouco firmes, desses que lavam sua consciência entregando somas em dinheiro ou fazendo aportes que não os comprometam. São pessoas com as quais se pode trabalhar, mas sem nunca esquecer que seu apoio estará condicionado pelo perigo que possam correr e é preciso agir em consequência, tratando de convertê-las lentamente em militantes ativos e incitando-as para que façam contribuições substanciais ao movimento, não apenas de dinheiro, mas também de medicamento, esconderijos, informações etc.

Nesse tipo de rede, existem os que devem trabalhar muito unidos: por exemplo, o encarregado dos transportes está organicamente unido ao do abastecimento, que será seu chefe imediato; o encarregado dos simpatizantes dependerá das finanças; ação e informação agirão em contato direto com o chefe da rede.

As redes estarão sujeitas à inspeção de quatro enviados diretamente pelo Exército, os quais não têm função executiva, mas que verificarão que as instruções e as normas ditadas pelo mesmo sejam cumpridas.

As redes deverão "caminhar" ao encontro do exército da seguinte maneira:

A chefia superior dá as ordens ao chefe da rede, que se encarrega de organizá-la nas cidades importantes; destas partem ramificações para os povoados e dali até as aldeias ou casas de camponeses que entrarão em contato com nosso exército e onde será realizada a entrega física de suprimentos, dinheiro ou informação.

À medida que a zona de influência de nosso exército avançar, avançarão para a cidade os pontos de contato e crescerá proporcionalmente sua área de controle direto, em um longo processo que terá altos e baixos e cujo desenvolvimento, como o de toda esta guerra, se mede em anos.

A chefia da rede residirá na capital; dali se organizarão nas cidades que, por enquanto, são mais importantes para nós: Cochabamba, Santa Cruz, Sucre, Camiri, isto é, o retângulo que engloba nossa zona de operações. Os responsáveis por essas quatro cidades devem ser quadros provados, na medida do possível; eles se encarregarão de uma organização similar, porém mais simplificada. Abastecimentos e transportes sob uma direção; finanças e simpatizantes sob outra; uma terceira, ação urbana; e é possível suprimir informação, encarregando-se o chefe local disso. A ação urbana se ligará cada vez mais com o Exército conforme se aproxima de seu território a cidade em questão; até se transformar em guerrilhas suburbanas, dependentes da chefia militar.

A partir dessas cidades, a rede se estenderá na forma já descrita.

Não se deve descuidar, tampouco, do desenvolvimento da rede em cidades hoje afastadas de nosso campo de ação, onde se deve requerer o apoio da população e preparar-se, com o tempo, para futuras ações. Oruro e Potosí pertencem a esse tipo e são as mais importantes.

Há que prestar particular atenção aos pontos fronteiriços. Villazón e Tarija, para contatos e suprimentos vindos da Argentina; Santa Cruz, para o Brasil; Huaqui ou algum outro lugar da fronteira peruana; algum ponto da fronteira chilena.

Para a organização da rede de abastecimentos, seria conveniente contar com militantes firmes, que tenham exercido anteriormente um ofício similar à atividade que lhes solicitam agora.

Por exemplo: um dono de armazém que organizará os abastecimentos ou participará desta seção da rede; um dono de alguma empresa de transportes que organizará esse ramo etc.

Caso isso não seja conseguido, deve-se tentar formar o aparato com paciência, sem forçar os acontecimentos, evitando assim que, para instalar um posto avançado sem a suficiente garantia, perca-se este e se comprometa outros mais.

Devem organizar-se as fábricas ou negócios seguintes:

Armazéns de víveres (La Paz, Cochabamba, Santa Cruz, Camiri).

Empresas de transporte (La Paz-Santa Cruz; Santa Cruz-Camiri; La Paz-Sucre; Sucre-Camiri).

Sapatarias (La Paz, Santa Cruz, Camiri, Cochabamba).

Confecções (idem).

Oficinas mecânicas (La Paz, Santa Cruz).

Terras (Chapare, Caranavi).

As duas primeiras permitiriam o abastecimento e transporte de mantimentos sem chamar a atenção, incluindo neles, implementos de guerra. As sapatarias e confecções poderiam realizar a dupla tarefa de comprar sem chamar a atenção e fabricar para nós. A oficina faria a mesma coisa, em seu ramo, com os implementos bélicos e as terras nos serviriam de base de apoio em eventuais traslados e para que seus colonos começassem a propaganda entre os camponeses.

É conveniente insistir mais uma vez na firmeza ideológica que devem possuir esses quadros, recebendo do movimento revolucionário somente o estritamente indispensável para suas necessidades e entregando todo o seu tempo e também sua liberdade ou sua vida, se for o caso. Só assim conseguiremos a formação efetiva da rede necessária para consumar nossos ambiciosos planos: a libertação total da Bolívia.

Comunicado N. 1

Diante da mentira reacionária, a verdade revolucionária

O grupo de *gorilas* usurpadores, após assassinar operários e preparar o terreno para a entrega total de nossas riquezas ao imperialismo norte-americano, ludibriou o povo em uma farsa eleitoral. Quando chega a hora da verdade e o povo se levanta em armas, respondendo à usurpação armada com a luta armada, ele pretende continuar seu festival de mentiras.

Na madrugada de 23/3, forças da IV Divisão, acantonada em Camiri, em número aproximado de 35 homens, a mando do major Hernán Plata Ríos, internaram-se em território guerrilheiro pelo leito do rio Ñacahuasu [Ñancahuazú]. O grupo inteiro caiu em uma emboscada armada pelas nossas forças. Como resultado da ação, ficaram em nosso poder 25 armas de todos os tipos, incluindo 3 morteiros de 60 mm com seus respectivos obuses, abundante munição e equipamentos. As baixas inimigas foram: 7 mortos – entre eles, 1 tenente –, e 14 prisioneiros, 5 dos quais resultaram feridos em combate, sendo atendidos por nosso serviço sanitário com a maior eficiência que nossos meios permitem.

Todos os prisioneiros foram postos em liberdade, após explicação sobre os ideais de nosso movimento.

A lista das baixas inimigas é a seguinte:

Mortos: Pedro Romero, Rúben Amenazaga, Juan Alvarado, Cecilio Márquez, Amador Almasán, Santiago Gallardo e o delator e guia do exército de sobrenome Vargas.

Prisioneiros: major Hernán Plata Ríos, capitão Eugenio Silva, soldados Edgar Torrico Panoso, Lido Machicado Toledo, Gabriel Durand Escobar, Armando Martínez Sánchez, Felipe Bravo Siles, Juan Ramón Martínez, Leoncio Espinosa Posada, Miguel Rivero, Eleuterio Sánchez, Adalberto Martínez, Eduardo Rivera e Guido Terceros. Os cinco últimos resultaram feridos.

Ao tornar pública a primeira ação da guerra, estabelecemos o que será a norma de nosso Exército: a verdade revolucionária. Nossos fatos demonstram a justeza de nossas palavras. Lamentamos o sangue inocente derramado pelos soldados tombados, mas com morteiros e metralhadoras não se fazem pacíficos viadutos, como afirmam os fantoches de uniformes repletos de distintivos, pretendendo criar-nos a imagem de assassinos vulgares. Tampouco houve nem haverá um só camponês que possa se queixar de nosso tratamento e da nossa forma de obter provisões, salvo aqueles que, traindo sua classe, se prestem a servir de guias ou delatores.

Estão abertas as hostilidades. Em comunicados futuros, fixaremos nitidamente nossa posição revolucionária. Hoje fazemos um chamado a operários, camponeses, intelectuais; a todos aqueles que sentirem que chegou a hora de responder à violência com a violência, e de resgatar um país vendido em fatias aos monopólios ianques, e de elevar o nível de vida de nosso povo, a cada dia mais esfomeado.

Exército de Libertação Nacional da Bolívia

Comunicado N. 2

Diante da mentira reacionária, a verdade revolucionária

Ao povo boliviano:

No dia 10/4/67, na parte da manhã, caiu em uma emboscada a patrulha inimiga conduzida pelo tenente Luis Saavedra Arombal, e integrada em sua maioria por soldados do Cite. No encontro, morreram o mencionado oficial e seus soldados Ángel Flores e Zenón Prada Mendieta, e ficou ferido o guia Ignacio Husarima, do regimento Boquerón, aprisionado com mais cinco soldados e um suboficial. Quatro soldados conseguiram escapar, levando a noticia à base da companhia do major Sánchez Castro, que, reforçado com 60 homens de uma unidade vizinha, avançou em auxílio de seus companheiros, sendo surpreendido por outra emboscada, que custou a vida do tenente Hugo Ayala, do suboficial Raúl Camejo e dos soldados José Vijabriel, Marcelo Maldonado, Jaime Sanabria e mais dois não identificados por nós.

Nessa ação foram feridos os soldados Armando Quiroga, Alberto Carvajal, Fredy Alove, Justo Cervantes e Bernabé Mandejara, aprisionados com o Comandante da Companhia, major Rúben Sánchez Castro, e mais 16 soldados.

Seguindo uma norma do ELN, tratamos dos feridos com nossos escassos meios e colocamos em liberdade todos os prisioneiros, após explicação dos objetivos de nossa luta revolucionária.

As perdas do exército inimigo são as seguintes: 10 mortos – entre eles dois tenentes –, e 30 prisioneiros – incluindo o major Sánchez Castro – dos quais 6 ficaram feridos. O butim de guerra é proporcional às baixas inimigas e inclui um morteiro de 60 mm, fuzis--metralhadoras, fuzis e carabinas M1 e submetralhadoras. Todas as armas com sua munição.

Do nosso lado, devemos lamentar uma baixa; e a disparidade das perdas é compreensível se considerarmos que em todos os combates escolhemos o momento e o lugar de desencadeá-los e que os hierarcas do Exército boliviano estão enviando soldados jovens e inexperientes, quase crianças, ao matadouro, enquanto inventam relatórios em La Paz e depois batem o peito em funerais demagógicos, ocultando que são eles os verdadeiros culpados pelo sangue que corre na Bolívia. Agora tiram a máscara e começam a chamar "assessores" norte-americanos; assim começou a Guerra do Vietná, que dessangra aquele povo heroico e põe em perigo a paz do mundo.

Não sabemos quantos "assessores" enviarão contra nós (saberemos enfrentá-los), mas alertamos o povo quanto aos perigos dessa ação iniciada pelos militares entreguistas.

Fazemos um chamado aos jovens recrutas para que sigam as seguintes instruções: ao iniciar-se o combate, joguem a arma para o lado e levem as mãos à cabeça, permanecendo imóveis no local onde o fogo os surpreender; nunca avancem na frente da coluna em marcha de aproximação a zonas de combate; obriguem os oficiais que os incitam a combater a que ocupem, eles próprios, essa posição de extremo perigo. Contra a vanguarda, atiraremos sempre e para matar. Por muito que nos doa ver correr o sangue de inocentes recrutas, essa é uma imperiosa necessidade da guerra.

Exército de Libertação Nacional da Bolívia

Comunicado N. 3

Diante da mentira reacionária, a verdade revolucionária

Ao povo boliviano:

No dia 8 de maio, na zona guerrilheira de Ñacahuasu [Ñancahuazú], foram emboscadas tropas de uma companhia mista a mando do subtenente Henry Laredo. Na ação morreram o mencionado oficial e os alunos da *escuela de clases* Román Arroyo Flores e Luis Peláez, e foram feitos prisioneiros os seguintes soldados:

José Camacho, Reg. Bolívar
Néstor Cuentas, Reg. Bolívar
Waldo Veizaga, *Esc. de Clases*
Hugo Soto Lara, *Esc. de Clases*
Max Torres León, *Esc. de Clases*
Roger Rojas Toledo, Reg. Braun
Javier Mayan Corella, Reg. Braun
Néstor Sánchez Cuéllar, Reg. Braun

Os dois últimos foram feridos ao não responder ao "alto", quando foram interceptados em uma operação anterior. Como sempre, foram libertados depois de lhes explicarmos o alcance e os objetivos de nossa luta. Foram capturadas sete carabinas M1 e quatro fuzis Mauser. Nossas forças saíram ilesas.

São frequentes os comunicados do exército repressivo em que anunciam mortes de guerrilheiros; mesclando certas verdades sobre suas baixas reconhecidas com fantasias sobre as nossas e, desesperado em sua impotência, recorrendo a mentiras ou enfurecidos com jornalistas que, por suas características ideológicas, são adversários naturais do regime, imputando-lhe todos os males de que padece.

Deixamos expressa constância de que o ELN da Bolívia é o único responsável pela luta armada em que encabeça seu povo, e que não poderá acabar a não ser com a vitória definitiva, oportunidade em que saberemos cobrar todos os crimes que se cometam no transcurso da guerra, independentemente das medidas de represália que a chefia de nosso Exército julgue oportuno tomar ante qualquer vandalismo das forças de repressão.

Exército de Libertação Nacional da Bolívia

Comunicado N. 4

Diante da mentira reacionária, a verdade revolucionária

Ao povo boliviano:
Em recentes comunicados, o Exército reconheceu algumas de suas baixas, sofridas em choques de tropas avançadas, atribuindo-nos, como é de seu costume, uma boa quantidade de mortos que nunca exibe. Ainda que nos faltem informações de algumas patrulhas, podemos asegurar que nossas baixas são muito reduzidas e que não sofremos nenhuma nas recentes ações reconhecidas pelo Exército.

"Inti" Peredo, efetivamente, é membro da chefia de nosso Exército, onde ocupa o cargo de Comissário Político, e sob seu mando diversas ações recentes foram executadas. Goza de boa saúde e não foi tocado pelas balas inimigas; o boato de sua morte é exemplo palpável das mentiras absurdas que o Exército espalha, em sua impotência para lutar contra nossas forças.

Quanto aos anúncios sobre a presença de supostos combatentes de outros países americanos, por razões de segredo militar e de nosso lema – o da verdade revolucionária – não daremos cifras, esclarecendo apenas que qualquer cidadão que aceitar nosso programa mínimo para a libertação da Bolívia será aceito nas fileiras revolucionárias, com iguais direitos e deveres que os combatentes bolivianos, que constituem, naturalmente, a imensa maioria de nosso movimento. Todo homem que lute de armas na mão pela liberdade de nossa Pátria, merece, e recebe, o honroso título de boliviano, independentemente do lugar onde tenha nascido. Assim interpretamos o autêntico internacionalismo revolucionário.

Exército de Libertação Nacional da Bolívia

Comunicado N. 5

Aos mineiros da Bolívia:

Companheiros:
Mais uma vez corre o sangue proletário em nossas minas. Em uma explosão várias vezes secular, se alternou a sucção do sangue escravo do mineiro com seu derramamento, quando tanta injustiça produz a eclosão do protesto; essa repetição cíclica não se modificou no transcurso de centenas de anos.

Nos últimos tempos, rompeu-se transitoriamente o ritmo, e os operários insurretos foram o fator fundamental do triunfo do 9 de abril. Esse acontecimento trouxe a esperança de que se abria um novo horizonte e de que, por fim, os operários seriam os donos de seu próprio destino: mas a mecânica do mundo imperialista mostrou àqueles que quiseram ver, que em matéria de revolução social não há soluções pela metade; ou se toma todo o poder ou se perdem os avanços obtidos com tanto sacrifício e tanto sangue.

Às milicias armadas do proletariado mineiro – único fator de força na primeira hora –, foram sendo agregadas milícias de outros setores da classe operária, de *desclasados* e camponeses, cujos integrantes não souberam ver a comunidade essencial de interesses e entraram em conflito, manipulados pela demagogia antipopular; e, por fim, reapareceu o exército profissional, com pele de cordeiro e garras de lobo. E esse exército, pequeno e preterido de início, transformou-se no braço armado contra o proletariado e no cúmplice mais seguro do imperialismo; por isso, deram a aprovação ao golpe de Estado castrense.

Agora estamos nos recuperando de uma derrota provocada pela repetição de erros táticos da classe operária e preparando o país, pacientemente, para uma revolução profunda, que transforme o sistema pela raiz.

Não se deve insistir em táticas falsas; heroicas, sim, mas estéreis, que afundam em um banho de sangue o proletariado e dizimam suas fileiras, privando-nos de seus mais combativos elementos.

Em longos meses de luta, as guerrilhas convulsionaram o país, produziram grande quantidade de baixas ao exército e o desmoralizaram, quase sem sofrer perdas; em um confronto de poucas horas, esse mesmo exército torna-se dono do campo e pavoneia-se sobre os cadáveres proletários. Da vitória à derrota vai a diferença entre a tática certa e a errada.

Companheiro mineiro: não dê ouvidos de novo aos falsos apóstolos da luta das massas, que a interpretam como um avanço compacto e frontal do povo contra as armas opressoras. Aprendamos com a realidade! Contra metralhadoras não valem peitos heroicos; contra as modernas armas de destruição não valem as barricadas, por mais bem construídas que estejam. A luta de massas dos países subdesenvolvidos, com grande base camponesa e extensos territórios, deve ser desenvolvida por uma pequena vanguarda móvel: a guerrilha, apoiada no seio do povo, que irá adquirindo força à custa do exército inimigo e capitalizará o fervor revolucionário das massas até criar a situação revolucionária em que o poder estatal será derrubado de um só golpe, bem desferido e no momento oportuno.

Entenda-se bem: não chamamos à inatividade total, mas recomendamos que não se comprometam forças em ações cujo êxito não esteja garantido; a pressão das massas trabalhadoras deve ser exercida continuamente contra o governo, pois essa é uma luta de classes, sem frentes limitadas. Onde quer que se encontre um proletário, ele tem a obrigação de lutar na medida de suas forças contra o inimigo comum.

Companheiro mineiro: as guerrilhas do ELN te esperam de braços abertos e te convidam a unir-te aos trabalhadores do subsolo que estão lutando ao nosso lado. Aqui reconstruiremos a aliança operário-camponesa que foi rompida pela demagogia antipopular; aqui converteremos a derrota em triunfo e o pranto das viúvas proletárias em um hino de vitória. Esperamos-te.

Exército de Libertação Nacional da Bolívia

Mensagens enviadas pelo Che a Fidel

CZO. N. 2, LECHE

A entrevista foi realizada. Estanislao [Mario Monje] propõe três pontos:
1. Sair elegantemente da direção do partido.
2. Ser o chefe real do movimento enquanto este tiver magnitude boliviana.

3. Realizar um giro pela América [Latina] para convencer os partidos que se deve apoiar os movimentos de libertação.

Respondi que o 1 e o 3 ele solucionasse como quisesse; o 2, eu não podia aceitá-lo.

Falou com os bolivianos aqui presentes, oito, e estes lhe disseram que ficavam aqui e aceitavam minha chefia.

Estanislao partiu muito triste e me disse que renunciaria como membro da direção em 8 de janeiro.

Próximos passos: entrevista com [Moisés] Guevara e com [Humberto] Rhea; quando voltar, informação de uma frente de libertação; entrevista com Dionisio e Lozano.

Quando se preparem mais dez bolivianos, iniciaremos a primeira marcha séria; até agora, só com explorações e preparação da base.

O moral das pessoas é muito bom. Uma saudação de todos para todos. Vitória ou morte. RAMON 1 JAN. 67 FIM.

CZO. N. 4, LECHE

1. Chegaram Dantón [Régis Debray] e Francisco [Juan Pablo Chang], este [último] não sabia [a] quantidade e deixou [o] dinheiro em La Paz; penso [em] dar-lhe 30 e reservar o resto para quando se inicie o levante; possui poucas condições físicas e de caráter para comandar [uma] guerrilha, mas isso é problema dele. Dantón deve sair, mas não sei se poderá, dadas as circunstâncias.

2. Descobriu-se o sítio e o exército nos perseguiu; lhe demos a primeira surra, mas estamos isolados.

3. Iván está pronto para viajar, mas Tania está isolada aqui, pois veio, violando instruções, e foi surpreendida pelos acontecimentos.

4. Já há suficiente glucatine [glucantime], não mandem mais.

5. Não há notícias do trio [Kolle, Reyes e Ramírez], tampouco confio neles; expulsaram o pessoal da juventude que está conosco.

6. Eu recebo tudo por rádio, mas é inútil, se não o comunicam simultaneamente a La Paz; estamos isolados por ora.

7. Ainda não recebemos mensagem por meio de Lozano.

8. Haveria que passar [a] carta de despedida [de] Dantón até novo aviso; trataremos [da] viagem à França, [com o] objetivo [de] organizar [a] rede de apoio.

9. Fiz contato com o Pelao, [com o] objetivo [de] organizar bases ao Sul e recrutar argentinos; também está engarrafado aqui.

10. Suprimam envios [de] embutidos, pois nos tomaram maleta preparada já vazia.

11. Da segunda ação lhes informará Dantón.

12. Arturo recebe, mas não podemos transmitir por agora.

13. Mandem os bolsistas de Francisco aqui; informem [o] contato a La Paz, farão primeira experiência nesta zona.

14. Segunda frente prevista [para o] Chapare.

AGREGAR

Temos armas para mais 100 homens, incluindo 4 morteiros, 60 com sua munição, mas não se incorporou nenhum camponês.

Sofremos 4 baixas, Benjamin e Carlos (bolivianos), afogados em acidente; Félix e Rolando, mortos em combate. A última perda é muito importante, era o melhor homem da guerrilha. Marcos destituído por indisciplina reiterada; ele fica como combatente. Dantón [Debray] estava apressado para sair, para acertar assuntos pessoais (entre outros, queria ter um filho) e o Pelao [Bustos] estava desesperado por fazê-lo; dividi as forças para agir rápido, mas se complicaram as coisas e foram capturados. O inglês [Roth] é um jornalista de verdade, a menos que seja do FBI; o capturamos e lhe demos o encargo de tirar os outros; não sabemos nada de seus antecedentes; parecia um bom sujeito.

Posteriormente nos foi impossível unir-nos a Joaquín e estamos isolados; eu tenho 25 homens e Joaquín, 17. El Chino decidiu ficar e ganhar sua experiência aqui, está comigo; é necessário tomar as seguintes medidas:

1. Iván deve voltar o quanto antes e fazer contato com Lozano e Gelzami [sic] na terra do Pelao [Argentina]; o homem de confiança deste sabia de sua viagem e se lhe pode encarregar o recrutamento de 5 homens.

2. A tarefa mais importante de Kolle é organizar a rede de contatos; são incrivelmente deficientes nesse sentido. Que mande uma carta com o pessoal da base camponesa com o pseudônimo de Martín.

3. Há que seguir com uma seleção rigorosa de militantes e tê-los prontos para quando melhorem as condições.

4. Informem da situação e decisão de Francisco.

5. Transmitam muito lentamente e muito claro; estamos em campanha.

6. Podem usar meu nome em qualquer declaração revolucionária [que] creiam conveniente; nosso moral é como o Illimani, nossa cintura como o Fitsroy [sic]. Saudações a todos de todos. Vitória ou morte. RAMON.

AGREGAR

7. Deve-se buscar entre os bolivianos residentes uma pessoa de confiança que represente o ELN em Havana; sem patente militar; é preferível um estudante que esteja bem duro e seja dócil.

Se chegar a tempo, vai esta mensagem para o 26 de julho.

Companheiro Fidel Castro:

Do oriente boliviano, onde lutamos para repetir velhas gestas nacionais, inspiradas no exemplo moderno da revolução cubana, porta-estandarte dos povos oprimidos do mundo, vai nossa saudação fraternal e calorosa a unir-se às de milhares de pessoas que consideram esta data como o início da última etapa da libertação americana.

Receba você, seus companheiros e seu povo, todo o testemunho de nossa devoção sem reservas à causa comum e nossas felicitações por ocasião de cumprir-se mais um ano da luta intransigente contra o imperialismo norte-americano.

INTI

Comissário Político da Chefatura do ELNB

Agregar: Produziu-se um novo fracasso na tentativa de estabelecer contato. Perdemos Tuma, Papi e um boliviano [Raúl Quispaya] do grupo de [Moisés] Guevara; sobre a morte deste não há notícias. Seguimos sem comunicação com Joaquín [Juan Vitalio Acuña Núñez]. Pombo e Pacho, feridos leves, mas não podem caminhar. O campesinato está na etapa de temor e a lenda da guerrilha cresce como espuma. Trataremos de unir-nos a Joaquín para emprender novas aventuras. Não deixem [de] criar outra frente.

Mensagens enviadas de Havana e recebidas pelo Che na Bolívia

N. 32

Ramón:

Recebemos [um] cabograma [de] Danton nos comunicando que chegou aí e fez contato com vocês. Ramiro Reinaga parte dia 11. Leva maletas com glucatine [glucantime]. Entrará por Santa Cruz, onde permanecerá durante dois dias e continuará [para] La Paz [com a] finalidade [de] fazer contato com [o] dr. Coco. De acordo incorporar-se. Reinaga é conhecido por bolivianos aí.
ARIEL [Juan Carretero]
10 de março [1967]

N. 34

Ramón:

Desde 20 de março cabogramas [de] agências internacionais procedentes [de] La Paz informam encontro em Monteagudo de guerrilhas com Exército, com saldo [de] um morto [do] exército e um cubano e dois bolivianos guerrilheiros prisioneiros junto com armamento moderno e equipamento [de] rádio ocupados. Está anunciada [uma] grande mobilização de efetivos para esta zona: últimos cabogramas envolvem dirigentes camponeses [sic] Rojas e Lechín em guerrilhas. Aliás, cabogramas especulam sobre possível direção [do] Che na... guerrilha. Até hoje esta é toda a informação que possuímos.
ARIEL [Juan Carretero]
23 de março [1967]

N. 35

Ramón:

Acontecimentos aí tiveram grande repercussão internacional. Agências de notícias desenvolvem campanha sobre combates a favor [da] guerrilha, captura [de] prisioneiros ao Exército e declaração destes ao serem libertados [em] sentido favorável ao tratamento recebido por guerrilheiros. Calculam [de] 400 a 500 homens [as] forças guerrilheiras; experiência e conhecimento do terreno da parte das guerrilhas, participação de argentinos, peruanos, cubanos, bolivianos, chineses e europeus na mesma: tentam deturpar possível direção [do] Che; assinalam Coco Peredo como figura já que comprou sítio; informam detenção [de] cúmplices [da] guerrilha e apoio [que] recebem apoio de mulheres na cidade, entre elas Tania, de quem dão descrição com o nome, documento e pseudônimo. Tania está fugindo; aparentemente, trata-se [de] delação de algum detido. De Iván não se fala. Saiu declaração do Partido Comunista assinada por Monje e Kolle, solidarizando-se com guerrilhas. Lechín aqui; explicou-se dimensão estratégica [sic] guerrilha e sua direção. Isso o entusiasmou. Apoiará com gente para o monte e fará declarações apoiando. Entrará clandestino dentro de 20 dias, um mês, ao país. Te enviaremos brevemente formas contatos...É conveniente entrevista pessoal quando existam possibilidades. Enviará gente para treinar aí. Necessitamos que autorizes colocar sua assinatura em apelo para organizar Comitê Internacional [de] Apoio [ao] Vietnã promovido [por] iniciativa [de] Bertrand Russell. O documento é bom e radical. Pensávamos enviá-lo a você, mas nas circunstâncias atuais é impossível, pois necessitam publicar [em] breve. Estará assinado por numerosas personalidades. Esta organização poderá servir em muito no futuro de apoio a movimentos latino-americanos. Pensamos [em] promover amplo apoio público internacional [ao] movimento guerrilheiro boliviano.

Felicidade...

13/05/67

N. 36

Ramón:

13/05/67

Iván chegou, está doente. Saiu daí seis dias antes de vencer sua permissão de permanência [visto]. Deixou condições para regressar e não se comprometeu perante a lei. Veremos possibilidade [de] seu retorno tão logo esteja curado. Deixou bem Rodolfo e Pareja, ainda que desorientados. Rhea chateado. Lozano enviou mensagem: comunicações com ele funcionam bem. Lozano em contato com Rodolfo. Últimas notícias do Chino foi cabograma que recebeu Sánchez de Camiri anunciando sua chegada [a] La Paz, mas não apareceu mais. Sobre Debray, faremos campanha pela sua libertação. Não temos informação sobre sua detenção nem situação de Tania e o Pelao. Kolle pediu a Rodolfo incorporar-se à guerrilha e ajudar em tudo que for possível. Posição [de] Monje, desagradável; parece que iam rebaixá-lo na hierarquia. Guerrilha goza de prestígio internacional e respaldo [de] movimentos revolucionários. Saudações a todos.

BICULO

[Maio de 1967]

N. 37

Ramón:

1) Peruano Capac, responsável [pelo] ELN. Trabalho preparatório [do] núcleo guerrilheiro em Puno. Chegou aqui [com a] finalidade [de] realizar acordo, pois estavam sem contato com Chino e sem informação. Explicamos importância [das] guerrilhas da Bolívia, sem entrar em detalhes [da] composição, direção, expressando-lhe seu conteúdo

estratégico. Explicamos [ao] Chino [o] contato [das] guerrilhas, [e a] finalidade [de] estabelecer acordos e Sánchez ajuda em tarefas de apoio. Deram-lhe 25 mil dólares para enviar vinte homens aqui e continuar [o] trabalho [do] foco.

Em La Paz, Sánchez tem 48 mil que sobraram do levado pelo Chino, segundo informa Capac, a quem sugerimos não tocar nesse dinheiro, pois era preciso esperar acordos [com] Chino-guerrilhas e deixar Sánchez situação atual.

Preparação [do] foco muito lenta: só tem cinco homens em fazenda explorando; armamento consiste em doze espingardas e carga. Pensam obter através [da] fronteira [da] Bolívia. Consiste [em] uma ZB-30, quatro carabinas e duas submetralhadoras. Maioria, membros [do] ELN. Em Lima, tarefas [de] propaganda e organização. Assinalamos importância [de] concentrar esforços [na] organização [do] foco.

2) Editor Masperó viajou aí [com a] finalidade [de] informar-se [sobre a] situação [de] Debray, influir [em] sua defesa. Travará contato [com] Kolle. Informaremos assim que ele regressar. Campanha [de] solidariedade [a] Debray, dimensão internacional, com apoio [de] figuras [de] prestígio [no] campo [da] ciência e [das] letras.

3) Tellería no Chile escreveu [a] Otero informando [sobre o] prestígio [da] guerrilha entre mineiros, operários, estudantes.

Manifestações [de] 1º de Maio; aplaudiram [a] guerrilha. Regime cada vez mais repudiado.

4) [Juan] Lechín no Chile sem problemas; é bem tratado [pelas] autoridades.

5) Recebemos informação não confirmada, Paz planeja golpe com ex-coronel Seoane vinculado abertura frente guerrilheiro em Guayaramerín dirigido por Rúben Julio e apoiado [por] setores militares OSNR.

Saudações,

ARIEL [Juan Carretero]

Junho 13 [1967]

N. 38

Ramón:

Com data 4 de julho recebemos mensagem enviada por Rodolfo.

Trazido por Fernández Villa, do Secretariado da JCB. Alega esperar retorno [de] Iván. Reiteram pedido urgente de operador de rádio com domínio de código. [É] Possível [que] cooperem [com] guerrilhas, solicitam instrução militar na ilha. Organização trabalha zonas em Santa Cruz e zona sul de Apollo (Apolo? Apoio?).

Pede orientação se vale a pena abrir outra frente com 30-40 homens. Alega que dr. Rhea [está] fora de circulação por fratura de osso no acampamento. Embaixada ianque muito ativa trabalha tentando recrutar gente do PCB... Mando Gonzalo viajará [aos] Estados Unidos...

O Partido informa [que a] fronteira chilena está muito controlada. Existe completo entendimento com Partido mediante Jorge. Também conversas positivas com setor [de] González [Moscoso] do POR. Mandou número [de] duas caixas postais para correspondência; são Dr. Hugo Gallard F., Colón, 555, e Dr. José Guzmán, *casilla* 2203, La Paz. Fim da mensagem do Rodolfo. Em resposta diz: Recebemos tua mensagem. Enviamos novo plano de rádio para Mariano. Suspender visita de lugares de contato com Iván aí por ter ficado comprometido [em] viagem anterior. Por esse motivo não regressará. Novo companheiro ocupará seu lugar no momento oportuno. Necessário [que] comuniques forma segura de contato. Aprofundem estudos das regiões apontadas. Não convém abrir nova frente. Urgente esgotar todo o esforço a fim de contatar com Ramón, que decidirá quanto a isso. Organizar com homens que tragam pequenas células de ação e sabotagem, ir (desenvolvendo?) (gradualmente?) em operações. Além disso, organizar aparato segundo orientações dadas por Ramón. Em setembro chegará técnico de rádio solicitado com domínio de código. Trata-se do bolsista boliviano Eustáquio Mena, da JCB, mas recrutado pelo ELN. Enviem mensageiro de confiança com informação solicitada e lista de (elementos) [do] MNR que pretendem integrar-se e dados sobre eles. Fim da mensagem enviada a Rodolfo. Em relação ao substituto de Iván, trata-se [de] cubano combatente de Sierra [Maestra] com o qual estamos trabalhando. Possui uma documentação de primeira e pensamos que chegará aí no mês de novembro. Em referência a Iván, consideramos não enviá-lo aí por sinais deixados [na] última viagem. Estamos preparando nova documentação forte para enviá-lo ao Chile. Esperamos [que] esteja aí no mês de dezembro. Estamos preparando um grupo de 23 homens. Todos são estudantes bolsistas aqui. 90% deles são das fileiras da JCB, o restante é dos espártacos e independentes. Todos estão conscientes da luta desenvolvida, ansiosos para ingressar no ELN. É um bom grupo. Também estamos trabalhando sobre os bolsistas que estão na URSS e na Tchecoslováquia para integrá-los à luta sob a orientação do ELN. Saudações de Pátria ou Morte. Até a vitória sempre.

[Julho de 1967]

N. 39

Ramón:

OLAS constituiu vitória de ideias revolucionárias. Delegação da Bolívia foi uma merda. Sustentaram posições contrárias [aos] interesses [da] guerrilha. Integrada por Aldo Flores e Ramiro Otero, do PCB; Mário Carrasco, do Prin; e dr. Ricardo Cano, da Flin. Flores tentou aparecer como representante do ELN. Vimo-nos na necessidade de desmenti-lo. Relações com eles foram [de] frieza total e pedimos [que] enviassem pessoal do Kolle sem discutir. Doutor Cano informou [que] casa [do] dentista Lozano foi invadida e [que] este se encontra clandestino. Pensamos [em] possível troca [de] Debray e estamos dando passos neste sentido. Saudações.

ARIEL [Juan Carretero]
26 de agosto

"Volveremos a las montañas", manifesto do ELN, escrito por Inti Peredo, em julho de 1968

A guerrilha boliviana não morreu! Apenas acaba de começar.

A guerrilha boliviana está em plena marcha e não vacilaremos em dar-lhe como um brilhante epílogo o triunfo das forças revolucionárias que instaurarão o socialismo na América Latina.

Nosso país viveu o princípio de uma experiência revolucionária de dimensões continentais insuspeitáveis. O começo de nossa luta esteve acompanhado de uma trágica adversidade. Sofremos um duro golpe pela irreparável desaparição física de nosso amigo, companheiro e Comandante Ernesto "Che" Guevara e de muitos outros combatentes. Eles que constituíam [o que havia de] mais puro e nobre das gerações de nosso continente não duvidaram um só instante em oferecer, em prol da redenção humana, o pouco que lhes era permitido: suas vidas.

Mas todos esses episódios dolorosos, longe de nos amedrontar, fortalecem nossa consciência revolucionária, aumentam nossa decisão de luta justa e fazem que ela recrudeça para forjar, no duro e cruento crisol da guerra, novos combatentes e novos condutores que honrem e rendam tributo aos já tombados.

Sabemos por que lutamos. Não fazemos a guerra pela guerra. Não somos um grupo de iludidos. Não combatemos por ambições pessoais ou partidárias. Temos confiança no homem como ser humano.

Nosso mote único e final é a libertação da América Latina, que não só é nosso continente, mas também nossa pátria desfeita transitoriamente em vinte repúblicas. Estamos convencidos de que o sonho bolivariano e do Che de unir a América Latina política e geologicamente [sic] só se conseguirá por meio da luta armada, o único caminho digno e honesto, glorioso ou irreversível que motivará o povo. Não há outra forma de luta mais pura. E no caminho da luta armada, a guerrilha é o método mais efetivo e correto. Por isso, enquanto houver um homem honesto na América Latina, a guerrilha não morrerá, a luta armada se desenvolverá vigorosamente até que o povo inteiro adquira consciência e se levante em armas contra o inimigo comum, o imperialismo norte-americano.

E a guerrilha boliviana não morreu: apenas começa.

Inimigos e amigos da revolução analisaram, com maior ou menor intensidade, desde um ou muitos pontos de vista, o complexo problema do episódio guerrilheiro que teve como cenário nosso país. Guiados por mesquinhos interesses chegam todos à conclusão estreita e parcial de que na Bolívia a guerrilha não é o método que se deve seguir para a tomada do poder.

Foram emitidos documentos desonestos, foram difundidos relatos por demais tergiversados e tendenciosos e se conseguiu assim, em parte, desorientar a opinião pública mundial acerca desses fatos. Mas não conseguiram quebrar a fé e a vontade das forças revolucionárias em nosso país. A prova mais clara e categórica é que nosso Exército de Libertação Nacional (ELN) permaneceu e permanece fiel e firme na luta apesar dos contrastes passageiros que se nos apresentaram.

Cabe a mim, pois, circunstancialmente, o dever de explicar aos revolucionários deste país e aos do continente inteiro, as causas pelas quais nós, ainda que tenhamos perdido recentemente uma batalha, insistimos em nossa posição de reconhecer a guerrilha como a via mais efetiva e segura para a tomada do poder.

Quaisquer dos companheiros que participaram nesta contenda e tombaram heroicamente o teriam feito do mesmo modo.

E o faço sem considerar-me, em nenhum momento, imediato sucessor do companheiro Che Guevara. Isso seria uma honra elevada e demasiada para mim. Ajo, na verdade, na condição de herdeiro casual dos últimos e por demais valiosos ensinamentos do maior e mais genial revolucionário latino-americano.

Tenho a esperança de que este documento passará a enriquecer o acúmulo de experiências revolucionárias de nossos povos em sua luta pela libertação nacional e não pretendo, em nenhum momento, uma justificação de nossos erros.

Tampouco se trata do lamento ou das queixas de um solitário sobrevivente da luta guerrilheira. É, pelo contrário, a expressão cabal das forças do Exército de Libertação Nacional (ELN) que representa a nosso povo e que atualmente tem a convicção real, firme e objetiva de que dentro da luta armada é a guerrilha o método específico que maiores perspectivas nos apresenta para concretizar nossos ideais de liberdade e justiça social. Astuciosamente, tenta-se demostrar o contrário, argumentando que "as guerrilhas foram esmagadas" em um tempo relativamente breve.

Para nós, a guerrilha é uma forma de luta que o povo utiliza para tomar o poder, propondo como característica essencial sua duração mais ou menos prolongada. A primeira etapa de toda luta guerrilheira consiste em poder sobreviver até que se arraigue totalmente no povo, principalmente entre os camponeses. A partir desse núcleo, renovará suas forças permanentemente até alcançar um grau tal de desenvolvimento que a converta em poder invencível. A guerrilha então começa a dar um duro golpe após o outro ao exército regular, desmoralizando-o e debilitando-o até derrotá-lo e destruí-lo completamente e com ele o regime que sustenta.

O surto guerrilheiro, em nosso caso, não pôde passar dessa primeira etapa, mas logo virão outros que surgirão e se desenvolverão plenamente até esmagar o inimigo.

A traição do Partido Comunista

Nossos críticos concluem, por este fato circunstancial, que o caminho é equivocado. Não querem analisar as causas que induziram nossa derrota parcial e momentânea, e não querem fazê-lo porque teriam que julgar a si mesmos.

Eles contemplaram nossa luta de longe. E mais do que isso: a isolaram totalmente, negaram colaboração e realizaram propaganda antiguerrilheira no seio de sua militância. Depois, para salvar as aparências "anti-imperialistas", emitiram comunicados de "solidariedade" com a luta guerrilheira. Mas, nos fatos, essa "solidariedade" se traduziu em simples palavrório de apoio moral obrigado a um pequeno grupo de "sonhadores românticos".

Sonhadores! Sim. Mas sonhadores que constituíam e constituem a única força na Bolívia que propõe seriamente a tomada do poder pelo e para o povo.

A direção do PCB fala da preparação do Partido para a tomada do poder por "todos os meios". Na tomada do poder deve e tem que participar todo o povo. Portanto, o povo tem que ser preparado para isso e não se lhe pode fazer de "todas" as vias quando se está preparando e gestando uma delas. Quando um partido ou um grupo se propõe a tomar o poder, escolhe uma via determinada: o contrário é não pensar seriamente na tomada do poder.

Graciosamente pretendem perder a esperança na via guerrilheira por sua primeira derrota e insistem na possibilidade da via "democrática" ou reformista, apesar dos fracassos permanentes que esta sofre.

Descartemos o problema eleitoral! Para nenhum revolucionário sério este pode ser o caminho para a tomada do poder na Bolívia ou em outro país latino-americano.

Quantas manifestações pacíficas, nas quais participaram milhares e milhares de trabalhadores e gente do povo, foram violentamente reprimidas pelo aparato repressivo do governo, infringindo centenas de baixas. Estão frescos os acontecimentos de maio e setembro de 1965 em que os operários e mineiros foram brutalmente assassinados, quase sem oferecer resistência. Aí está o sangrento São João de 1967, ocasião em que se assassinou a sangue frio humildes e indefesos mineiros, enquanto nossa guerrilha, nessa mesma época, e com apenas quarenta homens, assestava duros golpes ao mesmo exército massacrador, causando-lhe várias baixas e desmoralizando-o internamente.

Não somos inimigos das lutas do povo por suas reivindicações. Mas estamos seguros de que estas serão muito mais frutíferas e efetivas se enfrentarem um governo amedrontado e debilitado pelas ações de um foco guerrilheiro.

Este foco guerrilheiro é o que demonstra ao povo, com fatos, que é possível enfrentar o poderio do imperialismo e de suas marionetes e que não só é possível enfrentá-lo, mas sim que é possível vencê-lo.

O povo, e principalmente os camponeses, não apoiam algo que para eles não existe. Esperar o apoio dos camponeses para a luta armada quando esta não existe é jogar à insurreição como o fazem alguns "teóricos" da luta armada que previamente exigem o apoio massivo do campesinato. Os camponeses só apoiarão concretamente um foco guerrilheiro quando este lhes mostrar força.

Por isso é que na primeira etapa o objetivo da luta guerrilheira é fortalecer-se, sobreviver no terreno das operações, constituindo uma questão essencial a ajuda que lhe for prestada a partir das cidades. Em nosso caso, essa ajuda nos foi negada pelas forças políticas conhecedoras da existência de nosso movimento.

Os partidos que pretendem ser vanguarda de nosso povo em sua luta anti-imperialista têm o dever de praticar a honestidade e de render conta ao povo de seus atos. Têm o dever também de reconhecer seus erros se consideram que erraram, ou de explicar sua conduta se a consideram justa.

Como se explica que esses partidos possam render homenagem aos guerrilheiros tombados se os atacavam quando estes se preparavam para a luta?

Como se explica que Monje alertou a militância de seu partido contra um "grupo fracionário" que se desviava da "linha" e que Zamora expulsou pelo mesmo motivo do PCB pró-chinês o companheiro Moisés Guevara, que com um grupo se somou à luta guerrilheira?

O povo espera e exige a explicação dessa conduta dual.

Não pretendemos culpar o PC por nosso fracasso transitório. Não culpamos ninguém pelo resultado desse primeiro episódio. O que buscamos é estabelecer a responsabilidade histórica dos partidos que em nosso país se apresentam como lutadores anti-imperialistas.

A guerrilha, único caminho rumo à libertação

Alguns pensam que somos uma força em "debandada". Enganam-se. Estamos junto a outras pessoas na tarefa de reorganizar nossos quadros armados e voltaremos a

370 CHE GUEVARA E A LUTA REVOLUCIONÁRIA NA BOLÍVIA

prosseguir a luta nas montanhas porque cremos firmemente que este é o único caminho que nos conduzirá até a libertação de nosso povo e da América Latina das garras do imperialismo ianque.

Não buscamos organizar um partido político.

Estruturemos uma força armada capaz de enfrentar e vencer o exército, principal instrumento de sustentação do regime existente em nosso país. Tampouco seremos o "braço armado" de partido político algum. Estamos plenamente convencidos de que a guerrilha não constitui um instrumento auxiliar de alguma outra "forma superior de luta". Pelo contrário, pensamos (e a experiência internacional demonstra), que essa forma de luta dirigirá a emancipação de nossos povos.

O povo e só o povo nomeará seus dirigentes

Ao calor da luta se unirão as diferentes forças que se propõem como meta a libertação nacional e a nosso Exército de Libertação Nacional (ELN) se incorporarão militantes dos diferentes partidos. Então, a verdadeira aliança das forças anti-imperialistas chegará a ser uma realidade.

Em torno do foco guerrilheiro e ajudando este, se unirão as forças da esquerda. Nossa curta experiência já demonstrou esta realidade.

Todas as direções dos partidos políticos de extração popular, cuja militância exige uma conduta clara e anti-imperialista, se viram obrigados a apoiar o movimento guerrilheiro. Sabemos que o apoio foi formal, mas quando a guerrilha conseguir vencer sua primeira etapa, a massa os obrigará a que esse apoio formal se converta em um apoio de fato, sob pena de ficarem totalmente isolados e sem base para dirigir.

Só então surgirá o instrumento político que o povo necessita para a condução de seu futuro governo. A libertação de nosso povo não pode ser obra de um só grupo ou de um partido político. Nisso coincidimos com os partidos de esquerda. Necessitamos de uma ampla frente anti-imperialista. A questão é como consegui-la.

Nossa curta experiência nos demonstrou que em poucos meses de luta armada se conseguiu avançar neste sentido em muito maior magnitude que em tantos anos de sentar-se ao redor de mesas redondas. Nos acontecimentos, todos os partidos que expressaram sua simpatia, querendo ou não, estavam se unindo ao redor do foco. Mas não basta simpatizar com a guerrilha: há que participar dela e conseguir sua direção, mostrando ser o mais consequente nesta forma de luta.

As pretensões de dirigir o movimento antes de começá-lo ou de perguntar quem o dirigirá como condição prévia à participação dentro de um movimento anti-imperialista é uma demonstração de sectarismo que contradiz os chamados à "unidade anti-imperialista". O povo, e só o povo, será o encarregado de dar o título de vanguarda àqueles que conduzem à sua libertação.

O sectarismo dos "vanguardistas" se traduz também na exigência de subordinar a direção da guerrilha à direção política. Haveria de se perguntar: à direção política de quem?

Trata-se, por acaso, de dividir a luta em armada e pacífica, subordinando a forma da luta armada à pacífica?

Ou se pretende utilizar a luta armada como simples instrumento de pressão para a "luta política" nas cidades?

Por que não pensar na direção única político-militar, considerando que em situação de guerra, como o é na guerra de guerrilhas, os quadros revolucionários mais capacitados e mais aptos devem lidar com o problema da guerra?

A luta que se desenvolve nas cidades deve coadjuvar a ação guerrilheira. Portanto, a cidade não pode dirigir a guerrilha. É esta, como grupo armado de vanguarda do movimento de libertação, que deve dirigi-la. Isto ocorre naturalmente. Querer fazer o contrário é o mesmo que condenar a guerrilha à inoperância, fazê-la lenta e pesada. Em síntese: conduzi-la ao fracasso.

A própria luta criará seus dirigentes. Nela se forjarão os verdadeiros líderes do povo e ninguém que se considere honestamente revolucionário pode exigir a direção ou temer que se a arrebatem.

O mesmo caráter prolongado da luta permite que se forme uma clara consciência do que se persegue. As forças se polarizam e o inimigo fundamental, o imperialismo ianque, se mostra de corpo inteiro. O povo observa nitidamente como o imperialismo exige mais disciplina a seus títeres e não permite posições dissimuladas.

O imperialismo não está disposto a entregar seus mercados, a deixar suas colônias. Por isso, o povo deve se preparar para uma luta dura e prolongada. Pensar que vamos tomar o poder sem sacrifícios, é se iludir e criar conformismo no povo.

A luta será sangrenta e cruel e se desenvolverá em todos os âmbitos do país, na choça mais humilde e no lar mais escondido.

Ante a violência perpétua do imperialismo ianque, escolhemos, e conosco o povo, o caminho da violência revolucionária que castiga os opressores e que (uma vez que tenham sido esmagados) se supera e se elimina para chegar ao humanismo socialista.

Em suma: não é a violência pela violência que preconizamos. É a revanche organizada do povo contra a opressão, também organizada, para alcançar nossa plena liberdade.

Será, pois, o povo inteiro; serão todos e cada um dos habitantes deste país os que contribuem nas cidades e no campo, com ações diretas, a provocar a insegurança, o medo, o pânico e a derrota de nossos inimigos.

Os movimentos de libertação nacional estão assestando, mundialmente, duros golpes ao inimigo comum: o imperialismo. A cruel guerra do Vietnã, apesar de equilibrar a economia norte-americana, militarizando-a, e evitando uma crise, lhe está criando sérios transtornos. Todo o poderio militar dos ianques já é impotente para deter esse glorioso povo em armas.

A luta de nossos irmãos vietnamitas é a luta de todos os revolucionários do mundo. Eles lutam por nós e nós devemos lutar por eles. Essa guerra é parte de nossa guerra.

O imperialismo ianque não poderá resistir à existência de outro Vietnã. E somos nós, junto a nossos povos, os que devemos criar esse segundo Vietnã, fiéis ao legado que nos deixou nosso heroico comandante Ernesto Che Guevara.

A tese de criar vários Vietnãs não é um capricho nem é o fruto de uma mentalidade "guerreirista" como querem apresentá-la nossos inimigos e também os pseudorrevolucionários: é uma tese que corresponde a uma realidade. O imperialismo ianque não cederá voluntariamente suas posições. E em nosso continente, mediante seu ministério de colônias, a OEA empurrará seus lacaios nos diferentes países a somar suas forças para esmagar a qualquer povo que se levante em armas.

Que o imperialismo não cante vitória

Esta já é a época da revolução continental.

Diante da unidade dos militares do continente contra a revolução devemos responder com a unidade de todos os movimentos de libertação nacional do continente.

Os chiados da reação e de alguns pseudorrevolucionários por causa da participação de patriotas de outras nações na luta de libertação de nosso povo não são outra coisa que vãs tentativas de isolar nosso movimento, colaborando com o inimigo ao criar no povo mesquinhos sentimentos de chauvinismo.

Contra nossa guerrilha combateram soldados do exército boliviano assessorados por "instrutores" ianques experimentados no Vietnã e apetrechados com armamento e rações proporcionadas pelos exércitos da Argentina e do Brasil.

Estamos seguros de que quando as guerrilhas tomarem corpo em nosso país e o exército regular se sentir incapaz e impotente para destruí-las, este receberá rapidamente a assistência dos exércitos de alguns países vizinhos, e não só com apetrechos bélicos, mas também com soldados. Então, a guerra revolucionária se ampliará e se estenderá também a esses países, produzindo a mesma insegurança e incapacidade de suas respectivas forças armadas. Esse será o momento em que o Pentágono ianque se verá obrigado a mudar sua política de "assessoramento" pela da participação "direta" de suas tropas e cada vez em maior número, como ocorre no Vietnã.

Ante essa perspectiva, alguns pseudorrevolucionários tremem. Querem evitar essa "tragédia" ao povo. Não se dão conta que ao agir assim não a evitam, mas, pelo contrário, o mantém sob o açoite da miséria, da fome, da morte, imolando-o no sacrossanto altar do conformismo.

Essa "tragédia" não é tal se a comparamos com o que teria que sofrer o povo se permanecer eternamente sob o jugo atual, com a tendência clara de que o baraço se vá apertando ao redor do pescoço do povo cada vez com maior intensidade.

E essa "tragédia" não é tal se a comparamos com a cruel vida que leva nosso povo. Os acampamentos mineiros são campos de concentração, onde seus habitantes não têm nenhum direito nem sequer o da simples diversão. Menos ainda, por certo, o direito a protestar.

Os massacres sistematicamente organizados constituem a resposta que a tirania dá aos justos reclamos daqueles que sustentam a economia do país e o luxo das castas militares.

Nenhum movimento de protesto ou reclamo do povo é tolerado pela prepotência militar, pilar do regime "democrático" reinante. Eles são reprimidos violentamente como escarmento e para manter o "princípio de autoridade". Quem se rebela contra esses princípios sentirá na própria carne a força e a brutalidade do regime castrense.

Diante desta crua realidade, pode-se pensar, por acaso, nos sacrifícios de uma guerra justa? Nossa luta não imporá maiores sacrifícios do que os que enfrenta nosso povo ao suportar esta tirania.

Por isso, criar um novo Vietnã não constitui uma "tragédia". É um dever e uma honra que nós não recusaremos.

A guerra continua

Perdemos uma batalha e nela tombou o máximo líder dos povos oprimidos: Comandante Ernesto Che Guevara.

Mas a guerra continua e não a deteremos jamais, porque os que lutamos com o Che não conhecemos a palavra rendição. Seu sangue e o dos combatentes que regaram os campos da Bolívia fará germinar a semente da libertação e converterá nosso continente em um vulcão que vomitará fogo e destruição contra o imperialismo.

Seremos o Vietná triunfante que o Che, romântico, visionário e heroico, sonhou e amou.

Por esses ideais estamos dispostos a vencer ou morrer. Por esses ideais morreram companheiros cubanos. Por esses ideais morreram companheiros peruanos. Por esses ideais morreram companheiros argentinos. Por esses ideais morreram companheiros bolivianos.

Honra e glória para Tania, para Joaquín, para Juan Pablo Chang, para Moisés Guevara, para Jorge Vázquez, para Aniceto Reinaga, para Antonio Jiménez, para Coco Peredo, para cada um dos que tombaram com armas na mão, porque eles compreenderam que, como dizia o Che: "em qualquer lugar em que nos surpreender a morte, bem-vinda seja, desde que esse nosso grito de guerra tenha chegado até um ouvido receptivo, e outra mão se estenda para empunhar nossas armas e outros homens se apressem em entoar os cânticos fúnebres por entre o matraquear de metralhadoras e novos gritos de guerra e de vitória".

Nossas bandeiras estão enlutadas, mas não serão arriadas jamais.

O ELN se considera herdeiro dos ensinamentos e do exemplo do Che, novo Bolívar da América Latina.

Os que o assassinaram covardemente nunca conseguirão matar seu pensamento nem seu exemplo.

Que o imperialismo e seus lacaios não cantem vitória, porque a guerra não terminou: apenas começa.

Voltaremos às montanhas!

Outra vez estremecerá a Bolívia nosso grito de Vitória ou Morte!

Manifesto do ELN, Bolívia, Julho de 1968

Documentos do governo

Mensagem do presidente Barrientos, de 9 de outubro de 1967

Mensagem à nação.

As gloriosas Forças Armadas da nação continuam cumprindo sua sacrificada e patriótica missão limpando as covas dos intervencionistas estrangeiros que tratavam de subjugar o povo boliviano mediante a invasão armada.

Desde Ñancahuazú até as últimas escaramuças que ocorreram nesses instantes, os chefes, os oficiais, os cabos e os soldados das Forças Armadas somente lutaram pela libertação de seu povo vencendo as encruzilhadas mortíferas, a ameaça constante das armadilhas, a fome, a sede, as doenças e as privações de todo tipo, que o povo somente pode pagar com gratidão e carinho.

O oficial ou soldado expôs sua vida pela liberdade de sua pátria e dos bolivianos, porque as Forças Armadas são o povo armado.

As posições bem organizadas nas encostas, rodeadas de espessa selva, ainda continuam disparando contra as tropas bolivianas, que acabarão por mostrar para o mundo que a Bolívia é soberana, que não precisa de ninguém para lutar por seu desenvolvimento e por sua liberdade. Os intrusos estrangeiros de todas as laias não têm nenhum direito, motivação ou pretexto para intervir em nossas determinações e para empregar a falsificação, a difamação ou a intimidação destinadas a distorcer a decisão de nossos atos e deformar nossa própria realidade.

Lamento não ter senão expressões de condenação e indignação para os adversários que, por mais que invoquem suas ideias, trataram de aniquilar os ideais bolivianos.

Aqueles que vieram para matar, creio que também estavam dispostos a morrer. Não se pode ser herói e consequente apenas na vitória. Os nossos foram heróis na derrota e na vitória ontem em Ñancahuazú ou Iripití, mais tarde no Vado del Yeso, em Higuera ou na Quebrada del Yuro.

Se morreu o senhor Guevara, morreu depois de matar a muitíssimos dos nossos e de criar maior pobreza e angústia.

Discurso do vice-presidente da Bolívia e presidente do Congresso Nacional, Siles Salinas

Excelentíssimo senhor presidente da República, honoráveis representantes nacionais, senhor comandante em chefe das Forças Armadas, bolivianos e bolivianas: o honorável Congresso da Nação concedeu-me ontem a grande honra de me pedir para que prestasse homenagem em seu nome às Forças Armadas, imbuídas de nacionalidade em sua luta contra o extremismo estrangeiro que quis ferir a soberania da Bolívia e destruir suas instituições e crenças, e ao povo boliviano, que cerrou fileiras na resposta mais unânime de que temos notícia diante de um inimigo.

Devo começar esta homenagem expressando o profundo sentimento de pesar com que recebemos a notícia da morte de nossos bravos oficiais e soldados e de nossos sacrificados camponeses que apoiaram as unidades militares; talvez possam nos ajudar a expressar nossos sentimentos alguns conceitos do famoso epitáfio de Péricles, recordando os atenienses tombados na Guerra do Peloponeso, porque nossa juventude tombou como aquela, defendendo ao mesmo tempo a pátria e a democracia; ninguém se ofereceu para lutar colocando-se diante de ouro e riquezas que lhe estariam reservadas; ninguém postergou o perigo com a esperança de ficar ileso; nossos soldados julgaram como sendo o mais belo dos perigos oferecer a vida pela pátria; morreram no auge de sua glória, entregando a ela o mais belo de seus tributos. Hoje a terra inteira é sua tumba, pois ela acolhe os heróis. Recordando, pois, nossos mortos, e invocando o generoso sentimento patriótico de todos os bolivianos, convido a todos os honoráveis representantes nacionais e a todos os que escutam esta homenagem a fazer um minuto de silêncio em memória dos tombados em Ñancahuazú, Iripití, Mesón, Estación Destino, rio Grande, Kilómetro 5 de Santa Cruz, Samaipata, San Javier de Morocos, Vado del Yeso, Masicurí e Higuera.

Senhores representantes, no momento em que o governo, acima de todo objetivo que representa a divisão ou exclusão, buscava o desenvolvimento econômico e a solidariedade social; nos momentos em que as Forças Armadas, às vezes pondo de lado suas funções específicas, levantavam escolas e abriam caminho, e quando a angustiada maioria dos bons pais e mães de família, que vivem e fazem pacificamente seu próprio trabalho, pesquisando e estudando, arando a terra, extraindo minerais e fabricando ferramentas, pensando somente em proteger seus lares e assegurar o futuro de seus filhos, no dia 23 de março de 1967 tombavam assassinados em Ñancahuazú oficiais, soldados e guias; havia começado uma nova tragédia para nosso povo.

O primeiro momento foi de estupor; chegou-se inclusive à dúvida; não se podia admitir a realidade de um ataque desleal, sem nenhuma justificação; mas poucos dias depois, em Iripití, outras onze vidas eram ceifadas, restando sete feridos; depois foi em Mesón, La Taperilla, e em pouco tempo, com a vantagem que outorga a guerra de guerrilhas e sua enorme facilidade de movimento, uma enorme extensão do país converteu-se em uma imensa armadilha mortal, que se mantinha vigiada; populações eram tomadas de surpresa, cortavam-se caminhos, obrigava-se a interrupção de obras em andamento, afugentava-se a gente dos povoados e os camponeses, que começavam seu êxodo, roubava-se, violentava-se, matava-se.

A nação compreende, é vítima não de um subdesenvolvimento, como haviam pretendido colocar com uma análise superficial, mas sim da guerra de um mundo dividido que assalta com guerrilhas igualmente países pobres, como a Bolívia, de maior riqueza, como a Colômbia e a Venezuela, e pretende inclusive iniciá-la em cidades dos Estados Unidos, o país mais desenvolvido do planeta. Havia começado a tragédia, mas havia também chegado a hora da prova; humilhado o país, ele logo se recompõe; os homens e as mulheres e os velhos e os jovens e os homens de negócios, os trabalhadores, os mineiros e os camponeses, todos se põem de pé, imensas multidões levantam-se em todas as cidades até o último vilarejo, o repúdio mais unânime, mais completo e definitivo diante da ameaça marxista não tarda em manifestar-se em todo o país.

Todos, como expressamos quando mobilizamos os cidadãos atrás do exército, todos, em uma só voz, gritamos: *no pasarán*, e não passaram. Havia-se chegado à unidade: os setores fundem-se em uma só vontade, a de triunfar, acabam-se com todos os cálculos, não se medem os riscos, pois muitas vezes, como no caso de Hamlet, a reflexão leva à covardia. A guerra eclodiu na zona mais pobre do país, mas ninguém quis compensações; ninguém põe preço em sua colaboração nem em sua vida; aqui não há fatores de consciência; aqui não há códigos que expliquem ou justifiquem as guerrilhas, não se mede o patriotismo pelo tamanho de seu pão ou de seu salário; eles não conhecem tratados nem divagações intelectuais; mas sabem que a Pátria está em perigo, que sua religião está ameaçada e que seu sentido de democracia não pode desaparecer. E assim, o mais modesto habitante da zona infestada pelas guerrilhas não vacila: ele segue em frente, denuncia o inimigo, guia os soldados, pois são seus soldados, são eles próprios uniformizados, à frente do inimigo que leva à morte, pois sabe que não conseguiu conduzir o povo ao proselitismo e triunfar em eleições, e que, assim, deve recorrer à violência como único modo de vencer. Dessa forma, o exército e o povo os contêm; antes os repudiam e depois os encurralam.

A IV Divisão, ao comando do coronel Roque Terán, expulsa-os de Ñancahuazú, leva-os para além do rio Grande, descobre seus depósitos e ligações, captura suas armas; e a VIII Divisão, comandada pelo coronel Joaquín Zenteno Anaya, estreita o cerco, corta-lhes as rotas de fuga, persegue-os, acossa-os e, em grande estratégia, finalmente o major Mario Vargas Salinas os destrói em Masicurí, o tenente Galindo, em Moroco, e o tenente Torrelio, em La Higuera.

O Congresso reclama para seus pendões todas as medalhas e todas as honras para esses chefes, oficiais e soldados.

O poderoso inimigo foi destruído, morreu Ernesto Guevara, foram liquidados os melhores quadros do castrismo, terminou a principal das intervenções feitas por esse regime, na América que um grande cubano chamara de "nossa América", "aquela maior que a outra", como ele mesmo dissera em Nova York, "porque sofreu demais".

Terminou, mas devemos fazer uma análise e formular um propósito do código da violência no continente, que quis comparar os guerrilheiros com libertadores; sobre isso, nós já nos expressamos: esse movimento em nada lembra as ações dos Lanza e dos Padilla que lutavam pela independência nacional; em nada se assemelha à resistência francesa, mobilizada para livrar de seu solo o invasor estrangeiro; em nada se parece com a ação que os bolivianos lançaram há três anos como protesto, como *campanazo*, com seus próprios recursos, em favor de um partido nacional, sem haver incorrido jamais em nenhuma forma de dependência estrangeira; mas esse senhor não se recorda que em 1815 não estavam formadas ainda nossas nacionalidades, e que nossos povos clamaram pela presença de Bolívar, de Sucre e de San Martín; em contrapartida, no caso atual, na mortal insurreição marxista no sudeste, não se ouve uma voz que seja para chamar os estrangeiros interessados em promover a guerra civil. Aqui na Bolívia, ninguém os chamou, ninguém os convidou a vir; os poucos traidores não passaram de um punhado que não vacilou ante nada, nem ante o engano e seus amos, que lhes prometeram êxito rápido, nem ante seus camaradas, entre os quais se produziram divisões, nem ante a morte de seus compatriotas, cuja responsabilidade recai sobre aqueles que estimulavam a partir da sombra da subversão.

Não, eles não vieram por nenhum chamado; Castro, Guevara e os cérebros do extremismo continental apontaram a Bolívia porque sabiam que era o centro de uma estrela cujas pontas dão a cinco países, porque, seguindo o pensamento revolucionário que crê que o caminho de Moscou a Paris passa por Pequim, acreditavam que na América Latina a rota Lima-Rio-Buenos Aires passa pela Bolívia, porque sabiam que no teatro de suas operações havia-se irradiado desde o ideário da independência até muitos dos recentes movimentos, e que o maciço andino é o coração que bombeia suas batidas. Por isso foi que Guevara não foi à Guatemala nem à Venezuela, por isso o próprio presidente da Organização de Solidariedade da América Latina, Olas, veio à Bolívia e trouxe seus melhores quadros e por isso mobilizaram toda a sua ciência de destruição e toda a sua maquinaria internacional de desprestígio; os guerrilheiros pretendiam romper todos os diques, conduzir-nos ao desastre econômico, à inquietude social e ao caos político; pretendiam fazer a sangria do país em sucessivos golpes de Estado, triunfar sobre governos débeis e efêmeros, e chegar até o governo pelo caminho aberto dos ingênuos e dos demagogos.

Mas calcularam mal; acertaram, é verdade, em relação à localização geográfica, à situação econômica de nosso povo, à característica de a zona que escolheram ser inexpugnável; acertaram em todos os fatores materiais: mas nem eles nem aqueles que pensaram usufruir vilmente de seu triunfo conheceram nosso povo. Sem a ajuda de ninguém, com a clara e manifesta diminuição da cooperação econômica dos Estados Unidos e com preços menores de nossos minerais, vencemos e superamos toda a miséria.

Nosso povo não pensou se tinha fome, não pediu que lhe fosse remediada de forma prévia a injustiça de sua situação; unido, não houve nem distância, nem sacrifícios que não vencesse, nem penúrias físicas nem falta de caminhos que não superasse; essa foi sua grandeza. Nem a selva foi inexpugnável nem os vencedores do exército castrista puderam detê-lo. Sozinhos, porém unidos, vencemos todas as dificuldades. Essa é uma lição que devemos tirar da tragédia; a vitória foi alcançada pela união dos governantes e governados, de soldados e cidadãos; houve completa harmonia entre o governo do general Barrientos e o comando das Forças Armadas; e inteligência na conduta do governo do general Barrientos e das forças militares comandadas pelo general Ovando; será sempre necessário recordar o feito de ter-se acabado com a mais grave e mais ingrata das ameaças que pendiam sobre o país.

Na hora da prova, todos estivemos como nosso exército, todos estivemos com a Bolívia. É a essa lição de unidade que devemos recorrer em nossa história. O esforço dos

378 Che Guevara e a luta revolucionária na Bolívia

doutores de Charcas e de nossos generais, e de nossas mulheres deu-nos a independência. Quando as forças políticas colocaram de lado suas disputas e ergueram Ballivián sobre os ombros, iluminou-nos um sol de Ingavi; no entanto, quando se instalou a discórdia nas fileiras, o resultado foi a derrota de Ingavi e nosso declínio como nação reitora do continente.

Para terminar, senhor presidente, senhores representantes da Nação, senhor chefe do Exército; agora nossa união nos deu Masicurí, Lajas e Higuera, ações que, medidas em sua justa magnitude, trazem paz à Bolívia e segurança à América.

Discurso do comandante em chefe das Forças Armadas Bolivianas, general Ovando Candia

Considero uma honra e um privilégio singular voltar a ocupar esta tribuna, a mais ilustre do pensamento boliviano, para agradecer a homenagem que acabais de render a nosso povo por meio de suas Forças Armadas, e reitero que esta homenagem a haveis rendido ao povo boliviano, pois nós, os integrantes da instituição armada, sem diferença, fomos nada mais que os intérpretes da vontade de viver livre do medo, livre do ódio, livre da miséria e, depositários de seu mandato, nada poderíamos ter realizado se não tivéssemos recebido o generoso apoio do povo, traduzido em contribuições multifacetadas, em que o altiplano, os vales e os trópicos rivalizaram na demonstração de abnegado patriotismo e renúncias exemplares.

Os homens do campo, os quais tínhamos e temos no fundo de nosso coração e para os quais nós desejamos uma vida mais digna, para os quais nossos esforços são dirigidos, responderam-nos amplamente; neste recinto e ante vós, seus honoráveis representantes, senadores e deputados camponeses, as Forças Armadas, por meu intermédio, expressam ao povo sua gratidão e sua indeclinável decisão de estar sempre lado a lado com eles.

Recebo, pois, esta homenagem com emocionada gratidão, e em nome da instituição que represento e pelo que falaram dela, dando provas inquestionáveis de respeito à lei e à vontade popular, sublinho nossa inquebrantável decisão de aceitar sempre esta servidão – "a única que não degrada é a servidão à lei", no dizer do ilustre Franz Tamayo, cuja presença espiritual quase tangível neste recinto sacrossanto faz-se mais admonitória à medida que o tempo tem passado a nos dar suficiente perspectiva e nos faz perceber as verdadeiras dimensões de sua figura magistral e paradigmática; rendo por meio dessa pessoa egrégia a homenagem de admiração ao parlamento boliviano, dignificado por patrícios do nível de Baptista, Terrazas, Salamanca, Hernando Siles e tantos mais.

Quando, há mais de meio ano, a instituição armada recebeu nos desfiladeiros de Ñancahuazú o ataque traiçoeiro de mercenários e apóstolos de evangelhos mentirosos, bem sabeis, apresentavam-se estruturados esforços de paz e progresso; queríamos – e é nossa vontade invariável no presente – ser os que carregam a bandeira deste povo de cuja entranha nascemos, na luta para superar os níveis de vida e para encontrar horizontes de paz, progresso e liberdade mais amplos para seus filhos; mas, feridos impunemente, tivemos de abandonar essa luta cruel para fazer frente ao inimigo estrangeiro que tentava converter nossas escolas em cruéis paredões e pretendia a dominação de nossas instituições tutelares. Fizemos isso com a convicção de nos encontrarmos empenhados em uma guerra de dimensões internacionais, pois nela não defendíamos unicamente fronteiras territoriais, mas sim – e para toda a América – um sistema de vida e uma filosofia que continuam neste continente, que são a paz e a convivência humana livre. E fizemos isso sozinhos, apesar da escassez de nossos recursos materiais; ajudados por ninguém mais que nosso povo, enfrentamos esse novo imperialismo, tão funesto quanto qualquer outro, e fomos limitando os combates com experiências amargas como as de Ñancahuazú e Iripití, para depois, munidos de melhores meios materiais e maior preparo técnico, alcançar triunfos como os de Vado del Yeso e Higueras [La Higuera], onde praticamente foi destruída a guerrilha – mais combativa e mais bem comandada –, ao morrer, em uma luta que será lembrada pela história, o líder continental castro-comunista, o argentino-cubano Ernesto Guevara, demonstrando, assim, que a cordilheira que une a comunidade mestiça do mundo colombiano jamais será convertida na Sierra Maestra, como sonhara o enlutador da ilha do Caribe.

Já podemos vislumbrar para um futuro imediato o clima de paz e de trabalho que requer o porvir de nosso povo, mas não devemos deixar que um falso otimismo nos leve ao engano. O inimigo não é somente o que se encontra encurralado nos rincões serranos. Com atividade insone, encontra-se trabalhando sem trégua de nenhuma espécie, encrustado em níveis múltiplos do cenário nacional. E esse inimigo, cego por uma mística com paralelos medievais, favorecido pelo suborno, quando não é vítima de chantagem, é talvez mais perigoso do que aquele que se sente capaz de lutar com armas nas mãos. Sabemos que esse inimigo tem seus melhores aliados entre os indiferentes e os acomodados, os que fecham os olhos diante do perigo e esperam dos demais o que são incapazes de realizar quando são exigidos nesta hora da história; o povo boliviano, alertado pelo sangue derramado por seus soldados, teve consciência de seus deveres de cidadão e está resolvido a defender seus filhos, de cujos corações ninguém poderá arrancar a imagem de Deus nem de seus espíritos o direito de decidir seus próprios destinos.

Esse ato de tal importância e transcendência nos reconforta, nós que somos chamados a ser os primeiros no enfrentamento definitivo. Sentimos, por meio de vós mesmos, ilustres representantes nacionais, o palpitante e vívido alento à pátria que se ungiu com multitudinário mandato cidadão, e sabemos que vós sois o próprio povo, sabemos que fostes feitos seu intérprete e carregais sua palavra, que tendes o signo da perenidade. Não importam as armas utilizadas diante de um povo quando este se encontra estimulado pela suprema definição de conservar a liberdade fecundada pelo sangue generoso de seus filhos.

Haveis rendido homenagem a nossos mortos. Não são os primeiros e provavelmente não serão os últimos, pois os altares da pátria exigem holocaustos permanentes. Estes mortos, oficiais, cabos e soldados, que confluíram de todos os limites de nossa brava geografia, constituíram para os governantes e governados um elevado tributo. Morreram por algo, e esse algo é a Bolívia, engendrada no fragor da luta libertária e nascida para a liberdade e a democracia. Não devemos nem podemos traí-los, e se os mortos são raízes que, extraídas da terra-mãe, com sua seiva, alimentam a árvore do presente, então edifiquemos seus nomes no presente augural capaz de cimentar o grandioso futuro da pátria.

E devo terminar. As Forças Armadas da nação reiteram, por meu intermédio, sua gratidão por essa homenagem. Temos a certeza de que elas vão se circunscrever ao ato

380 CHE GUEVARA E A LUTA REVOLUCIONÁRIA NA BOLÍVIA

magnífico que haveis querido nos honrar, e que, se projetando em substanciais realizações, nos permitirão contar com vosso permanente apoio e aberta compreensão. Se quisermos qualificar nossos quadros e superar seus dotes materiais, não nos resta outro caminho que o de servir à pátria e ao bem-estar e progresso do povo ao qual pertencemos. Queremos defender seus recursos humanos, tão profundamente lesados pelo subdesenvolvimento e os baixos níveis de vida. Ajudai-nos nesta empresa, honoráveis representantes nacionais, e então, mais do que nunca, tereis merecido o bem da pátria.

Discurso do presidente Barrientos, de 11 de outubro de 1967

Minhas primeiras palavras são para apresentar, em nome dos senhores ministros de Estado, das Forças Armadas da nação, de todo o povo e meu, nossas respeitosas saudações aos honoráveis representantes que decidiram realizar esta sessão de honra às gloriosas Forças Armadas da nação, esta instituição tutelar que, conjuntamente às comunidades camponesas e às populações vizinhas que circundam a zona de agitação invadida por mercenários e aventureiros, puseram toda a sua coragem, seu valor, sua capacidade e sua própria vida para garantir a liberdade dos bolivianos, seu sistema de vida e de luta, e sobretudo para garantir um processo de libertação com liberdade e com soberania protagonizado pelo povo da Bolívia.

De fato, todos sabem que na Bolívia realiza-se um processo de mudanças estruturais socioeconômicas; ninguém ignora que dia a dia, minuto a minuto, o governo, a nação e todas as suas instituições estão decidida e honestamente empenhados em conseguir a incorporação dos camponeses à vida civilizada, à vida nacional, mediante o esforço e a promoção humana, mediante a formação de suas comunidades. Ninguém ignora que na Bolívia existe um processo de industrialização das minas, industrialização no setor do petróleo e gás. Todos sabem que há um processo dinâmico na agricultura, na pecuária, na integração de nosso território. Todos conhecem as obras que se realizam em Abapó e Izozog; todos sabem que estão sendo projetadas e executadas obras de irrigação por águas subterrâneas no altiplano. Todos esses são marcos, são provas, são feitos que caracterizam um grande, firme, sistemático e consciente processo de desenvolvimento, que nós chamamos de libertação. Todos na Bolívia conhecem os esforços, nossos e de todos os bolivianos, para realizar uma mudança no velho sistema de educação.

Quando não há recursos próprios, estamos com uma política progressista de atração de empresas, para dinamizar nossa economia, para criar a riqueza e distribuir e alcançar a felicidade, o avanço e o progresso do povo boliviano. E tudo isso se chama processo de libertação. E quem teria imaginado que, precisamente quando nós estamos enfrentando esta grande luta pelas mudanças, apareceria um grupo de mercenários, que recrutaria outro grupo de aventureiros, levantaria a bandeira da libertação e com esse propósito realizaria uma macabra obra de destruição em nosso país?

Libertação... Libertação era o que estavam realizando justamente as Forças Armadas, que há dois anos e meio haviam começado a avançar, a partir da praça de Vallegrande, atravessando selvas e montanhas até Masicurí, para depois cruzar – sem matar, mas lutando – o rio Grande; penetrar na quebrada de Ñancahuazú, estender esse caminho para reabilitar terras onde pudessem se assentar novas populações que dinamizassem os recursos do território; e chegar a Lagunillas, prosseguir a Monteagudo, a Muyupampa e a todos os setores do sul para, dessa maneira, assentar e balizar esse processo de desenvolvimento. Mas a libertação de que falam com tanta euforia, com tanta irresponsabilidade, os que creem que a libertação é uma aventura, por acaso acham que a libertação é um ensaio com a vida dos povos e dos homens, por acaso a libertação é uma forma de divertir-se com aqueles que estão enfastiados das diversões clássicas, divertir-se com o sofrimento do povo, deter a vida do povo?

O fenômeno guerrilheiro propõe-se a cinco finalidades, na maneira de entender de Castro, de seus teóricos e de seus aventureiros, a qual não coincide de nenhuma maneira com a problemática de nossos povos: a primeira finalidade é desequilibrar a economia com maior rapidez quando se trata de povos empobrecidos; a segunda finalidade é conseguir a comoção nacional; a terceira finalidade é desestabilizar os empreendimentos, o trabalho; a quarta finalidade é confundir os intelectuais, os estudantes, os jovens ávidos de moda; a quinta finalidade é desprestigiar as instituições nacionais. Se estes pilares são derrubados por estas aventuras, não é verdade que também se derrubam toda a esperança e todo o impulso dos homens e dos povos? Se não tivéssemos uma instituição armada, quem poderia ter impedido esse processo de destruição, que eles chamam de libertação? Foram as Forças Armadas que avançaram com seu peito e puseram sua vida, seu sacrifício e sustentaram a tranquilidade, a economia, as instituições. E é por isso que nossa instituição armada merece o bem-querer, não somente de um setor, não somente de um grupo; merece o bem-querer de todos os bolivianos, encontrem-se eles nas fábricas ou escritórios, sejam eles empresários ou intelectuais, porque eles souberam consolidar as bases fundamentais de nosso sistema de vida, de nossa democracia e de nossa liberdade.

Os guerrilheiros tinham quatro razões para escolher a Bolívia: primeiramente, porque a Bolívia efetivamente é um país pobre, empobrecido pela exploração do passado, pelo abandono dos regimes que se empenharam em mesquinharias, em lutas pequenas, de pessoas que deram as costas aos interesses do povo esquecendo seu grande desenvolvimento. Onde quer que se aponte com o dedo se pode encontrar um motivo de descontentamento, qualquer boliviano pode se iludir quando lhe é mostrado um local onde haja miséria e desorganização e lhe seja oferecido com a facilidade dos corajosos e insensatos que em 24 horas julgam poder corrigir todos esses defeitos; essa é uma das razões.

Em segundo lugar, porque é geograficamente o centro estratégico para empreender uma aventura concebida na loucura dos que creem que podem transformar as condições de vida, dos que creem que nos podem ensinar, dos que vieram com a pretensão de nos ensinar e somente aprenderam, mesmo tendo aprendido morrendo. A Bolívia, segundo eles, podia ser um bolsão de anarquia, de desordem, que é o que buscam; não se trata de substituir um órgão para poder conduzir uma nação sem uma motivação, um pretexto de destruição; esse bolsão em Ñancahuazú e em Masicurí havia sido o quartel-general da destruição em nosso território, para depois ser um quartel-general de comoção de todos os outros países limítrofes. Por isso eu digo: neste setor e nesta luta das Forças Armadas da Bolívia, não apenas foram definidos o solo boliviano e o destino dos bolivianos, mas também foi defendido o destino de todo o hemisfério.

A terceira razão: porque há despeitados e oportunistas em nosso país, grupos desesperados, que não são capazes de encontrar seu próprio caminho para contribuir nem com o destino de sua pátria nem para que esse destino possa devolver-nos a felicidade que nos foi tirada por esses mesmos que prometem provocar a comoção interna das cidades; porque as chamadas guerrilhas são a combinação dos que levantam as armas para matar e dos que levam a comoção às cidades para desequilibrar a economia do país.

E a quarta razão: porque aqueles que não podem aceitar que se possa levar adiante uma libertação com liberdade e com cidadania, não podem aceitar que se possam transformar as estruturas de forma realista, como nós fazemos, não podem conceber que se possa levar adiante uma revolução sem paredões manchados de sangue; eles falam da verdade que significa: morte e miséria, cárceres repletos de cidadãos, ódio, indignidade. E na Bolívia está ocorrendo, senhores, uma revolução, uma grande transformação com a participação de todos os seus homens, e quanto mais o tempo passa, mais os homens se convencem de que é possível levar adiante a revolução, uma mudança de estruturas com responsabilidade. É verdade que nosso caminho é mais lento porque temos uma realidade, porque estamos situados na história e porque sabemos conduzir nosso destino através de todos os obstáculos e de todas as dificuldades.

Falei que as Forças Armadas não apenas defenderam a Bolívia, e repito, o mundo inteiro sabe, isso foi feito – assim manifestou o comandante das Forças Armadas – apenas com a contribuição de seu povo, com uma contribuição pobre, talvez, mas decidida e cheia de fé, essa fé do povo que explodiu nas cidades, que se levantou no campo, essa fé que acompanhou e que pediu às Forças Armadas para que cumprissem sua missão constitucional, sua missão natural de defender esta sociedade que se chama sociedade boliviana e a liberdade do hemisfério; porém, de um hemisfério como desejamos, com justiça, com liberdade, com grandes mudanças estruturais, de um hemisfério no qual desejamos que se estabeleçam verdadeiros elos, porque a grandeza do hemisfério depende da grandeza de cada um de nossos povos, assim como a grandeza de cada povo depende do grande e feliz coroamento do esforço comum que realizamos neste momento, e que se chama integração econômica continental. Por isso estamos orgulhosos de haver defendido o hemisfério, porque cremos que seus governos realizarão os grandes esforços, não para integrar-se às trincheiras da reação, da exploração, mas sim para que avancem ao realizar essas mudanças que no dia de amanhã vão satisfazer as justas demandas de seus povos.

Essa é nossa luta, e, nesta luta, bendito seja nosso exército!

Tamanho foi seu objetivo, não lutou para perseguir ninguém, não lutou para matar ninguém, não lutou para tirar nada de ninguém nem lutou para privar a liberdade de ninguém; somente defendeu sua pátria. Somente nos defendemos; mas vejamos a evolução de nossa instituição: no primeiro instante, as Forças Armadas, usando tratores, maquinaria, ferramentas, lado a lado com os camponeses, abrindo o grande caminho da integração, são surpreendidas em Ñancahuazú. Em Iripití, tombam os primeiros homens, tombam oficiais heróicos, brilhantes, oficiais que amavam intensamente sua pátria e que nunca vacilaram nem um segundo em oferecer sua vida, com a ideia de que ela significava um suporte a mais para a liberdade de seu povo, para a felicidade dos bolivianos. O segundo: o exército depõe suas ferramentas e seus tratores, levanta suas armas, compreende a gravidade da ameaça e se predispõe a lutar por seu povo. Em Mesón, em

Yuqui, em Taperilla, o exército se ergue, equipara-se à habilidade guerrilheira, habilidade daqueles que, com grande treinamento, vieram com a crença de que nós não sabíamos defender nossa liberdade, de que não tínhamos mística, de que nós apenas podíamos aceitar amos; chamam-nos de tiranos porque não nos curvamos ante os invasores; nós não somos tiranos; os tiramos são os que pedem a humilhação dos povos e os que intervêm, como neste caso, em nossos próprios negócios. Assim, nossa instituição armada passa à ofensiva. Vem a Operação Cinthia, que põe por terra todas as pretensões de um adversário bem treinado, apodera-se de seus depósitos, toma toda a sua documentação.

O mundo não crê, não crê porque nos subestima, porque sempre nos tratou de cima, não crê em um exército que é forte e poderoso pela grandeza de sua fé, pela imensidão de sua causa; todos sorriem, há homens da imprensa internacional que desgraçadamente escarnecem de nosso país, que dão versões completamente falsas, distorcidas; não obstante, não sabem eles que nosso exército criou-se na escola do sacrifício, que nosso exército é o exército que faz escolas para os camponeses, que nosso exército é que faz estradas, que faz hospitais, que se abraça na choça humilde com o camponês e compartilha de sua tristeza, sua dor, e que neste exército, assim humilde, assim mal preparado, é o exército que havia deixado suas ferramentas, que havia deixado seus tratores, para tornar-se um exército combativo, um exército poderoso, esmagando contra as rochas e as árvores os mercenários. E a Bolívia ergue-se orgulhosa e feliz porque tem um exército que sabe defendê-la na guerra e sabe ajudá-la no desenvolvimento durante a paz.

Tombou um homem, e com ele muitos dos que acaso tinham seu ideal e sua fé; mas sua crença ia contra nossa própria crença e sobretudo contra nossos interesses. Não ofendemos os mortos. Para os mortos que ficarão enterrados na Bolívia não serão feitas exibições, porque não estamos lutando por exibições, estamos lutando pela justiça e pelo progresso da Bolívia. E agora nosso exército fará a operação contrária: metade continuará com armas nas mãos; a outra metade tocará à construção da estrada Vallegrande--Masicurí, Masicurí-Ñancahuazú. Uma parte prosseguirá suas obras nas selvas inóspitas com as comunidades isoladas e afastadas, seguirá compartilhando a luta do camponês, do homem triste; a outra parte, porém, também permanecerá vigilante, para que neste país se garanta o desenvolvimento dinâmico, para que nossa libertação na forma como a entendemos e como a decidimos siga em frente.

A este exército vitorioso, a este exército humilde e querido, a este nosso exército que teve tanta grandeza e tanto sacrifício, junto aos senhores, eu também presto, em nome da nação e do governo, minha homenagem de admiração, de gratidão e lhe peço que siga cumprindo sua missão como tem feito até este momento. Obrigado.

Documentos do Exército

Cif. 87/67: Tropa [do] Regimento Bolívar deve ser posta à disposição [do] Tribunal Justiça Militar [a] fim [de] encontrar culpáveis [que] quiseram instigar atos [de] motim militar e matar seus oficiais em situação [de] guerra internacional contra bandoleiros.

Cif. 5942/67: Imprensa *El Diario* 7 do presente [maio] assinala [a] localização [de] postos militares [na] zona de operações. Permito-me sugerir investigação [de] fontes [d]essas informações; sistema forças comprometendo totalmente [a] segurança.

Cif. 87/67. Secc. III, N. 1492/67: Continua ação sobre Platanal e Quebrada Tiraboy com 175 soldados. Vermelhos se retiraram precipitadamente [no] curso [da] quebrada até Ñancahuazú. Companhia Oxa com 100 soldados obstrui curso [da] quebrada [a] 2.500 metros a noroeste de Ñancahuazú. Vermelhos parcialmente encerrados na quebrada Tiraboy.

Cif. 70172: 25 Hrs. 18:00 concluiu traslado [de] material bélico capturado CITE-2 ao norte [do] acampamento Central em depósitos minados. *Cazabobos* foram desmontados pelo tenente Rolando Saravia abrindo depósito; [o] mesmo foi construído por especialistas com vigas madeira e entrada camuflada. Detalhe[s]: 1 morteiro 60, 7 minas antipessoais, 11 carregadores Amlig, 3 carregadores Pistam, Schmeisser, 1 caixão Ampes, 2 bandas munições Ampes, 1 Amlig, 15 latas [de] azeite com munição M1 60.000 cartuchos, 6 fuzis Mauser, 1 Pistão Schmeisser, 10 granadas morteiro 60, 3 granadas antitanque, 1 granada fumaça amarela, 4 baionetas, correias porta-carregadores e grande quantidade de remédios e livros.

Comunicado N. 45/67

A 8 km a noroeste de Higueras, no dia de ontem, 8 de outubro, ocorreu um forte combate com uma fração vermelha que apresentou desesperada resistência. Os vermelhos sofreram cinco baixas, entre as quais está, presumivelmente, Ernesto Che Guevara.

De nossa parte, registram-se as seguintes baixas:

Mortos – soldados Mario Characayo, Mario Lafuente, Manuel Morales e Sabino Cossío; feridos – soldados Beno Jiménez, Valentín Choque, Miguel Choque, Miguel Taboada e Julio Paco, todos do Batalhão de Assalto n. 2.

2. Continuam as operações, e seus resultados serão divulgados à opinião pública nacional oportunamente.

La Paz, 9 de outubro de 1967

Comunicado N. 46/67

Nas operações de limpeza da zona da Quebrada del Yuro, que desemboca na Quebrada de San Antonio, constatou-se a morte de dois outros bandoleiros ainda não identificados. As forças do exército, em colaboração com os habitantes da zona, ocuparam povoados adjacentes aos locais críticos onde se desenvolveram as últimas ações.

Ampliando nosso Comunicado n. 45/67, estamos em condições de informar que os mortos vermelhos são: Ernesto "Che" Guevara (argentino), "Arturo" (cubano), "Antonio" (cubano), "Willi" (boliviano), restando dois cadáveres ainda sem identificação. Nas ações foram capturados armamento, equipamentos e importantes documentos, figurando entre estes o diário de campanha do "Che" Guevara.

La Paz, 10 de outubro de 1967

Documentos do Partido Comunista da Bolívia

Carta do Secretariado Nacional do CC do PC da Bolívia a Fidel Castro, de 11 de janeiro de 1967

La Paz, 11 de janeiro de 1967.

c. Fidel Castro Ruiz

Primeiro-secretário do Comitê Central do Partido Comunista de Cuba, Havana

Companheiro,

O Comitê Central do Partido Comunista da Bolívia, em sua última plenária, analisou a situação política em nosso país e suas perspectivas prováveis no futuro próximo. Essa apreciação pode ser assim resumida:

1. As contradições de classe nos planos nacional e interno; entre o imperialismo ianque e a nação boliviana em seu conjunto; entre os resquícios feudais e a burguesia burocrática e comercial diante da classe trabalhadora e dos setores não proletários no campo e na cidade, da burguesia nacional, tendem à sua agudização.

2. Depois do golpe militar de novembro de 1964 e das sangrentas repressões ao movimento operário e popular em maio e setembro de 1965, enfrentam-se em grau de contradição crescente a contrarrevolução triunfante, que até agora possui a iniciativa política e poder, e o movimento operário e popular em processo de reorganização, que luta por objetivos próprios e nacionais partindo de um nível mínimo de organização e combatividade até agora defensiva.

3. A base social do governo é integrada pelas classes reacionárias e importantes setores componeses que se mantêm como reserva ativa da burguesia. As sustentações efetivas do entreguismo de Barrientos não são os partidos supostamente representantes da burguesia burocrática e comercial, mas sim o imperialismo, o exército dirigido por assessores ianques e os grupos que controlam pelo terror as fundamentais massas camponesas.

4. A linha de capitulação que segue o governo militar, com disfarce civil, ante as imposições dos monopólios e investidores norte-americanos cria uma situação de instabilidade para os setores da burguesia nacional, particularmente ligados à industria mineira

e de produção de bens de uso e consumo. Esse feito forma uma base em conflito, ainda que não enfrente o *gorilismo*.

5. O movimento operário e popular, submetido à pressão repressiva e intimidatória, os setores camponeses pobres e as massas pequeno-burguesas, que sofrem o impacto da política econômica e policial do governo, procuram sua reorganização, até hoje com relativo êxito, sobre a base da luta reivindicativa, do interesse nacional e das liberdades cidadãs e sindicais. Dá-se um processo positivo de aproximação entre organizações operárias, estudantis e universitárias.

6. As forças e partidos populares, progressistas e revolucionários encontram-se ainda divididos e seus efeitos partidários, desorganizados; não obstante, sabendo-se da rápida radicalização das massas bolivianas e da situação crítica de seu nível de vida, seus direitos e conquistas, não será surpresa da História uma mudança fundamental na situação, se nosso partido e as forças populares e anti-imperialistas souberem e conseguirem organizar a luta em um período relativamente curto.

Estes feitos não fazem senão confirmar, na prática do acontecer social, a linha traçada pelo II Congresso Nacional do partido, que havia previsto, no fundamental, esta tendência, quando no interior dos governos do MNR era gerado o processo golpista que levou a contrarrevolução ao poder.

Com esse critério e diante do avanço reacionário no país, nosso congresso propôs a necessidade de unir e compactar forças, aquelas que constituem a grande maioria dos bolivianos, e cujos intereses alinham-se em uma possível frente anti-imperialista e popular. Tal frente deveria organizar a luta pela tomada do poder para o povo e, em tal situação, deveria dominar e apelar a todas as formas de luta, incluídas aquelas que imponham a violência da reação. A política de frente e a preparação da luta armada, da autodefesa à insurreição, da guerrilha à guerra civil, em função dos intereses e da participação das massas, constituem a essência da linha traçada por nosso II Congresso. Esta linha continua sendo o objetivo que orienta a conduta do PCB.

Tais são, em uma síntese muito resumida, os fatos e sua tendência, e nossa atitude diante deles.

Nos limites desta concepção, nossa Comissão Política foi informada pelo primeiro--secretário de nosso partido, c. Mario Monje Molina, sobre conversações realizadas a propósito da revolução boliviana e sobre o caráter da luta armada em nosso país. Tais conversações foram feitas sob as seguintes premissas:

a) Ampla frente política para a luta armada e contribuição do partido com a incorporação de quadros e organizadores.

b) Solidariedade internacional necessária ao êxito da luta do povo boliviano. Nesse sentido, consideramos de extrema utilidade a reunião dos partidos comunistas e operários do continente.

c) A revolução boliviana e a luta armada deverão ser planificadas e dirigidas por bolivianos. Nossa direção não se exime, mas sim toma seriamente sua responsabilidade neste terreno. Tal exigência não subestima nem rechaça a ajuda voluntária que possa receber de quadros revolucionários e militares experimentados em outros países.

Segundo nos foi informado, nas conversações realizadas foi considerada aceitável a primeira colocação, ainda que errada, assim como a segunda, assinalada com o inciso b). Quanto ao terceiro enunciado, foi ofertada ao c. Mario Monje a direção política, subordinando-a ao mando militar.

Examinada a questão pela Comissão Política, esta apoiou em sua magnitude os entendimentos logrados, ainda que considere que o terceiro inciso é fundamental, decisivo para o êxito da luta armada em nosso país. No critério sobre a revolução boliviana, achamos que ela deve ser dirigida por bolivianos, e que nosso partido reivindica tal direito a tempo de manifestar que conta com os quadros para enfrentar a luta, não obstante sua pequena experiência militar.

Esta forma de pensar da Comissão Política foi unanimemente respaldada pelo Comitê Central, já que este convalida a ideia de ser vital para o curso das ações revolucionárias a necessidade de respaldo do povo, o caráter nacional do movimento e sua direção.

Este passo que adota o Comitê Central é de significado transcendental para o país e de importância para o movimento revolucionário do continente. Estivemos e estamos dispostos a contribuir em novos níveis à luta anti-imperialista de nossos povos; estamos encarando a tarefa do poder para o povo e a revolução na Bolívia. Ele expressa a linha e a ação de nosso partido, linha que desejamos ver materializada.

Ao informar este critério – reiteramos, unânime do organismo –, manifestamos nosso profundo agradecimento à solidariedade que nossa causa recebe do povo de Cuba, da Revolução Cubana e de seus máximos dirigentes.

Com este motivo, saudamos fraternalmente a direção da primeira revolução socialista da América.

Do Comitê Central do PCB
O Secretariado Nacional
Mario Monje M., Jorge Kolle C., Humberto Ramírez C.

Declaração do Secretariado Nacional do PC da Bolívia, de 30 de março de 1967

Bolivianos,

Iniciaram-se as ações guerrilheiras no país. O único responsável por este feito é o governo civil-militarista de Barrientos Ortuño, a serviço incondicional do imperialismo ianque. É o governo entreguista que criou as condições para essa luta, e sua política permitirá consolidar e desenvolver ainda mais o movimento guerrilheiro.

Recordemos:

O massacre de mineiros e fabris em maio e setembro, a agressão à economia popular, com a diminuição dos soldos e salários, o aumento do exército de desempregados e o encarecimento da vida, a alienação do patrimônio nacional a preço vil e em proveito dos monopólios norte-americanos, o atropelo sistematizado das liberdades sindicais e dos direitos dos cidadãos, o enriquecimento das esferas oficiais e círculos militares, em suma, o redobramento da exploração, a vergonhosa traição nacional, a fome e a miséria, a violência organizada para sufocar o descontentamento popular constituem o marco para a resistência armada do povo. A obsequiosidade antipatriótica e antipopular do regime são os melhores elementos inflamáveis, que acenderam a luta popular.

Ingenuamente, o ministro do governo afirma que os recrutadores foram confinados, sem se dar conta de que é o próprio governo o melhor recrutador, pois obriga os bolivianos patriotas e revolucionários a empunharem as armas onde se impõe a alternativa de escolher entre o confinamento nos campos de concentração, nas selvas, ou a luta pela liberdade nas mesmas zonas em que se desesperam dezenas de cidadãos que expressaram seu repúdio ao regime pró-ianque. Com a prepotência a que nos têm acostumado, o governo e o alto mando anunciaram cem vezes "a destruição do foco insurgente", e outras tantas vezes aumentará no povo a fé no triunfo definitivo sobre o imperialismo intervencionista e seus agentes internos.

Acusam os guerrilheiros – como o fizeram a seu tempo os colonialistas espanhóis e seus agentes contra Lanza, Padilla, Warnes, Arze, Méndez etc. – de bandidos e saqueadores, de estrangeiros e mercenários, esquecendo-se do libertador Simón Bolívar, Sucre e Arenales, dos milhares de venezuelanos, colombianos, equatorianos, peruanos, argentinos que, com seu sangue generoso, contribuíram para a criação desta pátria. Não, senhores norte-americanizados: a guerrilha é patriótica e anti-imperialista, é mil vezes mais boliviana que o atual círculo governante. Somente a reação, o imperialismo ianque e os pseudorrevolucionários do PIR podem caluniar e tergiversar o conteúdo, o caráter e as perspectivas da luta gerada.

Ninguém, em sua cegueira, pode ignorar o significado histórico que propicia a realidade da guerrilha. E isto deve estar presente tanto para o oficialismo quanto para os "opositores construtivos".

O Partido Comunista da Bolívia, que vem combatendo a política vigente de traição dos interesses nacionais, anunciou que esta provocaria acontecimentos imprevisíveis; agora assinala que a luta guerrilheira iniciada é apenas uma das resultantes de tal política, uma forma de resposta ao oficialismo.

O Partido Comunista, portanto, manifesta sua solidariedade com a luta dos patriotas guerrilheiros. O lado mais positivo desta atitude fará sem dúvida com que esta luta contribua para mostrar o melhor caminho que os bolivianos devem seguir para conseguir a vitória revolucionária. A incorporação às fileiras guerrilheiras escapa ao conceito orgânico ou disciplina de um partido, já que os bolivianos têm o direito e a obrigação de contribuir na luta do povo na forma que achem mais conveniente.

O Partido Comunista da Bolívia tem sua própria linha, aprovada em seu II Congresso, e a seguirá, preservando-a e desenvolvendo-a. Nunca ocultou seu propósito de conquistar o poder pela via que a realidade histórico-concreta imponha, fazendo um governo popular anti-imperialista a serviço do povo boliviano, com a única exigência da ação e participação conscientes das grandes massas populares, encabeçadas por seu partido em luta permanente e no momento que a conjuntura política lhe seja mais favorável. Os acontecimentos atuais não modificarão, no fundamental, a linha e os propósitos dos comunistas bolivianos, mas sim exigirão maiores esforços, sacrifícios e disciplina.

O exame dos comunicados do governo e do alto comando militar, assessorados pelos criminosos de guerra norte-americanos, assim como o caráter da guerrilha, fazem-nos pensar em um longo período de luta armada, que será acompanhada de mudanças e mais mudanças na situação da equipe governante. O povo e seu partido devem preparar-se para lutar nesta nova situação, criando e acelerando as condições para o desenlace revolucionário.

Como tendência, manifesta-se no país uma maior agudização das contradições vigentes, polarizam-se mais os campos da contrarrevolução e enfrentam-se com maior clareza as forças do imperialismo e a reação, de um lado, e as forças do povo, do outro.

O governo, ao manter sua linha de submissão, fome e repressão; ainda mais, ao agudizá-la, não somente por sua incapacidade, mas também por seu afã de sobrevivência, fará com que se juntem mais e mais bolivianos à luta armada ou à resistência organizada das massas. Nessa perspectiva, os comunistas colocam como tarefa de honra, sua e do povo, assim como das organizações populares, democráticas e revolucionárias, o fortalecimento estratégico da luta unitária e combatente das massas em defesa dos interesses destas e da nação em seu conjunto. Tal luta não pode ter outro marco que não a unidade nem outra perspectiva que não a vitória.

A organização da luta popular pela reposição e aumento de soldos e salários para os diferentes setores dos trabalhadores, contra o encarecimento do custo de vida em geral, pela permanente defesa das liberdades e direitos dos cidadãos, assim como pela vigência dos organismos sindicais democraticamente eleitos, pela liberdade dos presos e detidos, contra toda violação às normas da vida humana, pela sistemática defesa do patrimônio nacional loteado pelos entreguistas, pelo resguardo e desenvolvimento da cultura nacional, democrática e científica por meio da universidade autônoma, constituem não simplesmente palavras de ordem, slogans de luta, mas sim os pilares estruturais do programa de ação para todos os bolivianos e, em primeiro lugar, para os trabalhadores e seus destacamentos de vanguarda.

Sobre a base de tal programa imediato, popular, patriótico e democrático devem convergir as forças que, por meio da ação unitária, consigam fortalecer as bases da frente popular anti-imperialista que canalize a luta, dando-lhe corpo e conteúdo para garantir o desenlace.

Nuvens de tormenta e períodos de luta vislumbram-se no horizonte dos bolivianos; hoje, os golpes do inimigo serão mais fortes, mas na perspectiva da batalha e em seu desenvolvimento o signo de nosso tempo se mostrará: o triunfo do povo e a derrota dos inimigos.

O Partido Comunista da Bolívia, nesta emergência, reitera seu chamado a todos os partidos populares sem exceção, às massas trabalhadoras e camponesas, aos setores universitários estudantis e intelectuais com dignidade nacional, para construírem uma frente sólida que se oponha ao imperialismo ianque e a seus atuais lacaios, uma frente capaz de conquistar e organizar um governo a serviço do povo boliviano, que leve o país pelo caminho do progresso, do bem-estar e da soberania nacional.

O governo utilizará a presente conjuntura para golpear com renovado brio as forças verdadeiramente revolucionárias, mas, se o povo se une, frustrará e derrotará, mais cedo do que tarde, tais tentativas. A base de existência de governos como o atual assenta-se sobre a divisão das forças populares. O círculo civil-militarista encabeçado por Barrientos, Ovando, Guevara, Anaya e companhia vive órfã de todo apoio popular. E só o poder militar se sustenta.

A vitória do povo boliviano depende somente da unidade que ele alcance.

Bolivianos, unamo-nos para derrotar a intromissão imperialista e a política do governo servil que a representa.

O Secretariado Nacional do PCB
Mario Monje, Jorge Kolle, Humberto Ramírez
La Paz, 30 de março de 1967

Carta de Mario Monje ao CC do PC da Bolívia, de 15 de julho de 1968

La Paz, 15 de julho de 1968
Ao Comitê Central do Partido Comunista da Bolívia
Presente
Camaradas:

Com o propósito de fazer conhecidos mais antecedentes sobre os acontecimentos guerrilheiros do ano passado que tiveram por cenário o país, chamo a atenção para os seguintes fatos.

Em maio de 1966, entrevistei-me com o companheiro Fidel Castro em Cuba. Em um intervalo da entrevista, após ressaltar meu espírito internacionalista, este manifestou que, a fim de não recorrer a outros países, pedia minha ajuda para garantir a passagem, pela Bolívia, de um companheiro que ambos conhecíamos e cujas credenciais de revolucionário ninguém podia pôr em dúvida nem lhe negar o direito de retornar a seu país. Então, solicitou-me que escolhesse pessoalmente quatro companheiros de confiança para que o protegessem em sua passagem e, se fosse possível, acompanhassem-no depois. Aceitei o pedido. Ele me recomedou manter segredo entre nós dois. Depois, ofereceu-nos (aos comunistas bolivianos) ajuda incondicional, manifestando estar de acordo que a revolução boliviana deveria ser controlada pelos bolivianos: prometeu não se intrometer nos assuntos internos da Bolívia nem reter os estudantes treinados que desejavam retornar ao país. Agradeci por tudo aquilo.

Quando retornei, divulguei ao Secretariado Nacional do PCB o pedido, meu acordo já expresso e também os oferecimentos feitos.

Depois das eleições nacionais – mais concretamente nos meses de agosto e setembro –, quando nos dispúnhamos a fazer nossa ajuda efetiva e nos momentos em que selecionávamos, preparávamos nossos quadros militares e montávamos o aparato militar do partido, desconfiamos de que era montado outro plano para ser aplicado no país, que vinha sendo preparado um aparato conspirativo à margem e paralelo ao dispositivo partidário, e que tratavam de desinformar-me por todos os meios. As viagens de um intelectual europeu aumentaram minhas suspeitas. Então, chamei um emissário de Fidel Castro e a ele expressei meu completo desacordo com o que parecia estar sendo feito, deixando clara minha intolerância à intromissão estrangeira e chamando-lhe a atenção sobre a violação de um compromisso realizado por iniciativa de Fidel. Mesmo assim, fiz que soubesse de minha intenção de levar tudo aquilo ao conhecimento da Comissão Política do PCB. O emissário respondeu-me que não se violava nenhum compromisso, que simplesmente tomavam-se medidas de precaução, as quais não tinham relação alguma com as viagens do intelectual europeu.

392 CHE GUEVARA E A LUTA REVOLUCIONÁRIA NA BOLÍVIA

Em outubro, informei à Comissão Política sobre o que eu supunha que se levava a cabo. A comissão resolveu enviar uma delegação a Cuba para discutir o assunto e fazer conhecida nossa posição, reiterando que a revolução boliviana deveria ser dirigida pelos bolivianos; propúnhamos uma conferência de partidos comunistas e operários da América Latina e ratificávamos nossa posição de adesão aos princípios que sustentam o movimento comunista internacional.

Em novembro, em plena viagem, me dei conta de que minhas suposições tinham fundamento e de que os preparativos para a Bolívia haviam entrado em período de exe-cução. Ante a mim se apresentou a opção de continuar uma viagem inútil ou retornar ao país para enfrentar essa nova situação. Pus-me em contato com Havana, comuniquei que viajava para o congresso de um partido irmão e que, se não tinham nada a falar comigo, retornaria ao país. Depois do congresso, convidaram-me a Cuba.

Em dezembro, cheguei a Havana e realizou-se outra entrevista com Fidel Castro, na qual lhe expressei minhas preocupações sobre o que vinha ocorrendo no país. Ele me pediu desculpas pela atitude do emissário com quem eu havia conversado e novamente reiterou seu completo acordo comigo acerca de que a revolução boliviana deveria ser dirigida pelos próprios bolivianos. Comuniquei-lhe minha firme intenção de encará-la e a urgência de uma nova conferência de partidos comunistas e operários. Ele, então, convidou-me a encontrar-me com o companheiro Ernesto "Che" Guevara, esclarecendo que este se encontrava em país próximo à Bolívia e que a entrevista teria lugar em um ponto fronteiriço que me seria comunicado depois. Aceitei o convite entusiasticamente. Com relação à conferência de partidos proposta, afirmou que ela dependeria dos acordos a que poderíamos chegar com o companheiro Guevara. Uma vez mais, recomendou-me manter segredo sobre o encontro e somente informar mais tarde sobre ele, criticando-me por não haver mantido anteriormente uma estrita reserva.

A 24 de dezembro cheguei a La Paz. Nos dias seguintes, pedi a um membro do Secretariado Nacional que convocasse urgente e sucessivamente reuniões desse secre-tariado, da Comissão Política e do Comitê Central, reuniões que deveriam ocorrer em um prazo de dez dias. Esse plano permitiria ausentar-me para ir ao lugar do encontro, que ainda não conhecia e o qual informaria ao retornar. Um emissário do companheiro Guevara informou-me que eu deveria ir a Camiri e que de lá me acompanhariam até onde ele estava. Saí de La Paz a 29 daquele mês.

Em Ñancahuazú, quando se iniciava a entrevista, o companheiro Ernesto "Che" Guevara me disse: "Previamente, queria fazer-te algumas perguntas, para evitar susceti-bilidades futuras entre nós dois. Na verdade, te enganamos. Eu diria que Fidel não tem culpa, foi parte de minha manobra, já que ele te fez um pedido por minha iniciativa. Inicialmente tive outros planos, e depois os mudei. Estou aqui, esta é minha região libertada, e daqui não saio, ainda que fique sozinho com os que vieram me acompa-nhando. Perdoe o companheiro com quem falaste (o emissário de Fidel); ele é muito bom, de absoluta confiança. Não é político, e por isso não soube nem pôde explicar-te meus planos. Sei que fui muito descortês contigo. Na vida, poucas vezes me equivoquei em meu critério sobre os homens, e um desses equívocos é Oscar Zamora. Zamora foi a Cuba para pedir nosso apoio e me disse que faria fracionalismo para se apoderar da direção do PCB ou para dividi-lo. Eu lhe expressei meu acordo com o fracionalismo,

Documentos do Partido Comunista da Bolívia   393

se ele entrasse na luta guerrilheira. Zamora concordou; mas voltou ao país, esqueceu-se de seu compromisso e da ajuda recebida, entregou-se a quem lhe fazia a melhor oferta. Agora não temos nada a ver com ele e seu grupo. Esperei-te com impaciência, desejava muito falar contigo sobre muitas coisas, mas em primeiro lugar quero pedir-te que fiques conosco, para encabeçar a insurreição como chefe político".

Começamos a conversar. Expus a ele as condições que já são conhecidas publicamente, mas cujo conteúdo deverá ser explicado. O círculo vicioso ao qual se refere Guevara em seu diário surgiu em torno de que a revolução boliviana deveria ser dirigida pelos próprios bolivianos, e de que os revolucionários de outros países poderiam colaborar sem condições e quando fosse necessário. Depois se discutiu sobre a diferença entre nossos planos revolucionários, e também em relação a que um burô político da revolução não pode subordinar-se ao chefe militar. Depois, falou-se sobre a necessidade de organizar células do partido dentro do exército revolucionário; em seguida, discutiu-se sobre a participação do burô político e do chefe político na eleição dos comissários políticos, outorga de graus e planificação das ações etc., etc.

Na impossibilidade de nos pormos de acordo, pedi a intervenção de Fidel Castro. Ele me respondeu que tinha por costume propor-se a um objetivo, traçar seus planos e persegui-los através de todos os obstáculos, arrasando quem se colocasse em seu caminho. "Podes chamar como queiras meu critério; à diferença de você, que fala de princípios políticos, de partido ou patriotas – qualifique os meus, ainda que seja de princípios pessoais –, o que vem ao caso é que eu devo ser o número um".

Perguntou se me minhas posições eram negociáveis. Respondi-lhe que não. Depois fui eu quem lhe perguntou se sua posição era discutível. Respondeu-me que não.

Estancadas as conversações, pediu para que me decidisse se ficaria ou não. E disse textualmente: "Tens a liberdade de informar sobre a conversa a teus camaradas e abandonar o acampamento quando assim lhe for conveniente. Você não será detido pela forças". Ao final, consciente de que não nos poderíamos entender, despedi-me, expressando-lhe que nós dois não poderíamos chegar a nenhum acordo, que tínhamos duas concepções diferentes e somente a prática poderia elucidá-las. Que, para não ser um obstáculo em suas relações com o partido, apresentaria minha renúncia quando retornasse. Guevara pediu-me que, por fidalguia revolucionária, não divulgasse a ninguém seu nome nem onde se encontrava; rogou que as relações entre ambos os partidos não se deteriorassem.

Quando retornei a La Paz, informei o conteúdo da conversação à Comissão Política e, ao término da reunião, sugeri o envio de uma carta a Fidel Castro em nome do Comitê Central, fazendo-lhe conhecer nossos pontos de vista, e pedi que me fossem retiradas minhas funções de primeiro-secretário do partido. Depois, reunindo o Comitê Central, apresentei um informe mais geral sobre o ocorrido.

Os diversos documentos e declarações que têm aparecido até hoje e os que ainda vão aparecer confirmarão ou negarão os acontecimentos que assinalo e permitirão explicar o ocorrido em nosso país. Esta carta, o informe que apresentei à plenária do Comitê Central em janeiro deste ano, o diário do "Che" Guevara, a introdução de Fidel Castro, os cabogramas que foram trocados entre Havana e Ñancahuazú – particularmente um que apareceu na imprensa nacional em fins de outubro de 1967 –, as declarações de Pombo no Chile, o diário do guerrilheiro Alejandro Martínez (tombado no Vado del

Yeso), incluindo a carta de Oscar Zamora e o manifesto de Inti Peredo, ajudam a mostrar o quadro geral do sucedido.

Fraternalmente,

Mario Monje

Carta de Simón Reyes ao CC do PC da Bolívia, de 17 de julho de 1968

La Paz, 17 de julho de 1968

Estimados camaradas:

É a primeira vez que tenho a oportunidade de prestar uma informação sobre as conversações que mantive com Fidel Castro, ainda que esta informação se limite ao aspecto que interessa a todos.

Na maior parte de nossa conversa, Fidel tratou de explicar-me a forma de combater efetivamente o imperialismo, sustentando que somente a formação de um exército revolucionário no campo poderia enfrentar vitoriosamente qualquer exército profissional das oligarquias. De minha parte, fiz algumas observações, e a mais importante que recordo é aquela em que sustentei que a situação do campesinato boliviano é diferente da de outros países latino-americanos, por exemplo, do Peru. Na Bolívia, ainda que a situação econômica e social do campesinato não tenha sido resolvida com a reforma agrária, em contrapartida modificou-se a propriedade da terra, com a criação da propriedade camponesa, a liquidação do latifúndio e das relações feudais de trabalho existentes até 1953. Ou seja, que, no fundamental, a reivindicação tradicional mais sentida, a da terra, desaparecera. Fidel Castro respondeu-me que "eles nunca haviam oferecido a terra no transcurso da guerra". Estava convencido de que o campesinato não luta só pela terra, mas também, como ser humano, tem dignidade, sofre opressão e injustiça.

Devemos reconhecer que alguns outros argumentos, à parte os citados, eram bastante convincentes. Nunca tive a ilusão de que podia modificar seus pontos de vista, que conformam uma nova concepção, sobre a qual se assenta sua atividade no continente. Mas, em um momento da conversa, recordo de haver-lhe expressado minhas dúvidas sobre o êxito da guerrilha na Bolívia, embora duvide de que ele tenha prestado atenção a elas.

De maneira geral, Castro pediu-me que lhe prestasse minha cooperação. Respondi-lhe que o partido havia, até então (fins de dezembro de 1966), cooperado com os cubanos. Fidel concordou e disse que Monje havia cooperado com eles; também revelou que Monje havia-lhe dito que planejava renunciar à secretaria do partido, perguntando-me quem deveria sucedê-lo.

Até esse momento, eu não havia recebido nenhuma explicação sobre o que se pensava fazer na Bolívia, e tampouco sobre a presença do comandante "Che" Guevara no país, talvez esta última por segurança.

Em meados de janeiro de 1967, em circunstâncias em que me apressava em retornar ao país, de Praga, o camarada N. avisou-me que tinha em seu poder uma carta de muita importância e que deveríamos esperar três dias até que chegasse Kolle; caso este não chegasse nessa data, deveríamos abrir a carta, tomar conhecimento de seu conteúdo e fazê-la chegar a seu destino. Como o c. Kolle não chegou dentro do prazo fixado, colocamo-nos a par do conteúdo da carta e concordamos que, pela delicadeza do assunto, deveria ser eu o responsável por entregar pessoalmente a carta ao Comitê Central do PCB, de 11 de janeiro de 1967, dirigida ao comandante Fidel Castro.

Quando me vi outra vez com o c. Fidel Castro em Cuba, tive a impressão de que ele conhecia os famosos três pontos condicionais, seguramente por meio de uma transmissão cabográfica. Nessa segunda conversa, Castro afirmou que a luta não começaria na Bolívia, que a libertação de nosso país estava condicionada à dos países vizinhos e que não compreendia a razão de [Mario Monje ou, de maneira geral, o Partido Comunista da Bolívia] reclamar a direção política e militar. Naquela ocasião, recebi a notícia da presença do comandante Guevara, sem que me fosse indicado o lugar onde estava. Respondi-lhe que ignorava essa informação e que, ao explicar essa situação, o partido compreenderia e prestaria sua cooperação de acordo com a discussão que haveria de ocorrer na Bolívia com Ernesto "Che" Guevara.

Fidel perguntou-me qual seria minha atitude se o partido não prestasse sua cooperação. Respondi que confiava no partido. Ele continuou a insistir nos mesmos termos. O evidente é que procurava uma resposta minha, à margem do partido, ou seja, a cooperação. Nada disso ocorreu, como depois Fidel Castro expressou a Jorge Kolle, a quem relatou algo de nossa conversa, além de explicar-lhe as coisas que disse sobre este país. Este foi mais ou menos o conteúdo da segunda conversa.

Fraternalmente,
Simón Reyes

CARTAS

Carta de Che Guevara à filha Hilda

15 de fevereiro de 1966

Hildita querida:

Escrevo hoje, embora a carta deva chegar bem mais tarde; mas quero que você saiba que eu lembro de você e que espero que seu aniversário seja um dia muito feliz. Você já é quase uma mulher, e eu não posso escrever como se escreve a uma criança, contando bobagens ou mentirinhas.

Você deve saber que eu continuo longe e que ficarei muito tempo longe de você, fazendo o que for possível para lutar contra nossos inimigos. Não que seja grande coisa, mas o que posso eu faço, e creio que você sempre sentirá orgulho de seu pai, como eu sinto de você.

Lembre que temos pela frente muitos anos de luta, e que você, mesmo sendo mulher, deverá fazer parte dessa luta. Entretanto, é preciso que você se prepare, que você seja muito revolucionária, coisa que em sua idade significa aprender muito, o máximo possível, e que você esteja sempre disponível para apoiar as causas justas. Além disso, obedeça à sua mãe e não faça nada antes do tempo adequado. Essa época chegará.

Você deve lutar para ser uma das melhores alunas da escola. Melhor em todos os sentidos, e você sabe o que isto quer dizer: estudo e atitude revolucionária, isto é: boa conduta, seriedade, amor à Revolução, companheirismo etc. Eu não era assim em sua idade, mas estava em uma sociedade diferente, quando o homem era o inimigo do homem. Agora você tem o privilégio de viver outra época e é preciso ser digna dela.

Não esqueça de dar atenção à casa e olhar as crianças, aconselhar que estudem e se comportem bem. Especialmente Aleidita, que lhe ouve muito em sua condição de irmã mais velha.

Muito bem, filha, mais uma vez, que você seja muito feliz em seu aniversário. Dê um abraço em sua mãe e em Gina, e para você vai um muito grande, muito forte, que possa valer para todo tempo em que não nos vejamos, de seu

Papai

Carta de Fidel Castro a Che Guevara, junho de 1966

Querido Ramón:

Os acontecimentos passaram na frente de meus projetos de carta. Eu li na íntegra o esboço do livro sobre sua experiência no C. [Congo] e também, novamente, o manual sobre guerrilhas, com o objetivo de poder fazer a melhor análise possível sobre esses temas, sobretudo, tendo em conta o interesse prático com relação aos planos na terra de Carlitos [Carlos Gardel; Argentina]. Ainda que, de imediato, eu não precise lhe falar desses temas, me limito no momento a lhe dizer que achei sumamente interessante o trabalho sobre o C. e creio que realmente valeu a pena o esforço que você fez para deixar tudo registrado por escrito. [...] Acabo de ler sua carta a Bracero [Osmany Cienfuegos] e de conversar longamente com a Doutora [Aleida March].

Nos dias em que parecia iminente uma agressão [externa], sugeri a vários companheiros a ideia de lhe propor que viesse [para cá] (ideia que também estava na mente de todos). O Gallego [Manuel Piñero] se encarregou de sondar sua opinião. Pela carta a Bracero, vejo que você estava pensando exatamente da mesma forma. Mas, neste exato momento, já não podemos fazer planos sobre isso, porque, como lhe explicava, nossa impressão é de que, agora, não ocorrerá nada.

Não obstante, me parece que, dada a delicada e inquietante situação em que você se encontra aí, você deve, de todas as formas, considerar a conveniência de dar um pulo até aqui.

Sei que você é, particularmente, refratário a considerar qualquer alternativa que inclua voltar a Cuba neste momento, a não ser em caso muito excepcional, como o mencionado acima. Isso, não obstante, analisado fria e objetivamente, cria obstáculos para seus propósitos; ou pior, os põem em risco. Custa-me resignar-me à ideia de que isso seja correto e, inclusive, de que possa se justificar de um ponto de vista revolucionário. Sua permanência no chamado ponto intermediário aumenta os riscos; dificulta extraordinariamente as tarefas práticas a realizar; e, longe de acelerar, atrasa a realização dos planos e lhe submete, além do mais, a uma espera desnecessariamente angustiosa, incerta, impaciente.

E tudo isso, por quê e para quê? Não há nenhuma questão de princípios, de honra ou de moral revolucionária que lhe impeça de fazer um uso eficaz e cabal das facilidades que você, realmente, pode contar para cumprir seus objetivos. Fazer uso das vantagens que objetivamente significam poder entrar e sair daqui, coordenar, planejar, selecionar e treinar quadros e fazer daqui tudo o que com tanto trabalho só precariamente você pode realizar daí ou de outro ponto similar, não significa nenhuma fraude, nenhuma mentira, nenhum engano ao povo cubano ou ao mundo. Nem hoje nem amanhã (nem nunca ante sua própria consciência). O que, sim, seria uma falta grave e imperdoável, seria fazer as coisas mal feitas, podendo fazê-las bem. Fracassar quando existem todas as possibilidades de êxito.

Não insinuo, nem remotamente, um abandono ou adiamento dos planos nem me deixo levar por considerações pessimistas ante as dificuldades surgidas. Muito pelo contrário, porque creio que as dificuldades podem ser superadas e que contamos, mais do que nunca, com a experiência, a convicção e os meios para levar a cabo os planos com êxito, é porque sustento que devemos fazer o uso mais racional e ótimo dos conhecimentos; os recursos e as facilidades com que se conta. É que, realmente, desde que se engendrou sua já velha ideia de prosseguir a ação em outro cenário, você pôde alguma vez dispor de tempo para se dedicar por inteiro à questão para conceber, organizar e executar os planos até onde isso seja possível? [...]

É uma enorme vantagem, neste caso, que você possa utilizar isso, dispor de casas, *fincas* isoladas, montanhas, *cayos* solitários e tudo quanto seja absolutamente necessário para organizar e dirigir pessoalmente os planos, dedicando a isso cem por cento de seu tempo, podendo receber o auxílio de quantas pessoas sejam necessárias, sem que mais que um reduzidíssimo número de pessoas conheça sua localização. Você sabe, absolutamente, que não existe a mais remota possibilidade de que você encontre, por razões de Estado ou de política, dificuldades ou interferências. O mais difícil de tudo, que foi a desconexão oficial, foi alcançado, e não sem ter que pagar um determinado preço de calúnias, intrigas etc. É justo que não tiremos todo o proveito possível disso? Pode contar algum revolucionário com condições tão ideais para cumprir sua missão histórica em uma hora em que essa missão cobra singular relevância para a humanidade, quando se entabula a mais decisiva e crucial luta pelo triunfo dos povos? [...]

[...] Por que não fazer as coisas bem-feitas se temos todas as possibilidades para isso? Por que não tomamos o mínimo de tempo necessário, ainda que se trabalhe com maior rapidez? Por acaso Marx, Engels, Lênin, Bolívar, Martí não tiveram que esperar, em ocasiões que duraram décadas?

E naquelas épocas não existiam nem o avião, nem o rádio, nem os demais meios que hoje encurtam as distâncias e aumentam o rendimento de cada hora da vida de um homem. Nós, no México, tivemos que investir 18 meses [de preparação] antes de regressar até aqui. Eu não lhe proponho uma espera de décadas nem de anos sequer, só de meses, já que creio que, em questão de meses, trabalhando da forma que lhe sugiro, você poderá se colocar em andamento em condições extraordinariamente mais favoráveis do que as que estamos tratando de conseguir agora.

Sei que você completa 38 anos no dia 14. Você pensa, por acaso, que nessa idade um homem começa a ficar velho?

Espero que estas linhas não lhe causem desgosto e preocupação. Sei que se você as analisar serenamente, me dará razão, com a honestidade que lhe caracteriza. Mas, ainda que você tome outra decisão absolutamente distinta, não me sentirei, por isso, decepcionado. Escrevo-as a você com íntimo afeto e nobre inteligência, sua irrepreensível conduta e seu inquebrantável caráter de revolucionário íntegro. E o fato de que você possa ver as coisas de outra forma não mudará em nada esses sentimentos nem arrefecerá nossa cooperação.

Carta de Che Guevara aos filhos

Meus queridos Hildita, Aleidita, Camilo, Célia e Ernesto:

Se algum dia vocês lerem esta carta, será porque eu já não estarei mais com vocês.

Quase não se lembrarão de mim, e os mais pequenos não lembrarão nada.

Seu pai foi um homem que age como pensa e, certamente, foi leal às suas convicções. Cresçam como bons revolucionários. Estudem muito, para poder dominar a técnica que permite dominar a natureza. Lembrem que a Revolução é o mais importante, e que cada um de nós, sozinho, não vale nada.

Sobretudo, sejam capazes sempre de sentir profundamente qualquer injustiça cometida contra qualquer pessoa em qualquer lugar do mundo. É a qualidade mais bela de um revolucionário.

Até sempre, filhinhos, espero vê-los ainda. Um beijo grande e um abraço do Papai

Carta de Che Guevara aos pais

Queridos velhos:

Mais uma vez sinto sob os calcanhares as costelas do Rocinante, volto aos caminhos empunhando minha lança.

Há mais ou menos dez anos, eu lhes escrevia outra carta de despedida. Segundo me parece lembrar, eu lamentava não ser melhor soldado e melhor médico; a segunda coisa já não me interessa, e creio que não sou um soldado tão ruim.

Nada mudou na essência, a não ser que agora estou muito mais consciente, meu marxismo está enraizado e apurado. Acredito na luta armada como a única solução para os povos que lutam pela libertação, e sou consequente com minhas convicções. Muitos dirão que sou um aventureiro, e sou de fato, só que um tanto diferente, sou daqueles que arriscam a vida para demonstrar suas verdades.

Pode ser que desta vez seja a definitiva. Não procuro isso, mas está dentro do cálculo lógico de probabilidades. Se for assim, vai meu último abraço.

Amei-vos muito; apenas não soube expresar meu carinho, sou muito rígido em minhas atitudes e penso que às vezes não fui bem entendido. Não era fácil me entender. No entanto, peço-vos que acreditem no que digo hoje.

Agora, uma força de vontade, que trabalhei com deleite de artista, sustentará umas pernas fracas e um par de pulmões cansados. Hei de conseguir.

Lembrem, uma vez ou outra, deste pequeno *condottiere* do século XX. Um beijo para Célia, Roberto, Juan Martín e Patotín, Beatriz, todos. Um grande abraço do filho pródigo e teimoso para vocês.

Ernesto

Carta de Inti Peredo a Fidel Castro, dezembro de 1968

Bolívia, dezembro de 1968.

Companheiro Fidel:

Nenhum revolucionário pode deixar passar esta data sem sentir satisfação e orgulho pelos dez anos do triunfo da Revolução Cubana, em uma luta titânica contra o imperialismo e os pseudorrevolucionários do mundo inteiro. Esta luta colocou Cuba no lugar de honra e sacrifício ao mesmo tempo, de vanguarda entre os povos do nosso continente.

400 CHE GUEVARA E A LUTA REVOLUCIONÁRIA NA BOLÍVIA

O Exército de Libertação Nacional, fundado pelo imortal Comandante Che Guevara, se sente entranhavelmente irmanado à Revolução Cubana. Isso, não só pela identidade de princípios e ideais que nos guiam, mas também pelos laços eternos do sangue, igualmente derramado pelos heróicos cubanos e bolivianos, nos combates que pela liberdade da América se deram nos campos de batalha, escrevendo assim uma exemplar página de solidariedade e internacionalismo revolucionário.

O triunfo da Revolução Cubana assinalou um novo caminho a nossos povos saqueados, humilhados e assassinados pelo imperialismo e suas marionetes de cada país, o único possível, o da luta armada. Sepultou também as absurdas teorias do fatalismo geográfico que subordinavam o destino de nossos povos à amizade e "ajuda" dos Estados Unidos. E acima de tudo, esta revolução ensinou que a liberdade, a independência e a justiça para os povos oprimidos só se conquistam com os sacrifícios mais elevados do homem. Luta que, como a de Cuba, oferecem à história a coragem de um Abel Santa María, José Echeverría, Frank País, Camilo Cienfuegos e tantos outros, demonstram que tais bens se arrancam lutando e não mendigando-os de cômodas e tranquilas bancadas parlamentares.

O ELN, que em nenhum instante deixou a luta e se prepara para livrar novas e decisivas batalhas para dar à Bolívia seu 1º de janeiro, saúda por seu intermédio neste aniversário ao povo cubano e reafirma sua fé na vitória final, seguro de que um dia a Bolívia, como todos os povos do continente, seguirá pelo sendeiro que hoje com tantos sacrifícios está abrindo Cuba.

Inti Peredo

FONTES DOS DOCUMENTOS TRADUZIDOS

Documentos das guerrilhas

Carta de Jorge Ricardo Masetti, em nome do EGP, ao presidente Arturo Illia (9 de julho de 1963) e *"Mensaje a los campesinos", escrita por Jorge Ricardo Masetti, em nome do EGP (janeiro de 1964)* - Jorge Ricardo Masetti, *Los que luchan y los que lloran y otros escritos inéditos* (Lanús Oeste, Nuestra América, 2014).

ELN boliviano, Instruções para os quadros destinados ao trabalho urbano; Comunicado N. 1; Comunicado N. 2; Comunicado N. 3; Comunicado N. 4; Comunicado N. 5 - Ernesto Guevara, *América Latina: despertar de um continente* (Havana, Ocean Sur, 2003); Carlos Soria Galvarro (org.), *El Che en Bolivia*, v. 4: *Los otros diarios y papeles* (La Paz, Cedoin, 1996); Ernesto Guevara, *Diário da guerrilha boliviana* (trad. Juan Martinez, São Paulo, Edições Populares, 1987).

Mensagens enviadas pelo Che a Fidel: CZO. N. 2, LECHE e CZO. N. 4, LECHE - Carlos Soria Galvarro (org.), *El Che en Bolivia*, v. 4: *Los otros diarios y papeles* (La Paz, Cedoin, 1996).

Mensagens enviadas de Havana e recebidas pelo Che na Bolívia: N. 32; N. 34; N. 35; N. 36; N. 37; N. 38; N. 39 - Carlos Soria Galvarro (org.), *El Che en Bolivia, v. 4: Los otros diarios y papeles* (La Paz, Cedoin, 1996); e Ernesto Guevara, *Diário da guerrilha boliviana* (trad. Juan Martinez, São Paulo, Edições Populares, 1987).

"Volveremos a las montañas", manifesto do ELN, escrito por Inti Peredo, em julho de 1968 - Inti Peredo, "Volveremos a las montañas", em *Cristianismo y Revolución*, No. 9, Buenos Aires, setembro de 1968, p. 19-23.

Documentos do governo

Mensagem do presidente Barrientos, de 9 de outubro de 1967; Discurso do vice-presidente da Bolívia e presidente do Congresso Nacional, Siles Salinas; Discurso do comandante em chefe das Forças Armadas Bolivianas, general Ovando Candia; Discurso do presidente Barrientos, de 11 de outubro de 1967 - Carlos Soria Galvarro (org.), *El Che en Bolivia*, v. 3: *Análisis y reflexiones* (La Paz, Cedoin, 1994).

Documentos do Exército

Cif. 87/67; Cif. 5942/67; Cif. 87/67. Secc. III, N. 1492/67; Cif. 70172 - Diego Martínez Estévez, *Ñancahuazú: apuntes para la historia militar de Bolivia* (La Paz, [s. n.], 1984).

Comunicado N. 45/67 e *Comunicado N. 46/67* - Carlos Soria Galvarro (org.), *El Che en Bolívia*, v. 2: *Su último combate* (La Paz, Cedoin, 1993).

Documentos do Partido Comunista da Bolívia

Carta do Secretariado Nacional do CC do PC da Bolívia a Fidel Castro, de 11 de janeiro de 1967; *Declaração do Secretariado Nacional do PC da Bolívia, de 30 de março de 1967*; *Carta de Mario Monje ao CC do PC da Bolívia, de 15 de julho de 1968*; *Carta de Simón Reyes ao CC do PC da Bolívia, de 17 de julho de 1968* - Carlos Soria Galvarro (org.), *El Che en Bolivia*, v. 1: *El PCB antes, durante y después* (La Paz, Cedoin, 1994).

Cartas

Carta de Che Guevara à filha Hilda - Ernesto Guevara, *Cartas* (trad. Juan Martinez de la Cruz, São Paulo, Edições Populares, 1980).

Carta de Fidel Castro a Che Guevara, junho de 1966 - Aleida Guevara March, "Prologo", em Che Guevara, *Pasajes de la guerra revolucionaria: Congo* (Cidade do México, Grijalbo, 1999).

Carta de Che Guevara aos filhos e Carta de Che Guevara aos país - Ernesto Guevara, *Cartas* (trad. Juan Martinez de la Cruz, São Paulo, Edições Populares, 1980).

Carta de Inti Peredo a Fidel Castro, dezembro de 1968 - El Ortiba: Colectivo de Cultura Popular, disponível em: <http://www.elortiba.org/old/inti.html>; acesso em 28 maio 2023.

ÍNDICE ONOMÁSTICO

A

Acevedo, Rogelio, 150

Acuña Núñez, Juan Vitalio (Joaquín, Vilo), 104, 106, 110, 112-3, 119-20, 129-30, 135, 138-43, 362-3, 373

Adotevi, Stanislas Spiro, 60

Adriazola Veizaga, David (Darío), 144, 152--3, 161-2, 170

Agee, Phillip, 223

Agostinho Neto, António, 57

Aguilar, Norberta de, 140

Aguilar, Pastor, 233

Aguirrechu, Iraida, 159

Aguirre del Cristo, Sergio, 58

Aguirre Gainsborg, José, 188

Akuete, Ebenezer, 51

Alandia Pantoja, Miguel, 176

Alarcón Ramírez, Dariel (comandante Benigno), 87, 99, 101, 105-6, 113, 139, 142, 152, 162

Albarracín, Alberto, 224

Albuaguante, Felipe, 73

Alcoreza, Carlos, 26

Alexander, Alfredo, 161

Alexander, H. T., 76

Alexandre-Debray, Janine, 125

Alexeiev, Alexandr, 45

Algarañaz, Ciro, 104, 108

Alger, James, 216

Ali, Tariq, 125

Alighieri, Dante, 90

Allende, Beatriz (Tati), 156

Allende, Salvador, 95-6, 126, 153, 197, 201, 226

Almaraz Paz, Sergio, 140

Almeida Bosque, Juan, 159

Almeyda, Clodomiro, 95

Almeyra, Guillermo, 116

Alonso, Alicia, 45

Alsogaray, Álvaro C., 136

Altamirano, Oscar Atilio, 43

Althusser, Louis, 95

Alvarado, Hilda, 96

Alvarado Marín, Carlos Conrado de Jesús (Mercy), 47, 103

Alvarez de la Campa, Odón, 58

Ameijeiras, Efigenio, 55

Ampuero, Raúl, 153

Anderson, Jon Lee, 65, 150, 161

Anderson, Perry, 125

Aneyba Torrico, Ricardo, 156

Angell, Luis Felipe (Sofocleto), 35

Ankrah, J. A., 76-7

Apithy, Sourou-Migan, 60

Aquino Quispe, Apolinar (Apolinario, Pólo), 101, 139, 208

Aquino Tudela, Serapio (Serafín), 101, 208

Aragonés, Emilio (Tembo), 54, 60, 66, 87, 89

Arana Campero, Jaime (Chapaco, Luis), 94, 144, 152, 170

Arana Sernudo, Federico, 147

Arancibia Ayala, Walter, 108, 139, 208

Arce Quispe, Adrián, 26

Arce Paravicini, José, 239

Arcos Albarracín, Caupolicán, 152, 163

Ardaya Salinas, Gloria, 215

Arduz, Marcelo, 239

Arguedas, Antonio, 47, 148, 156, 158, 223

Arias, Eladio, 130

Aricó, José, 43, 241

Ariet, María del Carmen, 151

Ariosto, Ludovico, 90

Arismendi, Rodney, 40, 95, 210

Aristófanes, 90

Aristóteles, 90

Armas, Mercedes de, 159

Arroyo Flores, Román, 129, 358

Arteaga Calzadilla, Carlos, 168

Arze, Ricardo, 47, 389

Asquini, Pedro, 116

Ayoroa, Miguel, 149, 224

Azevedo, Luís de, 57

Azurduy, Juana, 193

B

Babu, Abdul Rahman Muhamed, 50-1, 62

Baczko, Bronislaw, 231

Badani, Soriano, 117

Badiou, Alain, 125

Barahona López, Andrés (Iván), 104

Bakary, Djibo, 56

Baldwin, James, 90

Ballivián Rojas, Hugo, 16

Banzer, Hugo, 155, 209, 224-8, 237

Baptista, Moisés Abraham, 148

Baptista Gumucio, Mariano, 23, 27-8, 148

Barbosa, Marcelo, 47

Barco, Oscar del, 43

Baroja, Pío, 90

Barrenechea, Ramiro, 210, 239

Barrero Quintana, Pastor (Daniel), 113, 118

Barrientos Ortuño, René, 21, 24-7, 30, 47, 101, 110, 117, 125, 128, 131-2, 142, 145-7, 154, 156, 177-8, 185, 197, 202-1, 215, 217, 223-4, 237-8, 374, 377, 380, 386, 388, 390

Barros Filho, Omar de, 176-7, 210

Barthélémy, Gérard, 125

Bascope Méndez, Alfonso, 47

Batista, Fulgencio (ex-presidente de Cuba), 203

Bautista Pabón, Juan, 239

Beccar, Carlos, 117

Bedregal, Guillermo, 188

Béjar Rivera, Héctor (Calixto), 33-6, 98, 105

Belaúnde Terry, Fernando, 35

Belmonte Ardiles, Jorge, 132

Belzahuser, Esteban, 148

Ben Bella, Ahmed, 49, 52, 54, 56, 73, 78, 84

Bendfeldit, Manuel, 216

Bengochea, Ángel Amado (Vasco), 42, 45, 162, 191

Ben Khedda, Ben Youssef, 54

Berenguela, Luis, 152

Bermúdez, Gerardo, 164

Bernal de Leytón, Paquita, 140

Bernardi, Patrícia, 151

Bethlem, Hugo, 30

Bidalila (coronel), 82

Bider, Nadia, 44-5

Blackburn, Robin, 125

Blanco, Genaro, 216

Blanco, Hugo, 35-6

Blest, Clotario, 73

Í N D I C E   O N O M Á S T I C O   405

Blum, William, 77

Bolívar, Simón, 65, 127, 373, 377, 389, 398

Borda Leaño, Héctor, 239

Borrego, Orlando, 66, 100

Botsio, Kojo, 58-9

Boumédiène, Houari, 54-5, 84

Bourne, Richard, 60

Bouteflika, Abdelaziz, 84

Bowdler, William, 219

Bravo, Douglas, 107

Bravo, Flavio, 54, 70

Brizola, Leonel, 115

Brockinton, John S., 219

Broe, William, 219

Bunche, Ralph, 76

Bunke, Erich Otto, 44

Bunke Bider, Haydée Tamara (Tania), 28, 44-
-7, 93, 103-4, 106-10, 114, 117, 122-3,
124, 139, 141, 152, 361, 364, 373

Bunke Bider, Olaf, 44

Burgos, Elizabeth, 125-6

Busch, Germán, 218

Bush, Oscar, 164

Bustos, Ana María, 125, 149

Bustos, Ciro, 28, 38, 41, 43-4, 107, 114,
115, 170, 226, 234

Byl, Heinrich, 44

C

Caamaño Deñó, Francisco, 69

Cabieses, Manuel, 156

Cabot, John, 21

Cabral, Amílcar, 58, 73, 95

Cabrera, Hoover, 240

Cabrera Flores, Restituto José (Negro), 114,
139

Cajías, Lupe, 188, 195

Calvimontes, Jorge, 239

Calzada Macho, Isidoro, 232

Camacho, Natalio, 216

Camacho Peña, Alfonso, 214

Campero, Jaime Arana (Chapaco, Luis), 94,
144, 152

Campero, Milton, 216

Canelas, Jorge, 146

Canello, Agustín, 43

Cano, Ricardo, 137, 366

Capriles Farfán, René, 47

Carmona, Augusto, 125

Carrasco, Mário, 137, 366

Carrera, María Elena, 153

Carretero, Juan (Ariel), 63, 89, 93, 363,
365-6

Carrillo, José, 56

Carvajal Acuña, Arturo, 152

Castañeda, Jorge G., 56, 58, 67

Castellanos, Baudilio, 153

Castellanos, Juan Alberto, 41, 43

Castillo Chávez, José (Paco), 139

Castro, Fidel, 27, 35, 48, 51-2, 54-6, 58, 61,
63, 65-70, 72-3, 79-80, 84, 86-9, 91,
94-5, 97, 106, 109-10, 116, 124, 126,
128, 150, 153-60, 189, 195-6, 200-5,
207, 209, 210-1, 226, 233, 240, 360,
362, 386, 391-95, 397, 399

Castro, Raúl, 58, 70, 80, 85, 135

Catalán, Elmo, 163

Cayola Riart, Humberto, 222

Cerdat, Rubén, 162

Cervantes, Miguel de, 90

Chang Navarro, Juan Pablo (El Chino), 95,
98, 105, 114, 143-4, 146, 170, 361-2,
364-5, 373

Chávez Ortíz, Ñuflo, 17, 20, 108

Chávez Taborga, César, 140

Chinea, Hugo, 159

Chire Barrientos, Moisés, 47

Choque Choque, Salustio, 114, 139

Choque Silva, Hugo (Chingolo), 135

Cienfuegos, Camilo, 69, 98, 400

Cienfuegos, Osmany, 60, 80, 83, 89, 95, 397

Clausewitz, Carl von, 90, 162

Codovilla, Vittorio, 40, 107, 210

Coello, Carlos (Tuma), 85, 89, 93, 97, 102, 104, 111, 130, 145, 149, 363

Colomé Ibarra, Abelardo (Furry), 38

Concepción de la Pedraja, Octavio de la (Moro, Morogoro), 105, 106, 142, 144, 152, 169, 171

Cooke, John William, 41, 45, 84, 95

Cordero Ponce, Benjamín (Benjo Cruz), 163, 239

Cordier, Andrew, 76

Córdova, Víctor, 164, 171

Cordova-Claure, Ted, 236-7

Cormier, Jean, 67

Coronado, Benigno, 164

Coronado Córdova, Benjamín, 108, 111-2, 171, 362

Coronel, Juan, 149

Corr, John H., 132, 220

Cortéz, Jorge, 240

Cortéz de Balderas, Julia, 145

Corvalán, Luis, 153, 200

Cossío, Mario, 216

Cruz, Margarito, 128

Cuba Sarabia, Simeón (Willy), 129, 136, 144, 146, 151

Culleghan, William, 220, 223

Cupull, Adys, 122, 159, 221

D

Daniel, Jean, 53

Dausá, Rafael, 159

Dávila, Hugo, 140

Dávila, Raúl, 41

Daza, Carlos, 197

Debray, Georges, 125

Debray, Laurence, 126

Debray, Régis (Danton, francês), 28, 67, 95, 100-2, 111, 114-6, 118-9, 122-6, 130, 136, 139, 145-6, 155, 162-4, 169, 178-9, 182-3, 200, 204, 223, 226, 228, 232-3, 361-66

De Gaulle, Charles, 53, 125

Del Valle, Miguel Brugueras, 136

del Valle, Sergio, 70

Delgadillo Medio, Guillermo, 217

Delgadillo Olivares, Hugo, 123

Delgado, Juan Carlos, 148

Demóstenes, 90

Denard, Bob, 78

Deng Xiaoping, 60

Diallo, Seydou, 58

di Albanez, José Maria, 69

di Salvo, Aníbal, 236

Díaz, Mario, 152, 156

Diop, Majhemout, 56

Domínguez Flores, Antonio (León), 101, 142

Dorticós, Osvaldo, 60, 66-8, 70, 137, 195, 207

Dreke, Víctor (Roberto, Moja), 79-83, 85-7

Du Bois, W. E. B., 59

Dulles, Allen, 76

Dunkerley, James, 16, 21, 201

Duque Estrada, Miguel Ángel, 41-2

Durán, Luís Raúl, 47

Durán Illanes, Justino, 140

E

Echazú Navajas, Roberto, 239

Eder, George Jackson, 23

Egala, Imoru, 59

Eguren, Alicia, 45

Elías, Alaín, 33

Elío, Tomás Guillermo, 154

Engels, Friedrich, 244, 398

Entralgo González, Armando, 50, 59

Ertl, Monika, 237

Escobar, Federico, 21, 26, 198

Escobar, Filemón, 21

Escobar, Froilán, 63

Espín, Vilma, 70

Ésquilo, 90

Estívariz, Carlos Rafael, 128

ÍNDICE ONOMÁSTICO 407

Estrada, Ulises, 38, 89, 93
Eurípedes, 90

F
Facó, Rui, 90
Faivovich, Jaime, 156
Fanon, Frantz, 52, 61
Fanon, Josie, 56
Farias, Roberto, 99
Faustino Stamponi, Luis, 116, 162
Felipe, León, 127, 233-4
Feltrinelli, Giangiácomo, 125, 157
Fernández, Lucas L., 239
Fernández Gasco, Gonzalo, 36
Fernández Mell, Oscar, 89
Fernández Montes de Oca, Alberto (Pacho, Pachungo), 93, 100-4, 111-3, 129-30, 136, 138, 144, 146, 151, 170, 232, 187, 363
Fernández Oña, Luis, 156
Fernholds Ruiz, Enrique, 140
Ferreira, Aluísio Palhano Pedreira, 136
Ferrer, Carlos (Calica), 18
Ferrer, Colman, 90
Fiorito, Susana, 84
Fitzgerald, Desmond, 219
Flores, Aldo, 137, 366
Flores, Genaro, 181
Flores, Justo, 216
Fortún, Julia Elena, 47
Franqui, Carlos, 58
Frei, Eduardo, 153
Fricke, Edmond, 128
Frondizi, Arturo, 41
Fuente, David La, 224
Furtado, Celso, 174
Furtak, Robert R., 65

G
Gadea, Hilda, 68
Gadea, Ricardo, 36, 98

Gaggero, Manuel J.
Gaítan, Carlos (Pancho)
Galindo, Eduardo (tenente), 142, 376
Galindo, Néstor, 47
Gallagher, John, 216
Gallardo, Alberto, 219-20
Gálvez, William, 11, 87, 97
Gamarra, Enrique, 239
García, Julio Gabriel, 147, 220
García, Guillermo, 70
García, Moisés, 122
García Aguero, Salvador, 58
García Elorrio, Juan María, 45
García García, Gabriel, 223
García-, Héctor, 69
García Gutiérrez, Luis (Fisín), 89, 92-3, 103
García Márquez, Gabriel, 37
García Meza, Luis, 158
Gbenye, Christophe, 62, 78
Gelman, Juan, 116
Geyer, Georgie Anne, 126
Giap, Vo Nguyen, 199, 244
Gilly, Adolfo, 34, 73
Gironda, Eusebio, 140
Gizenga, Antoine, 78
Goethe, Johann Wolfgang von, 90
Gómez, Hortensia, 45
Gómez, Máximo, 135
Gómez, Oliverio, 128
Gómez Abad, José, 46, 93, 234
Gómez Trueba, Angel, 68
González, Froilán, 122, 159, 221
González, Mario, 223
González Casanova, Pablo, 20, 215
González Galiano, Alejandro, 43
González Moscoso, Hugo, 182, 189, 191-4
González Pérez, Jorge, 151
Gott, Richard, 57, 125
Goicochea, Miguel (Pirincho), 42
Grabois, Maurício, 73

Graham III, Alvin, 128
Granado, Alberto, 18, 67, 233
Groswald, Bernardo, 42
Groux, Pablo, 159
Guachalla Ibáñez, Efraín, 126
Gueiler, Lidia, 96, 196-7
Guerra, Alberto, 239
Guerra, Félix, 63
Guerverof Hahn, Lidia, 46
Guevara, Alfredo, 70
Guevara, Hilda, 67
Guevara Rodriguéz, Moisés, 108
Guevara, Néstor, 36
Guevara, Roberto, 149
Guevara Lynch, Ernesto (pai), 84
Guevara March, Aleida, 66, 68, 84, 89, 93, 143, 157, 234, 397
Guevara March, Camilo, 68, 398
Guevara March, Celia (filha), 68, 149, 398
Guevara March, Ernesto (filho), 68
Guido, José María, 41
Guille, Jorge, 43
Guillén, Nicolás, 68, 127
Guimarães, Irineu, 126
Guisse, Tidiani, 56
Guitart, Luís García, 63
Gutiérrez Ardaya, Mario (Julio), 94, 142
Gumucio Dagrón, Alfonso, 239
Guzmán, Domingo de, 232
Guzmán Lara, Loyola (Ignacia), 108-10, 140, 164, 191, 208
Guzmán Fricke, Ernesto, 216

H
Hall, Gus, 75
Halperin Donghi, Tulio, 15
Hammarskjöld, Bo, 76
Hammarskjöld, Dag, 76
Haptka, James, 128
Harris, Richard L., 102

Hart, Armando, 70
Hassan II, 55
Hederman, Luis, 197
Hegel, Georg Wilhelm Friedrich, 90
Heinrich, Ana, 47
Hellman, Alfredo, 116
Henderson, Douglas (embaixador), 24, 132, 142, 207, 219
Heraud Pérez, Javier Luis, 33, 36
Hernández, Aurelio, 220
Hernández, N., 223
Hernández Osorio, Manuel (Miguel), 105, 108, 113, 142, 161, 170
Heródoto, 90
Hillsman, Roger, 24
Hinojosa, Roberto, 189
Hoare, Mike, 78
Ho Chi Minh, 34
Homero, 90
Hood Vaugh, Jack, 216
Hopkins, Alfred, 126
Huanca, Bernardino, 144, 146, 149
Huanca Flores, Francisco (Pablo, Pablito), 142, 144, 152
Huerta, Eduardo, 145
Hughes, Thomas L., 66
Humérez, Walter, 110

I
Ileo, Joseph, 76
Illia, Arturo, 41, 345-8
Incháurregui, Alejandro, 151
Infante, Tita, 18
Iturri Patiño, Simón, 16
Iriarte Paz, Remberto, 126
Issa, Soumah Naby, 51, 58

J
Janssens, Émile, 74
Jerez, Jorge, 42
Jerquera, Carlos, 156

Í N D I C E O N O M Á S T I C O 409

Jessup, Peter, 219

Jiménez Bazán, Orlando (Camba), 106, 142, 208, Jiménez Tardío, Antonio (Pedro, Pan Divino), 106, 108, 208

Johnson, Lyndon B., 25, 219

Jouvé, Emilio, 43

Jouvé, Héctor, 42

Jozami, Eduardo, 107, 116

Justo, Liborio, 176

K

Kabila, Laurent, 62-3, 80, 83, 85

Kalfon, Pierre, 58, 106

Kalonji, Albert, 75

Kambona, Oscar, 62

Kan Mai, 62

Kasavubu, Joseph, 74, 76-8

Kasabuvabu, Emmanuel, 82

Kashamura, Anicet, 60

Katari, Túpac, 180-1, 183

Keita, Modibo, 57

Kellner, Douglas, 17, 61

Kennedy, John F., 54

Kim Il-Sung, 34

King, Martin Luther, 90

Kissonga, Albert, 63

Kitunga, Placide, 63

Kiwe, 82

Klein, Herbert S., 175, 225

Kohl, James V., 180

Kolle Cueto, Jorge, 21, 34, 110-1, 115, 195, 207-8, 219, 361-2, 364-6, 388, 391, 394-5

Kolle Cueto, León, 219, 223

Köller Echalar, Genny, 163

Korionov, Vitali, 65

Kosmodemianskaia, Zoia, 46

Kowalewski, Zbigniew Marcin, 157

Kruschev, Nikita, 64-5

Kumm, Björn, 126

L

Lallemand, Roger M., 125

Lambert (tenente-coronel), 82

Landívar, Javier (Quirito), 163

Lang, William, 219

Langalis, Charles, 220

Lara, Jesús, 40, 43, 152, 199

Lara, Lúcio, 57

Lara, Yemaya, 161

Lara Rico, Matilde, 161

Laredo, Henry, 129, 358

Larguía Mareno, Isabel, 46

Lazarte Rojas, Jorge, 96, 134, 185

Lazeano, Juan Carlos, 96

Lechín Oquendo, Juan, 19-21, 24, 113, 194-8

Lênin, V. I., 65, 90, 162, 187, 243-4, 398

Leondiris, Nicolas, 223

Lerch, Gunther, 163

Lioncourt, Thérèse de, 125

Lipscomb, Thomas H., 155

Liss, Sheldon B. (Pappy), 19, 218

Lissouba, Pascal, 57

Lobatón Milla, Guillermo, 36, 96, 98

López Muñoz, Alberto, 47

López Muñoz, Colombia, 47

López Muñoz, Gonzalo, 47

López Orta, Armando, 159

Lora, César, 26

Lora, Guillermo, 21, 96, 177, 188-91, 196

Löwy, Michael, 11, 192

Loyola, San Ignacio de, 108

Lozano, Hugo, 109, 140, 361-2, 364

Luengo, Luis, 153

Lumumba, Patrice, 48, 60, 74-77, 79, 85, 162

Lundula, Victor Richard, 78

Lust, Jan, 37, 100, 116

M

Machado Ventura, José Ramón, 89

Machel, Samora, 57

Machín Hoed de Beche, Gustavo (Alejandro), 99, 106, 139

Maemura Hurtado, Freddy (Ernesto, Médico), 94, 105, 139, 208

Maemura Hurtado, Mary, 174

Makeba, Miriam, 93

Malmierca, Isidoro, 70

Malraux, André, 125

Mandel, Ernest, 191

Mannel, Gunter, 45

Mansur, D. H., 227

Mantegna, Andrea, 236

Manto, Coco, 239

Manzaneda Mallea, Fernando, 156

Mao, Tsé-Tung, 34, 54, 62, 90, 168, 198-201, 205, 244

Marchetti, Victor, 106, 223

Mariátegui, José Carlos, 184, 189, 231

Marighella, Carlos, 115, 137

Mariscal, Ángel, 152

Marks, John D., 223

Marof, Tristán (Gustavo Adolfo Navarro), 188-9

Martei, Margaret, 59

Martí, José, 80, 83, 90, 120

Martínez, Fernando, 161

Martínez Álvarez, Gonzalo, 47

Martínez Álvarez, Mario Antonio, 47

Martínez Casso, José, 148

Martínez Estévez, Diego, 220, 384

Martínez Tamayo, José María (Mbili, Papi, Ricardo), 39, 40-2, 44, 80-1, 85-6, 89, 93, 96-7, 102, 105, 135, 200, 206, 363

Martínez Tamayo, René (Arturo), 105

Martínez Villena, Rúben, 68

Marx, Karl, 243-4

Masengo, Ildefonse, 80, 85, 87-8

Masetti, Jorge Ricardo (comandante Segundo), 37-44, 54-6, 95, 126, 345, 348, 352

Maspero, François, 125

Massamba-Débat, Alphonse, 57, 85

Massari, Roberto, 11, 159

Maurer, Kevin, 217

Mbaguira, Casimir, 63

Medina, David, 216

Melgar, Antonio, 130

Melgar, Félix, 164

Méndez, Federico (Basilio, El Pelao), 38, 42, 360, 362

Méndez Korne, Júlio Luis (El Ñato), 34, 94, 100, 106, 129, 141, 144, 152

Méndez, Luis, 208

Mendez, Lechín, 161

Méndez Roca, Mariano, 239

Mendizábal Moya, Jaime, 126

Mendoza Nava, Vicente, 110

Mercado Aguilar, Mario, 126

Merrell, Burdell, 220

Miashiro, Ignacio, 96

Michel, Julio, 216

Milliard, Roland, 128

Mills, John, 220

Miranda, Rogelio, 224, 228

Miranda Pacheco, Mario, 96

Miranda Pereira, Hebert, 161

Mitchell, LeRoy, 128

Mitterrand, François, 127

Mitudidi, Leonard, 80, 83, 85

Mobutu, Joseph Desiré, 76-8

Moniz Bandeira, Luiz Alberto, 11, 30

Monje Molina, Mario (Estanislao), 34, 40, 43-4, 96-7, 101, 106-7, 110, 200, 202--5, 207-10, 360-1, 364, 369, 387-8, 391, 394-5, 400

Montané, Jesús, 66

Montaño, Wilfredo, 217

Montfort, Simón de, 232

Montoya, Víctor, 161

Monzón, Grover, 130

Moore, Carlos, 51, 58

Morales, Evo, 159

Morán, Fernando, 61

Moreira, Roberto, 164

ÍNDICE ONOMÁSTICO   411

Moreno, Nahuel, 191
Moreno Quintana, Jaime, 156
Moulane (general), 82
Moya Márquez, Felipe, 216
Mudandi, 85
Muhammad, Herbert, 51
Mulele, Pierre, 62, 77-8, 88
Murray, Hugo, 220, 223

N
Nápoles Infante, Miguel, 220
Napurí, Ricardo, 34
Nasser, Gamal Abdel (presidente), 49, 54,
    63, 66, 78
Neruda, Pablo, 13, 68, 127
Ngendandumwe, Pierre, 62
Ngoja, André, 82
Nicolau, Ramón, 54
Nicolau Velasco, Luis, 126
Niño de Guzmán, Jaime, 128, 147, 149
Nisttahuz, Jaime, 239
Nkrumah, Kwame (Osagyefo), 50, 59-60,
    62, 76-8
Nogales, Néstor, 140
Nourry, Philippe, 126
Novillo, Raúl, 126
Núñez Jiménez, Antonio, 45, 373
Nyati, Mandungu Bula, 57
Nyerere, Julius, 49, 62, 78

O
Ojalvo Mitriani, José Luís, 93
Oliva, Rogelio (David), 80
Olivares, Augusto, 160
Olivares, Carlos, 58
Oliver, Covey, 219
Olmedo López, Eduardo, 47
Olmos, Oscar, 216
Onetti, Jorge, 90
Ortega, Enrique, 164

Ortega Leytón, Juan, 47
Osatinsky, Marcos, 116
Osinaga, Susana, 147
Ostria, Alfonso, 216
Otero, Ramiro, 137, 203, 210, 366
Otero Calderón, Jaime, 140
Otero Calderón, Jorge, 161
Otu, Stephen, 76-7
Ovando Candia, Alfredo, 21, 25, 47, 154, 163,
    217, 223-4, 228, 244, 378, 390, 399

P
Pablo, Michel, 177
Padilla, David, 155, 227, 376, 389
Padilla, Hugo, 221, 376
Padilla, Manuel, 193, 376
País, Frank, 85, 400
Pantoja Tamayo, Orlando (Antonio, Olo),
    38, 106, 151
Paredes, Maximiliano, 161
Pareja, Walter, 109, 111, 364
Patch, Richard W., 22
Paulo VI, Papa, 125
Paz Estenssoro, Víctor, 15-18, 20-1, 24-5,
    34, 173, 178, 188, 213-15
Paz Zamora, Jaime, 198
Paz Zamora, Nestor, 163
Peláez, Luis, 129, 358
Pellicari, Nicolás, 148
Peña, Pedro, 144
Peña, Teresita, 43
Peña Torres, Hermes, 38, 42-3
Pereda, Juan (presidente), 227
Peredo Leigue, Antonio, 131, 159,
Peredo Leigue, Guido Álvaro (Inti), 40-1,
    100, 104-7, 111, 122, 126, 140, 142,
    144-5, 152-3, 159-62, 194, 206, 208,
    228, 227, 237, 359, 366, 394, 399-400
Peredo Leigue, Roberto (Coco), 40, 94, 96,
    100-2, 105, 130, 140, 142, 162, 206,
    208, 228, 364, 373

Peredo Leigue, Osvaldo (Chato), 162-4, 225, 228

Peredo, Rómulo, 40

Pérez, Alejandro, 156

Pérez Panoso, Carlos, 146

Pérez Betancourt, Oscar, 162

Pérez Zujovic, Edmundo, 153

Peterson, Jerald, 128

Pierini, Franco, 126

Pimentel, Ireneo, 21

Píndaro, 90

Piñero Losada, Manuel (Barbarroja), 38, 45, 47, 195

Pinet, George, 125

Pinochet, Augusto, 237

Pires Almeida, Luiz Renato (Dippy), 162

Platão, 90

Plato Ríos, Hernán, 116-7

Plaza, Zacarías, 238

Plutarco, 90

Ponchardier, Dominique, 125

Portantiero, Juan Carlos, 43

Porter, Robert W., 217

Portocarrero Ríos, Elio, 36

Posadas, J., 73

Pozo, Enrique, 216

Prada, Oscar, 216

Prado Salmón, Gary, 144, 151, 227, 237

Prats Labrada, Hiram, 54

Precht Bañados, Héctor, 119

Puente, Ricardo Oscar, 163

Puente Mayeta, Orlando (Bahaza), 86

Q

Quicañez, Efraín, 152

Quieto, Roberto, 116

Quintanilla, Roberto (Toto), 147, 161, 237-8

Quipe, Fausto, 228

Quiroga, Mario, 47

Quiroga Bonadona, Adolfo, 163

Quiroz, Rúben, 217

Quispaya Choque, Raúl, 136, 363

R

Racine, 90

Ramallo, Juan, 217

Ramírez, Juan Manuel, 47

Ramírez Cárdenas, Humberto, 119

Ramírez Alcázar, Gonzalo, 140

Ramonet, Ignacio, 61

Rea, Fidel, 138

Rearte, Gustavo, 41, 45

Reed, John, 90

Reinaga Gordillo, Aniceto, 108, 113, 130, 144, 146, 208, 373

Rembrandt, 236

Reque Terán, Luis (coronel), 128, 143, 163, 376

Restituto Cabrera Flores, José (El Negro), 114, 139

Reyes Rodríguez, Eliseo (Rolando, San Luís), 99, 104, 106, 112, 117, 127, 157, 201, 227, 361-2, 384

Reyes, Tarija Simón, 207, 394-5

Reyes Zayas, Israel (Braulio), 85, 99, 104, 139

Reynoso, Raúl Juan, 43

Rhea, Humberto, 109, 111, 361, 364-5

Riera, Santiago, 66

Risquet, Jorge, 57, 85

Rivalta Pérez, Pablo, 62, 79-80, 87, 89

Rivera-Colón, Héctor, 128

Riveros Tejada, Guillermo, 140

Roa, Raúl, 68

Robledo Limón, Ricardo, 65

Roca, Blas, 60, 70

Rocabado Terrazas, Vicente (Orlando), 113, 118

Rocha, Waldo, 96

Rodrigues, Deolinda, 57

Rodríguez, Aniceto, 153

Rodríguez, Antonio, 11, 216

ÍNDICE ONOMÁSTICO 413

Rodríguez, Carlos Rafael, 66, 68, 70

Rodríguez, Félix Ismael, 146, 149, 156, 219, 223, 238, 362

Rodríguez, Martiriano, 217

Rodríguez Ostria, Gustavo, 162, 164

Rodríguez Suárez, Roberto, 151

Rojas, Honorato, 111-2, 138, 238, 363

Rojas, Manuel, 95

Rojas, Sebastián, 56

Rojo, Ricardo, 16-7, 19, 84

Rosental, Mark Moisevich, 90

Ross, Irving, 138

Ross, Thomas B., 62

Rostow, Walt Whitman, 24, 219

Rotblat, Adolfo, 42

Roth, George Andrew, 121-3

Rouissi, Boualem, 66

Ruiz González, Raúl, 96

Ruiz Paz, Jorge (Omar), 163

Rufino Chuquimamani Valer, Nonato, 184

Rusk, Dean, 136

Russell, Bertrand, 115, 125, 364

S

Saavedra, Juan José, 163

Saavedra Arombal, Luis, 118, 357

Saénz, Tirso W., 66, 68

Saint-George, Andrew, 124

Saldaña, Rodolfo, 40, 94, 96, 100-1, 104, 109--10, 134, 160, 164, 192, 208, 210, 364-6

San Martín, José de, 65

Sánchez, Celia, 70

Sánchez Díaz, Antonio (Marcos, Pinares), 98, 104, 106, 110-4, 116-7, 137, 227, 232, 362

Sánchez, Juan, 164

Sánchez Valdivia, Rubén, 118, 227, 244, 357

Sanier Valenzuela, Víctor, 47

Sanjines, Alfredo, 47

Sanjinés Goitia, Julio, 216

San Román, Claudio, 34, 43

Santamaría, Haydée, 70, 136

Santis, Sergio de, 126

Santos, Marcelino dos, 57

Santucho, Mario Roberto, 45, 194

Sarmiento, Francisco, 35

Sartre, Jean-Paul, 72, 115, 125

Sattori, Jorge, 149

Saucedo, Arnaldo, 147

Sayre, Robert, 219

Schiller, Roger, 233

Schoenman, Ralph, 125

Schramme, Jean (Black Jack), 78

Schulhauser, Eugenio, 163

Schwartz, Leo, 123

Sékou Touré, Ahmed, 58, 78

Selich Chop, Andrés, 146-7, 149, 237-8

Selser, Gregorio, 37

Senghor, Léopold, 58

Serguera Riverí, Jorge (Papito), 39, 56-8

Serna, Celia de la (mãe), 83, 399

Serrate Reich, Carlos, 108

Shakespeare, William, 90

Shaoqi, Liu, 60

Shelton, Ralph W. (Pappy), 128, 218

Shepard, Stanley, 220

Siles Salinas, Luis Adolfo, 27, 238, 375

Siles Zuazo, Hernán, 16, 18, 20-1, 24, 27

Silva, Eugenio, 117, 356

Slade, Paul, 126

Smail, Ben, 55

Smith, William Gardner, 59

Soares Moreno, Mario, 163

Sófocles, 90

Solano Costa, F., 90

Solares Maemura, Héctor, 174

Solís, Jorge, 161

Somigliana, Carlos, 151

Soria, Jorge, 152

Soria Cobarrubia, Sergio, 47

414 CHE GUEVARA E A LUTA REVOLUCIONÁRIA NA BOLÍVIA

Soria Galvarro, Carlos, 25, 155-6, 158-9

Soto Izquierdo, Héctor, 151

Soto, Leonel, 70

Soumaliot, Gaston, 62-3, 78, 86

Souza, Herbert José de, 136

Stacchini, José, 147, 150

Stachiotti, José (El Correntino), 42

Stenvens, Robert, 220

Sternfeld, Larry, 223

Stipp Júnior, Paulo José, 150

Strauss, Guido, 216

Suárez, Luis, 125

Suárez Gayol, Jesús (El Rubio), 99, 106, 118

Suárez Guzmán, Hugo, 218

Suárez, Juan Lechín, 18, 132, 176-7, 213-4, 363, 364-5

Suazo, Carmen, 47

Sumbu, Edouard, 79

T

Taibo II, Paco Ignacio, 63, 69, 104, 113

Tamame Camargo, Alfredo Jesús, 43

Tamayo Núñez, Leonardo (Urbano), 99, 105, 152

Tapia Aruni, Eusebio, 108, 135, 139, 208

Tarud, Rafael, 153

Tchamlesso, Antoine Godefroid (Tremento Punto), 80-2

Teitelboim, Volodia, 153

Tellería, Luís, 34, 365

Terán, Mario, 146-7

Thompson Jr., Wendell, 128

Tilton, John S., 223

Toledo, Max, 226

Tope, William A., 217

Torrelio, Celso, 168, 376

Torres, Camilo, 197

Torres, Juan José, 8, 126, 150, 184, 209, 223-4, 224-5, 237, 244-5

Torres Calleja, Mario, 108

Torres Guzmán, Horacio, 140

Torres Lazarte, Remberto, 126

Torrico, Lucio, 217

Touraine, Alain, 181

Trótski, Leon, 136, 189

Tshombe, Moïse, 48-9, 74-8

Tung Chi-Peng, 62

Tupayachi, Rúbel, 36

Turcios, Luis Augusto, 95

U

Uceda, Luis de la Puente, 34

Uribe, Hernán, 156

Urondo, Francisco Reynaldo (Paco), 45

Urriolagoitia, Mamerto, 15

Ustariz Arze, Reginaldo, 150-1

V

Vaca Marchetti, Lorgio (Carlos), 94, 106, 114, 168

Vacaflor, Juan, 135

Valcarce, Lionel, 152

Valdés, Gabriel, 154

Valdés, Ramiro, 70, 93, 150

Valente Rossi, Luis, 197

Vallejo, César, 68, 127

Valotta, Mario, 41

Vargas, Epifanio (índio), 112, 117

Vargas Salinas, Mario (Leão de Masicurí), 139, 150, 376

Vázquez Machicado, Humberto, 127

Vázquez Viaña, Humberto, 34, 57, 109, 161, 164, 167-8, 179, 194, 236

Vázquez Viaña, Jorge (El Loro, Bigotes), 40, 94, 97, 128, 208, 373

Velasco Alvarado, Juan, 224, 356

Velazco Montana, Julio (Pepe), 130

Verduguez, Nataniel, 217

Vèrges, Jacques, 101

Vilca, Estanislao, 152

Villa, Remberto, 101

Villegas, Delfín, 216

ÍNDICE ONOMÁSTICO   415

Villegas Tamayo, Harry (Pombo), 85, 89, 93, 97-8, 101-2, 104, 106, 111, 115-6, 130, 136, 144, 152, 158, 162, 167, 363, 393

Villoldo Sampera, Gustavo (Dr. González), 122, 128, 147, 219, 221

Virreira, Sergio, 140

Viruez Canido, Lucas, 101

Vostov, J., 90

Vucetich, Juan, 148

W

Walker, William, 220

Wallender, Harvey, 128

Walsh, Rodolfo, 37, 45

Weber, Redmond E., 128, 218

Weiss, Mitch, 217

Weishoff, Heinz, 76

Werthein, Leonardo (Fabián, Medecín), 38, 41

Wessin y Wessin, Elías, 69

Whitehead, Laurence, 23, 24

William Cooke, John, 41, 45, 84, 95

Williams, Robert, 51, 68

Wise, David, 62

X

X, Malcolm (El-Hajj Malik El-Shabazz), 49-51, 90

Xenofonte, 90

Y

Yerodia, Abdoulaye, 57

Z

Zamora Medinaceli, Oscar (Motete), 34, 43--4, 100, 198, 200, 369, 392, 394

Zannier, Víctor, 47, 149, 156

Zárate, Jatha Teófilo, 151

Zavaleta Mercado, René, 16, 140, 168, 177

Zayas, Alfonso, 150

Zegarra Rojas, José, 217

Zenteno Anaya, Joaquín, 143, 146-7, 149--50, 221, 223, 236-8, 376, 390

Zerquera, Rafael, 83-4

Zhou En-Lai, 60-1

Cédula de 3 pesos cubanos, impressa em 1988, com a fotografia de Che Guevara.

A edição deste livro foi finalizada em junho de 2023, mês em que Ernesto Guevara de la Serna, universalmente conhecido como Che, completaria 95 anos. Composto em Adobe Garamond Pro, corpo 11/13,2 e impresso em papel Avena 70 g/m² pela gráfica Rettec, para a Boitempo, com tiragem de 2 mil exemplares.